김이곤교수정년퇴임기념논문집

시편

우리 영혼의 해부학

김이곤교수정년퇴임기념논문집

시편

우리 영혼의 해부학

김영일 외 17인

한들출판사

논문 집필자

김영일　한신대학교 구약학 교수, Drew University, Ph. D.

김영진　연세대학교 구약학 교수, Hebrew University, Ph .D.

김정우　총신대학교 구약학 교수, Westminster Theological Seminary, Ph. D.

김정철　장로회신학대학교 겸임교수, 한신대학교, Th. D.

김창주　한신대학교 외래교수, Chicago Theological Seminary, Ph. D.

김형기　한신대학교 외래교수, 한신대학교, Th. D. Cand.

박경철　한신대학교 학술원 연구교수, Bethel 대학교, Dr. theol.

손세훈　그리스도대학교 교수, 호서대학교, Ph. D.

이순태　전주 신광교회 목사, 한신대학교, Th. D.

이영미　한신대학교 구약학 교수, Union Theological Seminary(NYC), Ph. D.

이환진　감리교신학대학교 구약학 교수, New York University, Ph. D.

임태수　호서대학교 구약학 교수, Bonn 대학교, Dr. theol.

장영일　장로회신학대학교 구약학 교수, Emory University, Ph. D.

정현진　독일 라인마임한인교회 목사, Mainz 대학교, Dr. theol.

조태영　한신대학교 국어국문학 교수, 서울대학교, Ph. D.

차준희　한세대학교 구약학 교수, Bonn 대학교, Dr. theol.

채홍식　복음신학대학원대학교 구약학 교수, Marburg 대학교, Dr. theol.

천민희　원주 영강교회 부목사, 한신대학교, Th. D.

머 리 말

시편 연구에 반평생이 넘도록 일관하여 오신 한신대학교 김이곤 교수님의 정년퇴임을 기념하기 위하여 시편 연구 논문들을 모아 『시편: 우리 영혼의 해부학』이라는 이름으로 연구서를 출판하게 된 즐거운 마음을 감추기 어렵습니다.

김이곤 선생님은 석사학위 논문인 "탄식시에 나타난 하나님 이해"(1967)로 시편연구에 정진하여 박사학위 논문인 "A Study of the Rapid Change of Mood in the Lament Psalms"(1984)으로 학문적인 기반을 다진 이래로, 이 기념논문집과 함께 출판되는 『시편 시문학의 신학』(2006)을 내시기까지 시편신학의 정립에 학문적인 열정을 몰두해 오셨습니다. 선생님은 1973년 한국신학대학의 구약학 교수로 취임하신 뒤로 실로 삼십여 성상을 구약학자로서 시편과 관련주제 연구로 일관해 오신 것입니다.

한신에서 구약학을 전공한 교수님의 제자들은 2006년 2월 말로 정년퇴임을 맞으시는 교수님을 기념하기 위하여 논문집을 출판하기로 뜻을 모았습니다. 한국 구약학계에서는, 특히 시편연구에 관심을 기울여 오신 교수님들께서 이러한 뜻을 받아들여 논문의 집필에 응해 주셨습니다.

이 연구서는 집필된 논문을 3부로 구성하였습니다. 제1부에는 시편에 대한 총론적인 논문들을 모았습니다. 제2부는 개별시편을 연구하거나 주석한 논문들입니다. 제3부는 시편에 대한 개별적인 주제들을 탐구한 논문들로 엮었습니다. 이 연구서는 여느 논문집들과 마찬가지로 편집상의 통일을 기하였습니다. 신명을 "야훼"로 표기한 점을 특별히 밝힙니다.

이 시편 연구서에 집필로 동참해 주신 여러 선생님들께 머리 숙여 감사의 인사를 드립니다. 아울러 이 책의 출판을 기꺼이 맡아주신 한들 출판사 정덕주 사장님께도 깊이 감사를 드립니다.

한국의 구약학 발전에 기여해 오신 김이곤 교수님의 노고를 기려 마련한 이 연구서가 한국 구약학계의 시편연구와 시편이 선포되는 교회의 강단을 위해 작은 초석이 되기를 소망합니다. 그리고 김이곤 교수님께서는 퇴임 이후에도 하늘로 치솟아 오르는 독수리와 같은 강건함으로(사 40:31) 농익은 학문의 결실들을 풍성하게 남겨 주시기를 합심하여 기원합니다.

2006년 1월 19일

김이곤교수정년퇴임기념논문집을 준비해 온 제자 일동

차 례

제3부 시편의 주제들

제1부
시편 이해

한 권으로 읽는 시편

박경철

I. 들어가는 말

"여호와는 나의 목자시니 내가 부족함이 없으리로다…
…내가 여호와의 전에 영원히 거하리로다."

150개의 시편 중에서 가장 잘 알려진 시편 23편의 처음과 끝이다. 많은 이들이 암송하고 즐겨 부르는 노래이기도 하다. 그러나 시편 23편을 하나의 독립된 시(詩)로 취급해 읽거나 노래 부르는 것과, 이를 개별 시가 아니라 그 앞, 뒤의 시들과 연결해서 연작시로 읽고 노래 부르는 것에는 상당한 차이가 있다. 시편 23편은 시인이 여호와의 성전에 영원히 머물겠다고 희망하며 다짐하는 노래로 끝을 맺고 있다. 그런데 그 뒤에 연이은 시 24편은"누가 여호와의 집에 머물 수 있는가?"(3절)의 문제를 제기하고 사회 윤리적 실천(4절)이 그 전제가 됨을 분명히 밝히고 있다. 시 23편을 독립적으로 읽지 않고 현 시편의 최종형태 구성의 측면에서 그 뒤에 연이어진 24편과 함께 읽게 되면, 사회 윤리적 실천 행위가 여호와의 성전에 들어갈 수 있는 조건임을 보여주기 때문에, 종교적 제의 행위와 사회 윤리적 행위가 한 하나님 신앙 안에서 서로 분리되지 않는다는 것을 보여주는 신학적 메시지를 새로이 발견할 수 있는 것이다. 매 주일 교회 안으로 들어가서 시 23편을 노래한다고 해서 누구나 교인이 아니다. 교회에 들어가기 전, 시 24편을 상고하고 내가 오늘 하나님의 집인 성전에 들어가 하나님께 경배할 수 있는 자격을 갖추고 있는가를 돌아볼 수 있도록 하는 실천적 신앙의 지도의 필요성이 곧 새로운 시편 읽기에 있는 것이다. 이것이 시편을 골라 읽는 것이 아니라, 한 권으로 읽는 새로운 시편 해석 방법론의 필요성이기도 하다.

구약성서 대부분의 책들은 각자 매우 복잡한 생성사를 지니고 있음은 분명하다. 지난 세기 역사비평방법론은 이렇게 복잡한 구약성서의 각 문서층들에 대하여 그 연대 및 서로 다른 문서층들 간의 관련 문제들에 대한 연구를 해 온 것이라고 할 수 있다. 그러나 이러한 역사비평방법론의 모든 연구 작업들은 구약성서 각 문서층들에 대해 분명하게 일치된 견해를 보이고 있지는 않다.[1] 아울러 성서의 다양한 문서층들이

---

1) 구약성서에 대한 역사비평연구의 시작인 오경의 문서설 연구는 지금까지도 오경의 각 문서층들에 대한 다양한 견해가 이어지고 있다. 오경의 문서가설에 대해 독일계에서 처음으로 가장 강력하게 문제를 제기한 학자는 렌토르프이다(Rolf, Rendtorff, *Das Überlieferungsgeschichtliche Problem des Pentateuch,* BZAW 147(Berlin, 1977) ders., "Der 'Jahwist' als Theolge: zum Dilemma der Pentateuchkritik," in: *Congress volume*, SVT 28[Edinburgh, 1974], 158-166), 오경의 최근 연구들에 대한 모델들에 대해서는 E. Zenger, "Wo steht die Pentateuchforschung heute?", *BZ NF* 24 (1980), 150과 E. Zenger(Hg.), *Einleitung in das Alte Testament* (3판 1999), 119 이하를 참고하라. 예언서 연구에 있어서 이상의 방법론들의 시초는 B. Duhm이라고 볼 수 있다. 그는 예언서들 안에 들어 있는 각 양식들의 리듬들을 발견하고 이로부터 무엇이 본래적(ursprünglich)이고 무엇이 이차 첨가구(sekundär)인지를 가려내었다. 그런 구분의 목적은 본문에서 무엇이 더 권위적(authentic)이며 덜 권위적(inauthentic)인 것인가를 구분해 내는 일이었다(B. Duhm, *Die Theologie der Propheten* [Bonn, 1875]). 이상의 방법론에 대한 문제들에 대해서는 R.E. Clements, *One Hundred Years of Old Testament Interpretation* (Philadelphia, 1976), 51-57과 H.G. Reventlow, "Die Prophetie im Urteil Bernhard Duhms," *ZThK* 85 (1988), 259-274를 참고하라.

어떻게 발전되어 오늘의 모습을 보이고 있는지에 대한 학자들의 논의는 끊이지 않고 있다.[2] 그러나 이렇게 다양하고 복잡하게 형성된 현 구약성서의 각 책들은 어떤 신학적 의도를 지니고 각자의 최종형태의 모습을 보여주고 있으며 그 신학적 의미는 무엇일까? 지난 200년간의 역사비평방법론들은 현 최종형태를 지니고 있는 성서의 각 책들의 신학적 의도를 묻는 일에는 관심을 갖지 못하였다.[3] 구약성서신학에 새로운 해석학적 관심이 일어나게 된 동기는 역사비평방법론들이 구약성서의 각 책들을 숱한 문서층들로 구분하고 찢어온 것들로 인해 교회에 주어진 현 성서를 읽는 독자들로 하여금 성서의 메시지를 읽고 이해하는데 커다란 혼란을 가져다 주었다는데 있다. 이로부터 새로운 관심은 성서를 찢지 말고 오히려 지금 있는 그 최종형태로 읽자는 주장이다.[4] 구약성서의 다양한 문서층들이 이루어낸 현 최종형태 그 완결이 보여주고

2) 이상의 문제에 대해서는 O.H. Steck, *Die Prophetenb cher und ihr theologisches Zeugnis* (Tübingen, 1996), V를 참고하라.

3) 이에 대한 문제제기에 대하여는 특히 R.F. Melugin, "Prophetic Books and the Problem of Historical Reconstruction," in: Stephen Breck Reid(Hg.), *Prophets and Paradigms, Essays in Honor of Gene M. Tucker,* JSOTS 229 (Sheffield, 1996), 63-78과 B.S. Childs, "Die theologische Bedeutung der Endform eines Textes," *ThQ* 167(1987), 242-251를 참고하라. R. Rendtorff는 그의 이사야서 연구에서 "이사야서 전체의 복잡하게 얽혀 있는 구조를 단순히 여러 문서층들로 떼어놓고 무엇이 더 근원적인 것이었고 무엇이 편집층인지를 구분하는 것이 아니라, 오히려 지금 그 모습이 무엇인지를 이해하는 것"이 연구의 과제가 되어야 한다고 강조했다(R. Rendtorff, "Jesaja 56,1 als Schlüssel für die Komposition des Buches Jesaja," in ders., *Kanon und Theologie* (Neukirchen-Vluyn, 1991), 172-179, 172f.). 최근 성서해석학에 대한 통시적 방법론과 공시적 방법론에 대한 논의에 대해서는 특히 Johannes C.De Moor, *Synchronic or Diachronic? A Debate on Method in Old Testament Exegesis,* OTS XXXIV (Kampen, 1994)를 참고하라.

4) F. Crüsemann은 그의 토라 연구를 통해 문서비평의 결과들로 인해 본문이 각각 "파편(Geröll)으로 해체되었다면 이제 그 방법을 바꾸어야 할 단계에 왔다"고 지적하고 있다. F. Crüsemann, *Die Tora. Theologie und Sozialgeschichte des alttestamentlichen Gesetzes* (München, 1992), 42.

있는 신학적 관심과 그것이 무엇인가 하는 질문에 있다. 무엇보다도 성서의 최종형태는 단지 우연에 의한 것이 아니라 거기에는 분명한 신학적 의도가 깔려 있다는 점을 주시한 것이다.

독자가 어느 책을 읽고 그 책을 올바르게 이해하기 위한 대전제는 그 책을 처음부터 끝까지 읽어야 한다는 것이다. 물론 독자가 책의 이곳, 저곳을 임의로 선택해서 읽어가는 것이 아니라, 책의 지금의 형태 그대로, 그 순서대로 읽는 것을 말한다.[5] 이러한 가장 일반적인 독서의 원칙이 성서 읽기와 해석, 나아가 설교에 있어서 그동안 얼마나 적용되어 왔으며, 또 지금은 어떤가? 어떤 성서 본문일지라도 그것을 독립적이고 단편적으로 이해하는 것이 아니라, 각 본문을 그 맥락 속에서 읽어야만 그 의미를 올바로 이해하게 될 것임은 당연하다 그러나 이는 단지 어느 한 단락의 문맥만을 말하는 것이 아니라, 성서 각 책, 그 전체를 의미한다. 성서 각 책을 처음부터 끝까지 지금의 순서대로 읽어 내려가는 것을 말한다. 이는 현재의 성서(최종 형태) 각 책은 분명한 의도로 잘 짜여진 구성을 갖고 있다는 말이다. 이것이 최근 성서학의 한 동향으로 관심을 불러일으키고 있는 성서의 최종형태에 대한 구성비평 작업이다. 성서의 최종형태에 대한 관심은 비록 성서가 오랜 세월에 걸쳐 전승, 수집, 편 집등 여러 단계들을 걸쳤다는 것을 인정은 하지만, 그렇다고 현 성서의 본문을 그런 역사적 제단계들로 구분하고 추려 내거나 갈라내지 않는다. 지금의 모습, 그 최종형태를 읽어 내려가는 방법이다. 이 때, 최종형태의 구성에 대한 관심은 바로 본문의 현 위치, 그 자리매김을 전체의 구도 안에서 조명한다는 말이다.

---

5) O. H. Steck는 그의 예언서의 최종 형태에 대한 관심에 대해 이러한 독서법이 성서 해석에 있어서도 당연히 적용되어야 했었다고 주장한다. 그의 책, ***Die Prophetenbücher und ihr theologisches Zeugnis,*** V를 참고하라. 그러나 Steck는 현 성서의 최종형태 그 자체의 의미를 묻기 보다는 그 이전에 어떻게 해서 각 예언서가 지금의 최종형태의 모습을 지니게 되었는지, 그 전(全) 역사과정에 대한 편집사비평 방법을 제안한다.

그러나 이상의 독서의 가장 기본원칙이 성서의 각 책들 중에 가장 무시되어 온 책 중에 하나가 시편이다. 150개의 시들이 모여 묶여진 시편을 통일성 있는 한 권의 책으로 읽는다는 것은 지난 날 전혀 고려의 대상이 되지 못했었다. 그러나 최근의 성서학 연구물들을 보면 성서의 최종형태 구성에 대한 학계의 새로운 관심이 시편에 대해서도 일고 있음을 엿볼 수 있다. 지난 날 시편연구 하면 제일 먼저 떠올리는 게 궁켈로 대표되는 양식비평 작업이다. 150편의 시들을 각 양식별로 구분해서 탄원시, 찬양시, 감사시, 제왕시 … 등으로 구분해 온 것이다. 그런데 최근에는 시편 150편을 한 권으로 보고[6] 시편의 신학을 얘기하는 것이다. 지난 날 시편에 대한 다양한 해석의 중심에는 언제나 각 개별 시들의 양식들(Gattungen)을 분류해 온 것이었다. 이러한 시편의 양식비평에 대해 그동안 지적된 가장 중요한 문제는 개별 시들에 대한 양

6) 이에 대해서는 특히 M. Millard, *Die Komposition des Psalters. Ein formgeschichtlicher Ansatz,* FAT 9 (Tübingen, 1994)를 참고하라. 그 외에 새로운 시편 연구들로는 J.F.D. Creach, *Yahwe as Refuge and the Editing of the Psalter,* JSOTS 217 (Sheffield, 1996); Frank-Lothar Hossfeld a. Erich Zenger, "'Selig, wer auf die Armen actet'(Ps 41,2), Beobachtungen zur Gottesvolk-Theologie des ersten Davidpsalters," *JBTh* 7 (1992), 21-50; dies., "Wer darf hinaufziehen zum Berg JHWH? Zur Redaktionsgeschichte und Theologie der Psalemngruppe 15-24, in: FS. N. Lohfink (Freiburg, 1993), 166-182; dies., "Von seinem Thronsitz schaut er nieder auf alle Bewohner der Erde"(Ps 33,14), Redaktionsgeschichte und Kompositionskritik der Psalmengruppe 25-34, in: FS O. Kaiser (Göttingen, 1994), 375-388; dies., *Psalmen 51-100, Herders theologischer Kommentar zum Alten Testament* (Freiburg im Breisgau, 2000); K. Koenen, *Jahwe wird kommen, zu herrschen über die Erde, Ps 90-100 als Komposition,* BBB 101 (Weinheim, 1995); J.C. McCann, Jr., *A Theological Introduction of the Book of Psalms. The Psalms as Thorah* (Nashville, 1993); ders.(Hg.), *The Shape and the Shaping of the Psalter,* JSOTS 159 (Sheffield, 1993); D.C. Mitchell, *The Message of the Psalter. An Eschatological Programe in the Book of Psalms,* JSOTS 252 (Sheffield, 1997); Erich Zenger, *Dein Angesicht suche ich: Neue Psalmenauslegungen* (Freiburg, 1998); dies., *Die Psalmen mit Meisterwerken des Mittelalters und der Renaissance der ökumenische Text der Einheitsübersetzung* (Stuttgart, 1997) 등을 참고하라.

식과 그 유형의 구별이 분명치 않다는 것이다.[7] 한 시 안에 탄식과 감사 및 찬양의 유형이 함께 속해 있기도 하고, 시인 및 기도자의 단수와 복수의 혼합으로 인한 개인과 민족 탄식시의 구분도 확실치 않다. 그러나 지난날 양식비평의 가장 큰 약점은 무엇보다도 정경으로서의 시편 전체, 현 최종형태로서의 시편 150편 한 권에 대한 신학적 의미에 대해서 간과해 왔다는 것이다. 한 권으로 묶인 정경으로서의 시편을 각 유형별로 쪼갬으로 말미암아 한 권 시편의 신학은 쪼개지고 만 것이다. 물론 시편의 150개의 시들은 누구 한 사람의 작품도 아니고, 특정시기에 모두 수집된 것도 아니다. 오랜 수집과 편집의 시간이 걸렸음을 부인할 수 없다. 그러나 현 150개 시들이 지금의 모습으로 확정되어 정경인 책으로서의 시편 전체를 그 처음부터 끝까지 한 권으로 읽게 되면, 150개의 시들이 단순히, 우연히 지금의 순서로 배열되어 있지 않다는 것을 알 수 있다. 여기에는 분명한 최종편집자의 의도가 있었음을 알 수 있다. 그러나 시편 전체가 지금의 형태로 수집되고 배열된 편집의 전(全) 과정을 분명하게 재구성한다는 것은 확실치 않다. 최종편집의 손길도 한 번에 이루어진 것인지, 아니면 여기에도 편집의 역사가 있는지는 여전히 논란 중에 있다.

본 연구는 한 권으로서의 시편 전체의 신학을 논의함에 있어, "어떻게 전체 한 권으로 이루어졌을까?"에 대한 통시적 연구방법에 의존하지 않고, 오히려 "전체 한 권은 무엇을 의미하는가?"를 묻는 공시적 연구방법론에 서고자 한다. 시편의 150개 시들을 개별 독립된 시들로 읽지 않고, 현 최종형태 시편 전체의 구성에서 읽는 것의 가장 큰 차이는

7) 이에 대해서는 특히 M. Millard, *Die Komposition des Psalters,* 47-62를 참고하라. 그는 한 시 안에 첫째, 양식사의 중복(Formgeschichtliche Doppelung), 둘째, 인칭의 단·복수의 변화(Wechsel der Personenstruktur), 셋째, 주제의 변화(Stimmungswechsel: 탄식에서 찬양-Der Stimmungswechsel von der Klage zum Lob, 찬양과 감사로부터 탄식-Der Stimmungswechsel von Lob und Dank zur Klage, 개인 탄식 시 안에 전제된 위기상황의 전환-Der Wechsel der vorausgesetzten Not innerhalb eines Klageliedes des Einzelnen) 등의 경우의 시들을 조사했다.

이렇다. 비록 통일성을 이룬 하나의 시 일지라도 이를 독립된 주제로 분리하거나, 같은 주제 및 양식에 속한 시들과 따로 분류해 비교하는 것이 아니다. 오히려 이 시가 자리하고 있는 현 위치(배열)에서 그와 함께 속해진 여러 묶음 내에서 개별시들이 갖고 있는 의미를 묻는 것이다. 곧 그 시가 속한 큰 문맥과 틀 안에서 읽는 것을 의미한다. 앞서 예를 든 것 같이, 시 23편은 시 24편에 의해 조절되어 고백되는 것의 의미(신학)를 찾는 일이다.

II. 한 권 시편의 전체 구성

현 정경으로서의 한 권 시편 전체의 최종형태가 보여주는 첫 모습은 그 구성이 다섯 권(1-41편, 42-72편, 73-89편, 90-106편, 107-150편)으로 이루어져 있다는 것이다. 이는 토라의 구성인 5경에 의도적으로 맞추려 했음을 알 수 있다.[8] 또한 각 권의 마지막 시들의 결구를 보면, 단순히 5경에 맞추기 위한 5권(부)으로 나눈 분류가 아니라, 각 권의 묶음을 전체 한 권 시편의 신학을 위한 의도적 구분과 배열임을 알 수 있다. 제1-4권의 마지막(41:14; 72:19[20][9]; 89:53; 106:48)은 모두 명사문장으로 시작되고 공통의 단어들(야훼, 하나님, 영원히, 찬양, 아멘)을 가진 송영으로 되어 있다. 특히 제4권의 끝(106:48)에는 "아멘" 뒤에 "할렐루야"가 뒤따르는데, 이는 할렐루야 시들로(146-150편) 마무리 짓고 있는 제5권과 의도적으로 연결하고 있음을 알 수 있다. 이런 의도적 묶음은 비록 개별 시들의 주제가 다양할지라도 각 권마다 야훼의 구원 행위에 대한 신앙고백적 성격들을 다양하게 펼친 뒤에 마지막에는 언제나 그 야훼께 (감사하고) 찬양하라는 송영으로 끝을 맺는다는 것이다. 곧 시편 각 권마다 그 전체 주제는 모두 "영원토록, 야훼, 하나님을, 찬

8) 시 1:1의 미드라쉬(Midrasch Tehillim AD. 3-9C)는 "모세가 이스라엘에게 다섯 권의 율법 책을 준 것 같이, 다윗도 이스라엘에게 다섯 권의 시편을 주었다"고 적고 있다.

양하라는 것"(=할렐루야)이다. 시편 전체 구성은 한마디로 할렐루야다!

아울러 제1-4권의 마지막 송영들에서 나오는 "영원히"의 단어는 제5권의 할렐루야 시모음집과 중요한 연결고리를 가진다. 제4권의 마지막 106:48의 "영원히"는 다음 제5권의 시작인 107:1과의 연결이기도 하다. 시편의 마지막 할렐루야 시모음집(146-150)은 중요한 단어와 주제로 서로 연결고리들을 갖고 배열되어 있다(146:10=147:12 / 147:4=148:3 / 147:11=149:4 / 147:20=148:14 /148:14=149:1,9 / 149:3=150:4; 149:9=150:6). "영원히 야훼를 찬양하라"는 제1-4권의 송영들을 이어받은 송영집인 시편 마지막 할렐루야 시모음집들은 그 처음 146편에서 "나"의 찬양으로 시작하여, 그 다음 147편에는 "우리"와 "예루살렘과 시온"으로 확장되고, 148편에는 "모든 것들" 곧 "주의 모든 천사들"과 나아가 창조주 하나님의 모든 피조물들(해, 달, 별, 하늘, 땅, 물, 바다, 산, 들, 식물, 동물, 빈부귀천, 남녀노소…)이 찬양한다. 149편에는 시온에 사는 "모든 주의 성도들"(148:14과 연결)을 구체적으로 지목한 뒤에, 마지막 150편에서 이제는 "호흡이 있는 모든 생명체"들에게까지 야훼를 찬양하는 그 범위를 점차로 확대하는 의도적 배열의 구성을 보여준다.[10]

제1권에서 4권까지의 이상과 같은 공통적 결구의 특징 외에 각 권의 마지막은 또한 다음과 같은 특징을 이루고 있다. 먼저 제1권의 마지막인 41편은 첫 번째 "다윗시 모음집"인 3-41편의 마지막이고, 제2권의 마지막인 72편은 두 번째 "다윗시 모음집"의 마지막이다. 제3권

9) 시편의 많은 시들의 절수는 한글성경 번역본들과 히브리성서의 절수 표시가 다르다. 이는 각 시들의 표제어들을 히브리성서가 하나의 절로 여긴데 반해, 한글성경 번역본들은 이를 그 다음절과 함께 1절로 묶었다. 그래서 히브리성서 절수가 한글성경 번역본들의 절수보다 한 절씩이 적다. 본 논문에서는 한글성경과 히브리성서의 절수가 다를 경우, 이를 일일이 다 표기하지 않았고 모두 히브리성서의 절수를 따랐음을 미리 밝혀둔다.

10) 참고: F.-L. Hossfeld u. E. Zenger, *Die Psalmen I, Psalm 1-50,* Die Neue Echter Bibel 29 (Würzburg, 1993), 11f.

의 마지막 89편은 가운데 다윗시 모음과 그 앞뒤로 아삽의 시모음집 그리고 처음과 끝이 고라의 시들로 구성을 이루고 있는 마지막 시이다. 또한 각 권의 마지막 시들(41, 72, 89편)은 양식상 모두 제왕시에 속한다.[11] 제4권의 마지막 시인 106편은 모세를 주제로 한 제4권의 시작(시 90편)[12]과 구성을 맞추어 마지막을 이루고 있다. 그리고 제4권 역시 그 가운데 다윗시 모음집을 갖고 있다(101, 103-104편[13]). 제4권이 "할렐루야"로 끝을 맺었다면, 전체 시편의 결론적 송영모음집인 제5권의 마지막 다섯 개의 시들(146-150편)은 "할렐루야"로 시작해 "할렐루야"로 끝을 맺고 있다(총 10개). 특히 시편의 가장 마지막 절인 150:6은 "할렐루야"를 두 번 반복해 쓰고 있다. 또한 시 150편에는 "할렐루야"를 제외한 명령형 "할렐루"가 총 10번 사용되고 있는 것은 그 앞에 있는 총 10번의 "할렐루야" 모음시들과 관련해 우연으로 보기 힘들다.

시편 전체를 한 권으로 볼 때, 1-2편을 전체 서론으로 146-150편의 할렐루야 시편을 결론의 송영시모음집으로 구분하여 이를 제외한 제1권(3-41편)과 제5권(107-145편)은 각기 39개의 시들을 갖고 있다.

---

11) 이에 대해서는 G.H. Willson, *The Editing of the Hebrew Psalter,* SBL. DS 76 (Chicago, 1985), 특히 210 이하, 그리고 그의 논문, "The Use of King-Psalms at the 'Seams' of the Psalter," JSOT 34 (1986), 85-94; C. Wetsermann, "Zur Sammlung des Psalters"(1962), *Forschung am alten Testament,* ThB 24 (München 1964), 336-343를 참고하라.

12) 시 90:1 표제어에 모세의 이름이 나오는 곳은 시편 전체에서 오직 이곳 밖에 없다.

13) 104편은 표제어를 갖고 있지 않지만, 103편과 104편은 모두 서두에 "내 영혼아 야훼를 찬양하라"는 말로 시작하여 서로 연결된 시로 보아야 한다. 104편의 마지막도 "내 영혼아 야훼를 찬양하라"고 끝을 맺는다. 그리고 "할렐루야"를 덧붙임으로써, 마지막에 "할렐루야"로 끝나는 그 다음 시인 105편과 "할렐루야"로 시작하는 그 다음 시 106편과 연결을 하고 있는 것이다. 제5권의 시작인 107편의 처음을 칠십인역은 "할렐루야"를 첨부함으로써 그 앞의 "할렐루야" 시의 연결을 의도적으로 하고 있음을 알 수 있다.

III. 전체 한 권 시편 구성을 위한 각 권의 구성

1. 시편의 처음(시 1-2편)과 끝(시 149-150편)

시편 1편("복 있는 자는 악인의 꾀를…")은 많은 이들에게 즐겨 암송되는 시이지만, 거의 대부분이 이를 개별 독립된 시로 즐겨 암송할 뿐이다. 시 1편를 개별 독립시로 그 내용만 암기한다는 것은, 이 시가 150개 시편 중 그 어디에 속해도 무관한 것으로 여겨질 뿐이다. 왜 이 시가 시편의 가장 앞자리를 차지하고 있는지에 대해서는 거의 대부분 별 관심을 두지 않았다. 그러나 시편 전체를 한 권으로 간주할 때, 시 1편의 현 자리매김은 매우 중요하다. 비록 시 1편이 종종 시편 전체의 서론적 역할을 하는 것으로 간주되어 왔지만, 단지 시편 한 권만의 의미를 넘어 시 1편은 히브리성서(타나크) 전체의 구성에 매우 중요한 역할을 하고 있다. 셋(토라, 예언서, 성문서)으로 나뉘는 히브리성서 제3부 성문서(케투빔)의 첫 책인 시편은 제일 앞자리에 시 1편을 둠으로써, 그 앞에 있는 히브리성서 제2부 예언서(느비임)의 첫 번째 책인 여호수아서와의 연결을 의도적으로 꾀하고 있는 것이다("율법을 주야로 묵상", 시 1:2; 수 1:8 비교). 또한 시 1편은 히브리성서의 구성상 바로 앞의 책인 제2부 예언서의 마지막 책인 말라기서의 마지막 주제인 "의인과 악인의 구분"(말 3:18)과도 연결된다. 특히 히브리성서 제2부 예언서 마지막 책인 말라기서는 제1부 토라와 제2부 예언서의 결론(3:22-24, [한글]4:4-5)[14]을 맺으면서, 종말론적 메시야 사상을 남겨놓는다. 그리고 이 메시야 사상은 그 뒤를 잇는 성문서 첫 책 시편 2편에 나타난다. "의인과 악인의 구분"의 주제는 12소예언서의 시작인 호세아서의 마지막(14:10[한글 9절])에 나온 주제이기도 하다. 곧 12소예언서

14) 이에 대해서는 Frank Crüsemann, Elia - die Entdeckung der Einheit Gottes: eine Lektüre der Erzählungen über Elia und seine Zeit (1Kön 17-2Kön 2) (Gütersloh, 1997)를 참고하라.

의 처음(호세아)[15]과 끝(말라기)을 연결해 주는 "의인과 악인의 주제"는 12소예언서 전체를 한 권[16]으로 연결해 주는 "야훼의 날"주제와 관련되어 있다. "야훼의 날"에 의인은 구원을 받을 것이고, 악인은 심판을 받을 것이다. 이 주제가 그 뒤를 잇는 성문서의 첫 책인 시 1편에서 연결되어 나타난다는 것이다. 이는 시편의 첫 장이 한 편으로는 "토라"의 주제로 예언서(느비임) 첫 책인 여호수아서와 연결하고, 다른 한편으로는 예언서의 마지막 책 말라기(12소예언서의 시작과 끝)와 연결함으로

15) 호 14:10[한글 14:9]: "누가 지혜가 있어 이런 일을 깨달으며 누가 총명이 있어 이런 일을 알겠느냐 여호와의 도 는 정직하니 의인은 그 길로 다니거니와 그러나 죄인은 그 길에 걸려 넘어지리라."

16) 이에 대한 최근 연구들에 대해서는 E. Bosshard, *Rezeptionen von Jesaia 1–39 im Zwoefprophetenbuch. Untersuchungen zur literarischen Verbindung von Prophetenbuechern in babylonischer und persischer Zeit,* Orbis biblicus et orientalis 154 (Freiburg, 1997); ders., "Beobachtungen zum Zwölfprophetenbuch," *Biblische Notizen* 40 (1987), 30–62; R.J. Coggins, "The Minor Prophets: One Book or Twelve?," in: S.E. Porter Et al. (eds.), *Crossing the Boundaries* (Leiden: Brill, 1994), 57–68; Edgar W. Conrad, "Messengers in the Book of Isaiah and the Twelve," *JSOT* 91 (2000), 109–124; idem., "The End of Prophecy and the Appearance of Angels/Messengers in the Book of the Twelve," *JSOT* 73 (1997), 65-79; idem., "Reading Isaiah and the Twelve as Prophetic Books," in: C.C. Broyles and C.A. Evans (eds.), *Writings and Reading the Scroll of Isaiah: Studies of an Interpretive Tradition,* SVT 70 (Leiden: Brill, 1997), 3–17; James W. Watts, and Paul R. House (ed.), *Forming prophetic literature. Essays on Isaiah and the Twelve in honor of John D.W. Watts. FS Watts, John D. W.,* JSOTS 235 (Sheffield: Academic Press 1996), 102–124; J.D. Nogalski, and M.A. Sweeney (ed.), *Reading and hearing the book of the Twelve,* SBL Symposium series 15 (Atlanta, 2000); Philip R. Davies and David J. A. Clines (eds.), *Among the Prophets. Language, Image and Structure in the Prophetic Writings.* JSOTS 144 (Sheffield, 1993); Aaron Schart, *Die Entstehung des Zwölfprophetenbuchs, Neubearbeitungen von Amos im Rahmen schriftenübergreifender Redaktionsprozesse,* BZAW 260 (Marburg, Univ., Habil.-Schr., 1995/96); Erich Zenger(Hg.), "*Wort JHWHs, das geschah* ..." (Hos 1, 1). *Studien zum Zwölfprophetenbuch,* Herders biblische Studien 35 (Freiburg, 2002) 등을 참고하라.

써, 시 1편이 단지 시편 전체의 서론의 역할 뿐 아니라, 히브리성서(타나크)의 구성을 위한 성문서(케투빔)의 첫 장으로서 중요한 연결고리의 역할을 하는 것이다. 그리고 예언서의 마지막 종말론적 메시야 기대의 주제는 시 2편이 이를 받아 이어나가는 것이다.

시편의 첫 장은 "토라"와의 연결을 통해 "복 있는 자"를 노래하고, "토라"를 묵상하는 것이 악을 버리고 의를 실천하는 길이며, 그것이 곧 복된 길임을 말한다. 이 주제는 시편의 모든 시의 가장 중심된 주제를 말하는 것이다.[17] 시 1편과 2편은 서로 밀접하게 연결되어 있다.[18] 제1권인 1-41편의 "다윗시" 표제어가 시 3편부터 시작하는 것은 표제어를 갖고 있지 않는 1, 2편이 서로 연결된 시임을 암시해 준다. 물론 이 둘의 연결이 단지 표제어를 둘 다 갖고 있지 않기 때문만은 아니다. 이 둘은 서로 중요한 단어들을 공통으로 사용하고 있다는 점에 있어서도 서로 밀접하게 연결되어 있다. 첫째, 시 1-2편은 그 시작(1:1)과 끝(2:12)을 모두 "복 있는 자"(אַשְׁרֵי)로 연결지어 하나의 통일된 시로 보이게 한다. 또한 1:2과 2:1에 한글번역은 "묵상하다"와 "꾸미다"로 쓰였지만 여기 동일한 단어(הגה)를 쓰고 있다. 아울러 1:6의 "악인의 길은 망하리라(ודרך רשעים תאבד)"는 2:12에서 "길에서 망하리니(ותאבדו דרך)"와 동일하다. 비록 시 2편의 주제가 1편과 상이해 보이지만, 2편에서 하나님께 반역하는 뭇 민족들은 1편에서 말한 악인과 같다.[19] 야훼가 악인들의 길을 망하게 하시듯(1:6), 세상의 군왕들이 야훼께 반역하며 걸어

17) "토라" 준수를 복의 근원으로 보는 대표적 "토라시"로 알려진 119편을 보면 더욱 그렇다. 그 외 2:12; 32:1f; 33:12; 34:9; 40:5; 41:2; 65:5; 84:5f,13; 89:16; 94:12; 106:3; 112:1; 127:5; 128:1f; 137:8f; 144:15; 146:5 등을 참고하라. 시편과 토라와의 연결에 대해서는 특히 R.G. Kratz, "Die Tora Davids. Psalm 1 und die doxologische F nfteilung des Psalters," *ZThK* 93, 1-34를 참고하라.

18) 여러 고대 사본들은 시 1편과 시 2편을 하나의 시로 간주한다. 이데 대해서는 M. Millard, *Die Komposition des Psalters.* 9f.와 그곳 주 21을 참고하라.

19) R. Rendtorff, *Theologie des Alten Testaments. Ein kanonischer Entwurf, Band 1: Kanonische Grundlegung* (Neukirchen-Vluyn, 1999), 296.

가는 그 길을 망하게 하신다(2:12).

시편의 서론인 시 1-2편이 하나로 연결되어 있으면서도, 시 1편은 앞서 언급했듯이 시편 첫 장의 역할만이 아니라, 성문서의 첫 장으로서 히브리성서(타나크)의 구성을 의도적으로 하고 있다. 그리고 시편의 가장 마지막 장인 150편은 시편 전체를 할렐루야 송영으로 끝을 맺고 있는 마지막 할렐루야 모음집의 끝임과 동시에, 시편 전체의 마지막을 장식한다고 할 수 있다. 시 1편과 150편의 이러한 고유한 시편 전체 한 권을 위한 구성적 역할을 고려한다면, 시편 전체의 처음과 마지막은 시 2편과 149편이 될 것이며, 이 둘은 서로 놀랍게도 밀접하게 연결되어 있다. 야훼가 왕을 "시온"에 세웠다는 시 2:6의 말씀은 시편의 마지막(149:2)에 "시온의 주민이 그들의 왕으로 말미암아 즐거워하라"는 말과 서로 연결된다. 또한 이방 열국에 대한 심판의 선언 역시 시편 전체의 처음(2:8-9,12)과 끝(149:7-9)의 공통 연결 주제이다. 특히 "왕"에 대한 대조적 표현이 시 2편과 149편에 동시에 나타난다.

A 2:2f. 세상의 "왕"들이 대적함(3절 "족쇄를 벗고 쇠사슬을 끊자")

  B 2:6 시온에 야훼가 "왕"을 세움

  B' 149:2 시온의 왕으로 인해 즐거워 함

A' 149:8 세상 왕들에 대한 심판("족쇄로 채우고 쇠사슬로 묶음")

이방에 대한 심판 선언의 표현으로 쓰인 "질그릇같이 부술 것"(시 2:9)은 이방 열국 심판을 위해 성도들의 손에 "두 날을 가진 칼"(149:6)이 들려 있다는 것과도 서로 연결된다. 세상의 군왕들이 야훼의 기름부음 받은 자를 거역하며 "족쇄 벗고 사슬을 끊어버리자"고 하지만(2:2-3), 결국 그들을 "족쇄로 채우고 쇠사슬로 묶을 것"이다(149:8). 또한 이방의 왕들과 민족들에 대한 심판(משפט, 149:9)은 악인들에 대한 심판(משפט, 1:5)과 서로 연결된다.

이상과 같이 시 2편과 149편의 연결은 시편의 처음과 끝이 매우 의

도적으로 구성된 한 권으로서의 신학적 의미를 보여준다.[20]

2. 제1권(시 3-41편)의 구성

1-2편을 제외한 제1권의 3-41편은 다시 네 묶음으로 구분되는데, 3-14편; 15-24편; 25-34편 그리고 35-41편이다. 이렇게 넷으로 구분되는 구성의 의미는 다음과 같다.

먼저 첫 묶음인 3-14편은 탄식과 간구의 시가 앞(3-7),[21] 뒤(9-14)로 있고, 가운데 찬양시(창조시) 8편이 자리하고 있다. 특히 제1권의 첫 묶음인 3-14편의 처음(3:9)과 끝(14:7)은 모두 야훼의 백성을 위한 야훼의 구원/도움이 공통 주제로 연결되어 있으며, 첫 묶음이 원수(대적)들의 "하나님이 너를 돕지 않는다"는 조롱으로 시작(3:3)한다면, 마지막(14:7)은 "어리석은 자가 하나님이 없다"고 말한다고 끝을 맺는다. 두 번째 묶음(시 15-24편)의 시작과 끝이 성전에 들어가는 입장시를 말한다면, 첫 번째 묶음은 성전 입장을 향하여 나아가는 시들로 배열되어 있다. 곧, 시인은 주께서 "거룩한 산"에서 응답하실 것임을 믿고(3:5), 그에게 올바른 "의의 제사"를 드리기를 희망하며(4:6), "야훼의 집"으로 와 "주의 성전"을 바라본다(5:8). 야훼께서 빨리 나타나시기를 간구하고 (6:4), 야훼께서 재판장으로 "법정"에 나타나셔서 의의 판결을 내려주시

20) 시편의 처음과 끝의 연결에 대해서 F.-L. Hossfeld u. E. Zenger, *Die Psalmen I*, 11f.; 51을 참고하라.

21) 시 3-7편은 시간적 구조를 다음과 같이 갖고 있다. 참고, E. Zenger(Hg.), *Einleitung in das Alte Testament*, 312.

위기 상황	시간 구조
시 3: 원수의 위협	시 3:6: 아침
시 4: 사회적 위기	시 4:9: 저녁
시 5: 불법의 위기	시 5:4: 아침
시 6: 질병의 위기	시 6:7: 밤
시 7: 원수의 위협	시 7:12: 낮

기를 바란다(7:8-9) 이어서 시 7-9편은 "야훼의 이름"으로 서로 연결되어, 재판장이신 "야훼의 이름"을 찬양하니(7:18; 8:2, 10; 9:3), 야훼가 곧 "시온"에 계시고(9:12), 시온의 성문(법정)에서 구원(의의 재판)을 베푸시니(9:15), 이는 가난한 자와 고아와 억눌린 자들을 돌보시는 행위다(10:10, 14, 17, 18).[22] 야훼가 성전에 계심을 선포하고(11:4), 가난한 자들을 구원하는(12:6), 야훼를 간절히 기다리니(13:6), 이제 가난한 자를 위하여 시온에서 나와 이스라엘을 구원해 달라고 간구한다(14:7).

이상의 구성이 보여주는 것은 시 3-14편에서 야훼의 구원의 행위는 가난하고 억눌린 자들을 구원하는 것이며, 그 장소는 무엇보다도 시온의 성문법정에서의 정의의 판결을 가리킴으로써, 성전으로 들어가는 이들 및 야훼의 거룩한 산 시온에 머물 수 있는 이들의 자격을 사회정의와 윤리의 실천 강령으로 그 요건으로 제시하는 시 15편과 의도적으로 연결하고 있는 것이다.

두 번째 묶음인 시 15-24편의 가장 큰 특징은 각 시들이 주제별로 서로 교차대구(chiasmus)를 이루고 있다는 점이다.[23]

A 성전입장시: 시 15편
    B 신뢰시: 시 16편
        C 탄식시: 시 17편
            D 제왕시: 시 18편
                E 창조/토라시: 시 19편
            D' 제왕시: 시 20-21편
        C' 탄식시: 시 22편
    B' 신뢰시: 시 23편
A' 성전입장시: 시 24편

22) 알파벳으로 연결된 시 9-10편은 칠십인역에서 이 둘을 하나로 보는 것에 따라 전통적으로 시편 주석가들(Ewald, Henstenberg, Gunkel, Duhm, Weiser, Kraus, Gerstenberger, Kittel, De Wette 등)은 거의 모두가 이 둘을 하나로 본다. 이에 대해 O. Kaiser, *Einleitung in das Alte Testament. Eine Einfürung in ihre Ergebnisse und Probleme* (Gütersloh, [5]1984), 350을 참고하라.

이상의 시 15-24편의 의도적 교차대구의 구성이 보여주는 그 중심에 놓인 시 19편은 이 전체 묶음의 처음(15:2=19:13f)과 끝(24:4=19:13f)을 연결하고 있기도 하다. 이러한 구성이 보여주는 신학은 이렇다. "야훼의 종"(19:12)은 창조주 하나님(시 19A)[24]께서 주신 토라(시 19B) 안에서 "깨끗한"(15:2=19:13f; 24:4=19:13f) 삶을 사는 길만이 하나님의 성전에 들어갈 수 있으며(시 15편; 24편), "죽음의 세력"(16:10; 23:4)으로부터 지켜주시는 야훼를 의지하오니, 부디 "원수들"(17:9-12; 22:13-22)로부터 구원해 주셔서, 주께서 세우신 왕에게 승리를 안겨 주시기를(18:51; 20:10; 21:2) 바란다는 것이다.

세 번째 묶음인 시 25-34편은 그 처음과 끝 시편이 모두 알파벳 시편으로 되어있다. 뿐만 아니라, 이 두 시편은 공통의 단어들을 통해 서로 매우 밀접하게 연결되어 있다.[25] 특히 두 시의 관련은 처음이 "내 영

23) 이에 대해서는 특히 M. Millard, *Die Komposition des Psalters,* 24-25를 참고하라.

24) 지난날의 시편의 양식비평작업은 시 19편이 서로 다른 "창조"와 "토라"를 주제로 한다는 점과, 신명의 차이 등의 이유로 19A와 19B로 나누었지만, 최근에는 이 둘을 하나의 통일된 시로 보는 경향이 있다. 새로운 연구 문헌 등에 대해서는 H. Spieckermann, *Heilsgegenwart. Eine Theologie der Psalmen,* FRLANT 148 (Göttingen, 1989), 60ff를 참고하고, 특히 하나의 시로 보는 이들에 대해서는, O.H. Steck, "Bemerkungen zur thematischen Einheit von Psalm 19,2-7," in: R. Albertz u.a.(Hg.), *Werden und Wirken des Alten Testaments, FS Westermann* (Göttingen, 1980), 318-324; H. Gese, "Die Einheit von Psalm 19," in: E. Jüngel u.a. (Hg.), *Verifikationen. FS. G. Ebeling* (Tübingen, 1982), 1-10(=H. Gese, *Alttestamentliche Studien* [Tübingen, 1990], 139-148); J.M. Oesch, "Zur Übersetzung und Auslegung von Psalm 19," BN 26 (1985), 71-89; Chr. Dohmen, "Ps 19 und seine altorientalischer Hintergrund," *Bibl.* 64 (1983), 501-517; I. Fischer, "Psalm 19-Ursprüngliche Einheit oder Komposition?," *BN* 21 (1983), 16-25; J.T. Glass, "Some Observations on Psalm 19," in: K.G. Holglund u.a. (Hg.), *The Listening Heart. FS R.E. Murphy, O. Carm* (Sheffield, 1987), 147-159; J.L. Mays, "The Place of the Torah-Psalms in the Psalter," *JBL* 106 (1987), 3-12 등을 참고하라.

25)

누구(מי)	눈(עין)	얼굴/돌리다(פנה)	속량하다(פדה)
25:12=34:13;	25:15=34:16	25:16=34:17	25:22=34:23

혼(נפש)이 주님을 기다린다"고 시작하여(25:1), 구원의 간구("건져주소서!" פרה)로 끝을 맺었다면(25:22), 끝에 가서 주님의 종들의 영혼(נפש)을 '건져주심'(פרה)을 감사함으로 끝을 맺음으로써(34:23), "간구"(Bitte)-"감사"(Dank)의 구조를 갖는다. 시 34편의 알파벳 시는 "알렙"(א)으로 시작해서(2절) "타브"(ת)로 끝난 뒤(22절), 다시 "페"(פ)로 시작하는 한 절(23절)을 더 쓰고 있다. 알파벳의 가운데 11절의 시작인 "라멧"(ל)과 연결하면, 이 시는 [אלף=배우다(qal), 가르치다(piel)]의 뜻을 가리켜, 34편 가운데 있는 11절의 "야훼를 경외하는 길을 가르쳐(למד) 주겠다"는 시의 중심이 되고 있음을 암시한다. 이는 특히 이 세 번째 묶음의 첫 시인 시 25편의 중심(25:4, 5, 9)이 되는 단어이고, 시 25-34편 중에 이 단어는 오직 25편과 34편에만 나온다.

네 번째 묶음인 시 35-41편의 마지막 시 41편은 첫 번째 다윗시 모음집인 제1권의 마지막 시편으로 제1권의 첫 번째 시인 시 1편과 다음과 같이 같은 중요 단어들을 통해 서로 연관되어 있다.

복 있는 자(אשרי)	즐거워 함(חפץ)	일어남(קום)	망하다(אבד)
1:2=41:2	1:2=41:12	1:5=41:9	1:6=41:6

이상의 시 1편과 41편의 연관은 다분히 제1권의 통일성을 위한 하나의 묶음을 염두에 둔 구성이라고 볼 수 있다. 아울러 시 41편은 그 앞의 시 40편과도 연결된 시이다. 우선 이 두 시편은 가난한 자의 기도로 서로 연결된 시이다(עני 40:18=דל 41:2). 비록 원수들이 조롱하지만(40:16; 41:7-8), 그러나 가난하고 힘없는 기도자는 복된 자이다(אשרי 40:5=41:2). 시 41편이 제1권의 마지막 시로서 시 1편과 관련이 된다면, 제1권의 네 번째 묶음의 마지막이라고 할 수 있는 시 40편은 시 41편과 연결됨과 동시에 다음의 연결고리들을 통해 그 처음 시인 시 35편과 앞, 뒤를 둘러싸고 있는 시이다. 네 번째 묶음의 첫 시인 시 35편에도 역시 원수들의 조롱하는 말(35:21, 25)이 있고, 이들이 결국에는

“수치”(בּוֹשׁ)를 당할 것이며(35:26=40:15),[26] 야훼를 기뻐하는 자들은 “야훼가 위대하다(יִגְדַּל יְהוָה)”고 노래할 것이다(35:27=40:17). 시 35-41편의 전체 구성은 힘없고 가난한 자가 고통에 처해 있을 때, 원수들은 기도자의 고난을 감싸주기는커녕 오히려 조롱하며 악한 궁리나 한다(35:15-16; 35:2-5). 하지만 기도자는 저들이 끝내는 수치를 당하고 넘어질 것임을 안다(35:26-27; 36:13), 그러니 악인이 잘 되는 것 같고 의인이 고난을 당하는 것 같으나 오직 야훼의 법도를 지키며 야훼를 신뢰하면 그가 구원하심을 확신한다(37장). 이 믿음 가운데서 주위의 사람들의 무관심과 악담과 음모 가운데서도(38:12-13), 대꾸하지 않고(39:2-3) 오직 야훼만을 기다리며 고통 중에 야훼를 간절히 찾는다(38-39편). 이제 시 40-41편은 야훼를 간절히 찾고 기다림의 응답을 노래하며 감사한다(40:2f.). 시편의 제1권의 마지막 4번째 묶음은 마치 욥기의 내용을 요약해 놓은 듯하다. 고난 받는 욥의 탄식과 야훼의 구원을 간절히 부르짖는 모습이 그렇고, 그를 찾아온 세 친구들의 태도에 대한 욥의 질타와 악인이 잘되는 것 같고 의인이 고난을 받는 것처럼 보이는 불공평한 세상에 대한 것들과, 오직 야훼만을 간절히 기다리는 욥의 모습이 그렇다.

시편 제1권의 3-41편 첫 번째 다윗시모음집의 전체 구성이 주는 메시지는 원수(대적)로 인한 위기에서의 탄식과 야훼의 구원에 대한 신뢰와 응답으로 감사와 찬양을 하는 것이다. 그래서 제1권의 각 네 묶음들의 가운데 있는 시들은 모두 찬양시이다(8, 19, 29)이며, 특히 19편과 네 번째 묶음의 가운데 있는 시 37편의 알파벳 시는 무엇보다도 야훼의 법(토라)를 중요 핵심주제로 삼고 있다(37:30)

26) 시 35:26: יֵבֹשׁוּ וְיַחְפְּרוּ יַחְדָּו.

시 40:15: יֵבֹשׁוּ וְיַחְפְּרוּ יַחַד.

3. 제2-3권(시 42-72편/ 73-89편)의 구성

제2권은 표제어에 따라 크게 셋(고라의 시: 42-49; 아삽의 시: 50; 다윗의 시: 51-72)으로 구분된다. 이상과 같은 제2권의 표제어에 따른 구성은 크게 보면 제3권과의 구성을 염두에 둔 것이다. 곧 제3권의 마지막 시 84-89편은 제2권의 처음에 배열된 "고라의 시"와 같고, 제3권의 끝에서 두 번째 묶음인 시 73-83편의 "아삽의 시" 역시 제2권의 두 번째 "아삽의 시"와의 구성을 염두에 둔 것이다. 그렇게 함으로써 제2-3권은 다윗시 모음집을 가운데 두고 있는 전체 하나의 큰 구성을 이루는 것이다.[27] 또한 시 42-89편의 고라와 아삽의 시 모음은 각기 주제(탄식-응답-탄식)와 기도자의 인칭의 변화(단·복수)에 따라 구성되어 있음을 볼 수 있다.[28]

구성	고라의 시: 42-49	고라의 시: 84-85, 87-88
탄식	42/43(나) - 44(우리)	84(나) - 85(우리)
(하나님)의	45-48	87
응답 탄식	49(나)	88(나)

구성	아삽의 시: 73-77	아삽의 시: 78-83
교훈	73	78
탄식	74(우리)	79-80(우리)
(하나님)의	75-76	81-82
응답 탄식	77(나)	83(나)

27) 이를 표로 나타내 보이면 다음과 같다. 참고, E. Zenger(Hg.), Einleitung in das Alte Testament, 3. Aufl. (Stuttgart, 1998), 314.

고라의 시 42-49	아삽의 시 50	다윗의 시 51-72	아삽의 시 73-83	고라의 시 84-89
A	B	C	B	A

28) 참고, E. Zenger(Hg.), *Einleitung*, 314; F.-L. Hossfeld u. E. Zenger, *Psalm 51-100, HThK (AT)* (Freiburg u.a., 2000), 28.

아울러 제2-3권의 시들은 신명을 "엘로힘"을 쓰고 있다는 점에서 "야훼"의 이름을 쓰고 있는 제1권과 가장 큰 차이를 보인다. 같은 시가 중복되면서도 신명을 다르게 쓰고 있는 시 53편(시 14편)[29]과 시 70편(시 40:14-18)을 보아도 이 중복의 시들을 "엘로힘 시모음집(시 42-83)"에 배치한 것은 매우 의도적인 것임을 알 수 있다.

제2권의 첫 번째 고라시 모음집(42-49)의 현 구성의 특징은 앞(42-43편)과 뒤(48-49편)가 "하나님의 집", "성전", "거룩한 산"의 핵심 단어들로 전체를 감싸고 있다. 우선 42편과 43편은 서로 하나의 통일된 시로 보아야 한다. 시 43편이 표제어가 없는 것[30]외에 다음과 같은 이유로 시 42편의 연속으로 본다[31]: 1) 두 시의 기도자의 상황이 같다. 2) 같은 문장이 반복되어 나온다(42:6, 12; 43:5).[32] 3) 하나님께 나아가기를 소망하는 것을 서로 연결한다(42:3: "언제 나아가 하나님을 볼 수 있을까?" מתי אבוא ואראה פני אלהים= 43:4: "내가 하나님의 제단에, 하나님께, 나아가리라" ואבואה אל־מזבח אלהים). 4) "어디에 하나님이 계시는가?"(איה אלהיך)의 질문(42:4,11)에, "거룩한 산"(הר־קדשך), "하나님이 계시는 곳"(משכנויך)을 답한다(43:3).

첫 번째 고라시 모음집의 처음인 시 42편과 마지막인 시 49편은 중요 핵심어인 "영혼"(נפש)이 서로 대조적으로 쓰이고 있다. 시 42편에서는 기도자 자신의 "영혼"이고(2, 3, 5, 6, 7, 12절), 시 49편에서는 만민에게 주는 지혜의 권면으로, 누구라도 자신의 "영혼"을 속량할 수 없으며(9절), 오직 하나님만이 나의 "영혼"을 속량하실 수 있다고 말한다(16

29) 참고, M. Millard, *Die Komposition des Psalters,* 116-117.

30) 칠십인역과 라틴역은 "다윗의 시"라는 표제어를 달고 있지만, 대부분의 히브리어 사본에는 표제어가 없고 하나의 시로 간주한다.

31) 참고: F.-L. Hossfeld u. E. Zenger, *Die Psalmen I, Psalm 1-50,* Die Neue Echter Bibel 29 (Würzburg, 1993), 265.

32) 개역개정: "내 영혼아 네가 어찌하여 낙심하며 어찌하여 내 속에서 불안해 하는가? 너는 하나님께 소망을 두라 그가 나타나 도우심으로 말미암아 내 하나님을 여전히 찬송하리로다."

절). 또한 시 42편에 뒤이은 시 43편과 시 49편 앞에 있는 시 48편은, 시 42편과 시 43편을 연결해 주고 있는 하나님이 계시는 곳인 "거룩한 산"의 주제로 서로 연결되어 있다(48:2: "거룩한 산", "하나님의 성(城)"; 48:3: "시온산"; 48:9: "야훼의 성(城)", "하나님의 성(城)"; 48: 10: "성전"; 48:12f.: "시온산"). 시 44편은 하나님께서 지난 날 민족들에게 행하신 구원의 역사를 회상하며, 현재 민족들로 하여금 곤경에 빠진 "우리"를 구원해 주기를 간청한다. 이는 마지막 시 49편에서 민족들을 향한 지혜의 권면과 연결된다. 시 45편과 시 47편은 민족들을 향하여 야훼가 왕이심을 찬양하는 제왕시이다. 그리고 이 두 시편에 연이은 시 46편과 시 48편은 바로 그 야훼가 "피난처"(משגב 46:8, 12; 48:4)이심을 노래한다. 전체적으로 제2권의 첫 번째 고라시 모음집의 구성을 표로 나타내면 다음과 같다.

시 42	시 43	시 44	시 45	시 46	시 47	시 48	시 49
영혼	시온산	민족	왕	피난처	왕	시온산 피난처	민족 영혼

시 50편 아삽의 시는 제2권의 첫 번째 고라시 모음집(시 42-49편)과 두 번째 다윗시 모음집(시 51-72편)을 연결해 주는 기능을 하고 있다. 고라시 모음에서 중요시 했던 "하나님이 어디 계시는가?"의 답변으로 제시된 "거룩한 산", "시온산"과 "열방"/만민에 대한 주제를 시 50편은 그 처음에 연결한다. 곧 "해 돋는 데부터 해 지는 데까지"의 온 세상을 부르시는(1절) 야훼는 시온에서 빛을 발하신다(2절). 또한 시 50편에서 "참된 제사", "감사 제물"이 중요한 주제로 다루어지는 데, 이는 그 뒤에 나오는 두 번째 다윗시 모음집의 첫 번째 시인 시 51편(참조. 삼하 11-12장)[33]에서 하나님이 원하시는 올바른 제사와 제물의 주제로

33) 시 51편은 다윗의 밧세바 범죄 사건과 내용상 밀접한 관련을 갖는다: 3절a=삼하 12:22; 6절a=삼하 12:13; 6절b=삼하 12:27; 19절=삼하 12:15-17.

결론을 내리는 것과 매우 잘 연결되어 있다(시 51:18-21).[34]

두 번째 다윗시 모음집인 시 51-72편의 유형별 구성을 보면, 간구-(시 51편)-탄식(시 52-55편)-간구(시 56-60편)-신뢰(시 61-64편)-찬양/감사(시 65-68편)-탄식(시 69-71편)-간구(시 72편)으로 되어 있다. 시 51편이 "쌍둥이 시편"으로 시 50편과 연결된다면, 시 52편은 그 앞 고라시 모음집의 마지막 시인 시 49편과, 다윗시 모음집이 끝나고 다시 아삽의 시로 연결되는 첫 시편인 시 73편과 함께 "지혜시"로써 앞, 뒤의 시 모음집들과의 연결을 염두에 두었다.[35] 비록 "솔로몬의 시"라는 표제어를 갖고 있는 시 72편이지만, 20절의 "이새의 아들, 다윗의 기도의 끝"(כלו תפלות דוד בן־ישי)이라는 언급은 시 72편을 그 앞의 다윗의 시들과 분류되는 개별시라기보다는 무엇보다도 그 앞에 있는 시 3-72편을 하나의 큰 다윗시 묶음의 틀로 이해하게 한다. 특히 시 72편은 바로 앞의 시 71편과 긴밀한 관련을 맺고 있기에 이 두 시를 서로 떼어내어서는 안 된다. 시 71편의 중요 주제인 "하나님의 정의"(2, 15, 16, 19, 24절)를 시 72편은 처음부터 연결하여 나간다(1절). 그 외에도 미래에 대한 보장(71:18; 72:5), 야훼의 구원/도움(71:2, 11; 72:12), "어느 때나"(תמיד: 71:3, 6, 14; 72:15), "종일토록"(כל־היום: 71:8, 15, 24; 72: 15), 야훼의 "기적"(נפלאות : 71:17; 72:18) 등과 같은 연결고리들을 갖고 있다. 시 71편과 시 72편을 하나로 연결하는 중요한 "야

---

34) 시 50편과 시 51편은 이른바 "쌍둥이 시편"(Zwillingspsalmen)이라 부른다. 이에 대해서는 M. Millard, *Die Komposition des Psalters.* 21; E. Zenger, *Ich will die Morgenröte wecken. Psalmenauslegungen,* (Freiburg u.a., 1991), 292를 참고하라.

35) 참고, E. Beyerlin, *Der 52. Psalm. Studien seiner Entstehung,* BWANT 111 (Stuttgart u.a., 1980), 108ff. 시 14편과 긴밀한 관련을 맺고 있는 시 53편이 현 자리에 위치하고 있는 것은, 그 앞의 시 52편에서 악인의 죄악의 근본인 속이는 혀로 인해 선한 일보다는 악을 행하는 것(시 52:4-6)에 대한 지적을 시 53편에 이어서, 누구도 선한 일을 하는 이가 없고, 죄악을 밥 먹듯이 하는 입(시 53:2, 4-5)으로 연결하는 것이다. 시 52편과 시 53편의 관련에 대해서는 M. Goulder, *The Players of David*(Psalms 51-72), JSOTS 102 (Sheffield, 1990), 71-83을 참고하라.

훼의 의"의 개념은 특히 제3권의 마지막 시인 시 89편의 주제이기도 하다(89:17). 시 72편과 시 89편은 모두 제왕시에 속한다. 제2권의 마지막 시 72편에서 모든 왕과 모든 민족이 그(야훼)를 "섬길 것"(עבד)을 노래하고 "다윗의 기도가 끝났다"고 했다면, 제3권의 마지막 시 89편에서는 "다윗"을 곧 "나(야훼)의 종"(עבדי: 89:4, 21)이라고 가리키고, "당신(야훼)의 종" 다윗과 맺은 언약(89:4: כרתי ברית ... לדוד עבדי, 40절: ברית עבדך)과 다윗과 맹세하신 사랑을 기억하사(50절: חסדיך ... נשבעת לדוד), "당신(야훼)의 종"을 기억하여(51절: זכ ... עבדיך) 주기를 간구한다.

새롭게 시작되는 제3권의 시작인 시 73편은 시 1편과 매우 밀접한 관련을 맺음으로써, 제3권을 시편 전체 서론인 시 1편의 신학을 따라가게 한다. 시 1편에서 악인들의 길은 망하리라고 했지만, 시 73:3-12에서는 그완 반대로 악인들이 오히려 세상에서 잘사는 것처럼 본다. 하여 시인은 삶의 표준인 "토라"를 준수하는 길에 잠시 회의하지만(2, 13절), 곧이어 "하나님의 성소"(מקדשׁ־אל)에 들어가 무엇이 참된 길인지를 깨닫고(17절), 얻은 결론은 주께서 악인들을 넘어지게 할 것이며(18절) 결국엔 망하게 하실 것(27절)이라는 것이다. 그리고 시인의 결심은, 하나님께 가까이 있는 것이 "자기에게 좋은 일"(לי־טוב)이며, 이제 야훼를 "피난처"(מחסה)로 삼고, 야훼가 하신 일을 전하겠다는 것이다(28절). 아삽시 모음집인 시 73-83편은 앞에서 표로 언급했듯이, 교훈(시 73편, "나")-탄식(시 74, "우리")-하나님의 응답(시 75-76편)-탄식(시 77편, "나")로 연결되는 모음과 그 뒤에 다시 교훈(시 78편, "나")-탄식(시 79-80편, "우리")-하나님의 응답(시 81-82편)-탄식(시 83편, "나")로 배열되어 서로 앞, 뒤의 구성을 맞추고 있다. 또한 그 뒤를 따르는 두 번째 고라시 모음집 역시, 탄식(시 84, "나"; 시 85:1-8, "우리")-하나님의 응답(시 85:9-14; 시 87)-탄식(시 88)으로 그 앞의 아삽시 모음집의 구성과 관련을 맺는다. 아울러 고라시 모음집은 주제상 앞, 뒤 모음집이 서로 연관을 맺는다.[36]

첫 번째 고라시(시 42-49)	두 번째 고라시(시 84-89)	주 제
시 42f.	시 84	순례시
시 44	시 85	민족탄식시
시 45f.		왕, 시온(시 86-다윗시)
시 47f.	시 87	시온
시 49	시 88	(지혜) 탄식시

또한 제3권 시 73-89편은 주제 및 중요 핵심 단어들을 통해 각 시들이 서로 연결고리를 갖고 다음과 같이 계속 이어나간다.

시 73: '하나님의 성소'(מקדשי־אל)에 들어가 깨달음(17절)

시 74: "성소"(3절: קדש; 7절: מקדשך)의 파괴 – 시온산(הר־ציון)을 기억해 주기를 간구(2절)

시 75: (성소를 파괴한 열방에 대한) 하나님의 심판(판결 שפט)을 간구(3, 8절)

시 76: (성소를 파괴한 열방에 대한) 하나님의 심판(판결 משפט)을 간구(9, 10절)

시 77: 역사회상

시 78: 역사회상; 시온산(68절: הר־ציון), 성소(69절: מקדשו) 선택

시 79: 열방에 의한 예루살렘 성전의 파괴(1절: היכל קדשך ... ירושלם)

시 80: 과거 열방으로부터 구원받은 역사회상

시 81: 과거 열방으로부터 구원받은 역사회상

시 82: (열방의 "가장 높은 신 עליון"들의 아들(신)들에 대한) 야훼의 심판(판결 שפט 1, 2, 3, 8절)

시 83: 열방에 대한 야훼의 심판 간구: 오직 야훼만이 "가장 높으신 분 עליון"(19절)

시 84: 야훼가 계신 곳(2절), 야훼의 궁전(3절), 야훼의 집(5절), 시온(7

36) 참고, M. Millard, *Die Komposition des Psalters,* 42.

절)에 대한 사랑

시 85: (시온의 회복을 위한) 야훼의 사랑(חסד)(8, 11절) 간구

시 86: (시온의 회복을 위한) 야훼의 사랑(חסד)(5, 13, 15절) 간구

시 87: 시온의 회복: 야훼가 그의 성을 "거룩한 산"(בהררי־קדש)에 세움 (1절), "시온"에 대한 야훼의 사랑(2절: אהב), "가장 높으신 분" עליון이 "시온"을 세움(5절)

시 88: 야훼의 "사랑"(12절: חסד)과 "진실"(12절: אמונתך)을 간구

시 89: 야훼의 "사랑"(2, 3, 15, 25, 29, 34, 50절: חסד)과 "진실"(2, 3, 6, 9, 25, 34, 50절: אמונתך)을 찬양

이상의 제3권의 연속된 시모음집은 제3권을 하나의 큰 통일성을 이룬 연작 시집으로써, 하나님의 거룩한 산 시온과 그곳에 있는 하나님의 집인 성전의 회복과 구원을 간구하는 통일된 주제를 읽도록 해주는 구성의 특징을 보여준다고 할 수 있다.

4. 제4권(시 90-106편)의 구성

제4권의 우선적인 특징은 그 이전의 모든 시편들과 달리 첫 번째 시인 시 90편의 표제어에 "모세"(모세의 기도: תפלה למשה)의 이름이 거론된다는 점이다.[37] 아울러 "모세"의 이름으로 거론된 제4권의 시작은 제4권의 마지막 시편에 다시 나타남으로써(시 106:16, 23, 32) 제4권 전체의 첫 번째 통일성을 보여준다. "모세"의 이름으로 시작하여 끝을 맺는 제4권의 의미는 무엇인가? 무엇보다도 제4권의 끝(시 105-106편)은 이스라엘의 역사를 이야기 한다는 점에서, "모세"는 (진정한) 이스라엘 역사의 가장 중요한 시작이며, 이스라엘 역사를 서술함에 있

37) '모세"의 이름이 표제어에 나타난 경우는 시편 전체에서 이곳 밖에 없다. 표제어 외에 시편 전체에서 "모세"의 이름이 거론된 곳은 시 77:21 한 곳을 제외하고는 오직 제4권에만 나온다(90:1; 99:6; 103:7; 105:26; 106:16, 23, 32).

어, 그 모든 흥망성쇠의 가장 중심이 “토라”의 준수 여부에 있었다면, 그 “토라”를 수여한 “모세”를 중심으로 시작하여 끝을 맺는 것은 우연이 아닐 것이다. 그랬기 때문에 제4권의 마지막에 이스라엘 역사를 서술하면서(시 105-106), 이스라엘 역사에 나타난 하나님의 뜻은 “야훼께서 자기 백성들로 하여금 “율례”를 지키고 “토라”를 따르게 하기 위함” (ישמרו חקיו ותורתיו ינצרו)이었다는 말을 결론적으로 하고 있는 것이다(시 105:45).[38] 또한 제4권에서 “기도”(תפלה)가 표제어에 쓰인 경우는 시 90편 외에 시 102편(1절) 밖에 없다.[39] 시 90편과 시 102편은 변함없는 야훼의 임재에 대해 노래한다는 점에서 이 두 시편이 시 90-102편을 한 묶음으로 엮는 역할을 한다고 볼 수 있다.[40] 시 90-102편이 연결된다면, 그 뒤에 오는 시 103편과 마지막 시 106편은 중요 핵심어인 “사랑”(חסד)과 “긍휼”(רחם)을 통해 서로 앞, 뒤를 감싸고 있다(시 103:4; 시 106:45, 46). 특히 시 103편은 “내 영혼아 야훼를 찬양하라, 내 속에 있는 모든 것들아 그의 거룩하신 이름을 찬양하라”(시 103:1)고 시작하는 표현은 시 103편과 시 104편을 하나의 시로 엮어주는 반복어구(시 103:2, 22; 104:1, 35)로 그 앞의 시들과 구별된다. 이상을 종합하면 제4권은 크게 둘로 나뉜다. 전반부는 시 90-102편이고, 후반부는 시 103-106편이다. 또한 제4권의 구성의 특징 중 다른 하나는 탄식과 찬양의 반복구조에 따라 배열되어 있다는 것이다. 곧, 탄식(시 90-91편)-찬양(시 92-93편)-탄식(시 94편)-찬양(시 95-101편)-탄식(시 102편)-찬양(시 103-106편)의 순서로 되어 있다.

---

38) Millard 역시 제4권은 토라를 중심으로 엮어져있다고 본다. M. Millard, *Die Komposition des Psalters*. 148.

39) 이 두 곳을 제외하고 시편 전체에서 “기도”(תפלה)가 표제어에 쓰인 경우는 시 86:1; 142:1 두 곳밖에 없을 정도로 제4권에서 특이하게 쓰이고 있음을 알 수 있다.

40) 시 90:1b-2: 산, 땅, 하늘이 있기 전부터 영원히 야훼는 하나님이다!
시 102:26f.: 땅과 하늘을 야훼가 지었다. 이 모두가 사라져도 야훼는 한결같다!

1) 제4권의 전반부 시 90-102편의 구성

제4권의 시작인 시 90편의 "모세의 기도"라는 독특한 표제어로 인해 그 앞의 시들과 구별되는 새로운 시의 시작으로 얼핏 보이는 것 같지만,[41] 시 90편은 바로 앞의 시 89편과 매우 밀접하게 연결되어 있다. 제3권의 마지막인 시 89편은 영원한 다윗왕조에 대한 야훼의 언약(כרתי ברית, 4-5절)의 근거는 곧 이스라엘이 야훼의 "토라"(תורתי)와 "규례"(ובמשפטי)에 따라 사는 것(31절)과, 그의 "계명"(חקתי)과 "율례"(ומצותי)를 준수하는 것(32절)이었지만, 이스라엘이 그렇게 살지 못함으로 인해 야훼의 심판을 받았으나, 이제 "야훼의 신실하신 언약"[42]에 따라(34절) '다윗과 맹세하신 야훼의 옛 사랑으로'(50절, חסדיך הראשנים אדני נשבעת לדוד) 이스라엘을 회복시키고 구원해 주기를 간구한다. 이스

41) 이에 대해서는 G.H. Wilson, "Evidence of Editorial Divisions in the Hebrew Psalter," *VT* 34 (1984), 337-352, 특히 348을 참고하라.

42) 구약성서에 나타난 "계약"(ברית) 개념은 계약 당사자 중 어느 일방이 계약을 이행하지 않으면 그 계약이 파기되어 무효해지는 쌍방간의 협약과 같은 의미가 아니라, 계약 당사자 간의 신실한 자기 의무와 같은 것이다. 구약성서 안에 나타난 ברית에 대해서는 H.D., Neef, "Aspekte alttestamentlicher Bundestheologie," in: F. Avemarie u. H.Lichtenberger(Hg.), *Bund und Tora. Zur theologischen Begriffsgeschichte in alttestamentlicher frühjüdischer und urchristlicher Tradition,* WMANT 92 (Tübingen, 1996), 1-23, 특히 3-5를 참고하라. 구약성서의 "ברית"에 대한 개념 및 "계약신학"(Bundestheologie)에 대한 연구사에 대해서는 E.W. Nicholson, *Covenant and Theology in the Old Testament* (Oxford, 1986); E. Zenger, "Die Bundestheologie ein derzeit vernachlässigtes Thema der Bibelwissenschaft und ein wichtiges Thema für das Verhältnis Israel Kirche," in: E. Zenger(Hg.), *Der Neue Bund im Alten. Zur Bundestheologie der beiden Testamente,* QD 146 (Freiburg, 1993), 13-50; 그리고 이를 잘 요약 정리하고 있는 F. Crüsemann, "Ihnen gehören ... die Bundesschlüsse(Röm 9,4). Die alttestamentliche Bundestheologie und der christlich-jüdische Dialog," *KuI* 9 (1994), 21-38, 특히 22 이하 등을 참고하라. 아울러 박경철, "이사야서에 나타난 베리트의 신학적 의미 1(Theological Meaning of berit in the Book of Isaiah(I)," in: 『구약신학저널』(*The Journal of Old Testament Theology*) 제6호 (서울: 도서출판 이레서원, 2001), 352-372 등을 참고하라.

라엘 역사에 있어서 야훼의 토라를 지키지 않고 범죄한 이스라엘에게 내릴 야훼의 심판으로부터 이들의 회복과 구원은 야훼의 "토라", "규례", "율례"와 "계명"들을 수여한 모세의 중보가 언제나 중요한 역할을 수행했음을 기억한다면, "모세의 기도"로 시작하는 시 90편이 시 89편의 뒤를 따르고 있는 현 최종형태 시편의 구성은 매우 의도적인 것임을 알 수 있다. 그렇기에 두 시는 야훼의 구원행위에 대한 탄식에 있어서, 모두 "야훼의 종들"을 기억하고 위로해 주기를 바라는 것으로 서로 밀접하게 연결되어 있다(시 89:51; 90:13, 16).[43]

제4권의 첫 두 시편인 시 90편("우리")과 91편("나)은 양식상 탄식시에 속한다. 그러나 두 시의 탄식의 배경은 회의에 있지 않고, 야훼에 대한 전적인 신뢰에 있다. 그리고 야훼에 대한 전적인 신뢰의 근거에 있어서 두 시편 모두 동일한 주제를 각 시의 가장 앞에 두고 있다. 곧 야훼는 대대로 우리가 거할 "처소(מעון)"(시 90:1)이며, 야훼는 나의 "피난처"(מחסי)(시 91:2); 야훼는 "나의 피난처"(מחסי)… "너의 처소"(מעונך)(시 91:9)이다. 이는 제4권의 가장 앞에 놓인 두 편의 시는 서로 탄식과 신뢰의 양식을 갖고 하나로 연결되고 있음을 알 수 있다.[44] 아울러 시 91편 처음에 야훼는 "지극히 높으신 이"(1절, עליון)로써 언급되는데, 이는 그 다음 시인 시 92편 처음(2절, עליון)에 연결된다. 또한 시 90편과 시 91편을 연결했던 신뢰 주제인 "처소"(מעון 90:1; 91:9)가 되시는 야훼를 "지극히 높으신 이"(עליון)로 부르고 있다는 것(91:9)은 시 90-92편을 계속해서 연결해 주고 있다는 것을 볼 수 있다. 시 90-92편의 야훼가 "피난처"가 되시는 주제는 야훼가 계시는 거룩한 집(לביתך נאוה־קדש יהוה)인 성전에 대한 신뢰를 노래하는 그 뒤에 오는 시 93편과도 연결된다. 특히 야훼의 거룩한 집, 성전에 대한 "영원무궁한"(5절,

43) 참고, F.-L. Hossfeld u. E. Zenger, *Psalm 51-100*, 597f.

44) Zenger는 시 91편은 시 90편의 "탄식"과 "간구"에 대하여 답변하는 시라고 본다(cf. 시 91:15: "그가 내게 간구하리니 내가 그에게 응답하리라"). F.-L. Hossfeld u. E. Zenger, *Psalm 51-100*, 624.

(לארך ימים) 신뢰는 시 90편 처음에 나오는 야훼가 "대대로"(1절, ודר בדר) 거처가 되신다는 주제, 그리고 시 91편 마지막 결구에서 밝히고 있는 야훼의 "영구한"(16절, ארך ימים) 구원의 약속과도 서로 연결된다. 또한 야훼의 "영원함"(עולם)에 대한 주제 역시 시 92편과 93편을 연결해 준다(92:9; 93:2). 성전을 뜻하는 "야훼의 집"(בית יהוה)은 시 92편과 93편을 이어주는 연결고리이다(92:14; 93:5). 또한 시 92편의 마지막에 나온 야훼에 신뢰 주제의 또 다른 표현인 야훼는 "나의 반석"(16절, צורי)은 시 94편 마지막에 중요 연결 핵심어인 "피난처"(22절, לצור מחסי)와 함께 나타난다. 그리고 야훼가 "반석"이라는 신뢰의 주제는 그 다음 시인 시 95편에 처음(1절, 우리를 구원하는 반석: לצור ישענו)에 다시 나온다. 이상은 시 90-95편이 하나로 연결되어 읽도록 하고 있음을 보여주는 것이다.[45)]

시 96편의 시작은 "새 노래[46)]로 야훼를 노래하라"(שירו ליהוה שיר חדש)는 것과 "온 땅이여 야훼를 노래하라"(שירו ליהוה כל־הארץ)는 두 가지 이끄는 명령형 문장으로 되어 있는데, 이는 시 98편의 시작(1절, "새 노래로 야훼를 노래하라")과 시 100편의 시작(1절, '온 땅이여 야훼께 즐거이 외치라")을 연결해 주는 것이다. 이런 시 96:1의 새로운 외침의 노래의 시작은 한편으로는 시 96-102편이 그 앞의 시 90-95편과 서로 다른 묶음으로 구분되어 진다는 것을 뜻한다. 그러나 앞의 묶음(시 90-95편) 마지막 시 95편에서 야훼의 창조를 노래하는 것(4-5절)과, 뒤의 묶음(시 96-102편)의 마지막 시 102편에 야훼 창조의 노래가 함께 나오는 것(26-27절)을 보면, 이 두 묶음이 서로 관련되어 있음을 보여주기도 한다.

시 96편과 시 98편이 서로 긴밀하게 연결된 또 다른 점은 두 시 모

---

45) 4QPs[b]에는 시 92편 시 93편이 하나의 시로, 그리고 시 94편과 시 95편이 하나의 시로 되어 있다.

46) 시편 전체에서 "새 노래"(שיר חדש)는 시 96:1과 시 98:1 외에 시 33:3; 40:4; 144:9; 149:1에 나온다.

두 마지막이 "야훼가 정의로 세상(땅)을 심판하시며, 백성들을 진리로, 공의로 판결하신다"고 끝을 맺고 있다는 점이다.[47] 또한 시 97:1이 "야훼가 다스리신다"로 시작하듯이 시 99:1도 역시 "야훼가 다스리신다"로 시작한다. 그리고 시 97편 마지막(12절)과 시 99편 마지막(9절)은 야훼의 "거룩하심"을 동일하게 쓰고 있다. 이는 시 96–97편과 시 98–99편이 각기 하나로 연결된 시이며, 또한 각 두 편의 시들의 묶음 역시 서로 연결된다는 점을 말해준다.

A 시 96:1: "새 노래로 야훼를 노래하라!"
B 시 96:13: "야훼가 정의로 세상을 심판하신다."
C 시 97:1: "야훼가 다스리신다."
D 시 97:12: "그(야훼)의 거룩하심"
A 시 98:1: "새 노래로 야훼를 노래하라!"
B 시 98:13: "야훼가 정의로 세상을 심판하신다."
C 시 99:1: "야훼가 다스리신다."
D 시 99:9: "야훼 우리하나님은 거룩하시다"

아울러 시 96편과 시 100편이 "온 땅"(כל־הארץ)이 찬양하라는 서두의 공통점 외에 또 다른 중요한 공통점은 두 시 모두 "성전입장의 노래"라는 특징이다.

시 96:8: "예물(희생제물: מנחה)을 갖고 그(야훼)의 뜰(לחצרותיו) 안에 들어가라"

시 100:4: "감사함으로 그의 문들(שעריו) 안으로 들어가며 찬송하며 그의 뜰(חצרתיו) 안으로 들어가라."

47) Millad는 특히 "새 노래"로 야훼를 찬양하라는 시 96편과 시 98편은 각기 그 앞에 "야훼는 왕이시다"라는 제왕시(시 95편; 시 97편)를 두고 있는 공통점이 있다고 지적한다. M. Millard, *Die Komposition des Psalters*. 202.

성전입장의 노래인 시 96편은 성전을 의미하는 "피난처", 피할 "거처/처소", "야훼의 집"등의 핵심어들을 갖고 있는 그 이전 묶음인 시 90-95편과 자연스레 연결됨과 동시에 그 뒤에 이어지는 시 97, 99편에 나오는 "시온"(97:8; 99:2: ציון), "거룩한 산"(99:9: הר קדשו) 등의 성전 주제와 연결되고, 시 100편의 성전입장의 노래는 그 뒤에 이어지는 시 101편과 102편에 나오는 성전을 의미하는 "나의 집"(101:2, 7: ביתי), "야훼의 성"(101:8: עיר יהוה), "시온"(102:14,27,22: ציון) 등의 중요 단어들을 통해 연결됨으로 시 90-102편 전체 묶음이 시온에 있는 야훼이 집인 성전을 기리는 노래의 연속임을 보여주는 의도적인 구성임을 알 수 있다.

2) 제4권의 후반부 시 103-106편의 구성

제4권의 후반부(시 103-106편)는 두 개의 묶음(시 103-104편; 시 105-106편)으로 되어 있다. 우선 시 103편과 시 104편을 하나의 시[48]로 볼 수 있는 가장 중요한 요인은 이 두 시편이 모두 그 첫 서두(103:1f.; 104:1)와 결구(103:22; 104:35)가 "내 영혼아 야훼를 찬송하라"(ברכי נפשי את־יהוה)는 것으로 되어 있다는 점이다. 또한 제4권 후반부의 특징은 전반부 시 90-102편의 구성과 같은 면을 보여준다. 곧 제4권의 전반부가 "모세의 기도"로 중보자로서의 모세를 기억해 탄식과 간구로 시작했다면(시 90편), 후반부의 시작 역시 "모세"의 이름을 거론할 뿐 아니라, 하나님의 용서와 사랑의 근거를 옛 모세를 통한 두 번

48) 몇몇 고대 사본들에서 그렇다. 참고, M. Millard, *Die Komposition des Psalters,* 13. Koch는 시 103-105편에 대한 편집사적 연구에서 시 103:19-22; 104:1a, 33-35; 105:1, 45을 후대 편집본문으로 취급하여 시 103-104편의 관련을 살폈고(K. Koch, "Redemption and Creation in Psalms 103-105," *A Study in Redaction History within the Book of Psalms: For the Sake of the Gospel, FS. S. Amiratham* [Mysore, 1980], 64-69), Seybold는 시 104:31-35는 시 103편과 뗄 수 없는 관계라고 본다(K. Seybold, "Psalm 104 im Spiegel seiner Unterschrift," *ThZ* 40 (1984), 1-11).

째 돌판 수여 시에 나타났던 하나님의 근본적인 용서와 자비의 본성을 나타내는 본문을 인용한다(시 103:7-10, 17, 참고, 출 34:6f.).[49] 또한 제4권의 시작(시 90편)과 끝(시 102편)이 모두 야훼의 창조를 노래하고 있는 것 같이, 제4권의 후반부 첫 묶음의 끝인 시 104편은 전형적인 창조시이다.

시 103편에 나타난 야훼의 은총(사랑과 자비 חסד ורחמים 4절)은 야훼의 "계약"(בריתו)을 지키고 그의 "법도"(פקדיו)를 기억하여 행하는 자에게 있다(18절)는 점을 명시한다. 여기 쓰인 "법도"(פקדיו)라는 단어는 시 104편과 관련하여 매우 중요한 구성의 역할을 한다. 시 104편은 "창조시"이다. 시 103-104편이 하나의 시로 엮어져 있다면, 이는 야훼의 법(토라, 법도)과 야훼의 "창조"가 서로 밀접하게 연결돼 있다는 것을 의미하는데, 시편 전체에서 야훼의 "토라"와 "창조"가 밀접하게 연결돼 있는 대표적인 시 19편에 이 단어가 나온다(9절)는 점이다. 그리고 시편 전체에서 대표적인 "토라시"로 알려진 시 119편[50]에 매우 중

---

49) 시 103:8ff.에 나오는 중요 핵심어들은 이스라엘의 금송아지 우상숭배의 범죄 이후 모세를 통해 두 번째 돌판을 수여한 이후에 나오는 출 34장을 거의 그대로 인용하고 있는 것으로 야훼 하나님의 전적인 은혜를 말하는 본문이다:

시 103:8-10 (개역개정):	"여호와는 긍휼이 많으시고 은혜로우시며 노하기를 더디 하시고 인자하심이 풍부하시도다. 자주 경책하지 아니하시며 노를 영원히 품지 아니하시리로다. 우리의 죄를 따라 우리를 처벌하지는 아니하시며 우리의 죄악을 따라 우리에게 그대로 갚지는 아니하셨으니."
출 34:6-7 (개역개정):	"여호와께서 그의 앞으로 지나시며 선포하시되 여호와라 여호와라 자비롭고 은혜롭고 노하기를 더디하고 인자와 진실이 많은 하나님이라. 인자를 천대까지 베풀며 악과 과실과 죄를 용서하리라 그러나 벌을 면제하지는 아니하고 아버지의 악행을 자손 삼사 대까지 보응하리라."

50) 시 119편 연구에 대해서는 특히 Alfons Deißler, *Psalm 119(118) und seine Theologie. Ein Beitrag zur Erforschung der anthologischen Stilgattung im Alten Testament,* Münchener theologische Studien 1-11 (München, 1955); Will Soll, *Psalm 119: matrix, form, and setting,* The Catholic biblical quarterly monograph series 23 (Washington, 1991)를 참고하라.

요하고 빈번하게 사용[51]되고 있다는 점이다. 특히 이 단어가 시편 전체에서 시 117:7을 제외한 오직 이 두 시편에만 나온다는 점은, 이것(פִּקּוּדִים)이 "토라"와 "창조"를 연결하는 중요 단어임을 알 수 있고, 그렇기 때문에 야훼의 법도를 말하는 시 103편 뒤에 "창조시"인 시 104편이 뒤따른다는 다는 것은 시편 전체의 구성상 야훼의 "토라"와 그의 "창조"에 대한 노래가 매우 중요하게 서로 연결되는 주제임을 여기서도 다시 한 번 보여주는 것이다.

제4권의 마지막 두 시편인 시 105-106편은 이스라엘 역사를 회상(왕상 16:7-36: 시 105:1-15; 96:1-13; 106:47-48. 참조. 아삽의 시)하는 하나의 연속시이다. 곧 이스라엘의 역사 전반을 요약하는 이야기로서 연대기적인 순서를 따라간다: 족장시대(105:9-22), 에집트 체류(105:23-25), 애굽에 내린 재앙설화(105:26-36), 출애굽(105:37-42), 홍해(갈대 바다) 기적사건(106:7-12), 광야 유랑기(106:13-33), 가나안에서의 범죄(106:34-39), 바벨론 포로생활(106:40-44), 포로 귀환(106:45-47).

제4권의 마지막 두 시편(105-106)이 이스라엘의 역사를 회상하는 연속시로 마무리되어 있다는 것은, 제4권이 "모세의 기도"로 시작하는 것과 맞물려, 그 모든 이스라엘의 역사의 시작과 끝이 곧 모세의 "토라"에 근거한다는 것을 의미한다.[52] 곧 야훼가 이스라엘의 조상들과 맺은 약속의 주제인 "땅", 곧 가나안 땅, 다윗 왕조의 영토, 멸망한 땅이며 빼앗긴 땅, 그러나 이제는 다시 돌아갈 본토 이스라엘 땅에 대한 회복

51) 4, 15, 27, 40, 45, 56, 63, 69, 78, 87, 93f, 100, 104, 110, 128, 134, 141, 159, 168, 173절.

52) 시편에 나오는 이른바 "쌍둥이 시편"(Zwillingspsalmen)이라 불리는 것들에 대해 Zimmerli는 이를 "토라"에 근거해 설명한다. 이에 대해서는 W. Zimmerli, "Zwillingspsalmen," in: J. Schreiner(Hg.), *Wort Liebe und Gottesspruch. Beiträge zu Psalmen und Propheten. FS J. Ziegler* (Würzburg, 1972), 105-113. W. Zimmerli, *Studien zur alttestamentlichen Theologie und Prophetie. Gesammelte Aufsätze Band II,* ThB 51 (München, 1974), 261-271을 참고하라.

과 구원의 간구, 이 모든 이스라엘의 지난날의 역사는 모세에게 주어진 "토라"에 대한 이스라엘의 태도에 있었던 것임을 상기시켜 주는 것이다.[53] 그러나 이스라엘이 비록 야훼의 "토라"를 준수하지 않음으로 인해 멸망을 당하고 포로로 잡혀갔지만, 이제 구원의 가능성은 온전히 하나님의 신실하신 의무로서의 "계약"과 그의 용서하시는 자비의 본성에 의지한다. 곧 제4권의 마지막에 사로잡혀간 이들에 대한 귀환의 회복과 구원에 대한 간구의 근거가 야훼가 맺은 "계약"(106:45, בריתו)과 야훼의 "사랑"(45절, חסדו)과 "자비"(46절, רחמים)라는 단어를 쓰고 있다는 점이다. 아울러 제4권의 마지막 두 시편인 시 105편의 끝(45절, הללו־יה)과 시 106편의 시작(1절, חללויה)과 끝(48절, הללו־יה)에 "할렐루야"를 집어넣은 것은 이제 시편 전체 한 권의 마지막인 제5권의 "할렐루야" 송영집과의 연결을 염두에 둔 의도적인 구성이라고 할 수 있다.

5. 제5권(시 107-150편)의 구성

시편의 마지막 제5권의 시들은 매우 특이한 공통적 요소들을 지닌 묶음들로 이루어져 있다. 무엇보다도 제5권 시들의 가장 큰 특징은 전체적으로 "할렐루야" 시 모음집이라고 할 수 있다. 시 111편과 112편은 모두 그 서두에 "할렐루야"로 시작한다. 그리고 그 뒤를 따르는 시 113편은 처음과 끝에 "할렐루야"가 나오고, 시 115편, 116편, 117편은 모두 끝에 "할렐루야"가 나온다. 그리고 시 135편에 다시 처음과 끝에 "할렐루야"가 나오고, 시 146-150편은 모두 처음과 끝에 "할렐루야"가 나온다. 이 "할렐루야" 모음집 그 사이에 "성전입장의 노래"(시 118편)와 "성전순례시모음"(시 120-134편)이 자리하고, 그 가운데 시편 중 가장 긴 "토라시"인 시 119편이 자리하고 있다. 시 119편은 또한 시 111-112편[54] 그리고 시 145편과 함께 알파벳 시의 특징을 지니고 있다. 그

53) Millad는 제4권은 전체 문맥이 "토라"에 대해 이야기 하는 것이라고 말한다. M. Millard, *Die Komposition des Psalters*. 148.

리고 다윗시 모음집이 앞(시 108-110편), 뒤(시 138-145편)로 감싸 있고, "야훼의 위대함"을 노래하는 "감사 찬양시"가 처음(시 107편)과 끝(시 145편)에 자리 잡고 있다. 그리고 제5권의 마지막 묶음임과 동시에 한 권으로서의 시편 전체의 결론적인 "할렐루야 송영집"(시 146-150편)이 시편의 가장 마지막을 장식하고 있다. 이상은 크게 보면 다음과 같은 교차대구의 구성상의 특징을 보여준다.

A 감사찬양시(시 107편: 야훼의 위대함)
B 다윗시(시 108-110편)
C 알파벳시(시 111-112편)
D 할렐루야시(시 113-117편)
E 성전입장시(시 118편)
F 알파벳시(토라, 시 119편)
E' 성전순례시(시 120-134편)
D' 할렐루야시(시 135편)
C' 알파벳시(시 145편)
B' 다윗시(시 138-145편)
A' 감사찬양시(시 145편: 야훼의 위대함)
할렐루야 송영집(시 146-150편)

위의 구성에서 보이는 또 다른 특징 중에 하나는 첫 "할렐루야 시모음"(D)의 첫 번째 시인 시 113편의 시작(1절)과 두 번째 "할렐루야 시"(D')인 시 135편의 시작(1절)이 서로 동일하다는 점이다.[55] 또한 첫 번

54) 알파벳시 시 111편과 112편의 서두에 "할렐루야"가 나오는 것 같이, 칠십인역에서는 알파벳시 시 119편(LXXX 시 118) 서두에도 "할렐루야"가 나온다. 이 세 편의 알파벳시에 대해서는 F. Crüsemann, *Studien zur Formgeschichte von Hymnus und Danklied in Israel,* WMANT 32 (Neukirchen, 1969), 특히 296ff를 참고하라.

55) 시 113:1: "할렐루야! 야훼의 종들아, 야훼의 이름을 찬양하라!"
הללו יה הללו עבדי יהוה הללו את־שם יהוה

째 "할렐루야 시모음"(시 113-117편) 다음인 시 118편, 또는 "애굽형 할렐"(Das Ägyptische Hallel, הללא מצראם)[56]이라 불리는, 시 113-118편의 마지막 시인 시 118편의 처음(1절)과 끝(29절)은 두 번째 "할렐루야시"인 시 135편 뒤에 나오는 시 136편의 시작(1절)과 끝(26절)이 동일하다.[57] 그리고 이 문구는 제5권의 시작(시 107:1)과 동일한 것이다.

또한 이상의 시편의 마지막 제5권의 구성적 특징은 시편의 처음인 제1권의 구성의 특징과 같은 모습을 보여준다. 곧 시 119편의 "토라시"가 그 앞, 뒤로 "성전입장의 노래"와 "성전순례시"를 두고 있는 것은 시편 제1권의 두 번째 묶음(시 15-24편)의 그 시작과 끝이 성전입장의 노래이며, 가운데 창조와 토라시인 시 19편이 자리하고 있는 것과 동일한 구성이다. 아울러 시편 전체에서 제5권 외에 나오는 알파벳 시들은 모두 제1권 "다윗시 모음집"에서만 나오는데(시 9-10, 시 25, 시 34, 시 37편), 시 9-10편이 성전 입장을 향하여 나아가는 배열 속에 위치하고, 그 뒤 시 15편에 성전입장의 노래가 나왔다면, 시 15편과 평행을 이루는 성전입장의 노래인 시 24편 그 뒤에 알파벳시 시 25편이 뒤따른다. 이는 제5권의 알파벳 시(시 111-112) 다음에 "성전입장의 노래"(시 118편)가 나오고, 또 "성전순례모음집"(시 120-134편) 다음에 알파벳시인 시 135편이 나오는 구성과 동일하다. 다만 제5권에는 특성상 그 사

시 135:1: "할렐루야! 야훼의 이름을 찬양하라, 야훼의 종들아!"

הללו יה הללו את־שם יהוה הללו עבדי יהוה

56) 시 113-118편을 이른바 "애굽형 할렐"이라 부르는 것은, 시 114편에 나오는 출애굽 내용에 의거해(V.1: 출애굽, V.3.5: 갈대바다 사건) 유대 랍비의 전통에 따르는 것으로 유월절 기념 시편으로 사용되었다. 이에 대해서 M. Millad, *Die Komposition des Psalters,* 30ff.를 참고하라.

57) 시 118:1, 29: "야훼께 감사하라, 그는 선하시며 그 인자하심이 영원하다!"

הודו ליהוה כי־טוב כי לעולם חסדו

시 136:1: "야훼께 감사하라, 그는 선하시며 그 인자하심이 영원하다!"

הודו ליהוה כי־טוב כי לעולם חסדו

시 136:26: "하늘의 하나님께 감사하라, 그 인자하심이 영원하다!"

הודו לאל השמים כי לעולם חסדו

이에 할렐루야 시가 들어 있을 뿐이다.

이와 같이 시편 전체 한 권은 그 구성상의 의도를 지니고 있음을 알 수 있으며, 또한 제5권의 시들의 현재 배열은 그 앞의 제4권과의 연결을 염두에 두고 있기도 하다. 제4권의 마지막 시인 시 106편 끝에 "할렐루야"가 쓰인 것이 제5권 "할렐루야" 송영집과의 연결을 염두에 둔 것이라고 이미 위에서 언급했지만, 이 외에도 제4권의 마지막 시인 시 106편과 제5권의 처음 시인 시 107편은 다음과 같은 공통요소들을 통해 매우 밀접하게 연결되어 있다. 우선 시 106편의 시작과 시 107편의 시작이 한 자도 틀림없이 동일하다("야훼께 감사하라, 그는 선하시며, 그 인자하심이 영원하다").[58] 제5권의 시작인 시 107편에는 "야훼의 위대한 행위"를 노래하는 것("야훼의 인자하심과 사람에게 행한 그의 기적에 감사하라!")[59]이 계속 반복되어 나온다. 그런데 여기 계속 반복적으로 쓰인 야훼의 "기적"(פלא)이란 용어는 그 앞에 있는 제4권의 마지막 두 시편인 시 105-106편에서 이스라엘의 역사를 회상하며 즐겨 쓰고 있는 용어이다(105:2, 5, 7; 106:22). 이는, 제5권의 시작에 야훼의 위대하신 행위를 감사하며 찬양하는 시 107편의 현 위치는 제4권의 마지막 이스라엘 역사 회상의 시들인 시 105-106편과의 연결을 의도하고 있음을 말해주는 것이다. 또한 시 106편의 끝(47절)에 "우리를 모아주옵소서"(קבצנו)라는 간구는, 시 107편 시작(3절)에 야훼께서 "모아들인 사람들아"(קבצם)와 연결됨으로써 제4권의 끝과 제5권의 시작이 의도적으로 연결된 구성임을 알 수 있는 것이다.

제5권의 첫 다윗시모음의 첫 시편인 시 108편은 제2권의 다윗시모음집의 시 57편과 시 60편을 합해 놓은 것이다(108:2-6=57:8-12; 106:7-14=60:5-12).[60] 시 57편은 다윗이 고난(사울을 피하여 동굴로

58) 시 106:1: הודו ליהוה כי־טוב כי לעולם חסדו
시 107:1: הודו ליהוה כי־טוב כי לעולם חסדו

59) 시: 107:8, 15, 21, 31: יודו ליהוה חסדו ונפלאותיו לבני אדם

60) 시 108편과 시 57편 및 시 60편과의 관련에 대해서는 A. Weiser, *Klagelieder*,

도망했을 때, 1절)중에 간구하는 내용(2-7절)과 하나님께 대한 신뢰의 내용(8-12절)으로 되어있는데, 시 108편은 시 57편의 신뢰의 내용(8-12절)만을 선별한 것이다. 이는 "고난 가운데 야훼께 부르짖으니 그가 구원해 주셨다"(시 107:13, 19)고 반복적으로 언급하고 있는 그 앞의 시편인 시 107편을 염두에 두고, 간구의 반복을 피하고 구원의 하나님에 대한 전적인 신뢰의 내용으로 자연스럽게 연결시키려는 것이다. 이는 열방에 대한 심판의 간구와 전적인 하나님에 대한 신뢰로 끝을 맺는(108:14) 시 60편의 내용(5-12절)을 함께 연결하고 있는 것과도 관련된다. 시 109편은 시인을 괴롭히는 원수들에 대한 저주와 심판을 간구하고 야훼의 구원을 호소하는 내용인데, 이는 제2권의 시 70-71편의 내용과 관련을 맺는다. 그리고 제5권 처음 다윗시 모음집의 마지막 시편인 시 110편은 제왕시인데, 이는 제2권 다윗시 모음집의 마지막 시편인 시 72편이 제왕시인 것과 같다. 결국 제5권의 앞자리에 다윗시 모음집을 배열시킨 것은 제2권의 다윗의 배열에 맞추려는 구성적 의도가 있음을 볼 수 있다.

그 뒤에 나오는 알파벳시 시 111-112편과 이른바 "애굽형 할렐" 시 모음집(시 113-118편)의 현 배열을 보면, 연이은 시들이 서로 중요한 단어들의 연결고리들을 지니고 있음을 발견할 수 있다. 시 111편의 끝(10절)과 시 112편의 시작(1절)은 야훼를 "경외"(ירא)하는 것으로 서로 연결되고, "영원히"(לעד) 단어는 시 111-113편을 연결해 준다(111: 3, 8, 10; 112:3, 8f; 113:2f.). 113편의 끝(9절)과 114편의 처음(1절)은 "집"(בית)으로, 114편과 115편[61]은 "무엇 때문에"(114:5 מה; 115:2 למה)로, 115편의 끝에(18절)에 "영원까지"(עד־עולם) 찬양하겠다고 했다면,

---

ATD 16 (Göttingen, 1958, 특히 472와 M. Millad, *Die Komposition des Psalters.* 59f.를 참고하라.

61) 시 114-115편을 여러 히브리 사본들(알레포 코덱스, 불가타, 페쉬타 등 및 4QPso)에서는 하나로 시로 연결하여 본다. 참고, M. Millad, *Die Komposition des Psalters,* 13f.

116편의 처음(2절)은 "내 평생"(בימי) 기도하겠다고 동의어를 쓰고 있다. 아울러 115편 마지막(17절)에 "죽은 자들"(המתים)은 야훼를 찬양하지 못한다고 언급했다면, 116편 서두에는 "죽음"(3절, מות)으로부터 구해 주기를 간구한다. 117편과 118편은 "야훼의 인자하심이 영원하다"(חסדו ואמת־יהוה לעולם 117:2; 118:1-4)로 밀접하게 연결되어 있고, 이는 118편의 마지막(29절)에 다시 나온다. 시 119편은 대표적인 "토라시"이며, 알파벳의 각 22자음이 8절씩[62]되어 있어 시편 전체에서 가장 긴(22x8=176절) 시편이다. 이는 외형적으로 나타나는 특징은 시편의 모든 노래의 그 중심이 곧 "투라"임을 말해 주는 것이다 그렇기 때문에 "토라"를 지키며 사는 것이 "복 있는 것"(אשרי)임을 그 첫 서두(1절)에 밝히는 것은 한 권으로서의 시편 전체의 첫 단어(시 1:1, אשרי)였던 것과 동일하다.[63] 22개의 알파벳 자음이 8절씩 되어 있는 것은 "토라"를 상징하는 유사 개념 8개, 곧, "토라"(תורה)[64]-"증거"(עדות)[65]-"법도"(פקוד)[66]-"율례"(חק)[67]-' 계명"(מצות)[68]-"규례"(משפט)[69]-"말씀"(דבר)[70]-"길"(דרך)[71] 등을 서로 바꾸어 가며 계속 나열하는 것과도 연

---

62) א 1-8, ב 9-16, ג 17-24, ד 25-32, ה 35-40, ו 41-48, ז 49-56, ח 57-64, ס 65-72, י 73-80, כ 81-88, ל 89-96, מ 97-104, נ 105-112, ס 113-120, ע 121-128, פ 129-136, צ 137-144, ק 145-152, ר 153-160, ש 161-168, ת 169-176.

63) 제5권의 알파벳 시인 시 112편의 첫 서두(1절)도 이와 같다.

64) 1, 18, 29, 34, 44, 51, 53, 55, 61, 70, 72, 77, 85, 92, 97, 109, 113, 126, 136, 142, 150, 153, 163, 165, 174절.

65) 14, 31, 36, 88, 99, 111, 129, 144, 157절.

66) 4, 15, 27, 40, 45, 56, 63, 69, 78, 87, 93f, 100, 104, 110, 128, 134, 141, 159, 168, 173절.

67) 5, 8, 12, 23, 26, 33, 48, 54, 64, 68, 71, 80, 83, 112, 117f, 124, 135, 145, 155, 171절.

68) 6, 10, 19, 21, 32, 35, 47f, 60, 66, 73, 86, 96, 98, 115, 127, 131, 143, 151, 166, 172, 176절.

69) 7, 13, 20, 30, 39, 43, 52, 62, 75, 84, 91, 102, 106, 108, 120f, 132, 137, 149, 156, 160, 164, 175절.

70) 9, 16f, 23, 25, 28, 42f, 46, 49, 57, 65, 74, 81, 89, 101, 105, 107, 114, 130, 139, 147, 160f, 169절.

관이 있다.[72] 앞서 언급했듯이, 시 119편의 현 자리매김은 성전입장시 118편과 성전순례시 모음집 120-134편 가운데 위치하여, 제1권의 시 15-24편의 구성[73]과 깊은 연관을 맺는다. 이는 성전의 중심이 "토라"이며, 성전에서의 노래(시편)들의 중심과 성전 밖에서 일상의 삶의 중심이 곧 "토라"가 되는 것과 일치하는 것이다.

"성전순례시 모음집"인 시 120-134편은 무엇보다도 성전이 있는 "시온(산)"과 예루살렘을 위한 노래, 특히 "평화(를 기원하는)의 노래"이다. 또한 "평화"의 노래들은 야훼의 도우심에 의지하는 "신뢰시"들로 서로 연결되고 있다. 성전순례 모음집의 첫 시인 시 120편에서의 시인은 "평화를 사랑하는 자"(7절, אני־שלום)이다. 이는 그 앞에 있는 "토라시" 시 119편의 시인이 "당신(야훼)의 "토라"를 사랑하는 자에게 "평화"(שלום 165절)가 있음을 노래하는 것과 연결되는 부분이다. 그리고 그 뒤에 오는 시 121편은 "도움"(1-2절 עזר)의 근원이 전적으로 천지를 지으신 야훼에게 있음을 노래하는 신뢰시이다. 시 122편에서 다시 구체적으로 성전을 가리키는 "야훼의 집", "예루살렘"을 위한 "평화"를 반복적으로 기원하고(6, 7, 8절), 그 뒤에 오는 시 123-124편에서 야훼의 은혜를 간구하는 근거 역시 "도움"(עזר)이 천지를 지으신 야훼께로부터 오기 때문이다(124:8). 시 125편은 또 다시 "시온산"과 "예루살렘"을 지키시는 야훼를 칭송하며, 이스라엘의 "평화"를 기원하는 것으로 끝을 맺는다(5절, שלום על־שראל). 시 126편은 "시온"에서 포로로 잡혀갔던 이들을 다시 "시온"으로 돌려보내주신 야훼의 큰 일을 행하심을 칭송하고, 시 127편은 야훼의 "집" 과 "성"을 지키시는 야훼에 대한 신뢰의 노래이다. 그리고 시 128편은 다시 한 번 이스라엘에 "평화"를 기원하는 말로 끝을 맺는다(6절). 시 129편에서 "시온"을 미워하는 자

---

71) 1, 3, 5, 14, 26f, 29f, 32f, 35, 37, 59, 168절.

72) 참고, H.-J. Kraus, *Psalmen 60-150,* BK XV/2 (Neukirchen-Vluyn, [5]1978), 996.

73) 처음(시 15)과 끝(시 24)에 성전 입장시가 있고, 가운데(시 19) 토라시가 위치하고 있는 구성.

들은 수치를 당하고 복을 얻지 못할 것(5-8절)이라 말하고, 시 130편에서 다시 오직 야훼만을 의지할 것(7-8절)과, 시 130편에서는 야훼만을 의지하는 모습을 어미의 품에 안긴 젖먹이의 모습으로 비유하는 전적인 야훼 신뢰의 노래가 뒤따른다. 시 132편에서 야훼가 계실 "장막"(5절)이며, 야곱의 전능자가 "계실 곳"(5절), 야훼가 "쉬실 곳"(8절)으로 "시온"을 택하셔서(13절), 야훼가 영원히 머무를 곳으로 공포한다(14절). 그렇기 때문에, 시 133편에서 헐몬산의 이슬이 "시온"에 내림 같으니, 야훼가 이곳 "시온"에서 영생의 복을 약속하신다. 그러니 이제 "성전순례시 모음집"의 마지막 시인 시 134편에 오면, 야훼의 모든 종들이 성전을 바라보며, 찬송하기를, "천지를 지으신 야훼께서 "시온"에서 복을 내려주시리라"(3절)고 말을 맺는 것이다. 이 성전순례 모음집의 결론에 따라 그 다음에 오는 시 135편의 할렐루야 시는 그 첫 서두(1절)에 "찬송하라"를 세 번이나 반복한다. 이는 앞에 있는 "애굽형 할렐"시 모음(시 113-118편)의 첫 시편인 시 113편의 그 처음과 동일한 구성요소를 지니는 것이다. 아울러 시 135편은 "예루살렘에 계시는 야훼"께 "시온"에서 드리는 찬송을 받아주기를 간구하며 끝을 맺는 것은 다분히 그 앞의 성전순례모음집과의 연결을 의도하고 있는 것이다. 그렇기 때문에, 그 다음에 이어지는 시 136편의 처음(1절)과 마지막(26절)에 나오는 "야훼께 감사하라, 그는 선하시며 그 인자하심이 영원하다"의 문구는 전형적인 성전입장의 노래인 시 118편의 처음(1절)과 끝(29절)에 나오는 것과 동일한 것이다. 곧 성전순례시모음집 다음에 나오는 시 135-136편은 성전순례시 모음집 앞에 자리하고 있는 시 113-118편의 처음(시 113/135)과 끝(시 118/136)과의 연결을 의도한 구성적 특징을 위해 현재의 위치에 자리하고 있는 것이다. 특히 시 136편은 매절마다 "야훼의 인자하심이 영원하다"라는 말을 반복적으로 사용한다. 이는 제5권의 첫 번째 시인 시 107편과의 연결을 염두에 둔 구성이다. 왜냐하면 시 107편은 "야훼의 인자하심"을 반복적으로 사용(1, 8, 15, 21, 31, 43절)하고 있는데, 그 뒤에 제5권의 첫 번째 다윗시 모음집(시 108-

110편)이 뒤 따르고 있는 것과 같이, 시 136편 뒤에 제5권의 두 번째 다윗시 모음집(시 138-145)이 뒤따르고 있기 때문이다. 두 번째 다윗시 모음집의 시작 역시, 야훼의 성전을 바라보며 경배하는 노래이고, "야훼의 인자하심"이 핵심어로써 그 앞과 연결되어 있다(138:2). 다만 시 136편과 그 뒤의 두 번째 다윗시 모음집 사이에 시 137편이 들어가 있는 것은, 그 앞의 시온의 성전순례시 모음집과의 관련 속에서 바벨론에서의 "시온"을 기억하며 부르는 시 137편이 끼어 들어 가 있는 것이다.

시편의 가장 마지막 할렐루야 시모음집(시 146-150편)은 "영원히 야훼를 찬양하라"는 제1-4권의 각 권의 마지막 송영들(41:14; 72:18f.; 89:53; 106:48)과의 연결선상에서, 시편 전체의 마무리로써 결론적 역할을 하고 있다. 또한 시 146-150편은 제5권의 "애굽형 할렐"(시 113-118편) 그 앞에 알파벳 시편인 시 111-112편이 자리했던 것과 같이, 여기서도 알파벳 시편인 시 145편 그 뒤에 자리함으로써 제5권의 구성을 맞추고 있다. 아울러 알파벳 시 145편 앞에 있는 시 144편의 마지막은 "복 있는 자"(15절 אשרי)를 두 번이나 반복하고 있는데, 이는 "애굽형 할렐"의 시 서두(112:1)와 "토라시" 시 119편의 처음(1절)과 같은 모습이다.[74] 또한 시 146-150편의 현재의 배열은 중요한 단어들[75]과 주제[76]로 서로 연결고리들을 갖고 배열되어 있다.[77] 특히 현 최종형태의 시 146-150편의 구성은, 그 처음 146편에서 "나"의 찬양으로 시작하여, 그 다음 147편에는 "우리"와 "예루살렘과 시온"으로 확장되고, 148편에는 "모든 것들" 곧 "주의 모든 천사들"과 나아가 창조주 하나

74) Millad는 시 146-150편이 그 앞에 있는 "애굽형 할렐"과 평행을 이루는 구성을 보여준다고 본다. M. Millad, *Die Komposition des Psalters,* 144f.

75) 참고, E. Zenger, Morgenröte, 47.

76) 특히 주제의 반복으로 연결된 시 146f.와 시 149편의 "다윗과 예루살렘" 주제, 그리고 시 148편과 시 150편의 "창조"주제가 그것이다, 이에 대해서는 특히 J.S. Kselman, "Psalm 146 in Its Context," *CBQ* 50 (1988), 587-599를 참고하라.

77) 146:10=147:12 / 147:4=148:3 / 147:11=149:4 / 147:20=148:14 /148:14=149:1,9 / 149:3=150:4; 149:9=150:6.

님의 모든 피조물들인 하늘, 땅, 해와 달이 찬양한다. 149편에는 시온에 사는 "모든 주의 성도들"을 구체적으로 지목한 뒤에, 마지막 150편에서 이제는 "호흡이 있는 모든 생명체"들에게까지 야훼를 찬양하는 그 범위를 점차로 확대하는 의도적 배열의 구성을 보여준다.[78] 아울러 시편의 마지막 결론으로서의 시 146-150편은 시편의 가장 중요한 주제적 연결을 하고 있다. 곧 "야훼를 찬양"하는 그 이유가 의인과 사회의 약자들인 고아와 과부와 나그네를 향한 야훼의 "정의"에 있으며, 그를 시온에서 찬양한다(시 146편). 시온에서 찬양받으실 야훼의 정의는 야훼의 "토라"에 근거한 것이며(시 149편), 그 야훼를 모든 피조물들이 찬양할 것이니(시 148, 150편), 야훼는 온 민족을 심판하실 왕이시며 창조주이시다(시 149편). 그러니 이제 모든 호흡이 있는 자들은 야훼를 찬양할지어다. 할렐루야!(150:6).

IV. 나가는 말

현 최종형태로서의 시편 전체의 150개의 시들은 각기 저마다 생성된 시기와 각기 다른 "삶의 자리"(Sitz im Leben), 그리고 오랜 수집과 편집의 세월을 거쳐 오늘날의 현 모습을 갖추게 되었다. 지난날의 시편 연구는 이상의 각기 다른 각 개별시들의 삶의 정황들을 추적하는 일들을 해 왔다고 볼 수 있다. 그로부터 정경으로서의 시편 전체 한 권의 신학적 의미를 묻는다는 것은 거의 외면되어 왔다. 그러나 본 연구에서 다루어 본 바와 같이 현 최종형태로서의 전체 한 권 시편의 현재의 모습은 결코 각 개별시들이 우연히 지금의 모습으로 만들어 지지 않았고 분명히 의도된 구성을 지니고 있음을 볼 수 있었다.

78) 참고, F.-L. Hossfeld u. E. Zenger, *Die Psalmen I, Psalm 1-50,* Die Neue Echter Bibel 29 (Würzburg, 1993), 11f.

시편을 한 권으로 읽는 연구는 학계에서는 이제 막 첫 발걸음을 떼고 있는 실정이다. 본 연구는 최근에 일고 있는 성서의 최종형태 구성에 대한 성서연구방법론의 한 예를 시편에 적용한 국내에서는 첫 연구라 할 수 있다. 그러기에 본 연구는 아직 많이 미비하고 많이 보완될 필요를 안고 있다. 무엇보다도 본 연구는 필자에게 구약성서학의 길로 인도해 주셨고, 시편연구에 평생을 받치신 김이곤 교수님의 정년퇴임기념논문집에 실을 수 있음을 제자로서의 영광과 함께 큰 기쁨을 갖는다. 아무쪼록 본 연구가 선생님의 지난날의 시편 연구에 부끄럽지 않은 제자의 따라감이 되기를 바란다.

참고문헌

(아래 참고문헌은 본 논문의 각주에 게제된 것 들 중에서 시편 연구와 관련된 것만을 선별한 것임.)

Beyerlin, E. Der 52. *Psalm. Studien seiner Entstehung,* BWANT 111. Stuttgart u.a. 1980.

Creach, J.F.D. *Yahwe as Refuge and the Editing of the Psalter,* JSOTS 217. Sheffield, 1996.

Cr semann, F. *Studien zur Formgeschichte von Hymnus und Danklied in Israel,* WMANT 32. Neukirchen, 1969.

Deißler, Alfons. *Psalm 119(118) und seine Theologie. Ein Beitrag zur Erforschung der anthologischen Stilgattung im Alten Testament,* Münchener theologische Studien 1-11. München, 1955.

Dohmen, Chr. "Ps 19 und seine altorientalischer Hintergrund." *Bibl.* 64 (1983), 501-517.

Fischer, I. "Psalm 19- Ursprüngliche Einheit oder Komposition?." *BN* 21 (1983), 16-25.

Gese, H. "Die Einheit von Psalm 19." in: E. Jüngel u.a. (Hg.), Verifikationen. FS. G. Ebeling. Tübingen 1982, 1-10 (=H. Gese. Alttestamentliche Studien. Tübingen, 1990, 139-148).

Glass, J.T. "Some Observations on Psalm 19." in: K.G. Holglund u.a. (Hg.), *The Listening Heart. FS R.E. Murphy, O. Carm. Sheffield,* 1987, 147-159.

Goulder, M. *The Players of David* (Psalms 51-72), JSOTS 102. Sheffield, 1990.

Hossfeld F.-L. u. Zenger, E. *Psalm 51-100,* HThK(AT), Freiburg u.a. 2000

Hossfeld F.-L. u. Zenger, E. *Die Psalmen I, Psalm 1-50,* Die Neue Echter Bibel 29. Würzburg, 1993.

Hossfeld, F.-L. u. Zenger, E. "Selig, wer auf die Armen actet"(Ps 41,2),

Beobachtungen zur Gottesvolk-Theologie des ersten Davidpsalters." JBTh 7, 1992, 21-50.

Kaiser, O. *Einleitung in das Alte Testament. Eine Einfürung in ihre Ergebnisse und Probleme.* Gütersloh, [5]1984.

Koch, K. "Redemption and Creation in Psalms 103-105." in: *A Study in Redaction History within the Book of Psalms: For the Sake of the Gospel, FS. S. Amiratham, Mysore,* 1980, 64-69

Koenen, K. *Jahwe wird kommen, zu herrschen über die Erde, Ps 90-100 als Komposition,* BBB 101. Weinheim, 1995.

Kratz, R.G. "Die Tora Davids. Psalm 1 und die doxologische F nfteilung des Psalters." *ZThK* 93, 1-34.

Kraus, H.-J. *Psalmen 60-150,* BK XV/2. Neukirchen-Vluyn, [5]1978.

Kselman, J.S. "Psalm 146 in Its Context." *CBQ* 50 (1988), 587-599.

Mays, J.L "The Place of the Torah-Psalms in the Psalter." *JBL* 106(1987), 3-12.

McCann, Jr. J.C.(Hg.) *The Shape and the Shaping of the Psalter,* JSOTS 159. Sheffield, 1993.

McCann, Jr. J.C. *A Theological Introduction of the Book of Psalms. The Psalms as Thorah.* Nashville, 1993.

Millard, M. *Die Komposition des Psalters. Ein formgeschichtlicher Ansatz,* FAT 9. T bingen, 1994.

Mitchell, D.C. *The Message of the Psalter. An Eschatological Programe in the Book of Psalms,* JSOTS 252. Sheffield, 1997.

Oesch, J.M. "Zur Übersetzung und Auslegung von Psalm 19." *BN* 26 (1985), 71-89.

Rendtorff, R. *Theologie des Alten Testaments. Ein kanonischer Entwurf, Band 1: Kanonische Grundlegung.* Neukirchen-Vluyn, 1999.

Soll, Will. *Psalm 119: matrix, form, and setting,* The Catholic biblical quarterly monograph series 23. Washington, 1991.

Spieckermann, H. *Heilsgegenwart. Eine Theologie der Psalmen,* FRLANT 148. Göttingen, 1989.

Steck, O.H. "Bemerkungen zur thematischen Einheit von Psalm 19,2-7." in: R. Albertz u.a.(Hg.), *Werden und Wirken des Alten Testaments, FS Westermann.* Göttingen, 1980, 318-324.

Wetsermann, C. "Zur Sammlung des Psalters"[1962]. in: ders., *Forschung am alten Testament,* ThB 24. München, 1964, 336-343.

Willson, G.H. "Evidence of Editorial Divisions in the Hebrew Psalter." *VT* 34 (1984), 337-352.

_______. *The Editing of the Hebrew Psalter,* SBL DS 76. Chicago, 1985.

_______. "The Use of King-Psalms at the 'Seams' of the Psalter." *JSOT* 34 (1986), 85-94.

Zenger, E.(Hg.) *Einleitung in das Alte Testament.* 3판 1999.

_______. "'Von seinem Thronsitz schaut er nieder auf alle Bewohner der Erde'(Ps 33,14). Redaktionsgeschichte und Kompositionskritik der Psalmengruppe 25-34." in: *FS O. Kaiser.* Göttingen, 1994, 375-388.

_______. "Wer darf hinaufziehen zum Berg JHWH? Zur Redaktions-geschichte und Theologie der Psalemngruppe 15-24." in: *FS. N. Lohfink.* Freiburg, 1993, 166-182.

_______. *Dein Angesicht suche ich: Neue Psalmenauslegungen.* Freiburg, 1998.

_______. *Die Psalmen mit Meisterwerken des Mittelalters und der Renais-sance der ökumenische Text der Einheits bersetzung.* Stuttgart, 1997.

_______. *Ich will die Morgenröte wecken. Psalmenforschungen.* Freiburg u.a. 1991.

_______. *Psalmen 51-100,* Herders theologischer Kommentar zum Alten Testament. Freiburg im Breisgau, 2000.

Zimmerli, W. "Zwillingspsalmen." in: J. Schreiner(Hg.). *Wort, Liebe und Gottesspruch. Beiträge zu Psalmen und Propheten. FS J. Ziegler.* Würzburg, 1972, 105-113 (=W. Zimmerli, *Studien zur alttestament-lichen Theologie und Prophetie. Gesammelte Aufsätze Band II,* ThB 51, München, 1974, 261-271).

시가문학의 고대 근동적 배경에 관한 연구

김영진

고대 근동의 시가문학은 사람들과 신과 대화하는 형식 가운데 하나이다. 고대 이스라엘에서 시가문학은 기도와 찬송으로 나타난다. 이러한 이스라엘의 시가문학은 시편 이외에도 구약성서 여러 곳에 나타난다. 고대 근동의 시가문학 형태는 기도, 찬송 혹은 주문이다. 이러한 고대 근동의 시가문학을 모아놓은 작품들이 전해오고 있다.[1] 고대 근동의 시가문학은 언어에 따라서 수메르어, 아카드어, 이집트어, 우가릿어, 그리고 히브리어로 기록된 많은 작품들이 있다. 문학적인 형태는 서로 비슷하지만 그러나 각 문화권에서 따라서 자신들의 종교와 관련하여 내용상의 특징을 나타내고 있다. 즉, 형식적인 측면(문학적 양식)에서는 유사점이 있지만 그러나 내용이나 사상적인 측면에서는 비슷하면서도 차이를 나타내고 있다.

따라서 본 글은 고대 근동의 시가문학과 고대 이스라엘의 시가문학 사이의 공통점과 차이점을 비교해 보고자 한다. 이를 위하여 먼저 고대 근동의 시가문학의 종류를 살펴보고, 각 문학적 유형이 갖는 특징을 분

1) J.H. Walton, *Ancient Israelite Literature in Its Cultural Context* (Michigan: Grand Rapids, 1989), 135-168.

석한 후 고대 근동과 히브리 시가문학 사이의 유사점과 차이점을 비교 연구하고자 한다.

지금까지 이러한 연구는 시편의 개론 부분에서 간략하게 다루어지고 있다. 궁켈(H. Gunkel)이나 다후드(Dahood)의 시편주석에서 고대 이스라엘의 시와 고대 근동 시의 유사점과 차이점을 분석하였다.[2] 또한 왈톤(Walton)은 고대 근동 문학과 히브리 성서 문학의 유사점과 차이점을 분석하는 가운데서 시편 부분을 언급하고 있다. 일부 학자들은 구약성서의 시편들과 고대 근동의 시 사이의 유사점이 발견되는 부분에 대한 깊은 연구를 한 학자도 있다. 아비슈르(Avishur)는 자신의 책에서 시 29편과 하박국 3장의 시와 우가릿 시와의 관련성을 비교 연구하였다.[3]

본 연구는 어느 특정 시편에 관한 연구가 아니라 고대 이스라엘의 시가문학과 고대 근동의 시가문학의 문학적, 사상적, 신학적 유사점과 차이점을 밝히고자 한다.

I. 고대 근동의 시가문학들

고대 근동의 시가문학의 장르는 찬양시, 탄원시, 주문, 그리고 기도로 나눌 수 있다.[4]

1. 찬양시

수메르와 바벨론의 찬양시는 신이나 왕에 대한 찬양시가 있다. 바벨

2) H. Gunkel, *Introduction to Psalms: The Genres of the Religious Lyric of Israel,* (Georgia: Macon, 1998).

3) 시편 29편과 고대 근동시와의 관련성에 대하여 이미 긴스버그(H.L. Ginsberg)이나 가스터(Gaster), 올브라이트(W.H. Albright), 크로스(F.M. Cross) 등에 의하여 연구되었다. Y. Avishur, *Studies in Hebrew and Ugaritic Psalms* (Jerusalem, 1994).

4) 고대 근동의 시가문학 가운데 영웅들에 관한 서사시는 본 연구에서 제외한다. 본 연구는 종교적인 시가문학으로 제한한다.

론의 찬양시들은 대체로 짧은 탄원으로부터 시작하여 찬양으로 마치게 된다. 샤마쉬를 위한 찬양시나 이쉬타르를 위한 찬양시와 같이 일부 시들은 찬양시로만 구성된 것들이 있지만 그러나 반대로 탄원으로만 구성된 시는 발견되지 않는다. 고대 근동의 찬양시는 언어에 따라서 다음과 같이 구분할 수 있다. 수메르의 찬양시, 아카드어 찬양시, 우가릿어의 찬양시, 그리고 히브리어 찬양시로 구분된다.

1) 수메르의 찬양시

수메르어로 기록된 찬양시는 수메르의 신들인 엔릴, 이난나에 대한 엔헤두안나의 찬양시가 전해오고 있다.

(1) 엔릴의 찬양시

엔릴의 찬양시는 정확한 연대를 알 수 없지만 일반적으로 고 바벨론 시대의 것으로 추정된다. 이 시는 니푸르에서 발견된 20개 이상의 토판으로 구성되어 있으며, 대략 170행정도 된다.[5]
이 시의 내용은 세 부분으로 나눌 수 있다. 처음 64행은 니푸르(Nippur), 니푸르의 신전, 에쿠르(Ekur), 그리고 제사장의 직분에 관한 내용을 담고 있는 시이며, 65-90행은 에쿠르 도시를 세운 엔릴 신의 역할을 노래한다. 그리고 91행 이하의 나머지 부분은 모든 생명과 문화를 보존하는 엔릴 신에게 영광을 돌리는 내용으로 구성되어 있다.

(2) 이난나에 대한 엔헤두안나의 찬양시

사르곤 시대의 이난나 신에 대한 찬양시로서 사르곤의 딸이며, 우르

5) A. Fakenstein, *Sumerische Götterlieder* (Heidelberg, 1959), 1: 5-79; *ANET,* 573-576; 장일선, 『구약세계의 문학』(서울, 1981), 218-220.

의 난나(Nanna) 신을 위한 여제사장이었던 엔헤두안나가 바친 헌가이다.[6] 처음 여덟 행은 메소포타미아를 지배하는 이난나 신을 찬송하는 반면, 9-57행은 이난나의 잔인하고 무정한 측면들을 기록하고 있다. 58-65행에서는 이난나의 지혜를 찬송하며, 66-108행에서는 엔헤두안나의 고난에 대한 묘사가 뒤따른다. 이 부분에서는 짧은 탄원이 기록되어 있다. 그리고 난 후 이난나의 권세에 대한 칭송과 긍휼에 대한 요청이 있다. 이 찬양시는 이난나가 엔헤두안나의 탄원을 받아들임으로 종결된다.

2) 아카드어 찬양시

아카드어로 기록된 찬양시는 메소포타미아의 중요한 신이었던 이쉬타르, 샤마쉬 그리고 마르둑에 대한 찬양시 등 세 가지가 전해진다.

(1) 이쉬타르에 대한 찬양시

이쉬타르에 대한 찬양은 14연으로 구성된 시로서 원래 주전 2천 년대 중반 경에 기록된 것이지만 현재 신-바벨론시대의 복사본이 알려져 있다.[7] 이쉬타르에 대한 찬양시는 이쉬타르의 아름다운 몸매와 지혜를 찬양함으로서 이쉬타르가 하늘의 여왕임을 강조하는 내용이 기록되어 있고, 마지막 11연부터 바벨론의 왕이었던 아미디타나(Ammiditana; 주전 1683-1647년)의 제사와 그에게 장수의 축복이 허락되는 내용이 기록되어 있다.

---

6) W.W. Hallo and A.J.A. Van Dijk, *The Exaltation of Inanna* (New Haven, 1968), 36-43; ANET, 579-582.

7) B.R. Foster, *Before the Muses: An Anthology of Akkadian Literature: Volume I: Archaic, Classical, Mature* (Bethesda, 1993), 65-68; 장일선, 『구약세계의 문학』, 358-360.

(2) 샤마쉬에 대한 찬양시

태양신인 샤마쉬에 대한 찬양시는 후기 시대의 메소포타미아 사람들에 의하여 학습되어지거나 여러 복사본이 만들어졌다. 현재까지 네 개의 사본이 알려져 있는데 세 개는 앗수르바니팔 도서관에서 발견된 신앗시리아 제국시대의 사본이고, 다른 하나는 시파르(Sippar)에서 발견된 것으로 후기 바벨론시대의 사본이다. 샤마쉬에 대한 찬송은 전체 200행 이상으로 구성되어 있다. 이 찬양시는 샤마쉬가 만물을 꿰뚫어 보는 신임을 보여주는 것으로 시작한다.[8)]

(3) 마르둑에 대한 찬양시

마르둑에 대한 찬양시에는 매우 복잡한 생각이 묘사되어 있다. 현재까지 보존된 찬양시는 매우 부분적인 것만 발견되었기 때문에 전체의 구조를 볼 수 없다. 현재 남아 있는 부분은 마르둑의 자비로움과 그의 지혜를 찬양하는 부분이다.[9)]

3) 가나안의 찬양시

가나안의 찬양시는 주로 우가릿의 찬양시이다.

(1) 신들의 탄생을 찬양하는 시

신들의 탄생을 찬양하는 시[10)]는 아침과 저녁의 신인 샤칼과 샤림, 그

---

8) B.R. Foster, *Before the Muses: An Anthology of Akkadian Literature: Volume II: Mature, Late* (Bethesda, 1993), 536-544.

9) Foster, *Before the Muses, II,* 526-529.

리고 자비한 신들의 탄생을 노래한 시이다.[11] 이 시를 통해 강조하는 것은 엘 신의 회생에 있다. 엘이 성적인 능력이 소생하여 아세라와 아낫과 거룩한 결혼을 통하여 샤칼과 샤림 그리고 자비한 신들을 탄생시켰다.

(2) 니칼과 달신의 결혼

니칼과 달신의 결혼을 찬양하는 시는 하리비의 딸이며, 땅에 과일을 주는 신인 니칼-과-엡신과 달의 신인 야리크가 결혼하는 것을 축하하는 노래이다. 팔레스틴의 관습을 따라 결혼식은 해질 무렵에 거행된다. 그리고 마지막에 카디라트가 환성을 울린다.

4) 이스라엘 시가문학의 장르

이스라엘은 고대 근동의 이집트나 메소포타미아 사람들과 달리 시가집(시편)을 가지고 있기 때문에 이 시들의 문학적 장르 분석을 통하여 고대 이스라엘 시가문학의 장르를 분류할 수 있다. 이스라엘의 시가문학은 그 유형을 매우 세분화할 수 있지만 궁켈(H. Gunkel)은 이스라엘 시가문학을 근본적으로 세 가지 유형으로 대별할 수 있다고 주장하였다. 즉 찬양시, 탄원시 그리고 지혜시이다.[12]

(1) 찬양시

찬양시들(예, 9, 134-36편)은 하나님의 속성을 묘사하거나 하나님의 과거 행위를 선포하는 데 초점을 둔다. 하나님의 속성을 묘사하는 찬양

---

10) 이 찬양시의 제목은 학자들에 따라 각기 다르다. 드라이버(Driver)는 샤칼과 샤림의 시라고 부르기도 한다.

11) 『구약세계의 문학』, 501-508.

12) H. Gunkel, *The Psalms: A Form Critical Introduction* (Philadelphia, 1967); idem, Introduction to Psalms.

시는 대체로 공동체가 하나님의 속성을 찬양하는 것이다. 그러나 과거의 하나님의 위대한 행위를 찬양하는 시는 일반적으로 한 개인에게 나타난 하나님의 특별한 행위에 초점을 두고 감사를 강조한다.

(2) 탄원시

탄원시(Lament)는 현재 당하고 있는 심각한 상황으로 인하여 하나님께 부르짖는다. 일반적으로 탄원은 하나님의 도움을 전제한 것이다. 탄원시는 내용에 따라서 국가적으로 직면한 억압이나 재앙에 대하여 하나님께 부르짖는 공동체 탄원시(시 44, 60, 74, 79, 80, 83, 89c, 94편)와 개인의 육체적인 혹은 정신적인 고통을 호소하는 탄원시로 나뉜다. 이스라엘 탄원시는 근본적으로 자신의 무고하고 정직함을 바탕으로 하나님의 도움을 절실하게 요청한다.

이러한 장르의 구별이 있기는 하지만 히브리 시가문학에서 많은 경우 찬양과 탄원이 함께 등장하는 경우가 많다.

(3) 지혜시

지혜시편들은 찬양시나 탄원시와 구별되는 형식을 가지고 있으며, 다분히 교육적인 목적으로 어떤 특별한 주제에 관한 교훈을 제공한다. 이들은 교훈적이며(시 1, 34, 36, 37, 49, 73, 78, 112, 127, 128, 133)이며, 기도자의 구체적인 행위를 묘사하는 시가 있다(시 15, 24, 32, 40, 50). 뿐만 아니라 과거의 역사를 직간접적으로 반영하거나 시편과 관계된 운명의 역사적 사건을 반영하기도 한다(시 78, 81, 105, 106, 114).

2. 주문

주문은 고대 근동 특히 메소포타미아 지역에서 발견되는데 대체로 화난 신을 달래기 위한 목적으로 사용되었다. 주문의 종류는 다음과 같다.

1) 에르셈마

에르셈마(eršemma)로 시작되는 주문 가운데서 후기시대의 에르셈마에서 신을 달래는 주제를 발견된다.[13] 이 주문은 신전 제사장에 의하여 낭독되었다.

2) 에르샤훙가

개인 탄원시의 일종인 에르샤훙가는 원수들에 대항하면서 신에 의해 발생한 슬픔 또는 재난의 상황을 탄원한다.[14]

3) 슈일라

주문 기도인 슈일라(ṣuilla)는 수메르어와 아카드어로 되어 있는데 결코 저주도 아니며, 탄원 자체조차도 담고 있지 않다.

II. 고대 근동과 이스라엘 시가문학의 내용 비교

고대 근동과 이스라엘의 시가문학을 비교하면 유사점과 차이점이 발견된다.[15] 특히 형식적인 측면과 내용적인 측면에서 유사점과 차이점

13) M. Cohen, *Sumerian Hymnology: The eršemma* (Cincinnati, 1981). 코헨은 194개의 *eršemma* 첫마디 목록과 관련 출판 자료를 제공한다. 그는 직접 26개의 선별된 예들에 대해 자역(字譯), 번역, 주석을 하였다.

14) E.R. Dalglish, *Psalm Fifty-one in the Light of Ancient Near Eastern Patternism,* (Leiden, 1962).

15) 그러나 서로 다른 문화권의 문학작품을 비교할 때 주의해야 할 일은 동일한 표현이

을 발견할 수 있다.

1. 유사점

히브리 시가문학과 고대 근동 시가문학의 공통점은 찬양시의 경우 찬양의 주제가 신의 성품에 대하여 찬양한다는 점이다. 그러나 이스라엘의 찬양시에서는 야훼 하나님 한 분의 절대적인 주권을 찬양하는 내용이 많지만 그러나 고대 근동의 다신론적 세계에서는 어느 한 신의 절대주권을 찬양하지는 않는다. 그럼에도 상류층의 신들이 마치 절대주권을 가진 것으로 찬양되고 있다. 신의 성품에 대한 묘사에 있어서 이스라엘과 고대 근동의 묘사의 차이점, 특히 규모의 차이점이 발견되기는 하지만 그러나 유사점을 발견할 수 있다.

고대 근동의 여러 신들은 자연세계가 원활하게 작동하도록 하는 행위를 함으로서 찬양을 받는다. 따라서 바벨론에서는 태양신 샤마쉬가 인류의 보호자로 찬양한다.

> 당신은 땅들의 궤도를 하늘에 매달았다. 당신은 땅들의 모든 백성을 돌보았다. 그리고 상담의 왕 에아(Ea)가 창조한 만물은 당신에게 맡겨졌다.[16]

어떠한 고대 근동 사회에서는 신들은 정의를 유지하는 데 책임이 있을 뿐만 아니라 인간사의 정의에 관심을 갖고 있다고 생각되었다. 이러한 생각을 기초로 신에 대한 찬양을 발견할 수 있으며, 이것은 곧 탄원의 기초가 되었다. 따라서 샤마쉬는 사람 사이의 정의를 유지하는 것 때문에 찬양을 받았다.

다른 종교적인 문학에서 사용될 때 이는 항상 동일한 것을 뜻하지는 않는다는 점이다. 그래서 두 개의 유사한 구가 반드시 동일한 아이디어를 전달하지는 않는다. H. Ringgren, *The Faith of the Psalmists* (Philadelphia, 1963), 115-116.

16) W.G. Lambert, *Babylonian Wisdom Literature* (Oxford, 1960), 127: 22-24.

> 당신은 비양심적인 재판관을 족쇄 차게 했나이다. 선물을 받고 정의가 당신에게 이르지 못하게 하는 자는 자기의 형벌을 만드나이다. 선물을 거절하고 약한 자 편에 서는 자는, 샤마쉬를 기쁘시게 하며, 그는 그의 목숨을 연장시킬 것이다.[17]

탄원시의 내용은 히브리 시가문학이나 바벨론 시가문학에서 같은 내용을 다루는 경우가 많다. 즉, 병, 원수의 억압, 신의 유기, 죄악의 고백, 친구들로부터의 버림 받음, 여러 종류의 시련 등이 탄원의 내용이다.

결국 내용상의 유사성은 어느 곳에 살든지 사람들은 대체로 동일한 종류의 문제들을 갖고 자신들의 신에게 나아가며 동일한 종류의 행위들을 인하여 그 신들을 찬양하는 경향이 있음을 보여준다. 이는 문학이 인간의 공통된 본성을 반영하는 것으로 이해할 수 있다.

2. 차이점

고대 근동과 이스라엘의 시가 문학에는 광범위하게 유사성이 존재함에도 불구하고, 자세히 관찰하면 차이점들이 있다.

1) 선포적인 찬양

고대 근동의 찬양시에서는 신이 개인을 위하여 행한 위대한 일을 찬양하는 선포적인 찬양을 발견할 수 없으나 고대 히브리 찬양시에서는 이러한 예를 많이 발견할 수 있다. 고대 근동의 찬양시에 선포적 찬양이 발견되지 않는 것에 대한 두 가지 해석이 가능하다. 첫째는, 히브리 찬양시의 개인적인 성격이다. 반면에 고대 근동의 찬양시는 주로 왕실 문서보관소에서 발견되기 때문에 개인적인 시보다는 공동체적인 내용을 다루고 있기 때문에 선포적 찬양이 발견되지 않는 것으로 보인다.

---

17) Lambert, *Babylonian Wisdom Literature,* 133:97-100.

둘째는, 고대 근동에서 선포적 찬양이 전혀 없을 가능성이다. 이것은 고대 근동 사람들이 자신의 신을 개인적인 개념으로 이해하지 못했다는 그들의 신인식과 밀접한 관련이 있다. 그러나 전자의 개연성이 더 크다.

2) 묘사적인 찬양 유형

고대 근동의 찬양시에서는 히브리 찬양시와 마찬가지로 신의 성품에 대한 묘사적 찬양이 발견되지만 그러나 약간의 차이점이 발견된다. 즉 바벨론의 찬양시에서는 신의 다양한 성품을 간략히 열거한다. 바벨론 찬양시에서 신을 존경하는 다양한 호칭들이 나열되며, 신의 위대한 행동에 대한 언급을 간결하게 나열한다. 이스라엘 찬양시에 비해 더 적나라하게 나열되어 있다. 신의 성품에 대하여 "강한 영웅," "능력의 주," "같은 이가 없는 이" 등과 같은 표현을 열거한다. 뿐만 아니라 "당신 같은 이가 누구뇨?" 같은 수사적인 의문문이나 부정문인 "아무도 당신과 같지 않도다" 그리고 다른 찬양 어구를 발견한다.[18] 이러한 다른 경향은 각 문화권에서의 신 개념에 관한 차이에서 생긴 것이다.

3) 탄원의 본질

메소포타미아의 탄원시에 해당하는 에르샤훙가(eršaḫungga) 및 아카드어 슈일라(šuilla)는 주로 신과 화해를 위하여 탄원하거나 일반적인 행복을 위한 탄원이 주를 이룬다.[19] 이러한 현상은 메소포타미아 사람들은 신과의 관계에서 무엇인가 두려움을 느낄 때 탄원하게 된다. 일반적으로 개인이 어떤 종류의 병이나 고난을 겪을 때 신에게 죄사함과 긍휼을 요청하고 이것은 곧 치유나 고난에서의 구원 요청과 같은 것이다. 그런데 이러한 탄원시에서는 다신론적인 특징이 발견된다.

---

18) S. Mowinkel, *Psalms,* 179.

19) Dalglish, *Psalm Fifty-one,* 46-47.

히브리 탄원시는 독특하게 저주의 내용을 담고 있다. 시편 기자는 원수들에 대한 하나님의 심판을 요청하는 것이 발견된다. 그러나 메소포타미아 문학에는 저주하는 맹세가 발견되지 않는다. 오히려 원수들의 손에 의한 핍박과 원수들이 굴복하고, 밟히거나 망하기를 바라는 요청들이 언급된다. 또한 원수의 악한 궤계가 그들 자신에게 돌아가기를 바라는 것이 발견된다. 그러나 메소포타미아의 탄원시에서 발견되는 이러한 원수에 관한 내용은 시편 35편이나 109편과 같은 히브리 탄원시에서 발견되는 저주에 비하면 매우 짧은 것이다.

이처럼 이스라엘 탄원시에 원수에 대한 저주가 등장하는 것은 이스라엘의 독특한 신앙에 근거한 것이다. 이스라엘의 유일신 신앙에서 의인의 고난은 메소포타미아의 다신론 체제에서 보다 더 심각한 문제를 불러 일으켰다.[20] 만일 여호와가 의로우시고 인과응보 원리가 사실이라면, 악인의 악행에 대한 대가로서의 형벌은 신학적으로 필수적이었다. 이러한 신학적 바탕 속에서 원수에 대한 저주가 등장하는 것이다.

또한 이스라엘 탄원시 가운데 저주가 등장하는 시에서는 탄원자의 정당함을 주장하는 부분이 등장한다. 그러나 바벨론과 수메르의 탄원들이 원수들로부터의 구원을 요청함에도 불구하고, 탄원들이 탄원자의 정당화를 위한 것으로 되어 있지는 않다. 이러한 메소포타미아 탄원시의 특징은 신에게 나가는 것은 신을 위로하려고 시도하는 것이지 탄원자를 정당화하는 것이 아니라는 신학 때문으로 이해된다.

이스라엘과 메소포타미아의 탄원의 내용에 있어서 이스라엘 사람들은 하나님의 길로 가르쳐지고 진리로 인도를 받는 것에 대한 관심이 크다. 따라서 시편 25:4-7에서 "여호와여 주의 도를 내게 보이시고 주의 길을 내게 가르치소서. 주의 진리로 나를 지도하시고 교훈하소서. 주는 내 구원의 하나님이시니 내가 종일 주를 기다리나이다"(개역)라고 노래한다. 그러나 이러한 것은 고대근동의 탄원시에서는 발견되지 않는

---

20) Walton, Ancient Israelite Literature, 147.

다. 왜냐하면 이들은 신의 길은 신비롭고 혹은 알려지지 않은 길이라는 인식이 있기 때문이다.[21] 그 외에 보호하심, 건강, 장수, 구원 등에 대한 것들을 위한 탄원은 고대 이스라엘이나 메소포타미아의 탄원시에서 유사하게 발견된다.

4) 탄원의 근거

고대 이스라엘과 메소포타미아의 탄원시에 나타난 가장 큰 차이는 왜 신이 탄원자의 탄원에 귀를 기울여야 하는가 하는 점이다.

히브리 탄원시에서 탄원자들이 탄원하는 근거는 하나님의 자비로우심에 의존한 것이다. 그러나 고대 근동의 탄원시에는 이러한 신의 자비로움에 대한 의존이 등장하지 않는다. 고대 근동의 탄원시에는 기도와 희생 제물에 관한 언급이 등장한다. 앞에서 언급했듯이 고대 근동의 탄원시는 화가 난 신을 위로하는 것이지 개인을 대신하여 간섭해 달라는 요청 때문이 아니다. 따라서 신들이 탄원자의 탄원에 귀를 기울이는 것은 바로 이 탄원과 동반되는 제의와 제물 때문으로 이해할 수 있다.

또한 탄원자는 신이 자신을 위하여 행동하도록 자신의 과거의 공로를 제시하기도 한다. 즉, 자신의 도덕적 무죄나 무지, 자신의 제의적 독실함, 신에 대한 자신의 불굴의 충성, 또는 단순히 자신의 높은 정치적 또는 사회적 지위를 나나낸다. 그러나 단지 이러한 것만으로 신을 설득할 수는 없다. 따라서 탄원자는 "당신의 이름을 위하여" 행하게 해달라고 설득할 뿐만 아니라 미래의 유익을 약속하면서 신을 설득한다.[22]

5) 죄의 고백

탄원시에서 죄에 대한 고백도 히브리 탄원시와 고대 근동의 탄원시

21) Walton, Ancient Israelite Literature, 148, note 48.

22) W.W. Hallo, "Individual Prayer in Sumerian," *JAOS* 88 (1968), 71-89, esp. 79.

사이의 차이점이 나타난다. 이스라엘의 시편에서 시인은 자신이 죄인이라는 생각은 가지고 있지만(시편 25:7, 32, 38:2-4, 40:12, 41:4, 51:2-3) 그러나 자신의 죄를 구체적으로 나타내지 않는다. 탄원시에서 시인은 압제, 핍박, 질병으로부터의 구원을 끊임없이 간구하지만 죄가 그러한 문제들의 원인이라고는 여기지 않는다. 도리어 그는 하나님을 신뢰하며 해명과 하나님의 자비를 구한다.

바벨론 탄원시에서는 상황이 매우 다르다. 여기서는 시인의 죄 고백이 빈번하게 등장한다. 기도자는 자신이 죄가 있다고 고백하는데 그 죄는 그가 아는 것이거나 알지 못하는 것이며, 그는 신 앞에 자신을 겸비하게 한다.

이스라엘과 메소포타미아 시편 모두에서 탄원자의 무죄함의 주장과 함께 자신의 죄를 인정하는 것을 발견한다. 그런데 차이점은 이스라엘인들은 자신이 무죄하다고 생각하는 경향이 더욱 많고 메소포타미아 사람들은 자신이 죄가 있다고 생각한다.

죄의 인식에 있어서 이스라엘 시편 기자는 자기의 죄를 알고 있음을 나타내는 몇 안 되는 예들이 있다(32:5와 51:3). 그러나 바벨론의 탄원시에서는 탄원자 자신이 죄를 지었는가를 깨닫는 경우가 매우 드물다. 따라서 바벨론의 탄원시에서는 자신의 죄를 모르는 것을 나타내는 수많은 예들이 있다.

메소포타미아와 이스라엘 양자의 탄원시에서는 열거되는 범죄에 대한 용어의 차이를 발견하게 된다. 메소포타미아의 범죄는 어떤 제의를 범한 것을 죄로 이해하였고, 이스라엘의 탄원시에서는 도덕적 혹은 윤리적 범죄를 나열한다. 따라서 바벨론 사람들은 자신이 어떤 의례를 위반하였거나 수행하는 것을 잊은 것을 죄로 이해하였으나 히브리인들은 도덕적 규례를 어긴 것을 죄로 이해하였다.

> 나는 망령되이 당신의 이름으로 거룩한 맹세를 했나이다. 나는 당신의 법도를 더럽히고 멀리 갔나이다. 나는 약속하고 어겼나이다. 나는 명하

> 고 갚지 않았나이다. 나는 잘못을 행하고, 부당한 것을 말했나이다. 나는 [말하지 말아야 할 것을] 반복하였고, 부당한 것들을 내 입술에 두었나이다. 나는 거짓을 말하고, 내 자신의 죄를 용서하였나이다. 나는 나를 창조하신 신을 거역하여 범죄하였나이다. 나는 가증한 일을 행하며, 악을 행하였나이다. 나는 당신의 풍부한 재산을 탐했나이다. 나는 당신의 귀한 은을 바랐나이다. 나는 내 손을 들어 그렇게 다루지 말아야 할 것에 신성모독을 했나이다. 부정한 상태로 나는 신전에 들어갔나이다.[23]

이스라엘 사람들은 자신이 거짓, 피흘림, 속임(5:6), 그리고 일반적인 불의(7:3)에 관해 무죄하다고 주장한다. 그는 정직히 행하며 공의를 일삼으며 그 마음에 진실을 말한다고 주장한다(15:2). 시편 기자는 강포한 자의 길에 행치 아니하고(17:4) 여호와의 도를 지켰다(18:21). 그는 배신하지 않았다(25:3; 28:3). 목록은 계속 이어질 수 있다. 시편에서만이 아니라 이스라엘인이 아닌 욥도 자기의 무죄에 대해 최후까지 변론하며 (욥 31장), 제의적인 용어보다는 윤리적으로 자기의 진실을 주장한다.

이스라엘 사람들은 일반적으로 자신이 상대적으로 무죄하다고 생각하였기 때문에 자신이 당하는 형벌이 매우 가혹하게 당한다고 생각하였다. 히브리 시편 기자가 가운데 자신이 당하는 형벌이 합당하다고 인정하는 경우는 드물다.

반대로 메소포타미아 사람들은 자신의 죄를 인정하기 때문에 그가 받는 형벌이 합당하다고 인정한다. 그는 단지 그가 어떤 형벌을 받는지를 발견하고, 분노한 신과 화해하는 일을 시작할 수 있기를 바랐다.

이스라엘 시편에서는 자신의 죄가 인정될 때 하나님의 긍휼을 간구한다. 그러나 이스라엘 사람들은 자신의 어떤 죄를 알지 못할 때는 또 다시 무죄를 주장한다. 따라서 이들은 하나님에게 자신들을 동정하여 용서해 달라고 구하지 않는데 그 이유는 그들이 궤사로 죄를 범하지 않았기 때문이다.

---

23) W.G. Lambert, "Dingir.šà.dib.ba Incantations," *JNES* 33 (1974), pp. 267-322.

III. 결론

이상의 논의에서 이스라엘의 시편과 메소포타미아 문학 간의 수많은 차이점들을 확인했으나, 그러한 차이는 상반된 사고 체계에서 예상될 수 있는 것이다. 히브리 시가문학과 메소포타미아 시가문학의 중요한 차이점은 내용에 있어서 이스라엘 찬양시에 선포적인 찬양이 나타나는 반면 메소포타미아의 찬양시에서는 주로 묘사적인 찬양이 나타난다. 또한 탄원시에 있어서도 바벨론 사람들은 신과의 화해 욕구와 자신의 죄에 대한 무지함을 주장함에 반하여 이스라엘 사람들은 해명과 자신의 무죄함을 주장한다.

참고문헌

장일선. 『구약세계의 문학』. 서울, 1981.

Avishur, Y. *Studies in Hebrew and Ugaritic Psalms.* Jerusalem, 1994.

Cohen, M. *Sumerian Hymnology: The eršemma.* Cincinnati, 1981.

Dalglish, E. R. *Psalm Fifty-one in the Light of Ancient Near Eastern Patternism.* Leiden, 1962.

Fakenstein, A. Sumerische G?tterlieder. Heidelberg, 1959.

Foster, B.R. *Before the Muses: An Anthology of Akkadian Literature: Volume I, II.* Bethesda, 1993.

Gunkel, H. The Psalms: A Form Critical Introduction. Philadelphia, 1967.

______. Introduction to Psalms: The Genres of the Religious Lyric of Israel. Georgia: Macon, 1998.

Hallo, W.W. and Van Dijk, A.J.A. *The Exaltation of Inanna.* New Haven, 1968.

______. "Individual Prayer in Sumerian," *JAOS* 88 (1968), 71-89.

Lambert, W. G. Babylonian Wisdom Literature. Oxford, 1960.

______. "Dingir.??.dib.ba Incantations," *JNES* 33 (1974), 267-322.

Ringgren, H. *The Faith of the Psalmists.* Philadelphia, 1963.

Walton, J. H. *Ancient Israelite Literature in Its Cultural Context.* Michigan: Grand Rapids, 1989.

민중의 노래 시편

개인 탄원시를 중심으로

임태수

I. 들어가는 말

시편 가운데서 개인탄원시는 고난당하는 민중의 노래라고 생각한다. 그래서 이 글에서는 개인탄원시를 민중신학적인 시각에서 살펴보려고 한다. 이 개인탄원시들 가운데서 민중적인 요소를 가장 많이 가지고 있다고 생각되는 시편 22, 35, 109, 140편을 골라서 아래 사항들에 대하여 살펴보고자 한다. 본문은 개역개정판을 사용하려고 한다.

1) 시인은 누구이며 어떤 상황에 처해 있는가?
   (1) 시인은 누구인가?
   (2) 시인의 간구
   (3) 시인의 고난상황
   (4) 시인의 신앙고백
   (5) 시인의 원수사랑
2) 원수는 누구이며 시인을 어떻게 괴롭고 있는가?
   (1) 원수는 누구인가?
   (2) 원수는 시인을 어떻게 괴롭고 있는가?

3) 시인은 어떻게 문제를 해결하려고 하는가?
   (1) 문제 해결을 위한 기도
   (2) 원수에 대한 하나님의 심판, 징벌을 기다림
4) 미래에 대한 기대와 확신
   (1) 기대와 확신
   (2) 결단 및 서원

개인탄원시에 대한 분석에 들어가기에 앞서 과연 "민중이 누구냐"에 대하여 묻지 않을 수 없을 것이다. 그동안 한국사회에서 민중이란 말이 많이 쓰여 왔고, 지금도 많이 쓰이고 있으며 "민중이 누구냐" 하는 데 대한 논의도 많이 전개되었다. 이 글에서 필자는 또 다시 장황하게 "민중이 누구냐" 하는 민중론을 펼치고 싶지 않다. 그 동안 전개되어온 민중론을 바탕으로 하여 필자 나름대로 생각하는 민중의 개념을 다음과 같이 몇 가지 명제로 요약 정리해 보려고 한다.

(1) 민중은 역사의 주체이며 사회적 실체이다.
(2) 민중은 정치적 피억압자, 경제적 피수탈자, 사회적 소외자 등 사회의 하류층이다.
(3) 민중은 자각된 대중(민중)뿐만 아니라 우매한 대중(민중)도 포함한다.
(4) 민중은 역동적이며 상대적인 개념이다. 상대에 따라서는 비민중이면서 동시에 민 중적 성격을 가질 수도 있다.
(5) 하나님은 민중의 편에 서신다.
(6) 민중이 주체가 된 나라는 전 국민이 민중화된 나라 즉 정의·평등·자유·평화의 나라다.

II. 시인은 누구이며 어떤 상황에 처해 있는가?

1. 시인은 누구인가?

시편 22, 35, 109, 140편에서 탄원하고 있는 시인은 아래와 같은 사람들이다.

제22편

벌레 취급을 받는 사람(6절), 사람의 비방거리(6절), 백성의 조롱거리(6설), 여호와께 의탁하는 자(8절), 여호와께 의지하는 자(9절), 힘이 말라 질그릇 조각 같고 모든 뼈를 셀 수 있을 만큼 병든 자(15절, 17절), 겸손한 자(26절), 여호와를 찾는 자(26절)

제35편

여호와를 즐거워하며 기뻐하는 사람(9절), 가난하고 궁핍한 자(9절),

제109편

하나님을 찬양하는 자(1절), 원수를 사랑하는 자(4절), 기도하는 자(4절), 선을 행하는 자(5절), 가난하고 궁핍한 자(16,22절), 마음이 상한 자(16절), 석양 그림자 같고 메뚜기 같이 불려 가는 자(23절), 금식하는 자(24절), 육체가 수척한 자(24절), 원수의 비방거리(25절)

제140편

하나님께 기도하는 신앙인(1,6,7절), 고난당하는 자(12절), 궁핍한 자(12절), 의인(13절), 정직한 자(13절)

이 네 편에 나타난 시인의 공통점들을 유형별로 분류해 보면 대략 다음과 같다.

a. 하나님을 믿고 의지하는 자, 여호와께 의탁하는 자, 여호와께 의지하는 자, 여호와를 찾는 자, 여호와를 즐거워하며 기뻐하는 사람, 하나님을 찬양하는 자, 기도하는 자, 금식하는 자, 하나님께 기도하는 신앙인
b. 벌레 취급을 받는 사람, 사람의 비방거리, 백성의 조롱거리, 원수의 비방거리, 고난당하는 자
c. 석양 그림자 같고 메뚜기 같이 불려 가는 자
d. 마음이 상한 자, 힘이 말라 질그릇 조각 같고, 모든 뼈를 셀 수 있을 만큼 병든 자, 육체가 수척한 자,
e. 가난하고 궁핍한 자, 가난하고 궁핍한 자, 궁핍한 자
f. 겸손한 자, 원수를 사랑하는 자, 선을 행하는 자, 의인, 정직한 자

여기 네 편에 나타난 시인들을 한 시인이라고 생각하고 모두를 합하여 시인이 누구인가에 대하여 정리해 본다면 다음과 같이 말할 수 있을 것이다. 시인은 하나님을 믿는 신실한 신앙인이요, 원수와 사람들로부터 멸시와 천대를 받으며, 몸은 병들어 있고, 가난하고 궁핍한 자며, 겸손한 자요 원수를 사랑하는 자며, 선을 행하는 자요 의인이며 정직한 자이다. 다시 말하면 시인은 하나님을 믿는 신실한 신앙인이고, 선을 행하는 의인이며, 원수들로부터 부당하게 멸시와 천대를 받는 가난한 민중임을 알 수 있다.

2. 시인의 간구

고난당하는 시인들은 아래와 같이 하나님을 향하여 간구한다.

제22편

1. 내 하나님이여 내 하나님이여 어찌 나를 버리셨나이까? 어찌 나를 멀리 하여 돕지 아니 하시오며 내 신음 소리를 듣지 아니하시나이까?

2. 내 하나님이여 내가 낮에도 부르짖고 밤에도 잠잠하지 아니하오나 응답하지 아니하시나이다.
11. 나를 멀리 하지 마옵소서. 환난이 가까우나 도울 자 없나이다.

제35편

1. 여호와여 나와 다투는 자와 다투시고 나와 싸우는 자와 싸우소서.
2. 방패와 손 방패를 잡으시고 일어나 나를 도우소서.
3. 창을 빼사 나를 쫓는 자의 길을 막으시고 또 내 영혼에게 나는 네 구원이라 이르소서.

제109편

1. 내가 찬양하는 하나님이여 잠잠하지 마옵소서.

제140편

1. 여호와여 악인에게서 나를 건지시며 포악한 자에게서 나를 보전하소서.
4. 여호와여 나를 지키사 악인의 손에 빠지지 않게 하시며 나를 보전하사 포악한 자에게서 벗어나게 하소서.

이 네 편에 나타난 시인의 간구를 유형별로 분류해 보면 다음과 같다.

a. 어찌하여 나를 버리셨나이까?
b. 나를 멀리 하지 마옵소서.
c. 내 신음 소리를 듣지 아니하시나이까?
d. 응답하지 아니하시나이다. 잠잠하지 마옵소서.
e. 어찌 나를 멀리 하여 돕지 아니 하십니까? 도울 자 없나이다. 일어나 나를 도우소서.
f. 악인에게서 나를 건지시며
g. 나를 지키사 악인의 손에 빠지지 않게 하시며
h. 나를 쫓는 자의 길을 막으시고

i. 나와 다투는 자와 다투시고 나와 싸우는 자와 싸우소서.
j. 포악한 자에게서 벗어나게 하소서.
k. 나를 보전하소서.
l. 내 영혼에게 나는 네 구원이라 이르소서.

여기 네 편에 나타난 시인들을 한 시인이라고 생각하고 모두를 합하여 시인들의 간구를 정리하면 다음과 같이 말할 수 있을 것이다. 시인은 하나님이 멀리 계시며 시인을 버렸다고 느끼며, 시인의 신음소리를 듣지 않으시며, 기도에 응답하지 않으시며, 아무도 도울 자 없는 상황에서 하나님마저도 돕지 않으신다고 느낀다. 그래서 하나님이 빨리 오셔서 악인의 손에서 건져주시고, 원수의 길을 막으시고, 원수와 싸워주기를 기대한다. 그래서 원수에게서 벗어나게 하시고 보전하여 주시며"나는 네 구원이라"고 확언하여 주시기를 기도한다.

3. 시인의 고난 상황

시인의 고난 상황과 원수가 시인을 괴롭히는 상황은 둘이 아니고 하나다. 그래서 이 둘이 겹치는 경우가 많다. 이런 경우에 편의상 이 둘을 "시인의 고난 상황"과 "원수는 어떻게 괴롭히는가"로 나누는 경우도 있음을 밝혀 둔다.

제22편

6. 나는 벌레요 사람이 아니라 사람의 비방 거리요 백성의 조롱거리니이다.
7. 나를 보는 자는 다 나를 비웃으며 입술을 비쭉거리고 머리를 흔들며
8. 그가 여호와께 의탁하니 구원하실 걸, 그를 기뻐하시니 건지실 걸 하나이다.
14. 나는 물 같이 쏟아졌으며 내 모든 뼈는 어그러졌으며 내 마음은

밀랍 같아서 내 속에서 녹았으며

15. 내 힘이 말라 질그릇 조각 같고 내 혀가 입천장에 붙었나이다. 주께서 또 나를 죽음의 진토 속에 두셨나이다.
16. 개들이 나를 에워쌌으며 악한 무리가 나를 둘러 내 수족을 찔렀나이다.
17. 내가 내 모든 뼈를 셀 수 있나이다.

제35편

7. 그들이 까닭 없이 나를 잡으려고 그들의 그물을 웅덩이에 숨기며 까닭 없이 내 생명을 해하려고 함정을 팠사오니

제109편

23. 나는 석양 그림자 같이 지나가고 또 메뚜기 같이 불려 가오며
24. 금식하므로 내 무릎이 흔들리고 내 육체는 수척하오며
25. 나는 또 그들의 비방 거리라. 그들이 나를 보면 머리를 흔드나이다.

제140편

2. 그들이 마음속으로 악을 꾀하고 싸우기 위하여 매일 모이오며
5. 교만한 자가 나를 해하려고 올무와 줄을 놓으며 길 곁에 그물을 치며 함정을 두었나이다.

이 네 편에 나타난 시인의 고난상황을 유형별로 분류해 보면 다음과 같다.

a. 나는 벌레요 사람이 아니라
b. 사람의 비방 거리요 백성의 조롱거리
c. 나를 비웃으며 입술을 비쭉거리고 머리를 흔들며
d. 여호와께 의탁하니 구원하실 걸, 그를 기뻐하시니 건지실 걸 하나이다.
e. 나는 석양 그림자 같이 지나가고 또 메뚜기 같이 불려 가오며

f. 금식하므로 내 무릎이 흔들리고 내 육체는 수척하오며
g. 개들이 나를 에워쌌으며
h. 나를 잡으려고 그들의 그물을 웅덩이에 숨기며
i. 내 생명을 해하려고 함정을 파고, 올무와 줄을 놓으며 길 곁에 그물을 치며
j. 악한 무리가 내 수족을 찔렀나이다.
k. 나는 물 같이 쏟아졌으며 내 모든 뼈는 어그러졌으며, 내 힘이 말라 질그릇 조각 같고 내 혀가 입천장에 붙었나이다. 내가 내 모든 뼈를 셀 수 있나이다.
l. 내 마음은 밀랍 같아서 내 속에서 녹았으며
m. 주께서 나를 죽음의 진토 속에 두셨나이다.

여기 네 편에 나타난 시인들을 한 시인이라고 생각하고 모두를 합하여 시인의 고난상황을 정리해 본다면 다음과 같이 말할 수 있을 것이다. 시인은 벌레 취급을 받으며, 사람들의 비방거리, 조롱거리, 비웃음거리가 되었다. 원수들은 하나님이 시인을 구원하실 것이라고 시인의 신앙을 비웃는다. 그래서 시인은 석양 그림자 같이 지나가며 메뚜기 같이 불려 가는 신세가 되며, 이러한 상황을 극복하기 위하여 금식한 결과 육체는 쇠약해진다. 원수는 개 같이 시인을 에워싸고, 그를 잡으려고 함정을 파고, 올무와 그물을 치고 시인의 수족을 찌른다. 그 결과 시인은 물같이 쏟아지고, 뼈는 어그러지며 힘이 말라 질그릇 조각 같이 되고, 뼈를 셀 수 있을 정도로 바짝 마르게 된다. 마음은 밀랍 같이 속에서 녹으며 죽음의 진토에서 신음한다.

4. 시인의 신앙고백

시인들은 그들의 시에서 하나님에 대한 그들의 신앙을 아래와 같이 고백한다.

제22편

3. 이스라엘의 찬송 중에 계시는 주여 주는 거룩하시니이다.
4. 우리 조상들이 주께 의뢰하고 의뢰하였으므로 그들을 건지셨나이다.
5. 그들이 주께 부르짖어 구원을 얻고 주께 의뢰하여 수치를 당하지 아니하였나이다.
9. 오직 주께서 나를 모태에서 나오게 하시고 내 어머니의 젖을 먹을 때에 의지하게 하셨나이다.
10. 내가 날 때부터 주께 맡긴바 되었고 모태에서 나올 때부터 주는 나의 하나님이 되셨나이다.
24. 그는 곤고한 자의 곤고를 멸시하거나 싫어하시 아니하시며 그의 얼굴을 그에게서 숨기지 아니하시고 그가 울부짖을 때에 들으셨도다.
28. 나라는 여호와의 것이요 여호와는 모든 나라의 주재심이로다.

제35편

9. 내 영혼이 여호와를 즐거워함이여 그의 구원을 기뻐하리로다.
10. 내 모든 뼈가 이르기를 여호와와 같은 이가 누구냐 그는 가난한 자를 그보다 강한 자에게서 건지시고 가난하고 궁핍한 자를 노략하는 자에게서 건지시는 이라 하리로다.

제109편

27. 이것이 주의 손이 하신 일인 줄을 그들이 알게 하소서 주 여호와께서 이를 행하셨나이다.

제140편

7. 내 구원의 능력이신 주 여호와여 전쟁의 날에 주께서 내 머리를 가려 주셨나이다.

이 네 편에 나타난 시인의 신앙고백을 유형별로 분류해 보면 다음과 같다.

a. 나를 모태에서 나오게 하시고 내 어머니의 젖을 먹을 때에 의지하게 하셨나이다. 내가 날 때부터 주께 맡긴바 되었고 모태에서 나올 때부터 주는 나의 하나님이 되셨나이다.
b. 주는 거룩하시니이다.
c. 우리 조상들이 주께 의뢰하고 의뢰하였으므로 그들을 건지셨나이다.
d. 주는 곤고한 자가 울부짖을 때에 들으셨도다.
e. 전쟁의 날에 주께서 내 머리를 가려 주셨나이다.
f. 주는 가난한 자를 그보다 강한 자에게서 건지시고 가난하고 궁핍한 자를 노략하는 자에게서 건지시는 이라 하리로다.
g. 여호와는 모든 나라의 주재심이로다.
h. 내 영혼이 여호와를 즐거워함이여 그의 구원을 기뻐하리로다.

여기 네 편에 나타난 시인들을 한 시인이라고 생각하고 모두를 합하여 시인의 신앙고백을 정리해 본다면 다음과 같이 말할 수 있을 것이다. 시인은 하나님이 시인을 모태에서부터 선택하셨다고 믿는다. 하나님은 거룩하신 분이요 조상들을 구원하셨으며, 곤고한 자가 부르짖을 때 들으셨고, 전쟁 때에 시인을 보호해 주셨다고 고백한다. 하나님은 모든 나라의 주재시요, 가난하고 약한 민중을 강한 자로부터 구원하시는 분임을 믿는다. 그래서 시인의 영혼은 여호와를 즐거워하며 그의 구원을 기뻐하겠다고 고백한다. 시인이 이와 같이 하나님을 고백하는 것은 고난에 처한 시인도 구해주실 것이라는 믿음에서다.

5. 시인의 원수 사랑

시인은 원수를 사랑하고 있음을 아래와 같이 고백한다.

제35편

13. 나는 그들이 병들었을 때에 굵은 베옷을 입으며 금식하여 내 영혼을 괴롭게 하였더니 내 기도가 내 품으로 돌아왔도다.

14. 내가 나의 친구와 형제에게 행함 같이 그들에게 행하였으며 내가 몸을 굽히고 슬퍼하기를 어머니를 곡함 같이 하였도다.

109편

4. 나는 사랑하나 그들은 도리어 나를 대적하니 나는 기도할 뿐이라
5. 그들이 악으로 나의 선을 갚으며 미워함으로 나의 사랑을 갚았사오니

이 두 편에 나타난 시인의 원수사랑을 유형별로 분류해 보면 다음과 같다.

a. 나는 그들이 병들었을 때에 굵은 베옷을 입으며 금식하여 내 영혼을 괴롭게 하였다.
b. 내가 나의 친구와 형제에게 행함 같이 그들에게 행하였으며 내가 몸을 굽히고 슬퍼하기를 어머니를 곡함 같이 하였도다.
c. 나는 사랑하나 그들은 도리어 나를 대적하니 나는 기도할 뿐이라
d. 그들이 악으로 나의 선을 갚으며 미워함으로 나의 사랑을 갚았사오니

여기 두 편에 나타난 시인들을 한 시인이라고 생각하고 시인의 원수사랑을 정리해 본다면 다음과 같이 말할 수 있을 것이다. 시인은 그를 괴롭히는 원수가 병들었을 때에 굵은 베옷을 입고 금식하며 기도하고, 원수를 친구와 형제처럼, 어머니처럼 대하였고, 원수를 사랑하고 선을 베풀었으나 원수는 선을 악으로 갚았다고 고백한다.

III. 원수는 누구이며 시인을 어떻게 괴롭고 있는가?

1. 원수는 누구인가?

시인의 원수들이 아래와 같이 다양하게 묘사되어 있다.

제22편

많은 황소(12절), 바산의 힘센 소들(12절), 부르짖는 사자(13절, 21절), 개들(16절, 20절) 악한 무리(16절), 들소(21절)

제35편

생명을 해하려고 함정을 파는 자(7절), 불의한 증인들(11절), 선을 악으로 갚는 자들(12절), 불량배(15절), 조롱하는 자(16절), 원수(19절), 시인을 미워하는 자(19절), 거짓말로 모략하는 자(20절),

제109편

악한 입과 거짓된 입을 가진 자(2절), 속이는 혀를 가진 자(2절), 까닭 없이 시인을 공격하는 자(3절), 대적자(4절), 악으로 선을 갚는 자, 미워함으로 사랑을 갚는 자(5절), 인자를 베풀지 않는 자(16절), 시인을 핍박하여 죽이려 하는 자(16절), 저주하기를 좋아하고 축복하기를 기뻐하지 아니하는 자(17절), 악담하는 자들(20절), 비방하는 자(25절)

제140편

악인(1절, 8절), 포악한 자(1절, 4절, 11절), 교만한 자(5절), 악담하는 자(11절)

이 네 편에 나타난 시인의 원수들을 유형별로 분류해 보면 다음과 같다.

a. 짐승처럼 괴롭히는 자들(황소, 사자, 개, 들소)
b. 말로 괴롭히는 자들(조롱하는 자, 거짓말로 모략하는 자, 불의한 증인, 악한 입과 거짓된 입을 가진 자, 속이는 혀를 가진 자, 저주하기를 좋아하고 축복하기를 기뻐하지 아니하는 자, 악담하는 자들, 비방하는 자)
c. 인자를 베풀지 않는 자,

d. 선을 악으로 갚는 자, 미워함으로 사랑을 갚는 자
e. 악인, 포악한 자, 원수, 대적자, 까닭 없이 시인을 공격하는 자, 시인을 미워하는 자, 시인을 핍박하여 죽이려 하는 자, 불량배, 악한 무리, 생명을 해하려고 함정을 파는 자, 교만한 자

여기 네 편에 나타난 시인들을 한 시인이라고 생각하고 모두를 합하여 원수가 누구인가를 정리해 본다면 다음과 같이 말할 수 있을 것이다. 시인을 괴롭히는 원수들은 사자나 개처럼 시인을 괴롭히고, 시인을 조롱하고 모략하고 거짓 증언하고, 악담하고 비방하는 사람들이고, 인자를 베풀 줄 모르는 자들이고, 선을 악으로 갚는 배은망덕한 사람들이고, 아무런 이유 없이 시인을 미워하고 핍박하고, 죽이려고 함정을 파는 불량배요 악한 무리들이요 교만한 사람들이다.

2. 원수는 시인을 어떻게 괴롭고 있는가?

원수들이 시인을 괴롭히는 현상이 아래와 같이 다양하게 묘사되어 있다.

제22편

12. 많은 황소가 나를 에워싸며 바산의 힘센 소들이 나를 둘러쌌으며
13. 내게 그 입을 벌림이 찢으며 부르짖는 사자 같으니이다.
18. 내 겉옷을 나누며 속옷을 제비 뽑나이다.

제35편

11. 불의한 증인들이 일어나서 내가 알지 못하는 일로 내게 질문하며
12. 내게 선을 악으로 갚아 나의 영혼을 외롭게 하고
15. 내가 넘어지매 그들이 기뻐하여 서로 모임이여 불량배가 내가 알지 못하는 중에 모여서 나를 치며 찢기를 마지아니하도다.
16. 그들은 연회에서 망령되이 조롱하는 자 같이 나를 향하여 그들의

이를 갈도다.

20. 무릇 그들은 화평을 말하지 아니하고 오히려 평안히 땅에 사는 자들을 거짓말로 모략하며

21. 또 그들이 나를 향하여 입을 크게 벌리고 하하 우리가 목격하였다 하나이다.

제109편

2. 그들이 악한 입과 거짓된 입을 열어 나를 치며 속이는 혀로 내게 말하며

3. 또 미워하는 말로 나를 두르고 까닭 없이 나를 공격하였음이니이다.

4. 나는 사랑하나 그들은 도리어 나를 대적하니 나는 기도할 뿐이라

5. 그들이 악으로 나의 선을 갚으며 미워함으로 나의 사랑을 갚았사오니

16. 그가 인자를 베풀 일을 생각하지 아니하고 가난하고 궁핍한 자와 마음이 상한 자를 핍박하여 죽이려 하였기 때문이니이다.

제140편

2. 그들이 마음 속으로 악을 꾀하고 싸우기 위하여 매일 모이오며

3. 뱀 같이 그 혀를 날카롭게 하니 그 입술 아래에는 독사의 독이 있나이다.

4. 여호와여 나를 지키사 악인의 손에 빠지지 않게 하시며 나를 보전하사 포악한 자에게서 벗어나게 하소서. 그들은 나의 걸음을 밀치려 하나이다.

이 네 편에 나타난 시인의 원수들이 시인을 괴롭히는 현상을 유형별로 분류해 보면 다음과 같다.

a. 황소, 사자처럼 시인을 괴롭히며

b. 시인의 재산(겉옷, 속옷)을 차지하며

c. 독사의 독을 가진 입으로 거짓 증언을 하며, 거짓말로 모략하며,

조롱하며, 속이고,

d. 선을 악으로 갚고, 미워함으로 나의 사랑을 갚으며, 인자를 베풀지 않음

e. 시인을 미워하고, 시인의 고통당함을 기뻐하며

f. 시인을 걸음을 밀치고, 치고, 찢으며, 공격하고, 시인을 핍박하여 죽이려함

여기 네 편에 나타난 시인들을 한 시인이라고 생각하고 모두를 합하여 원수들이 시인을 괴롭히는 현상을 정리해 본다면 다음과 같이 말할 수 있을 것이다. 원수는 황소나 사자처럼 포학하며, 남의 재산을 가로채고, 독사의 혀와 같이 날카로운 혀로 시인을 까닭 없이 거짓말로 속이고 모략하고 조롱하며, 시인을 미워하고 시인의 불행을 기뻐하며, 시인을 핍박하고 밀치고 공격하여 죽이려한다. 시인은 원수를 사랑하나 원수는 시인의 선을 악으로 갚는다.

IV. 시인은 어떻게 문제를 해결하려고 하는가?

1. 문제 해결을 위한 기도

시인들은 고난의 현장에서 여러 가지 모양으로 문제 해결을 위하여 기도한다.

19. 여호와여 멀리 하지 마옵소서. 나의 힘이시여 속히 나를 도우소서.
20. 내 생명을 칼에서 건지시며 내 유일한 것을 개의 세력에서 구하소서.
21. 나를 사자의 입에서 구하소서. 주께서 내게 응답하시고 들소의 뿔에서 구원하셨나이다.

제35편

17. 주여 어느 때까지 관망하시려 하나이까. 내 영혼을 저 멸망자에게서 구원하시며 내 유일한 것을 사자들에게서 건지소서.
19. 부당하게 나의 원수된 자가 나로 말미암아 기뻐하지 못하게 하시며 까닭 없이 나를 미워하는 자들이 서로 눈짓하지 못하게 하소서
22. 여호와여 주께서 이를 보셨사오니 잠잠하지 마옵소서. 주여 나를 멀리하지 마옵소서.
23. 나의 하나님, 나의 주여 떨치고 깨셔서 나를 공판하시며 나의 송사를 다스리소서.
24. 여호와 나의 하나님이여 주의 공의대로 나를 판단하사 그들이 나로 말미암아 기뻐하지 못하게 하소서.
25. 그들이 마음속으로 이르기를 아하 소원을 성취하였다 하지 못하게 하시며 우리가 그를 삼켰다 말하지 못하게 하소서.

제109편

20. 이는 나의 대적들이 곧 내 영혼을 대적하여 악담하는 자들이 여호와께 받는 보응이니이다.
21. 그러나 주 여호와여 주의 이름으로 말미암아 나를 선대하소서. 주의 인자하심이 선하시오니 나를 건지소서.
22. 나는 가난하고 궁핍하여 나의 중심이 상함이니이다.
26. 여호와 나의 하나님이여 나를 도우시며 주의 인자하심을 따라 나를 구원하소서.
28. 그들은 내게 저주하여도 주는 내게 복을 주소서. 그들은 일어날 때에 수치를 당할지라도 주의 종은 즐거워하리이다.
29. 나의 대적들이 욕을 옷 입듯 하게 하시며 자기 수치를 겉옷 같이 입게 하소서.

제140편

6. 내가 여호와께 말하기를 주는 나의 하나님이시니 여호와여 나의 간구하는 소리에 귀를 기울이소서 하였나이다.

8. 여호와여 악인의 소원을 허락하지 마시며 그의 악한 꾀를 이루지 못하게 하소서 그들이 스스로 높일까 하나이다.

이 네 편에 나타난 시인의 문제 해결을 위한 기도를 유형별로 분류해 보면 다음과 같다.

a. 하나님이여 멀리 하지 마소서, 잠잠하지 마소서, 간구하는 소리에 귀를 기울이소서.
b. 나를 속히 도우소서. 건지소서. 생명을 칼에서 건지소서. 개의 세력에서 구하소서. 사 자의 입에서 구하소서.
c. 주여 깨셔서 나를 공판하시며 나의 송사를 다스리소서.
d. 나를 선대하소서. 내게 복을 주소서
e. 원수가 기뻐하지 못하게 하시며 나를 미워하는 자들이 서로 눈짓하지 못하게 하소서. 원수들이 "소원을 성취하였다 하지 못하게 하시며 우리가 그를 삼켰다" 말하지 못하게 하소서. 악인의 소원을 허락하지 마시며 그의 악한 꾀를 이루지 못하게 하소서

여기 네 편에 나타난 시인들을 한 시인이라고 생각하고 모두를 합하여 문제해결을 위한 시인의 기도를 정리해 본다면 다음과 같이 말할 수 있을 것이다. 시인은 멀리 계시는 하나님께서 침묵을 깨뜨리시고, 시인의 간구를 들으시고 위기에 처한 생명을 구원하여 주시기를 기도한다. 이어서 시인은 주께서 공정한 재판을 하셔서 악인을 벌하시고 시인을 복주시기를 간구한다.

2. 원수에 대한 하나님의 심판, 징벌을 기다림

시인들은 하나님께서 원수들을 심판하고 징벌해 주시기를 다양한 모습으로 기다린다.

제22편

제22편에는 원수에 대한 하나님의 심판, 징벌을 기다리는 표현이 없다. 그래서 원수까지 사랑하시는 예수께서 이 시편을 십자가에서 인용하시지 않았을까?

제35편

4. 내 생명을 찾는 자들이 부끄러워 수치를 당하게 하시며 나를 상해하려 하는 자들이 물러가 낭패를 당하게 하소서.
5. 그들을 바람 앞에 겨와 같게 하시고 여호와의 천사가 그들을 몰아내게 하소서.
6. 그들의 길을 어둡고 미끄럽게 하시며 여호와의 천사가 그들을 뒤쫓게 하소서.
8. 멸망이 순식간에 그에게 닥치게 하시며 그가 숨긴 그물에 자기가 잡히게 하시며 멸망 중에 떨어지게 하소서.
26. 나의 재난을 기뻐하는 자들이 함께 부끄러워 낭패를 당하게 하시며 나를 향하여 스스로 뽐내는 자들이 수치와 욕을 당하게 하소서.

제109편

6. 악인이 그를 다스리게 하시며 사탄이 그의 오른쪽에 서게 하소서.
7. 그가 심판을 받을 때에 죄인이 되어 나오게 하시며 그의 기도가 죄로 변하게 하시며
8. 그의 연수를 짧게 하시며 그의 직분을 타인이 빼앗게 하시며
9. 그의 자녀는 고아가 되고 그의 아내는 과부가 되며
10. 그의 자녀들은 유리하며 구걸하고 그들의 황폐한 집을 떠나 빌어먹게 하소서.
11. 고리대금하는 자가 그의 소유를 다 빼앗게 하시며 그가 수고한 것을 낯선 사람이 탈취하게 하시며
12. 그에게 인애를 베풀 자가 없게 하시며 그의 고아에게 은혜를 베풀 자도 없게 하시며

13. 그의 자손이 끊어지게 하시며 후대에 그들의 이름이 지워지게 하소서.
14. 여호와는 그의 조상들의 죄악을 기억하시며 그의 어머니의 죄를 지워 버리지 마시고
15. 그 죄악을 항상 여호와 앞에 있게 하사 그들의 기억을 땅에서 끊으소서.
19. 저주가 그에게는 입는 옷 같고 항상 띠는 띠와 같게 하소서
29. 나의 대적들이 욕을 옷 입듯 하게 하시며 자기 수치를 겉옷 같이 입게 하소서.

第140편

9. 그들의 입술의 재난이 그들을 덮게 하소서.
10. 뜨거운 숯불이 그들 위에 떨어지게 하시며 불 가운데와 깊은 웅덩이에 그들로 하여금 빠져 다시 일어나지 못하게 하소서.
11. 악담하는 자는 세상에서 굳게 서지 못하며 포악한 자는 재앙이 따라서 패망하게 하리이다.

이 네 편에 나타난 원수에 대한 하나님의 심판, 징벌을 기다림을 유형별로 분류해 보면 다음과 같다.

a. 수치를 당하게 하소서. 수치와 욕을 당하게 하소서. 수치를 겉옷 같이 입게 하소서.
b. 나의 대적들이 욕을 옷 입듯 하게 하시며
c. 바람 앞에 겨와 같게 하시고
d. 그에게 인애를 베풀 자가 없게 하시며
e. 그들의 길을 어둡고 미끄럽게 하소서.
f. 그의 기도가 죄로 변하게 하시며
g. 낭패를 당하게 하소서.
h. 그들의 입술의 재난이 그들을 덮게 하소서.
i. 자기가 숨긴 그물에 자기가 잡히게 하시며

j. 악인이 그를 다스리게 하시며

k. 그의 직분을 타인이 빼앗게 하시며

l. 그의 연수를 짧게 하시며

m. 뜨거운 숯불이 그들 위에 떨어지게 하시며 불 가운데와 깊은 웅덩이에 그들로 하여금 빠져 다시 일어나지 못하게 하소서.

n. 악담하는 자는 세상에서 굳게 서지 못하며 포악한 자는 재앙이 따라서 패망하게 하소서.

o. 멸망이 순식간에 그에게 닥치게 하시며 멸망 중에 떨어지게 하소서.

p. 그의 자녀는 고아가 되고 그의 아내는 과부가 되며, 그의 자녀들은 유리하며 구걸하고 그들의 황폐한 집을 떠나 빌어먹게 하소서. 그의 고아에게 은혜를 베풀 자도 없게 하시며

q. 그의 자손이 끊어지게 하시며 후대에 그들의 이름이 지워지게 하소서.

r. 고리대금하는 자가 그의 소유를 다 빼앗게 하시며 그가 수고한 것을 낯선 사람이 탈취하게 하시며

s. 천사가 그들을 몰아내게 하소서. 천사가 그들을 뒤쫓게 하소서.

t. 사탄이 그의 오른 쪽에 서게 하소서.

u. 심판을 받을 때에 죄인이 되어 나오게 하시며

v. 여호와는 그의 조상들의 죄악을 기억하시며 그의 어머니의 죄를 지워 버리지 마시고, 그 죄악을 항상 여호와 앞에 있게 하사 그들의 기억을 땅에서 끊으소서.

여기 세 편에 나타난 시인들을 한 시인이라고 생각하고 모두를 합하여 원수에 대한 하나님의 심판, 징벌을 기다림을 정리해 본다면 다음과 같이 말할 수 있을 것이다. 이 목록을 보면 원수에 대한 저주가 아주 다양하고 철저함을 알 수 있다. 가벼운 형벌에서부터 무거운 형벌에 이르기까지의 과정을 본다면, 원수는 수욕을 당하고 바람 앞에 겨와 같이 날아가며, 아무도 그에게 사랑을 베풀지 않으며, 그의 길은 어둡고 미끄러워 낭패를 당하고, 그의 입술의 재난이 그를 덮고, 자기가 숨긴 그물

에 자기가 잡히며, 악인이 그를 다스리고, 그의 직분을 타인이 빼앗고, 그는 오래 살지 못하고, 뜨거운 숯불이 그의 위에 떨어지며, 불 가운데와 깊은 웅덩이에 빠져 다시 일어나지 못하고, 그는 굳게 서지 못하고 패망하며, 멸망이 순식간에 그에게 닥치며, 그의 자녀는 고아가 되고 그의 아내는 과부가 되며, 그의 자녀들은 유리하며 구걸하고 그는 황폐한 집을 떠나 빌어먹으며, 그의 고아에게 은혜를 베풀 자도 없으며, 그의 자손은 끊어져서 후대에 그의 이름을 기억하는 사람이 없으며, 고리대금하는 자가 그의 소유를 다 빼앗으며, 그의 재산을 낯선 사람이 탈취하며, 천사가 그를 몰아내고 천사가 그를 뒤쫓으며, 사탄이 그의 오른쪽에 서며, 심판을 받을 때에 죄인이 되어 나오며, 여호와가 그의 조상들의 죄악을 기억하시며 그의 어머니의 죄를 지워 버리지 않으시며, 그의 죄악이 항상 여호와 앞에 있고, 그의 기억이 땅에서 영원히 끊어지는 형벌이다.

인생살이에서 나타날 수 있는 불행의 대부분이 다 포함되어 있다. 악인의 화신인 원수의 철저한 파멸을 시인은 간구하고 있다. 이는 단순한 보복의 차원이 아니라 악이 더 이상 이 땅 위에 발을 붙이지 못하도록 하나님께서 심판하시고 다스려 달라는 간구인 것이다. 이것을 시인의 단순한 보복 차원으로 해석해서는 안 될 것이다. 이 네 편의 시편 가운데서 오직 22편 시인만이 원수에 대한 하나님의 심판, 징벌을 간구하는 기도가 없다. 그래서 원수까지도 사랑하라고 가르치신 예수께서 이 시편을 십자가에서 인용하셨는지도 모른다. 22편을 제외한 나머지 세편의 시에서는 원수에 대한 심판을 기대한다. 특히 109편은 원수에 대한 저주와 심판사상이 강하게 나타나 있다. 그렇지만 여기서 한 가지 주목할 사실은 시인이 이렇게 원수에 대한 심판을 기대하면서도 시인 자신이 직접 원수를 갚겠다고 나서지는 않는다는 사실이다."원수 갚는 것이 내게 있으니 내가 갚으리라"(롬 12:19; 신 32:35)는 말씀을 실천하는 것이라고 생각된다.

V. 미래에 대한 기대와 확신 및 결단과 서원

1. 기대와 확신

시인들은 고난 중에서도 미래에 원수를 이기고 승리할 것을 기대하고 확신한다. 어떤 기대와 확신을 하는지 알아보기로 하자.

제22편

26. 겸손한 자는 먹고 배부를 것이며 여호와를 찾는 자는 그를 찬송할 것이라 너희 마음은 영원히 살지어다.
27. 땅의 모든 끝이 여호와를 기억하고 돌아오며 모든 나라의 모든 족속이 주의 앞에 예배하리니
29. 세상의 모든 풍성한 자가 먹고 경배할 것이요 진토 속으로 내려가는 자 곧 자기 영혼을 살리지 못할 자도 다 그 앞에 절하리로다.
30. 후손이 그를 섬길 것이요 대대에 주를 전할 것이며
31. 와서 그의 공의를 태어날 백성에게 전함이여 주께서 이를 행하셨다 할 것이로다.

제35편

27. 나의 의를 즐거워하는 자들이 기꺼이 노래 부르고 즐거워하게 하시며 그의 종의 평안함을 기뻐하시는 여호와는 위대하시다 하는 말을 그들이 항상 말하게 하소서.

제109편

17. 그가 저주하기를 좋아하더니 그것이 자기에게 임하고 축복하기를 기뻐하지 아니하더니 복이 그를 멀리 떠났으며
18. 또 저주하기를 옷 입듯 하더니 저주가 물 같이 그의 몸 속으로 들어가며 기름 같이 그의 뼈 속으로 들어갔나이다.
31. 그가 궁핍한 자의 오른쪽에 서사 그의 영혼을 심판하려 하는 자들

에게서 구원하실 것임이로다.

제140편

12. 내가 알거니와 여호와는 고난당하는 자를 변호해 주시며 궁핍한 자에게 정의를 베푸시리이다.
13. 의인들이 주의 이름에 감사하며 정직한 자들이 주의 앞에서 살 것을 확신하나이다.

이 네 편에 나타난 미래에 대한 기대와 확신을 기다림을 유형별로 분류해 보면 다음과 같다.

a. 겸손한 자는 먹고 배부를 것이며
b. 여호와를 찾는 자는 그를 찬송할 것이라
d. 세상의 모든 풍성한 자가 먹고 경배할 것이요
e. 나의 의를 즐거워하는 자들이 기꺼이 노래 부르고 즐거워하게 하소서
f. 원수가 저주하기를 좋아하더니 그것이 자기에게 임하고 축복하기를 기뻐하지 아니하더니 복이 그를 멀리 떠나게 하소서.
g. 저주가 물 같이 원수의 몸속으로 들어가며 기름 같이 그의 뼈 속으로 들어가게 하소서.
h. 여호와는 고난당하는 자를 변호해 주시며 궁핍한 자에게 정의를 베푸시리이다.
i. 의인들이 주의 이름에 감사하며 정직한 자들이 주의 앞에서 살 것을 확신하나이다.
j. 그가 궁핍한 자의 오른쪽에 서사 그의 영혼을 심판하려 하는 자들에게서 구원하실 것임이로다.

여기 네 편에 나타난 시인들을 한 시인이라고 생각하고 모두를 합하여 시인의 기대와 확신을 정리해 본다면 다음과 같이 말할 수 있을 것이다. 시인은 결국 그들이 구원을 받고 배부르게 먹으며, 여호와를 찬

송하며, 시인의 의를 즐거워하는 자들이 함께 노래 부르고 즐거워하며, 여호와는 고난당하는 자를 변호해 주시며 궁핍한 자에게 정의를 베푸실 것을 믿고, 의인들이 주의 이름에 감사하며, 정직한 자들이 주의 앞에서 길이 살 것을 확신한다. 반면에 원수들은 저주하기를 좋아하더니 그것이 그들에게 임하고 축복하기를 기뻐하지 아니하더니 복이 그들을 멀리 떠나고, 저주가 물 같이 원수의 몸속으로 들어가며, 기름 같이 그들의 뼈 속으로 들어갈 것을 믿으며 확신한다. 이러한 기대와 확신이 있기 때문에 고난 속에서 신음하면서도 시인은 희망을 잃지 않고 그날을 기다리며 살아가고 있는 것이다.

2. 결단 및 서원

시인들은 시의 마지막 부분에서 자신들이 앞으로 할 일들에 대하여 하나님께 서원하고 결단한다.

제22편

22. 내가 주의 이름을 형제에게 선포하고 회중 가운데에서 주를 찬송하리이다.
25. 큰 회중 가운데에서 나의 찬송은 주께로부터 온 것이니 주를 경외하는 자 앞에서 나의 서원을 갚으리이다.

제35편

18. 내가 대회 중에서 주께 감사하며 많은 백성 중에서 주를 찬송하리이다.
28. 나의 혀가 주의 의를 말하며 종일토록 주를 찬송하리이다.

제109편

30. 내가 입으로 여호와께 크게 감사하며 많은 사람 중에서 찬송하리니

이 세 편에 나타난 미래에 대한 기대와 확신을 기다림을 유형별로 분류해 보면 다음과 같다.

a. 내가 주의 이름을 형제에게 선포하고 회중 가운데에서 주를 찬송하리이다.

b. 주를 경외하는 자 앞에서 나의 서원(주를 찬송하겠다)을 갚으리이다.

c. 내가 대회 중에서 주께 감사하며 많은 백성 중에서 주를 찬송하리이다.

d. 나의 혀가 주의 의를 말하며 종일토록 주를 찬송하리이다.

e. 내가 입으로 여호와께 크게 감사하며 많은 사람 중에서 찬송하리니

여기 세 편에 나타난 시인들을 한 시인이라고 생각하고 모두를 합하여 시인의 결단과 서원을 정리해 본다면 다음과 같이 말할 수 있을 것이다. 시인의 서원과 결단은 주로 주께 감사하고 주를 찬송하며, 주의 이름을 사람들에게 선포하는 것이다.

VI. 종합 결론

위에서 분석한 22, 35, 109, 140편에 나타난 시인과 원수에 관한 내용을 종합해본다면 다음과 같이 말할 수 있을 것이다.

시인은 어떤 사람인가? 시인은 하나님을 믿는 신실한 신앙인이요, 원수와 사람들로부터 멸시와 천대를 받고, 몸은 병들어 있고, 가난하고 궁핍한 자며, 겸손한 자요 원수를 사랑하는 자며 선을 행하는 자요 의인이며 정직한 자이다. 시인은 그를 괴롭히는 원수가 병들었을 때에 굵은 베옷을 입고 금식하며 기도하고, 원수를 친구와 형제처럼, 어머니처럼 대하였고, 원수를 사랑하고 선을 베풀었으나 원수는 선을 악으로 갚았다고 고백한다.

시인은 하나님이 시인을 버렸다고 느끼며, 시인의 신음소리를 듣지 않으시며, 기도에 응답하지 않으시며, 돕지 않으신다고 느낀다. 시인은 벌레 취급을 받으며, 사람들의 비방거리요 조롱거리가 된다. 시인은 석양 그림자 같이 지나가며 메뚜기 같이 불려 가는 신세가 되며, 이러한 상황을 극복하기 위하여 금식한 결과 육체는 쇠약해진다. 원수는 개들 같이 시인을 에워싸고 그를 잡으려고 함정을 파고 올무와 그물을 치고, 그래서 시인은 죽음의 진토에서 신음한다. 시인은 하나님이 시인을 모태에서부터 선택하셨다고 믿는다. 하나님은 거룩하신 분이요 조상들을 구원하셨으며, 곤고한 자가 부르짖을 때 들으셨고 전쟁 때에 시인을 보호해 주셨다고 고백한다. 하나님은 모든 나라의 주재시고, 가난하고 약한 민중을 강한 자로부터 구원하시는 분임을 믿는다. 그래서 하나님이 빨리 오셔서 악인의 손에서 건져주시고, 원수와 싸워주기를 기대한다. 시인이 원수에게서 벗어나게 하시고 보전하여 주며, "나는 네 구원이라"고 확언하여 주기를 기도한다. 시인의 영혼은 여호와를 즐거워하며 그의 구원을 기뻐하겠다고 고백한다.

그렇다면 시인을 괴롭히는 원수는 누구인가? 시인을 괴롭히는 원수는 사자나 개처럼 시인을 괴롭히고, 시인을 조롱하고 모략하고 ,거짓 증언하고 악담하고 비방한다. 원수는 선을 악으로 갚는 배은망덕한 사람이고, 아무런 이유 없이 시인을 미워하고 핍박하고 죽이려고 함정을 파는 불량배요 교만한 사람이다. 원수는 황소나 사자처럼 포학하며, 남의 재산을 가로채고, 독사의 혀와 같이 날카로운 혀로 시인을 까닭 없이 거짓말로 속이고 모략하고 조롱하며, 시인을 미워하고 시인의 불행을 기뻐하며, 시인을 핍박하고 밀치고 공격하여 죽이려한다. 시인은 원수를 사랑하나 원수는 시인의 선을 악으로 갚는다. 시인은 하나님께서 침묵을 깨뜨리시고, 위기에 처한 시인을 이러한 원수로부터 구원하여 주시기를 기도한다. 시인은 하나님께서 공정한 재판을 하셔서 악인을 벌하시기를 간구한다. 원수는 수욕을 당하고 바람 앞에 겨와 같이 날아가며, 아무도 그에게 사랑을 베풀지 않으며, 그의 길은 어둡고 미끄러워 낭패를 당하고, 그의 입술의 재난이 그를 덮고, 자기가 숨긴 그물에 자기가 잡히며, 악인이 그를 다스리고, 그의 직분을 타인이 빼앗고, 그는 오래 살지 못하고, 뜨거운 숯불이 그의 위에 떨어지며, 불 가운데와 깊은 웅덩이에 빠져 다시 일어나지 못하고, 그는 굳게 서지 못하고 패망하며, 멸망이 순식간에 그에게 닥치며, 그의 자녀는 고아가 되고 그의 아내는 과부가 되며, 그의 자녀들은 유리하며 구걸하고 그는 황폐한 집을 떠나 빌어먹으며, 그의 고아에게 은혜를 베풀 자도 없으며, 그의 자손은 끊어져서 후대에 그의 이름을 기억하는 사람이 없으며, 고리대금하는 자가 그의 소유를 다 빼앗으며 그의 재산을 낯선 사람이 탈취하며, 천사가 그를 몰아내고 천사가 그를 뒤쫓으며, 사탄이 그의 오른 쪽에 서며, 심판을 받을 때에 죄인이 되어 나오며, 여호와가 그의 조상들의 죄악을 기억하시며 그의 어머니의 죄를 지워 버리지 않으시며 그의 죄악이 항상 여호와 앞에 있고, 그의 기억이 땅에서 영원히 끊어지기를 간구한다.

시인은 시인이 구원을 받고 배부르게 먹으며, 여호와를 찬송하며, 시인의 의를 즐거워하는 자들이 함께 노래 부르고 즐거워하며, 여호와는 고난당하는 자를 변호해 주시며 궁핍한 자에게 정의를 베푸실 것을 믿는 기대와 확신을 갖고, 고난 속에서 신음하면서도 희망을 잃지 않고 그 날을 기다리려 살아간다. 마지막으로 시인은 주로 주께 감사하고 주를 찬송하며, 주의 이름을 사람들에게 선포하겠다고 서원한다.

시편 개인탄원시에 나타난 시인의 하나님

손세훈

I. 들어가는 말

시편 개인탄원시에서 각각의 시인은 여러 가지 이유로 고난을 당하고 있다. 시인의 고난은 시인의 하나님을 향한 탄식과 간청에서 잘 알 수 있다. 시인의 하나님을 향한 탄식과 간청은 "하나님의 숨으심," "하나님의 분노하심," 그리고 "하나님의 버리심" 때문에 비롯되었다고 하는 시인의 인식에서 나온 것이다. 이런 점에서 시인의 하나님 인식에 관하여 살펴보는 것은 의미 있다고 생각한다.

II. 하나님의 정체[1)]

개인탄원시에서 하나님께서는 시인들이 핍박 받는 상황이나 사회적

1) 개인탄원시에 나타난 하나님에 대하여 다음의 글들을 참조하라. George W. Anderson, "Sicut Cervus: Evidence in the Psalter of Private Devotion in Ancient Israel," *VT* 30 (1980), 388–97; Elizabeth J. Canham, "How Long, O Lord? [Impa-

불의에 대하여 전혀 반응을 보이지 않는데,[2] 이 때 시인은 하나님의 침묵에 대하여 "하나님의 숨으심," "하나님의 분노하심," 그리고 "하나님의 버리심"으로 표현하고 있다.

1. 하나님의 숨으심

개인탄원시에서 원수들은 하나님과 시인의 관계를 무시하기도 했으며(22:8), 때로는 시인의 하나님이 없다고도 말한다(42:3). 게르스텐버거(Gerstenberger)는 원수들의 이러한 비난은 궁극적으로 하나님의 숨으심과 관련 있다고 보았다.[3] 인간이 하나님 앞에 숨길 수 있는 것은 아무 것도 없다(참조. 시 90:8). 그러나 개인탄원시에서 하나님께서 시인으로부터 숨으셨다는 표현은 쉽게 찾아볼 수 있다.

> 야훼여 어찌하여 멀리 서시며 어찌하여 환난 때에 숨으시나이까(10:1).
> 야훼여 어느 때까지니이까. 나를 영원히 잊으시나이까. 주의 얼굴을 나에게서 언제까지 숨기시겠나이까(13:1).
> 주의 얼굴을 내게서 숨기지 마시고(27:9上).

---

tience and Longing for God]," *Weavings* 6 (1991), 18–27; Gerstenberger, "Where is God?: the Cry of the Psalmists," in: C. Duquoc and C. Floristan (eds.), *Where is God?* (London: SCM Press, 1992); W. E. March, "Father as a Metaphor for God in the Psalms," *AUS* 97 (1981), 5–12; K. V. Mathew, "The Concept of God and Nature in the Psalms," *IJT* 20 (1971), 142–49; James L. Mays, "The Language of the Reign of God [in the Psalms]," Int 47 (1993), 117–26; Henry McKeating, "Divine Forgiveness in the Psalms," *SJT* 18 (1965), 69–83; Wallace I. Wolverton, "Psalmists' Belief in God's Presence," *Canadian Journal of Theology* 9 (1963), 82–94.

2) 참조. 10:1; 13:1; 22:1–2; 27:9; 55:1; 88:14; 렘 3:56. 힐(A. E. Hill)은 하나님의 의가 시인의 필요에 따라 분명히 나타난다면서, 그 예로써 시 55:16–23을 들고 있다. A. E. Hill, "עָלַם," in: NIDOTE (1997), s.v.을 참조하라. 개인 탄원시에서 대다수 "신뢰구," "확신구," "찬양구"는 시인의 고난이 어떤 형태로든지 극복되었음을 말하고 있다.

3) Gerstenberger, "Where is God?" 11–22를 참조하라.

> 하나님이여 내 기도에 귀를 기울이시고 내가 간구할 때 숨지 마소서 (55:1).
>
> 야훼여 어찌하여 나의 영혼을 버리시며 어찌하여 주의 얼굴을 내게 숨기시나이까(88:14).

이상의 성구에 의하면, 하나님은 시인이 "환난 받을 때"(10:1), "간구할 때"(55:1) 숨으셨다. 이것은 하나님께서 "자신의 얼굴을 숨기신 것"(13:1; 27:9; 88:14)과 같다. 쉬라데(Herbert Schrade)는 그의 『숨어 계신 하나님』(*Der verborgene Gott*)에서 십계명 중 제2계명이 미친 영향을 말하면서, 야훼 형상을 금한 것은 이스라엘의 하나님께서 기본적으로 숨겨진 신임을 의미한다고 하였다.[4] 월비튼(W. Wolverton I)은 야휘스트들의 "숨겨진 신"과 관련된 신 인식을 두 가지로 나누어 설명하였다. 첫째, 극소수의 정통 야휘스트들은 다양한 종류의 물신(物神 또는 呪物. fetishism)에 의지하면서, "보이지 않는 힘" 앞에서 영적인 안전을 보장받고자 하였다는 것이다. 둘째, 경건한 야휘스트들은 하나님께서 때때로 계획적으로 숨는다고 믿었는데, 이 때 하나님은 그의 추종자들에게 어떠한 확신도 주지 않고 있다는 것이다. 월버튼은 시편 10편이 후자의 경우에 해당한다고 말한다.[5] 10편에서 하나님은 시인에게서 멀리서 계시며 또한 숨고 계신다(1절). 시인은 숨어계신 하나님을 향하여 자신을 구원해 주기를 간청하고 있다(12절, 참조 1절[6]). 원수들 또한 그

---

4) Herbert Schrade, *Der verborgene Gotte* (Stuttgart: W. Kohlammer, 1949), 65ff; W. Wolverton I, "Psalmists' Belief in God's Presence," *Canadian Journal of Theology 9* (1963), 86을 참조하라.

5) Wolverton I, "Psalmists," 86.

6) 1절에서 시인의 "어찌하여"라는 표현은 하나님의 구원 행위를 고대하는 것이다. "어찌하여"를 가리키는 히브리어 למה는 מה의 복합형으로서 의문 부사로서 우리말로 직역하면 "왜," "어찌하여"이다. 이 단어는 하나님께 불평할 때 나타나는 것으로서, 시편 이외의 구약성서 다른 부분에서도 자주 등장하고 있다(참조. 창 25:22; 민 11:11; 렘 14:18, 19; 사 58:3; 합 1:3; 시 44:23, 24). "어찌하여"는 두 가지 측면을 함축적으로 보여주고 있다. 하나는 하나님과 시인과의 관계에서 비롯된 것으로서, 하나님을 향한

들의 사악한 행위에 대하여 하나님께서 숨으셨다고 믿고 있다.

> 저의 마음에 이르기를 하나님이 잊으셨고 그 얼굴을 가리우셨으니 영원히 보지 아니하시리라 하나이다(10:11).[7]

55편은 시인이 간구할 때 하나님께서 숨으셨다고 말한다(1절). 이것은 시인의 간구에 하나님의 응답이 없었음을 의미한다(2절). 이 때 시인의 간구는 단순한 청원이 아니라, 고난 상황에서 도저히 견딜 수 없는 일종의 애원이다. 여기서 간구를 가리키는 תחנה의 어근은 חנן로서 그 뜻은 “호의(은혜)를 보이다”이다. 보통 이 말은 두 가지 관계 속에서 사용되고 있는데, 하나는 인간들 사이에서 쓰인 것이며(참조. 창 39:4; 삼상 20:3; 룻 2:13; 에 2:17), 다른 하나는 하나님과 인간과의 관계에서 사용된 경우이다. 후자의 경우는 하나님의 적극적인 개입이 인간에게 내려지는 것을 말한다. 이 때 하나님의 개입은 인간 세상에서는 찾아볼 수 없는 은혜로운 행위로서(참조. 시 112:4-5), 정직한 인간의 반응에 따라 나타난다(참조. 창 6:8-9; 잠 3:3-4; 사 30:19). 그러나 이러한 행위가 보류되거나 숨겨지는 경우도 종종 발견하게 된다. 프레테임(T. E. Fretheim)은 하나님의 은총 행위가 인간들에게 가려진 경우를 인간의 죄 때문에(렘 16:13), 인간이 회개하지 않기 때문에(느 9:17, 31), 하나님의 큰 뜻 때문에(수 11:20), 하나님의 약속 때문에(왕하 13:23; 스 9:8) 등으로 설명하고 있다.[8]

앞에서 언급하였듯이, 개인탄원시에서 시인의 간구는 자신의 고난에

시인의 탄식이다. 다른 하나는 시인이 원수로 인하여 고난 받을 때 나타나는 탄식의 부르짖음이다.

7) 원수들은 하나님께서 그들의 사악한 행위를 잊어버렸거나 보지 않는다고 생각하였다. 크레이기는 원수들의 이러한 확신(하나님의 무응답)이 시인을 매우 곤혹스럽게 만들었다고 보았다. P. C. Craigie, *Psalm 1-50,* WBC (Texas: Word Books, Publisher, 1984), 125.

8) T. E. Fretheim, “חָנַן,” in: *NIDOTE*, s.v.

서 비롯된 울부짖음과 같은 것이다. 시인에게 있어서 하나님은 최고의 경외 대상이자 신앙의 목표이다. 원수들은 그러한 하나님을 멸시하고 있으며(10:13), 시인은 하나님께서 숨어 계신다고 믿고 있다. 이것은 시인에게 있어서 절망 그 자체였다. 하나님의 얼굴이 시인에게 숨겨졌다는 표현은 시인의 간구에 대한 하나님의 거절을 말하는 것이다(참조. 사 132:10). 하나님의 얼굴은 인간에 대한 은총을 의미한다(참조. 시 4:6). 따라서 하나님께서 자신의 얼굴을 숨기셨다는 것은 간구자에 대하여 은총을 거부한 것으로서 일종의 분노로도 볼 수 있다(참조. 렘 3:12). 그러나 개인탄원시에서 "하나님께서 숨으셨다"는 시인의 진술은 자신의 고난을 감당할 수 없는 지경에서 하나님이 얼굴을 숨기시고 침묵하신데 대한 항변임과 동시에, 하나님이 숨은 데서 나오시면 고난이 해결될 수 있다는 이중적 의미를 담고 있다.

2. 하나님의 분노하심

시인은 하나님께서 자신에게 얼굴을 숨기셨을 뿐만 아니라, 진노를 내리고 있다고 탄식한다. 시인은 전자의 경우를 하나님의 방관으로, 후자의 경우를 그의 고난이 하나님에 의하여 적극적으로 진행되고 있다고 믿었다. 시인은 하나님의 분노가 자신을 향한 징계로 생각하였다.

> 야훼여 주의 분으로 나를 견책하지 마옵시며, 주의 진노로 나를 징계하지 마옵소서(6:1).
> 야훼여 주의 노로 나를 책하지 마시고 분노로 나를 징계치 마소서 주의 살이 나를 찌르고
> 주의 손이 나를 심히 누르시나이다. 주의 진노로 인하여 내 살이 성한 곳이 없사오며(38:1-3上).
> 주께서 나를 깊은 웅덩이 어두운 곳 음침한데 두셨사오며 주의 노가 나를 심히 누르시고
> 주의 모든 파도로 나를 괴롭게 하셨나이다(88:6-7).

이는 주의 분과 노를 인함이라. 주께서 나를 드셨다가 던지셨나이다 (102:10).

6:1과 38:1-3에서 시인은 하나님의 분노로 인하여 징계를 받고 있다고 말한다. 여기서 징계를 말하는 히브리어 יכח는 "책망하다," "꾸짖다," "결정하다," "판단하다" 그리고 "시정하다"라는 의미를 갖고 있다. 원래 יכח는 법적인 용어로 사용되었으나("판단하다." 참조. "논증하다." 31:36-37; 사 1:18), 하나님의 징계와 관련되어 많이 나타나기도 한다. 시 6:1과 38:1-3절이 이러한 범주에 속한다(참조. 잠 3:11; 10:17; 12:1; 13:18; 15:5). 뷕셀(Büchsel)은 이 단어가 죄인의 가책에서부터 징계와 벌에 이르기까지, 혹독한 시험을 통한 의인들의 가르침으로부터 훈육과 충고에 이르기까지 모든 교육적 측면을 포괄하고 있다고 보았다.[9] 이런 관점은 욥기 저자가 야훼께서 그의 사랑하시는 자를 징계한다고 말한 것과 일맥상통한다고 할 수 있다(5:17).

개인탄원시에서 시인은 자신의 고난의 궁극적 원인을 하나님의 분노로 보고 있다. 이것은 앞서 말한 대로 시인에 대한 하나님의 시험일 수도 있고, 훈육적 가르침일 수도 있고, 범죄에 대한 징계일 수도 있다. 이런 맥락에서 하나님은 원수의 손길을 통하여 그의 백성을 징계한다고 볼 수 있다. 그러나 개인탄원시에서 시인이 고난 받는 원인은 대다수가 시인의 잘못보다는 사회 구조적 요인이나 원수들의 사악함에서 비롯된 것들이다. 이러한 이유에도 불구하고, 시인이 자신이 당하고 있는 고난을 하나님의 징계로 생각하고 있는 이유를 두 가지로 유추할 수 있다. 첫째, 시인의 고난이 참을 수 없는 한계 상황에 이르렀다는 것이며, 둘째, 경건한 시인은 감당할 수 없는 고난 중에서 그 원인을 종교적으로 해석했기 때문이다. 그래서 시인은 고난 중에서 야훼께서 예전처럼 자신에게 돌아올 것(6:4), 멀리하지 말 것(38:21)을 간청하고 있는 것이다.

---

9) Büchsel, "ἐλέγχω," in: *TDNT* (1974), s.v.

3. 하나님의 버리심

시 37:25, 33에 의하면, 하나님께서는 자신의 백성을 버리시지 않는다고 진술되어 있다. 또한 시 9:10은 하나님께서는 자신을 찾는 자를 버리지 않는다고 말한다. 그럼에도 불구하고 다수의 개인탄원시에서 시인은 하나님께서 자신을 버리셨다고 말한다.

> 내 하나님이여 내 하나님이여 어찌 나를 버리셨나이까(22:1).
> 주의 종을 노하여 버리지 마소서(27:9上).
> 어찌하여 나를 버리셨나이까(43:2中).
> 야훼여 어찌하여 나의 영혼을 버리시며(88:14).

위에서 살펴보았듯이, "버리다"(עזב)는 말은 사람에 대한 버림을 의미하기도 한다. 개인탄원시에서 시인이 하나님께서 자신을 버렸다고 할 때, 그것은 하나님께서 시인의 고난 상황에 개의치 않고 계심을 말한다(참조. 욥 9:25-35). 구약성서에서 하나님께서 특정한 사람이나 집단을 버렸다고 할 때, 두 가지 이유에서 비롯되었다고 볼 수 있다. 그것은 인간의 일반적인 범죄(호 4:10)와 종교적 배교 행위(신 28:20; 31:16; 대하 24:18; 욘 2:8) 때문이다. 그러나 개인탄원시에서는 시인의 범죄나 종교적 배교와 직접 관련된 "버림"을 말하지 않는 듯하다. 여기서 "버림"은 시인의 고난 상황이 최고조에 다다른 것을 보여주는 극적인 표현으로 볼 수 있다. 왜냐 하면 시인은 자신의 고난이 하나님께서 버리지 않으셨다면 도저히 일어날 수 없는 것으로 생각했기 때문이다. 이런 점에서 시편 22편의 시인은 하나님께서 자신의 고난을 듣지도 응답치도 않는다고 생각하며, 하나님께서 실제로 버린 것이 아님에도 불구하고 자신을 버린 것으로 간주하고 있는 것이다(1-2절).

지금까지 시인에 대한 하나님의 위치를 세 가지 측면에서 살펴보았다. 그 결과 시인은 일시적으로 하나님께서는 자신에 대하여 아무런 도움을 주지 않았고 관심도 갖지 않았다고 믿었다. 이러한 하나님의 무관심은 시인의 고난을 더욱 견디기 어려운 것으로 만들었다. 그러나 시인은 끝까지 하나님의 적극적 개입을 바라고 있다. 이러한 가운데 시인의 하나님에 대한 확신이 묘사되며, 찬양이 나타나고 있다. 이것은 하나님의 "숨으심," "분노하심," "버리심"에 대한 탄식이 고난 중에 나타난 시인의 일시적인 탄식임을 보여주는 것이다. 다른 말로 하면, 시인의 확신이나 찬양은 하나님께서는 시인에 대하여 숨으시거나, 분노하시거나, 버리시지 않았음을 확인시키는 내용들이다. 이 때 확신이나 찬양이 단순히 미래적인 기대에서 비롯되는 것이 아니라, 시인의 고난 상황이 어떤 형태로든지 변화되고 있음을 예고한다고 보아야 할 것이다

III. 하나님에 대한 확신

개인탄원시에서 시인이 그의 고난에 대하여 하나님께 불평하고 항변하다가, 갑자기 하나님에 대해서 확신과 찬양을 하는 것으로 분위기가 급전하고 있음을 발견할 수 있다.[10] 이러한 분위기 변화에 대하여 학자들 사이에 의견은 다양하다. 브루그만(Brueggemann)은 분위기 변화에 대한 학자들의 견해 중 네 사람의 입장을 다음과 같이 요약한 바 있다.[11] 베그리히(Begrich)는, 의식(儀式)에 있어서, 외형상 시인은 "구원신탁"을 말하는데, 그것은 앞서 언급된 간청에 대하여 명확한 대답이라고 보았다. 쿠흘러(Kuchler)는 네 가지 본문(12:5; 60:6; 91:15-16; 108:7)에서 하나님께서 말씀하신 것이 언급되어 있고(추정하기로는 제사장을 통한) 이러한 언급이 간청과 찬양 사이에 놓여 있은 것에 대하여 주목하였다. 그는 여러 상이한 상황에서 분위기 변화가 명백하게 나

10) 브루그만은 변화된 상황이 눈에 보이는 행위나, 외부적 변형에 의해서가 아니라, 고난 중에서 사회적 현실이 사라지거나 와해될 듯한 신뢰의 말에 의해 도래된 것으로 보았다. Brueggemann, "The Formfulness of Grief," *Int* 31 (1977), 270.

11) Brueggemann, "From Hurt to Joy, from Death to Life," *Int* 28 (1974), 9.

타나는 것이 아니라, 동일성이 추측될 뿐이라고 추정한다. 프로스트(Frost)는 찬양과 감사기도 그 자체가 하나님의 개입이 가까이에 있음을 보증하는 가장 능력있는 것이라고 믿었다. 이것은 외적인 하나님의 진술이 필요하지도 기대되지도 않다는 것이다. 웨버스(Wevers)는 야훼 이름을 말한다는 그 자체가 변화의 순간이라고 말한다. 이 때 하나님의 이름은 결정적인 역할을 하여 기존의 상황이 변화된다고 보았다. 브루그만은 분위기 변화나 상황 변화가 어떻게 일어났는지에 대해서는 분명하게 말할 수 없지만, 변화가 일어난 사실에 대해서는 의심할 여지가 없다고 보았다.[12] 김이곤은 분위기 변화의 동인을 거룩한 전쟁으로 보면서, 그 예로써 네 가지를 들고 있다.[13] 첫째, 원수 탄식에서부터 원수 격파에 대한 확신으로 변화되는 곳에 군사용어가 사용되었다는 점(참조. 시 3:4; 7:11; 28:7; 33:20; 59:9 이하, 17 이하; 61:4, 8; 94:22), 둘째, 인간의 군사적 우세에 대한 신뢰와 야훼(야훼의 이름)에 대한 신뢰 사이에 날카롭고 과장된 대조가 분위기 변화의 자리에 나타날 때 거룩한 전쟁 전승의 맥락에서 이해할 수 있다는 점(참조. 시 3:2-7; 13:5-6; 20:2-5; 56:2-5), 셋째, 원수 탄식 또는 원수 저주(멸망) 기원이 야훼에 의한 원수격파의 확신으로 변화되는 현상은 성전(聖戰)의 영향 아래서 이해될 수 있다는 점(참조. 시 6:8-9; 35:7-9), 넷째, 원수 멸망에 대한 확신이 "일어나소서"(전쟁 함성과 유사한 소리)라는 짧은 소원문 직후에 분위기 변화가 일어나는 것은 거룩한 전쟁 상황에서 이해될 수 있다는 점(참조. 시 3:8; 7:7; 9:20; 60:14) 등이다.

이와 같이 다양한 학자들의 견해는 개인탄원시에서 분위기 변화 또는 상황 변화가 어떻게, 왜 일어났는지를 규명하는 것이 쉽지 않음을 의미한다. 본 장에서는 분위기 변화의 동인(動因)보다는 하나님과 시인

---

12) Brueggemann, "From Hurt to Joy," 9.

13) 자세한 것은 김이곤의 다음 글을 참조하라. 『구약성서의 고난신학』 (서울: 한국신학연구소, 1989), 162-79; idem., *The Rapid Change of Mood in the Lament Psalms* (Seoul: Korea Theological Study Institute, 1985), 159-236.

과의 관계 속에서, 시인이 하나님에 의한 구원을 "확신"한 것과 그것에 대한 "찬양"이 어떤 의미를 갖고 있는지 살펴보자.

1. 확신

개인탄원시에 나타난 확신구의 내용은 대략 다음과 같다.

> 내가 나의 목소리로 야훼께 부르짖으니 그 성산에서 응답하시는도다(3:4).
> 야훼께서 자기를 위하여 경건한 자들을 택하신줄 너희가 알지어다. 내가 부를 때에 야훼께서 들으시리로다(4:3).
> 주께서 내 마음에 두신 기쁨은 저희의 곡식과 새 포도주의 풍성할 때보다 더하나이다(4:7).
> 행악하는 너희는 다 나를 떠나라. 야훼께서 내 곡성을 들으셨음이여. 야훼께서 내 간구를 들으셨음이여. 야훼께서 내 기도를 받으시리로다. 내 모든 원수가 부끄러움을 당하고 심히 떪이여 홀연히 부끄러워 물러가리로다(6:8-10).
> 야훼여 주는 겸손한 자의 소원을 들으셨으니(10:17).
> 나는 의로운 중에 주의 얼굴을 보리니 깰 때에 주의 형상으로 만족하리이다(17:15).
> 내 발이 평탄한데 섰사오니(26:12).
> 야훼를 찬송함이여 내 간구하는 소리를 들으심이로다(28:6).
> 내가 나의 영을 주의 손에 부탁하나이다. 진리의 하나님 야훼여 나를 구속하셨나이다(31:5).
> 야훼를 찬송할지어다. 견고한 성에서 그 기이한 인자를 내게 보이셨음이라(31:21).
> 주께서 내 생명을 사망에서 건지셨음이라. 주께서 나로 하나님 앞, 생명의 빛에 다니게 하시려고 실족지 않게 하지 아니하셨나이까(56:13).
> 하나님이 저희를 쏘시리니 저희가 홀연히 살에 상하리로다. 이러므로 저희가 엎드러지니 저희의 혀가 저를 상함이라(64:8).

> 야훼는 궁핍한 자를 들으시며 자기를 인하여 수금된 자를 멸시치 아니하시나니(69:33).

이상의 확신구에서 세 가지 특징을 발견하게 된다. 첫째, 하나님께서 시인의 기도를 들으셨다는 것이다. 둘째, 하나님께서 시인의 부르짖음에 응답하셨다는 것이다. 셋째, 주의 손이나 형상 또는 구속을 통하여 시인이 만족하고 있다는 것이다. 여기서 이러한 특징을 중심으로 확신구를 살펴보자.

1) 하나님의 들으심

개인탄원시에서 시인들은 자신의 고난 때문에 하나님께 탄식하기도 하고 간청하기도 한다. 시인의 탄식이나 간청을 하나님께서 들으셨다는 것은 곧 하나님의 구원 행위를 의미한다. 하나님께서는 인간의 간구나 부르짖음을 들으실 때도 있는가 하면, 그렇지 않을 때도 있다. 예레미야 11:11에 의하면, 하나님께서는 그의 백성들의 부르짖음을 듣지 않겠다고 말씀하신다. 그 이유는 백성들이 먼저 하나님의 말씀을 듣지 않았기 때문이다(렘 11:10). 반면에 하나님께서는 자기를 경외하는 자의 음성을 들으며(미 7:7), 그에게 순종하는 자가 기도할 때 하나님께서 그 기도를 들으신다(시 65:1-2). 이런 점에서 하나님의 들으심은 하나님의 일방적 선택이 아니라, 간구자의 신앙과 순종과 같은 소위 야훼 신앙 여부에 의하여 그 가부가 결정된다. 개인탄원시에서 각 시인들은 경건한 야훼 신앙을 소유한 자들이다. 그러므로 시인이 하나님께서 자신의 기도를 들으실 것이라는 확신은 자연스러운 신앙의 발로로 해석할 수 있을 것이다.

개인탄원시에서 하나님께서 시인의 기도를 들으셨다고 할 때, 그것은 대개 다음과 같이 "부를 때 들으심"(4:3), "간구를 들으심"(6:8; 28:6), "소원을 들으심"(10:17), 그리고 "궁핍한 자를 들으심"(69:33) 등으로 나타난다.

> 내가 부를 때에 야훼께서 들으시리로다(4:3).
> 야훼께서 내 곡성을 들으셨음이여(6:8).
> 내 간구하는 소리를 들으심이로다(28:6).
> 야훼여 주는 겸손한 자의 소원을 들으셨으니(10:17).
> 야훼는 궁핍한 자를 들으시며(69:33).

단순한 용어적 의미에서 "듣다"를 뜻하는 히브리어 שמע의 용법은 크게 두 가지로 나눌 수 있다. 하나는 인간의 들음이다. 이 때 인간 상호간에 나타나는 의사소통으로서의 들음(창 18:10)과 하나님의 말씀을 인간이 듣는 것(신 4:10-13)이다. 다른 하나는 인간의 기도를 하나님께서 들음이다(시 65:2). 이 경우 하나님의 들음은 곧 인간에 대한 하나님의 응답이며,[14] 그 응답은 인간을 구원하기 위한 하나님의 개입을 의미한다(출2:24; 3:7; 6:5; 신 26:7). 후자의 경우가 개인탄원시에서 시인의 확신으로 표출되고 있는 하나님의 들으심이다.[15]

4편에서 시인은 자신을 경건한 자로 표현하고 있다(3절). 따라서 시인은 야훼께서 자신의 부르짖음을 들으실 것을 확신하고 있다. 이 때 시인의 부르짖음(קרא)은 야훼의 응답, 곧 그의 개입을 바라는 것을 전제하고 있다. 3절에서 "들으시리로다"(שמע)라는 동사의 형태는 미완료태이다. 이것은 시인의 고난이 현실적으로 끝나지 않았음을 의미한다. 그럼에도 불구하고 시인은 주변 사람들에게 그가 야훼께 의의 제사를 드리고 야훼를 의지할 것을 말하고 있다(5절). 이것은 시인의 종교적

---

14) 시 3:4절에 의하면, 시인이 부르짖을 때 야훼께서 응답(ענה)하셨다. 이것은 내용의 전후로 미루어 하나님께서 시인의 간구를 듣고 응답한 것이다. 따라서 하나님 편에서 שמע는 곧 ענה와 같은 의미로 볼 수 있을 것이다.

15) 그런데 시인이 하나님께서 들으셨다고 말할 때, 그 시점이 완료태냐 미완료태냐 하는 문제가 남게 된다. 일반적으로 완료태라면 시인의 고난 상황은 이미 종결된 것으로, 미완료태라면 그 고난 상황이 계속된다고 추정할 수 있다.

경건성을 다시 한번 보여주는 대목이다. 시인은 고난 중에서도 야훼 신앙을 강조함으로써, 주변의 사람들에게 야훼의 위대성을 알리며 야훼경외의 필요성을 역설하고 있다.[16)]

6편의 확신구에서 "들으셨다"는 표현이 두 번 나타나고 있다(8, 9절). 하나는 시인의 곡성을, 다른 하나는 시인의 간구를 하나님께서 들으신 것이다.

> 행악하는 너희는 다 나를 떠나라 야훼께서 내 곡성을 <u>들으셨도다</u>(6:8).
> 야훼께서 내 간구를 <u>들으셨음이여</u>(6:9).

6편의 시인은 질병으로 인하여 목숨이 위태로운 자이며, 눈물로 밤을 지새우는 자이다. 여기서 시인의 곡은 단순히 고난에서 비롯된 눈물보다는 고난과 병행하여 회개의 의미도 내포된 듯하다.[17)] 시인은 자신의 고난이 하나님의 진노에서 비롯된 것임을 알고 있기 때문에(1절) 회개하지 않고서는 하나님께서 자신을 구원하지 않을 것임을 알았을 것이다. 따라서 시인의 간구가 하나님께 상달되었다는 것은 곧 시인의 회개가 이루어졌음을 의미한다(9절).

이상의 두 본문에 나타나고 있는 하나님의 "들으심"(שׁמע)은 완료태로 나타나고 있다. 이것은 시인의 고난이 종결되었다고 말할 수도 있으나, 본문에 의하면 시인의 고난이 해결되었다는 근거는 찾아볼 수 없다. 다만 시인이 하나님께 회개하였기 때문에, 자신의 구원을 기정 사실로 확신하고 있는 것 같다. 이것은 시인에게 있어서 회개와 구원이 동일선

---

16) 참조. 시 34:7-19; 40:2-4; 66:16-20. K. T. Aitken, "שָׁמַע," in: NIDOTE (1997), s.v.

17) 시인의 "곡"(בכי)은 탄원뿐만 아니라 회개와도 밀접한 관련이 있는 용어이다. 탄원과 관련해서는, 아들을 갖기 원하는 한나가 눈물로 하나님께 탄원할 때(삼상 1:7-10), 에스더가 아하수에르 왕에게 동족의 목숨을 눈물로 간청할 때, 이 용어가 사용되고 있다. 그리고 회개와 관련되어서는, 요시야가 하나님의 율법을 읽으면서 회개한 경우(왕하 22:19)와 이스라엘 백성들이 하나님께 돌아 와서 통곡한 경우(렘 31:9; 50:4)이다.

상에서 교차함을 보여주는 것이다.

69편의 확신구에서 시인은 자신을 궁핍한 자로 묘사하고 있다(33절). 그리고 시인은 하나님께서 자신과 같이 궁핍한 자를 들으신다고 고백하고 있다(33절). 여기서 궁핍한 자란 곧 물질적으로 가난한 자를 의미한다. 구약성서에서 가난한 자에 대한 하나님의 공의를 여러 곳에서 발견할 수 있다.[18] 하나님께서는 가난한 자를 잊지 않고 계시기 때문에(참조. 시 9:18), 69편의 시인은 비록 고난 중에서 있을지라도 자신에게 하나님의 들으심(שמע)이 나타날 것으로 확신하는 것이다. 여기서 "하나님의 들으심"은 고난 중에서 하나님께서 그 간구를 들어주신다는 시인의 확신에서 비롯된 찬양으로 발전된다(34절). 따라서 시인이 부를 때나 간구할 때 하나님께서 들으셨다는 것은 좁은 의미에서 청자와 화자의 관계이지만, 그 내용상으로 볼 때 간구자와 구원자의 관계에 놓여 있음을 알 수 있다.

2) 하나님의 응답하심(3:4)[19]

개인탄원시에서 시인은 하나님께 도움을 바라거나 고통에 못이겨 부르짖고 있다. 이 때 시인은 자신의 부르짖음에 대하여 하나님께서 응답해 주실 것을 간청하고 있다.

> 내 하나님이여 내가 부를 때에 응답하소서(4:1).
> 야훼여 내 하나님이여 나를 생각하사 응답하시고(13:3).
> 내게 굽히사 응답하소서 내가 근심으로 편치 못하여 탄식하오니(55:2).

이상의 성구에서 "응답하다"를 가리키는 히브리어는 ענה이다. ענה의 용어적 의미는 "대답하다," "응답하다"이다. 구약성서에서 "하나님의 응

18) Aitken, "שָׁמַע."

19) 참조. Aitken, "שָׁמַע."

답하심"은 인간의 부르짖음이나 요청에 의하여 나타난다. 개인탄원시에서 시인이 고난 중에 하나님께 부르짖을 때 하나님의 응답이 나타나고 있다.[20] 이런 점에서 "시인의 부르짖음"과 "하나님의 응답하심"은 상호 대칭적 관계로 볼 수 있다.[21] 이와 같이 용어적 의미로 볼 때 개인탄원시에서 시인이 하나님께 부르짖었다는 것은 하나님의 응답에 대한 간청으로 볼 수 있다. 이러한 용어적 의미 외에도 시인이 하나님의 응답을 간청할 수 있었던 것은, 그가 하나님의 인자한 성품에 대하여 신뢰하였기 때문이다.

> 하나님이여 많은 <u>인자(חסדך)</u>와 구원의 진리로 내게 <u>응답하소서</u>(69:13; 참조. 26:3).

하나님께서는 스스로 자신의 성품을 말할 때, 인자(חסד)의 하나님이라고 말한 바 있다(출 34:6).[22] 또한 하나님께서는 자신을 사랑하고(חסד) 자신의 계명을 지키는 자에게 은혜를 베풀 것을 약속한 바 있다(출 20:6; 신 5:10). 69편의 시인은 하나님을 사랑하는 자며, 인자하신 하나님께서는 반드시 자신을 구원해 주시리라고 믿고 있는 자다. 이러한 사실은 시인이 하나님 때문에 원수들로부터 훼방받고 있음을 말한 점(7절)에서 알 수 있다. 따라서 69편의 시인은 하나님의 인자한 성품에 의지하여 응답을 바라는 자라고 할 수 있다.

(1) 하나님의 구속하심

개인탄원시에서 시인은 자신의 고난이 해결되기를 바라면서 대표적으로 진술하는 말이 "하나님의 구속"이다.

---

20) John A. Beck, "שָׁמַע," in: NIDOTE (1997), s.v.

21) ענה는 시인의 부르짖음(שועה, קרא, זעק, צעק, רנה)에 대한 하나님의 응답으로 나타나기 때문에, ענה와 부르짖음이 상응하여 사용되었음을 알 수 있다.

22) "야훼로라 야훼로라 자비롭고 은혜롭고 노하기를 더디하고 인자와 진실이 많은 하나님이로다."

26:11에 의하면, 시인은 자신의 완전한 행위를 내세우며(1, 11절) 하나님의 구속을 바라고 있다.

> 나의 완전함에 행하오리니 나를 구속하시고(11절).

여기서 "완전한 행함"이란 곧 "주의 진리 중에 행한 것"을 의미하는 것으로서(26:3), 원수의 세속적 삶과 구별된 표현이라고 볼 수 있다(26:4, 5, 9, 10).

야훼의 구속은 시인의 부탁에 의하여 이루어지는 것이다(5절上).[23]

> 내가 나의 영을 주의 손에 부탁하나이다(אפקיד). 진리의 하나님 야훼여 나를 구속하셨나이다(פדיתה)(5절).

이 때 "부탁하다"는 미완료태이며, "구속하다"는 완료태로 나타나고 있다. 이 문장만을 볼 때, 시인은 하나님에 의하여 고난이 극복된 것으로 볼 수 있다. 그러나 계속되는 성구(9下-17절)에서 시인의 고통이 여전히 진행되고 있음을 알 수 있다. 그렇다면 5절에서 야훼의 구속을 어떻게 해석할 수 있는가하는 것이 문제로 남는다. "구속하다"를 가리키는 히브리어 פדה가 종교적 의미로 사용될 때는 대속의 개념(참조, 민 3:4 이하; 18:8-32)과 구원의 의미(참조. 삼하 4:9; 왕상 1:29)로 나타난다. 시편에서는 인간의 상황적 위기나 고난에서 해방되는 뜻으로 사용되기도 하였다(참조. 26:11; 31:5; 34:22; 44:26; 55:18; 69:18; 71:23). 본문에서도 시인은 자신의 고난에 대하여 하나님께 탄원함으로써 그 구속이 이루어졌음을 말하고 있다. 특별히 이 용어는 원수로부터 생명을 보존했다는 의미로 사용되기도 했다(55:18).

71편의 시인은 하나님께서 자신을 구속하심이 즐거움이라고 말하고

---

23) 크레이기는 시인이 자신을 하나님의 손에 맡김으로써(5上), 하나님의 구원과 보호의 능력을 신뢰하는 것이라고 보았다. Craigie, *Psalm 1-50,* 260.

있다.

> 주께서 구속하신 내 영혼이 즐거워하리이다(23절).

또한 130:7-8에 의하면, 야훼의 구속하심은 인자함과 풍성함, 그리고 죄악으로부터의 해방을 말하고 있다.

> 야훼께는 인자하심과 풍성한 구속이 있음이라. 저가 이스라엘을 그 모든 죄악에서 구속하시리로다.

본문의 인자와 풍성, 그리고 죄악에서의 해방은 야훼의 품성을 나타낸다. 이러한 야훼의 품성은 곧 진리로 대변할 수 있을 것이다. 그러므로 본문에서 진리의 하나님께서 구속하셨다는 것은 시인이 그 인자함과 풍성함 그리고 죄악된 상황에서의 벗어남을 의미한다고 할 수 있다. 본문의 시인은 하나님의 인자를 분명히 경험한 자이기 때문에(21절), 시인은 자신의 고난 상황이 어떤 형태로든 극복되리라고 확신하고 있다. 이 때 하나님은 시인에게 있어서 인자함과 풍성함, 그리고 죄악으로부터 해방시키는 진리의 하나님이시다.

2. 찬양

부트러(Butler)는 개인탄원시에 나타난 찬양에는 두 가지 형태가 있다고 말한다. 하나는 하나님의 존재에 대한 묘사적인 찬양이며, 다른 하나는 하나님께서 개개인을 위하여 특별히 행한 것에 대한 선언적인 찬양이라는 것이다.[24] 개인탄원시에서 시인의 찬양은 대부분 자신의 고난과 관련된 내용을 갖고 있기 때문에 선언적 찬양으로 볼 수 있을 것이다. 이런 점에서 찬양은 하나님에 대한 감사의 노래라고 말할 수 있다. 여기서 개인 탄원시의 찬양구를 살펴보면 다음과 같다.

---

24) Butler, "Piety in the Psalms," *RevEx* 81 (1984), 390.

> 내가 야훼의 의를 따라 감사함이여 지극히 높으신 야훼의 이름을 찬양하리로다(7:17).
> 내가 주의 이름을 형제에게 선포하고 회중에서 주를 찬송하리이다(22:22; 참조. 23-31절).
> 야훼를 찬송함이여. 내 간구하는 소리를 들으심이로다. 야훼는 나의 힘과 방패시니 내 마음이 저를 의지하여 도움을 얻었도다. 그러므로 내 마음이 크게 기뻐하여 저를 찬송하리로다(28:6).
> 나의 혀가 주의 의를 말하며 종일토록 주를 찬송하리다(35:28).

이상의 찬양구에서 두 가지 특징적인 내용이 나타나는데, 그것은 "하나님의 의"(7:17; 35:27, 28)와 "기쁨이나 즐거움"(28:6; 35:27)을 찬양하는 것이다.

1) 하나님의 의를 찬양

"하나님의 의"는 시인을 고난으로부터 해결되게 하는 원인적 의미를 갖고 있다. 왜냐 하면 그 의는 시인에게 닥친 부당한 핍박이 언젠가는 사라질 것이라는 시인의 기대감과 그 성취를 대변하고 있기 때문이다. 이러한 기대감 속에서 시인의 고난이 어떤 형태로든지 해결됨으로써, 시인은 하나님의 의를 말하면서 찬양하고 있다. 이 같은 맥락에서 "하나님의 의"는 찬양을 가능케 하는 직접적인 동인이라고 말할 수 있을 것이다. 또한 시인은 자신의 의로움을 하나님의 의와 연관시킴으로써,[25] 자신의 고난이 해결되리라는 확신을 갖기도 한다. 그 확신은 시인의 고난이 해결되면서 하나님을 향한 찬양으로 이어지고 있다. 가령, 7편에서 시인은 자신의 의를 하나님의 의와 연관시키고 있다(9절).

---

25) 크레이기에 따르면, 시인은 자신의 의로움을 강조하는 것이 아니라, 원수들에 의한 거짓 고소에 대하여 자신이 무죄하다고 주장하는 것이다. Craigie, *Psalms 1-50*, 101.

> 악인의 악을 끊고 의인(시인과 같은)을 세우소서, 의로우신 하나님이 사람의 심장을 감찰하시나이다.

이것은 시인이 하나님의 의로운 판단을 기대하고 있음을 의미한다(11절). 시인은 자신의 고난이 해결된 후, 다시 한번 하나님의 의로우심에 감사하고 있다(17절).

> 내가 야훼의 의를 따라 감사함이여.

7:17에서 시인이 하나님의 의에 대하여 감사하는 것은 그 의가 자신에게 독특히게 적용되어 자신의 고난이 해결되었음을 보여주는 것이다. 시인은 자신이 의로운 자라고 말하면서 자신의 의와 하나님의 의를 대비시킴으로써 자신 구원을 내면적으로 기대하고 있다. 이런 관점에서 시인은 자신의 구원을 하나님께 간청하였고, 그 결과 자신이 구원을 받음으로써 그 하나님의 의를 감사하는 것이다. 결론적으로 17편에서 "하나님의 의"는 인간을 향한 보편적인 구원의 개념이 시인에게 개인적으로 실현되고 있음을 보여주는 것이며, 동시에 "하나님의 의"가 찬양의 궁극적 원인임을 알려주는 내용이다.

하나님의 의는 하나님의 완전무결한 성품을 단적으로 보여주는 말이다. 겸손한 자들만이 하나님의 의를 고백할 수 있다(대하 12:6; 애 1:18). 이런 맥락에서 35편의 겸손한 시인(참조. 10절)[26]은 하나님의 의를 찬양하고 있다.

> 나의 혀가 주의 의를 말하며 종일토록 주를 찬송하리이다(35:28).

또한 하나님은 의롭기 때문에 의로운 일을 좋아하시며(시 11:7), 그

26) 35:10에 의하면, 시인은 "가난한(עני) 자"로 묘사되어 있다. 이 때 עני에는 "겸손한"이란 의미도 있다.

모든 행위가 의로우신 분이다(시 145:17). 따라서 하나님을 섬기는 자는 의로운 자다(말 3:18). 하나님의 의의 속성은 궁극적으로 인간의 구원을 상징하는 개념이다(사 1:17; 46:13; 참조. 사 42:6; 45:13). 그러므로 하나님의 구원을 경험한 시인은 그 의를 찬양하게 된다.

> 내가 측량할 수 없는 주의 의와 구원을 내 입으로 종일 전하리이다. 내가 주 야훼의 능하신 행적을 가지고 오겠사오며 주의 의 곧 주의 의만 진술하겠나이다(시 40:10; 71:15-16).

2) 기쁨의 찬양[27]

시편에서 "기쁨으로 야훼께 찬양한다"는 내용은 28:7; 68:4; 96:12 세 곳에만 나타난다. 여기서 개인 탄원시의 찬양구에 해당하는 28:7을 살펴보자.

> 내 마음이 크게 기뻐하며(ויעלז) 내 노래로 저를 찬송하리로다.

본문에서 "기뻐하다" 또는 "즐거워하다"를 가리키는 히브리어 동사 עלז는 주로 기쁨의 감정을 표현하는데 사용된 듯하다(참조. 대상 16: 32; 시 96:12). 종교적 면에서, עלז는 하나님을 향한 인간의 찬양을 의미하기도 하며(참조. 습 3:14), 하나님 앞에서의 인간의 즐거운 시절을 상

27) 히브리어로 "기뻐하다," "즐거워하다"라는 말에는 עלז 외에도 חפץ와 גיל)이 있는데, 두 단어가 개인 탄원시 찬양구에서는 발견되지 않는다. 특별히 개역성서의 시 35:27에는 חפץ가 "즐거워하다," "기뻐하다"라는 두 가지 말로 구분되어 함께 나타나고 있다. חפץ는 구약성서에서 주로 두 가지 경우에 나타난다. 하나는 인간의 기쁨이나 즐거움을 나타낼 때이며, 다른 하나는 하나님께서 기뻐하시거나 즐거워하실 때 나타난다(참조. 삼하 22:20; 왕상 10:9; 사 56:4; 시 22:8; 37:23; 115:3; 135:6). 인간이 하나님을 통한 חפץ는 야훼의 말씀을 듣는 기쁨(렘 6:10)과 하나님의 도를 아는 즐거움(욥 21:14)이라고 할 수 있다. גיל은 하나님의 통치(대상 16:31), 하나님의 구원(시 9:14), 그리고 보호(시 31:7-8) 등에 대한 기쁨을 말한다.

징하기도 한다(참조. 시 68:4). 하박국 3:18은 עלז가 나타나는 모든 원인이 야훼로부터 비롯된 것임을 보여주고 있다.

> 나는 야훼를 인하여 즐거워하며(합 3:18).

28편에서 시인은 자신의 고난을 감당하지 못하여 하나님께 간구하고 있다(2절). 그는 악인과 동행하지 않았으며(3절), 늘 야훼의 창조 사역을 기억한 자였다(5절). 시인의 이러한 간구와 믿음은 곧 하나님의 응답으로 현재화되었고 시인은 그 응답에 찬송하고 있다.

> 야훼를 찬송함이여 내 간구하는 소리를 들으심이로다. 야훼는 나의 힘과 방패시니 내 마음이 저를 의지하여 도움을 얻었도다. 그러므로 내 마음이 크게 기뻐하여 저를 찬송하리로다(6, 7절).

3. 맹세

개인탄원시에서 시인은 하나님의 도움으로 고난으로부터 벗어났거나 또는 고난 중에 찬양과 맹세를 하고 있다. 찬양이 시인의 과거나 현재에 역사하시는 하나님에 대한 감사의 노래라면, 맹세는 시인의 미래의 종교적 다짐을 반영하고 있다. 여기서 개인탄원시에 나타난 송축과 감사의 맹세를 살펴봄으로써 그 맹세가 개인탄원시에서 어떠한 의미를 갖고 있는지 알아보도록 하자.

1) 송축의 맹세

26:12에서 시인은 야훼를 송축할 것을 맹세하고 있다.

> 내 발이 평탄한데 섰사오니 회중에서 야훼를 송축하리이다(26:12).

시인은 자신이 야훼를 송축하게 된 이유는 자신의 발이 평탄한데 서 있기 때문이라고 말한다. 여기서 "평탄하다"를 가리키는 히브리어 동사 ישׁר는 "곧다," "올바르다," "합법적이다," 그리고 "정당하다" 등의 뜻을 갖고 있다. 문자적인 면에서 이 말은 좌우로 치우치지 않고 똑바른 길을 간다는 의미를 갖고 있으며(삼상 6:12), 윤리적인 면에서 분별있거나(시 119:128) 흠없는 자(잠 11:5)에게 적용되고 있다. 법률적인 면에서, 이 말은 공의를 내포하고 있다(참조. 시 17:2; 잠 2:9). 때로는 이 단어가 지면(地面)이 평평한 곳을 뜻하기도 한다(왕상 20:23-25: 사 40:11; 42:16). 이런 맥락에서 26편의 시인이 자신의 발이 평탄한 데 서 있다는 표현은 그의 행위가 악하지 않고 의로운데 서 있음을 의미한다. 이러한 관점은 시인이 악한 자의 행위를 미워하는 묘사에서 잘 엿볼 수 있다(4, 5, 6, 9, 10절). 그러므로 26편의 시인을 의로운 자이며(참조. 렘 31:9; 욥 33:23) 하나님 보시기에 정직한 자(참조. 왕상 15:5-7)로 추측할 수 있다. 26편의 내용에서 시인의 고난이 해결되었다고 단정할 만한 근거를 찾을 수 없다. 만약 시인이 고난 중에서 이러한 맹세를 하였다면, 그것은 의로운 자를 하나님께서 구원하신다는 시인의 확신에서 비롯된 것이라고 볼 수 있다.

2) 감사의 맹세

54편의 시인은 하나님께 낙헌제로 제사드릴 것과 주의 이름에 감사할 것을 맹세하고 있다.

> 내가 낙헌제로 주께 제사하리이다. 야훼여 주의 이름에 감사하오리니 주의 이름이 선하심이니이다. 대저 주께서 모든 환난에서 나를 건지시고 내 원수가 보응 받는 것을 나로 목도케 하셨나이다(54:6,7).

시인은 고난 중에 하나님께 도움을 간구하였고(4절), 그 간구가 실현된 것을 체험한 자다. 여기서 시인이 맹세한 낙헌제(נדבה)는 직역하면 "자원하여 드리는 예물"이다. 다시 말하면, 강요에 의하거나 습관적인 제사 예물이 아닌 순수한 자의에 의한 예물을 가리킨다. 출애굽기 36장에 의하면, 이스라엘 백성들이 성막 건축을 위하여 자원하여 바친 예물이 매우 많아서 모세가 더 이상 예물을 가져오지 말라고 명한 적이 있다. 구약성서에서 하나님에 대한 많은 희생 제물보다도 순종을 누누이 강조한 바 있다(참조. 삼상 15:22; 호 6:6). 이것은 제사 예물에 대한 전적인 부정보다는 그 동기의 순수성을 강조한 것으로 볼 수 있을 것이다. 따라서 시인이 하나님께 낙헌제로 제사를 드리겠다는 맹세는 시인이 과거에 하나님께 드렸던 제사와는 전혀 다른 성격의 제사 행위를 암시하고 있다. 그것은 시인이 자신을 괴롭혔던 원수들의 멸망을 보면서, 하나님의 권능과 그 감사함에 대한 순종적 마음가짐에서 비롯된 것이라고 할 수 있다. 54편의 시인은 하나님의 도움을 체험함으로써, 하나님께 감사의 맹세를 한 자다.

56편의 시인도 54편의 시인처럼 고난 중에 하나님의 도움을 체험함으로써, 감사제를 맹세하고 있다.

> 하나님이여 내가 주께 서원함이 있사온즉 내가 감사제를 주께 드리리니 주께서 내 생명을 사망에서 건지셨음이라(56:12. 13上).

여기서 감사제(תודה)는 원래 화목제를 지칭하는 것으로써, 인간의 죄가 사함받기 위하여 하나님께 드리는 제사다(참조. 7:12-15; 22:29). 그러나 56편의 시인은 죄인이라고 볼 수 없기 때문에(6, 7절), 12절의 감사제는 하나님을 기리는 기쁨의 제사로 볼 수 있다(참조. 시 95:2; 렘 17:26; 33:11). 특별히 시인은 하나님의 도움에 의하여 생명을 건진 자이기 때문에, 그 기쁨의 제사는 짐작하고도 남음이 있다. 따라서 56편의 시인은 특정한 상황에서 하나님에 의하여 구원을 받은 후 기쁨의 제사로써 감사드릴 것을 맹세하고 있다.

III. 나오는 말

개인탄원시에서 시인은 자신이 고난당하는 원인을 두 가지로 보고 있다. 첫째, 원수에 의한 것이다. 시인은 원수에 의하여 피할 수 없는 고난 상황에 처해 있는 자다. 그는 자신이 당하고 있는 극심한 고난 중에서 도저히 빠져 나올 수 없음을 발견하게 된다. 둘째, 하나님에 의한 것이다. 경건한 시인은 원수에 의하여 고난 받고 있지만, 그 고난이 하나님에 의해서 비롯된 것이 아닐까 생각하게 된다. 이것은 시인의 고난이 심각한 지경에 이르렀다는 것과 시인 자신이 고난 받는 이유에 대하여 납득하지 못하고 있음을 보여주는 것이다. 이런 점에서 시인은 자신이 당하고 있는 고난이 현실적으로 원수로부터 비롯되었지만 그 원인을 하나님께 돌리며, 그 해결까지도 하나님의 몫으로 돌리고 있는 것이다.

시인은 자신이 고난 받는 이유에 대하여 일시적으로 납득하지 못하는 듯, 하나님에 대하여 불평을 하고 있다. 이 때 시인은 하나님께서 자신에 대하여 숨어 계시는 것으로, 분노하시고 계시는 것으로, 또는 버리신 것으로 생각하며 불평하고 있다. 이러한 생각은 시인이 당하고 있는 고난이 견딜 수 없기 때문에 비롯된 것이다. 다시 말하면, 시인이 느끼는 하나님의 숨으심, 분노하심, 멀리하심은 시인의 신앙심의 부재에서 나온 고백이라기보다는 고난의 극심한 상황에서 터져 나온 일시적인 불평의 표현인 것이다. 고난 중에 시간이 흐르면서 시인은 자신의 부르짖음을 하나님께서 들으시고 응답하셔서 구원하실 것이라고 확신하게 된다. 이러한 확신에 기초하여 시인은 하나님의 의에 대하여 감사하며, 기쁨의 찬양을 드리게 된다. 또한 시인은 다시 한 번 과거처럼 늘 하나님께 감사드릴 것을 맹세하고 있다.

결론적으로, 하나님께서는 시인에 대하여 숨으시지도 않았고, 분노하시지도, 버리시지도 않았다. 개인탄원시에서 이러한 묘사는 시인이 자신의 고난 상황에서 견딜 수 없었거나 자신이 고난 받을 이유를 납득하지 못하는 데서 비롯된 일시적인 불평들이다. 따라서 개인탄원시에서 하나님과 시인과의 관계가 단절된 듯한 진술(하나님의 숨으심, 분노하심, 버리심)과 회복된 진술(시인의 확신, 찬양, 맹세) 사이에 나타난 모순적인 관계를 다음과 같이 두 가지로 요약, 정리할 수 있을 것이다.

첫째, 시인은 원수에 의하여 당하는 고난 때문에 일시적으로 하나님과 자신과의 관계를 의심했다(하나님의 숨으심, 분노하심, 버리심).

둘째, 그러나 시인은 고난이 지나가고 하나님의 섭리와 사랑을 깨달으면서 하나님에 대한 신뢰를 다시 회복하게 되었다(시인의 확신, 찬양, 맹세).

참고문헌

김이곤. 『구약성서의 고난신학』. 서울: 한국신학연구소. 1989.

_____. "탄식시." 문희석 편. 『오늘의 시편 연구』. 서울: 대한기독교서회, 1993.

Anderson, George W. "Sicut Cervus: Evidence in the Psalter of Private Devotion in Ancient Israel." *VT* 30 (1980), 388-97.

Brueggemann, Walter A. "The Formfulness of Grief." *Int* 31 (1977), 263-75.

_____. " From Hurt to Joy, from Death to Life [Laments in the O.T.]." *Int* 28 (1974), 3-19.

Butler, Trent C. "Piety in the Psalms." *RevEx* 81 (1984), 385-94.

Canham, Elizabeth J. "How Long, O Lord? [Impatience and Longing for God]." *Weavings* 6 (1991), 18-27.

Craigie, Peter C. *Psalms 1-50,* WBC. Texas: Word Books, 1983.

Gerstenberger, Erhard. "Where is God?: the Cry of the Psalmists." in: C. Duquoc and C. Floristan (eds). *Where is God]?*. London: SCM Press, 1992.

March, W. E. "Father as a Metaphor for God in the Psalms." *AUS* 97 (1981), 5-12.

Mathew, K. V. "The Concept of God and Nature in the Psalms." *IJT* 20 (1971), 142-49.

Mays, James L. "The Language of the Reign of God [in the Psalms]." *Int* 47 (1993), 117-26.

McKeating, Henry. "Divine Forgiveness in the Psalms." *SJT* 18 (1965), 69-83.

Wolverton, Wallace I. "Psalmists' Belief in God's Presence." *Canadian Journal of Theology* 9 (1963), 82-94.

시편의 은유 이해

이영미

I. 들어가는 말

일반 시와 마찬가지로 성서의 시편은 삶의 경험에서 우러나온 표상적인 언어(figurative language)로 가득하다. 표상언어는 그 언어가 서술하는 바를 문자적으로 나타내지 않고 한 사물에 문자 상으로 관련된 용어를 다른 사물로 전이(transference)하여 새롭거나 확대된 의미를 창출해 내는 언어형태를 뜻한다. 이처럼 문자 상의 의미를 넘어서 비유적인 의미로 언어가 전향되는 근본적인 형태를 은유라고 한다.[1] 은유는 희랍어 메타포라(metaphora)에서 유래했는데 이 말은 "너머로"나 "위

1) 은유 이외에 전이를 나타내는 전통적인 범주는 직유, 제유, 환유 등이 있다. 직유(simile)는 한 가지를 다른 것에 비교하면서 "~처럼"이나 "~같은"을 써서 그것이 비유임을 명시한다. 제유(synecdoche)는 "함께 받아들인다"라는 의미의 희랍어 synekdechesthai에서 유래된 말로 전체를 대신하기 위하여 옮겨가지는 어떤 것의 일부분의 형식을 취하거나 또는 그 반대의 형식을 취하는 것을 가리킨다. 환유(metonymia)는 "넘어서"란 뜻의 메타(meta)와 "이름"이란 뜻의 오노마(onoma)의 합성어로서 사물의 이름이 그 사물과 관련된 다른 어떤 것을 대신하는 것을 가리킨다. Terence Hawkes, 차명호 역, 『은유』 (서울대학교 출판부, 1986), 3-7.

로"라는 메타(meta)와 "옮기다" 혹은 "나르다"라는 페레인(pherein)의 합성어이다. 즉 은유란 한 말에서 다른 말로 그 뜻을 실어 옮기는 것(轉移)을 말한다.

의미의 전이는 그 언어의 일반적인 사용자들이 공통적으로 사용하면서 공유되는 "언어적 관습"(literary convention)을 근거로 이루어지기 마련이다. 그런데 현대 독자들은 성서의 시편 저자들과 언어, 문화, 시대를 달리하기 때문에 언어적 관습을 공유하지 못하여 시편의 은유를 이해하는 데 어려움이 따른다. 따라서 이 글에서는 현대 독자로서 시편을 읽을 때 어떻게 하면 저자의 정황 속에서 은유를 이해할 수 있을까를 함께 고민해 보고자 한다. 이를 위해 아래에서는 먼저 은유작용에 대한 일반적인 문학이론을 소개하고, 구체적으로 성서의 은유를 이해할 때 이들 문학이론을 어떻게 적용할 수 있는지를 살펴볼 것이다. 다음으로 시편의 은유를 이해하는 데 가장 중요한 것은 무엇보다 그 은유가 쓰인 사회, 문화적인 맥락을 살피는 것이 가장 중요하다고 보아 여성의 삶이 반영된 두개의 시편 은유(시편 128, 131편)를 당대의 가부장 사회의 맥락에서 재해석해 볼 것이다.

II. 은유 작용에 대한 견해들

의미의 전이를 통해 이루어지는 은유는 그 이미를 이해하는 과정이 단순하지는 않다. 대체로 은유 작용에 대한 견해는 크게 (1) 치환이론, (2) 상호작용이론, (3) 개념이론, (4) 맥락이론 등 네 가지로 압축할 수 있다.[2)]

---

2) 김욱동, 『은유와 환유』 (서울: 민음사, 1999), 102. 이하 은유의 의미작용에 대한 이론은 김욱동, 『은유와 환유』, 91-110을 기본 틀로 서술하면서 성서에서 실례를 보충하였다.

1. 치환이론

아리스토텔레스는 그의 『시학』에서 은유란 "한 명칭이 (일상적으로 지시하는 바에서 다른 대상으로) 전환(transference; epiphora)한 것"이라고 정의하였다.[3] 여기서 의미 전환의 동작(phora; movement)은 하나의 구체적이며 포착하기 쉬운 이미지로부터 좀 더 모호하고 더욱 석연치 않은 것을 향해 이동(epi)하는 것이 특징이다.[4] 하나의 구체적이며 포착하기 쉬운 이미지는 전달매체(vehicle)이며 좀 더 모호하고 더욱 석연치 않은 것은 대의(tenor)라고 부른다. 가령 "인생은 한낱 꿈이다"라는 문장에서 인생은 그 의미가 모호하고 석연치 않은 대의(tenor)에 해당하고, 꿈이란 누구나 기억하고 거기로부터 깨어나는 경험으로 인생의 의미를 전달해 주는 매체(vehicle)에 해당된다. 이러한 은유 이해는 "하나의 적절한 어휘나 구절로써 지시됐을 때 쉽게 그 매체적 이미지나 개념이 이해될 수 있어야 한다는 것을 전제로 한다."[5] 그러나 외유의 핵심적 작용이 대의(tenor)와 매체(vehicle) 사이의 유사성을 전제로 할지라도 그 유사성이 두드러지거나 비교적 명확해야 할 필요는 없다. 비교에 대한 축자 진술이 곧 외유가 되는 것은 아니다. 가장 훌륭한 외유는 참신함이 있고 쉽게 포착될 수 없는 어떤 유사성에 대해서 우리의 주의를 환기시켜 준다. 아리스토텔레스의 표현에 따르면 외유는 "비교되는 두 객체의 유사성을 직관적으로 포착하는 것"이다.[6]

2. 상호작용이론

영국의 문학 이론가 리처즈(I. A. Richards)는 은유의 구성요소를 대

3) Aristotle, *Poetics,* 21장과 22장; Rhetoric, 제3권, 2, 4, 9, 11장 참조.
4) 필립 윌라이트, 김태옥 역, 『은유와 실재』 (서울: 한국문화사, 2000), 70.
5) 윌라이트, 『은유와 실재』, 70.
6) Aristotle, *Poetics,* 1458b; 윌라이트, 『은유와 실재』, 72 재인용.

의(tenor)와 매체(vehicle), 또는 원관념과 매체관념의 두 갈래로 나눈다. 대의/원관념이란 어떤 것에 견주거나 빗대는 원래 대상을 말하고, 매체/매체관념이란 그 대의/원관념을 표현하는 보조 관념을 가리킨다. 가령 "A는 B이다"라는 은유에서 A는 대의나 원관념에 해당하고 B는 매체나 매체관념에 해당한다. 이때 원관념과 보조관념이 서로 작용하여 은유가 생겨난다. 은유적 의미란 원관념도 아니고 보조관념도 아니고 그 둘 사이에서 생겨나는 제3의 관념이다. 이 두 관념이 함께 지니고 있는 특징을 "은유의 기반"이라고 부른다. 이 두 관념을 서로 연결하는 것은 어디까지나 독자의 몫이다.[7] 즉 이 견해에 따르면 은유적 의미란 원관념을 매체관념으로 전환시켜놓은 것도 아니고 단순히 두 진술 사이에서 어떤 유사성을 찾아내는 것도 아니라 둘 사이의 상호작용에 의해 이루어진다.

상호작용이론은 맥스 블랙(Max Black)에 의해 더욱 정교하게 다듬어진다. 블랙은 리처즈의 원관념, 매체관념을 "초점"과 "틀"이란 용어로 사용한다. 여기서 초점은 은유적 표현을 가리키고 틀이란 은유적 표현이 쓰이는 맥락, 즉 문장을 말한다. 블랙은 "은유의 창조성"을 주목한다. 은유적 진술은 지칭한 사물 (일차적 주제와 이차적 주제) 사이의 관계를 변화시킴으로써 새로운 지식과 통찰을 만들어낼 수 있다. 또한 은유는 이미 존재해 있는 어떤 유사성을 공식화하기보다는 오히려 유사성을 창조해 낸다. 유사성이란 객체적인 측면뿐만 아니라 더 나아가 주체적인 측면도 지니고 있다. 블랙은 은유의 상호작용의 과정을 세 단계로 설명한다. 첫째, 일차적 주제는 독자로 하여금 이차적 주체의 특성 가운데 몇 가지를 선택하도록 한다. 둘째, 일차적 주제는 그 주제에 부합될 수 있는 해당 함축-보합을 만들도록 한다. 셋째, 서로 간에 이차적 주제에서 그에 상응하는 변화가 일어난다.[8]

---

7) I. A. Richards, *The Philosophy of Rhetoric* (New York: Oxford University Press, 1936), 93, 100, 117.

8) Max Black, *Models and Metaphors: Studies in Language and Philosophy* (Ithaca:

상호이론에서는 또한 은유의 긴장 혹은 이중성을 강조한다. 예를 들어 성서는 하나님을 초월적인 왕, 심판자, 남편, 아버지, 주인, 스승인 동시에, 친구, 슬픔에 잠겨있는 여인, 산파, 해방자, 의사, 빵 굽는 여인, 바위, 바람, 물 등의 은유를 통해 묘사한다. 이 때 하나님은 우리에게 잘 알려진 매체들의 속성을 통해 불완전하게 알려진 하나님을 묘사하고자 한다. 하나님은 이들 매체들과 같은 분이기도 하지만 그렇지 않기도 한 분이다.

3. 개념이론

조지 레이코프(George Lakoff), 마크 존슨(Mark Johnson), 마크 터너(Mark Turner)와 같은 언어학자들은 은유를 개념적 관점에서 살핀다. 레이코프와 존슨에 따르면 "우리는 일상적 개념 체계에 따라 생각하고 행동하는데 그 개념 체계는 본질적으로 은유적 성격을 지닌다"[9]고 단정한다. 인간이 생각하는 방식, 경험하는 대상, 그리고 일상적 행동은 상당 부분 은유와 관련한 문제이다. 터너는 은유가 단순한 언어 문제라기보다는 오히려 인간의 모든 사고와 행동에 영향을 끼치는 근본적인 인지 방식이라고 강조한다.[10]

은유는 하나의 어휘 구조체로, 그 형태로써 한 객체의 실재를 단언한다. 다른 경우에서와 같이 여기서 형식은 상호 관련된 자질들이 이루는 하나의 체계이며 각 구성요소들이 통합하여 하나의 전체로서 조화를 이루게 하는 체계이다. 은유가 단언하는 대상은 바로 이 전체인 것이다. 은유는 유사성 혹은 비유사성을 통해 실재 속에 있는 한 성격을

Cornell University Press, 1993), 19–43. 김욱동, 『은유와 환유』, 108 재인용.

9) George Lakoff and Mark Turner, *Metaphors We Live By* (Chicago: University of Chicago Press, 1980), 3. 김욱동, 『은유와 환유』, 108–9 재인용.

10) Mark Turner, *Death Is the Mother of Beauty: Mind, Metaphor, Criticism* (Chicago: University of Chicago Press, 1987), 3. 김욱동, 『은유와 환유』, 109 재인용.

표현한다. 은유가 실재 속에 있는 여러 다양한 성격을 모두 암시한다는 사실은 잘못된 인식이다. 은유에는 실재 속에 존재하는 다양한 성격 중에 하나의 주도적 이미지를 상징한다. 그러한 주도 이미지는 숨어있는 잠재적 통합체에 대한 시인 자신의 감각에 의해 자의로 선택되든지 아니며 이미 인정될 만한 관련성이 있는 것이기도 하다.

레이코프와 터너는 은유에서는 의미 변화가 오직 일방적으로 밖에는 일어나지 않는다고 주장한다. 즉 은유에서 개념은 "기점(축어적 관념)에서 시작하여 목표(비유적 관념)로 옮아갈 뿐 기점과 목표 사이에 어떤 관계가 일어나지는 않는다"고 주장한다. 은유에서 두 관념은 일방통행로처럼 한쪽 방향으로만 진행하지 쌍방으로 작용하여 은유의 의미가 생겨나는 상호이론은 잘못된 것이라고 비판한다.

4. 맥락이론

맥락이론이란 은유가 쓰이는 맥락을 은유 이론의 가장 중요한 범주로 삼으려는 입장을 말한다. 필립 스탬보브스키(Philip Stambovsky)나 메리 버그먼(Merrie Bergmann)이 맥락이론의 대표적인 이론가이다. 이전의 세 이론이 은유의 성격을 밝히고 은유의 의미를 해석하는 데 실마리가 될 만한 추상적이고 보편적인 원리를 찾으려고 하였다면 맥락이론은 은유의 의미가 일어나는 그 근거를 구체적인 상황에서 찾으려고 한다. 가령 스탬보브스티는 "은유적 표현은 무엇보다도 먼저 오직 그 표현이 사용되는 어떤 맥락 안에서만 은유로서 이해할 수 있다."[11] 맥락 이론을 주창하는 이론가들은 모든 은유를 설명할 수 있는 어떤 원칙이 존재한다고 보지 않는다. 은유의 의미란 상황과 맥락에 따라 얼마든지 달라질 수밖에 없기 때문이다. 따라서 은유의 의미는 훨씬 더

---

11) Philip Stambovsky, *The Depictive Image: Metaphor and Literary Experience* (Amherst: University of Massachusetts Press, 1988), 37. 김욱동, 『은유와 환유』, 110-11 재인용.

역동적이고 상호의존적인 과정을 통해 생겨난다. 버그먼은 "은유가 일어나는 맥락과 그 은유를 사용하는 장본인이 누구인지 모르고서는 그 은유가 과연 무엇을 의미하는지 명확하게 말하기란 불가능하다"[12]고 말한다.

III. 시편의 은유 이해

고전 히브리시의 이해를 위한 기술적인 안내서를 저술한 왓슨(Wilfred G. E. Watson)은 은유를 의미를 이해하는 이론 중에서 치환이론과 상호작용 이론 모두를 성서 은유 이해에 적용할 것을 제안한다. 그는 성서 은유를 분석하면서 단순한 병치를 통해서 유사성을 도출해내는 대표성 은유(presentational metaphor)와 은유의 상호작용을 통해 새로운 개념을 도출하는 참고적 은유(representational metaphor)로 구분한다. 전자는 구체적인 객체에 근거를 두어 유추가 이루어진 지시은유(referential metaphor)이며 후자는 추상적 개념에 근거를 둔 개념은유(conceptual metaphor)로 부른다.[13]

대표성 은유의 예로는 욥기 29장 15절을 들 수 있다. 여기서 욥은 "나는 소경의 눈이 되었다"고 말한다. 여기서 나(욥)는 대의이며, 눈은 매체이며 이 둘의 은유는 "보다"는 근거를 통해 의미의 유추가 이루어진다. 욥은 소경의 눈, 즉 보는 역할을 담당했다는 의미의 단순 치환이 이루어졌다.

참고적 은유는 매체와 도구의 상호작용을 통해 새로운 개념이 도출됨으로 상호작용의 근거를 잘 살펴야 한다. 이때 은유의 문자적 의미를 너무 쉽게 간과하고 추상적 개념에만 무게를 두어서는 안 된다. 성서해

12) Merrie Bergmann, "Metaphorical Assertions," *Philosophical Review* 91:2 (1982): 231. 김욱동, 『은유와 환유』, 111 재인용.

13) Wilfred G. E. Watson, *Classical Hebrew Poetry: A Guide to its Techniques* (Sheffield: Sheffield Academic Press, 1995), 263-272.

석가들이 종종 이런 오류를 범하는 경우를 볼 수 있다. 예를 들어 성서에는 "하나님이 드시는 뿔"이란 은유가 일곱 번 정도 등장한다. 이 은유는 (1) "그것은 왕권의 힘과 불변성을 보여준다," (2) "그 용어는 강력함의 의미를 명백하게 나타내며 더 이상의 언급이 필요 없다," (3) "여기에서 뿔은 강한 자, 곧 왕을 상징한다," (4) "승리를 허용하시거나 번영을 주시는 것에 대한 비유적인 언어이다." 등으로 해석된다. 그러나 이런 해석들 모두는 뿔이라는 용어에 대한 문자적인 의미에는 전혀 관심을 보이지 않고 뿔의 추상적 개념에 모든 주의를 기울이고 있다. 산양들이 뿔로 맞서고 있는 사진이나 퓨마의 공격을 받은 사슴이 뿔을 가지고 자신들을 방어하고 있는 사진들은 위의 추상적 개념과는 상이한 이미지를 제시한다. 뿔은 양이나 염소, 사슴, 황소의 수컷 머리에 있는 뼈로 된 구조물을 가리키는 말로서 그 문자적인 의미는 "효과적인 방어 무기로서의 동물의 뿔"을 뜻한다. 이 뿔들은 동물에게 당당한 모습을 갖게 만들고 그와 같은 인상적인 방어적 모습은 힘을 상징하는 이미지로 널리 이용되어 왔다. 다윗이 하나님께서 그분을 의지하는 자들에게 힘의 근원이 됨을 고백하면서 "야훼는 나의 구원의 뿔이시오 나의 방패시니"(시 18:2)라고 고백할 때 뿔은 방패와 평행구를 이루어 효과적인 방어 무기로서의 보호하심을 나타낸다. 뿔의 은유적인 가치는 동물의 뿔의 크기나 상태가 그 동물의 힘과 신분, 그리고 건강을 나타낸다는 사실에 우선적으로 기인한다. 뿔을 든다는 것은 힘과 기쁨과 건강과 우월함을 나타낸다(시 92:10; 삼상 2:1). 반대로 뿔을 베는 것은 그 사람의 힘이나 영향력을 제거하는 것을 의미한다(시 75:10; 렘 48:25). 뿔은 또한 정치적으로나 군사적으로 힘을 가진 자들을 상징한다. 메소포타미아의 미술 작품들을 보면 뿔은 신이나 신격화된 왕을 가리킨다. 이런 경우 뿔은 힘의 상징 특히 왕적인 힘의 상징으로 나타난다(시 148:14; 겔 29:21). 뿔은 광선을 위한 상징이기도하다. 하박국 3장 4절은 "뿔이 그 손에서 나오니," 즉 "광선이 그 손에서 나오니"라고 말한다. 시편 132편 17절에서도 뿔과 등이 평행구로 나온다.

> 내가 거기서 다윗에게 뿔이 나게 할 것이라.
> 내가 내 기름 부은 자를 위하여 등을 예비하였도다.

뿔을 위한 단어 케렌(קֶרֶן; 시 69:31)에서 유래되었을 동사 카란(קָרַן)이 출애굽기 34장 29-30절에서는 "빛나다"를 의미한다.[14]

이처럼 성서은유의 의미를 도출하는 데 문자적 의미와 유추적 의미의 상호작용을 좀 더 유연하게 살펴 상황에 따라 다양한 의미로 해석될 가능성을 배제해서는 안 될 것이다. 그리고 유추는 문자적인 의미를 면밀히 살피는 것으로 시작할 필요가 있다.

끝으로 은유를 해석하는 데 맥락의 중요성을 강조하지 않을 수 없다. 은유의 의미를 분석하고 도출해내는 데 있어서 독자는 유사성의 틀을 결정하고 두 개념 사이의 관계를 설정하는데 결정적인 역할을 한다. 그런데 특별히 히브리 시의 은유를 이해하는데 어려움은 당대 사람들에게 이루어지는 대의와 매체 사이에 전제되거나 경험된 유사성이 현대 독자들에게는 더 이상 의미가 없거나 낯선 매체가 많기 때문이다. 이런 시간적 간극이라는 특수성 때문에 은유의 의미를 이해하는 데 그 은유가 사용된 맥락을 이해할 뿐 아니라 동일한 혹은 유사한 은유가 사용된 다른 본문들과의 상관성을 이해하는 것이 중요하다.

은유의 문학적, 문화적 맥락을 고려할 때 성서 독자들은 성서기자들이 고대 근동의 다른 문헌들에 나타나는 이미지들이나 상징들을 공유했던 사실을 기억해야 한다. 그 예로 은신처로서의 하나님을 묘사할 때 등장하는 "날개"의 은유/이미지를 들 수 있다. 시편에서 주의 날개는 17:7-8, 36:6-8, 57:1, 61:4-5, 63:7-8, 91:1-4 등 많은 곳에 등장한다. 언급된 시편에서 주의 날개는 위험한 상황에 처해있을 때 피할 수 있는 "보호" "은신처" "안전한 곳" 등을 의미한다. 하나님은 선하심, 긍휼, 먹을 것과 마실 것을 통해서 돌보아 주시는 분으로 묘사된다. 여기서

14) 렌란드 라이켄, 제임스 C. 윌호잇, 트렘퍼 롱멘 III편, 홍성희 외 번역, 『성경 이미지 사전』 (서울: 기독교문서선교회, 2001), 646-7.

하나님은 새에 비유되는 것이 아니라 하나님이 날개를 가진 것으로 묘사된다는 점에 주목할 필요가 있다.[15] 크라우스는 천성 회의의 케루빔의 날개와 연관시켜 해석한다.[16] 그러나 성서 어느 곳에서도 케루빔과 하나님이 동일시된 적이 없고 이스라엘인들이 케루빔의 날개 아래 안식을 얻었다는 언급이 없으므로 여기서의 날개를 케루빔으로 보는 것은 적절하지 않다. 주의 날개의 은유는 이집트 문화 속에서 더 적절하게 이해될 수 있다. 이집트 벽화에서 왕은 한 신의 날개에 의해 보호받고 있는 모습이 발견된다. 날개 달린 신은 독수리 모양의 신 호루스(Horus)나 날개 달린 여신 마아트(Maat), 그리고 후대에 가서는 날개 달린 이시스(Isis)와 네프티즈(Nephthys) 등이 있다. 사마리아에서 발굴된 상아 조각에는 오시리스를 날개로 보호하고 있는 이시스와 네프티즈 신의 모습이 그려져 있다. 궁켈 역시 시편 17편을 주석하면서 이집트 벽화에서 이시스(Isis)는 그 날개로 오시리스(Orisis)를 보호하는 그림을 주목하고 있다.

또 다른 예로 시편에는 우가릿 문서에 등장하는 은유들이 자주 발견된다. 가령 CTA 16 vi 35-36과 욥기 17장 14절에서는 공통되게 죽음을 가족에 비유하고 있다.

km aht ʿrs mdw	Becuase you have become brother to a sick bed
anst ʿrs zbln	companion to an invalid bed (CTA 16 vi 35-36)

לשחת קראתי אבי אתה	무덤더러 너는 내 아비라
אמי ואחתי לרמה	구더기더러 너는 내 어미, 내 자매라 할찐대(욥 17:14).

15) Silvia Schroer, "'Under the Shadow of your Wings': The Metaphor of God's Wings in the Psalms, Exodus 19.4, Deuteronomy 32.11 and Malachi 3.20, as Seen through the Perspectives of Feminism and the History of Religion," in Athalya Brenner & Carole Fontaine eds., *Wisdom and Psalms.* A Feminist Companion to the Bible second series (Sheffield: Sheffield Academy Press, 1998), 265.

16) Hans-Joachim Kraus, trans by, Hilton C. Oswald, *Psalms 1-59* (Minneapolis: Auguburg, 1988), ...

결국 성서의 은유는 앞에서 제시한 네 가지 이론 중에서 치환이론, 상호작용이론, 맥락이론의 적절한 조화를 통해 저자의 의도를 추정할 수밖에 없다. 세 가지 이론 중 현대 독자들이 시대와 공간을 달리하는 고대 저자들의 은유를 이해하기 위해서는 특별히 문학적, 문화적 맥락이 가장 중요하게 고려되어야 할 사항이라고 본다. 이러한 점을 고려하면서 아래에서는 시편에 나타난 여성의 삶이 반영된 은유를 해석해보고자 한다.

IV. 여성의 삶이 반영된 은유 해석(시 128:3; 131:2)

시편에는 여성에 의한 시가 거의 발견되지 않는다. 많은 학자들이 시편 131편은 여성에 의해 쓰여졌다고 본다. 가령 밀러(P. Miller)는 구약에서 발견되는 여성에 의한 기도 시(창 25:22; 29:35; 30:24; 출 15: 21; 삿 5:1-31; 룻 1:8-9; 4:14; 삼상 1:10, 12-15; 2:1-10; 왕상 10: 9; 시 131편) 중에 시편 131편을 포함시켰다.[17] 많은 학자들이 시편 131편을 여성에 의한 시편으로 보는 근거는 그 안에 "엄마 품에 안긴 젖 뗀 아이"의 은유가 등장하기 때문이다. 즉 이 표현은 은유적이기보다 실제로 아이를 안고 있는 여성 순례자가 성전 문 앞에서 개인적인 신앙을 문자적으로 표현한 것으로 보는 것이다. 그러나 2절은 문자적인 표현이라기보다는 직유를 통한 은유로 파악된다. 아이에 대한 은유가 언급되었다고 해서 바로 이 시편을 여성이 지었다고 결론짓는 것은 은유의 특성을 고려할 때 성급하다고 본다. 왜냐하면 여기서 은유의 초점은 어미가 아니라 아이의 경험에 맞추어져 있을 수 있기 때문이다.

여성에 의한 시편이 발견되지 않는다고 여성들이 찬양과 예배 행위에서 배제되었다고 결론으로 이어지는 것은 아니다. 시편 148편 12-13

17) Patrick D. Miller, *They Cried To the Lord: The Form and Theology of Biblical Prayer* (Minneapolis: Fortress Press, 1994), 233.

절에서는 "총각과 처녀, 노인과 아이들아, 모두 주님의 이름을 찬양하여라"고 명령하여 찬양하는 예배 행위에 여성의 참여를 명시하고 있다. 또한 시편 68편은 승리의 찬양에 여성의 적극적인 활동을 드러내 준다. 11-12절은 하나님의 명을 받아 많은 여성들이 승리의 소식을 전하는 일을 맡았다고 전한다. 성서 곳곳에서 여성들이 승리하는 군대를 맞아 찬양한 경우가 발견된다(시 68:25; 81:2; 149:3-4; 140:4). 68편 25절에는 소녀들이 찬양의 제의 행렬에서 악기를 연주하는 것으로 묘사된다(비교 출 15:21). 시편 46편의 표제에는 알라모트(젊은 여인)란 말이 대체로는 정확한 뜻은 모르지만 운율을 나타내는 것으로 이해된다. 그렇지만 어떤 학자들은 "알라모트"가 여성의 목소리로 부르기, 혹은 여성이 부르기 등을 나타내는 표제어로 이해하기도 한다.[18]

여성의 시편 저작이나 제의에의 참여 여부를 단정하기에는 주어진 자료가 적지만 그 흔적이 없는 것은 아니다. 반면 시편에는 여성의 삶이 반영된 은유가 종종 사용되고 있음을 주목하면서 이 글에서는 두 편의 순례자의 노래(The Song of Ascent)에 나오는 은유 중 여성의 삶과 관련된 두 개의 은유를 해석하고자 한다.

1. "네 아내는 집 안 깊숙한 곳에 있는 결실한 포도나무 같으며" (시 128:3)

시편 128편은 일반적으로 지혜시로 분류한다.[19] 이 시편에는 지혜시에 자주 등장하는 모티브 중에서 아슈레이(אשרי, "복이 있다"), 데레크(דרך, "길", "도"), 그리고 야레(ירא, 경외하다) 등이 언급되어 지혜시와

18) Kathleen A. Farmer, "Psalms," in: Carol A. Newsom and Sharon H. Ringe eds., *The Women's Bible Commentary* (SPCK: London/ Louisville: Westminster John Knox Press, 1992), 138.

19) Mitchell Dahood, *Psalms III: 101-150: Introduction, Translation, and Notes with an Appendix* (AB; Garden City, New York: Doubleday & Company Inc., 1970), 227.

의 연관성을 보여주고 있다. 시편 128편은 다음과 같이 노래한다.

순례자의 노래

제1연

1. 주를 경외하는(ירא) 자마다 복이 있도다(אשרי)
그의 길을 걷는 자는 (복이 있도다)
2. 네가 네 손이 수고한대로 먹을 것이라
네가 복되고(אשריך) 형통하리로다.
3. 네 아내는 집 안 깊숙한 곳에 있는(בירכתי ביתך) 결실한 포도나무 같으며
네 상에 둘러앉은 자식들은 어린 감람나무 같다
4. 보라, 주를 경외하는(ירא) 남자(גבר)는 이같이 축복을 얻으리로다.

제2연

5. 주께서 시온에서 네게 축복을 주실 지어다
너의 평생에 예루살렘의 번영을 보며
6. 네 자식의 자식을 볼지어다.
이스라엘에게 평강이 있을 찌로다

시편 128편은 주를 경외하는 모든 자는 복이 있다는 선언으로 시작된다. 잠언 31장 30절에서는 '주를 경외하는 여인은 찬양 받을지어다'고 적고 있으므로 주를 경외하는 모든 자에 여성도 포함되는 것은 분명하다. 그러나 시편 128편의 경우 3절에서 그 모든 자의 아내와 자식을 언급하고 있고, 4절에서 "주를 경외하는 자(גבר)"에 쓰인 히브리어 명사 게벨(גבר)이 남성을 나타내고 있으므로 이 시편은 남성 청중을 향해 읊어진 시 혹은 노래라고 보는 것이 더 타당하다. 우리의 관심인 3절에 나온 아내와 자식에 대한 은유는 이 시의 청중이 남성이라는 점을 감안하고 이해할 필요가 있다.

이 시에 나타난 은유들은 농경문화를 배경으로 한다. 2절에 은 "네 손의 수고를 먹을 것(יגיע כפיך כי תאכל אשריך)"이라고 말하는데 "네

손의 수고"는 농사와 관련된 남성의 노역을 지칭한다. 창세기 3장 17절에 남자를 향한 하나님의 심판 말씀에서도 "네가 종신토록 수고하여야 그 소산을 먹으리라(בעצבון תאכלנה כל ימי חייך)"고 적고 있어 용어의 중복을 볼 수 있다. 룻기에서도 여성 역시 농사에 참여하지만 추수를 비롯한 농사의 주요 노동은 남성들에 의해 이루어졌음을 보여준다.

3절은 가족에서의 여성을 위치를 보여주는 단서를 제시해 준다. 3절 상반 절은 아내가 "너의 집안의 깊은 곳에 있는 결실한 포도나무 같다(לשלחנך אשתך כגפן פריה בירכתי ביתך)"고 말한다. 고대 이스라엘 사회에서 포도원과 포도, 그리고 포도주의 중요성을 고려한다면 아내를 결실한 포도나무에 비유하는 것은 긍정적인 표현으로 보아야할 것이다. 그러나 여기서 바로 이어지는 자식들에 관한 비유와 견주어 볼 때 가족에서의 아내의 위치를 재평가하게 만든다. 자식들은 아버지가 먹는 식탁에 둘러 앉아(סביב לשלחנך) 있는 어린 감람나무라면,[20] 아내는 집안의 깊숙한 곳(בירכתי ביתך)에 서 있는 결실한 포도나무이다. 여기서 '집안의 깊숙한 곳'이란 집안의 중심부나 중요한 곳을 나타내는 것이 아니라 뒤쪽 후미진 곳을 나타낸다. 포도나무로 비유된 아내의 집안에서의 위치를 나타내는 히브리어 בירכתי는 문자적으로 "뒷부분," "배후," "후미진 끝부분"을 뜻한다. 한글성경에서는 "내실"(개역한글) 혹은 "안방"(개역개정, 공동번역개정, 표준새번역)으로 번역하고 있다. 모든 한글 번역은 한국의 전통 가옥에서 "안방" 혹은 "내실"이 여성의 거주지로 분리되어 있는 문화를 반영하고 있다. 영어번역의 경우 KJV은 집 구석(by the sides of)으로 번역했으나 NKJV는 집의 중심부(in the very heart of the house)로 바꾸어 번역하였다. 그밖에도 JPS는 집 깊숙한 곳 (inner-most part)로 RSV외 대부분의 영어성경은 평이하게 집안(within)으로 번역하고 있다.[21] 한편 앤더슨(A. A. Anderson)은 집 안

20) 감람나무는 성경에 20번 언급되는데 무화과 나무와 함께 감람나무는 성경 시대에 보편적으로 나타난 생존 경제의 주된 산물들을 대표하는 나무들이다. "나무," 『성경 이미지 사전』, 239.

에 아내만 쓰도록 마련된 구석진 방을 가정한다.[22)]

성서의 다른 본문에서 ירכתי는 예레미야 6장 22절, 요나서 1장 5절, 아모스 6장 10절 등에서 발견된다. 예레미야 6장 22절은 땅 끝에서부터(מירכתי ארץ), 요나서 1장 5절은 배 맨 밑층에(ירכתי הספינה), 그리고 아모스 6장 10절은 집 깊숙한 곳(ירכתי הבית)으로 해석하였다. 위의 세 성서 구절의 경우 모두 문맥상 그 위치가 중심적 위치보다는 후미진 곳에 위치한 가장 깊숙한 곳이나, 내밀한 곳을 나타내고 있다.

브레틀러(Marc Zvi Brettler)는 בירכתי의 위치에 관해 제시된 세 가지 해석을 열거한다.[23)] 첫째로, 할러데이(John Holladay)는 고대 팔레스틴 지역의 건축에서 부엌이 집의 1층 모퉁이에 위치해 있었다고 제안한다.[24)] 이 경우 2-3절은 집안(자식들)을 먹여 살리기 위해(3절 하반), 남편은 들판에서(2절), 여성은 집안 부엌에서(3절 전반)의 여성의 노동을 묘사하고 있는 것으로 해석된다. 둘째로, 이 말이 여성의 침실을 가리키는 것으로 해석하는 견해이다.[25)] 침실로 보는 경우 3절 전반의 은유가 자녀 생산과 관련된 성에 초점을 맞추고 있는 것으로 해석된다. 아가서에서 여성은 포도나무에 비유되기도 했고 사랑의 노래에서 이스라엘은 포도원으로 비유되는 점 등은 이 장소가 침실과 연관이 있다는 추측을 가능하게 한다. 한국의 경우 조선시대 양반집에서 여성이 머무

21) KJV(King James Version), JPS(Jewish Publication Society OT 1917), RSV (Revised Standard Version).

22) A. A. Anderson, *Psalms(73-150), The New Century Bible Commentary* (Grand Rapids: Eerdmans Publ. co., 1985), 870.

23) Marc Zvi Brettler, "Women and Psalms: Toward an Understanding of the Role of Women's Prayer in the Israelite Cult," in: Victor H. Matthews et al. eds., *Gender* and Law in the Hebrew Bible and the Ancient Near East (London: T & T Clark International/ New York: A Continuum imprint, 2004), 31-35.

24) John S. Holladay, "House, Israelite," Anchor Bible Dictionary, III, 308-18, 특히 313-14.

25) Kirkpatrick, *Psalms* (Cambridge Bible Commentary; Cambridge: Cambridge University Press, 1910), 755; Brettler, "Women and Psalms," 32 재인용.

는 곳을 안방 혹은 내실이라고 불렀던 점을 고려한다면 대부분의 한글 번역본은 두 번째 해석을 염두에 두고 있다. 그러나 고대 이스라엘에서도 아내들의 거주지가 분리되어 있었다는 증거가 없다. 다른 한편으로 시편 저자가 언어유희를 통해 여성의 생식기관을 나타내는 것으로 볼 수 있다. 민수기 5장 21절의 소타(Sotah) 제의법에서 제사장은 여인에게 저주의 물을 주면서 그 물을 마시면 "주께서 네 넓적다리(ירך)는 떨어지고 네 배는 붓게 할 것"이라고 말하고 여성은 이 말을 되풀이하여 맹세를 한다. 창세기 31장 5절에서 넓적다리(ירך)는 이삭의 생식기를 나타내고 있다. ירך의 여성형 명사가 성서에 쓰인 예는 없지만 이삭의 경우를 빌어 추측한다면 이 단어가 여성의 생식기와 연관이 있는 언어유희의 효과를 나타낸다고 볼 가능성이 있다. 셋째로, 이 장소는 집안의 중심 기둥 옆에 있는 1층의 외양간[26]을 가리키는 것으로 볼 수 있다. 이 경우 남성은 들판에서 일하고 여성은 집안에서 가축과 자식을 돌보는 모습을 그리고 있는 것으로 해석된다.

위의 세 가지 해석 가능성 중에서 독자는 은유의 의미를 시편 전체의 맥락에서 이해할 수밖에 없다. 제1연이 복있는 사람에 대한 구체적인 묘사를 은유를 통해 묘사했다면 제2연은 그 내용을 확대, 서술하고 있다. 즉 복 있는 사람을 향한 축복은 5-6절에서 예루살렘의 번영을 통해 그리고 자손의 번성을 통해 계속해 주시리라는 약속으로 이어진다. 이런 맥락에서 볼 때 בירכתי ביתך는 "집 안 깊숙한 곳에"로 해석되는 것이 적절하게 판단되고 제1연에서의 관심은 여성과 남성의 노동 분담이 아니라 여성이 가족 안에서 대를 잇는 자녀 생산과 양육에 있음을 역으로 추정할 수 있다. 결국 여성의 가치는 남성에게 자식을 낳아주는 존재로 언급되고 있다.

더욱이 포도나무의 가치는 그 열매인 포도의 풍성함에 있고 그 나무

---

26) Lawrence E. Stager, "The Archaeology of the Family in Ancient Israel," *BASOR* 260 (1985), 11-17.

자체는 쓸모 없다. 다시 말해서 여성의 가치는 그 여성의 덕목이나 행동에 근거를 두지 않는다. 아내로서 여성의 가치는 자식을 생산하는 것에 있다. 에스겔 15장에서 에스겔은 예루살렘 거주민들의 운명을 가치 없고 곧 소멸될 포도나무에 비유하고 있다. 반면에 감람나무는 그 잎과 열매 뿐만 아니라 그 나무 자체도 유용한 목재로 사용된다. 또한 2절에서 농사의 주체로 묘사된 남자에게 아내가 포도나무로 비유되고 있는 점은 아내가 남편의 소유임을 시사해 준다. 고대 이스라엘 사회에서 아내, 자식, 가축은 재산으로 취급되었다(출 20:17; 21:28-29).[27] 이 소절에서 아내는 주를 경외하는 남편에게 주어진 선물이다.

정리하면 시편 128편에서 아내를 집 안의 포도나무에 비유하는 것은 시에서 지징하는 나무의 위치를 묘사하는 히브리어에 대한 이해에 따라 은유의 초점이 "보조적 농사일 담당자," "가축을 돌보는 자," 그리고 "아이를 낳는 자" 등으로 나뉘어 질 수 있는 가능성을 보았다. 세 경우 모두 이스라엘 농경사회에서 여성이 보조적 역할을 담당했던 존재임을 보여준다. 농경사회에서 농사의 주요 노동은 남성에 의해 이루어지고 여성은 보조적인 농사 일과 함께 집안에서 가축과 자식을 돌보고 자식을 낳고 기르는 역할을 담당하였다. 그럼에도 시의 문학적 맥락은 이 은유가 여성을 "아이를 낳는 자"로 그 초점을 맞추어 비유하고 있음을 드러낸다. 고대 이스라엘 사회에서 여성은 무엇보다 자녀생산을 통해 가치가 인정받았다. 시편에서 여성은 하나님이 그의 도를 행하는 자에게 주는 선물이며 여성은 자식을 낳음으로써(결실을 맺음으로써) 그 가치를 발휘하는 것으로 인식되고 있다.

---

27) Phyllis Bird, "Images of Women in the Old Testament," in: Phyllis Bird, *Missing Persons and Mistaken Identities: Women and Gender in Ancient Israel* (Minneapolis: Fortress Press, 1997), 21-22.

2. "만족한 아이가 그 어미 품에 있음 같이"(시 131:2)

시편 131편은 16, 23, 62편처럼 주께 대한 확신이나 신뢰를 표현한 것으로 간주된다.[28] 문학적으로도 정교함을 드러내고 있어 첫째 절은 부정어 로(לא)가 세 번 등장하고, 두 번째 절은 나프쉬(נפש)의 반복과 임(אם), 임모(אמו)의 소리의 반복에 의해 특징지워진다. 하나님의 이름, 야훼(יהוה)는 시 처음과 끝을 장식하는 반지고리 형태를 띤다. 시편 131편은 다음과 같이 노래하고 있다.

1. 주님, 내 마음이 교만하지 않으며
   내 눈이 높지 않습니다
   내가 큰일과 기이한 일에 힘쓰지 않습니다.
2. 실로 내가 내 심령으로 고요하고 평온케 하기를
   마치 만족한 아이가 그 어미 품에 있음 같이
   내 영혼이 마치 만족한 아이가 내 품에 있음 같나이다.
3. 이스라엘아, 주님을 기다리라 지금부터 영원까지

우리의 관심인 2절은 "만족한 아이"로 해석된 가물(גמל)이다. 이 단어를 어떻게 이해하는 가에 따라 시의 은유해석이 달라 지게 된다.

흔히 "젖 뗀 아이"로 해석된 히브리어 가물(גמל)은 동사 가말(גמל)에서 파생된 말로 칼과 니팔 어간에 나타난다. 칼형에서 이 동사는 "온전히 다루다(deal fully with)," "어떤 사람에게 선으로 보답하거나(사 63:7)," "후대하다(시 13:6; 116:7 등)," 혹은 "악을 갚는 것(창 50:15, 17; 잠 3:30)"을 뜻한다. 그리고 전치사 알(על)과 함께 "풍성하게 다루다(시 13:6; 116:7; 119:17; 142:8)"를 뜻한다. 칼형은 또한 "아기가 젖을 떼

28) Hans-Joachim Kraus, trans by Hilton C. Oswald, *Psalms 60-150: A Commentary*(Minneapolis: Augsburg, 1989), 470; Dahood, Psalms III, 238; Leslie C. Allen, 손석태 옮김, 『시편 하』 (서울: 솔로몬, 2001), 331.

는 것(삼상 1:23-24; 왕상 11:20; 호 1:8)," 혹은 "젖 뗀 아이(사 11: 8)"를 가리키기도 한다. 니팔 형으로는 3회 나오는데 2회는 이삭이(창 21:8), 1회는 사무엘이(삼상 1:22) 젖을 떼는 것을 묘사한다.[29)]

레슬리 알렌(Leslie C. Allen)은 (G. Quell)을 인용하면서 알리(עלי)를 "~위에"로 해석하되 그 모양은 어머니가 아이를 어깨에 걸쳐 데리고 다니는 모습을 나타내는 것으로 본다. 따라서 이 절은 "어미에 업힌 젖 뗀 어린아이처럼, 내 영혼이 나에게 업힌 젖 뗀 어린아이와 같나이다"로 해석한다.[30)] 고대 이스라엘에서 아이가 약 세살 쯤 되었을 대 젖을 떼었다(참조 마카비 7:27; 삼상 1:23-24). 한편 구약에서 아이를 품에 안은 부모의 은유를 통한 보호는 신명기 1장 31절, 이사야 46장 3-4절, 호세아 11장 3절 등에 나온나. 많은 주석가들은 이를 은유적이라기보다는 한 여인이 자신의 품에 안고 있는 아이를 바라보면서 공동체에 대한 이러한 보살핌을 개인화 한 표현으로 해석한다.[31)](참조 27:10). 그러나 여기서 히브리어 가물(גמל)의 어근이 "온전히 다루다" 혹은 "풍성하게 다루다"는 뜻이 있음을 주목한다면 이 단어는 "젖 뗀 아이"가 아닌 "만족한 아이"로 번역될 가능성이 있다. 그리하여 케슬린 파머(Kathleen Farmer)는 2절 하반부를 "어머니의 품에 안긴 만족스러운 아이처럼, 내 영혼은 내 안에 만족스러운 아이와 같습니다"로 번역할 것을 주장한다.[32)] 이렇게 번역함으로써 이 아이가 풍족하게 채워져서 더 이상 젖을 빨 필요를 느끼지 않는 것처럼 내 영혼도 풍족하게 채워져서 더 이상 갈구하지 않고 확신에 찬 모습을 묘사한다.[33)] 이는 3절

29) *BDB*, 1580.

30) G. Quell, "Structur und Sinn des Psalms 131," *Das ferne und nahe Wort Festschrift L. Rost, ed. F. Maass* (Berlin: A. Toepelmann, 1967), 178-179; 알렌, 『시편 하』, 330 재인용.

31) 알렌, 『시편 하』, 332; Miller, 239.

32) Farmer, "Psalms," 143.

33) Briggs는 "젖 뗀 아이"로 번역하지만 그 은유의 의미는 어머니의 젖을 먹은 후 만족스러워하며 그 품에 조용하고 평화롭게 안겨있는 아이의 모습을 나타낸다고 설명한

에 주님에 대한 확신으로 하나님을 기다리자는 내용으로 자연스럽게 연결된다.

은유작용에 관한 상호작용이론은 이 은유에 대한 해석에 좋은 시사점을 보여줄 수 있다. 시편 131편 2절의 은유에서 원매체는 "아이"와 "어미"이고 이를 통해 묘사되는 이들이 상징하는 의미는 "이스라엘"과 "하나님"이다. 은유의 유비는 아이와 이스라엘, 어미와 하나님 사이에 이루어진다. 시인이 여기서 고백하는 것은 아이로 표상되는 자신이 어머니로부터 받은 어떤 경험을 매개로 해서 이스라엘이 하나님으로부터 받은 무언가를 표현하려는 것이다. 여기서 시인의 경험이 투영되는 것은 어머니가 아니라 아이의 경험이다. 이 시를 문자적으로 해석해서 아이를 바라보는 어머니가 하나님에 대한 신뢰를 나타내는 시라고 결론 내리는 것은 이러한 은유의 유비를 잘못 이해한 결과이다. 그렇다면 여기서 아이가 어머니로부터 어떤 경험이 전달 매체가 되는 것일지 반문해 볼 필요가 있다. 먼저 이 아이를 "젖 뗀 아이"로 해석할 경우 은유의 범위는 독립성을 나타낸다.[34] 어머니의 젖에 의해 양육되어 이제는 젖을 떼고 이유식의 단계로 넘어가는 아이의 성장시기가 은유의 초점이 된다. 이와 달리 이 아이를 "만족한 아이"로 해석할 경우 은유의 범위는 "만족감"에 있다. 아이가 무엇인가에 충족되어 만족한 상황을 하나님의 은혜에 만족한 이스라엘의 감사에 비유하는 것이 은유의 초점이다. 또한 품에 안긴 상태를 강조하면 은유의 초점은 아이의 의존성을 강조하는데 있다.[35]

이상에 제시된 은유의 초점의 가능성 중에서 다음 3절은 독자가 그

다. Charles & Emille Briggs, *A Critical and Exegetical Commentary on the Book of Psalms, ICC* (Edinburgh: T & T Clark, 1907), 467.

34) Konrad Schaefer, *Psalms. Berit Olam: Studies in Hebrew Narrative & Poetry* (Minneapolis: The Liturgical Press, 2001), 312.

35) 알렌은 이 은유가 야훼와 이스라엘 백성의 보살핌과 의존의 관계를 묘사한 것으로 해석한다. 『시편 하』, 332.

초점을 결정할 수 있는 맥락을 제시해 준다. 3절은 1-2절의 개인적 경험을 이스라엘의 공동체적 경험으로 승화시키며 이스라엘이 신뢰를 가지고 주를 기다리라는 호소로 시를 끝맺는다. 여기서 이스라엘이 "젖뗀 아이"로 독립성을 가지고 하나님을 기다리라는 호소일까? 아니면 이스라엘이 이제껏 보여준 만족스러운 은혜를 바탕으로 계속 신뢰를 가지고 주를 기다리라는 호소일까? 아니면 주의 품에 안긴 아이처럼 주께 의존하여 기다리라는 호소일까? 세 가지 중 설득력이 가장 떨어지는 유비는 첫 번째이다. 따라서 은유의 초점을 시의 문맥에서 살펴보면 두 번째나 세 번째의 의미로 해석된다. 결국 이 시의 은유는 어머니의 품에 안긴 아이의 모양새를 통해 하나님과 이스라엘의 관계를 묘사하고 있으며 어원을 살펴볼 때 의존성을 강조하기보다는 아이의 만족감에 초점이 있다고 보인다. 이 시인은 이제 평화로운 자신의 마음상태를 어머니의 가슴을 파고들며 젖을 갈구하는 젖먹이가 아니라 어머니의 가슴에서 충족감에 젖어 조용히 쉬며 행복을 느끼는 아이처럼 하나님이 베푸신 은혜에 감사하며 하나님을 신뢰하고 기다리는 아이의 모습에 비유하고 있다.

IV. 맺으면서

고대 이스라엘 시인들의 시상을 이해하기 위해서 사회문화적 관례(custom)와 시의 문학적 관습(literary convention)을 최대한 살려 은유를 해석할 필요성을 시편의 예를 통해 살펴 보았다. 시간과 공간을 달리하는 한계 때문에 원시편 저자의 의도를 완전히 이해할 수 없으나 현대문학에서 은유를 해석하는 이론을 빌어 시편의 은유를 매체와 도구의 상호작용을 통해 그리고 시의 문맥 안에서 살펴보는 것이 시의 은유이해에 도움이 될 것이다. 구체적으로 위에서는 시편 128편과 131편에 나오는 두 은유를 살펴보았는데 128편에서 아내를 집 안 깊숙한 곳의 포도나무에 비유한 것은 고대 이스라엘의 가부장 사회에서 아내의 가치가 자식을 낳아 대를 잇는 역할을 통해 평가되는 문화적 배경이 전제되어 있음을 보았다. 그리고 131편에서는 많은 주석가들이 이 은유가 어머니를 통한 은유의 유비를 끄집어 내어 여성이 지은 유일한 시편으로 해석하였지만 은유의 초점은 이스라엘이 자신을 어머니가 아니라 어머니의 품에 안긴 아이와 유비시킴으로써 하나님의 지난 은혜에 대한 감사와 이를 바탕으로 한 신뢰를 표현한 시로 해석하였다.

참고 문헌

김욱동, 『은유와 환유』 서울: 민음사, 1999.

라이켄, 렌란드, 제임스 C. 윌호잇, 트렘퍼 롱멘 Ⅲ편. 홍성희 외 번역. 『성경 이미지 사전』. 서울: 기독교문서선교회, 2001.

Allen, Leslie. 손석태 옮김. 『시편 하』, *World Biblical Commentary.* 솔로몬, 2001.

Anderson, A. A. *Psalms(73-150). The New Century Bible Commentary.* Grand Rapids: Eerdmans Publ. co., 1985.

Bird, Phyllis. "Images of Women in the Old Testament," in: Phyllis Bird, *Missing Persons and Mistaken Identities: Women and Gender in Ancient Israel.* Minneapolis: Fortress Press, 1997.

Brettler, Marc Zvi. "Women and Psalms: Toward an Understanding of the Role of Women's Prayer in the Israelite Cult." in: Victor H. Matthews et al. eds., *Gender and Law in the Hebrew Bible and the Ancient Near East.* London: T & T Clark International/ New York: A Continuum imprint, 2004, 25-56.

Briggs, Charles Augustus & Emilie Grace Briggs. *A Critical and Exegetical Commentary on the Book of Psalms.* ICC. Edinburgh: T & T Clark, 1907.

Dahood, Mitchell. *Psalms III: 101-150: Introduction, Translation, and Notes with an Appendix.* AB. Garden City, New York: Doubleday & Company Inc., 1970.

Farmer, Kathleen A. "Psalms," in: Carol A. Newsom and Sharon H. Ringe eds., *The Women's Bible Commentary.* SPCK: London/ Louisville: Westminster John Knox Press, 1992, 137-144.

Hawkes, Terence. 차명호 역. 『은유』 서울대학교 출판부, 1986.

Kraus, Hans-Joachim. trans by Hilton C. Oswald, *Psalms 1-59: A Commentary.* Minneapolis: Augsburg, 1988.

Kraus, Hans-Joachim. trans by Hilton C. Oswald, *Psalms 60-150: A*

Commentary. Minneapolis: Augsburg, 1989.

Miller, Patrick D. *They Cried To the Lord: The Form and Theology of Biblical Prayer*. Minneapolis: Fortress Press, 1994.

Richards, I. A. *The Philosophy of Rhetoric*. New York: Oxford University Press, 1936.

Schaefer, Konrad. *Psalms,* Berit Olam: Studies in Hebrew Narrative & Poetry. Minneapolis: The Liturgical Press, 2001.

Schroer, Silvia, "'Under the Shadow of your Wings': The Metaphor of God's Wings in the Psalms, Exodus 19.4, Deuteronomy 32.11 and Malachi 3.20, as Seen through the Perspectives of Feminism and the History of Religion," in: Athalya Brenner & Carole Fontaine eds., *Wisdom and Psalms. A Feminist Companion to the Bible second series.* Sheffield: Sheffield Academy Press, 1998, 264-282.

Stager, Lawrence E. "The Archaeology of the Family in Ancient Israel," *BASOR* 260(1985), 11-17.

Wheelwright, Philip. 김태옥 역. 『은유와 실재』 서울: 한국문화사, 2000.

Wilfred G. E. Watson, *Classical Hebrew Poetry: A Guide to its Techniques.* Sheffield: Sheffield Academic Press, 1995.

제2부
시편 연구

“하나님은 온 땅에 왕이심이라”

시 47편의 신학적 읽기

차준희

I. 들어가는 말: 본문의 문학형식(양식)과 짜임새

시 47편은 고라시편에 속한다. 고라시편은 표제어에 “고라 자손의 시”라고 기록되어 있는 시편을 말한다(시 42-49편; 84-85편; 87-88편). 보통 “야훼가 왕이 되었다” 혹은 “야훼가 왕으로서 통치한다”(시 93:1; 96:10 등)와 같이 하나님의 왕권 통치를 선포하는 시편들은 이른바 등극시(Thronbesteigungspsalmen/Enthronement)[1]나 야훼-왕 시(Jahwe-Königs-Psalmen)로 분류된다.[2] 시편 47편에는 “야훼가 왕이

1) 독일어의 Thronbesteigungspsalmen이나 영어의 Enthronement는 보통 “대관식시”라고 번역해 왔다(김정준, 『시편명상』, 만수 김정준 전집 5[서울: 한국신학연구소, 1987], 152; 김이곤, 『노염은 잠깐 은총은 평생: 설교를 위한 시편연구』[서울: 한국성서학연구소, 1999], 26). 그런데 “대관식”은 상위권자가 왕관을 씌우는 의식(coronation ceremony)이고, 야훼는 어느 누구도 그에게 왕관을 씌울 수 없고, 그분 스스로 거룩한 보좌에 올라가서 왕권으로 통치하시므로 “등극시”나 “즉위시”라고 번역하는 것이 더 타당한 것 같다(참조. 엄현섭, 『희망을 샘솟게 하는 찬양의 책 시편』[서울: 컨콜디아사, 2000], 168; 권오현, 『권오현의 시편탐구: 새로운 상징적 세계의 건설』[서울: 대한기독교서회, 2004], 480 각주1; 함성국, 『시편해석』[서울: 대한기독교서회, 2005], 82).

2) 참조. W. H. Schmidt, 『구약성서입문 (3)』 차준희/채홍식 역(서울: 대한기독교서회,

되었다"라는 표현은 나오지 않으나 내용상 야훼가 왕이심을 노래하고 있기 때문에 대다수의 학자들이 동의하는 것 같이 야훼-왕 시 양식에 속한 시로 분류할 수 있다.[3] 야훼-왕 시는 "제왕시"(Königpsalmen/Royal Psalms)와 같이 왕과 연관되어 있다. 그러나 제왕시에서는 왕은 세속적인 인간 왕이 반면에, 야훼-왕 시에서 왕이란 하나님이시다. 따라서 인간 왕과 관련된 사건들을 다루는 제왕시와 야훼-왕 시는 구분되어야 한다. 또한 구문상 복수형태의 명령형(1절의 "손바닥을 치라" [복수 명령형], 6절의 "찬양하라"[복수명령형])으로 되어 있기에 이에 준하여 시 47편을 소위 명령형 찬양시(sog. imperativischer Hymnus)로 분류하기도 한다.[4]

이 시편 1-4절의 찬양하라는 외침, 5-7절의 야훼 등극, 8-9절의 야훼 통치로 나누어 삼 구분하는 입장들도 있다.[5] 그러나 1절에서 복수형태의 명령형으로 시작하고, 2절에서 "왜냐하면"(키)으로 이어진다. 또한 6절에서도 복수형태의 명령형으로 시작하여 7절에서 "왜냐하면"(키) 접속사로 이어진다. 따라서 전체는 두 단락으로 쉽게 나누어 진다.[6] 이를

2001), 36.

3) 참조. H.-J. Kraus, *Psalmen: Psalmen 1-59,* Biblischer Kommentar Altes Testament (Neukirchen-Vluyn: Neukirchener Verlag, 1989), 503; F. -L. Hossfeld; E. Zenger, *Die Psalmen: Psalmen 1-50,* Die Neue Echter Bibel (Würzburg: Echter Verlag, 1993), 289 등; 그러나 이 시를 "공동체 찬양시"(Communal Hymn)로 보는 학자도 있다: E. S. Gerstenberger, *Psalms Part 1: with an Introduction to Cultic Poetry, The Forms of the Old Testament Literature* (Grand Rapids, Michigan: Wm. B. Eerdmans, 1988), 198.

4) 소위 명령형 찬양시에 대한 보다 자세한 연구를 위해서는 다음을 참조하라: F. Crüsemann, *Studien zur Formgeschichte von Hymnus und Danklied,* WMANT 32 (Neukirchen-Vluyn: Neukirchener Verlag, 1969).

5) 참조. A. B. Rhodes, *The Book of Psalms,* The Layman`s Bible Commentary (Atlanta, Ga: John Knox Press, 1960; J. H. Hayes, *Understanding the Psalms* (Valley Forge: Judson Press, 1976, 34 등).

6) 참조. J. Limburg, *Psalms,* Westminster Bible Companion (Louisville, Kentucky: Westminster John Knox Press, 2000), 157.

토대로 이 시편의 짜임새를 보면 다음과 같다:

1-5절 열방의 왕이신 하나님에 대한 충성 환호
 1절: 충성 환호의 촉구
 2-4절: 충성 환호의 이유: 우주적인 주권자
  2절: 명사문장("온 땅의 위대한 왕")
  3-4절: 동사문장("열방을 우리 발아래 복종케 하시며")
 5절: 하나님의 오르심
6-9절 열방의 왕이신 하나님에 대한 찬양
  6절: 찬양의 촉구
 7-8절: 찬양의 이유: 우주적인 주권자
  7a절: 명사문장("온 땅의 왕")
 7b-8절: 동사문장("하나님이 열방을 치리하시며")
 9절: 하나님의 백성이 되는 열방

II. 본문 주석

1. 열방의 왕이신 하나님에 대한 충성 환호(1-5절)

1) 충성 환호의 촉구(1절)

시인은 1절에서 "너희 만민들아 손바닥을 치고 즐거운 소리로 하나님께 외칠찌어다"라는 말로 시작한다. 열왕기하 11장 12절 "여호야다가 왕자를 인도하여 내어 면류관을 씌우며 율법 책을 주고 기름을 부어 왕을 삼으매 무리가 박수하며 왕의 만세를 부르니라"에 따르면 왕의 즉위 때 백성들은 손뼉을 치고 왕이여 오래 사소서 하며 외친다. 이러한 의식을 치른 다음, 왕은 호위를 받으며 왕궁에 들어가 보좌에 앉고, 백성들은 이를 즐거워 하였다: "백부장들과 가리 사람과 호위병과

온 국민을 거느리고 왕을 인도하여 야훼의 전에서 내려와서 호위병의 문 길로 말미암아 왕궁에 이르매 저가 왕의 보좌에 앉으니 온 국민이 즐거워하고 성중이 평온하더라 아달랴를 무리가 왕궁에서 칼로 죽였었더라"(왕하 11:19-20). "손뼉치기"와 "환호소리"는 예루살렘의 왕 즉위식과 관련된 전문용어이다(왕상 1:40). 이는 충성의 환호(Huldigungs-jubel)로서 왕에게 대한 인사와 충성을 표현하는 것이다.[7] 여기서는 세속의 왕 즉위 때 사용되는 용어가 야훼께서 신적인 왕(Gottkönigs)으로 즉위하는 의식에 전용(轉用)되어 사용되었다.[8] 따라서 1절은 야훼 하나님의 왕 즉위를 축하하고 그에게 충성을 표하라는 요구이다.

2) 충성 환호의 이유(2-4절)

1절의 충성 환호 촉구에 대한 이유절로 2-4절이 언급된다. 기뻐 소리치라고 시인이 요구할 때(1절) 그 근거는 지난 날 하나님이 행하신 바들에 있다(2-4절). 2절은 명사문장이고, 3-4절은 동사문장이다. 즉 2절은 중요한 사실만을 간명하게 진술하고, 3-4절은 이러한 진술을 보다 자세히 풀이하고 있다. 2절은 왜냐하면(כי)이라는 접속사로 시작한다. 이 부분을 직역하면, "왜냐하면 야훼는 지극히 높으신 분, 엄위로우신 분, 온 세상의 위대하신 왕이시기 때문이다"이다. 야훼는 "지극히 높으신 분"(עליון), "엄위로우신 분"(נורא), "위대한 왕"(מלך)이시다. "엘욘"과 "노라"라는 신(神) 명칭은 본래 가나안의 신 명칭이었다. 이 가나안의 신 명칭들이 야훼 하나님을 가리키는 신 명칭으로 전용(轉用)되었다. "엘욘"은 가나안의 신 엘(El)이 만신전(萬神殿)에서 누렸던 역할을 표현하고 있다. 즉 엘욘은 최고신을 뜻한다. 또한 "노라"는 가나안의 신인 바알(Baal)의 특성과 관련된다. 엘은 정적이고 보편적인 왕권을 대

---

7) 참조. G. Fohrer, *Psalmen* (Berlin/New York: Walter de Gruyter, 1993), 85.

8) 참조. E. Zenger, *Psalmen Auslegung 1: Mit meinem Gott überspringe ich Mauern* (Freiburg/Basel/Wien: Herder, 2003), 111.

표한다면, 바알은 자연의 진행과정에서 매년 땅의 회복을 위하여 혼돈을 정복하는 폭풍과 전쟁의 신으로 숭배되었다.

구약성서는 가나안의 신 명칭을 야훼 하나님께 전용하므로 결국 가나안의 엘은 고유명사에서 하나님을 뜻하는 보통명사가 되고, 바알은 신의 자리에서 쫓겨난다. 즉 탈신화화(Entmythologisierun)내지는 탈신격화 현상이 일어난다. 이를 통하여 이스라엘의 야훼 하나님은 신 가운데 "최고신"(El의 속성)이 되고, "혼돈의 승리자"(Baal의 속성)로 간주된다.[9] 결국 야훼 하나님은 이 땅의 "위대한 왕"(멜렉크 가돌)으로 받아들여진다. 멜렉크 가돌이라는 칭호는 성서에서 하나님께만 쓰지 세상 임금에게 쓰지 않는다.[10] 왕이라는 명칭은 "하나님의 유일존재성"을 말하는 것이 아니고, 야훼가 다른 신들 위에 왕으로 군림한다는 면에서 다른 신들에 대한 "야훼 하나님의 우월성"을 말하는 것이다. 여기에서는 야훼 하나님께 대항할 수 있는 신이 없다는 점이 부각된다. 야훼 하나님만이 온 땅의 위대한 왕이시기 때문에 모든 만민들도 그에게만 충성을 해야 한다.

특히 이러한 충성 요구의 대상이 1절의 "모든 만민들"(כל־העמים, all the peoples: 우리말 개역성서에는 "모든"이라는 단어의 번역이 생략되어 있다)이라는 점은 또 다른 의미가 있다. 지금까지 이 요구를 예루살렘의 왕궁에서 열렸던 법궤 행진에 참여하였던 주변 나라의 "대사들"(akkreditierten Diplomaten)에게 주어진 것으로 보는 몇몇 학자들의 해석은 지나친 해석으로, 본문상의 근거도 없다.[11] 2절은 모든 이방민족들은 그들이 지금까지 믿고 있었던 최고의 신과 폭풍과 전쟁의 신의 정체가 엘과 바알이 아니고 야훼 하나님이라는 사실을 새로 깨달아야 함을 일러주고 있다.

---

9) 참조. Hossfeld/Zenger, *Die Psalmen*, 291.

10) 권오현, 『권오현의 시편탐구』, 492.

11) 참조. E. Zenger, *Psalmen Auslegung 1: Mit meinem Gott überspringe ich Mauern*, 111.

3-4절은 2절에서 언급된 온 세상의 위대한 왕이신 야훼께서 왕으로서 우선적으로 행하신 일을 묘사하고 있다: "야훼께서 만민들을 우리에게, 열방을 우리 발아래 복종케 하시며 우리를 위하여 기업을 택하시나니 곧 사랑하신 야곱의 영화로다." 고대 근동에서 승리자가 정복당한 원수의 목을 발로 누르며 서있는 것은 관례적인 일이었다. 이러한 관례는 다른 성서본문에서도 반영되어 있다:

> 그 왕들을 여호수아에게로 끌어내매 여호수아가 이스라엘 모든 사람을 부르고 자기와 함께 갔던 군장들에게 이르되 가까이 와서 그들의 목을 밟으매(수 10:24).

> 야훼께서 내 주에게 말씀하기를
> 내가 네 원수로 네 발등상 되게 하기까지
> 너는 내 우편에 앉으라 하셨도다(시 110:1).

야훼 하나님은 위대한 왕으로서 이방민족들을 이스라엘의 발아래 복종시키셨다. 이는 왕이신 야훼의 능력을 드러내어 보여주신 것이다. 4a절의 "기업"(נחלה)은 이스라엘의 땅을 가리킨다: "네가 야훼의 안에서 즐거움을 얻을 것이라 내가 너를 땅의 높은 곳에 올리고 네 조상 야곱의 업(נחלה)으로 기르리라 야훼의 입의 말이니라"(사 58:14). 야훼 하나님은 모든 공간에 대한 통치권을 행사함으로 수많은 땅 가운데서 특별한 땅을 선별하여 하나님의 백성들에게 그 땅을 넘겨주셨다: "너보다 강대한 열국을 네 앞에서 쫓아내고 너를 그들의 땅으로 인도하여 들여서 그것을 네 기업[נחלה]으로 주려 하심이 오늘날과 같으니라"(신 4:38). 4b절의 "야곱의 자랑"(그온; 우리말 개역성서는 "영화")은 4a절의 "기업"과 동의 평행법(parallelismus membrorum)을 이루고 있다. 사실 "자랑"(גאון)이라는 단어는 흔히 인간의 교만을 나타내는 부정적인 의미로 사용된다:

악인이 교만하여(גאון) 약한 자를 괴롭힙니다
저희로 자신이 쳐 놓은 흉계에 빠지게 하소서(시 10:2, 사역).

교만한(גאון) 발길이 내게 이르지 못하게 하시며
악인들의 손이 나를 내쫓지 않도록 하소서(시 36:11, 사역).

그러나 여기서 이 단어는 야곱이 자랑스러워하는 땅, 즉 하나님이 주신 사랑의 선물로써의 땅을 묘사하고 있다.[12]

이 단락에서 시인이 만민들에게 야훼께 충성을 요구하는 근거는 야훼 하나님이 위대한 왕이시라는 점에 있다(2절). 야훼 하나님은 특별히 보잘 것 없는 이스라엘을 하나님의 백성으로 삼아주시고, 그들이 머물 수 있도록 땅을 기업으로 주셨다는 점에서 위대한 왕으로서의 능력을 보여주셨다(3-4절). 그런데 3-4절의 동사시제가 완료형이 아니라 미완료형으로 나와 있다. 이는 하나님의 이러한 행동이 과거로만 국한된 것이 아니라 현재에도 지속되고 있음을 나타내 주고 있다.

3) 하나님의 오르심(5절)

5절은 야훼께서 당신의 보좌인 시온에 오르시는 장면을 묘사하고 있다. 여기서 "오르다"(עלה)라는 동사는 2절의 신(神) 명칭인 명사 "지극히 높으신 분"(עליון)을 풀이하고 있다. 고대 근동에서도 신들이 왕으로 즉위하는 의식이 있었다. 그런데 이 경우 이 신들은 다른 신들뿐만 아니라 혼돈의 세력들과의 투쟁을 통하여 자신의 신적 왕권을 획득하는 반면에, 야훼의 왕권 인수 행위는 평화적으로 이루어지고 있다는 점에서 차이가 있다.[13] 드디어 위대한 왕이신 야훼 하나님이 만민들의 충성 환호와 나팔 소리가 울려 퍼지는 가운데 이 세상의 배꼽이요, 중심

12) 참조. R. Davidson, *The Vitality of Worship: A Commentary on the Book of Psalms* (Grand Rapids, Michigan: W. B. Eerdmans, 1998), 155.

13) 참조. Zenger, *Psalmen Auslegung* 1111.

지인 시온[14]에 오르신다.

2. 열방의 왕이신 하나님에 대한 찬양촉구(6-9절)

1) 찬양의 촉구(6절)

두 번째 단락은 "찬양하라 하나님을 찬양하라. 찬양하라 우리 왕을 찬양하라"(6절)로 시작한다. "찬양하라"(זמר)는 단어가 6-7절에 무려 5 차례 언급된다. "자마르"는 "노래하다/선포하다"라는 의미이다:

> 너희는 시온에 거하신 야훼를 찬송하며[זמר]
> 그 행사를 백성 중에 선포할찌어다[נגד](시 9:12).

> 나는 영원히 선포하며[נגד]
> 야곱의 하나님을 찬양하며[זמר](시 75:9, 사역).

이 구절에서는 명령의 대상이 언급되어있지 않다. 몇몇 학자들은 이 구절은 성전 성가대와 악대에게 행한 명령이라고 보기도 한다.[15] 그러나 현재본문에서 이를 입증할 만한 증거를 찾아보기는 어렵다. 따라서 아마도 1절의 촉구 대상인 만민들이 계속해서 이어진다고 보아야 할 것이다. 시인은 첫 번째 단락에 이어서 두 번째 단락에서도 이방민족들에게 찬양을 촉구하고 있다.

---

14) 참조. Fohrer, *Psalmen,* 86.

15) 이렇게 주장하는 대표적인 학자로는 다음을 언급할 수 있다: H. Schmidt, *Die Psalmen,* Handbuch zum Alten Testament (Tübingen: J. C. B. Mohr, 1934), 59; E. A. Leslie, *The Psalms* (New York and Nashville: Abingdon-Cokesbury Press, 1949), 66.

2) 찬양의 이유(7–8절)

6절의 찬양 촉구에 대한 이유가 7–8절에서 기록된다. 이전 단락과 유사한 패턴으로 먼저 7a절은 명사문장이고, 7b–8절은 동사문장이다. 한마디로 말하면 “하나님은 온 땅에 왕이시기”(7a절) 때문에 모든 만민들이 찬양을 해야 한다는 것이다. 7b절은 특히 “지혜의 시”로 찬양하도록 권고하고 있다. 시편의 표제에 “지혜의 시”라고 부르는 시편이 열네 편이 있는데, 시편 안에 쓰이기는 여기 뿐이다.[16] “지혜의 시”(מַשְׂכִּיל)는 여기에서 지혜의 원리에 따라 만들어진 매우 기교적인 노래를 가리킨다. 이러한 “기교적인 노래”(Kunstlied)는 노래와 찬양의 대상에게 알맞는, 적절하고도 강력한 말로 구성되어 있다.[17] 이 시인은 온 땅의 왕이신 하나님께 적합한 노래로 찬양을 하라고 명령하고 있다.

8절은 7a절에서 진술된 사실을 풀어서 부연 설명한다: “하나님이 열방을 치리하시며 하나님이 그 거룩한 보좌에 앉으셨도다.” 7a절의 명사 “왕”(מלך)이 여기서는 “치리하다”(מָלַךְ, 말락)는 동사로 설명되고 있다. 여기서 “거룩한 보좌”라는 표현은 단 한번 나오지만,[18] 하나님이 앉아 계신 보좌(시 89:14; 93:2; 103:19), 즉 “야훼의 보좌”(시 11:4)는 법궤를 말한다: “나 야훼가 말하노라 너희가 이 땅에서 번성하여 많아질 때에는 사람들이 야훼의 언약궤를 다시는 말하지 아니할 것이요 생각지 아니할 것이요 기억 지 아니할 것이요 찾지 아니할 것이요 만들지 아니할 것이며 그 때에 예루살렘이 야훼의 보좌라 일컬음이 되며 열방이 그리로 모이리니 곧 야훼의 이름으로 인하여 예루살렘에 모이고 다시는 그들의 악한 마음의 강퍅한 대로 행치 아니할 것이며”(렘 3:16–17; 참조. 시 99:1).[19]

16) 참조. 권오현, 『권오현의 시편탐구』, 497.

17) 참조. Kraus, *Psalmen: Psalmen 1–59,* 20.

18) 참조. 권오현, 『권오현의 시편탐구』, 497.

19) 참조. Kraus, *Psalmen: Psalmen 1–59,* 506.

3) 하나님의 백성이 되는 열방(9절)

시인은 9a절에서 열방의 방백들이 시온에 모여서 아브라함의 하나님의 백성이 될 것이라고 노래하고 있다. "열방의 방백들"(느디베 아밈)은 권세 있고 능력 있는 제후나 고관들을 말한다(시 83:11; 107:40; 118:9; 146:3). 크라우스(H. J. Kraus)는 이 방백들을 예루살렘 축제에 참석한 외국의 사절단이라고 추정한다.[20] 그러나 이를 입증하는 본문의 증거가 없다. 이 표현은 뒤이어 나오는 "세상의 모든 방패"와 평행구를 이루고 있으므로, 이 구절은 하나님의 전 세계적인 통치를 기대하는 종말론적 비전으로 보아야 한다.[21] 즉 이는 미래에 임할 세계사적인 종말론적 사건을 예고한다. 시인은 야훼 한 분만이 진정한 왕이시기 때문에, 열방 나라의 왕들이나 군주들이라는 표현은 피하고 의도적으로 방백들로 언급하고 있는 것으로 보인다.[22]

그런데 왜 열방의 방백들이 "아브라함의 하나님의 백성"이 된다고 하였을까? 여기서 아브라함이 언급된 이유는 무엇일까?[23] 아브라함은 창세기 이외의 구약 본문에는 놀랍게도 적게 나타난다. 아브람은 창세기에서만 59번 나오는 반면 창세기 이외에서는 단지 2번만 나온다. 아브라함은 창세기에서만 129번 나오고, 그 밖의 본문에서는 42번에 그

20) 참조. Kraus, *Psalmen: Psalmen 1-59,* 507.

21) 시편 47편의 야훼의 왕권에 대한 해석은 학자들 간에 강조점이 현저하게 차이가 있다. 학자들의 입장은 크게 세 가지로 정리된다: 첫째, 과거의 구속에 나타난 하나님의 왕 되심을 찬양한다는 역사적인 해석(M. Buttenwieser 등). 둘째, 하나님의 왕권이 역사의 끝에 나타난다는 종말론적 해석(H. Gunkel 등), 셋째, 현재 이스라엘 백성이 예배하는 중에 하나님이 왕으로 등극하신다는 예전적 해석(J. H. Eaton 등)이다(참조. 권오현, 『권오현의 시편탐구』, 481-489).

22) 참조. Fohrer, *Psalmen,* 86.

23) 이 점에 대한 자세한 연구를 위해서는 다음을 참조하라: E. Zenger, "Der Gott Abrahams und die V lker: Beobachtungen zu Psalm 47", M. G rg(Hrsg.), *Die Väter Israels: Beitr ge zur Theologie der Patriarchen berlieferungen im Alten Testament* (Stuttgart: Verlag Katholisches Bibelwerk GmbH, 1989, 413-430.

친다. 지혜문학은 그를 알지 못하며, 시편은 그를 거의 언급하지 않는다. 오경과 역사서에서 아브라함을 언급할 때는 의례 이삭과 야곱과 함께 거론한다. 포로기 이전의 예언자들은 아브라함을 언급하지 않는다.[24] 이러한 상황에서 시편 47:9에서 아브라함이 언급된 사실은 중요하다고 할 수 있다. 여기에 나타난 아브라함 전승은 여호수아 24장과 창세기 12장과 관련이 있어 보인다.[25]

한편으로는 이 아브라함 전승은 아마도 여호수아 24장 2-3절, "여호수아가 모든 백성에게 이르되 이스라엘 하나님 야훼의 말씀에 옛적에 너희 조상들 곧 아브라함의 아비, 나홀의 아비 데라가 강 저편에 거하여 다른 신들을 섬겼으나 내가 너희 조상 아브라함을 강 저편에서 이끌어내어 가나안으로 인도하여 온 땅을 두루 행하게 하고 그 씨를 번성케 하려고 그에게 이삭을 주었고"와 관련이 있어 보인다.[26] 아브라함은 진정한 하나님이신 야훼를 섬기기 위해 잘못된 신들로부터 돌이킨 사람이다. 이스라엘의 모든 지파들이 세겜 성소에 모여서 참 하나님이신 야훼 한 분만을 섬기기로 결단한 것 같이(수 24:1, 16), 열방의 방백들이 시온에 집결하여 그들이 지금까지 숭배했던 거짓 신들을 버리고 아브라함의 하나님의 백성이 될 것이라는 사실이 종말론적 비전으로 표현되고 있다.

또 다른 한편으로는 이 아브라함 전승은 창세기 12장 3절 "너를 축복하는 자에게는 내가 복을 내리고 너를 저주하는 자에게는 내가 저주하리니 땅의 모든 족속이 너를 인하여 복을 얻을 것이니라"와 관련이 되는 것 같다(참조. 창 22:18).[27] 아브라함은 하나님에 의하여 선택되었

24) 참조. R. Martin-Achard, "Art. Abraham," *Theologische Realenzyklopädie* 1 (1977), 369.

25) Zenger는 시편 47:9와 창세기 12:1-3; 14:18 이하; 17:4-6과의 관련성에 대하여 부정적인 주장을 제시한다(E. Zenger, "Der Gott Abrahams," 428).

26) 참조. Hossfeld/Zenger, *Die Psalmen: Psalmen 1-50,* 293.

27) 참조. Kraus, *Psalmen: Psalmen 1-59,* 507; K. Schaefer, *Psalms,* Berit Olam Studies in Hebrew Narrative & Poetry(Collegeville, Minnesota: The Litergical

고 복을 받았다. 이는 아브라함을 통하여 이 땅의 모든 열방들이 하나님의 복을 받도록 하기 위함이다. 이러한 종말론적 비전은 이사야 19장 24-25절, "그 날에 이스라엘이 애굽과 앗수르로 더불어 셋이 세계 중에 복이 되리니 이는 만군의 야훼께서 복을 주어 가라사대 나의 백성 애굽이여, 나의 손으로 지은 앗수르여, 나의 산업 이스라엘이여, 복이 있을 찌어다 하실 것임이니라"와 유사하다. 이 본문에는 이스라엘의 전통적인 명예 칭호인 "나의 백성"과 "내 손의 작품"이라는 칭호가 야훼 하나님에 의하여 이스라엘의 철천지 원수 나라들에게 주어지고 있다.[28] 열방의 방백들이 야훼의 보좌(시온)에 모여서 하나님의 복을 받아 결국에는 아브라함의 하나님의 백성이 될 것이 묘사되고 있다.

시인은 이러한 종말론적인 사건이 일어날 것이라는 근거로 "세상의 방패가 야훼께 속하였고, 그 분만이 지극히 존귀하신 분이라"(9b절)는 사실을 제시한다. 여기서 "세상의 방패"(마기네-에레츠)는 "열방의 왕들"을 가리킨다:[29]

> 우리 방패(מגננו, 마기네누)는 야훼께 속하였고
> 우리 왕은 이스라엘의 거룩한 자에게 속하였음이니이다(시 89:18).

이 9b절은 하나님이 이 땅의 모든 권력들을 무력화시켰음을 시사하고 있다. 이는 시편 46장의 시온시편의 결론 부분에서도 묘사되고 있다:

> 와서 야훼의 행적을 볼찌어다
> 땅을 황무케 하셨도다
> 저가 땅 끝까지 전쟁을 쉬게 하심이여
> 활을 꺾고 창을 끊으며 수레를 불사르시는도다
> 이르시기를 너희는 가만히 있어 내가 하나님 됨을 알찌어다

Press, 2001), 120.

28) 참조. E. Zenger, *Psalmen Auslegung 1,* 113.

29) 참조. A. Deissler, *Die Psalmen*(Düsseldorf: Patmos Verlag, 1993), 194.

내가 열방과 세계 중에서 높임을 받으리라 하시도다(시 46:8-10).

하나님만이 모든 군사력을 자기 뜻대로 처리할 수 있는 주님이시다.[30] 하나님은 이 땅의 전쟁을 종식시키기 위해 인간의 무력을 필요하시지 않고("너희는 가만히 있어", 시 46:10), 오직 당신의 능력만으로도 전쟁 종식이 가능하다("세상의 모든 권력이 야훼의 것이다", 시 47:9). 모든 이방민족들이 야훼 하나님 한 분만을 믿는 신앙으로 하나가 되면, 이 땅에는 영원한 "평화의 나라"가 세워질 것이다. 이사야 2장 2-4절의 종말론적 비전에서 보여주듯이, 시온은 "모든 열방을 위한 국제적인 평화학교"(Friedensschule)[31]로서 이를 통하여 모든 열방이 하나님의 백성이 될 것이다.

9절은 아직 현실화되지 않은 종말론적 사건을 말하고 있다. 즉 모든 이방나라 백성들이 야훼 하나님을 받아들이고, 이 땅의 모든 전쟁이 종식되는 순간이 아직은 현실화되지는 않았지만 언제인가는 이루어질 것이다. 시인은 이러한 사실을 확신하고 있다. 이는 9절의 시제가 완료형으로 표현된 점에서 분명해진다. 일종의 "완료적 확신"으로 신앙의 확신을 보여준다. "아브라함의 하나님"은 4절의 "야곱의 하나님"과 9절의 "열방의 하나님"과 동일시 된다. 이스라엘과 열방은 하나이다. 신앙공동체는 점차적으로 "열방 공동체"(V lkergemeinschaft)로 확장된다.[32]

---

30) 참조. A. Weiser, 『시편 (1)』, 국제성서주석, 김이곤 역(서울: 한국신학연구소, 1992), 509-510.

31) 참조. B. Weber, *Werkbuch Psalmen 1: Die Psalmen 1 bis 72*(Stuttgart: Kohlhammer, 2001), 218.

32) 참조. K. Seybold, *Die Psalmen, Handbuch zum Alten Testament*(Tübingen: J. C. B. Mohr, 1996), 194.

III. 결론: 신학적 메시지

1. 하나님은 온 땅의 왕이시다

야훼 하나님은 지극히 높으신 분, 엄위로우신 분, 그리고 온 세상의 왕이신 분이시다(2절). 야훼 하나님이 온 땅의 왕이시라는 사실은 가장 보잘 것 없는 이스라엘을 이끄시어 정착할 땅을 선물로 수여하신 행적에서도 드러난다(3-4절). 그래서 시인은 야훼 하나님이 시온에 왕으로 오르실 때(5절) 그 왕의 백성이기도한 이방나라 사람들도 이스라엘과 함께 참여하여 하나님께 충성을 하도록 요구한다(1절).

야훼 하나님은 이스라엘만의 하나님은 아니시다. 야훼 하나님은 이스라엘에 국한된 한 민족의 신이 아니시다. 야훼는 온 땅의 왕으로서, 전 인류의 하나님이시다. 하나님은 이스라엘만을 애굽의 억압에서 "출-애굽"시켜 주신 분이 아니시고, 이스라엘의 철천지 원수 관계인 블레셋 민족도 갑돌 지역에서 "출-갑돌"시켜 주셨고, 아람 민족도 길에서 "출-길"시켜 주신 분이시다(암 9:7). 하나님은 이스라엘을 잔혹하게 다루었기에, 그래서 이스라엘이 원한을 품고 있었던 앗수르의 수도 니느웨 사람도 이스라엘 백성 못지 않게 아끼시는 분이시다(욘 4:10-11). 자신의 원수가 하나님의 원수는 아니다. 아니 하나님은 민족 간의 호(好) 불호(不好) 관계를 초월하여 모든 민족을 당신의 백성으로 여기고 품으신다. 따라서 하나님의 사랑을 독점하려는 유아적 하나님 이해를 청산해야, 진정한 하나님 이해에 근접할 수 있다.

2. 이 땅의 진정한 평화는 모든 열방이 야훼의 주권을 받아들일 때 가능하다

시인은 야훼 하나님의 왕으로서의 등극이 평화적이고 축제적인 분위기에서 이루어지고 있음을 묘사하고 있다(1절). 시인은 만민들을 향하여 야훼 하나님이 온 땅에 왕이심을 노래하라고 촉구한다(7절). 하나님이 열방을 왕으로서 통치하시고 그 보좌에 앉으시면(8절), 열방의 방백들이 그 보좌 앞에 모여서 결국 아브라함의 하나님의 백성이 될 것이다(9절).

열방이 야훼의 주권을 수용하면, 이들 모두 하나님의 백성이 되어서 하나님의 가르침(토라)을 받게 된다(사 2:2–3). 그러면 전쟁 무기인 칼을 쳐서 평화의 기구인 보습을 만들고 창을 쳐서 낫을 만들 것이며, 이 나라와 저 나라가 다시는 칼을 들고 서로 치지 아니하며 다시는 전쟁을 연습하지 아니할 것이다(사 2:4). 즉 물이 바다를 덮음 같이 야훼를 아는 지식이 세상에 충만해지면(사 11:8; 합 2:14), 적대자들(Feinde)이 사라지지는 않지만 적대감(Feindschaft)이 사라짐으로 영원한 평화의 세계가 열릴 것이다: "그 때에 이리가 어린양과 함께 거하며 표범이 어린 염소와 함께 누우며 송아지와 어린 사자와 살찐 짐승이 함께 있어 어린 아이에게 끌리며 암소와 곰이 함께 먹으며 그것들의 새끼가 함께 먹으며 그것들의 새끼가 함께 엎드리며 사자가 소처럼 풀을 먹을 것이며 젖 먹는 아이가 독사의 구멍에서 장난하며 젖 뗀 어린 아이가 독사의 굴에 손을 넣을 것이라"(사 11:6–8). 모든 인류가 야훼의 주권 아래 엎드리는 날, 약자가 강자를 두려워할 필요가 없는 평화의 세계가 열릴 것이다.

3. 평화의 종말론적 비전을 오늘 이 땅에서 구체화시키는 것이 신앙인의 삶이다

시인은 이러한 종말론적 비전을 8–9a절 "하나님이 열방을 치리하셨고(완료형) 하나님이 그 거룩한 보좌에 앉으셨도다(완료형), 열방의 방백들이 모였도다(완료형) 아브라함의 하나님의 백성이 되었도다"에서 묘사하고 있다. 시인은 "야훼 하나님이 열방의 왕으로서 즉위하셨다"고 완료형으로 고백하고 있다. 물론 이는 아직 현실화되지 않은 사실이다.

그러나 시인은 이미 일어난 사실로 고백하고 있다. 온 인류가 한 하나님의 백성이 되면 더는 전쟁할 일이 사라진 평화의 나라가 이룩될 것이다.

시인은 야훼 하나님이 온 땅의 왕이시라는 사실을 조금도 의심하지 않는다. 시인은 열방의 모든 족속들이 이러한 사실을 인정하고 야훼 하나님을 받아들일 때 이 땅에 진정한 평화가 임할 것이라는 확신을 갖고 있다(9b절). 시인이 이러한 종말론적 비전을 이미 이루어진 현실로 표현하고 있는 것은 앞으로 임할 평화의 현실을 앞당겨 오늘 살고 있음을 뜻한다. 예언자들도 미래의 사건을 완료형 동사를 사용하여 이미 일어난 사실로 받아들이므로 미래를 앞당겨 살고 있다. 하나님의 사람들은 오늘의 눈으로 미래를 예측하기보다는 미래의 눈으로 오늘을 해석하며 미래를 앞당겨 오늘 사는 사람들이다. 이 땅의 영원한 평화는 반드시 이루어진다는 확신을 가져야한다. 물론 이 평화는 인간의 무력이 아니라 하나님이 이루실 것이다. 이 땅에 영원한 평화를 만들어 가시는 하나님과 동역하는 평화의 일꾼들이 바로 우리이다. 미래의 평화를 조금씩 맛보며 이를 오늘의 삶에서 구체화하는 것이 신앙인의 삶의 몫이다.

참고 문헌

권오현. 『권오현의 시편탐구: 새로운 상징적 세계의 건설』. 서울: 대한기독교서회, 2004.

김이곤. 『노염은 잠깐 은총은 평생: 설교를 위한 시편연구』. 서울: 한국성서학연구소, 1999.

김정준. 『시편명상』. 만수 김정준 전집 5. 서울: 한국신학연구소, 1987.

엄현섭. 『희망을 샘솟게 하는 찬양의 책 시편』. 서울: 컨콜디아사, 2000.

함성국. 『시편해석』. 서울: 대한기독교서회, 2005.

Crüsemann, F. *Studien zur Formgeschichte von Hymnus und Danklied,* WMANT 32. Neukirchen-Vluyn: Neukirchener Verlag, 1969.

Davidson, R. *The Vitality of Worship: A Commentary on the Book of Psalms.* Grand Rapids, Michigan: W. B. Eerdmans, 1998.

Deissler, A. *Die Psalmen.* Düsseldorf: Patmos Verlag, 1993.

Fohrer, G. *Psalmen.* Berlin/New York: Walter de Gruyter, 1993.

Gerstenberger, E. S. *Psalms Part 1: with an Introduction to Cultic Poetry,* The Forms of the Old Testament Literature. Grand Rapids, Michigan: Wm. B. Eerdmans, 1988.

Hayes, J. H. *Understanding the Psalms.* Valley Forge: Judson Press, 1976.

HossfeldF. -L.; Zenger, E. Die Psalmen: Psalmen 1-50, Die Neue Echter Bibel. W rzburg: Echter Verlag, 1993.

Kraus, H.-J. *Psalmen: Psalmen 1-59,* Biblischer Kommentar Altes Testament. Neukirchen-Vluyn: Neukirchener Verlag, 1989.

Leslie, E. A. *The Psalms.* New York and Nashville: Abingdon-Cokesbury Press, 1949.

Limburg, J. *Psalms,* Westminster Bible Companion. Louisville, Kentucky: Westminster John Knox Press, 2000.

Martin-Achard, M. "Art. Abraham." *Theologische Realenzyklopädie* 1. Berlin' Walter de Gruyter, 1977, 364-372.

Rhodes, A. B. *The Book of Psalms,* The Layman's Bible Commentary.

Atlanta, Ga: John Knox Press, 1960.

Schaefer, K. *Psalms,* Berit Olam Studies in Hebrew Narrative & Poetry. Collegeville, Minnesota: The Litergical Press, 2001.

Schmidt, H. *Die Psalmen,* Handbuch zum Alten Testament. T bingen: J. C. B. Mohr, 1934.

Schmidt, W. H. 『구약성서입문 (3)』, 차준희/채홍식 역. 서울: 대한기독교서회, 2001.

Seybold, K. *Die Psalmen,* Handbuch zum Alten Testament. Tübingen: J. C. B. Mohr, 1996.

Weber, B. *Werkbuch Psalmen 1: Die Psalmen 1 bis 72.* Stuttgart: Kohl–hammer, 2001.

Weiser, A.『시편 (1)』, 김이곤 역. 국제성서주석 .서울: 한국신학연구소, 1992.

Zenger, E. Psalmen *Auslegung 1: Mit meinem Gott überspringe ich Mauern.* Freiburg/Basel/Wien: Herder, 2003.

______. "Der Gott Abrahams und die Völker: Beobachtungen zu Psalm 47." M. Görg (Hrsg.), *Die Väter Israels: Beitr ge zur Theologie der Patriarchen berlieferungen im Alten Testament.* Stuttgart: Verlag Katholisches Bibelwerk GmbH, 1989, 413–430.

시편 제4집에서 본 시편 102편

믿음으로 찾아 낸 허무한 인생과 충만한 인생의 균형

정현진

I. 머리말

최근 15년여 사이 시편연구에, 성서신학의 다른 분야가 그러하듯이, 새로운 바람이 거세게 불고 있다. 이것은 여러 갈래로 진행되고 있는데, 외밍(M. Oeming)은 학자들이 시편을 보는 입장이나 연구하는 경향을 다음과 같이 열 가지로 정리하였다:[1)]

1. 지혜전승의 입장에서 시편의 삶의 자리(문학의 자리)를 재조명하기 (Ch. Forster; M. Oeming).
2. 복수심을 담은 시편의 기도내용을 적극 조명함으로써 세계와 하나님의 어두운 측면도 적극적으로 받아들이기(E. Zenger).
3. 기도말의 배후에 깔려있는 정치적, 경제적 배경에 대해 진지하게 살피기(K. Seybold; R. Albertz; E. Gerstenberger).
4. 기도말 속에 들어있는 비유법을 심도깊게 이해하기(M. R. Hauge;

---

1) M. Oeming, "An der Quelle des Gebets. Neuere Untersuchungen zu den Psalmen," *ThLZ* 127 (2002), 367-384.

P. Riede).

5. 하나님이 불러일으킨 인간 상황의 드라마 같은 전환을 노래하는 시편집(G. Brunert).
6. 기도자 다윗을 재발견한 후에 기도자 자신을 다윗과 동일화시킨 시편집(M. Kleer).
7. 개별 시편을 보다 큰 틀에서 접근하여 기본적인 명상서로 편집된 시편집으로 파악하기(F.-L. Hossfeld; E. Zenger; D. C. Mitchell; Ch. Rösel).
8. 인생의 다양한 측면을 여러 문학형식으로 반영시킨 기도서인 시편집(P. D. Miller).
9. 실제적인 성서읽기 과정에서 우러난 기도 모범인 시편들(D. Erbele-Küster).
10. 하나님의 말씀이자 하나님을 향한 말씀의 정수인 시편집(H.-P. Mathys; E.-A. Knauf; M. Oeming).

위와 같은 시편연구에 적용되는 새로운 경향 가운데 하나는 시편집 전체 또는 부분시편집과 개별 시편을 연결시켜서 연구하는 것이다(예를 들면 시편 제1집 또는 코라시편집, 제왕시편들, 시편 15-24편의 흐름에서 본 시편 23편 등 거시적 및 미시적 접근). 이는 시편집이 일정한 목적의식과 계획 아래 편집되었다는 가정을 바탕에 깔고 있다. 그리고 이것은 개별시편에 대한 연구를 방기하는 것이 아니다. 오히려 그것을 보는 깊이와 넓이를 보완하여 개별시편 연구에서 얻어내는 메시지의 지평을 보다 폭넓게 열어 나가는 것이다. 1972년 침멀리가 쌍둥이 시편들을 연구한 이래[2] 이런 연구가 적지 않게 있었으나, 자칫 개별 시편을 수박겉 핥기식 분석에 그치거나, 전체 혹은 부분 시편집의 메시지에 눌려서 그 시편 자체가 지닌 내용이 제대로 살아나지 못하였다. 사

2) W. Zimmerli, "Zwillingspsalmen," in: FS J. Ziegler (Hg. J. Schreiner), *Wort, Lied und Gottesspruch* (Würzburg, 1972), 261-271.

실 전체와 부분을 조화롭게, 그리고 어느 쪽도 희생시키지 않고 파악하기란 말처럼 그렇게 쉬운 작업이 아니다. 그렇지만 필자는 이 연구에서 개별성과 전체성을 동시에 고려하는 최근의 연구 경향에 부합되도록 가능한 한 시편 102편의 고유한 메시지와 시편 제4권의 전체적인 메시지를 함께 아우르고자 한다. 과연 이 연구가 기존의 그것들처럼 어느 한쪽의 고유함과 특성을 덮어놓은 채, 일정한 메시지를 발견하는 식으로 흐르고 말았는지 여부를 판단하는 것은 오직 독자에게 속한 것이다.

II. 시편 102편 살피기

1. 본문 해석

1 [곤고한 자가 마음이 상하여 그 근심을 야훼 앞에 토해내는 기도]

2a 야훼여, 제 기도를 들으소서 2b 제 부르짖음이 주께 다다르게 하소서	3c 제게 주의 귀를 기울이소서
3c 제게 주의 귀를 기울이소서 3b 주 얼굴을 제게서 감추지 마소서	3d 제가 부르짖는 날 어서 대답하소서

4a 저의 날들이 연기 속에 사라져가고
4b 저의 뼈들은 불덩이처럼 달아올랐나이다
5a 음식을 먹는 것도 저는 잊어

5b 제 마음 풀처럼 베어져 메말라가고
6a 탄식소리로
6b 제 뼈가 살가죽에 붙었나이다

7a 저는 광야의 까마귀 같아지고
7b 폐허의 부엉이처럼 되었나이다
8a 저는 잠 못 이루어
8b 지붕 위의 외로운 새처럼 되었나이다

9a 온종일 원수들이 저를 모욕하고
9b 미친 듯 제게 날뛰는 자들이 저를 저주하나이다
10a 저는 재를 빵처럼 먹고
10b 마실 것에 제 눈물을 섞나니
11a 이는 주의 분노와 진노 때문이며
11b 주가 저를 들어 내던지신 때문이옵니다

12a 저의 날들은 기울어가는 그림자 같고
12b 저는 풀처럼 메말라 가나이다

13a 그렇지만 야훼여, 주님은 영원히 좌정하여 계시고
13b 주를 향한 기억은 대대에 이르나이다
14a 주가 일어나시어 시온을 가엾이 여기시리니
14b 그를 불쌍히 여기실 때이며, 정하신 시간이 되었기 때문이옵니다
15a 정녕 주의 종들은 시온의 돌들을 좋아하고
15b 그 흙을 가여워하나이다

16a 민족들이 야훼의 이름을,
16b 세상 모든 임금들이 주의 영광을 경외하리이다
17a 야훼는 시온을 세우시고
17b 그 영광 속에 나타나시어
18a 헐벗은 이들의 기도에 몸을 돌리시고
18b 그들의 기도를 업신여기지 않으시겠기 때문이로다

19a 오는 세대를 위하여 이것이 글로 쓰여져
19b 다시 창조될 백성이 야훼를 찬양하리라

20a 야훼는 드높은 주의 성소에서 내려다 보시고
20b 하늘에서 땅을 굽어보시리니
21a 포로의 신음을 들으시고
21b 죽음에 붙여진 이들을 풀어주시기 위함이며

22a 시온에서 야훼의 이름을,
22b 예루살렘에서 그분의 찬양을 전하기 위함이로다
23a 백성들과 나라들이 함께
23b 야훼를 섬기러 모여들 때에.

24a 그 분이 내 힘을 도중에 꺾으시고
24b 내 날들을 짧게 하시어
25a 내가 아뢰었노라
25b "저의 하느님, 제 날들의 한가운데서 저를 잡아채지 마소서
25c 주의 햇수는 대대로 이어지나이다

↕

26a 예전에 주는 땅을 세우셨고
26b 하늘은 주의 손이 만든 작품이옵니다
27aα 이들은 사라져가도

↕

27aβ 그렇지만 주님은 그대로 계시고

27b 그들의 모든 것은 옷처럼 닳아 없어지나이다
27c 주는 그들을 옷가지처럼 바꾸시니
27d 그들은 지나가버리나이다

28a 그렇지만 주님은 언제나 같으신 분
28b 주의 햇수는 끝이 없나이다
29a 주의 종들의 자손은 편안히 살아가고
29b 그들의 후손은 주 앞에 굳게 서 있으리이다"

2. 본문의 짜임새

여기서 가장 눈에 띄는 것은 세 차례 되풀이 나오는 양괄식 구조(eine dreifache Inclusio)이다:[3)]

① 4-12절: "나의 나날들(세월)"(ימי, 4, 12), "풀처럼 메말라 간다"(יבשׁ, עשׂב 5, 12)는 표현에 나오는 단어 세 개가 그것이다. 그리고 "연기처럼 사라져 가는"(4)이라는 말과 "길게 기울어가는 그림자"(12)라는 말도 그 의미가 서로 통한다. 이것들은 4-12절을 앞과 뒤에서 묶어줄 뿐만 아니라, 그 내용에도 중요한 역할을 하고 있다. 그리고 인생이 짧고 허무하다는 사실을 예술적으로 표현한 것이다.

② 13-23절: 13과 23절에 나오는 "야훼"단어도 하나님의 영원성(수직적)을 찬양하는 테마라는 점에서 양괄식 주제라고 할 수 있다. 그리고 이는 모든 민족에게 적용된다는 점에서 수평적인 구조도 아울러 포괄하고 있다.

③ 24-29절: 이 부분은 서로 상반되는 내용으로 양괄식 구조를 이루고 있다: "그분께서 내 힘을 도중에 꺾으시고 내 세월을 짧게 하시어"(24) - "주의 종들의 자손은 편안히 살아가고 그들의 후손은 주 앞에 굳게 서 있으리이다"(29). 24절은 시편 기자가 처한 실제 위기상황을, 29절은 시편 기자가 안고 있는 희망을 피력하면서, 서로 상반된 내용이 들어가게 된 것이다. 명사복합문인 12절과 28절은 다음과 같은 교차대구법을 이루며, 그 내용을 극적으로 대조시키고 있다:

A. 나의 나날들 (12a)	↖ ↗	B. 그러나 나는 (12b)
B¹. 그렇지만 당신은 (28a)	↙ ↘	A¹. 당신의 햇수들 (28b)

3) Chr. Brüning, *Mitten im Leben vom Tod umfangen*, 94.

위와 같은 내용에 바탕하여 시편 102편의 짜임새를 더 잘게 나누면 다음과 같다:

1. 표제어: 1a–b
2. 제1절: 2–3
3. 제2절: 4–12 제1연; 4a–6a
   제2연; 7a–9b
   제3연; 10a–12c
4. 제3절: 13–23 제1연; 13a–15b
   제2연; 16a–18b
   제3연; 19a 23b
5. 제4절: 24–29 제1연; 24a–25c
   제2연; 25d–28b
   제3연; 29a–b

표제어와 제1절에는 기도를 가리키는 말이 세 번 등장한다. 그 가운데 두 번은 תפלה, 한 번은 שועתי라는 단어가 쓰인다. 앞 단어는 제3절의 18에 다시 등장한다. 그리고 제1절에서 시편 기자가 “야훼여, 제 기도를 들으소서…”라고 기도를 드리는 데 대해 제3절에, 비록 쓰인 단어는 다르지만, 반응이 나타나고 있다. 그 가운데서도 “얼굴을 감춘다”(3a)는 표현과 “몸을 돌린다”(18a)는 문구는 서로 조응되고 있다. 이 두 낱말은 그 뿌리가 같은 것이다. 그렇다고 해서 제1절이 제3절하고만 상호작용을 하는 것은 아니다. 곧 제1절에 등장하는 “날”(ים, 3ac)이란 말은 제2절(4a, 12b)과 제4절(24b, 25c)에도 들어 있다. 특히 제2절(4a, 12b)과 제4절(24b, 25c)에는 “나의 나날”(ימי)이란 말이 등장하여 인생이 짧고도 허무하다고 말한다. 이런 맥락에서 “내 날이 기울어지는 그림자 같고”(12a)와 “내 날을 짧게 하셨도다”(24b)라는 표현도 내용상 서로 조응하고 있다. 제3부와 제4절에는 다음과 같은 내용들이 서로

맞물려 있다: ① 장차 올 세대들(13b, 19ab/25b, 29ab); ② 종(15a, 23b/29a); ③ 발음에 따른 연상작용(Klang Assoziation)과 의미의 조화(תמותה, 21b/יתמו, 28b).

3. 본문 분석

앞에서 이미 밝혔듯이, 시편 102편은, 표제어를 빼놓고 나면, 크게 네 부분으로 나눌 수 있다(2-3; 4-12; 13-23; 24-29편). 이제부터 그 내용을 살펴보기로 하자.

1) 제2절(2-3) - 탄원

탄원시가 흔히 그러하듯이 시편 102도 야훼 이름을 부르며 탄원하는 것으로 시작한다. 그렇지만 보통 탄원시처럼 야훼의 도움을 청하거나(der Hilferuf) 야훼의 떠나심을 안타까워하기(der Schrei eines Verlassenen)보다는, 하나님을 향한 간구(das Flehen zu Gott)가 주된 내용이라는 점에 차이가 있다. 이와 관련하여 "제가 곤경에 처하는 날," "제가 부르짖는 날"이라는 구절이 등장한다. 탄원시의 도입문형에 대해 김이곤 교수는 말한다:[4)]

> 탄원시의 도입문형은… "호격형 호신명(呼格形 呼神名)+짧은 기원어구"의 형태(A형) 또는 "짧은 기원어구+호격형 호신명"의 형태(B형)로 나타난다.

A형	B형
(1) 오, 야훼, 들으소서!	(1) 귀를 기울이소서. 오 야훼!
(2) 오, 야훼, 어찌하여 … ?	(2) 어찌하여, 오 야훼 … ?

4) 김이곤, 『구약성서의 신앙과 신학』, 494.

> A형과 B형, 이 두 유형이 서로 일정한 위치에 고착됨이 없이 탄원시의 서두 또는 새로 시작하는 탄원의 서두에서 나타난다. 이러한 서두의 도입양식은 다른 시양식에서 결핍되어 있는, 이른바, 탄원시 특유의 양식인데 우리의 주목을 끄는 점은 신의 "이름"의 중요성과 그리고 그 호신명구(呼神名句)가 급박한 단형기원문(短型祈願文)과 깊이 연결되어 있다는 점이다.

하나님을 향해 간구할 때, 시편기자들은 "(하나님) 얼굴"이란 말을 즐겨 쓴다. 그들은 하나님 모습이나 태도를 인간의 신체에 빗대어 표현하곤 하였던 것이다. 그것들이 시편에 쓰이는 사례를 살펴보면 다음과 같다:[5]

머리, 얼굴: פנים(107), ראשׁ(34), לחי(1)

이: שׁן(7), מלתעה(1)

입: פה(67), לשׁן(35), שׂפה(28), חך(2), מלקוח(1)

코, 귀: אף(35), אזן(22)

눈: עין(67), עפעפים(2), שׁמרה(2), אישׁון(1)

머리카락: קדקד(2), שׂערה(2), זקן(1)

목, 목젖: שׁכם(5), גרון(4), צואר(1), ערף(1)

목, 목숨: נפשׁ(144)

가슴, 등, 젖: חיק/ חוק(4), גב(1), חצן(1), שׁד(1)

심장/ 폐부: לב/ לבב(132), קרב(26), בטן(10), כליה(5), מעה(3), רחם (3)

피: דם(13)

손/ 팔: יד(94), ימין(42), כף(21), זרוע(14), אצבע(2)

발: רגל(32), עקב(5), ברך(1), ירך(1), קרסל(1), שׁוק(1)

엉덩이: חיק(4), כסל(3), מתנים(2)

살/ 뼈: בשׂר(16), עצם(16), שׁאר(1)

영, 강함: רוח(17), כח(6), נשׁמה(2)

---

5) S. Gillmayr-Bucher, "Body Images in the Psalms," JSOT 28 (2004). 325-326.

위에서 보듯이 사람 몸 가운데 가장 많이 쓰이는 것은 "심장"과 "얼굴" 이다. 시편 102에는 탄원과 관련하여"얼굴을 감추지 마소서"(פנים סתר. 시 13:1; 27:9; 69:18; 143:7), "귀를 기울이소서"(אזן נטה. 시 17:6; 31:3; 71:2; 86:1; 88:3; 102:3; 116:2), 뼈(עצם), 심장(לב), 살가죽(בשר), 그리고 하나님 손(יד) 등이 나온다. 이런 몸말들은 시편 기자가 아주 즐겨 쓰는 것들 중에 하나인데, 이로써 자신의 감각과 지각을 생생하게 표현할 뿐만 아니라, 비유적 이미지를 풍부하게 만든 것이다.

보통 히브리 문장은 술어-주어의 순서로 되어 있다. 그런데 시편 102:2b에는 주어-술어로 그 위치가 바뀌었다: שועתי אליך תבוא. 이렇게 문장성분의 순서(die Satzteilfolge)가 뒤바뀐 것을 가리켜 우리는 명사복합문(der zusammengesetzte Nominalsatz)이라 부른다.[6] 물론 이것은 교차대구법에서 온 것일 수 있다(synonymer Parallelismus). 만일 그렇다면 이는 תפלתי(2a)와 שועתי(2b)를 중심 위치에 놓고, 이를 강조하려는 것 같다. 그렇지만 4b와 9b, 그리고 26b 역시 이와 비슷한 구조로 되어 있는 데, 이 가운데 26절은 분명히 교차대구적 배열(die chiastische Wortstellung)과 아무런 관련이 없다. 그러므로 이런 도치현상을 단순히 교차대구적 구조에 따른 것이라고 단순하게 설명하기에는 궁색하다. 일반 명사문장과는 달리 명사복합문에는 술어동사가 있다. 그러나 이미 알다시피 그것은 주동사의 역할을 하지 않거나(예: היה 동사), 동작이나 일이 (일회에 그치든 계속되든) 진행되는 것을 묘사하기보다는, 사람이나 사물의 속성, 상태, 상황을 기술하는 것이다.

12절은 4절부터 시작된 탄원이 일단락되는 부분인데(4b와 9b도 명사복합문), 12a는 명사문(명사전달문, Nominale Mitteilung),[7] 12b는 명

---

6) 이런 경우를 명사복합문으로 볼 것인가, 도치된 동사문으로 볼 것인가에 대한 논쟁은 다음을 참조하라: R. Lehmann, *Überlegungen zur Analyse und Leistung,* 27-43; W. Gross, *Die Satuteilfolge im Verbalsatz alttestamentlicher Prosa,* 특히 7-75.

7) 명사문장의 성격을 규정하는 것에 대해서는 D. Michel, Probleme des Nominalsatzes im biblischen Hebr isch, 214-223; Ders., *Grundlegung einer hebräischen Syntax,*

사복합문이다. 이 12b도 교차대구적 배열과 전혀 관계가 없다. 그리고 4-5절과 12절은 ימי, יבש, עשב 등 단어 세 개뿐만이 아니라, 명사문장이라는 점에서도 이 부분을 앞뒤로 묶어주는 역할을 하고 있는 것이다(Inclusio). 그리고 13a은 명사복합문이고, 13b는 명사문장(명사전달문)이다. 문장구조로 보면 12-13절은 명사문 - 명사복합문(12절) - 명사복합문-명사문(13절) 으로 이루어진 교차대구식 짜임새이다. 그러므로 12절은 기도자의 활동을 묘사하는 것이 아니라, 그의 속성을 기술하는 것이고, 13절은 사실상의 주어인 야훼가 영원히 왕권(통치권)을 지닌 존재임을 서술하는 것이지, 그가 일으키는 사역이나 활동을 묘사하는 것이 아니다.

와우 접속사 없이(asyndetisch) 13절에 이어지는 14a도 명사복합문이다: "당신은 이런 분입니다. 곧 당신은 일어나실 분입니다." 이것도 역시 야훼가 하실 일에 초점을 둔 기술이 아니라, 야훼가 어떤 성격(속성)을 지닌 분인가를 묘사하고 있는 것이다. 이 뒤에 이어지는 문장을 동사문장으로 본다면, 이는 קום 동사에 담긴"도움을 주고 구원을 일으키는 야훼의 나타나심"이 어떻게 실현되는가를 자세히 설명해 주고 있다. 그러나 이것도 명사문장으로 본다면(시적 표현이기에 주어가 생략되었다), 이는 앞 문장과 마찬가지로 야훼의 속성을 강력하게 부각시키는 역할을 하고 있다: "당신은 이런 분입니다. 곧 당신은 시온을 (특유의) 긍휼로 대하시는 분입니다."이것들은 야훼가 지닌 기본적이고 변함없는 속성을 눈앞에 선하게 드러내는 데(Ins-Bild-Setzung) 그 목적이 있는 것이다.

Teil 2: Der hebräische Nominalsatz (Neukirchner, 2004, 특히 23-46쪽)를 참조하라. 이것을 윌리암스(B. R. J. Williams, Hebrew Syntax: an Online [Toronto, 1988²], § 578)나 엔니(J. Enni, *Lehrbuch der hebräischen Sprache des Alten Testament* [Basel, 1978], Nr. 7. 3. 1. 2 und 8. 3. 4)는 "klassifizierender Nominalsatz"라고 부른다. 이렇게 정의하는 주안점은 이 문장의 내용이 아니라, 말하는 이와 듣는 이 사이에 이루어지는 의사소통의 과정이다.

그 다음에 19절을 보자. 이 부분은 교차대구적 짜임새로 되어 있다. 그래서 이를 동사문으로도 명사복합문으로 볼 수 있다. 그러나 이 문장이 묘사하는 내용이 과정이나 진행이나 활동사항이 아니라, 주어부와 술어부가 일치하는 것이기에 명사복합문으로 보는 것이 더 타당할 것이다.

27절에는 명사복합문 세 개가 연이어 나온다. 여기서 대명사 המה는 26절에 있는 הארץ와 שמים를 가리킨다. 하늘과 땅에 있는 것들, 곧 모든 피조물들 (그것들)이 사라지겠지만, 야훼는 그것들이 사라져 가는 동안에도 변함없이 존재할 것이다("그러나 야훼는 그대로 계시고…"). 12-13절에서 ואני־ואתה가 서로 상반되었다면, 여기서는 ואתה־המה가 대조되는 것이다. 피조물은 잠시 동안 찬란히 빛나더라도 이내 사라지고 말겠지만, 야훼만은 "그대로 존재"할 것이라는 말이다.

28절에도 명사문에 이어, 25절과 맥이 통하는 내용을 지닌 명사복합문이 이어진다. 27절에 "사라질 것"과 "사라지지 않을 것"이 대조되면서도 여전히 사라질 것에 무게 중심이 있는 데 비해, 28에는 야훼를 중심축으로 하여 그의 한결같음과 그 연대가 무궁함에 무게가 있다. 여기서 결코 끝나지 않을 (야훼의) "햇수"(25, 28절)라는 말은 아마 그 앞에 나오는 "날들"(4, 12, 25절)과 대비되는 표현으로 쓰였을 것이다. 25-28절의 문장구조를 살펴보면, 다음과 같다:

A (25) 명사문장 + 주요단어 공유

B (26) 동사문장 – 명사문장 (교차대구법)

C. (27aβ) 명사복합문장 2개

B' (27aγ.b) 명사문장 – 동사문장 - 동사문장 (교차 대구법)

A' (28) 명사복합문장 + 주요단어 공유 (29절은 명사복합문장 2개로 이루어져 있다).

연속되는 명사복합문 두 개로 시편 102는 끝이 난다(29절). 여기 있는 동사 두 개(29a ישכונו와 29b יכון)는 거기에 따른 주어들(29a בני עבדיך 와 29b וזרעם)의 성격을 분명히 밝혀준다. 그리고 여기에 등장하는 그룹에 붙은 소유격어미(die jeweilige Suffixe)들은 그들이 한편으로는 조상들에 속하였음을, 다른 한편으로는 야훼에게 속하였음을 가리키는 것이다. 그들은 현제 세대와 관련이 있을 뿐만 아니라(15, 19절), 25-28절에서 언급된, 곧 야훼와 관련을 맺은 그룹과 연결되고 있는 것이다. 시편 102편에서 여러 차례 등장하는 명사문(명사복합문)은 ① 문단이 이어지거나 끊어지는 곳에 사용됨으로써 본문의 내적, 외적 짜임새를 정하는 데 결정적인 역할을 하는 한편, ② 소위 말하는 시편의 기본뼈대 부분과 첨가부분에 골고루 쓰임으로써 이 시편의 문학적 통일성을 담보해 주며, ③ 동작이나 사태의 진행을 알리는 동사문과는 달리 주어의 속성과 상황을 밝혀줌으로써 시편의 메시지에 중요한 강조점을 찍어주는 역할을 하고 있다.[8]

2) 제2절(4-12) - 탄원하는 상황묘사

5-8절에 와우(ו) 접속사 없이 완료형동사(Ak) 6개가 나란히 나온 데 이어, 마지막 일곱번째 동사가 와우 접속사를 동반한 완료형으로 나오는 것이 가장 먼저 눈에 띈다. 이는 완료형동사가 와우 접속사를 동반한 채 연이어지는 것과 비교하며, 해명되어야 할 히브리 문장론의 문제인 것이다. 히브리성서에는 이런 예가 여러 번 나오며(사 47:6-7; 렘 12:7-8; 암 4:9-11; 시 66:10-12; 69:2-5; 79:1-4 등), 그 해석하는 방법에 대해 학자들 사이에 여러 가지 견해가 있다. 그렇지만 이런 것은, 일반적으로 생각하듯이. 행동이나 상황이 점진적으로 진행되는 과정을 가리키는 것이 아니라, 일정한 사실을 열거하는 용법으로 쓰인다.[9]

---

8) F. Sedlmeier, *Zusammengesetzte Nominalsätze,* 249ff.

9) D. Michel, *Tempora und Satzstellung in den Psalmen,* 52ff. 참조. 17-18절(4개)과 20-21절(2개)에도 이와 같이 와우-접속사 없는 완료형 동사가 연이어 등장한다.

이 부분은 "나의 나날들"(ימי, 12a, 24b, 25a)이라는 표현, 그리고 "풀"(עשב, 5, 12절; 참조. 사 49:10; 호 9:16; 시 121:6)의 이미지와 연결되는 "인생의 허무함"이라는 주제에 따라, 앞뒤로 틀을 이루며(Inclusio) 앞의 2-3절 그리고 뒤의 13-15와 분명하게 구별된다. 그리고 이 절은 4-6(심리적- 육체적 위기에 처한 시편 기자), 7-9(사회적-인간관계적 위기를 당하는 시편 기자), 그리고 10-12(시편 기자의 심리적 위기) 등 세 연으로 이루어져 있다.

여기 나오는 새 두 가지, 곧 까마귀(קאת)와 부엉이(כוס)는 구약시대에 정결하지 못한 동물로 취급받았다(레 11:18; 신 14:17). 그리고 이 동물들은 본문과 스바냐 2:14와 이사야 34:11에서 허무한 인생을 상징하고 있다. 특히 시편 102편 기자는 죽음의 그늘이 자기 곁에 가까이 있음을 절박하게 느끼고 있다. 그리고 이 죽음의 영역에는 고독과 분리(사회적인 죽음)가 포함되어 있는 것이다. 여기서 밤잠을 이루지 못하는(שקד) 새(צפור)라는 표현은 해석에 어려움이 있다. 여러 갈래의 해석들 가운데 다음 두 가지 방향만 살펴보자.

1. 그로스(H. Gross), 브뤼닝(Chr. Br ning), 야노프스키(B. Janowski) 같은 학자들은 이집트의 신왕조 시절에 만들어진 묘비에서 해석의 실마리를 찾는다. 8절에서 시편 기자는 자기 신세를 지붕 위의 외로운 새로 묘사하고 있다. 이를 그림과 연관시켜 본다면 시편 기자는 자신이 죽은 것과 다름없는 신세임을 한탄하는 것이다.[10] 곧 자기 신세는 묘소 지붕 위에 외롭게 자리잡고 있는 영혼의 새(혼백 Seelenvogel) 와 같다는 것이다.[11]

---

10) 이 그림은 B. Schmitz & D. Faltings (Hg.), *Vögel im Alten Ägypten* (Informationen und Einführungen für den Museumsbesucher Heft 3, Hildesheim, 1987) 30에서 따온 것이다.

11) H. Gross, *I job*, 83; Chr. *Brüning, Mitten im Leben vom Tod umfangen,* 142; B. Jonowski, *Der Gott des Lebens,* 251ff.

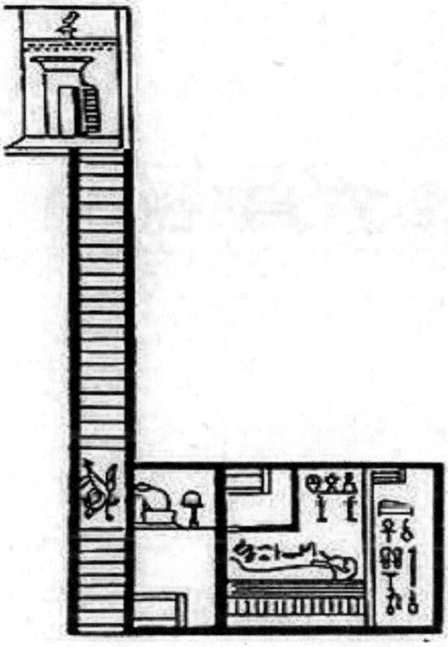

2. 이에 대해 브루네트(G. Brunert)와 리데(P. Riede)는 ① 만일 이집트의 이런 사상적 영향을 받았다면, 이스라엘에도 그 표현들이 널리 쓰였을 것이며; ② שׁקד가 주로 능동적인 의미에서 깨어있음을 뜻하지만, 최소한 한 곳에서는(시락 31:1) 밤잠을 이루지 못하는 것, 곧 수동적으로 깨어있음을 뜻한다는 점에서 위 의견에 이의를 제기한다. 이들은 צפור를 혼백이 새로 변한 것으로 보는 것이 고대 근동의 사고방식으로는 이해할 만한 것이지만, 구약성서에서 이 단어는 쫓기는 자를 상징할 때가 많다는 점에 주목한다. 이런 뜻에서 צפור는 연약함과 외로움을 상징하며, 지붕은 하나님을 향해 긴박하게 부르짖는 특별한 장소를 상징한다는 것이다.[12] 그리고 그늘(צל)이란 말은 대체로 긍정적인 뜻을 지니지만(시 17:8; 36:8; 57:2; 63:8; 91:1; 121:5 등), 지혜문학에서는 인생의 짧음이나 허무를 상징하는 부정적인 의미로도 쓰인다(욥 14:1이하; 시 73:20; 90:11; 144:4; 전 6:12 등). 히브리성서 52곳의 쓰임 가운데 최소한 9개는 부정적인 뜻이다.

3) 제3절(13–23) – 하나님의 구원을 향한 신뢰

이 절은, 그 내용과 형식으로 보건데, 13–15절, 16–18절, 그리고 19–23절 등 세 연으로 나누어 볼 수 있다. 여기에는 하나님 이름인 "야훼"

12) G. Brunert, *Psalm* 102, 122ff, 126; P. Riede, *Im Netz des Jägers,* 300–302.

가 일곱 번 쓰이고 있다(13a 야훼; 16a 야훼의 이름; 17a 야훼; 19b 야(단축형); 20b 야훼; 22a 야훼의 이름; 23b 야훼). 이러한 야훼 이름의 신비함에 이스라엘 전체의 희망이 걸려 있는 것이다(13b 대대에). 이는 불타는 떨기나무 숲에서 야훼가 모세에게 그 이름의 의미를 전해준 것과 맥이 통하는 것이다(출 3:15…이는 나의 영원한 이름이요 대대로 기억할 나의 칭호니라). 13a에서 야훼는 그 문장의 주어이고(문장성분은 호격이지만, 사실상 주어 역할을 한다), 23b에서 그것은 목적어로 쓰이면서, 이 절 전체를 묶어주는 역할을 하고 있다(Inclusio). 제3절의 내용과 형식을 자세히 살펴보면, 다음과 같은 짜임새를 알 수 있다:[13)]

A 야훼의 통치권(13)
　　B 시온에서 이루어질 야훼의 구원활동(14)
　　　　C. 포로기의 현실(15)
A' 야훼의 왕권을 인정하는 백성들의 시온을 향한 순례(16)
　　B' 시온에서 완성될 야훼의 구원활동(17-18)
　　　　C' 문서화 작업을 통한 포로기 현실의 극복(19)
　　B'' 시온의 백성들에게서 완성될 야훼의 구원활동(20-21)
A" 야훼의 통치권을 인정하는 백성들의 종말론적 찬양과 종말론적 순례(22-23)

2-12절에서 기도자가 느꼈던 허무한 감정이 여기서는 포로경험으로 대체되어 새로운 의미와 방향을 지니게 되었다(15, 18, 21절). 다시 말해 이 부분은 야훼의 주권아래 "현재 겪고 있는 고난과 결핍"에도 불구하고 장차 이루어질 "종말론적 구원성취"를 그 내용으로 하고 있는 것이다.

13a에서 "그렇지만 야훼는…(ואתה יהוה)"라는 문구는 시편 기자의

13) F. Sedlmeier, *Psalm 102,* 229: "13-23: Aufbau und Funktion."

관점이 극적으로 바뀌는 것을 보여준다(Waw adversativum). 이는 12b의 "그리고 나는…"(... ואני)과 극적인 대조를 이룬다(그리고 나는 … 그렇지만 야훼는…). 이 두 문장은 형식상으로 교차대구적으로 쓰였을 뿐만 아니라, 내용상으로도 서로 상반되는 내용을 담고 있다. 곧 2-12절에서는 인간의 상황, 특히 탄원할 수밖에 없는 인생의 위기와 인생의 허무에 눈길이 미쳤으나, 이제 그 시야가 야훼와 그의 활동으로 향하기 시작한 것이다. 그리고 야훼가 장차 시온을 구원하실 분임을 신앙고백적으로 찬양하는 것으로 시편기자가 지닌 구원의 확신이 표현되고 있다(특히 14절). 여기서 "그러나"(ו)라는 와우 반어법과 연결되는 "당신"이라는 말은 이젠 더 이상 얼굴을 감추시거나, 귀를 막아버리신 하나님이 아니다(2-3절 참조). 이제 그는 기도자에게 창조주이자, 통치자로 거리감 없이 다가와 계신 분이다. 야훼의 속성을 드러내는 이런 표현을 통해 기도자는 허무한 인생의 극복되고, 충만한 인생으로 나아가는 길을 보여주고자 하는 것이다.

14절은 이사야 59:19의 구원묘사(Heilsschilderung)를 본받아, 야훼의 구원에 따라 민족들이 되돌아오는 것을 서술하고 있다. 13-23절과 25b-29절에는 포로시기가 눈앞에 펼쳐져 있다. 여기서 포로민은 "헐벗은 자 (18절), 갇힌 자, 죽게 된 자 (21절)" 등으로 불리운다. 그리고 하나님의 거처로 지상의 성전과 구별하여 하늘 혹은 천상옥좌(Gottes himmlischen Thronen)가 거론된 것은 기원전 6세기 초 성전의 파괴와 유다의 멸망에 이르러 일반화된 듯하다. 이는 포로기 때부터 신학적으로 특별한 뜻을 지니게 되었다. 곧 인간이 도달할 수 없지만 눈으로 볼 수 있는 하늘에 거하시는 하나님의 위대함과 그의 우주적인 다스림을 신학적으로 표현해 낸 것이다(시 102:13, 20; 33:13-19; 113; 103: 19-22; 사 66:1-2; 63:7-64:11). 그 밖에 19a의 찬미의 실천과 19b의 찬미에의 소망, 그리고 20-23절의 찬미가 인용 등은 전통적인 찬양을 세심하게 변형시킨 것으로 이해할 수 있다. 다시 말해 이것들은 형식상이나 내용상으로 찬미(Gelübde)가 아니라, 하나님의 구원이 공동체나 개인에게 완벽하게 경험되었기에 그 하나하나를 이야기할 수 있을 뿐만 아니라, 백성들에게 하나님 찬양(Lobpreis)에 동참할 것을 촉구하는 구체적인 내용으로 보아야 한다는 말이다.[14)]

4) 제4절(24–29) - 탄원과 신뢰

또 다시 고난당하는 상황을 묘사하는 한편 탄원을 드리는 제4절은 그 내용과 형식으로 보건데, 세 연으로 이루어져 있다(24–25; 25–28; 29).

시편 102편이 찬양하는 야훼는 영원하신 분이다. 시편 기자는 그 영원성을 13절 이후에 "영원히," "당신에 대한 기억은 대대에 이름," "당신 햇수는 대대에 이어짐," "…은 사라져가도 당신은 그대로 계시고," "당신은 언제나 같으신 분" 등으로 묘사하고 있다. 그는 유한한 인생과 전혀 다른 분이다. 이 영원성에 대조되는 인간의 모습은 풀에 비유된다. 인생의 허무함을 풀에 빗대는 것이 히브리성서 여러 곳에 나오는데(삼하 14:14; 왕하 19:26; 사 40:6–8; 64:5; 시 37:2; 78:39; 90:5; 102:12; 103:15; 144:4; 욥 14:1–2), 이에 쓰이는 단어는 풀(עשׂב), 식물(חציר), 새 풀(דשׁא), 푸른 풀(ירק), 갈대(אחו), 그리고 꽃(ציץ) 등이다. 시편 103:15–17와 욥기 14:1–2을 예로 들어 보자:

> 인생은 풀과 같은 것, 들에 핀 꽃처럼 한번 피었다가도 스치는 바람결에도 이내 사라져 그 있던 자리조차 알 수 없는 것, 그러나 야훼의 사랑은 당신을 경외하는 자에게 처음부터 영원히 한결같고 그의 정의는 후손 대대에 미치리라(시 103:15–17 공동번역).

> 사람이란 결국 여인에게서 태어나는 것, 그의 수명은 하루살이와 같은데도 괴로움으로만 가득 차 있습니다. 꽃처럼 피어났다가는 스러지고 그림자처럼 덧없이 지나갑니다(욥 15:1-2 공동번역).

---

14) G. Brunert, *Psalm 102,* 298ff.

이사야서 40:6-8 ("모든 인생은 한낱 풀포기, 그 영화는 들에 핀 꽃과 같다! 풀은 시들고 꽃은 진다, 스쳐가는 야훼의 입김에. 백성이란 실로 풀과 같은 존재이다. 풀은 시들고 꽃은 지지만 우리 하나님의 말씀은 영원히 서 있으리라")에도 포로기를 겪는 이스라엘 민족의 상황이 풀과 그 꽃에 비유되어 있다. 개인탄원시에도, 시편 102:5, 12에서 분명하듯이, 겉으로 드러나는 고난과 죽음에 가까이 다가간 상황이 그림처럼 그려져 있다. 이 밖에도 히브리성서는 죄인들(רשעים)을 풀에 비교하기도 한다(시 37:1 이하; 92:8; 129:6 이하; 욥 8:11 이하 등). 곧 그들이 잠시잠깐 흥하는 것과 그들에게 닥칠 갑작스러운 죽음을 그림처럼 보여주는 예가 바로 풀인 것이다(꽃 피고 새싹이 돋아남 – 시들고 말라버림).[15]

그리고 인간의 유한함과 하나님의 영원성을 보여주는 또 다른 예는 시간에 관련된 단어이다. 곧 날/ 나날(ים', 3b, 3d, 4a, 9a, 12a, 24b, 25a), 이 시편 정 중앙에 등장하는 לעולם(13a, 이것은 하나님의 속성을 가리키는 데 쓰인다), דור(13b, 19a, 25b), עת(14b), מועד(14b), אחרון(19a), 그리고 קצר(24b) 등이 그것이다. 이 모든 것들은 인간이 겪는 시간의 여러 측면들, 곧 병들어 낙심하는 어떤 사람의 잘려나간 시간, 파괴당한 도시의 파괴된 시간, 후대로 이어지는 시간, 우주적인 시간, 기한이 없는 하나님의 시간 등을 반영하고 있다. 이렇게 시편 기자는 인간의 시간을 "날"로 표현하는 데 비해, 하나님의 시간을 해, 세대, 그리고 영원으로 표시하여 대조시키는 것이다(13, 19, 25, 28절).

그렇다면 풀과 같고, 낡아지는 옷과 같이 시간의 흐름을 벗어날 수 없는 인간을 영원하신 하나님과 비교하는 이유는 무엇일까? 『도전으로서의 유한한 인생: 지혜시편들에서 본 인생의 허무함』이라는 제목 아래 시편 39, 49, 그리고 90편을 집중 연구한 포르스터(F. Forster)는 "자기 존재가 깨어진다는(인생이 유한하다는) 사실은 인생을 단순히 즐기기보다는, 가치 있게 살 필요가 있다는 의식을 일깨운다"고 본다.[16] 이로

---

15) Chr. Forster, *Begrenztes Leben als Herausforderung,* 179.

써 사람은 어쩔 수 없는 현실인 죽음을 미화하거나 경시하지 않고 정직하게 그것과 대면하게 되는 것이다. 그리고 하나님의 진노나 시련 속에서 놓치기 쉬운 하나님의 숨은 역사를 의심하거나 거부하는 오류를 피할 수 있는 것이다. 곧 하나님이 영원하시고, 하나님 은총이 영원하다고 찬양하는 밑바닥에는 가치 있고 뜻깊은 인생을 향한 신앙적인 지혜가 깔려 있다. 이런 지혜를 끌어안은 사람은 인생이 유한하거나 사람이 이루는 일들이 허무하게 사라진다고 느끼는 대신에, 영원하신 하나님, 은혜롭고 자비로우신 하나님, 모든 것의 통치자인 하나님 안에서 충만한 인생을 살아가는 것이다. 인생이 허무하다는 관념을 뛰어넘는 또 다른 길은 다음 세대로 눈을 돌리는 데서 찾아진다. 시편 90:16처럼 시편 102:29에서 기도자는 세대를 초월하여 존재하시는 하나님의 영원한 은총 안에서 희망을 발견한다(eine generationen bergreifende Hoffnung). 이로써 기도자는 개인적인 죽음을 향한 첨예한 문제의식을 누그러뜨리는 동시에, 하나님의 활동이 아직 자기가 살아있는 동안에 여전히 작용하는 것을 들여다 볼 여유를 얻는 것이다. 이와 관련하여 본문 27절에 두 번 쓰인 (의복처럼) 바꾼다(חלף)고 쓰인 말이 지닌 새로운 뜻을 살펴보기로 하자. 이것이 히필형(Hiph)일 때에는 "무엇인가 더 나은 것을 대체한다"는 뜻에서 바꾼다는 의미로, 칼형(Qal)일 때에는 "보다 나은 자리를 마련하기 위해서 사라진다"는 뜻으로 쓰이기도 한다. 그렇다면 본문은 탄원하는 내용이 아니라, 찬양하는 내용으로 차원이 달라진다.[17] 곧 하나님은 허무한 것을 충만한 것으로 대체시키는 분이라는 것이다.

III. 시편 102편과 시편 101, 103편의 관계

시편 102편은 시편 101편과 103편 사이에 끼어 있다. 그리고 이것

16) Chr. Forster, *Begrenztes Leben als Herausforderung,* 258.

17) G. Brunert, Psalm 102, 299.

은 17편으로 짜여진 시편 제4집에 들어 있다.[18] 시편에 대한 기존의 연구 경향과 현재 진행되는 동향은 시편 전체 혹은 부분 편집에 착안하여 한 권의 책 또는 분책 (分冊)으로 본다는 점에 차이가 있다. 이는 시편이 우연히 모여진 개별 텍스트들을 묶어 놓은 것이 아니라, 그것들을 신중하고 깊이 있게 살펴 본 바탕 위에서 일관된 계획 아래 묶고 배열하였다는 가설에 근거한 것이다. 호스펠트-쳉어는 말한다:[19]

> 각각의 시편은 개별적인 특성을 지닌 완결된 텍스트이다. 동시에 이것은 같이 묶여 있는 다른 시편들과 공통분모를 지니고 있다. 그러므로 그것은 개별 텍스트의 의미에 덧붙여, 보다 넓은 의미의 지평을 향해 열려 있는 것이다. 과거 시편 주석은 유감스럽게도 이 두 번째 측면을 간과해 왔다. 성서의 다른 책들을 연구할 때에는 이런 사실을 자연스럽게 받아들였으면서도 말이다. 아브라함 이야기는, 예를 들어 그에게 요구되었던 철저한 순종(창 22: 이삭을 제물로 바치는 일), 그 자체의 개별적인 이야기로 읽혀지는 동시에, 전체적인 텍스트와의 관계 속에서 읽혀져야만 하는 것이다. 아니, 텍스트의 보다 큰 맥락 안에서 읽혀질 때 비로소 그 개별적인 이야기는 신학적 초점의 심도를 높일 수 있는 것이다. 시편의 경우는 이와 다른가? 전혀 그렇지 않다!

이런 뜻에서 우리는 시편 102를 시편 101및 103과 연결시켜 읽을 뿐만 아니라, 보다 큰 범주 곧 시편 제4집(시편 90-106)의 맥락 안에서 읽고자 한다.

1. 시편 101편과의 관계

시편 101편 기자는 "주께서 언제나(מתי) 내게 임하시겠나이까?" 하

18) 이 17편 가운데 10편에 표제어가 없다. 표제어 가운데 "하나님의 사람인 모세의 기도"(시편 90), 낙담하여 야훼 앞에 자기 근심을 쏟아놓는 가련한 이의 기도"(102)는 시편 전체에서 아주 특이하다.

19) F.-L. Hossfeld u. E. Zenger, *Psalmen 51-100,* 35.

고 탄식하면서 한숨을 쉰다. 그에 이어지는 시편 102의 제목은 이런 탄원과 관계가 깊다. 시 102편의 제목은 이렇게 되어 있다: "곤고한 자가 마음이 상하여 그 근심을 야훼 앞에 토해내는 기도!" 이는 시편 102의 기도자가 매우 고통스러운 일을 당하여 하나님께 자기 마음의 근심을 쏟아놓는 기도임을 가리킨다. 그래서 일부 학자들은 시편 101과 102를 "편집상의 짝"(ein kompositionelles Paar)으로 보지만, 시편 101과 102 사이의 연결선을 그리 든든하지 않다.[20] 물론 다음과 같이 겹치는 어휘들과 모티브가 있다: סתר(은밀하다, 감추다 101,5; 102,3; 참조 89:47); דבק(달라붙다 101:3; 102:6); ישב(거주하다, 왕좌에 앉다 101:6, 7; 102:13); עשה(מ)/יסר (만들다, 작품 101:3, 7; 102:26; 104:5, 8); ארץ(땅/ 나라 101:6, 8; 102:16, 26); דרך(길 101:2, 6; 102:24; 참조 91:11; 103:3 이하, 7); בוא(오다 101:2; 102:2, 14); כון(굳건히 서다 101:7; 102:29). 그리고 신체의 일부분(눈 101:3, 5, 6, 7; 손 102:26; לב 심장 101:2, 4, 5; 102:5; 104:15; 얼굴 102:1, 3; 29; 입 ; 귀 102:3; 참조: 뼈 עצם, 살가죽 בשר102:6)이나 예루살렘, 즉 "하나님의 도시"(101:8)와 "시온" (102:14 이하, 17, 22); 죄(101:1, 3–5, 7 이하; 102:5, 9 이하, 21. 시편 102편에서 이것은 단순히 암시하는 정도에 그친다); 든든히 서다 (101:7; 102:27 이하) 등의 모티브가 겹쳐 나온다. 그 밖에 시편 101편의 인간의 왕권에 대한 언급과 시편 102편의 야훼 왕권에 대한 언급은 이들 시편 사이에 공감대가 있음을 암시한다. 물론 이것들의 쓰임새가 서로 간의 밀접한 연관관계를 보여주지 않으므로, 쉽게 단정짓기는 어렵지만, 이 두 시편이 포로 상황을 반영한다는 점에서 편집상의 짝을 이룬다고 해도 무방할 것이다.

2. 시편 103편과의 관계

시편 102편과 103편은 어휘뿐만 아니라, 모티브에서도 공통점이 많

---

20) B. Weber, *Werkbuch Psalmen II,* 173.

이 있다. 시편 102편의 기도자가 개인적인 고난을 호소하면서도 그 개인적인 것을 시온과 하나님의 종들이 겪게 될 하나님의 구원을 바라보도록 시각을 넓혀 놓았다면, 시편 103편의 기도자는 한 개인인 자신은 물론 이스라엘, 특히 하나님을 두려워하는 자들의 구원을 노래하고 있는 것이다. 시편 103편이 은혜로우신 하나님을 찬양하는데, 이는 시편 102편 기도자가 하나님을 향한 자신의 신뢰를 이미 밝힌 것에 이어지는 것이다(102:29). 이런 뜻에서, 시편 102편이 시편 101편의 응답처럼 짜여져 있듯이, 시편 102편이 탄식자의 기도라면 시편 103편은 이에 대한 응답인 것이다. 시편 102편은 죄와, 인간 삶이 유한함 등을 언급하지만, 103편은 죄의 용서와 하나님의 자비하심과 은혜로우심을 개인의 삶과 역사를 통해 예증하고 있다. 그러면서도 하나님의 사랑은 그를 두려워하고 그의 율법을 지키는 자에게 주어진다는 사실을 강조함으로 현재 속에 이스라엘 백성들이 해야 할 것이 무엇인지를 설명하고 있다. 야훼의 통치는 현재 속에 있는 세대들에게 뿐만 아니라, 다가올 세대에게도 소망을 제공하고 있다는 것이다(102:27-28; 103:20-23). 구체적인 예를 들면 102:4-5에서 시편 기자는 병에 걸린 사람의 고통을 언급하는데, 103:3-4절은 인간의 병을 고치시는 하나님을 찬양한다. 인간 삶의 유한성이 시편 102편의 주요 주제 중의 하나인데(4-12, 24 이하, 27절), 시편 103편은 그러한 주제를 반복(3-5, 14-16. 참조 시편 90-92; 104:29)하면서 하나님 은혜로 이런 허약성을 극복할 수 있다는 점을 언급한다. 하나님의 영원하심이 시편 102편의 기도자가 하나님을 신뢰하는 바탕인데(102:13), 이에 부합하여 시편 103편 기도자는 하나님의 영원하신 은총을 찬양한다(103:9, 17). 다른 면으로 102편은 야훼 왕권을 기대하고 고통 받은 자의 보답을 기도하지만(102:17), 시편 103편은 의와 공의로 억압당하는 자를 돌보셨던 하나님을 상기시키고(103:6) 야훼 왕권의 통치를 찬양한다(103:19-22). 게다가 공유되는 단어가 적지 않다: 풀(עשב, 102:5, 12; חציר, 103:15 이하), 긍휼히 여기다(רחם, 102:14; 103:4. 8. 13), 잊다(שכח, 102:5; 103:2); 이름(שם, 102:16, 22; 103:

1), 은혜롭다(חנן, 102:14 이하; 103:8), 가엽게 여기다(עפר, 102: 15; 103:14; 104:29), 하나님을 두려워하다(ירא, 102:16; 103:11, 13, 17), 능력, 힘(כח, 102:24; 103:20), 날/ 나날(יום, 102:3, 4, 9, 12, 24 이하; 103: 15. 참조: 103:4 이하 모티브), 하늘(שמים, 102:20, 26; 103:11; 104: 12), 새롭게 하다, 갱신하다(חדשׁ, 103:5; 104:29. 참조: 102:19, 27 모티브), 듣다(שמע, 102:2, 21; 103:20), 그리고 중요한 태마를 연결시키는 모티브도 서로 공유하고 있다: 앞서 언급한 것들 말고도 배불리 먹음(102:5, 10; 103:5; 104:13-16, 27 이하), 하나님의 작품(102:26; 103: 22; 104: 24, 31), 자녀(102:29; 103:17), 그리고 기억(102:13, 19; 103:2, 18) 등이 그것이다. 이것들은 인생이 짧고 유한하다는 사실과 함께 하나님의 영원하심과 그 은총을 적절하게 설명해 준다(참조: 시편 90:1-6).

IV. 시편 제4집과 시편 102편의 관계

이미 알다시피 시편 150편은, 마치 오경을 연상시키듯이, 다섯 권으로 되어 있다(1-41편 제1권; 42-72편 제2권; 73-89편 제3권; 90-106편 제4권; 107-150 제5권). 그리고 각 책은 이른바 "종결찬양"으로 끝을 맺는다. 물론 이런 구별과 배열은 시편이 형성되던 때부터 있었던 것이 아니라, 후대 편집자가 짜 맞추어 놓은 것이다. 이 편집자는 나름대로 정해진 원칙과 방법에 따라 개별 시편들을 모았으며, 배열하였던 것이다. 이 편집자의 의도에 따라 시편 102편은 시편 4집(시 90-106편)에 속해 있다.

아삽 시편들과 할렐루야 시편들 사이에 들어 있는 시편 제4집은 모세의 기도로 시작하여 할렐루야를 외치며 끝맺는 시편 세 개로 끝난다. 이것의 부분 편집에 눈을 돌려보면, 그것은 대략 시편 90-92, 93-100, 101-106편 등 세 부분으로 이루어져 있다. 그리고 마지막 부분은 다시 101-102편(지상의 다윗 왕가에게 야훼의 통치권의 양도), 103-104편

(자비로운 왕이자 창조자이신 하나님의 존재에 대한 신학적 해명), 그리고 105–106편(창조와 이스라엘 역사에서 살펴 본 하나님의 파트너인 인간에 대한 서술) 등 세 쌍으로 이루어져 있다.[21] 특히 시편 105–106편은 시편 78편과 함께 역사 시편이라고 불리운다. 그리고 시편 104–106편은, 시편 107편과 함께, 4부작(eine Tetralogie)이다.[22] 여기에는 하나님의 창조로부터 시작하여 모세가 활동하던 시절을 거쳐 이스라엘의 포로 이후까지 그 시야가 길게 뻗어 있다. 이를 통해 시편 기자는 하나님의 은혜로우신 활동이 창조 안에서, 그리고 이스라엘 역사 안에서, 다시 말해 시간과 공간을 초월하여 인간의 역사 무대 위에서 영원히 작용하는 것을 보여주려는 것이다.

시편 102편은 시편 90–91편과 공통점이 많다. 그 가운데 몇 가지 예를 들어 보면 다음과 같다. 시편 102에서 중심 개념 중에 하나인 תפלה는 시 90:1에 등장하며, 시편 101의 שיר는 시편 92:1에 나온다. 시편 102에서 중요한 위치를 차지하는 단어인 날과 연도(יום과 שנה)는 시편 90:4, 9, 14, 15 및 시편 90:4, 5, 9, 10, 15 등에 있다. 그리고 לדור ודור(세대에서 세대로, 90:1; 102:13), עבדיך(당신의 종, 90:13, 16; 102:15, 29), שם(이름, 91:14; 92:2), ענה(응답하다, 90:15; 102:3), חלף(바꾸다, 90:5; 102:27), לב(심장, 90:12; 101:2, 4 이하; 102:5; 104:15), כבוד(영광, 91:15; 102:16–17), צלם(그림자, 그늘, 90:11; 102:12), יבש(마르다, 시들다, 90:6; 102:12), כלה(끝나다, 마치다, 90:5, 9; 102:4), 동물 이미지(사자, 독사, 젊은 사자, 뱀 91:13; 올빼미, 부엉이 참새 102:6–7) 등도 빼놓을 수 없다. 그래서 윌슨(G. H. Wilson)은 시편 90편과 시편 102편 사이에 네 가지 공통 모티브를 지적하였다: ① 인간 삶의 일시적 성격이 두 시편에서 강조되고 있다(102:4, 12; 90:5–6, 9–10); ② 시인은 하나님의 영원성을 강조한다(90:1–2, 4; 92:9; 102:13, 25–

21) F.–L. Hossfeld u. E. Zenger, *Psalmen 51–100,* 33–35.

22) E. W. Hengenstenberg, *Commentar über die Psalmen III,* 190; K. Koenen, *Jahwe wird kommen,* 101ff.

28); ③ 하나님의 진노가 쏟아진다(90:8-9; 102:11-12; 참조 103:9; 104:29); ④ 하지만 종들의 자녀들은 굳게 설 것이며(90:16; 102:29) 야훼는 그 백성의 고통을 완화시킬 것이다.[23] 그가 지적한 것 말고도"먹다, 배불리다" 모티브(90:14; 91:16; אכל 102:5; 103:5; 참조. 시 104:13, 14-16, 28; 105:16, 40), 주의 얼굴(90:8; 102:3, 29; 104:29), 하나님의 작품(90:16 이하; 92:5 이하; 93:1-2; 95:5; 102:26; 103:6, 22; 104:5, 8, 13, 19, 24, 31; 105:5), "구원" 모티브(91:3, 14 이하; 102:21; 103:4) 등이 있으며, 죄, 불의 등의 개념(90:8; 91:8; 92:8, 10, 12; 101:3-5, 7이하; 102:10; 103:10, 12; 104:35), 시편 기자와 하나님 사이의 의사소통(90: 1; 91:2, 15; 92:2; 102:1-3, 18, 21, 25; 103:7), 이스라엘 역사에 관한 언급(105:5-6, 25-28, 39-41; 106:6-7) 등도 하나님을 찬양하기 위한 도구로 중요한 역할을 하고 있다. 특히 이스라엘 역사에 대한 언급은 개인과 민족의 과거, 현재 그리고 미래가 왕이신 야훼의 손에 달려있음을 구체적으로 보여주는 단서인 것이다. 이것은 남왕국 유다의 멸망 이후 왕국이전 시대의 신앙으로 되돌아가는 것을 의미하는 동시에(특히 시편 90, 105-106), 연약하여 깨어지기 쉬운 세상 왕국보다는 영원한 통치자인 야훼를 향한 직접적인 신뢰를 보여주는 것이다.[24] 그러나 차이점들도 있다. 그 중 하나는 시편 90편에는 공동체의 고통이 단지 암시되어 있을 뿐인 데 반해(15절), 시편 102편은 예루살렘의 파괴와 회복에 대한 언급함을 통해 구체적 역사적 상황을 이야기하는(13-23절), 동시에 개인적인 삶의 고통을 통해 공동체의 문제를 이야기한다.

이 밖에 짚고 넘어갈 것이 하나 더 있다. 곧 시편 90과 106, 그리고 91과 105는 이중의 양괄식 짜임새(eine doppelte Inclusio)로 되어 있다는 점이다.[25] 첫째로 시편 90에는, 시편 102처럼, 이 땅에 사는 인생

23) G. H. Wilson, *The Editing of the Hebrew Psalter,* 218.

24) G. H. Wilson, *King, Messiah, and The Reign of God,* 392ff.

25) I. Golovanov, *Integrität des Vierten Psalmenbuches,* 67.

의 불완전함, 허무함, 짧음 등이 표현되었다. 그래서 인생은 풀(5-6절)이나 지나간 어제(4절)에 비유되었다. 시편 106에는 이스라엘의 불완전함, 불신실성, 그리고 연약함이 표현되었다. 이는 선택받은 민족의 실패로 뒷받침된다. 이런 점에서 시편 90편과 106편은 맥이 통하고 있다. 다만 시편 90편이 개인의 인생을 언급하는 데 비해, 시편 106편은 민족 전체의 운명을 다루고 있는 것이다. 여기서는 인생무상과 실패한 민족의 역사를 다루는 가운데서도 하나님 긍휼과 자비를 향한 신뢰에서 우러나는 찬양이 빠지지 않았다는 사실에 주목할 필요가 있다(90:1, 15, 16, 17; 106:1, 44, 45, 46). 그래서 시편 90:13-14와 106:45-46은 "하나님의 인자와 긍휼"이라는 관점 아래 시편 제4집을 앞 뒤에서 묶어주고 있다:

> 90:13-14: 야훼여 돌아오소서 언제까지니이까 주의 종들을 불쌍히 여기소서. 아침에 주의 인자하심이 우리를 만족하게 하사 우리를 일생 동안 즐겁고 기쁘게 하소서.
>
> 106:45-46: 그들을 위하여 그의 언약을 기억하시고 그 크신 인자하심을 따라 뜻을 돌이키사 그들을 사로잡은 모든 자에게서 긍휼히 여김을 받게 하셨도다.

둘째로 시편 90편과 106편에 슬프고 아픈 사연을 담았으면서도 하나님을 향한 신뢰와 찬양으로 가득 차 있는 데 비해, 시편 91편과 105편에는 그 신뢰와 그 분의 보호에 대한 신앙고백이 들어 있다. 시편 90은 "지극히 높으신 분의 보호 속에 사는 이, 전능하신 분의 그늘에 머무는 이"(1절)의 신앙고백이다. 시편 105에도 이와 같이 하나님의 도우심, 배려, 하나님 백성으로 선택하신 구원의 은총에 대한 신앙고백이 들어 있다(14, 24, 44절 참조).

1. 시편 제4권의 주요 테마들

1) 포로에 처한 하나님 백성

크라쯔(R. G. Kratz)는 시편집 다섯 권이 이스라엘 역사의 진행과정을 보여주려는 의도에 따라 편집되었다고 처음으로 말한 사람이다. 곧 시편집이 각각 이스라엘 역사의 일정한 시기를 반영하고 있다는 것이다. 이 연구를 더욱 진전시킨 크뤼거(Th. Krüger)는 이렇게 말한다.

> 시편 89편은 다윗왕국이 종말을 고함으로 다윗-솔로몬 왕국 시대가 끝장난 사실을 탄원하는 것으로 끝난다. 시편 90편은 시편 제4집을 여는 시편이다. 여기에는 포로시기가 그려져 있다. 시편 106편은 포로시기가 끝나고(40-46절), 민족들 가운데 흩어졌던 디아스포라를 모으는 이야기가 나온다(47절). 그리고 시 107편은 디아스포라를 모은 것에 감사하는 것으로 시편 제5집을 시작한다. 물론 시편 제3집(시 73-89편)도 포로및 포로기 이후 상황을 이미 내다보고 있다. 시편 74-75편은 예루살렘과 성전 파괴를, 시편 80편과 83편은 이스라엘 민족이 적대국으로 끌려가는 것을 암시하며, 시편 84편은 성전이 다시 서는 것을, 시편 87은 시온-예루살렘은 전제로 하고 있다. 그러나 여기에는 다윗-솔로몬 왕국의 회복이 빠져 있다. 시편 89편은 시편 72편(제2집의 끝)과 시편 2편(제1집의 시작) 을 되돌아보며, 이 왕국이 완전히 망한 사실을 탄식한다. 이것은 시편 제4집 내용을 염두에 두고 있는 것이다. 그리고 시편 제4집은 다윗-솔로몬 왕국을 대체할 야훼=왕을 그리는 것이다.[26)]

---

26) Th. Krüger, *Psalm 90 und die Vergänglichkeit des Menschen,* 209ff; 참조. H.-L. Hossfeld & E. Zenger, *Psalm 51-100,* 614. 다윗이란 이름은 시편 2-89(제1-3집)의 88개 시편 가운데 64퍼센트 정도 표제어에 등장하는 데 비해, 시편 90-150(제4-5집)의 61편 가운데 28퍼센트에만 등장한다. 특히 야훼=왕을 주제로 하는 제4집의 17개 시편 가운데 겨우 2개(101, 103)만 다윗이라는 이름이 표제어로 달고 있다(12퍼센트 미만).

그러므로 우리는 시편 제4집이 포로기 상황을 반영하고 있다고 보아도 좋을 것이다(특히 90:1-2; 96:3. 10; 98:2 이하 102:21-23; 103: 22; 105:12 이하 106:44-48를 참조하라).

시편 제4집을 여는 시편 90편은 시편 전체에서 유일하게 "하나님의 사람인 모세의 기도(모세를 위한 기도)"라는 표제가 붙어 있다. 이는 다윗왕조의 패망으로 이스라엘과 성전이 위기에 처한 상황에서 시편 기자가 출애굽 당시와 그 이후의 상황을 염두에 두고 있음을 반영하는 것이다. 곧 혹독한 포로기에 사는 이스라엘은 하나님이 다윗왕조에게 주신 약속을 상기하면서, 모세시대처럼 하나님이 개입하여 구원해 주시기를 소망한 것이다. 이래서 "언제까지?"(מתי, 90:13; 94:3, 8; 101:2)라는 탄원이 등장한다. 이런 뜻에서 시편집 제4권은 오래된 옛 이야기 속에 들어있는 구원의 모티브를 회상하며(זכר), 그것을 현재화시켜 기록하고(כתב), 장차 올 세대의 시대에 야훼의 통치가 온전히 이루어지기를 소망하는 것이다(102:13, 19, 29 참조). 그래서 윌슨은 시편 제4집의 틀을, 논란의 소지를 안고 있기는 하지만, 다음과 같이 보았다:[27]

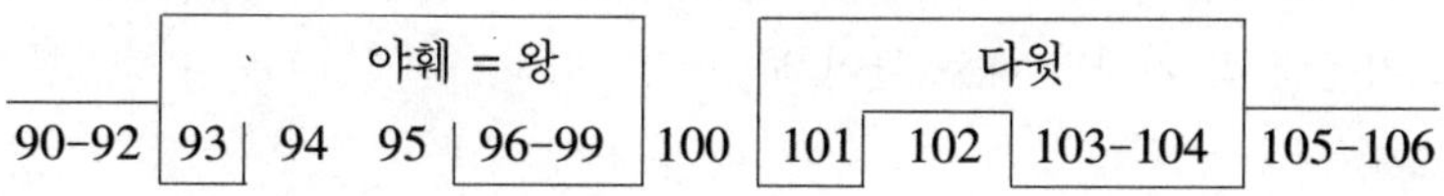

모 세 전 승 에 따 르 는 틀

2) 인간의 한계 상황(죽음의 문턱을 드나드는 인간)

시편 90:12에서 "우리에게 우리 날 계수함을 가르치사, 지혜의 마음을 얻게 하소서"라고 기도드린 기도자는 시편 102편에서 인간 존재의 유한성과 무상함을 사물(기울어지는 그림자, 연기, 낡아지는 옷), 신체(화석처럼 새까맣게 타버린 뼈, 뼈와 살이 달라 붙음), 식물(시들은/말라

27) J. C. McCann Jr. (ed.), *The Shape and Shaping of the Psalter,* 76쪽.

가는 풀 - 시 90:5 이하; 103:15 이하; 129:6), 동물(광야의 올빼미, 거친 땅의 부엉이, 지붕 위의 외로운 새 한 마리) 등에 비유하여 묘사한다. 이러한 자기존재의 한계를 인식한 인간은 자연히 탄식하게 된다: "그가 내 힘을 중도에 쇠약하게 하시며 내 날을 짧게 하셨도다"(24절). 그리고 자기가 무상하고 연약한 존재임을 깨달은 그는 자신의 탄식을 하나님을 향한 기도로 이어 나간다: "나의 하나님이여 나의 중년에 나를 데려가지 마옵소서"(25절). 이렇듯 시편 90-92편과 102편은 자기 힘으로는 도저히 극복할 수 없는 허무 아래 놓여있는 인간의 조건(conditio humana)을 바탕에 깔고 있다. 사실 시편에는, 성서의 다른 어떤 곳보다도, 인간의 삶과 죽음의 문제가 심도있게 다루어지고 있다. 이 문제와 관련하여 시편 90:12의 죽음을 기억함(memento mori), 102:12의 생의 한 가운데 도사린 죽음의 족쇄(media vita in morte sumus), 그리고 130:2의 깊은 심연에서(de profundis) 등은 표본적인 예이다. 시편 가운데 특히 탄원시나 감사시에는 인생이 유한하고 허무하며, 고난 속에 있다는 사실을 다양한 뉘앙스로 표현하고 있다. "인생 한가운데로 파고 들어오는 죽음의 족쇄"는 시편의 중요한 모티브 가운데 하나인 것이다. 그 가운데 몇 가지만 예로 들어 보자:

① 사물에 비유: 나는 물 같이 쏟아졌으며 내 모든 뼈는 어그러졌으며 내 마음은 밀랍 같아서 내 속에서 녹았나이다(22:15).
② 인간 또는 사물에 비유: 내가 잊어버린 바 됨이 죽은 자를 마음에 두지 아니함 같고 깨진 그릇과 같으니이다(31:13).
③ 개념적 비유: 주께서 나의 날을 한 뼘 길이만큼 되게 하시매 나의 일생이 주 앞에는 없는 것 같사오니 사람은 그가 든든히 서 있는 때에도 진실로 모두가 허사 뿐이니이다(39:6).
④ 동물에 비유: 하나님이여 사슴이 시냇물을 찾기에 갈급함 같이 내 영혼이 주를 찾기에 갈급하니이다(42:2).
⑤ 식물에 비유: 내 마음은 풀처럼 시들고, 식욕조차 잃었사옵니다

(102:5; 참조 12절).

시편에는 죽음 혹은 죽을 지경에 있음을 상징하는 표현들이 매우 다양하게 나오는데, 몇 가지 예를 들어보면 다음과 같다:[28)]

자연세계	인간과 문명
시 22:15 – 쏟아진 물	시 22:15 – 밀랍처럼 녹은 마음
시 69:2 – 목까지 차오른 물	시 22:16 – 말라버린 질그릇 조각
시 69:3 – 수렁, 깊은 물결에 휩쓸림	시 31:13 – 깨진 그릇
시 102:12 – 기울어지는 그림자	시 38:5 – 무거운 짐
시 109:23 – 석양에 기우는 그림자	시 102:4 – 연기, 숯
시 143:6 – 메마른 땅	

인간사에 비유함	식물에 비유함
시 28:1 – 내가 무덤에 내려가는 자	시 102:5 – 시들고 마른 풀
시 38:14 – 귀먹어리, 벙어리	시 102:12 – 시들어가는 풀
시 38:15 – 입을 열지 못함	
시 88:5 – 무덤에 내려가는 사람	
시 88:6 – 살해되어 무덤에 묻힌 자	

동물에 비유함	개념에 비유함
시 31:13 – 죽은 자처럼 잊혀짐	시 31:12 – 혐오, 구역질
시 22:7 – 벌레	시 39:7 – 그림자, 입김
시 42:2 - 시냇물을 찾기에 갈급한 사슴	시 39:6 - 없는 것 같음, 입김
시 102:7 – 올빼미, 부엉이	시 62:10 – 입김, 입김보다 가벼움
시 102:8 – 지붕 위의 외로운 새 한 마리	시 109:2 – 석양에 기우는 그림자
시 109:23 – 메뚜기	시 144:4 – 입김, 그림자

28) B. Janowski, *Konfliktgespräche mit Gott,* 250 이하.

인간의 죽음 혹은 인생의 허무함은 시편 제4집 가운데 시편 90-92, 102, 103, 104편에 집중하여 표현되고 있다. 그 가운데 시편 90편과 102편에서 인생의 허무함이 모든 인간에게 해당되는 듯, 특정한 그룹을 지칭하지 않는다. 그러나 시편 92편과 103편은 그 허무함을 죄인들에게 적용시키고 있다. 여기서 죄인들은 풀에 비유되는 반면에, 의인들(하나님을 두려워하는 사람들)은 종려나무에 비유되고 있다. 그 밖에 의로운 사람과 불의한 사람을 대조시키는 것은 시편 91:8 이하; 92:8-16; 94; 97:7-12; 101; 104:35 등에 나타나고 있다. 이로써 시편집 편찬자는 하나님의 종들 또는 하나님을 두려워하는 사람들을 선별하여 하나님의 영원하신 은총 안에 포함시키려 한 것이다(90:13-17; 91:1 이하; 102:29; 103:3-18 등). 이들 시편에서 시편 편찬자는 직유와 은유 등 여러 수사법을 동원하여 죽음의 어두운 그림자를 심각하게 의식하면서도, 영원하신 야훼를 향한 깊이 있는 신뢰심에서 나오는 희망과 생명의 뿌리를 찾아내고 있는 것이다.

3) 야훼의 영원한 통치권

앞서 언급하였듯이 17개의 시편이 수록되어 있는 시편 4집은, 그 형식과 내용 및 성격에 따라, 대략 90-92, 93-100, 101-106편 등 세 부분으로 분류될 수 있다. 시편 90-92편은 "탄원-구원허락-감사"라는 주제 아래 시편 4집의 서론 역할을 한다. 여기에는 야훼=왕(מלך=יהוה) 이란 표현이 직접 등장하지는 않는다. 그렇지만 고대 근동에 널리 알려진 왕의 속성을 드러내는 낱말이 많이 등장한다. 예를 들면 그 분의 전능하심(90:3, 5, 7, 11; 91:1, 3, 4, 11; 92:6, 11), 그 분의 정의로우심(90:8; 91:8; 92:16), 그리고 백성을 향한 그 분의 따뜻한 배려(90:1, 14, 17; 91:1-7, 9-16; 92:3, 13-15) 등이다. 시편 101-106편에도 야훼=왕이란 표현이 직접 나오지는 않지만, 이런 모티브는 적지 않게 들어 있다. 곧 그 분의 능력(104:1, 5, 8-9, 27-32; 105:4, 7, 14, 16, 28-37, 41, 44;

106:2, 8-9, 21-22), 야훼의 정의로우심(104:35; 105:7, 14, 36-37, 42; 106:16-18, 24-27, 28-30, 39-42), 그리고 백성들을 향한 그 분의 배려(104:14-15, 28; 105:8-11, 14-15, 19-20, 24, 27, 39-44; 106:1, 4, 8-10, 43-46). 이래서 골로바노프(I. Golovanov)는 시편 4집을 꿰뚫는 주제로 야훼=왕으로 여긴다.[29] 물론 시편 93-100편이 야훼=왕 시편인 것에는 이의가 없으나, 그것을 시편 4집 전체로 확대하는 것에 동의하지 않는 학자들도 있다. 그렇지만 시편 93-100편이 야훼 = 왕이심을 찬양하는 것이라면, 시편 90-91편과 시편 101-106편은 야훼=왕의 속성과 활동을 묘사하고 있으므로, 시편 제4집 전체를 아우르는 주제는 야훼의 왕권과 그 통치권을 찬양하는 것이라는 점에 많은 학자들이 수긍하고 있다(opinio communis). 윌슨(G. H. Wilson)도 그런 사람 가운데 하나이다. 그는 시편 제4집은 오직 야훼만이 왕이라는 주제 아래 묶여 있다고 하면서, 그 내용을 이렇게 정리한다:[30]

> 시편 제4권은 제1권-제3권이 주로 다루는 다윗계약이 실패하였다는 시편 89편의 문제제기에 대답하고 있다. 그 답변 내용을 간략하게 요약하면 다음과 같다: ① 야훼는 왕이다; ② 왕정이 성립하기 오래 전부터, 곧 모세 때부터 그는 우리의 피난처였다; ③ 왕정이 사라진 후에도 야훼는 여전히 우리의 피난처가 되실 것이다; ④ 야훼를 신뢰하는 자에게는 복이 있다.

이미 말하였듯이 이 모티브는 시편 93-100에 집중적으로 나타나지만,[31] 사실 시편 제4집의 주요 주제라 해도 무방하다. 그렇지만 시편 89

29) I. Golovanov, *Integrität des Vierten Psalmenbuches,* 65쪽 이하. 69쪽; D. M. Howard, *Contexual Reading of Psalms 90-94,* 123쪽.

30) G. H. Wilson, *The Editing of the Hebrew Psalter,* 215쪽; E. Zenger, *Dein Angesicht suche Ich,* 67-68쪽, *Der Gott Israels und die Völker,* 151-175쪽을 참조하라.

31) 여기에는 יהוה מלך(93, 96, 97, 99), גדול(95), המלך יהוה(98) 등의 관용구가 쓰이고,

편 이전의 제왕시와는 달리 시편 90편 이후의 야훼=왕 시편에는 야훼의 자비와 긍휼뿐만 아니라, 창조와 능력을 신뢰하는 신앙이 감성적으로 표현되어 있을 뿐만 아니라, 진정한 왕이신 야훼를 향한 찬양이 주류를 이룬다는 점에서 차이가 있다. 시편 1-3집에는 탄원시와 기도시가 많은 데 비해, 제4집에는 찬양시나 찬양적 분위기를 담은 시들이 더 많이 들어 있다. 그러므로 우리는 시편 제1-3집에 왕(왕으로 다스리다 מלך)이란 단어 쓰임새가 시편 4-5집과 뚜렷하게 다르다는 점에 주목할 필요가 있다. 시편 제1-3집에서 그것은 다음과 같은 뉘앙스를 풍긴다: ① 가장 일반적인 의미, 곧 "왕" 또는 "통치권"이란 뜻(33:16 등); ② 외국의 왕(2:2, 10; 45:10; 76:13 등); ③ 이스라엘/ 유다의 왕을 암시함(2:6; 21:2, 8; 45:6, 12, 15; 89:19 등); ④ 야훼의 통치권에 대한 묘사(5:3; 10:16; 24:7-10; 29:10; 44:5; 47:3, 7, 8; 48:3; 68:25; 74:12; 84:4 등). 그러나 시편 제4-5집에는 ① 왕이나 통치권 등 일반적인 뜻(140:10; 144:11 등), ② 외국의 임금(102:16; 105:14, 20, 30; 110:5; 119:46 등), 그리고 ③ 야훼의 통치권(95:1; 98:6; 99:4; 103:19; 145:1; 149:2 등)의 의미는 여전히 쓰이지만, 이스라엘이나 유다의 왕을 가리키는 표현이 전혀 등장하는 않는다. 이는 시편 제4집부터 시편 기자의 관심이 다윗-솔로몬 왕조로부터 야훼의 통치권을 새롭게 강조하는 데로 옮겨간 것을 의미하는 것이다. 특히 야훼-말락(Jahwe-Malak) 시편의 경우가 그러하다(시 93-100과 47, 146편). 이는 인간의 유한한 왕권이 야훼의 영원한 왕권으로 탈바꿈하는 것을 가리킨다.[32]

시편 94와 100에는 이런 관용구가 빠져 있으나, 형식과 용어, 모티브로 볼 때, 이것들도 야훼=왕 시편에 속하는 것이 분명하다. 이는 시편 102의 메시지와 크게 다르지 않다. 베커(J. Becker)가 정리한 것에 따르면, 시편 102는 다음과 같은 메시지를 담고 있다: ① 이스라엘의 영원한 왕이신 야훼의 통치권은 이미 창조사역을 통해 증명되었다; ② 포로민들이 귀환한 후에 시온을 회복시키는 것으로 야훼의 통치권이 계시될 것이다; ③ 민족들이 시온에 모여드는 것으로, 모든 민족들이 야훼를 인정할 것이다; ④ 장차 야훼는 그 후손들에게 그 땅을 축복으로 넘겨주실 것이다(*Israel deutet seine Psalmen*, 45).

3. 시편 제4집의 문학의 자리(Sitz in der Literatur)

일찍이 헤르만 궁켈은 시편의 주요 형식을 4–6가지(찬양시, 개인/공동체 탄원시, 개인/공동체 감사시, 제왕시)로 보면서, 그 "삶의 자리"(Sitz im Leben)를 추적하였다. 그 결과 대부분의 형식이 제의에서 유래되었다고 주장하였다. 이 연구를 직문트 모빙켈이 더욱 진척시켰다. 그 이후에 이루어진 모든 시편 연구(성서연구)는 이들의 형식 · 유형비평에 대한 수정–보완, 축소–확대, 심화–반작용에 기초한 것이다. 이런 뜻에서 궁켈과 더불어 시편연구의 새 시대가 열렸다고 말할 수 있다. 최근의 시편연구 동향도, 일부 학자들을 빼놓고는, 궁켈과 모빙켈이 발전시킨 형식비평의 장단점을 인식한 바탕 위에서 그것을 발전적으로 심화시키는 방향으로 진행되고 있다.[33] 물론 마일렌버그나 챠일즈 등이 형식 · 유형비평에 대해 비판한 것은 타당성이 있다.[34] 그러나 지금의 형식 · 유형비평은 그들이 비판하던 시대 그 모습이 전혀 아니다. 지금의 그것은 그 당시보다 훨씬 더 심화되고 정교해졌다. 그 예로 궁켈은 시편편집자의 신학적 의도나 목적의식을 경시하였지만,[35] 오늘날 형식 · 유형 비평학자들은 시편 편집자의 신학적 입장과 편집 목적, 일관된 편집 원칙 등을 존중하는 것이다. 그리고 궁켈이 주어진 텍스트 뒤로 돌

---

32) G. H. Wilson, *King, Messiah, and The Reign of God,* 402.

33) E. Zenger, Die Psalmen im Psalter, 443–456; Ders., *Von der Psalmenexegese zur Psalterexegese,* 8–15.

34) B. S. Childs, Reflections on the Modern Study of the Psalms, 378–379: "Much of the exegetical gain of determining the original setting of a psalm is jeopardized when the proposes Sitz im Leben rests on an extremely fragile and hypothetical base. Moreover, the function of a secondary setting often seems to be more significant for exegesis than a fixation with an alleged original Sitz im Leben ... At least for an increasing number of scholars the problem of understanding the present shape of the psalter including both the consonantal and vocalic traditions emerges as a more pressing problem than the reconstructed original form of the text."

35) H. Gunkel, *Die Psalmen,* 20; Ders., *Einleitung in die Psalmen,* 3.

아가서 그 삶의 자리를 추적하였다면, 오늘날 형식비평학자들은 주어진 본문의 현재 형태(die Jetztgestalt/Endgestalt 최종 본문)를 최대한 존중하면서 그 "문학의 자리"를 찾고자 하는 것이다.

이런 뜻에서 시편 102편의 삶의 자리를 찾으려는 전통적인 형식비평은 제한적인 의미로만 쓰이게 되었다. 기존에는 이 시편 1-12, 24-29의 형식을 개인탄원시(individuelle Klage)로 보았으나, 새로운 언어행위이론(Sprechakttheorie)에 근거한 연구는[36] 이를 "개인기도"(individuelle Bitte)라고 바꾸어 부른다. 왜냐하면 성서는 출애굽을 경험한 바탕 위에서 해방자 하나님을 향한 기도의 성격을 띠고 기록되었다는 점이 언어학 연구로 확고하게 뒷바침되기 때문이다. 그리고 시편 102편의 문학의 자리를 찾을 때, 염두에 두어야 할 것이 두 가지 있다: 하나는 그 안에 담겨있는 신학적 깊이나 문학적 세련도로 볼 때, 이것이 순수하게 개인적인 노력으로 기록되지 않았으리라는 것이다; 둘째는 공적인 제의에서 그것이 형성되었다고 보는 것은 명백하게 제의적인 요소가 들어 있을 경우에만 국한해야 할 것이다. 위와 같은 전제 아래 브루네르트는 이 시편의 기본 골격을 2-12, 25a*b 26-27aα, 28b로 보고, 지혜문학에 영향을 받은 개인적 기도문(eine individuelle, weisheitlich gepr gte Bitte)으로 파악하였다.[37] 그리고 시편 기자가 기도드리는 대상은 더 일찍 죽을 수도 있었던 인생을 더 길게 늘려주신 영원한 창조주

---

36) 이 이론에 대해서는 A. Wagner, "Die Stellung der Sprechakttheorie in Hebraistik und Exegese," in: A. Lemaire, *Congress Volume Basel 2001* (VTS XCII)(Leiden, 2002), 55-83; Ders., *Sprechakte und Sprechaktanalyse im Alten testament. Untersuchungen an der Nahstelle zwischen Handlungsebene und Grammatik* (BZAW 253) (Berlin/New York, 1997)를 보라.

37) G. Brunert, *Psalm 102,* 297. 코에넨은 시편 제4집에 있는 시들의 형식을 이렇게 정리하였다(*Jahwe wird kommen,* 113). 탄원시: 90, 94, 102*; 구원선포시: 91, 96-98, 102:13-23; 감사와 찬양시: 92, 103; 역사 회고시(창조와 역사에 나타난 야훼의 구원활동): 93, 104; 역사 회고시(역사에 나타난 야훼의 구원활동): 95, 105-106; 죄인에 대한 심판시: 97; 신뢰시: 99-100; 제왕시: 101.

하나님이다. 시편집 편찬자는 이 기본 골격을 공동체의 기도로 확장시켰다. 그리고 그 백성을 구원하는 야훼의 애정 및 그 결과가 인간에게 미치는 영향력을 모티브로 하여 시편 제4집에 배열하였다는 것이다.[38)]

윌슨에 따르면 시편 2, 72편 그리고 89편에는 다윗계약의 제도화, 조상들의 유전, 그리고 왕권의 실패가 암시되어 있다. 이러한 실패는 민족적, 신학적 위기감을 조성하는 동시에, 과거, 현재, 미래의 역사를 향한 신앙적 재해석을 요청하였다. 이 현실 상황에 기초하여 대대로 전해 내려 온 신앙전승을 재해석하는 것이 바로 시편집 편찬의 핵심 과제였다는 것이다. 이런 뜻에서 모세의 기도인 시편과 90편과 진정한 왕이신 야훼의 통치권을 강조하는 시편 제4집은 이 위기에 대한 신앙적 대답인 것이다.[39)] 그리고 그는 시편 1, 73, 90, 107, 105 등 제1-4집의 첫 시편과 사실상 제5집을 마감하는 시편들에 들어있는 지혜문학적 틀을 지적하면서, 시편은 궁극적으로 지혜의 책이며, 신실하신 야훼의 왕권과 그 가르침을 포함한 책이라고 보았다.[40)]

기도의 본질과 그 기도의 결과를 보여주는 기도서인 시편 102편의 현재 모습은 기원전 3세기 전반기에 있었던 문서화 작업(Schrift-milieu)의 일환으로 완성된 것으로 많은 학자들이 추정하고 있다. 비록 서로 다른 고난의 현장에 사는 사람들이 각자 자기 신앙에 따라 자신이 신뢰하는 하나님의 구원을 향해 부르짖으며 명상하였더라도, 이런 작업은 결코 개인에게 국한되는 것이 아니다. 오히려 그것은 개인이 겪는 문제를 자기 문제로 받아들이는 공동체의 정기적인 모임 혹은 특별한 모임에서 함께 이야기되고, 함께 모아졌을 것이다. 이 모임에서 각 개인이 겪는 절망적인 탄식이 공동체의 탄원으로 받아들여질 뿐만 아니라, 창조주이자 역사의 주인이신 야훼를 향한 공동체의 신뢰로 발전하였을 것이다.[41)] 그런데 성서문학에서 창조주이자 역사의 주인인 야훼

---

38) G. Brunert, *Psalm 102*, 194.

39) J. C. McCann Jr. (ed.), *The Shape and Shaping of the Psalter*, 72-82. 특히 78.

40) G. H. Wilson, *The Shape of the Book of Psalms*, 137-138.

를 가장 확실하게 드러내는 곳은 예언문학과 지혜문학이다. 이런 뜻에서 시편 제4집의 삶(문학)의 자리는 예언문학과 지혜문학이라 보는 편이 더 나을 것이다.[42)]

V. 맺는말

시편 102편은 논란을 많이 일으키는 시편 중 하나이다. 이런 논란은 처음교회 시절부터 지금까지 끊이지 않고 있다. 형식상으로 개인탄원시(1-12, 24-29절)와 공동체탄원시(13-23절)가 뒤섞인데다가,[43)] 찬양시 등 몇 가지 형식이 덧붙여짐으로써, 본문의 통일성을 찾기가 쉽지 않기에 생긴 것이다. 내용상으로 참회기도시 일곱(시편 6, 32, 38, 51, 102, 130, 143) 가운데 하나인가(미쉬나에 따르면 시편 102는 금식의 날에 읽었던 것들 중 하나이다), 하나님의 구원과 은총을 찬양하는 것인가

41) Koenen, *Jahwe wird kommen,* 113-116 참조.

42) Sedlmeier, "Psalm 102,13-23," 220ff, 231ff; Koenen, *Jahwe wird kommen,* 116ff.

43) 시편 102:2-12는 개인탄원시 형식을, 102:13-23은 야훼=왕이 시온과 그 백성을 구원하리라는 신앙고백에 기초한 공동체 탄원시 형식을 띠고 있다. 102:25-28은 우주 전체를 광범위하게 내다보면서, 기원과 신뢰시 형식으로 되어 있다. 그리고 102:29는 후손들에게 주어질 구원의 미래를 내다보면서 102:13-23의 내용에 근접해 있다. 이래서 본문의 통일성은 일찍부터 의심을 받아왔다. 이를 극단적으로 표현한 둠의 말을 들어보자: "Wer Ps 102,1-12 und V. 13ff. für ein Gedicht ansieht, muss gegen Stil, Sinn und Inhalt vollkommen gleichgiltig sein oder den Verf. für geistesgestört halten" (*die Psalmen* (KHC 14) [Freiburg, 1899], 239). 이에 대해 세들마이어와 브루네르트는 시편 102편에서 우리는 편집적 통일성(eine redaktionelle bzw. kompositionelle Einheit)만 찾아볼 수 있을 뿐이라고 하면서, 이 시편의 원래 형태를 2-12. 25*-28로, 그 외 다른 부분을 후기 편집자의 추가로 보았다(Sedlmeier, "Psalm 102,13-23: Aufbau und Funktion," *BZ* 40 (1996), 229; G. Brunert, Psalm 102 im Kontext des Vierten Psalmenbuches [Stuttgart, 1996], 297). 사실 이 시편은 앞부분과 뒷부분의 내용상, 형식상 차이에도 불구하고, "시간"이라는 주제가 전체를 꿰뚫고 있기에, 편집적 통일성이라는 표현이 타당하다.

등에 학자들이 의견 일치를 보지 못하고 있다. 히브리서는 시편 102:26-28을 1:10-12에 인용하면서, 그것을 예수 그리스도에 접목시켰다. 이런 문제들을 해결하려고 학자들이 다양한 입장에서 각기 상상할 수 있는 모든 가설들을 내놓았지만, 아무도 논쟁을 잠재울 만한 테제를 제시하지 못한 실정이다.

그러나 이 시편의 메시지는 분명하다. 앞서도 언급하였듯이, 시편 제4집의 중심 테마 중 하나는 인간이 처한 상황이다(conditio humana). 시편 90:12에서 시편 기자는 "우리에게 우리 날 계수함을 가르치사 지혜로운 마음을 얻게 하소서"라고 탄원한다. 시편 102:24에서 "나의 하나님이여 나의 중년에 나를 데려가지 마옵소서"라고 기도드린다. 시편 제4집 여러 곳에서 기도자(תפלה)는 현실로 다가온 고난과 인생의 종말 앞에 선 인간의 연약하고(90:11; 102:4-12), 인생이 무상한 것(90:3-6, 10, 12; 102:4-12, 24-27; 103:17; 104:29)을 하나님이 영원하신 것과 극적으로 대조시키고 있다(90:2; 102:13, 25. 27 이하; 103:17; 104:31). 그리고 이런 고난과 허무한 현실 속에서 하나님의 도움은 배불리 먹임(90:14; 91:16; 103:5; 104:13-16, 21, 27 이하), 기쁨을 안겨줌(90:14 이하; 92:5; 104:15, 34), 개혁과 갱신(90:5 이하; 92:8, 13 이하, 15; 102:19, 27; 103:5; 104:14. 16, 30), 받아줌(90:8; 102:3, 29; 104:29), 구원(91:3, 14 이하; 102:21; 103:4), 치유(91:6, 16; 103:3-5), 해방(91:3, 15; 92:12; 102:21; 103:4-6), 그리고 자비(102:14; 103:4, 13)와 은총(90:14, 17; 92:3; 101:1; 103:4, 8, 11, 17) 등 여러 가지 모습으로 나타난다. 인간과 피조물에게 이런 도움을 베푸시는 하나님은 창조주이자, 통치자(야훼=왕)이다. 그리고 이 하나님은 간구하는 자의 기도를 경청하시는 분이다. 그러므로 비록 인간이 유한한 존재요, 인생에 허무한 요소들이 많이 있지만, 하나님의 영원성에 잇대어 있는 그 인생은 의미가 있다. 하나님 안에 있는 인생은 충만한 열매를 맺는다는 것이다. 이런 뜻에서 시편기자는 하나님은 이미 우리를 향해 "영원부터 영원까지" 열려 있는 존재이며, 우리 역시 그 분을 향해 열려 있는 존재라는 점을 강조한다.

이것이 선택신앙이다. 태초부터 우주의 통치자이신 창조주 하나님은 이스라엘 민족과 시온을 선택하셨다. 이는 한편으로 이스라엘 민족에게 시나이산에 나타나셨던 하나님이 은혜롭고, 자비로운 분임을 보이려는 것이었으며, 다른 한편으로 모든 민족들 가운데 하나님과 평화의 계약을 맺은 백성이 기쁨 속에 살아감으로써 모든 민족들을 하나님 안에 속하게 만들려는 것이었다(시편 103:3: 야훼가 우리 하나님이신줄 너희는 알지어다. 그는 우리를 지으신 이요, 우리는 그의 것이니, 그의 백성이요, 그의 기르시는 양이로다).[44] 시편 제4집은 하나님의 이 보편적인 구원과 통치권을—한편에서는 이스라엘이 겪는 재난의 역사 현실을 이기는 힘으로(시 102, 105-106편), 다른 한편으로는 개인과 공동체가 겪는 허무함과 죽음의 현실을 극복하는 능력으로(시 90, 102편) 분명히 보여주고 있다. 이를 위해 시편 제4집은 이스라엘 역사에서 가장 뜻깊은 인물인 모세(시 90-92, 94, 102, 105-106편)와 다윗(101, 103-104편)를 예를 들어 인간의 연약함과 실패에도 불구하고 여전히 작용하는 하나님 은총의 영원성을 찬양하였던 것이다.

---

44) E. Zenger, *Der Gott Israels und die Völker,* 177쪽 이하.

참고 문헌 (연대순 정리)

주석서

Hengenstenberg, E. W. *Commentar über die Psalmen I–III.* Berlin, 1842–1847.

Duhm, B. Die Psalmen. Tübingen, 1899, 1922².

Gunkel, H. *Die Psalmen*. Göttingen, 1913, 1926⁴.

Weiser, A. *Die Psalmen. Zweiter Teil: Psalm 61–150,* ATD 15. Göttingen, 1950, 1987¹⁰.

Dahood, M. *Psalms III 101–150,* The Anchor Bible 17A. New York, 1970.

Kraus, H.–J. *Psalmen 2. Teilband Psalmen 60–150,* BK. Neukirchner, 1978⁵.

Anderson, A. A. *Psalms 73–150,* NCBC. London, 1980.

Tate, M. E. *Psalms 101–150,* WBC. Waco Texas, 1983.

Seybold, K. *Die psalmen,* HAT 15/1. Tübingen, 1996.

Hossfeld F.–L. & Zenger, E. *Psalmen 51–100,* HThKAT. Freiburg, 2001².

Hossfeld, F.–L. *Die Psalmen II,* NEBAT. Würzburg, 2002.

Gerstenberger, E. S. *Psalms, Part 2 and Lamentations,* The Forms of the Old Testament Literature XV. Michigan/Cambridge, 2001.

단행본

Gunkel, H. *Einleitung in die Psalmen. Die Gattungen der religiösen Lyrik Israels.* Göttingen, 1933².

Birkeland, H. *ani und anaw in den Psalmen.* Oslo, 1933.

Michel, D. *Tempora und Satzstellung in den Psalmen.* Bonn, 1960.

Wilson, G. H. *The Editing of the hebrew Psalter,* SBLDS 76. California, 1985.

Becker, J. *Israel deutet seine Psalmen. Urform und Neuinterpretation in den Psalmen,* SBS 18. Stuttgart, 1989.

Brüning, Chr. *Mitten im Leben vom Tod umfangen. Ps 102 als Vergänglichkeitsklage und Vertrauenslied,* BBB 84. Frankfurt/ M, 1992.

McCann Jr, J. C. (ed.), *The Shape and Shaping of the Psalter,* JSOTS 159. Sheffield, 1993.

Lohfink, N. & Zenger, E. Der Gott Israels und die Völker. Unters-uchungen zum Jesajabuch und zu den Psalmen, SBS 154. Stuttgart, 1994.

Koenen, K. *Jahwe wird kommen. Ps 90-100 als Komposition,* BBB 101. Weinheim, 1995.

Brunert, G. *Psalm 102 im Kontext des Virten Psalmenbuches,* SBB 30. Stuttgart, 1996.

Gross, W. *Die Satuteilfolge im Verbalsatz alttestamentlicher Prosa. Untersucht an den Büchern Dtn, Ri und 2 Kön,* FAT 17. Tübingen, 1996.

Mitchell, D. C. *The Message of The Psalter,* JSOTS 252. Sheffield, 1997.

Zenger, E. *Dein Angesicht suche Ich, Neue Psalmenauslegungen.* Freiburg u. a., 1998.

김이곤, 『구약성서의 신앙과 신학』. 오산, 1999.

Riede, P. *Im Netz des J gers. Studien zur Feindmetaphorik der Individualpsalmen.* Neukirchener, 2000.

Forster, Chr. *Begrenztes Leben als Herausforderung. Das Vergänglichkeitsmotiv in weisheitlichen Psalmen.* Zürich & Freuiburg, 2002.

Janowski, B. *Der Gott des Lebens. Beiträge zur Theologie des Alten Testaments.* Neukirchener, 2003.

Weber, B. *Werkbuch Psalmen II. Die Psalmen 73 bis 150.* Stuttgart, 2003.

Miller, P. D. *The Way of The Lord. Essays in Old Testament,* FAT 39. Tübingen, 2004.

Janowski, B. *Konfliktgespräche mit Gott. Eine Anthropologie der Psalm.* Neukirchner, 2004.

Saur, M. Die *Königspsalmen. Studien zur Entstehung und Theologie,* BZAW 340. Berlin. u. a. 2004.

Michel, D. *Grundlegung einer hebräischen Syntax. Teil 2: Der hebräische Nominalsatz.* Neukirchner, 2004.

Flint P. & Miller Jr, P. D. (ed.), *The Book Of Psalms. Composition and Reception,* VTS XCIX. 2005.

논문

Urban, A. "Verrinnendes Leben und ausgesch ttete Klage. Meditation ber Ps 102." *BiLe* 10 (1969), 137-145.

Zimmerli, W. "Zwillingspsalmen." in: FS J. Ziegler (Hg. J. Schreiner), *Wort, Lied und Gottesspruch: Beiträge zu Psalmen und Propheten.* Würzburg, 1972, 105–130.

Houk, C. B. "Syllables and Psalms: A statistical Linguistic analysis." *JSOT* 14 (1974), 55–62.

Gouder, M. D. "The Fourth Book of the Psalter." *JTS* 26 (1975), 269–289.

Childs, B. S. "Reflections on the Modern Study of the Psalms." in: F. M. Cross, etc (eds.), Magnalia Dei: *The Mighty Acts of God. Essays on the Bible and Archaeology in Memory of G. E. Wright.* New York, 1976, 377–388.

Reindl, J. "Weisheitliche Bearbeitung von Psalms: ein Betrag zum Verständnis der Sammlung des Psalter." in: *Congress Volume Vienna 1980,* VTS 32. Leiden, 1981, 333–356.

Allen, L. C. "The Value of Rhetorical Criticism im Psalm 69." *JBL* 105 (1986), 577–598.

Brandscheidt, R. "Psalm 102. Literarische Gestalt und theologische Aussage." *TThZ* 96 (1987), 51–75.

Steck, O. H. "Zu Eigenart und Herkunft von Ps 102." *ZAW* 102 (1990), 357–372.

Kratz, R. G. "Die Gnade des täglichen Brots – Späte Psalmen auf dem Weg zum Vaterunser." *ZThK* 89 (1992), 1–40.

Wilson, G. H. "The Shape of the Book of Psalms." *Int* 46 (1992), 129–142.

______. "Shaping the Psalter: A Consideration of Editorical Linage in The Book of Psalms." in: J. C. McCann Jr. (ed.), *The Shape and Shaping of the Psalter,* JSOTS 159. Sheffield, 1993, 108–123.

Howard, D. M. "Contexual Reading of Psalms 90–94." in: J. C. McCann Jr. (ed.), *The Shape and Shaping of the Psalter,* JSOTS 159. Sheffield, 1993, 108–123.

Culley, R. C. "Psalm 102: A Complaint with a Difference." *Semeia* 62 (1993), 19–35.

Michel, D. "Probleme des Nominalsatzes im biblischen Hebr isch." *ZAH* 7 (1994), 214–223.

Krüger, Th. "Psalm 90 und die 'Vergänglichkeit des Menschen'." *Bib* 75

(1994), 189–219.

Sedlmeier, F. "Zusammengesetzte Niminalsätze und Ihre Leistung für Psalm CII." VT XLV (1995), 239–250.

Sedlmeier, F. "Psalm 102,13–23: Aufbau und Funktion." *BZ* 40 (1996), 219–235.

Lehmann, R. "Überlegungen zur Analyse und Leistung sogenannter Zusammengesetzter Nominals tze." in: A. Wagner (Hg.), Studien zur *hebräischen Grammatik,* OBO 156. Freiburg Schweiz, 1997, 27–43.

Zenger, E. "Der Psalter als Buch. Beobachtungen zu seiner Entstehung, Komposition und Funktion." in: Ders. (Hg.), Der Psalter in Judentum und Christentum, HBS 18. Freiburg u. a., Stuttgart, 1998, ...

Jenni, E. "Subjektive und objektive Klassifikation im althbr ischen Nominalsatz." *TZ* 55 (1999), 103–111.

Zenger, E. "Die Psalmen im Psalter: Neue Perspektiven der Forschung." *ThRev* 95 (1999), 443–456.

_________. "Von der Psalmenexegese zur Psalterexegese." *BiKi* 56 (2001), 8–15.

Oeming, M. "An der Quelle des gebets. Neuere Untersuchungen zu den Psalmen." *ThLZ* 127 (2002), 367–384.

Janowski, B. "Das Buch der unverf lschten Spiritualit t. Zum neunen Psalmenkommentar von F.-L. Hossfeld und E. Zenger." *BZ* 47 (2003), 43–65.

Hossfeld, F.–L. "Eine poetische Universalgeschichte. Ps 105 im Kontext der Psalmentrias 104–106." in: FS E. Zenger, *Das Manna fällt auch Heute Noch. Beiträge zur Geschichte und Theologie des Alten, Ersten Testaments.* Freiburg. u. a., 2004, 294–312.

Gillmayr-Bucher, S. "Body Images in the psalms." *JSOT* 28 (2004), 301–326.

Golovanov, I. "Intergrit t des vierten Psalmenbuches." *BN* 119 (2004), 63–70.

Wilson, G. H. "King, Messiah, and The Reign of God." in: P. Flint & P. D. Miller Jr. (ed.), *The Book Of Psalms. Composition and Reception,* VTS XCIX. 2005, 190–205.

시편 109편의 חסד에 대한 연구

김정철

I. 들어가는 말

히브리 성서의 חסד는 희랍어 구약성서(LXX)에서 대체로 ἔλεος, 즉 "자비"로 쓰였다. 이 용어를 영어역본 구약성서에서는 kindness, mercy, loving kindness, steadfast loving 등으로 읽는다. 이 독법은 이 어휘가 관계적 용어라는 것을 암시한다. 그래서 이 용어는 구약성서에서 사람과 사람의 관계와 하나님과 사람의 관계에서 한 편이 다른 편에게 보이는 호의를 가리킬 때 사용된다. 전자는 세속적 용법이고,[1] 후자는 종교적 용법이다.[2] 이 용어의 두 용법은 시편 109에 나타난다. 이 어휘의

1) חסד의 세속적 용법은 구약성서에서 가족 친척들(창 20:13; 창 24:49; 47:29; 1:8; 삼상 15:6), 주인과 손님(창 19:19; 21:23; 수 2:12,14), 친구들(삼상 20:8,14; 삼하 9:1, 3, 7; 10:2; 16:17; 왕상 2:7), 주권자와 신하(삼하 2:5; 3:8; 대하 24:22) 사이에서 친절한 행동을 표현할 때 사용된다.

2) חסד의 종교적 용법은 구약성서에서 주어가 야훼이며 목적어가 인간으로(창 24:12,14; 룻 1:8; 삼하 2:6; 15:20; 왕상 3:6; 대하 1:8; 욥 10:12; 또는 창 32:10[11]; 출 20:6; 신 5:10; 삼하 22:51; 시 18:50[51]; 렘 32:18; 또는 창 24:27; 룻 2:20; 대상 17:13; 시 89:33[34]; 또는 삼하 7:15 등) 사용된다.

의미를 살피기 위해서 시편 109의 문맥을 통해 이 어휘를 논하는 것이 중요하다. 필자는 두 가지 용례가 동시에 나오는 본문의 구조와 양식 그리고 삶의 자리를 먼저 살펴보겠다. 그리고 본문에 나타난 헤세드의 의미와 역할에 대해 논구하도록 하겠다. 나가는 말에서 이에 대한 결론을 도출하여 정리하겠다.

II. 본문의 구조와 양식과 삶의 자리

1. 본문의 구조

시편 109편의 어조와 형식은 개인 탄원시를 따르고 있으나, 그 전개는 매우 자유로우며 독특한 방법으로 묘사되어 있다.

우선, 1[1b]-5절은 하나님 찬양과 짧은 탄식(1)과 원수에 대한 탄식(2-5)으로 구성되어 있다. 하나님 찬양과 짧은 탄식으로 된 도입문(1)은 시편 28:1과 83:1에서처럼 하나님께서 구원하신다는 확신이 함축되어 있다. כי("왜냐하면")로 유도되는 2-5절은 시편 기자가 자신의 고난 상황을 언급한 탄식이다. 그는 이 탄식에서 "원수들이" 자신을 에워싸고 "속이는 말," "거짓말," 그리고 "증오의 말"을 한다고 자신의 처지를 폭로한다. 이 문단에 나오는 화자의 원수는 동사의 3인칭 복수 접미사로 표현된 "그들"이다. 그러나 6-19절에 나오는 화자의 대적자는 동사의 3인칭 단수 접미사로 표현된 "그"이다.

6-19절의 어조는 הפקד(6, "제어하게 하라[개역]"; "맞서게 하라"[표준새번역])와 בהשפטו(7, "그가 재판을 받을 때에"[표준새번역]) 등의 어휘에 의해 법정소송을 연상하게 한다. 이 문단의 화자인 원고는 피고, 즉 "그"의 유죄를 전제하고, "그"에 대하여 배심원들의 심리를 배제한 즉결심판을 재판관에게 요구한다. 원고가 요청한 피고의 즉결심판 내용(6-19)은 16절의 첫머리에 나오는 불변화사 יען אשר(16, "왜냐하면")에

의해, 그리고 명령법(jussive)으로 사용된 היה 동사의 여부에 따라 6–15절과 16–19로 나누어진다.

첫 번째 단락(6–15)의 주동사는 칼 미완료태의 היה 동사의 명령법을 가리키는 יהיו(8, 9, 15절; "Let be")나 יהי(12, 13절; "Let be")이다. 원고는 היה 동사의 명령법을 통해 피고에게 선고할 구체적 즉결심판을 재판관에게 요구한다(8–15). 원수가 요청한 즉결심판 가운데 "그에게 헤세드(חסד)를 계속할 자가 없게 하라"(12)는 악담의 절정이다. אשר יען로 시작하는 두 번째 단락(16–19)의 본동사는 일반동사(וירדף/ זכר לא)이며, 마지막 절만 본동사가 היה 동사의 소원형인 תהי(היה의 칼, 미완료; "Let it be")로 되어 있다. 이 문단에서 원고는 피고에 대한 추상적 저주를 일반 동사로 진술하다가, 마지막 절에서 피고에 대한 추상적 저주를 היה 동사의 명령법으로 기원하고 있다. 원고가 말한 저주 이유는 "그가 가난한 자와 빈궁한 자에게 "헤세드의 일"(עשׂות חסד)을 생각하지 않았기 때문"(16)이다.

20절에서 화자의 원수는 6–19절에서처럼 3인칭 단수 "그"가 아니라, 2–5절에서처럼 3인칭 복수 "그들"이다. 화자는 6–19절에서처럼 היה 동사의 명령법을 사용하지 않고, 구체적 저주도 기원하지 않는다. 시편 기자는 원수들이 자신을 에워싸고 "거짓말"과 "증오의 말"로 악담한다고 그들을 비난하는 2–5절에서처럼, 20절에서 "악담"을 퍼붓는 원수들을 비난하고 있을 따름이다. 따라서 2–5절과 20절의 화자가 동일한 인물로서 시편 기자라면, 6–19절의 화자는 시편 기자의 원수로 이해된다. 그렇다면, 2–5절과 20절은 원수의 악담(6–19)을 시편 기자가 인용한 "인용부호"[3]인 셈이다.

21–29절의 대적자가 2–5절과 20절에서처럼 3인칭 복수 "그들"이므로, 이 문단의 화자는 2–5절과 20절에서처럼 시편 기자라고 할 수 있

3) David P. Wright, "Ritual Analogy in Psalm 109," *JBL* 113(1994): 385–404, p. 393. 표준새번역 개정판에는 6-19절을 인용부호("　")로 표기하고 있다.

다. 이 문단은 "야훼의 헤세드(חֶסֶד)에 근거하여 구원"을 기원한 21절과 26절에 의해 두 단락으로 나뉜다. 첫 번째 단락(21-25)에서 시편 기자는 "야훼의 헤세드"(חֶסֶד)에 근거하여 자신의 구원을 기원하고(21), "내가 가난하고 빈곤하다"(22)고 고백한다. 그리고 원수들에 의해 받은 자신의 고통(23-25)을 묘사한다. 두 번째 단락(26-29)에서 그는 "야훼의 헤세드"(חֶסֶד)에 근거하여 자신의 구원을 야훼께 탄원한다(26). 그리고 자신은 야훼의 복을 받게 하고(28), 원수들은 "겉옷처럼" 수모를 걸치고 다니게 해달라고 간청한다(29). 앞 문단(6-19)에서 원수는 그가 재판관에게 요청한 시편 기자에 대한 즉결심판(6-19)을 "인간의 חסד"에 근거하고 있지만, 뒤 문단(21-29)에서 시편 기자는 자신의 구원을 "하나님의 חסד"[4]에 근거하고 있다.

탄식과 탄원 분위기로부터 확신과 신뢰의 분위기에로의 급전이를 보여주는 30-31절은 탄원자인 시편 기자가 야훼의 구원에 대한 확신과 신뢰를 바탕으로 드린 감사와 찬양이다.

이같이 살펴본 본 시편의 구조[5]를 도식화하면 다음과 같다:

1. 탄원(Invocation, 1)
    1) 하나님의 호칭과 짧은 탄식(1)
2. 탄식(Complaint, 2-20)

---

4) 테리언은 "본 시편이 "야훼가 긍휼의 주(master)"라는 믿음에 기초한다"고 말하고, "긍휼은 확고한 사랑으로부터 자비, 충성, 연민까지의 넓은 범주를 가지고 있다"고 말한다. Samuel Terrien, *The Psalms: Strophic Structure and Theological Commentary,* (Grand Rapids: William B. Eerdmans Publishing Company, 2003), p. 747. 그러나 이 견해는 "긍휼(רחם)"이란 단어가 본 시편에 나타나지 않는 바, 적절한 의견이라고 볼 수 없다. 시편 기자가 야훼께 탄원한 구원의 근거인 חסד가 본 시편의 핵심어(key word)이다.

5) 이 구조는 탄원시의 기본구조를 따른다. 1. 하나님 호칭의 부름(invocation); 2. 고난의 상황에 대한 탄식(complaint); 3. 고난의 상황으로부터 구원을 비는 기원(petition); 3. 승리확신(confidence). 김이곤, 『구약성서의 고난신학』, (서울: 한국신학연구소, 1989), pp. 111-112.

1) 원수에 대한 탄식 저주문(2-5)

원수의 저주문(6-19) : 인용
A. 원수의 구체적 악담(6-15) → 핵심어 חסד
B. 원수의 추상적 저주(16-19)→ 핵심어 חסד

2) 원수에 대한 탄식(20)

3. 기원(Petition, 20-29) : 하나님을 향해 기원함
   1) 첫 번째 기원(21-25) → 핵심어 חסד
   2) 두 번째 기원(26-29) → 핵심어 חסד

4. 승리확신(Confidence, 30-31)
   1) 감사와 찬양(30)
   2) 응답의 확신(31)

2. 본문의 양식

본문의 양식을 이해하기 위한 문제의 핵심은 "화자의 목소리가 하나인가? 둘인가?"이다. 2-5절과 20절 그리고 21-29절에서는 원수가 3인칭 복수이지만 6-19절에서는 원수가 3인칭 단수인 바, 1-5절과 20-31절의 화자는 시편 기자이고, 6-19절의 화자는 시편 기자의 원수들 가운데 대표자이다.

지금까지 대부분의 현대어 성서 역본들이나 주석가들은 6-19절의 화자를 시편 기자로 생각하고 본 시편을 하나의 목소리로 읽어 왔다. 그들의 주장은 다음과 같이 네 가지로 정리 된다: 첫째, 문제의 핵심인 단수와 복수의 불일치는 다른 개인 탄원시에서도 적지 않게 발견된다. 탄원시에서 시편 기자들은 종종 "그의 탄원을 생동감 있게 표현"[6]하기 위해 집단적 원수들을 단수로 취급한다. 둘째, 2-5절과 20절이 수미쌍관법(inclusio)의 인용부호라는 것은 충분한 논증이 아니다. 오히려 이 절들에서 사용된 용어들이 6-19절의 용어들과 상응하므로, 6-19절을

6) Martin J. Ward, "Psalm 109: David's Poem of Vengeance," *AUSS* 18(1980), 164.

원수에 대한 시편 기자의 저주로 보는 것이 옳다.[7] 셋째, 개인탄원시에서 화자의 목소리가 자주 반복되는 점에서 본다면, 본 시편의 화자가 단수와 복수로 표현된 것은 "탄원자에 의한 구조적 측면에서 반복"[8]되는 하나의 목소리일 뿐이다. 넷째, 6-19절에 나오는 잔인한 저주의 표현들은, 개인의 원수이든 국가적 원수이든, 하나님의 원수에게 적용하기에 가능한 표현이다. 따라서 그것을 낯설게 생각할 필요가 없다는 것이다.[9] 이상의 네 가지의 설명에 따라 본 시편의 목소리가 하나라고 볼 때, 유일한 목소리 주인공은 하나님께 탄원기도를 드리는 시편기자이다. 따라서 문제의 6-19절은 시편 기자가 자신의 원수 곧 하나님의 원수를 향해 퍼붓는 독설이 되는 셈이다.

하나의 목소리로 읽는 이 독법은 히브리 성서(MT)의 본문에 따르면 수용하기가 어렵다. 그 이유는 다음과 같다. 첫째, 히필 어간의 2인칭, 단수, 명령법(jussive)으로 구성된 6절의 הפקד("제어하게 하라"[개역]; "맞서게 하라"[표준새번역])를 야훼 하나님께 적용하기에는 그 표현이 매우 거칠다. 둘째, 본 시편의 원수가 하나님의 원수이므로 원수에 대하여 증오의 말을 하는 것이 낯설지 않다는 주장은, 시편 탄원시의 원수가 하나님의 원수라고 보는 것 자체가 해석학적 산물인 바, 텍스트 자체에 대한 적절한 해명이 될 수 없다. 따라서 6-19절을 경건한 시편 기자의 언설로 보기에는 그 어조가 거북한 것은 분명하다. 셋째, 비록 단수와 복수의 불일치가 다른 탄원시에 나타난다 해도, 독자는 2-5절의 3인칭 복수로 표현된 대적자가 6-19절에서 갑자기 3인칭 단수로 바뀌는 것을 문자적 측면에서 대수롭게 생각할 수는 없다. 오히려 "시편의 탄원시와 잠언에서 대부분의 경건한 개인은 단수이며, 악인들은 복수로

7) Wright, "Ritual Analogy in Psalm 109," 394.

8) 라이트는 본 시편을 1(기원, Anrufung), 2-5(탄식, Klage), 6-19, 20(탄원, Wünsch), 21-29(간청, Bitte), 30-31(Gelübde des Danklied)로 분석한다. Wright, "Ritual Analogy in Psalm 109," 395.

9) 따라서 바아드는 본 시편의 구조를 "A 도움을 위한 간청; B 원수에 대한 저주; A' 도움을 위한 간청"으로 나눈다. Ward, "Psalm 109," 164.

표현되어 있다"[10]는 점이 본 시편에 대한 중요한 해석학적 열쇠이다. 넷째, 20절을 6-19절에 나오는 시편 기자의 저주 기원의 연장으로 보는 것 보다, 오히려 6-19절에서 자신에게 퍼붓는 원수의 저주를 원수 자신에게 되돌아가게 해 달라고 기원하는 시편 기자의 탄원으로 보는 것이 자연스럽다. 따라서 2-5절과 20절은 6-19절을 인용한 문학적 수미쌍관법의 인용부호로 보는 것이 옳다. 다섯째, 앞에서 라이트(D. P. Wright)가 본 시편의 본문을 도식화함으로 하나의 통일된 탄원시 양식으로 규정한 것은 시편의 오랜 전승사와 편집사를 간과한 해석이 아닐 수 없다. 성서학의 의무는 텍스트가 도식화에 기여하도록 하는 것보다 오히려 도식이 텍스트의 해석에 기여하도록 분석하는 것이 되어야 한다.

따라서 최근에 NRSV는 6절을 "They say, '.....'"로 시작하고, 6절부터 19절까지의 본문을 인용부호(" ")로 묶는다. 피터스마(A. Pietersma)의 희랍어 구약성서(LXX) 영역본도 NRSV를 따르며 본문을 "They say, '.....'"로 읽고 있다.[11] NRSV와 피터스마가 6절 시작부분에서 제시한 "They"는 2-5절에서 복수로 표기된 "원수들"을 가리킨다. 히브리 성서와 희랍어 구약성서에 "They say, '.....'"가 없음에도, 두 현대어 역본들이 2-5절의 "원수들"을 가리키는 "They"를 첨가한 것은 이 단원(6-19)의 본래의 목소리를 시편 기자의 것이 아니라, 시편 기자를 고발한 "그들"이나 "그들 중 한 사람"의 말로 본다는 것을 의미한다. 또한 한글성서 표준새번역개정판과 바이저(A. Weiser)나 알렌(L. C. Allen)은 비록 "They"를 삽입하지는 않지만, 이 단락(6-19)을 시편 기자가 원수의 말을 인용한 인용문으로 읽고 인용부호(" ")로 묶고 있다.[12] 이 독법은 6-19절을 시편 기자의 인용문으로, 그리고 1-5절과

10) R. J. Clifford, *Psalms 73-50* (Nashville: Abingdon Press 2003), p. 172.

11) Albert Pietersma, *A New English Translation of Septuagint: The Psalm* (New York: Oxford University Press, 2000), 111.

12) A. 바이저, 『시편 (II)』: 국제성서주석시리즈, (천안: 한국신학연구소, 1992), 357; L.C.

20-31절을 인용문에 대한 반응으로서 시편 기자의 탄원문으로 이해하고, 본 시편을 "두 개의 목소리"[13]로 읽는다.

두 개의 목소리 중 하나(6-19)는 시편 기자를 고발하며 악담하는 원수의 목소리이며, 다른 하나(1-5, 20-31)는 이를 인용하며 하나님께 자신의 구원을 탄원한 시편 기자의 목소리이다. 먼저, 시편기자는 하나님을 부르고(1), 원수들이 거짓말과 증오의 말로 자신을 공격한다고 탄식한다(2-5). 다음에, 비록 시편 기자가 인용하고 있지만, 원수는 "그(시편기자)가 요절하므로(8), 그의 자식과 아내는 고아와 과부가 되어 걸식하고(9-10), 재산은 약탈되며(11), 자손도 끊어져 사람들의 기억에서 잊혀지고(13-15), 그에게 복이 아니라 저주가 내리며(17), 그 저주가 물처럼 기름처럼 뱃속까지 스며들고, 옷처럼 입혀지게 해 달라(18-19)"고 말한다. 시편 기자가 헤세드를 베풀지 않았으므로(16) 그의 이웃이 그에게 헤세드를 베풀지 않게 해 달라(12)고 재판관에게 요구한 것이다. 그러자 시편 기자는 하나님께 탄원한다. 그는 원수가 자신을 저주한 말이 원수 그들에게 내려지기를 기원한다(20). 그리고 그는 하나님의 헤세드에 근거하여 자신을 구원해 달라고 하나님께 기원한다(21:26). 그는 자신의 곤경을 탄식하고(22-25), 아무리 원수가 저주를 퍼부어도 야훼께서는 자기에게 복을 주실 것이라고 고백하며(27-29), 하나님의 구원에 대한 확신과 감사 그리고 찬양으로 탄원기도를 마친다(30-31). 이것이 시편기자의 탄원의 내용이다.

따라서 원수의 목소리는 매우 모질게 퍼붓는 "세속적 저주문 양식"이며, 시편 기자의 목소리는 하나님을 향하여 구원을 바라는 "종교적 탄원시 양식"이라고 하겠다.

Allen, *Psalms 101-150,* WBC (Nashville: Thomas Nelson Publishers, 2002), 102.

13) C. C. Broyles, *Psalms* : NIBC (Peabody: Hendrickson Publishers, Inc., 1999), 413.

3. 본문의 삶의 자리

본 시편의 삶의 자리는 화자인 시편 기자의 정체에 대한 추론으로부터 해명이 가능하다. 고울더(M. D. Goulder)는 화자의 정체를 밝히기 위해 다음과 같이 논증하고, 본 시편의 삶의 자리를 추정한다: 첫째, 화자는 하나님을 "나의 찬양의 하나님"(1), "나의 주 야훼"(21), "나의 하나님 야훼"(26)라고 부르며, 하나님의 헤세드를 따라 자기를 구원해 달라(21, 26)고 기원한다. 그리고 그는 다윗이 즐겨 사용한 "당신의 종"(28)이란 어투를 자신에게 적용한다.[14] 둘째, 30절의 "내가 입으로 여호와께 크게 감사하며 무리 중에서 찬송하리니"[개역]라는 구절은 이스라엘의 어느 지도자가 3대 축제 중 적어도 장막절 기간에 하나님이 약속하신 구원에 대하여 드린 감사 찬송으로 이해할 수 있다. 셋째, 본 시편은 본디 박해의 희생자들에 의해 종교법정의 상황에서 사용되었을 것이고, 암송되었을 것이다. 그 이후 국가적 위기의 상황에서 불리어지다가, 마침내 편집자에 의해 다윗의 시로 취급되었을 것이다. 넷째, 스가랴 3:1-2절에 따르면, 스가랴는 고발자(השטן)가 주의 천사 앞에서 그를 고발하기 위해 여호수아의 오른 쪽에 서 있는 환상을 보는데, 이 환상이 본 시편의 배경과 유사하다. 또한 이 환상은 성전건축에 대하여 "유다와 베냐민의 대적자"가 페르시야 왕에게 고발하자 건축이 20년간 중단된 사건(에스라 4장)과 역사적으로 관련이 있으므로, 이 고발 사건은 본 시편과 직접적 관련은 없지만 법정상황에서 유비(analogy)가 된다.[15] 이 같은 고울더의 주장을 요약하면, 본 시편의 화자는 다윗 같은 국가적 지도자이고, 삶의 자리는 국가적 축제 기간이며, 이 때 불리어진 본 시편은 성전 건축을 놓고 페르시야 왕에게 서로 고발하는 상황과

14) 이 어투는 사무엘하 7장에서만 여러 번(5, 8, 9, 20, 21, 25, 26, 27, 28, 29절) 다윗에게 적용되어 있다.

15) M. D. Goulder, *The Psalms of the Return(Book V, Psalms 107-150)*, JSOTsup. 258 (Sheffield: Sheffield Academic Press, 1998), 133-135.

유비시켜 해석되어야 한다는 것이다.

여기서 고울더는 본 시편의 화자를, "다윗의 시, 영장으로 한 노래"라는 표제에 따라 "다윗"으로부터, 그 이후 "다윗 같은 지도자들"과, 그리고 페르시아 시대의 "어느 지도자"에 이르기까지, 이스라엘의 역사적 지도자들을 모두 언급하고 있다. 이것은 추론에 의한 가설이다. 추론에 따라 화자를 이스라엘의 전 역사에 적용하여 본 시편을 해석하는 것은 무리가 아닐 수 없다. 다만 그가 본 시편의 본디 삶의 자리를 본문을 통해 살피는 것은 매우 주목할만 하다.

앞에서 본대로, 본문은 시편 기자가 인용한 원수의 저주문(6-19)과 시편 기자의 탄원시(1-5; 20-31)로 구성되어 있다. 이 가운데 저주문은 그 용어가 국가나 민족 등 집단보다 오히려 개인의 생명이나 재산 그리고 후손과 관련되어 있다. 또한 탄원시(1-5; 20-31)는 그 어휘들이 개인의 범주를 넘어서지 않는다. 탄원시의 "당신의 종"(28)이란 표현 역시 구약성서에서 다윗에게만 아니라 "경건한 이스라엘인"[16]에게도 자주 사용된 어휘이다. 무엇보다도 본 시편의 핵심어로 사용된 חסד는 구약성서에서 국가적 차원의 문맥이 아니라, 개인, 가족, 가문, 그리고 부족 차원의 행동을 가리키는 문맥에서 사용된 용어이다. 뿐만 아니라 본 시편의 표제어에 나오는 לדוד를 "다윗의"라는 의미로 해석이 가능하지만, 전치사 ל의 사전적 의미[17]에 따라 "다윗을 위한" 또는 "다윗에게 헌정된"으로도 읽을 수 있다. 그렇다면 본 시편의 화자는 "다윗"이 아니라 "어느 경건한 이스라엘인"이 된다. 따라서 화자를 다윗에게 국한 시키고 삶의 자리를 국가적 차원에서 찾아보려는 고울더의 시도는 문제가 있다.

---

16) 모세(출 4:10; 민 12:7, 8; 신 34:5, 수 1:1, 2, 7, 13, 15 등), 여호수아(수 24:29 등), 이사야, 예레미야, 에스겔 등 예언자(사 20:3; 렘 7:25; 25:4; 26:5; 29:19; 35:15; 44:4; 겔 38:17; 단 9:17; 학 2:23 등등),

17) cf. W. L. Holladay, *A Concise Hebrew and Aramaic Lexicon of the Old Testament* (Grand Rapids: William B. Eerdmans Publishing Company, 1971), 167-169.

그러나 고울더가 본 시편의 본디 삶의 자리를 종교법정의 재판상황으로 보고, 그 후 본 시편이 박해의 희생자들에 의해 암송되었을 것으로 본 것은 옳다. 이 주장이 텍스트에 의해 논증되기 때문이다.

화자의 신분과 관련해서 본 시편의 배경과 삶의 자리를 종교 법정의 재판 상황으로 짐작할 수 있게 하는 본문의 용어는 שטן이다. 시편 기자의 탄원(4, 20, 29)이나 원수의 저주(6)에도 나타나는 이 용어는 저주문의 שפט(7, 31)와 함께 소송과정에서 사용된 중요한 법정의 용어이다. שטן은 본문에서 분사로 "대적자"(20, 29), 명사로 "고발"이나 "기소"(6), 동사로 "대적하다"나 "고발하다"(4)를 의미한다. 그리고 구약성서의 민사, 가정, 종교의 사법적 재판 과정에서 사용되는 שפט는 기본 의미가 "재판하다"이며, 본 시편에서 니팔형으로 "그가 재판을 받을 것이다" (7), 분사형으로 "정죄하는 자들"(31)을 의미한다. 이같이 법정 용어가 원수의 저주문과 시편기자의 탄원문에 나타나는 본문은 본 시편의 삶의 자리가 사법적 소송 과정이라는 것을 보여준다.

이 같은 측면에서 본 시편은 본디 종교 법정의 상황에서 사용되었을 것이고, 박해의 희생자들에 의해 암송되었을 것이다. 따라서 본 시편의 삶의 자리는 "박해를 받고 있는 경건한 어느 한 개인이 하나님을 대신한 사제 재판관 앞에서 자신에 대한 고발이 부당하다고 주장한 종교적 법정"[18]이라고 할 수 있다(cf. 출 22:7-8; 신 17:8-13; 왕상 8:31-32).

III. 본문에 나타난 헤세드의 의미

이미 논증한 대로, 본 시편은 시편 기자에 대한 원수의 "저주문"(6-19)과 야훼 하나님께 구원을 탄원한 시편 기자의 "탄원문"(1-5, 20-31)으로 구성되어 있다. 전자는 재판관에게 요청한 세속적 악담이고, 후

18) Allen, *Psalms 101-150*, 100.

자는 하나님께 호소한 종교적 기도문이다. 원수는 그가 세속적 악담을 시편기자에게 퍼붓는 근거를 앞에서 본대로, 시편 기자가 이웃에게 인간 사회에서 חסד를 시행하지 않았다는 데 두고 있다. 그리고 시편 기자는 하나님께 자신의 구원을 탄원한 근거를 하나님의 변치 않는 חסד에 두고 있다. 따라서 חסד는 두 단원의 핵심어라고 하겠다.

1. 세속적 의미(12, 16)

본 시편의 세속적 악담 가운데, חסד는 두 번 나온다. 먼저 원수의 구체적인 저주문(8-15)에서 원수는 시편 기자를 법정에 고발하고(6), 배심원의 심문을 생략하며 재판관이 피고의 유죄를 선고할 것을 요청한다(7). 또한 그는 재판관이 지체 없이 피고에게 유죄선고를 내리고 형을 집행할 것을 바라고 있다. 그가 재판관에게 요청한 피고의 형벌은 피고가 요절하고, 그의 자식들은 고아가 되며, 그의 아내는 과부가 되고, 그들이 떠돌아다니며 구걸하고, 빚쟁이가 그들의 재산을 가져가게 하라(8-11)는 것이다. 또한 자손이 끊어지고, 부모가 지은 죄를 야훼께서 기억하시도록 하되, 사람들은 그를 기억하지 못하게 하라(13-15)는 것이다. 이 형벌의 요지는 피고의 생명이 피탈될 것과, 그의 가족이 처하게 될 경제적 곤경이다. 그의 가족은 경제적 자급자족이 가능하지 않는 공동사회에서 경제적 그리고 사회적으로 격리되어, 이웃과 경제적 상호관계를 끊고 그가 황폐하게 될 때까지 누구의 도움도 없이 살아야 하며, 마침내 가족의 대가 끊기고 집안이 세상에서 없어져야 한다는 것이다. 이것이 피고에게 헤세드(חסד)를 베푸는 자가 없고 하난(חונן)을 베풀자가 없는 형벌이다(12).

원수가 시편 기자를 고소하면서 이러한 형벌이 시편 기자에게 집행되기를 요청한 이유는 시편 기자가 남에게 חסד를 베풀지 않았다(16)는 데 있다. 원수에 따르면, 시편 기자가 남에게 헤세드를 베풀 생각을 하지 않고 도리어 가난하고 빈곤한 자를 괴롭혔으므로(16), 그는 죽고 그의 가족이 경제적 위기에 처해 있을 때 이웃의 헤세드를 받을 수 없도록 해야 한다(12)는 것이 원수의 생각이다. 이것이 시편 기자의 죄와 벌에 관한 원수의 논리이다.

벌	그에게 헤세드(חסד)를 계속할 자가 없게 하고 그의 고아들에게 은혜(חונן)를 베풀 자도 없게 하시오(12, 사역).
죄	왜냐하면(יען אשר) 그가 "헤세드 베풀 일"(עשׂוה חסד)을 생각하지 않고 가난하고 빈궁한 사람을 핍박하며 마음이 상한 자를 죽이려고 했다(16, [사역]).

여기서 원수가 주장한 시편 기자의 죄는 동의적 평행법으로 표현되어 있다. 즉 "이웃에게 헤세드를 베풀지 않는 죄"와 "가난하고 빈곤한 자를 괴롭히고 마음이 상한 자를 죽이려고 한 죄"가 그것이다(16). 시편 기자가 이웃에게 헤세드를 베풀어야 하는 의무를 이행하지 않은 죄는 가난하고 빈궁한 사람을 핍박하고 마음이 상한 자의 생명을 박탈하는 적극적 죄와 다르지 않다.

가난한 자와 빈궁한 자는 정치적으로나 경제적으로 자신을 부양할 수 없는 자들을 가리킨다. 이들이 생존할 수 있는 유일한 방법은 많이 가진 자의 적극적 공급에 달려 있다.[19] 인간 공동체는 지배자들과 유산자들의 적극적 공급을 통해 힘없고 가난하고 빈궁한 자들이 생존할 수 있는 사회이다. 인간 사회는 힘 있는 자들에 의해 공급이 주어지지 않으면 힘없는 자들에게 죽음이 찾아오는 공동체이다. 따라서 가난한자를 돕지 않는 것은 그들의 생명을 피탈한 적극적 죄가 된다. 그리고 마침내, 공동체 파괴로 인해 자신의 생명까지도 존립할 수 없는 상황에 이

19) Walter Brueggeman, "Psalm 109: Steadfast Love as Social Solidarity," in: P. D. Miller (ed.), *The Psalms & The Life of Faith* (Mineapolise: Fortress Press, 1995), 276.

르게 된다.

그럼에도 불구하고, 원수에 의하면, 피고는 가난한 자와 빈궁한 자를 경제적으로 혹독하게 착취하고 마음이 상한 자를 죽이려 했다. 그래서 피고에게 헤세드가 없는 무자비한 형이 피고에게 집행되어야 한다. 그가 공동체의 사회적 결속을 위해 마땅히 이행해야 하는 의무로서 헤세드를 보여주지 않았으므로, 그는 이웃으로부터 헤세드를 받게 해서는 안 된다(8-15). 따라서 사회적 연대의식이 없는 그에게 저주는 내리고 축복은 사라져야 한다. 이 형벌은 저주의 근접성과 축복의 소격성으로 설명된다. 근접성과 소격성은 네 개의 직유법으로 표현되어 있다(18-19).[20] 축복은 피고에게서 멀어져야 하지만(소격성), 저주는 그에게 다가와서 땅에 떨어지는 "물과 같이" 떨어져 뱃속까지 스며들고, "기름처럼" 뼈 속까지 들어가며, "외투처럼" 입게 되고, "허리띠처럼" 허리에 두르게 되어야 한다(근접성)는 것이다(16-19). 시편 기자의 죄와 벌에 대한 원수의 논리는 동태복수법의 논리이다. 이 논리는 매우 조건적이다.

그런데 헤세드의 조건적 의미는 חסד 자체에 함축되어 있다. 헤세드는 인간사회에서 한 편만 존재한다면 성립하지 않고 사용될 수 없는 용어이다. 이 용어는 상대방의 존재를 긍정하므로 양 편의 "상관관계, 상호작용, 상호도움, 주고받는 섬김"을 전제하고, 함축한다. 말하자면, 헤세드를 요구한 자는 이에 상응한 행동을 해야 하고, 헤세드를 수용한 자는 상대방에게 헤세드를 보여 주어야 한다. 오직 상관관계에서만 성립하게 되는 이 용어는 쌍방의 의무가 뒤따른다. 이같이 상호 권리와 의무를 전제하고 함축한다는 점에서, 헤세드는 조건적 의미를 지닌다.

헤세드의 조건적 용법은 다윗과 요나단의 관계에서 잘 나타난다. 다윗은 그가 요나단의 도움을 요구할 때, 야훼의 명령으로 돌리는 자신과 요나단의 계약 체결을 근거로, 요나단의 헤세드 이행 의무를 보증받고자 한 일이 그것이다.

---

20) Wright, "Ritual Analogy in Psalm 109," 398.

다윗	너는 너의 종에게 헤세드를 이행하라(ועשית חסד). 야훼께서 너와 네 종에게 베리트(בברית)를 맺게 하셨다(삼상 20:8, [사역]).

여기서 요나단이 다윗에게 실행할 חסד의 근거는 그와 맺은 ברית이다. 이 ברית는 충성, 의무, 성실로 준수해야 하는 계약[21]이다. 이 계약에 따라, 다윗과 요나단은 서로 헤세드를 이행해야 한다. 계약에 근거한 헤세드 이행은 조건적이다. 다윗의 요구에 응답의 형식을 빌린 요나단의 언설에 조건적 의미의 헤세드가 나타난다.

요나단	너는 나에게 야훼의 헤세드를 베풀어(תעשה...חסד יהוה) 내가 죽지 않도록 하고, 나의 집에서 너의 헤세드(חסדך)를 영원히 끊어 버리지 말라(삼상 20:14b-15a).

요나단은 다윗과 계약을 체결한 이후, 만일 자기가 다윗에게 헤세드를 이행한다면, 다윗 역시 자기에게 헤세드를 이행해야 한다는 점을 강조하고 이것을 다윗에게 요구하고 있다. 여기에 나타난 요나단은 다윗이 자기에게 야훼의 헤세드를 베풀어 자기가 죽지 않고 살도록 할뿐 아니라, 다윗의 헤세드를 자기의 집에서 끊으면 안 된다고 다윗의 헤세드 이행 의무를 보증받고자 한다. 나중에 다윗은 요나단의 이 요구를 기억하고, 사울의 후손 중 므비보셋에게 헤세드를 보여준다(삼하 9장). 이것이 다윗과 요나단이 상호 의무를 불러 오는 조건적 의미에서 헤세드이다.

---

21) 한 편이 다른 편을 향해 충성, 의무, 그리고 성실을 준수해야 하는 계약적 측면에서 이해되어 왔다. 계약은 covenant이다. 구약성서에서 covenant는 현대인이 현금 거래할 때 사용하는contract를 의미하지 않는다. 구약성서 시대의 히브리인들은 contract의 세계에 살지 않고, covenant의 세계에서 살았다. 그들은 contract의 개념을 알지 못했다. 그들에게 있어서 세속적 의미의 모든 거래나 매매는 contract가 아니라 개인 관계의 covenant의 일이었다. 그들에게 이웃이나 혹은 하나님과의 계약(covenant) 관계에서 사용된 헤세드는 충성, 의무, 성실이 뒤따라야 하는 개념이다. W. F. Lofthouse, "Ḥen and Ḥesed̲ in the Old Testament," *ZAW* 51 (1933), 33.

요나단이 다윗에게 헤세드를 보여주었으므로 다윗 역시 요나단에게 헤세드를 보여 주어야 한다는 점에서, 세속적 헤세드의 의미는 조건적이다. 그리고 다윗과 요나단의 계약에 근거한 상호의무 이행[22]이 뒤따라야 한다는 점에서 세속적 헤세드의 의미는 조건적이다.

그러나 세속적 용법의 헤세드는 누가 누구에게 시혜를 베풀어 주는 의미가 아니다. 공동체 안에서 헤세드를 이행하는 것은 하나의 공동체를 이루는 성원으로서 헤게모니를 가지고 있는 자가 그렇지 못한 자에게 베푸는 시혜가 아니다. 오히려 서로가 서로에게 충성, 의무, 그리고 성실로서 이행해야 하는 의무이다. 말하자면, 함께 사는 공동체의 사회적 결속을 위해 이행해야 하는 도덕적 의무가 헤세드의 세속적 의미이다. 따라서 세속적 용법에서 헤세드는 "최상의 도덕적 가치이며 도덕적 의무"[23]라고 할 수 있다. 그래서 다윗이 지배자가 되었을 때, 그는 요나단이 그에게 보여준 헤세드를 기억하고, 요나단과 맺은 계약을 근거로 므비보셋에게 헤세드를 보여 준 것이다.

요나단과 다윗의 관계에서 나타난 헤세드를 베푸는 자는 자연스럽

---

22) 구약성서에 나타난 인간상호의 계약관계에서 헤세드의 수용자는 헤세드의 행위자에게 헤세드와 유사한 행동으로 반응한다는 점에서 조건적이다. 예컨대, 아브라함은 자신에게 헤세드를 요구한 아비멜렉(창 21:23)과 계약을 맺는다(27). 라합은 자신의 헤세드를 수용한 정탐군들에게 헤세드를 요구하고(수 2:12), 그들은 그녀에게 헤세드를 약속한다(14). 요나단은 다윗이 요구한 헤세드를 약속하며(삼상 20:8, 14f), 그 대가로 다윗은 요나단의 아들 므비보셋에게 헤세드를 행한다(삼하 9:7). 다윗은 사울에게 호의를 보여준 길르앗 야베스 사람들에게 헤세드를 보여주며(삼하 2:5), 자신에게 헤세드를 보여준 나하스를 조문을 하고(삼하 10:2), 그의 피난길에 호의를 보여준 바실래의 아들들에게 헤세드를 보이라고 솔로몬에게 부탁한다(왕하 2:7). 요셉은 죄수들의 꿈을 해몽해주고 그들에게 헤세드를 요구한다(창 40:14). 정탐군들에게 길을 안내한 벧엘 사람은 그들로부터 헤세드를 얻는다(삿 1:24). 사울은 헤세드를 보여준 켄족에게 호의적으로 반응한다(삼상 15:6).

23) Sung-Hun Lee, "Lament and the Joy of Salvation in the Lament Psalms." in: Flint, P. W. & Miller, Jr. P. D. (eds.). *The Book of Psalms: Composition Reception* (Leiden/Boston: Koninklijke Brill NV, 2005), 229.

게 정치적, 사회적, 그리고 경제적 강자를 가리킨다. 정치적으로 지배자, 사회적으로 헤게모니를 지닌 자, 경제적으로 유산자가 강자로서 헤세드를 베풀어야 한다. 강자가 약자에게 헤세드를 베풀어야 하지만, 만일 강자가 계약을 깨뜨리고 헤세드를 베풀지 않으면 그것은 의무 불이행의 죄가 된다. 이 죄는 사회 공동체의 결속을 파괴하는 죄이다. 하지만, 약자가 계약을 깨뜨리면, 강자는 그의 마음속에 분개가 일어나는 것은 분명하다. 그럼에도, 고멜의 남편인 호세아처럼, 강자는 계약관계 자체를 회복하기 위해 자신의 헤세드를 의식하고 그것을 약자에게 표현해야 한다.[24] 강자가 약자에게 헤세드를 보이는 것은 건강한 공동체 유지와 공동체의 결속을 위한 계약에 근거하고 있기 때문에, 비록 약자가 계약을 파기 했다 하더라도, 강자는 공동체의 관계회복을 위해 자신의 헤세드를 표현해야 한다. 이것이 시편 기자가 이행하지 않았다는 조건적 의미의 세속적 헤세드이다.

그런데 강자로서 시편 기자가 가난하고 빈궁한 자에게 헤세드를 베풀 생각은 하지 않고, 가난한 자와 빈곤한 자를 괴롭히고, 마음이 상한 자를 못살게 하였으므로, 그 결과 누구든지 그에게 헤세드를 베풀지 못하게 해야 할 뿐 아니라, 축복이 멀어지고 저주가 다가와야 한다는 원수의 이 논리에 대해서, 시편 기자는 어떤 반응을 보이고 있는가?

2. 종교적 의미(21, 26)

시편 기자는 원수의 저주문(6-19)을 인용한 후, 하나님께 직접 자신의 처지를 탄식하며 구원을 기원한다(20-29). 두 단락(21-25; 26-29)으로 구성된 기원(20-29)의 화자는 시편 기자이고, 청중은 하나님이다. 시편기자는 하나님께 구원을 바라는 기원을 두 번(21-15, 26-19) 반복하고 있다.

---

24) Lofthouse, “Ḥen and Ḥesed̲,” 34.

첫 번째 기원 가운데, “당신의 헤세드에 따라 나를 건져 주소서”(21, כ-חסדך הצילני)[25]에 나오는 חסד는 히필 어간의 명령형과 1인칭 접미어로 구성된 נצל 동사와 결합되어 있다. 두 번째 기원 가운데, “당신의 헤세드를 따라 나를 구원해 주소서”(26, הושיעני כחסדך)에 나오는 חסד 역시 히필 어간의 명령형과 1인칭 접미어로 구성된 ישע 동사와 결합되어 있다. 의미론적 측면뿐 아니라 문법체계에서도 21c절과 26b절은 엄격한 평행구인 셈이다. 시편기자는 반복되는 평행구를 통해 자신을 저주하며 무고한 원수로부터 자신을 구원해 달라고 기원한다. 그의 구원의 근거는 헤세드이다.

첫 번째 기원(21c)

① 구원을 위한 근거	כי־טוב חסדך 당신의 헤세드(와 선하심)에 따라
② 구원을 위한 기원	הצילני 나를 건져 주소서.

두 번째 기원(26b)

① 구원을 위한 근거	כחסדך 당신의 헤세드에 따라
② 구원을 위한 기원	הושיעני 나를 구원해 주소서.

25) 한글판 개역성경은 첫 번째 헤세드 문장을 맛소라 텍스트의 21c(כי־טוב חסדך)의 문자대로 “주의 인자하심이 선함을 인하여”로 읽는다. 그러나 맛소라 텍스트는 본디 כי־טוב חסדך였으나, 필사자에 의해 כ가 כי로 무심결에 읽혀져 변조되어 필사되었다고 주장한 바레(M. L. Barr)는 כי를 כ로 수정할 것을 제안한다. 그가 주장한 본문의 변조 이유는 다음과 같다: “*kî tôb...ḥeseḏ*”의 형태에 익숙해 있는 필사자들이 *k*를 *kî*로 잘못 읽은 데서 비롯되었거나, 유사한 발음에 의한 청각적 착오에서 기인되었을 수도 있지만, טוב와 חסד의 관계가 정형적이라는 점을 이해하지 못한데서 비롯된 것으로 보아야 한다.” Michael L. Barré, “The Formulaic Pair חסד (ו) טוב in the Psalter,” *ZAW* 98 (1986): 100–105, pp. 104–105. 그러나 바레의 이 주장과 관계없이, 본문의 21절의 כי는 כ로 표기되어 있는 시리아 역본과, טוב חסדך가 접속사 ו와 함께 사용되거나 아니면 ו가 없는 상태로 병치되어 나타난 시편(시 23:6; 25:7; 69:17; 86:5; 106:1; 107:1; 118:1 등), 그리고 평행구인 26b의 כחסדך에 따라, 21c절 כי의 כי를 כ로, 즉 “당신의 헤세드와 선하심에 따라”로 읽는 것이 좋다.

여기서 시편 기자는 변화무쌍한 자신의 헤세드에 따른 구원을 기원하지 않는다. 그는 실패한 인간의 헤세드(16)가 아니라 실패하지 않는 하나님의 헤세드(21c, 26b)에 호소한다. 말하자면, "그가 가난하고 빈곤한 자들에게 헤세드를 베풀지 않고 오히려 괴롭히며 마음이 상한 자를 못살게 굴었다"(16)고 말하는 원수의 비난에 대하여, 그는 "그 자신이 가난하고 빈곤한 자이며 깊은 마음의 상처를 받았다"(22)고 탄식하고, "그 자신이 석양의 그림자처럼 사라지고 놀란 메뚜기처럼 밀려가며 음식을 먹지 못해 무릎이 흔들리고 기름기가 빠져 나갔다"(23-24)고 탄식하며, 따라서 "그가 사람들의 조롱거리가 되었다"(25)고 탄식하고, 하나님께 그의 구원을 탄원한 것이다. 이 탄원은 가난하고 고통 받고 있는 그의 부르짖음이다. "그의 부르짖음이 야훼의 헤세드로 하여금 그를 구원하게 한다"[26]는 것을 그는 알았다.

라이트는 시편 기자가 실제로 가난한 자가 아니라 하나님의 자비로운 행동과 축복에 그를 복종시키는 제의적 정체성을 보여주는 이스라엘인의 특징이며, 은유적 표현이라고 주장한다.[27] 시편 기자가 "나는 가난하고 궁핍하다"고 고백한 것이 이스라엘인의 제의적이며 은유적 표현이라는 라이트의 주장은 어느 정도 타당하다. 하나님 앞에 서있는 이스라엘인들은 모두 가난하고 빈궁한 자들로 표현될 수 있기 때문이다. 하지만, 본 시편에 나타난 어휘들은 경제적 개념들이다. "고아와 과부"(9), "유리하다"(10), "구걸하다"(10), "빌어먹다"(10), "고리대금"(11), "약탈하다"(11), "가난한 자"(16,22), "궁핍한 자"(16,22,31), "금식"(24), "약하다"(24), "수척하다"(24) 등이 그것이다. 따라서 시편 기자가 실제로 가난하고 궁핍한 자라고 보는 것은 오히려 자연스럽다. 그렇다면, 가난하고 빈궁한 시편 기자가 가난한 자와 궁핍한 자를 핍박했다는 죄목으로 원수로부터 고발당한 것이다(16). 그래서 시편 기자는 그가

26) C. F. Whitley, "The Semantic Rang of Ḥesed," *Biblica* 62 (1981), 523.

27) Wright, "Ritual Analogy in Psalm 109," 401.

중상모략 당하고 거짓말로 고소당한다고 탄식한 바 있다(2-3). 시편 기자가 직면한 문제는 원수의 중상모략에만 있는 것이 아니다. 그가 고발당한 사회적 법정은 약하고 힘없는 자들이 자신들의 정당한 권리를 찾아 줄 근거인 공의를 소태처럼 만들며 정의를 땅바닥에 내동댕이쳐 버린 지 오래 되었다(암 5:7; 6:12). 그가 바라 볼 곳은 세상에 없었다.

그는 하나님 앞에 설 수밖에 다른 도리가 없었다. 그는 하나님께서 가난하고 빈궁한 자의 부르짖음을 들으시고, 강력한 주권으로 그의 문제에 간섭하시며, 그를 건지시고 구원하신다는 것을 알고 있었다. 그가 그의 탄원에서 사용한 "건지다"(נצל, 21)와 "도와주다"(עזר, 26)와 "구원하다"(ישׁע, 26)라는 용어들은 출애굽 해방전승에서 사용된 어휘들이다. 이것은 그가 "하나님의 위대한 해방 행위"[28] 전승을 알고 있었다는 것을 의미한다. 그는 이 어휘들을 사용하여 이스라엘을 이집트에서 이끌어 내고 바다에서 구출하신 하나님의 능력에 자신의 구원을 호소하고 있는 것이다. 그가 원수의 공격으로부터, 그리고 가난과 빈곤으로부터 해방되는 유일한 길은 가난한 자와 빈궁한 자를 변함없는 헤세드로 구원하실 출애굽 전승의 하나님에게 있다는 것을 믿고 있었다.

중요한 것은 시편 기자가 하나님께 그의 구원을 탄원한 근거가 "당신의 헤세드"(חסדך), 즉 "하나님의 헤세드"라는 점이다. 이것은 12절이나 16절에 나타난 변화무쌍한 인간의 "세속적 헤세드"와 다르다. 이것은 이스라엘의 역사 가운데서 잘 드러난다. 하나님은 이스라엘을 "당신의 헤세드"로 이집트에서 인도하시고(출 15:13), 이스라엘에게 "당신의 헤세드"를 베푸시며(사 63:7), 이스라엘을 "당신의 헤세드"로 사랑하시고(렘 31:3), "당신의 헤세드"를 이스라엘의 역사에서 계시하셨다(시 982f). 뿐만 아니라, 이스라엘이 하나님의 헤세드를 기억하지 않고 반역하였음(시 106:7)에도 불구하고, 하나님은 "변함없는 헤세드"(시 106:7)

---

28) 폰 라트(G. von Rad)와 노트(M. Noth)는 출애굽전승, 가나안 점유전승, 족장전승, 광야인도전승, 시내산전승을 약속과 성취로 이어지는 "하나님의 위대한 해방행위의 역사"로 본다. 김이곤, 『출애굽기 신학』, (천안: 한국신학연구소, 1994), p. 135.

로 그들을 용서하시고, 그 결과 그들은 하나님에게로 돌아 올 수 있었다(민 14:19; 시 144:26[27]; 미 7:18-20). 따라서 반역한 이스라엘을 구원하신 하나님의 헤세드는 힘(출 15:13), 승리(시 98:21; 85:7,9[8,10]), 정의(렘 9:24[23], 시 33:5, 85:10[11]f), 그리고 속량(130:7) 등의 속성을 가지고 있고, 분노의 반대 개념(미 7:18; 사 54:8)이며, 신적 긍휼의 개념(시 25:6; 시 63:7; 렘 16:5)이라고 할 수 있다. 이것이 종교적 용법에 나타난 헤세드의 무조건적 의미이다.

무조건적 의미의 헤세드 역시 조건적 의미와 마찬가지로 쌍방의 상호관계에서 이해되어야 한다. 그러나 "세속적 용법의 헤세드"와 달리 "종교적 용법의 헤세드"는 하나님에 의해 조건 없이 일방적으로 수여된다는 점에서 다르다(cf. 사 54:8). "종교적 용법의 헤세드"는 인간의 헤세드의 결핍에도 불구하고, 하나님의 편에서 일방적으로 무조건적으로 주어지는 헤세드이다. 그래서 자켄펠트(K. D. Sakenfeld)는 그 분을 신뢰하는 사람, 비참한 궁핍 가운데 있는 사람, 다른 이의 도움이 아닌 하나님의 도움만 바라는 사람의 부르짖음을 듣고 구원하기 위한 주권자의 자유로운 자발성이 종교적 헤세드에 함축되어 있다고 본다.[29] 이것은 헤세드가 기본적으로 강자에 의해 약자에게 표현되는 것이라는 세속적 의미와 일치한다. 헤세드의 행동은 그것이 세속적 의미이든 종교적 의미이든 우등한 편이 열등한 편에게 특별한 책임성을 갖는다. 하지만, 변화무쌍한 인간의 조건적인 헤세드와 달리, 종교적 의미의 헤세드는 인간의 계약의 불이행에도 불구하고 자기 백성에게 일방적이고 무조건적으로 주어지는 신적 긍휼의 개념이다. 이것은 다윗의 죄악된 행동에도 불구하고 그에게 다짐한 하나님의 약속에서 엿볼 수 있다.

> "네가 네 조상에게 돌아가게 되면, 내가 네 몸에서 나올 네 아들 가운데 하나를 후계자로 세워 그 나라를 튼튼하게 하겠다. 바로 그가 내게

29) K. D. Sakenfeld, *The Meaning of Ḥesed in the Hebrew Bible* (Missoula, MT: Scholar's Press, 1978), 148.

집을 지어 줄 것이며, 나는 그의 왕위를 영원토록 튼튼하게 해주겠다. 나는 그의 아버지가 되고, 그는 나의 아들이 될 것이다. 내가 네 선임자에게서는 내 헤세드(חסדי)를 거두었지만, 그에게서는 내 헤세드(חסדי)를 빼앗지 않겠다"(대상 17:11-13a, [표준새번역개정판]),

하나님께서 다윗에게 호의적으로 행동하신 것은 하나님의 특별한 책임성을 함축한 헤세드에 근거한다. 하나님의 헤세드는, 인간의 편에서 상호관계의 계약을 파기한다고 해도, 하나님에 의해 무한히 표현되는 무조건적 개념이다. 그래서 이 개념의 헤세드는 은혜(חן)와 긍휼(רחמים)의 특성들을 공유하며, 구원(ישועה)과 평행구로 사용되고 있다

시편 119:41 ויבאני חסדך יהוה תשועתך.

그러므로 "종교적 용법의 헤세드"는 이스라엘을 가난, 전쟁, 기근, 질병, 자연재해, 그리고 개인관계의 문제들로부터 구원하시는 "하나님의 구원(ישועה)의 현시"[30]이며, 이스라엘에게 무조건적으로 주어지는 하나님의 구원은 이스라엘을 향한 하나님의 헤세드의 활동 외에 다른 것이 아니다. 하나님의 헤세드는 고통 받는 자를 구원하시는 하나님의 구원의 근거이며 동기이고 도구인 셈이다. 따라서 하나님의 헤세드는 하나님의 구원과 밀접하게 결합된 형태로 시편(예, 119:41과 98:2-3 등)에서 자주 나타나고, 재난의 고통과 원수의 위협으로부터 하나님의 구원을 촉구하는 탄원시에 종종 나타난다. 본 시편의 기자 역시 헤세드를 구원의 도구적 의미로 이해하고 하나님께 자신의 구원을 기원하는 근거[31]로서 "당신의 헤세드"를 제시한 것이다(cf. 시 61:7[8]). 구원의 근거요 도구인 헤세드가 하나님 편의 일방적인 행동으로 이해되는 무조건

30) Lee, "Lament and the Joy of Salvation," 234.

31) 헤세드가 구원의 근거로 나타난 탄원시의 보기는 시 6:4[5]; 31:16[17]; 6913[14]b; 69:16[17]a 등이다.

적 의미를 지닌 "종교적 용법의 헤세드"이다. 시편 기자는 이 헤세드(חסד)에 근거하여, 자신의 억울함과 고통을 탄원하고 있다(21, 26).

IV. 나가는 말

헤세드(חסד)는 행위자와 수용자를 전제한 어휘이다. 헤세드는 한 편으로부터 다른 편에게 보여주는 행동이다. 이 행동은 개인의 행동일 수 있고, 가족이나 가문 그리고 부족의 행동일 수 있다. 그러나 구약성서는 한 국가의 행동으로서 헤세드를 말하지 않는다. 왕의 헤세드 조차 신하들에게 보이는 개인관계의 개념이다.[32] 어느 한 개인의 행동이 다른 개인의 반응을 불러일으킨다는 점에서 인간 상호간의 조건적이며 관계개념인 헤세드는 인간의 태도와 행동을 묘사한다. 이 행동은 특별히 불행과 재난을 겪는 이들의 생명을 보존하고 증진시키는 행동이고 간섭이다. 이웃의 불행에 간섭하는 행동은 우정을 증진하는 표현이며 선을 추구하는 행동이다. 헤세드는 선함, 은혜, 그리고 친절을 가리킨다.[33] 따라서 조건적 의미의 헤세드는 기본적으로 남편과 아내, 아버지와 아들, 주인과 손님, 친척들 사이, 친구들 사이, 왕과 신하 그리고 예기치 않는 사람들 사이에서 일어난 행동이며 사회 연대적 본질이다. "세속적 용법의 헤세드"는 사회 연대적 의미를 지닌다.

그러나 "종교적 용법의 헤세드"는 이스라엘이란 국가와 세계와 인류에까지 확대된 사회 연대적 의미를 지닌다. 이것은 야훼 기자가 야훼를 이스라엘의 하나님이면서 동시에 전 세계의 하나님으로 인식한 것과 일치한다. 이 개념은 규범적이다. 이 규범에서 강조되는 것은 야훼의 신적 긍휼과 은혜 그리고 관용이다. 여기에 세속적 용법에서 볼 수 없는

---

32) Zobel, "חסד, Ḥesed," 51.

33) Hans-Jürgen Zobel, "חסד, Ḥesed," *TDOT* 5 (1986), 51.

하나님의 끝없는 사랑과 용서가 내재되어 있다. 신적 사랑과 용서는 구약성서에서 예전적 어투로 고정되어 표현된다: "주는 은혜로우시며 자비로우시며 노하기를 더디 하시며 헤세드가 크시다."[34] 이 어투는 하나님의 헤세드만 신적 구원의 근거가 된다는 것을 암시한다. 이것이 시편 109에서 구원의 도구적 용법으로 사용된 헤세드이다. 이 용법은 야훼의 헤세드를 경험한 인간들이 야훼의 헤세드와 동일한 헤세드를 그분에게 행할 수 있다는 가능성을 배격한다.[35] 또한 야훼와 인간의 관계가 인간의 그릇된 행위에 따라 위험에 직면할 수 있다는 가능성도 배격한다. 계약파기에 따른 인간의 실패에도 불구하고, 야훼의 헤세드에 의해 하나님과 인간의 관계는 지속되고, 인간을 향한 야훼의 무조건적 접근성은 계속된다.[36] 마침내, 인간을 긍휼히 여기는 야훼의 헤세드에 근거한 야훼의 접근성으로 인간은 구원된다. 구원받은 인간은 하나님과 인간의 사회적 연대를 영구적으로 유지하고, 이웃과의 새로운 관계에로 나아가는 토대를 마련하게 된다.

그러므로 하나님과 새로운 사회적 연대를 이룬 개인의 생활은 날마다 일어나는 타인과의 접촉에서 야훼의 헤세드에 근거한 정의와 공의 그리고 긍휼과 헤세드를 실행하는 것이 중요하다. 이것이 이 용어의 종교적 용법의 독특성이면서도 동시에 종교적 의미와 세속적 의미의 연속성이다. 따라서 종교적 의미의 헤세드는 세속적 의미의 헤세드와 동일하게 야훼가 행하시는 헤세드의 행동을 나타낼 뿐 아니라, 헤세드의 대상(인간)이 있다는 점에서 사회적 본질을 가진다. 고통 중에서 부르짖는 탄원자들을 향한 하나님의 행동의 본질과 사회적 본질이 그것이다. 이스라엘의 과거 현재 미래의 구원사와 이스라엘 백성의 개인생활은 야훼께서 이루시는 헤세드의 활동 무대이다. 야훼는 헤세드를 통해

34) 출 34:6; 대하 30:9; 느 9:31; 시 86:15; 103:8; 111:4; 116:5; 145:8; 욜 2:13; 욘 4:2. cf. H. J. Stoebe, "חסד, Ḥeseḏ kindness," *TLOT* 2 (1997): 449-464, p. 457.

35) Zobel, "חסד, ḥeseḏ," 63.

36) Stoebe, "חסד, ḥeseḏ kindness," 458.

탄원자의 편을 들어 그들의 생명을 돌보시고, 재난을 경감시키시며, 보존하신다. 이로써 탄원자들은 예언자들을 통해서 야훼의 온 땅에 충만한 헤세드에 관한 말씀을 듣고 예배를 통해 반응할 수 있다.[37] 그들은 그들의 삶의 질곡에서 탄식하며 부르짖지만, 이윽고 야훼의 헤세드에 근거하여 그분을 찬양하고 신뢰하며 감사를 드리게 된다. "야훼의 헤세드"(חסדי)에 근거하여 하나님을 향해 탄식하는 자들이(시 144:2) 야훼를 경외하는 자들이다.

37) Zobel, "חסד, ḥeseḏ," 62.

참고 문헌

김이곤. 『구약성서의 고난신학』. 서울: 한국신학연구소, 1989.

_____. 『출애굽기 신학』. 천안: 한국신학연구소, 1994.

바이저, A. 『시편 (II)』. 국제성서주석시리즈. 천안: 한국신학연구소, 1992.

Allen, L. C. *Psalms 101-150*, WBC. Nashville: Thomas Nelson Publishers, 2002.

Barré, Michael L. "The Formulaic Pair חסד(ו) טוב in the Psalter." *ZAW* 98 (1986), 100-105.

Broyles, C. C. *Psalms,* NIBC. Peabody : Hendrickson Publishers, Inc., 1999.

Brueggeman, Walter. "Psalm 109: Steadfast Love as Social Solidarity." in: P. D. Miller (ed.). *The Psalms & The Life of Faith.* Mineapolise: Fortress Press, 1995, 268-282.

Clifford, R. J. *Psalms 73-50.* Nashville : Abingdon Press, 2003.

Goulder, M. D. *The Psalms of the Return* (Book V, Psalms 107-150), JSOTsup. 258. Sheffield: Sheffield Academic Press, 1998.

Holladay, W. L. *A Concise Hebrew and Aramaic Lexicon of the Old Testament.* Grand Rapids: William B. Eerdmans Publishing Company, 1971.

Lee, Sung-Hun. "Lament and the Joy of Salvation in the Lament Psalms." in: Flint, P. W. & Miller, Jr. P. D. (eds.). *The Book of Psalms : Composition Reception.* Leiden/Boston: Koninklijke Brill NV, 2005, 224-247.

Lofthouse, W. F. "Ḥen and ese in the Old Testament." *ZAW* 51 (1933), 29-35.

Tr. by Pietersma, Albert. *A New English Translation of Septuagint: The Psalm.* New York: Oxford University Press, 2000.

Sakenfeld, D. *The Meaning of ese d in the Hebrew Bible.* Missoula, MT : Scholar's Press, 1978.

Stoebe, H. J. " חסד ḥeseḏ kindness." *TLOT* 2 (1997), 449-464.

Terrien, Samuel. *The Psalms: Strophic Structure and Theological Commentary.* Grand Rapids: William B. Eerdmans Publishing Company, 2003.

Ward, Martin J. "Psalm 109: David's Poem of Vengeance." *AUSS* 18(1980), 163–168.

Whitley, C. F. "The Semantic Rang of ese ." *Biblica* 62 (1981), 519–526.

Wright, David P. "Ritual Analogy in Psalm 109." *JBL* 113(1994), 385–404.

Zobel, Hans-Jürgen. "חסד, ḥeseḏ." *TDOT* 5 (1986), 44–64.

김정준의 시편 113편 해석

김영일

I. 서론

김정준 박사는 구약학자로서 특히 시편 연구에 평생을 바치신 분이다. 시편 연구에 대한 그의 관심은 그가 1954년에 캐나다 토론토대학교 신학대학원 신학석사(Th.M.) 학위논문으로 쓴 "시편에 나타난 의인과 악의 상극관계"를 통해서 그 첫 번째 학문적 결실을 이루었다. 2년간의 캐나다 유학생활을 마치고 귀국한 김정준은 1955년부터 종전과 같이 계속해서 한국신학대학에서 구약을 가르치면서 꾸준히 시편에 대한 논문들을 발표하였다.[1] 김정준의 시편 연구는 1960년에 스코틀랜드

1) 1955년부터 1958년 사이에 발표된 시편 관련 논문들은 다음과 같다. 1955년: "구약시문학," 『십자군(속)』 22/9, 14-24, "시편과 인생," 『십자군(속)』 23/12, 29-32; 1956년: "구약시문학-시편과 신약," 『십자군(속)』 24/3, 9-16, "히브리 시문학과 한국시가," 『십자군(속)』 25/6, 19-25, "구약시문학-히브리시형론," 『십자군(속)』 26/9, 8-18, "히브리시운론," 『십자군(속)』 27/12, 17-24; 1957년: "구약성서 사역-시편," 『기독교계』 1, 12; 4, 34-42; 1958년: "Hermann Gunkel의 시편연구," 『한신대학보』 4, 48-69. "만수 김정준 박사 연보," 김정준 구약학 연구회 편, 『만수 김정준 구약신학』 (서울: 경건과 신학연구소, 2004), 9-10에서 재인용.

에든버러대학교 신학부 신학박사(Ph.D.) 학위논문으로 쓴 "의지(Batah)에 나타난 히브리 경건 연구"[2]를 통해서 그 두 번째이자 첫 번째와는 비교가 안 될 정도로 영향력이 큰 업적을 달성한 학문적 결실로 나타났다. 그 이후 1961년부터 1979년까지 김정준 박사는 시편에 관한 다수의 논문들을 발표하였으며 그 중의 대부분이 만수 김정준 전집 제2권 『이스라엘 시인정신』에 수록되어 있다.[3]

김정준의 시편 연구에는 네 편의 주석 논문이 있다. 즉 시편 1편과 2편(2편에 대한 주석은 각기 다른 논문으로 두 번 발표되었다), 그리고 22편에 관한 것이다.[4] 김정준은 본격적인 시편 주석서를 집필 완성하는 것을 평생의 마지막 최대의 꿈으로 생각했다. 만일 그가 건강의 복을 받아 더 오래 살아서 그의 꿈을 실현했다면 그의 시편 주석서는 시편 연구 분야와 구약학계에 보석처럼 빛나는 대단한 공헌을 했으리라고 상상이 간다. 이러한 아쉬움 속에서도 다행한 일은 김정준이 시편 주석서 대신에 시편 전체 150편을 각각 해설한 『시편명상』 네 권을 그가 1981년 별세하기 전 3년 동안에, 즉 1978년부터 1980년에 걸쳐 저술했다는 사실이다.[5] 그 이후 1987년에 『시편명상』은 합본으로 만수 김정준 전집 제5권으로 출판되었다.[6]

김정준의 시편 해석에 대한 후학들의 연구는 2002년 11월 15일에 개최된 제1회 김정준 구약학세미나에서 김정준 교수의 두 제자들인 민

---

2) Chung Choon Kim, "A Study of Hebrew Piety with Special Reference to Batah," (unpublished Ph.D. dissertation, The University of Edinburgh, 1960).

3) 『이스라엘 시인정신』, 만수 김정준 전집 2, 논문집 II (서울: 한국신학연구소, 1988).

4) "두 개의 삶," 『이스라엘 시인정신』, 315-343은 시편 1편을 주석한 것이다. "시편 제2편 주석," 『이스라엘 시인정신』, 344-381; "시편 2편 연구," 『이스라엘 시인정신』, 382-420; "시편 22편 연구," 『이스라엘 시인정신』, 421-440.

5) 『시편명상 1』 (서울: 대한기독교서회, 1978); 『시편명상 2』 (서울: 대한기독교서회, 1978); 『시편명상 3』 (서울: 대한기독교서회, 1979); 『시편명상 4』 (서울: 대한기독교서회, 1980).

6) 『시편명상』, 만수 김정준 전집 5 (서울: 한국신학연구소, 1987).

영진과 김이곤이 각각 발표한 두 논문에 의해 본격적으로 시작되었다.[7] 그 후 김정준의 또 다른 제자인 방석종, 그리고 장영일과 이성훈이 김정준의 시편 해석과 관련된 논문을 발표하였다.[8] 이 중에서 장영일과 이성훈의 논문이 김정준의 『시편명상』을 다루고 있는데, 특히 장영일의 논문은 『시편명상』에 나타난 김정준의 시편 해석 방법과 김정준이 이해한 이스라엘 시인의 경건의 성격을 체계적으로 제시하고 있다. 필자는 이러한 성격의 연구들이 앞으로 계속됨으로써 김정준의 시편 해석과 구약 해석이 한국 구약학계에서 계승 발전되기를 기대한다.

이제 필자는 김정준의 시편 해석을 후학들이 연구하는 이러한 전통을 계속하는 관점에서 김정준의 시편 113편 해석을 고찰하고자 한다. 그의 글은 『시편명상』에 수록되어 있다.[9] 『시편명상』이 시편 주석서가 아니라 시편 해설 내지 강해서이기 때문에 우리는 이 책에서 본격적인 주석 방법론에 입각한 김정준의 시편 해석을 찾을 수는 없지만, 150편의 시편명상은 각각 나름대로 시편을 해석하는 김정준의 입장을 보여주고 있다. 이 중에서 필자는 시편 113편을 선택하여 김정준이 이 시를 어떻게 해석하고 있는가를 연구하고자 한다. 본 논문은 먼저 김정준의 시편 113편을 소개하고 그 다음 그의 해석을 평가하여 그 공헌과 문제를 논의하고 결론을 제시할 것이다.

---

7) 민영진, "김정준의 이스라엘 왕도 이해," 2002. 11. 15. 제1회 김정준 구약학 세미나, 김정준 구약학 연구회 편, 『만수 김정준 구약신학』, 335-358; 김이곤 "김정준의 탄식시 연구에 나타난 '빠타흐' 주제와 거룩한 전쟁 신앙 주제의 관계성에 관한 연구," 2002. 11. 15. 제1회 김정준 구약학 세미나.

8) 방석종, "김정준의 시편연구에 있어서 의지시 규정 문제," 김정준 구약학 연구회 편, 『만수 김정준 구약신학』, 163-206; 장영일, "김정준의 『시편 명상』에 나타난 '경건' 이해," 김정준 구약학 연구회 편, 『만수 김정준 구약신학』, 227-261, 이 논문은 "『시편 명상』에 나타난 김정준의 '경건' 이해"라는 제목으로 2004년 3월 30일에 열린 제4회 만수 김정준 박사 기념강연회에서 발표되었다; 이성훈, "김정준의 시편연구에 나타난 경건 이해," 김정준 구약학 연구회 편, 『만수 김정준 구약신학』, 207-226.

9) 김정준, 『시편명상』, 350-353.

II. 김정준의 시편 113편 해석 방법

장영일이 지적한 대로,[10] 『시편명상』은 한결 같은 짜임새로 되어 있다. 매 시편 해설마다 먼저 해당 시편의 중심 주제로 붙여진 제목이 나오고, 바로 그 다음으로 이 제목을 대변할 뿐만 아니라 그 시의 전체 내용이 압축되어 있는 중심 구절(한 절 또는 두 절)이 김정준의 본문 사역 혹은 의역으로 제시되어 있는 것이다. 이 중심 구절은 곧 시의 핵심 구절 또는 열쇠 구절이다. 장영일은 이 중심 구절을 시의 '광채 구절'[11]이라고도 부르는데 이것은 김정준이 그의 시편 25편 명상에서 이 시의 중심 구절을 15절로 제시하고 "이 시의 광채는 15절 말씀이다"[12]라고 표현한 데에서 착상된 것이다. 김정준은 시 해설의 처음 부분에 이와 같이 시의 제목과 중심 구절을 제시하고, 그 제목과 핵심 구절에 중점을 두고 시를 해설한다. 시 해설의 마지막 부분에서는 대개 시의 주제를 관련된 오늘의 상황에 적용하여 해설을 끝맺는다.

그런데 장영일은 『시편명상』의 매 시편 해설 처음에 나타나는 이러한 한결 같은 구조가 김정준의 시편 해석 방법의 한 특징을 이룬다고 주장하고 이 해석 방법을 다음과 같이 정의한다. 이것은 "각 시편에서 해석의 열쇠가 되는 '광채 구절'을 찾아내어 그 노른자 구절에 초점을 맞추어 전체 시편을 명상하는 방법이다."[13] 필자도 이에 동의하면서, 이 방법을 '중심 구절에 초점을 맞춘 해석 방법'이라 부르고자 한다.

나아가 장영일은 『시편명상』에 나타난 김정준의 시편 해석 방법을 추가해서 다음 네 가지로 분류하고 해당 방법을 보여 주는 실례들을 제시한다: (1) 통시적/역사비평적 해석 방법, 대표적 실례—시편 18, 20, 33편, (2) 공시적/유형론적(그리스도 중심적) 해석 방법, 대표적 실례—

10) 장영일, "김정준의 『시편 명상』에 나타난 '경건' 이해," 229.

11) 장영일, "김정준의 경건 이해," 229, 232, 254.

12) 김정준, 『시편명상』, 85.

13) 장영일, "김정준의 경건 이해," 254.

시편 3, 41, 30편, (3) 원어의 의미 해설을 통한 해석 방법, 대표적 실례—시편 36, 47편, (4) 케리그마 지향적 해석 방법, 대표적 실례—시편 11, 15편.[14] 필자는 이러한 분류 방법이 설득력이 있다고 보며 『시편명상』에 나타난 김정준의 시편 해석을 우리가 이해하는 데 도움이 되는 기준이 될 수 있다고 생각한다.

따라서 필자는 이상의 논의들을 토대로 하여 김정준의 시편 113편 해석의 내용을 고려할 때 다음 세 가지 해석 방법, 즉 (1) 중심 구절에 초점을 맞춘 해석 방법, (2) 원어의 의미 해설을 통한 해석 방법, 그리고 (3) 케리그마 지향적 해석 방법을 중심으로 김정준의 시편 113편 해석 방법을 연구하고자 한다. 그는 이 시의 해설에서 통시적/역사비평적 해석 방법과 공시적 해석 방법을 중요하게 다루고 있지 않으며 따라서 이 논문에서는 언급하지 않을 것이다. 여기서는 김정준의 시편 113편 해석 방법을 소개하고 그의 해석에 대한 평가는 다음 장에서 하기로 한다.

필자는 앞으로 전개될 논의들을 이해하는 데 도움이 되도록 하기 위해서 먼저 시편 113편의 본문 전체를 제시하겠다. 『개역한글판』 본문을 사용하고자 한다.

시편 113편

1 할렐루야,
여호와의 종들아 찬양하라.
여호와의 이름을 찬양하라.
2 이제부터 영원까지
여호와의 이름을 찬송할지로다.
3 해 돋는 데서부터 해 지는 데까지
여호와의 이름이 찬양을 받으시리로다.
4 여호와는 모든 나라 위에 높으시며

14) 장영일, "김정준의 경건 이해," 232-242.

그 영광은 하늘 위에 높으시도다.
5 여호와 우리 하나님과 같은 자 누구리요?
높은 위에 앉으셨으나
6 스스로 낮추사
천지를 살피시고
7 가난한 자를 진토에서 일으키시며
궁핍한 자를 거름 무더기에서 드셔서
8 방백들
곧 그 백성의 방백들과 함께 세우시며
9 또 잉태하지 못하던 여자로 집에서 거하게 하사
자녀의 즐거운 어미가 되게 하시는도다.
할렐루야.

1. 중심 구절에 초점을 맞춘 해석 방법

김정준은 시편 113편의 중심 구절을 7-8절로 보고 이 시의 제목을 '공평하신 하나님'으로 붙인다. 그가 핵심 구절을 사역한 것은 다음과 같다.

가난한 자를 먼지에서
일으키시며
궁핍한 자를 거름더미에서
치켜올리시어
귀인들과 백성의 관리들과
한자리에 앉히신다(7-8절).

김정준은 이 7-8절의 메시지가 "어디까지나 약하고 가난한 자의 편에 서신 공평하신"[15] 하나님이라고 생각하고 이 중심 구절에 초점을 맞

15) 김정준, 『시편명상』, 352.

추어 시편 113편을 '공평하신 하나님'이란 중심 주제 아래 해설한다. 김정준에 의하면, 이 시편의 시인이 믿은 하나님의 역사지배 원칙은 "부익부 빈익빈(富益富 貧益貧)"의 원칙이 아니라 공평의 원칙이며 이 하나님의 공평의 원리가 7절에서 구체화되었다.[16)]

김정준은 7절을 설명하면서 "약하고 가난한 사람들은 먼지와 티끌 속에서 호흡하고 거름무더기에서 먹을 것이나 쓸 수 있는 물건이 있을까 뒤지고 또한 이런 거름더미가 이 사람들의 추위를 피할 수 있는 곳도 된다"고 주석가들이 말하고 있음을 소개한다.[17)] 그런데 7절에 언급된 이 약하고 가난한 사람들의 고통스럽고 비참한 현실에 관해서 김정준은 주목할 만한 해석을 한다. 즉 이들의 현실은 개개인의 문제를 나타내는 것이 아니라 불공평한 사회 제도, 달리 말하면 사회적 부조리와 모순적 현실을 나타낸다는 것이다. 김정준은 이렇게 인간이 만들고 있는 사회 문제, 곧 불공평한 사회 제도로 고통당하는 가난한 자의 신분을 공평하신 하나님이 고쳐 주시는 활동에 대해서 다음과 같이 설명한다.

> 이 시인은…단순히 인간이 구성하고 있는 사회가 인간들의 욕심으로 삶의 불균등과 공평치 못한 사실을 만들고도 이를 정당화시키고 있는 제도 또는 체제를 하나님이 싫어하시고 하나님 자신이 인간 속으로 들어오셔서 이러한 부조리와 모순적 현실을 시정하신다고 외친다.…하나님은 이 인간 사회에 있는 불공평한 사회제도를 바꾸어서, 이 약하고 가난한 사람들을 귀인들과 함께 앉혀 주신다고 함이 8절 말씀이다.[18)]

8절 설명에서 우리는 김정준의 또 하나의 두드러진 해석을 찾아볼 수 있다. 즉 그는 한국 역사의 사례를 원용하여 하나님이 가난한 자의 신분을 고쳐 주시는 것을 "옛날 이조시대에 쌍놈으로 취급받아 온갖 불공평 속에서 신음하던 사람들을 양반계급과 똑같이 앉을 수 있게 만

16) 김정준, 『시편명상』, 352.
17) 김정준, 『시편명상』, 352.
18) 김정준, 『시편명상』, 352-353.

드심"과 같은 것으로 간주하는 것이다.[19]

김정준은 7-8절이 교훈하는 바가 하나님의 인권 존중의 사상이요 모든 사람을 일시동인(一視同仁)하는 공평과 균등의 원리가 통하는 사회로 만드시는 것이 하나님의 뜻이라고 주장한다.[20] 이렇게 볼 때 김정준이 해석한 시편 113편의 중심 메시지는 약하고 가난한 사람들의 편에 서신 공평하신 하나님이며, 또한 이 하나님이 원하시는 사회는 가난한 자들의 인권을 존중하는 사회, 부익부 빈익빈의 원칙이 더 이상 통하지 않는 사회, 불공평이 더 이상 존재하지 않는 사회, 달리 표현하면 평등 사회라고 할 수 있다. 김정준은 '평등 사회' 또는 '사회적 평등'이라는 말을 사용하고 있지는 않으나 실질적으로는 그러한 사상을 113편의 핵심 구절에서 읽고 있다고 본다. 공평하신 하나님, 그리고 평등 사회에 대한 비전, 이것이 김정준의 시편 113편 해석에서 드러나는 핵심 주제이다.

2. 원어의 의미 해설을 통한 해석 방법

장영일에 의하면, 김정준의 시편 해석에서 원어의 의미 해설을 통한 해석 방법이란 "시편 해석에 결정적 단서를 제공하는 원어 한두 개를 찾아내어 그 의미를 집중적으로 고찰하고 그 단어를 열쇠로 삼아 시편의 내용을 설명하고 명상하는 방법이다."[21] 김정준은 그의 시편 113편 해석에서 두 가지 히브리 원어의 의미의 중요성을 언급하면서 시의 메시지를 설명한다. 하나는 6절에 나오는 "스스로 낮추다"로 번역된 '샤펠'의 히필 동사 형태이며 다른 하나는 7절에 나오는 "가난한 자"에 해당하는 '달'이란 명사이다.

김정준은 6절의 "스스로 낮추사 천지를 살피시고"라는 말에 대한 해석의 쟁점이 하나님께서 '천지를 살피신다'는 사실에 중점을 두느냐

19) 김정준, 『시편명상』, 352.

20) 김정준, 『시편명상』, 352.

21) 장영일, "김정준의 『시편 명상』에 나타난 '경건' 이해," 239.

아니면 하나님께서 '스스로 낮추신다'는 사실에 중점을 두느냐 하는 것임을 간파하고, 주석가들이 하나님이 자신을 격하시켜 천지를 보는 사실에 중점을 두기도 한다는 것을 지적하면서 그 한 예로 공동번역의 "하늘과 땅을 굽어보시는 분"이라는 번역을 소개한다. 김정준은 이러한 해석을 반박하면서 이 문제에 대한 그의 견해를 다음과 같이 설명한다.

> 그러나 이 시인이 7절에서 말하는 "가난한 자," "궁핍한 자"들의 사정을 동정하셔서 그들을 낮은 데서 끌어올린다는 하나님의 특별하신 행동을 생각한다면, 단순히 하늘 높이에서 아래로 굽어살피는 관망(觀望)의 태도가 아니다. 보는 행동이나 보는 대상보다 보기 위하여 자신을 격하시킴이 더 중요하다. 높은 위치에서는 낮은 자를 바로 볼 수 없기 때문이다. "본다"는 의미보다 하나님이 자기 자신을 "쇠펠"(낮게 처신한다)하시는 행동이 더 중요하다.[22]

여기서 김정준이 6절 해석에 중요한 원어를 "쇠펠"로 표기한 것은 "샤펠"의 오타로 보인다. 그는 '샤펠'의 의미를 "낮게 처신한다"라는 말로 괄호 속에 간단히 언급한다. 어떻게 보면 대수롭지 않게 원어를 취급했다고 볼 수 있다. 또한 그는 7절에서 '샤펠'이 사역동사 형태인 '히필' 분사로 나오는 사실을 언급하지도 않는다. 그러나 7절에 나오는 두 동사 중 "본다"라는 말보다 "자기 자신을 낮춘다"라는 말이 7절 해석에 더 중요하다고 보았기 때문에 김정준은 원어 '샤펠'과 그 의미를 밝히고 '샤펠'의 사역형 용법을 "하나님이 자기 자신을 '샤펠'(낮게 처신한다)하시는 행동"이란 표현으로 분명히 보여 준다고 하겠다.

'샤펠'의 의미를 하나님의 '자기 비하' 또는 '자기 격하'로 보는 김정준의 6절 해석은 앞의 4절과 뒤의 7-8절과 긴밀히 연관되어 있다. 김정준은 4절이 "역사와 자연 위에 높이 계셔서 찬송을 받으실 야웨 하나님," "하늘 위에 높이 계시며, 모든 세계와 그 모든 나라들의 주권

22) 김정준, 『시편명상』, 351.

을 다스릴 만큼 높은 위엄을 가지신" 하나님을 나타낸다고 말한다.[23] 그런데 이러한 하나님이 '자기를 스스로 낮추신다'는 것은 신격에 맞지 않는 자기 격하라고 김정준은 말하면서 이방신들과 야웨 하나님의 차이에 대해서 주목할 만한 주장을 이렇게 하고 있다.

> 이방신들은 더 높고 귀한 찬사와 존경, 대접과 공대를 받고 싶어 한다. 이방신들은 자기를 격하시키는 것을 싫어하고, 자기를 그렇게 격하시키는 인간에게는 엄한 벌을 내린다. 그런데 야웨 하나님은 그렇게 하늘과 땅 위에 높이 계시는 분이지만, 자기를 비하시킨다고 한다.[24]

나아가 김정준은 6절의 의미가 7-8절과 불가분의 관계에 있다고 본다. 그는 시편 118편의 시인이 하나님을 이렇게 격하시키는 이유가 철저히 약하고 가난한 자의 편에 서신 공평하신 하나님을 믿는 시인의 신앙 때문이라고 말한다.[25] 다른 말로 표현한다면 높이 계신 하나님이 스스로 낮아지시는 목적은 가난하고 궁핍한 자와 같은 낮은 자를 바로 보고 높여서 불공평한 사회 제도를 고쳐 주시는 데 있는 것이다.

김정준이 그의 시편 113편 해석에서 언급하는 또 하나의 히브리 원어는 7절에 나타나는 '달'이라는 말이다. 그는 7절에 나오는 '가난한 자'와 '궁핍한 자'가 엄격하게 구별하기 어렵다는 것을 지적하고, 구약에서 '가난한 자'를 표시하는 대표적인 세 가지 말 곧 '아니'와 '엡욘'과 '달' 가운데서 '달'의 의미를 고찰한다. 비록 7절에 언급된 '가난한 자'와 '궁핍한 자'의 원어가 각각 무엇인지 밝히지는 않았지만,[26] 김정준은 '달'이 사용된 많은 성서 본문들을 통해서 이 말이 단순히 물질적인 빈곤으로 괴롬을 겪는 사람만이 아니라 아무 의지할 데 없는 천민

---

23) 김정준, 『시편명상』, 351.

24) 김정준, 『시편명상』, 351.

25) 김정준, 『시편명상』, 351-352.

26) 7절에 나타난 '가난한 자'와 '궁핍한 자'의 원어는 각기 '달'과 '엡욘'이다.

이요 약자를 뜻한다는 것을 알 수 있다고 본다.[27] 이러한 고찰을 통해서 김정준은 7절의 '가난한 자'와 '궁핍한 자'가 물질적으로 가난한 사람뿐만 아니라 사회적 약자와 비천한 자도 가리키는 것으로 생각하는 듯하다. '달'의 이러한 의미에 비추어 볼 때 김정준은 7절에서 이 시인의 인권 사상 및 철저한 사회주의 사상을 볼 수 있다고 주장한다.[28]

3. 케리그마 지향적 해석 방법

장영일이 설명한 것처럼, 케리그마 지향적 해석 방법은 해석자가 사는 시대의 국가, 사회, 개인 및 교회의 부정적 현실을 고발하는 메시지와 그러한 현실을 향하여 하나님께서 말씀하시는 메시지를 찾아 선포하는 방법이다.[29] 간단히 말하면 이 해석 방법은 성서 본문의 원래 의미를 오늘의 상황에 적용하여 하나님 말씀의 메시지를 찾아 선포하는 방법이다.

김정준은 그의 시편 113편 해석 마지막 부분에서 예언자적인 설교를 하듯이 다음과 같이 말한다.

> 얼마나 위대한 선언인가! 우리가 믿는 하나님은 공평의 하나님이시다. 가진 자는 더 가지고 가난한 자는 더 가난해서 우는 사회는 하나님이 미워하신다. 하나님 자신이 반드시 이런 사회적 모순을 용납하지 않으신다. 어느 정도 하나님이 침묵을 지키시기도 하고, 이런 모순을 얼마 동안은 못본 척, 모르시는 척하신다. 그러나 이러한 불공평한 사회는 바로 잡아야 한다. 총과 칼로써 할 것이 아니라 하나님이 이런 부조리를 심판하신다는 신앙에서 개혁을 해야 한다.[30]

---

27) 김정준, 『시편명상』, 352.
28) 김정준, 『시편명상』, 352.
29) 장영일, "김정준의 경건 이해," 240-241.
30) 김정준, 『시편명상』, 353.

여기서 김정준은 그가 살았던 1970년대의 한국 사회를 불공평한 사회로 규정한다. 즉, 가진 자는 더 가지고 가난한 자는 더 가난해서 고통당하는 사회, 바꾸어 말하면 부익부 빈익빈의 사회가 그 당시 한국의 불의한 현실임을 드러낸다. 김정준은 이것을 사회적 모순이요 부조리로 간주한다. 여기서 그는 한국이나 우리나라란 말을 사용하고 있지는 않지만, 그의 시편 113편 해석의 내용을 살펴볼 때 그가 살았던 1970년대 한국의 현실을 염두에 두고 있다고 하겠다.

이러한 부정적 현실을 향하여 말씀하시는 하나님은 공평의 하나님이다. 시편 113편 시인이 믿었던 하나님이자 우리 그리스도인이 믿는 하나님은 약하고 가난한 자의 편에 서신 공평하신 하나님이다. 예언자요 설교자의 모습을 보이듯이 김정준은 이러한 하나님이 불공평한 사회를 용납하지 않으시고 심판하신다는 사실을 분명히 한다. 그렇다면 이 문제에 대한 그리스도인의 사명은 무엇인가? 공평하신 하나님, 심판하시는 하나님에 대한 신앙을 가지고 그리스도인이 불공평한 사회를 바로 잡고 개혁을 해야 한다는 것이 시편 113편에서 김정준이 선포하고자 하는 케리그마인 것이다.

III. 김정준의 시편 113편 해석의 평가

필자는 김정준의 시편 113편 해석에 대한 평가를 그 공헌과 문제를 제시하는 순서로 진행하고자 한다. 위에서 논의된 세 가지 해석 방법 중에서 그 공헌과 문제면에서 가장 중요한 해석 방법은 첫 번째인 중심 구절에 초점을 맞춘 해석 방법이다. 따라서 나머지 두 해석 방법, 즉 원어의 의미 해설을 통한 해석 방법과 케리그마 지향적 해석 방법에 대한 평가를 먼저 간략히 언급할 것이다. 그 다음 중심 구절에 초점을 맞춘 해석 방법에 대한 평가를 상세히 전개하고자 한다.

1. 공헌

오늘날 구약학자들이 시편이나 구약성서의 다른 책들을 연구할 때 본문 해석에서 중요한 히브리 원어 하나 또는 둘 이상을 찾아내어 그 의미를 밝힘으로써 본문 해석의 열쇠 내지 토대로 삼는다는 것은 공헌이 아니라 상식에 속하는 일이다. 그러나 장영일이 평가하는 대로 히브리어를 익숙하게 다룰 수 있는 학자들이 많지 않은 당시의 한국적 상황에서 이 원어의 의미 해설을 통한 해석 방법은 김정준 박사가 한국 교회에 제공한 선물이자 공헌이라 할 수 있을 것이다. 장영일은 빈번한 원어 해설이 뒤따르는 김정준 특유의 이 해석 방법은 김정준의 시편 해석에 있어서의 탁월성 가운데 하나라고 평가한다.[31)]

필자의 견해로는 김정준이 시편 113편을 해설하면서 '샤펠'과 '달' 두 단어를 중요한 원어로 보고 그 의미를 언급한 것은 뛰어난 통찰력을 보여주는 것이다.

케리그마 지향적 해석 방법에서 돋보이는 점은 공평하신 하나님이 약자들과 가난한 자들이 고통 받는 불공평한 사회를 용납하지 않으시며 이러한 하나님의 뜻에 순종하여 이 사회적 부조리를 바로 잡는 것이 그리스도인의 임무임을 분명히 부각시키는 것이다.

장영일은 김정준의 중심 구절에 초점을 맞춘 해석 방법이 타의 추종을 불허하는 창의성을 보여 준다고 평가한다. 그 근거로 그는 아직까지 서양의 그 어떤 신학자들에게서 이와 같은 시편 해석 방법을 찾아볼 수 없었다고 말한다.[32)] 필자는 이러한 평가에 대체로 동의하며 김정준

---

31) 장영일, "김정준의 경건 이해," 239.

32) 장영일, "김정준의 경건 이해," 254. 하지만 국내에서는 김정준의 『시편명상』과 형식상 유사한 책이 두 권으로 1994년에 출판되었다. 중심 구절에 초점을 맞춘 해석 방법과 같은 형식(각 시편의 중심 주제로 붙여진 제목과 그 시편의 핵심 구절이 제시되는 형식)으로 시편 150편과 전부를 해설한 다음 책들을 보라. 유행열, 『오늘을 사는 시인의 생각』, 시편연구 상 (서울: 도서출판 한들, 1994); 유행열, 『이 땅을 사는 시인의 마음』, 시편연구 하 (서울: 도서출판 한들, 1994).

의 이 시편 해석 방법이 대단히 독창적인 것이라는 데에는 의심의 여지가 없다고 본다. 창의적인 해석은 시편의 메시지를 풍부하게 할 수 있다.

중심 구절에 초점을 맞춘 해석 방법을 통해서 김정준은 무엇보다도 시편 113편의 한 중요한 메시지가 약하고 가난한 사람들의 신분을 고쳐주시는 공평한 하나님임을 분명히 설명하고 있다. 또한 그는 독자가 이 시편을 이해하는 데 있어서 자칫 과소평가하거나 소홀히 할 수도 있는 이 사회적 메시지를 충분히 제시하고 있다. 이것은 시편 해석자로서 보통 하기 어려운 목표에 도전하는 높은 식견을 드러내는 것이다.

이와 같이 김정준의 시편 113편 해석에는 여러 가지 점에서 괄목할 만한 공헌이 있음을 찾아볼 수 있다. 하지만 동시에 그의 시편 113편 해석 방법에서 필자는 여러 가지 아쉬움내지 문제를 발견하게 되며 이제 이것을 고찰하고자 한다.

2. 문제

원어의 의미 해설을 통한 해석 방법에서 아쉬운 점은 '샤펠'이 6절에서 사역형 히필 분사로 사용되고 있는 사실과 이러한 형태로 나오는 단어의 의미를 김정준이 설명하지 않고 넘어간 것이다. 또한 7절에 나오는 '가난한 자'와 '궁핍한 자'의 원어 설명에서 두 단어가 각각 '달'과 '엡욘'에 해당한다는 기본 사실을 밝히지 않은 채 '엡욘'의 의미는 설명하지 않고 '달'의 의미만 설명하고 있는 점을 지적하지 않을 수 없다. 이러한 아쉬움 때문에 여기서 '가난한 자'와 '궁핍한 자'는 엄격하게 구별하기 어렵다고 한 김정준의 주장은 어딘가 설득력이 떨어진다.

케리그마 지향적 해석 방법에서 김정준이 놓치고 있는 점은 공평의 하나님을 믿는 그리스도인들이 불공평하고 부조리한 사회를 바로 잡기 위해서 구체적으로 일상생활을 통하여 무엇을 해야 하는지, 단 하나의 예라도 들면서 언급하는 것이다. 그렇지 않고서 불공평한 사회를 바로 잡아야 한다, 개혁해야 한다는 말은 추상적이고 공허한 말로 들릴 수 있다. 그리스도인들이 개인적으로나 교회적으로 할 수 있는 실천 사항을 단 한 가지라도 언급했더라면 하는 아쉬움을 느낀다.

김정준의 시편 113편 해석 방법 중에서 가장 중요한 문제 제기를 할 수 있는 방법이 중심 구절에 초점을 맞춘 해석 방법이다. 장영일이 주장하는 바와 같이 이 해석 방법에 문제를 제기하는 이유는 "만약 김정준의 방법대로 '광채 구절'을 찾아 그 구절의 메시지를 해당 시편 전체에 집중적으로 적용하여 시편을 해석한다면 자칫 본래의 시인이 의도했던 또 다른 핵심 메시지를 놓치거나 그것을 시인이 의도하지 않았던 심성준의 메시지로 대치할 우려가 있기 때문이다."[33] 이것은 시편의 메시지를 왜곡할 수 있으며 균형 있고 통전적인 시편 이해가 아니라 편파적이고 부분적인 시편 이해를 가져올 수 있다.

이제 필자는 중심 구절에 초점을 맞춘 해석 방법과 관련하여 김정준의 시편 113편 해석에 대해서 다음 몇 가지 문제를 제기하고자 한다.

첫째, 7-8절이 시편 113편의 중심 구절로서 타당한가 하는 문제이다. 김정준은 7-8절을 시의 '광채 구절'로 제시하는 이유를 아쉽게도 밝히지 않고 있다. 7-8절을 시의 핵심 구절로 보는 것은 시의 구조 문제와 관련될 수도 있겠는데, 김정준은 뜻밖에도 시편 113편의 구조를 언급하거나 설명하지도 않는다.

학자들은 이 시의 구조에 대해서 의견이 통일되어 있지 않다.[34] 그러나 많은 학자들은 1-3절, 4-6절, 7-9절의 세 부분으로 나눈다.[35] 필자

33) 장영일, "김정준의 경건 이해," 257.

34) J. Clinton McCann, Jr. "The Book of Psalms," *The New Interpreter's Bible,* vol IV (Nashville: Abingdon Press, 1996), 1138-1139; 권오현,『권오현의 시편탐구 -새로운 상징적 세계의 건설-』(서울: 대한기독교서회, 2004), 671.

35) 예를 들면, Artur Weiser, *The Psalms: A Commentary,* Tr. by Herbert Hartwell, Old Testament Library (Philadelphia: The Westminster Press, 1962), 705; Leslie C. Allen, *Psalms 101-150,* Word Biblical Commentary 21 (Waco: Word Books, 1983), 100; James L. Mays, *Psalms, Interpretation* (Louisville: John Knox Press,

도 이 견해를 따른다. 이 시의 구조와 5-6절의 수사적 질문에 비추어 볼 때 필자는 시의 중심 구절이 7-8절이 아니라 5-6절이라고 보는 것이 더 근거가 있다고 주장한다.

둘째, 공평하신 하나님이라고 붙인 제목이 시편 113편의 중심 주제를 적절하게 표현하는가 하는 문제이다. 김정준은 공평하신 하나님이란 주제를 이 시의 전체 구조와 관련시켜 논의하지 않고 6, 7, 8절 세 절에 국한시켜 고찰한다. 그의 시편 해설에는 4절에 나오는 역사와 자연 위에 높이 계신 하나님의 주권이 포함되지만, 시의 메시지를 공평하신 하나님 위주로 살피기 때문에 하나님의 주권을 강조하는 시의 또 다른 주제가 경시되고 있음이 아쉽다. 공평하신 하나님이 이 시의 하나의 중요한 주제가 될 수는 있지만, 시 전체를 아우르는 중심 주제는 아니다.

따라서 그의 주장에 동의하기 어렵다. 시편 113편의 핵심 주제는 4절의 의미와 7-9절의 의미를 둘 다 반영하는 이중적 표현으로 하는 것이 바람직할 것이다. 많은 학자들도 이러한 입장을 취하고 있는데,[36] 이를테면 봐이저(Weiser)는 시편 113편의 제목을 '하나님의 주권과 긍휼'로 붙인다.[37]

셋째, 공평하신 하나님이라고 붙인 제목이 시편 113편 7-9절의 중심 주제를 적절하게 표현하는가 하는 문제이다. 김정준이 주장하는 공평하신 하나님이란 주제는 그 근거가 7-8절에만 있지 9절과는 상관이 없다. 놀랍게도 김정준은 9절을 전혀 언급하지 않는다. 9절은 하나님이 임신하지 못하던 여자를 집에 살게 하시며 그 자녀들의 즐거운 어머니가 되게 하신다는 내용이다. 시의 전체 구조로 볼 때 7-8절은 9절과 밀접한 관련이 있다.

공평하신 하나님이란 제목은 김정준의 시편 113편 해설에만 나온다.

1994), 361.

36) 두 가지 주제로 붙여진 시편 113편의 다양한 제목에 관해서는 권오현, 『권오현의 시편 탐구』, 666-667을 보라.

37) Weiser, *The Psalms,* 704.

다른 학자들의 연구에서는 찾아볼 수 없다. 김정준식의 독특한 해석의 결과로서 그 유례없는 독창성이 인정되는 주제이다. 우리는 7–9절에서 공평의 하나님이란 주제를 생각할 수 있다. 무시할 수 없는 주제임은 사실이다. 그러나 다른 주제를 배제할 정도로 중시할 만한 핵심 주제인가에 대해서는, 필자의 견해로는 공감하기 어렵다. 필자는 공평하신 하나님이란 제목과 더불어 정의로운 하나님도 좋은 제목이 될 수 있다고 생각한다. 또 다른 중요한 주제는 학자들이 일반적으로 시편 113편 제목의 일부로 붙이는 긍휼, 자비, 또는 은총의 하나님이다. 7–9절은 근본적으로 약자와 가난한 자와 비천한 자를 낮은 데에서 높이시는 하나님의 구원 활동을 묘사한다고 하겠다.

IV. 결론

이상에서 필자는 김정준 박사가 시편 113편을 어떻게 해석하고 있는가를 살펴보았다. 김정준이 그의 시편 113편 해석에서 주로 사용한 해석 방법에는 중심 구절에 초점을 맞춘 해석 방법, 원어의 의미 해설을 통한 해석 방법, 그리고 케리그마 지향적 해석 방법 등 세 가지가 있음을 논의하였다. 나아가 필자는 김정준의 시편 113편 해석을 평가하면서 그 공헌과 문제를 여러 면에서 지적하였다.

김정준 박사는 그의 시편 113편 해설을 통해서 성서를 읽는 독창적인 통찰력과 탁월한 성서 해석의 능력을 겸비한 구약학자요 그가 살았던 1970년대의 불의한 현실을 향하여 하나님의 말씀을 담대하게 외친 예언자였음을 보여준다. 그는 평생 시편을 사랑하고 열정적으로 연구에 몰두한 시편 해석가였다. 필자는 김정준 박사가 한국의 후학들에게 시편 연구를 위해서 귀중한 학문적 유산과 전통을 남겼다고 생각한다. 필자는 본 논문이 김정준 구약학과 특히 김정준의 시편 해석을 한국의 구약학도들이 앞으로 더 많이 연구하는 작지만 의미 있는 자극제가 되기를 기대해 마지 않는다.

참고 문헌

권오현. 『권오현의 시편 탐구-새로운 상징적 세계의 건설-』. 서울: 대한기독교서회, 2004.

김이곤. "김정준의 탄식시 연구에 나타난 '빠타흐' 주제와 거룩한 전쟁 신앙 주제의 관계성에 관한 연구." 제1회 김정준 구약학 세미나, 2002. 11. 15.

김정준. "구약성서사역-시편." 『기독교계』 14, (1957), 12.

_____. "구약시문학." 『십자군(속)』 22 (1955. 9), 14-24.

_____. "구약시문학-시편과 신약." 『십자군(속)』 24 (1955. 3), 9-16.

_____. "구약시문학-히브리시형론." 『십자군(속)』 26 (1956. 9), 8-18.

_____. "시편과 인생." 『십자군(속)』 23 (1955. 12), 29-32.

_____. "Hermann Gunkel의 시편연구." 『한신대학보』 1958. 4, 48-69.

_____. "히브리 시문학과 한국시가." 『십자군(속)』 25 (1956. 6), 19-25.

_____. "히브리시운론." 『십자군(속)』 27 (1956. 12), 17-24.

_____. 『시편명상 1』. 서울: 대한기독교서회, 1978.

_____. 『시편명상 2』. 서울: 대한기독교서회, 1978.

_____. 『시편명상 3』. 서울: 대한기독교서회, 1979.

_____. 『시편명상 4』. 서울: 대한기독교서회, 1980.

_____. 『시편명상』. 만수 김정준 전집 5. 서울: 한국신학연구소, 1987.

_____. 『이스라엘 시인정신』, 만수 김정준 전집 2, 논문집 III. 서울: 한국신학연구소, 1988.

방석종. "김정준의 시편연구에 있어서 의지시 규정 문제." 김정준 구약학연구회 편. 『만수 김정준 구약신학』. 서울: 경건과신학연구소, 2004, 163-206.

민영진. "김정준의 이스라엘 왕도 이해." 제1회 김정준 구약학 세미나. 2002. 11. 15. 김정준 구약학 연구회 편. 『만수 김정준 구약신학』. 서울: 경건과 신학연구소, 2004, 335-358.

유행열. 『오늘을 사는 시인의 생각』. 시편연구 상. 서울: 도서출판 한들, 1994.

_____. 『이 땅을 사는 시인의 마음』. 시편연구 하. 서울: 도서출판 한들, 1994.

이성훈. "김정준의 시편연구에 나타난 경건 이해." 김정준 구약학연구회 편. 『만수 김정준 구약신학』. 서울: 경건과신학연구소, 2004, 207-226.

장영일. "김정준의 『시편 명상』에 나타난 '경건' 이해." 김정준연구회 편. 『만수 김정준 구약신학』. 서울: 경건과신학연구소, 2004, 227-261.

Allen, Leslie C. *Psalms 101-150.* Word Biblical Commentary 21. Waco: Word Books, 1983.

Kim, Chung Choon. "A Study of Hebrew Piety with Special Reference to Batah." Unpublished Ph.D. dissertation, The University of Edinburgh, 1960.

Mays, J. L. Psalms. *Interpretation.* Louisville: John Knox Press, 1994.

McCann, J. Clinton, Jr. "The Book of Psalms." *The New Interpreter's Bible.* Vol. IV. Nashville: Abingdon Press, 1996.

Weiser, Artur. *The Psalms: A Commentary.* Tr. by Herbert Hartwell. Old Testament Library. Philadelphia: The Westminster Press, 1962.

시편 115편 주석

장영일

I. 히브리어 본문

(절 우측에 표시된 숫자는 박자를 가리킴.)

(3:3:3) 1 לֹא לָנוּ יְהוָה לֹא לָנוּ   כִּי־לְשִׁמְךָ תֵּן כָּבוֹד   עַל־חַסְדְּךָ עַל־אֲמִתֶּךָ׃

(3:3) 2 לָמָּה יֹאמְרוּ הַגּוֹיִם   אַיֵּה־נָא אֱלֹהֵיהֶם׃

(2:3) 3 וֵאלֹהֵינוּ בַשָּׁמָיִם   כֹּל אֲשֶׁר־חָפֵץ עָשָׂה׃

(3:3) 4 עֲצַבֵּיהֶם כֶּסֶף וְזָהָב   מַעֲשֵׂה יְדֵי אָדָם׃

(3:3) 5 פֶּה־לָהֶם וְלֹא יְדַבֵּרוּ   עֵינַיִם לָהֶם וְלֹא יִרְאוּ׃

(4:4) 6 אָזְנַיִם לָהֶם וְלֹא יִשְׁמָעוּ   אַף לָהֶם וְלֹא יְרִיחוּן׃

(3:3:3) 7 יְדֵיהֶם וְלֹא יְמִישׁוּן   רַגְלֵיהֶם וְלֹא יְהַלֵּכוּ   לֹא־יֶהְגּוּ בִּגְרוֹנָם׃

(3:3) 8 כְּמוֹהֶם יִהְיוּ עֹשֵׂיהֶם   כֹּל אֲשֶׁר־בֹּטֵחַ בָּהֶם׃

(3:3) 9 יִשְׂרָאֵל בְּטַח בַּיהוָה   עֶזְרָם וּמָגִנָּם הוּא׃

(4:3) 10 בֵּית אַהֲרֹן בִּטְחוּ בַיהוָה   עֶזְרָם וּמָגִנָּם הוּא׃

(4:3) 11 יִרְאֵי יְהוָה בִּטְחוּ בַיהוָה   עֶזְרָם וּמָגִנָּם הוּא׃

(3:3:3) 12 יְהוָה זְכָרָנוּ יְבָרֵךְ   יְבָרֵךְ אֶת־בֵּית יִשְׂרָאֵל   יְבָרֵךְ אֶת־בֵּית אַהֲרֹן׃

(3:3) 13 יְבָרֵךְ יִרְאֵי יְהוָה   הַקְּטַנִּים עִם־הַגְּדֹלִים׃

14 יֹסֵף יְהוָה עֲלֵיכֶם עֲלֵיכֶם וְעַל־בְּנֵיכֶם׃ (3:3)
15 בְּרוּכִים אַתֶּם לַיהוָה עֹשֵׂה שָׁמַיִם וָאָרֶץ׃ (3:3)
16 הַשָּׁמַיִם שָׁמַיִם לַיהוָה וְהָאָרֶץ נָתַן לִבְנֵי־אָדָם׃ (3:3)
17 לֹא הַמֵּתִים יְהַלְלוּ־יָהּ וְלֹא כָּל־יֹרְדֵי דוּמָה׃ (3:3)
18 וַאֲנַחְנוּ נְבָרֵךְ יָהּ מֵעַתָּה וְעַד־עוֹלָם הַלְלוּ־יָהּ׃ (3:3)

II. 사역

(괄호 안의 작은 글씨는 필자가 독자의 이해를 돕기 위하여 히브리어 본문에 암시되어 있는 내용을 드러내어 밝힌 것임.)

(1절) 우리를 위하여 (영광을 드러내지) 마시고,[1] 야훼여,[2] 우리를 위하여[3]
(그리) 마시고,
오히려 당신의 이름을 위하여 영광을 드러내소서;
당신의 인자하심(헤세드)을 인하여,[4] 당신의 진실하심(에멧)을 인하

1) 헬라어역이나 영역에서(Not for our sake, Yahweh, not for our sake)는 히브리어 본문의 강조적 표현(לֹא לָנוּ)이 제대로 전달되었으나, 한글 번역에서는 한글 표현에 있어서의 피할 수 없는 어순 때문에 표준새번역은 물론 그 어떤 번역에서도 이 부분이 제대로 번역되지 못하였다. 이 시의 도입부(첫 세 절/1-3절)와 종결부(마지막 두 절/17-18절)가 이 강조적 표현(로/לֹא)을 통해 구조적으로 대칭/평행을 이루고 있음을 고려할 때, 이와 같은 시인의 의도를 전달하기 위하여, 약간 어색해 보이긴 하나, 이와 같은 필자의 번역은 불가피했다.

2) 히브리어 본문(לֹא לָנוּ יהוה לֹא לָנוּ)에서는 '야훼'의 호칭이 두 어구의 중간에 들어있으나, 한글 번역들은 모두 이를 무시하고, 이 호격을 시의 첫 단어로 번역하여 놓았다: "여호와여, 영광을 우리에게 돌리지 마옵소서; 우리에게 돌리지 마옵소서"(개역개정판). 그러나 이와 같은 번역은 이 시의 본래 저자의 의도를 무시한 번역이라 할 수 있다. 이 시의 저자는 영광을 받아야 할 분이 인간이 아니라 야훼라는 것, 그리고 특히 이 야훼께서 인간('우리')과 인간 가운데서(중앙에서) 영광을 받아야 할 분임을 의도적으로 강조하기 위하여 야훼 호칭을 두 어구('우리에게 말고') 사이에 두었음을 유의해야 한다.

여 (그리하소서).

(2절) 어찌하여 이방 나라들이 (이같이) 말하게 하시려나이까:
"그들의 하나님은 이제 어디 있는가?"

(3절) 그러나[5] 우리 하나님은 하늘 위에[6] 계시며
원하시는 모든 것을 행하셨나이다.

(4절) 그들(이방 나라들[7])의 우상은[8] 은과 금이요,
사람의 손으로 만든 수공물이라.

(5절) 그들에게 입이 있어도 그(우상)들은 (잘)[9] 말하지 못하며,

---

3) 대부분의 번역들(한글 개역, 개역개정판, 공동번역, 표준 새번역, AV, NIV 등)에서 전치사 ל를 간접목적어 도입구로 간주하여 "...에게(to, unto)"로 번역하였다. 이 전치사는 "… 때문에" 또는 "… 을 위하여"(for, for the sake of)로도 번역이 가능한데 (Rabbi A. Chaim Feuer, *Tehillim* [Mesorah Publcations, Ltd., 2002], 1377), 이 시의 도입부를 찬양이 아닌 탄원으로 볼 경우에 이와같은 번역이 잘 어울린다.

4) 전치사 על은 "...을 위하여(for the sake of), …에 의하여, …에 따라서" 등의 다양한 번역이 가능할 수 있으나, 본문의 전체 문맥상 "… 로 인하여, …때문에"(on account of)로 번역하는 것이 타당해 보인다. M. Dahood, *Psalms III*(101–150), AB (Doubleday & Co., 1983), 138.

5) 다후드는 접속사 ו를 종속절의 도입어로 간주하여 번역하고 있으나(M. Dahood, *Psalms* III, 138.), 우리는 2절의 이방민족의 도전적인 질문에 대한 논쟁적(polecal) 답변을 도입하는 반어적 접속사('그러나')로 본다. J. J. Stewart Perowne, *Commentary on the Psalms* (Kregel Publications, 1989), 329. 이 시의 도입부(1–3절)를 도움을 호소하는 부르짖음과 탄원으로 볼 때 이와같은 번역이 타당하다.

6) 칠십인역을 따라 "위에/높은곳에/ממעל/ἄνω"를 추가하여 번역한 이유는 우선 이 용어를 추가할 경우 이 시의 규칙적인 박자(3:3)가 살아나기 때문이다. 이 용어가 없는 상태에서의 MT의 박자는 2:3이기에 부합하다.

7) 히브리어로 הגוים은 '이방인들/Gentiles, 이방 민족들, 이방 나라들, 열방' 등으로 번역될 수 있다.

8) 칠십인역과 시리아 역에서는 시 135:15에서처럼 이 단어를 "열방의 우상들"(עצבי הגוים/Τὰ εἴδωλα τῶν ἐθνῶν)로 수정하고 있으나, 그럴 경우 이 구절의 박자는 4:3으로 바뀌어 이 시의 박자 원칙(?)인 3:3을 깨뜨리게 된다. 우리는 MT를 선호한다.

9) 여기에서 사용된 동사는 דִּבֵּר의 피엘형(강조형) 미완료(ידברו)로서 "습관적으로 항상, 열심히, 잘, 진정으로 말하다"라고 번역될 수 있다.

그들에게 눈이 있어도 그들은 보지 못하며,
(6절) 귀가 있어도 그들은 듣지 못하며,
코가 있어도 그들은 냄새 맡지 못하며,
(7절) 손이 있어도 만지지 못하며,
발이 있어도 걷지 못하며,
더구나[10] 목구멍이 있어도 소리내지 못하는구나!
(8절) 그것들(우상)을 만드는 자들이 그(우상)와 같고,
그것들을 의지하는 자들 모두가 (역시 그러하구나)

(9절) 이스라엘아, (너는) 야훼를 신뢰하라.[11]
(후렴) 그들의[12] 도움과 방패는 그분뿐이시다.[13]

---

10) 카이로 게니자 사본과 시리아역 및 기타 사본들을 따라 접속사(ו)가 첨가된 것을 존중하여 벨로(ולא)로 번역하였다. 이렇게 MT본문을 수정할 경우 7절의 하반절(7c)은 MT의 3:3:2에서 3:3:3의 박자로 바뀌게 되어 이 시의 리듬에도 한층 더 잘 어울리게 된다. 특히 이 시의 주된 관심이 이방 민족들(우상 숭배자들)과 이스라엘 공동체 사이의 극적인 차이점, 즉 이방의 우상공동체는 우상처럼 목구멍이 있어도 찬양하지 못하지만(7c), 이와는 대조적으로 이스라엘 공동체는 (역경 중에도) 야훼를 찬양한다(17-18절)는 점을 강조하려는데 있으므로, 카이로 게니자 사본을 따라 본문을 수정할 경우 7c의 의미는 "더욱이 그들은 목구멍이 있어도 소리내지 못한다"로 의미를 개선될 뿐만 아니라, 박자에 있어서도 MT의 3:3:2보다는 3:3:3으로 개선될 수 있다. 또 한편으로 이렇게 회복/수정된 7c는 이 시의 전반적인 박자 원칙으로 적용된바 한 절(행/line)에 3개의 단어로 구성된 두 개의 문구(bi-cola/3:3)의 원칙을 깨뜨린다기보다는 오히려 제2연의 내용상 클라이막스라 할 수 있는 7절에서 하나의 문구를 추가하여 세 개의 문구(/tri-cola/3:3:3)가 되게 함으로써 2연의 분위기를 개선케 할 뿐만 아니라, 내용적 구조에 있어서도 7c(찬양하지 못하는 우상공동체)의 내용을 통하여 5연의 주제(찬양하는 이스라엘 공동체)를 예고케 함으로써 이 시의 전체 구조에도 통일성과 극적인 생동감을 가미해주는 역할을 한다고 볼 수 있다.

11) 칠십인역과 시리아역에서는 이 문장의 동사(בְּטַח)를 3인칭 단수 칼 완료형(בָּטַח)으로 보고 '이스라엘'을 주격으로 간주했으며("이스라엘은 주를 신뢰/의지하였다"), NEB 번역도 이를 따랐다. 그러나 이와같은 원문의 수정은 본문의 문맥과 양식에 대한 오해에서 비롯된 것이고, 이 시의 우수성을 감소시킨다. (아래 '해석상의 문제'를 참조하라)

12) 대부분의 한글 번역들(한글 개역, 개정판, 공동번역)에서는 본문을 수정하여 '너희의'

(10절) 아론의 집(가문)이여, 너희는 야훼를 신뢰하라.[14]

(후렴) 그들의 도움과 방패는 그분뿐이시다.

(11절) 야훼를 경외하는 자들아, 너희는 야훼를 신뢰하라.[15]

(후렴) 그들의 도움과 방패는 그분뿐이시다.

(12절) 야훼께서 우리를 기억하사 복을 주시리로다.[16]

그분께서 이스라엘 집에 복을 주실 것이며,

그분께서 아론의 집에 복을 주실 것이며,

(13절) 그분께서 야훼를 경외하는 자들에게 복을 주실 것이로다.

작은자들까지도[17] 큰 자들과 함께.

로 잘못 번역하였고, 표준새번역에서는 아예 '너희' 또는 '그들의'를 생략하고 '주님은, 도움이 되어주시고 방패가 되어주신다'로 애매하게 번역하였다. 그러나 거의 모든 영역에서는 히브리어 원문대로 '그들의'로 번역하고 있다. 이와같은 본문을 수정한 번역들은 이 시의 양식(예전/liturgy)과 삶의 자리를 오해한데서 기원한 것으로서, 즉 이 부분을 선창자의 권고('야훼를 의지하라')에 대한 회중(또는 성가대)의 응답으로서의 후렴으로 이해하지 않고 전반절의 연속으로서의 (제사장, 제의예언자 또는 레위인의) 이스라엘 회중에 대한 일반적인 권고로 재해석한데서 기인한 것이라 할 수 있다.

13) 히브리어 원문의 어순을 존중한 번역으로서, 히브리 본문에서는 "그들의 도움(에즈람)과 그들의 방패(마기남)"가 앞에 나오고, "그분이시다(후)"가 끝에 배치되어 있다. 모든 한글 번역에서는 이를 무시하고 있다.

14) 9절에서처럼 칠십인역과 시리아역에서는 이 문장의 동사를 3인칭 단수 칼 완료형(בָּטַח)으로 보고 '아론의 집'을 주격으로 간주했으나("아론의 집이 주를 신뢰/기대하도다"), 이와같은 원문의 수정은 본문의 문맥과 양식에 대한 오해에서 비롯된 것이고, 이 시의 우수성을 감소시킨다.

15) 9절과 10절에서처럼 칠십인역과 시리아역에서는 동사를 3인칭 복수 칼 완료형(בָּטְחוּ)으로 보고 '야훼를 경외하는 자들'을 주격으로 간주했으나("야훼를 경외하는 자들이 주를 신뢰/기대하도다"), 이와같은 원문의 수정은 본문의 문맥과 양식에 대한 오해에서 비롯된 것이고, 이 시의 우수성을 감소시킨다.

16) 이 구절은 1절 및 7절과 함께 이 시의 3:3 박자를 깨뜨리고 3:3:3 박자를 구성하고 있어서 주석자들마다 다른 해석을 제시하고 있으나, 우리는 이 시가 보통 시와는 다른 예전(liturgy)이라는 전제 하에서 이 구절이 후대의 추가가 아닌, 본래적인 본문으로 보며, 특히 시인은 이들 추가적 문구를 통하여 중요한 내용을 강조하고 극적인 효과를 나타내려고 박자의 전환을 시도했던 것으로 본다(아래 절별 주석 참조).

(14절) 야훼께서 너희를 번창케 하시기 원하고,
　　너희와 너희 자손들을 (모두 번창케 하시길 원하노라).
(15절) 너희는 (진정) 야훼께 복 받은 자들이로다,
　　(그는) 하늘과 땅을 만드신 분.
(16절) 하늘들의 하늘은 야훼께 속하였으나
　　땅은 아담의 후손들에게 주셨도다.

(17절) 죽은 자들이 (절대로)[18] 야(웨)를 찬양하지 못하나니,
　　적막한 데로 내려가는 아무도 (그리) 못할 것이라.
(18절) 그러나 우리는[19] 야(웨)를 찬양하리라.
　　지금부터 그리고 영원까지, 할렐루야!

III. 내용 구조 분석

아래에 제시된 내용구조 분석의 근거는 다음과 같다.

(1) 4절부터는 장면과 화자(speaker, 또는 노래 부르는 자)가 달라진다.

(2) 9절과 12절에서도 새로운 화자가 등장하고, 내용도 각각 달라진다.

(3) 특히 1절의 첫 단어와 17절의 첫 단어(לֹא)가 동일하다는 점에서 각각 도입부와 종결부임을 암시하고, 이 두 절은 각각 새로운 연의 시작임을 가리킨다고 볼 수 있다. 첫 번째 연을 1절에서 3절까지로 보아

17) 히브리어 원문에서는 '큰 자들'(הגדלים)보다도 '작은 자들'(הקטנים)이 강조되어 앞에 나와 있음에 유의하라.

18) 첫 연의 첫 구절에서처럼 여기 마지막 연에서도 첫 단어로 쓰인 לֹא는 강한 부정을 표현하는 강조적 부사임에 유의하라.

19) 칠십인역에서는 "살아있는 자들/ ζῶντες"라는 말이 첨부되어 있고, JB 와 NEB에서 이를 존중하여 "We, the living"으로 번역하고 있으나 우리는 MT를 존중한다. 왜냐하면 이 단어를 추가할 경우 이 시의 규칙인 3:3의 박자를 깨뜨릴 뿐만 아니라, 시 115에서 이방민족 즉 우상숭배자들과 대비시켜 강조하려 했던 "우리"(이스라엘 공동체)의 의미도 약화되기 때문이다.

야 하는 이유는 마지막 연(17절)에서 언급된 לכ이라는 단어가 동시에 3 절에서도 나타나기 때문이며, 이것은 이 두 연이 לא라는 단어 이외에도 לכ이라는 단어를 통하여 결속되도록 시인의 의도가 있었음을 암시했다는 증거라 할 수 있다. 아울러 이 두 연은 구조적으로 대칭적이며 평행을 이룬다.

A (**I**연) 도입부: 탄원과 고백(1-3절)

1. 탄원과 호소(1)
    a. 야훼의 명예와 영광을 근거로 한 구원의 호소(1a)
    b. 과거에 경험한 야훼의 인자와 진실을 기억함(1b)
2. 야훼의 존재에 대한 이방 민족의 도전적 질문을 인용함(2)
    a. 이방인들의 질문 소개(2a)
    b. 이방인들의 질문 인용: (유대인의) 하나님은 어디 계신가?(2b)
3. 초월자 하나님의 전능하심에 대한 인식과 고백(3)
    a. 하나님의 초월성: 하늘에 계심(3a)
    b. 하나님의 전능하심: 뜻대로 행하심(3b)

B (**II**연) 이방 민족과 그 우상들에 대한 조롱과 풍자(4-8절)

1. 우상의 정체에 대한 개론적 안내(4)
    a. 우상의 본질: 은부치와 금붙이에 불과함(4a)
    b. 우상의 지위: 인간의 수공물(4b)
2. 우상의 지체들과 그 무가치성(5-7)
    a. 입이 있으나 말하지 못함(有口無言)(5)
    b. 보지 못하는 눈, 듣지 못하는 귀, 냄새 맡지 못하는 코(6)
    c. 손이 있으나 느끼지 못함(7)
3. 우상 제조자와 우상 숭배자들의 무가치한 운명(8)
    a. 우상 제조자들의 운명: 우상들과 같음(8a)
    b. 우상을 신뢰하는 자들의 운명: 우상들과 같음(8b)

C (**III**연) 중심부: 야훼를 신뢰할 것을 권고하고 고백함(9-11절)

1. 이스라엘(전체)에 대한 권고(9)
    a. 권고의 대상과 권고의 내용: 이스라엘아, 야훼를 신뢰하라(9a)
    b. 신뢰의 근거와 고백: "이스라엘의 도움과 방패는 야훼뿐이다" (9b)
2. 이스라엘의 지도자들에 대한 권고(10)
    a. 지도자의 정체와 신뢰의 권고: 아론이 집이여, 야훼를 신뢰하라(10a)
    b. 신뢰의 근거와 고백: "이스라엘의 도움과 방패는 야훼뿐이다"(9b)
3. 이방인 개종자들에 대한 권고(11)
    a. 개종자들의 신분과 신뢰의 권고: "야훼 경외자들아, 야훼를 신뢰하라"(10a)
    b. 신뢰의 근거와 고백: "이스라엘의 도움과 방패는 야훼뿐이다"(9b)

B' (**IV**연) 이스라엘에 대한 축복(12-16절)

1. 축복의 동기와 축복의 대상과 범위(12-13)
    a. 축복의 동기: 야훼께서 이스라엘을 기억하심(12a)
    b. 축복의 대상: 이스라엘 집과 아론의 집과 개종자들(12bc, 13a)
    c. 축복의 범위: 상류층(큰 자들)은 물론 하류층(작은자들)까지(13b)
2. 축복의 내용(14)
    a. 인구의 증가와 번창(14a)
    b. 번창의 대상: "너희와 너희 자손들"(14b)
3. 축복의 선언과 야훼의 능력에 대한 선언(15)
    a. 축복의 선언: "너희는 야훼께 복받은 자들이로다"(15a)
    b. 야훼의 능력에 대한 선언: "하늘과 땅의 창조자"(15b)

4. 야훼의 최고 주권과 인간에게 위임된 땅에 대한 인식(16)
    a. 야훼의 최고 주권: "하늘들의 하늘은 야훼께 속하고"(16a)
    b. 인간에게 위임된 땅: "그가 땅을 아담의 자손에게 주셨도다"(16b)

A' (**V**연) 종결부: 들으심의 확신과 찬양 (17-18절):

1. 찬양할 수 없는 자들의 정체(17)

a. 죽은자들은 야훼를 찬양할 수 없음(17a)

b. 적막한 곳/무덤으로 내려간 모든 사람들은 찬양치 못함(17b)

2. 찬양의 주체, 방법, 대상과 때(18)

a. 찬양의 주체와 방법과 대상: "우리가 야훼를 축복합니다"(18a)

b. 찬양의 때: "지금부터 그리고 영원까지"(18b)

3. 결론적 찬양의 권고: "너희는 야(훼)를 찬양하라"(18c)

이상의 내용구조 분석에서 확인되는 점은 다섯 개의 연으로 구성된 이 시는 절의 분배나 내용의 배치에 있어서 분명한 대칭구조를 형성하고 있다는 사실이다. 이와 같은 대칭구조를 가리켜 시편 연구가들은 '교차대구적 평행법' (Chiastic Parallelism)이라 부르는데, 이 시의 대칭구조는 A B C B' A' 형태로 되어 있다.

IV. 해석상의 문제

1. 시 114편과 115편

여러 히브리어 사본들과 헬라어역(LXX, *Θ', S*) 및 라틴역(L)에서 시 114편과 115편을 하나의 연속된 시로 간주했는데, 이 둘을 하나로 볼 것인가, 아니면 시 115편을 하나의 독립된 시로 볼 것인가? 필자는 다수의 주석가들의 견해에 동조하여[20] 시 115편을 독립된 시로 간주함이 옳다고 본다. 왜냐하면 이 두 시는 그 내용과 주제에 있어서 뿐만 아니라 문체와 구조와 리듬과 분위기에 있어서 확연히 다름을 보여주고 있기 때문이다. 특히 114편과는 달리 115편은 다양한 예배 절차(탄원, 조

---

20) L. C. Allen, *Psalms 101-150,* WBC (Word Books, 1983), 107; H. J. Kraus, *Psalms 60-150* (Fortress Press, 1993), 377; A. F. Kirkpatrick, *Psalms,* p. 683; D. Kidner, *Psalms 73-150,* 404.

롱, 권고, 고백, 축복, 서약, 찬양 등)를 보여주는 예전[21](a liturgy)이라는 점에서 이 두 시는 분리되어야 마땅하다(아래 주석 참조).

2. 첫 연의 해석

이 시의 첫 연(strophe)에 속한 세 절(1-3절)의 내용을 야훼 하나님의 인자(헤세드)와 진실(에멧)에서 비롯된 바, 구원을 경험한 이스라엘 백성들의 감사와 감격 또는 자기 겸비(self-deprecation)의 표현으로 볼 것인가, 아니면 이방 민족들의 조롱과 핍박 가운데서 역시 야훼 하나님의 인자와 진실을 근거로 하여 구원을 호소하는 이스라엘 백성의 부르짖음 또는 탄원으로 볼 것인가?

전통적으로 대부분의 주석가들과 번역들(AV, RSV, 한글 개역, 개정판, 표준새번역, 공동번역)의 관점에 의하면, 이 시가 바벨론 포로기 이후의 유대인 공동체에서 유월절에 불리운 '이집트 할렐'의[22] 중심부에 위치해 있다는 것, 이들 '할렐' 시편들의 내용이 주로 출바벨론 사건을 통해 또다시 경험하는 야훼 하나님의 위대하신 구원에 대한 감사의 고백과 찬양으로 구성되어있다는 것, 그래서 이 시의 첫 도입부에서도 구원을 경험한 유대인들이 이방민족의 야훼를 향한 오만불손한 말("그들의 하나님은 지금 어디 있는가?")에도 불구하고 우주의 주권자이신 야훼께서 그리고 과거 출애굽 사건 때 인자와 성실하심으로 자기의 계약

---

21) 시편의 양식 분류에 있어서 주석가들에 의하여 '예전'으로 간주되는 시편들은 시 2; 24; 34; 84; 89; 95; 107; 115; 118; 121; 135; 136 등이다. 예전적 시편의 대표적인 사례로서 2편을 들 수 있는데, 이에 대하여는 장영일, "시 2편: 비평적 주석,"『이스라엘의 경건과 학문』(장신대 출판부, 1995), 361-395을 참조하라.

22) '이집트 할렐'(시 113-118)은 이집트에서의 해방을 생각하며 부른 일종의 감사와 찬양(할렐)으로서 그 시작 또는 끝 부분에 '할렐루야'(야훼를 찬양하라)의 외침이 언급되며, 이에 속한 시들의 전체적 내용과 분위기가 탄원과 부르짖음 보다는 찬양과 감사에 집중되어 있다. 유대인의 전통(Mishna, *Peshaḥim,* 10:6)에 의하면 시 113-114는 유월절 식사(Seder Meal) 직전에, 115-118은 식사 직후에 부르게 되어 있었다.

(언약) 백성을 구원하셨던 야훼께서 다시 출바벨론 사건을 통하여 그 언약백성을 구원하심으로 그 전능하신 권능과 언약적 사랑을 보여주셨기에 유대인들은 이 위대한 구원사건이 자신들의 힘과 지혜로 이루어진 것이 아니라 오직 야훼의 능력으로 성취되었음을 자각하고 그 영광과 명예를 그 위대하신 야훼 하나님께 돌려드리기를 바라면서 이 시의 도입부에서, 즉 유월절 행사를 통해 재현되는 야훼의 위대하신 구원 행사에서 야훼의 인자와 성실하심을 기억하며 자신들의 하나님께 감격과 감사와 찬양을 표현하고 있다는 것이다.

그러나 현대의 비평적 주석가들은 그동안 개발된 시편 해석의 다양한 방법론들(문학비평, 양식비평, 전승비병, 사회학적, 구조론적 연구방법)들을 동원하여 관찰한 결과 이러한 해석에 의문을 제기하였고, 무엇보다도 이 시가 하나의 예전(a liturgy)임을 감안하여 이 시의 도입부가 감사시의 형태가 아닌 탄원시 형식임을 밝혀내었다.

이 시의 첫 연을 탄원시로 볼 수밖에 없는 이유는, 우선적으로 1연에서 인용하고 있는바 이방 민족들의 오만하고 도전적인 질문이 대부분 탄원시에서 인용되는 질문이기 때문이다(시 42:3).[23] 다시 말하면 이 시의 저자는 이방인들의 조소와 멸시에 찬 조롱(mocking taunt)을 인용함으로써(2b) 자신이 처한 비극적인 상황을 표현하고, 이런 상황에서 야훼의 명예와 영광을 조건으로 하여 즉 야훼의 명예와 영광이 훼손당할 위기에 처해있음을 알려드림으로서, 그리고 야훼와 이스라엘 사이에 체결된 계약의 근거 위에서 그 계약적 사랑(חסד)과 진실(אמת)을 다시 한번 이행하시기를 간구함으로써(1c) 간접적으로 구원을 호소하고 있는 것이다.

이 시의 첫 연을 탄원시로 보는 간접적인 근거는 예전이 갖고 있는 본질적인 특징, 즉 예배 절차의 다양성과 그 다양성을 통하여 표현되는 극적인 효과를 이 시에서 엿볼 수 있기 때문이다. 이 시편의 저자는 이

23) Allen, *Psalms 101-150*, 110.

와 같은 예전적이고 극적인 효과를 위하여 시의 도입부로서 이 세 절로 된 탄원시를 서두에 배치하여 성가대가 부르게 하고, 이어서 또 다른 목소리가 부르는 우상에 대한 논쟁적 조소(polemical mockery, 4-8절), 그리고 성가대 선창자와 회중(또는 성가대)이 교창으로 부르는 신뢰의 권고(9-11절), 제사장에 의해 선포되는 축복과 교훈(12-16절), 결론적으로 회중이 부르는 고백과 찬양(17-18절)의 순서로 구성하고 있음을 볼 수 있다. 이와 같이 이 시의 도입부인 첫 연을 탄원시로 볼 경우, 앞의 한글번역에서 보는 것처럼, 이 시의 전체 분위기는 전통적인 번역에서 가리워져 있었던 드라마틱한 분위기를 경험하게 되고, 이 시의 내용 구조와 의미에 있어서도 (도입부를 감사시로 해석할 때보다도) 훨씬 더 개선됨을 알 수 있다.

이외에도 우리는 이 시의 저자가 구사한 시문학적 기교를 고려해 볼 때 제1연이 감사의 고백이 아닌 탄원임을 알 수 있다. 이 시에 드러나는 독특한 시적 기교로서의 대칭구조(chiasmus)와 내삽법(inclusio), 즉 앞의 내용구조 분석에서 보는 바와 같이 ABCB'A'의 형태로 형성되어 있는 대칭적 평행법 그리고 1연/도입부(3절, 야훼의 영광에 호소하는 탄원, לֹא로 시작)와 5연/종결부(2절, 야훼의 영광과 능력에 대한 이스라엘의 자각과 고백을 통한 결론적 찬양, לֹא로 시작)로 형성된 내삽법은 탁월한 논리적 연속성을 보여주는데, 만약 제 1연을 감사시로 볼 경우에는 이와 같은 훌륭한 논리적 연속성이 훨씬 약화되는 것을 알 수 있다. 따라서 이 시에서 구사된 이와 같은 평행법과 내삽법도 간접적으로 이 시의 도입부는 감사시가 아니라 탄원시로 볼 수밖에 없는 무시할 수 없는 증거라 할 수 있다. 이에 대하여는 아래의 문학적 분석을 참조하라.

3. 제3연의 문제

위의 문제들과는 다른 관점에서 제기되는 또 하나의 문제는 구체적인 어구의 번역과 내용에 관련된 것으로서, 제3연의 뜻이 무엇이며 아울러 이 3연을 맡아 부르는 역할자의 정체가 누구인가 하는 것이다. 우선 이 3연의 동사를 서술형 동사(בָּטַח/"이스라엘이 야훼를 의지하였도다")로 볼 것인가, 아니면 전통적 견해를 따라 명령/권고형으로 볼 것인가(בְּטַח/"이스라엘아, 너는 야훼를 의지하라") 하는 것이고, 만약 명령/권고형으로 볼 경우에, 이 세 번에 걸친 명령/권고에 대하여 3인칭("그는 … 그들의 도움이시오 방패시로다")으로 응답하는 후렴을 누구의 목소리로 그리고 어떻게 해석할 것이냐 하는 것이다.

제3연의 타동사를 서술형으로 보아야 할 것을 주장하는 주석가들의 근거는 그 다음에 이어지는 평행구의 인칭(소유격)이 2인칭이 아니라 3인칭 복수("그들의 도움과 방패")로 되어있기 때문이라는 것이다. 다시 말하면, 만약 앞부분의 동사를 제사장에 의한 명령형/권고형으로 볼 경우에는 이어지는 제사장의 권고는 2인칭 복수 접미가 붙은 "그는 너희의 도움이시오 방패시기 때문이다"가 되거나[24] 아니면 제사장의 권고/명령에 대한 회중의 응답으로서 시 33:22에서처럼 "그는 우리의 도움이시오 방패시로다"로 되어 있어야 한다는 것이다. 그러나 이 문제 역시 이 시가 예전적(liturgical) 시이며 아울러 이 시의 대칭적 구조에 있어서 3연이 차지하는 의미와 이 시의 삶의 정황이 규명되면 자연히 해결된다. 즉 이 시의 대칭구조가 ABCB'A'라는 사실은 C에 해당하는 제3연이 이 시의 중심부로서 1연 및 2연과 유기적 관계를 맺고 있음을 가리키는데, 이와 같은 근거에서 3연의 "그들의 도움…"이라는 말은 1연에서 언급된 이방 민족의 질문("그들의 하나님")에 대한 논쟁적(polemical)이고 변호적(apologetical) 응답으로 이해될 수 있는 것이다.[25] 또한 우리가 예전적 관점에서 3연을 예언적(또는 제사장적) 권고(또는 명령)와 이에 대한 회중의 응답으로서의 후렴("그는 그들의 도움이시오 방패시다" x 3회)으로 구성된 것으로 간주할 때, 예언적 권고는

24) James L. Crenshaw, *The Pslams: An Introduction* (Eerdman's, 2001), 135-136.

25) A. Weiser, *The Psalms* (Westminster Press, 1962), 717.

제의 예언자(또는 제사장)나 성가대 또는 성가대의 대표로서 한 독창자(선창자)가 부르고 이에 대한 응답으로서의 후렴부분을 회중(또는 성가대)이 불렀다고 가정할 수 있는데, 이와 같이 제3 연의 후렴 부분과 관련하여 제기된 인칭 문제는 예전적 관점을 통하여 쉽게 해결되었다고 볼 수 있을 것이다. 다시 말하면, 3연의 동사는 명령/권고형으로 봐야 하고 따라서 동사의 앞에 언급된 명사는 주격("이스라엘은")이 아니라 호격(vocatives, "이스라엘아!")으로 간주해야 한다는 것이다.[26]

제3연과 관련된 해석상의 문제는 3연에 언급되는 세 그룹(이스라엘, 아론의 집, 야훼를 경외하는 자들)의 정체와 긴밀하게 관련된 것으로서, 특히 제4연에서 이 세 그룹을 향하여 제사장이 축복을 선포하고 있다는 사실을 고려한다면 이 시가 다양한 절차(탄원, 신앙고백, 권고, 축복, 등)를 아우르고 있는 예전(liturgy)임이 한층 분명해지며, 따라서 제3연의 내용을 이들 세 그룹의 야훼 신뢰 행동에 대한 단순한 서술로 보기보다는 오히려 이들 세 그룹에게 야훼를 신뢰할 것을 권고하고 명령하는 것으로 봐야 마땅하며, 그리 할 경우에 제3연(신뢰에의 권고)과 4연(신뢰하는 이스라엘에 대한 축복)이 관계도 논리적으로 잘 어울리게 됨을 알 수 있다.

이 시의 중심부라 할 수 있는 제3연의 역할 담당자에 대한 해석도 다양하다. 세 그룹에 대한 권고 바로 뒤에 나오는 세 번의 '후렴'(그는 그들의 방패요 구원이시다)을 전체 회중이 불렀다는 사실에는 대부분의 주석가들이 동의하지만, 후렴 앞의 세 그룹에 대한 권고 부분을 누가 맡아서 노래했는지에 대하여는 주석가들마다 다른 견해를 보여준다. 지면 관계상 학자들의 다양한 견해를 자세히 소개 할 수 없고, 필자의 견해로는 아마도 성가대 또는 제의 예언자 및 제사장 그룹이 이 부분을 담당했을 가능성이 크다. 더 구체적으로 말하면 9a는 제사장 또는 예언자가, 10a는 예언자 또는 성가대가, 11a는 성가대 또는 제사장이

---

26) Weiser, *The Psalms,* 136.

맡아 노래불렀을 가능성이 있다. 하여튼 이 부분이 이 시의 중심부인만큼 예배에 참석한 모든 그룹이 함께 참여하여 노래부를 수 있도록 이 시의 저자가 시도하였다고 볼 수 있다.

4. 문단/연 구분과 각 연의 연주자의 문제

수많은 주석가들이 이 시를 주석하는 과정에서 고심했던 문제 가운데 하나는, 18절로 되어 있는 이 시의 문단(paragraph) 또는 연(strophe)를 어떻게 구분할 것인가, 그리고 각 연에서 노래하는 연주자는 누구인가에 집중되어 있다. 대부분의 주석가들이 이 시를 다섯 개의 연으로 분해하여 주석했다는 점에서 비슷하나, 몇 절부터 새 연의 시작으로 볼 것인가 그리고 각각의 연에서 노래하는 자의 정체가 누구인가에 대하여는 일치한 주장을 찾기 힘들다. 궁켈은 1-2, 3-8(회중), 9-11(성가대 또는 제사장과 회중의 교창), 12-15(제사장), 16-18(회중)으로,[27] 다후드는 1-2(성가대), 3-8(독창자), 9-11(성가대), 12-15(제사장), 16-18절(회중)로 연을 나누어 연주자들을 배정하였고,[28] 크라우스도 궁켈을 따라 1-2, 3-8, 9-11(제사장 또는 레위인 성가대), 12-15(제사장의 축복)로,[29] 16-18 절로 분해하였다.[30]

이들과는 달리 알렌은 이 시를 여섯 개의 연으로 구성된 것으로 보고 1-4(회중의 대표/positive and negative confession), 5-8(Negative confession of trust), 9-11(제사장과 성가대[또는 독창자]의 교창), 12-13(예언자 또는 제사장), 14-15(또다른 제사장의 축복), 16-18절(회중의 대표)로 분해하였다.[31] 마찬가지로 보일란(M. P. Boylan)도 여섯 개

27) H. Gunkel, *Die Psalmen* (Göttingen: Vandenhoeck & Ruprecht, 1926), 497-98.

28) Dahood, *Psalms III,* 139.

29) Kraus, *Psalms 60-150,* 378.

30) Kraus, *Psalms 60-150,* 377-378.

31) Allen, *Psalms 101-150,* 109.

의 연으로 나누고(1-2/회중; 3-8/성가대; 9-11/레위인과 회중의 교창; 12-13/제사장의 축복; 14-15/성가대; 16-18/회중) 각각의 연의 연주자를 배정하였으며,[32] 마고넷도 역시 이 시를 6 연으로 나누어, 1, 2-3, 4-8, 9-14, 15-16, 17-18절을 각각의 연으로 분해하였으며, 특히 첫 번째 연(1절)과 여섯째 연(17-18절) 사이의 긴밀하고도 논리적인 대칭 구조를 확인하였다.[33]

5. 야훼를 경외하는 자들의 정체 문제

이 시와 관련하여 주석가들 사이에 의견의 일치를 보지 못하는 문제는 이 시에서 두 번이나 언급되는(11, 13절) "야훼를 경외하는 자들"(יראי יהוה)의 정체가 누구냐 하는 것으로서, 베커(Becker)가 이 문제를 종합적으로 제시하였으나[34] 아직도 이 문제를 둘러싼 논쟁은 결론을 맺지 못하고 있다. 중세의 유대인 주석가였던 라쉬(Rashi)[35] 이래로 궁켈(H. Gunkel)과 키텔(R. Kittel)[36] 등 다수의 주석가들이[37] "야훼를 경외하는 자들"을 포로기 이후에 야훼 신앙을 받아들인 이방인 개종자들을 가리키는 전문용어로 보는데, 필자를 비롯한 다수의 기독교 주석가들이 이 이론을 수용하는 또다른 이유는 이 용어가 초대교회 당시에 이방인 기독교인들을 지칭하는 전문용어(행 10:2, 22; 13:16, 26)로 적용되었다

32) Monsignor P. Boylan, *The Psalms* (Dublin: M. H. Gill & Son, Ltd., 1948), 241-242.

33) J. Magonet, *A Rabbi Reads the Psalms* (SCM Press, 1994), 131-140.

34) J. Becker, *Gottesfurcht im AT,* Analecta biblica 25 (Rome: Potifical Biblical Institute, 1965), 55-60

35) A. Cohen, *The Psalms* (Jerusalem: The Soncino Press, Ltd., 1992), 383에서 재인용.

36) Gunkel, *Die Psalmen,* 498; W. S. McCullough, *The Book of Psalms,* IB (Abingdon Press, 1989), 608에서 재인용.

37) A. Maclaren, *The Psalms,* Vol. III, The Expositor's Bible (NY: Funk & Wagnalls Co., 1900), 218.; C. A. Briggs, *A Critical and Exegetical Commentary on the Book of Psalms,* Vol. II, ICC (T. & T. Clark, 1976), 395.

는 사실에 근거하여 이 용어의 전문화가 포로기 이후 제2 성전 시대에 대거 등장하기 시작하는 이방인 개종자들에게서 비롯된 것으로 보기 때문이다(사 56:6; 65:1; 66:18-21; 슥 8:20-23; 14:16; 왕상 8:41) .

물론 이와 같은 궁켈의 이론을 반대하여 시 115편에서 사용된 이 명칭이 개종자들을 가리키는 전문적 용어(technical term)라기보다는 제사장 그룹과 평신도를 포함한 모든 이스라엘 성도를 지칭하는 일반적 용어로 보는 알렌과 앤더슨의 견해도[38] 일리가 있다고 보지만, 이와 같은 해석은 포로기 이후 제2성전 시대의 유대인 공동체가 처했던 독특한 상황에 대한 인식의 부족에서 초래된 것이라 할 수 있을 것이다. 물론 포로기 이전에는 일반적으로 이스라엘 백성을 가리키는 용어로도 사용되었음을 부인하지 않으나(시 22:3), 시 115:9-11, 12-13; 118:2-4; 135:19-20에서 구체적으로 드러나는 바와같이 이들 포로기 이후의 시편에서 습관적으로 이스라엘의 구성원을 3계층(혈통적 이스라엘 백성, 제사장 계층, 이방인 개종자)으로 분류하고 있음을 고려할 때 이 용어가 일반적인 '이스라엘 백성'(유대인; 시 115에서는 '이스라엘 집'으로 표현됨)과 구별되는 특정 그룹, 즉 이방인 출신 야훼주의자들을 지칭한 것으로 보는 것이 더 설득력이 있다(아래 절별 주석 참조.)

V. 시문학적 분석

1. 문학 양식: a liturgy(예전적/의식적 교재)

대부분의 주석가들이 인정하듯이[39] 그리고 필자의 자세한 내용구조

38) Allen, Psalms 101-150, 108; A. A. Anderson, *The Book of Psalms,* Vol. II, NCB (Eerdmans, 1981), 788. 크라우스는 이 용어가 포로기 이후의 유대인 공동체 전체, 즉 이방인 개종자들을 포함한 모든 제사장 그룹과 평신도 그룹을 통틀어 지칭한 용어라고 주장한다. Kraus, *Psalms 60-150,* 381.

분석에서 엿볼 수 있는 것처럼, 이 시의 문학적 양식은 예전(a liturgy)이고,[40] 따라서 그 연의 배열에 있어서 각 연마다 노래 부르는 자가 바뀌도록 되어있고, 그 내용에 있어서도 각 연마다 새로운 주제를 보여줌으로서 예배 장면의 발전과 변화를 엿보게 해 준다.

앞서 제기된 질문 가운데 하나, 즉 연을 구분할 때 어디에서 어디까지를 한 연으로 구분할 것인가의 문제는 이와 같은 양식사적 분석에 의해서, 이 시가 하나의 통일된 단일 주제와 삶의 자리를 갖고 있는 시가 아니라 다양한 주제와 예배 절차를 반영하고 있는 예전이라는 분석에 의해서 쉽게 해결된다. 특히 앞에서 제기된 제3연의 문제에 있어서, 일부 주석가들이 9절부터 제사장의 교훈과 축복으로 보았으나,[41] 우리는 이 부분이 성가대(또는 성가대 대표로서의 독창자)와 회중의 교창으로 이루어진 예전의 일부임을 인식하게 됨으로써 문제가 자연히 해결됨을 볼 수 있다. 즉 선창자의 세 번에 걸친 야훼 신뢰의 권고(명령)에 대하여 회중은 후렴으로서 "야훼는 그들(이스라엘 성도)의 도움이시오 방패시로다"라는 고백과 찬양으로 응답하였다는 것이다.

2. 문학적 기교와 구조

한글번역은 각 절의 길이가 들쭉날쭉 불규칙하여 시문학적으로 잘 정리된 우수한(?) 시로 보이지 않을 수 있으나, 이 시의 원본은, 히브리 본문에서 보는바와 같이, 각 절(행)의 단어 수와 길이가 거의 비슷하고, 박자와 운율(두운, 각운, 자운 등)과 평행법에 있어서 탁월한 기교를 보여주는 대단히 아름다운 시임을 한 눈에 엿볼 수 있다.

---

39) Gunkel, *Die Psalmen,* 498; Weiser, *The Psalms,* 716–17; Allen, *Psalms 101–150,* 108.

40) 150편의 시편 가운데 주석가들에 의하여 '예전'으로 분류되는 시편들로서 시 2; 24; 34; 84; 89; 95; 107; 115; 118; 121; 135; 136편을 들 수 있다.

41) Crenshaw, *The Psalms,* 135.

각 행(또는 절/line)은 거의 예외 없이 각각 세 개의 단어로 구성된 두 개의 문구(bi-cola/3:3)로 구성되어 있고, 1절과 7절자[42] 그리고 12절에서만 세 개의 문구(tri-cola/3:3:3)가 한 행을 이루고 있는데, 한 개의 문구(colon)를 더 추가할 경우에는 그럴만한 예전적 이유와 동기를 암시하고 있음을 볼 수 있다(각주 10과 아래 절 별 주석[7c, 12절] 항목 참조).

이 시의 박자에 있어서도, 비록 이따금 박자의 규칙을 어길 때가 있으나, 대부분 모든 절에서 3:3(전반절 세 단어: 후반절 세 단어)의 박자 원칙을 지키고 있으며, 특히 연의 구조에 있어서도 시인의 의도된 동기를 엿볼 수 있는데, 총 나섯 개의 연(strophe/3:5:3:5:2)으로 구성된 이 시의 중심이자 분깃점은, 누구나 예상할 수 있는 것처럼, 제3연이다.

이 시인이 구사하고 있는 시적 평행법은 동의적 평행법으로서, 같은 용어 또는 비슷한 개념을 연속적으로 반복 제시함으로써 노래 부르는 사람의 흥을 점진적으로 돋우어 주고, 연이 바뀌면서도 주된 개념 또는 특징적인 용어가 그 다음 연에서 재차 언급되게 함으로써 연 사이의 연속성과 통일성을 유지할 뿐만 아니라 듣는 이로 하여금 사상의 발전을 느끼게 해 주고 있다. 그런 의미에서 이 시는 본래부터 낭독하기 위하여 지어진 시가 아니라 성가대 또는 회중이 예배 가운데서 각 예배 장면에 따라 노래 부르도록 지어진 찬송가요 하나의 예전적 시(a liturgy)임이 분명하다.

특히 이 시의 저자가 발휘하는 탁월하고 놀라운 시적 기교는 내삽법(inclusio)을 통한 개념 및 용어의 평행법이라는 것이다. 우선 용어의 배치에 있어서 1연과 5연에서 로(לֹא)라는 단어가 각각 두 번씩(1a, 17) 언급될 뿐만 아니라 כָּל־이라는 용어도 1연과 5연에서 각각 한 번씩(2, 17b) 언급되며, 내용 구조에 있어서도 1연과 5연에서 내삽법 구사되고

42) 여러 사본들과 역본들을 따라 MT를 수정할 경우 1c 절과 7c 절을 3박자로 개선할 수 있음에 유의하라.

있는데, 1연에서는 야훼의 영광을 간접적으로 드러내지만 5연에서는 야훼의 영광을 직접적으로 드러내어 찬양한다는 것이다. 또한 1연에서는 야훼의 영광의 천상적 분위기, 즉 야훼의 영광이 하늘에서 선포되지만, 5연에서는 땅에서 인간들이 야훼를 찬양함으로써 야훼의 영광이 드러나도록 묘사된다. 그리고 1연에서는 야훼의 존재를 무시하고 멸시하는 이방 민족들의 거만하고 무례한 언행이 묘사되지만, 5연에서는 이들 야훼를 멸시하고 부인하며 야훼의 백성을 조롱하는 자들이 다름 아닌 죽은 자들, 즉 야훼께 영광을 돌릴 수 없는 무가치한 자들임을 선언함으로써 야훼의 사랑과 은혜와 구원을 체험한 이스라엘이 겸손히 야훼 하나님을 찬양하고 야훼의 영광을 드러내는 모습과 극적으로 대비시키고 있다.

이와 같은 내삽법은 1연과 5연 사이에만 존재하는 것이 아니라 2연과 4연 사이에도 적용 구사하고 있음을 볼 수 있는바, 즉 2연에서 사용된 עשה(만들다) 동사(4절)가 4연(15절)에도 사용되고 있고, 또한 אדם (인간)이라는 용어도 2연(4절)과 4연에서(16절) 사용되고 있다는 사실이다. 이와 같은 중복된 내삽법을 가리켜 우리는 대칭적/교차대구적 평행법(Chiasmus, chiastic parallelism)이라 부르는데, 우리는 앞서 이와 같은 외형상의 대칭적 평행법이 내용 구조(ABCB'A')에 있어서도 구사되고 있음을 밝힌 바 있다.

이 시에 나타나는 또다른 평행법은 사다리꼴 평행법 또는 계단식 평행법으로서 이 평행법을 통하여 이 시가 내용에 있어서 산만하지 않고 오히려 사상의 연속성과 통일성을 구비하고 있음을 보게 된다. 우선 1연과 2연의 경우, עשה(만들다, 행하다/to make) 동사를 반복 사용하고 있고(3, 4절), 1연의 "그들의 하나님"과 2연의 "그들의 우상"이라는 용어를 대비시켜 이 두 연의 사상적 연속성을 기하고 있으며, 2연과 3연에서는 בטח(신뢰하다/to trust)라는 단어를 통하여, 그리고 3연과 4연에서는 3연의 3부 구조(이스라엘, 아론의 집, 야훼 경외자)가 4연에서 다시 그대로 언급됨으로써 두 연이 연속되고 있다. 마지막으로 4연과 5연에서는 주제의 연속을 통하여, 즉 4연에서 제사장을 통하여 축복을 받은 이스라엘 공동체가 5연에서 야훼를 찬양하고 영광을 돌리게 함으로써 논리적으로 연속이 되고, 특히 땅을 선물로 받은 살아 있는 성도를(4연) 땅 아래로 내려가는 죽은자와 같은 이방인과 대비시킴으로써(5연) 이스라엘 백성이 자동적으로 그리고 자발적으로 자신들의 살아 계신 하나님 께 최선 최상의 찬양과 경배와 영광을 돌릴 수밖에 없도록 자극/설득하고 이끄는 것을 볼 수 있다.

3. 시의 저작 연대

대부분의 주석가들이 이 시를 포로기 또는 그 이후의 제2성전 시대의 작품으로 보고 있으나,[43] 포로 이전, 즉 왕정기의 저작으로 보는 주석가들도 있다.[44] 특히 크라우스는 이 시가 바벨론 포로기 이후의 유대인 공동체(the postexilic community) 상황을 반영한다고 보고,[45] 이 시의 저작 동기로서 바벨론 유배기간 동안 인구가 분산되고 멸종 위기에 처한 유대인 공동체를 야훼께서 자신의 명예를 위하여 회복해 주시고 번창케 해 주시기를 기원하는데 있었던 것으로 생각한다.[46]

필자는 이와같은 대부분의 주석가들의 견해에 동의하며, 특히 이 시가 포로기 이후 저작임을 암시해 주는 근거로서, 우선적으로 시편 제5권(시 107-150)이 포로기 이후 제2성전 시대의 시편들을 모아 편집한 것이라는 사실(특히 시 119; 120; 137 참조)을 제시하고 싶다. 그리고 14절에서 사용된 용어 '요셉'(더하소서')도 이 시가 포로기 이후의 상

43) Allen, *Psalms 101-150,* 110; Crenshaw, *The Psalms,* 136.

44) Dahood, *Psalms III,* 139.

45) Kraus, *Psalms 60-150,* 378, 382.

46) 이와 같은 관점에서 크라우스는 1절과 12-14절에 나타난 내용을 이렇게 요약한다: May YHWH for the honor of this name restore and bless the scattered and decimated community. Kraus, *Psalms 60-150,* 378.

황을 반영하고 있음을 보여주는 결정적 단서라 할 수 있는데. 이 용어는 자녀를 생산할 수 없었던 라헬이 하나님의 은혜로 요셉을 낳은 후 또 다른 아들을 낳을 것을 기대하면서 남긴 말로서(창 30:24), 포로기간동안 유대인 공동체의 인구 수가 얼마나 감소되어 있었는가를 반영하는 용어이기 때문이다. 또한 4-8절에 언급된 우상들에 대한 야유도 대부분 메소포타미아의 우상들을 가리키는 내용이고,[47] 이와 같은 우상들의 무가치성을 지적하는 성경구절들이 대부분 포로기 이후에 나온 책에 나타나는 것도 그 증거라 할 것이다(아래 절 별 주석 참조). 더 나아가서 이 시에 왕에 대한 언급이 전혀 없고[48] 오히려 야훼를 신뢰하는 사람을 세 그룹으로 분류했다는 사실, 즉 순수한 혈통적 이스라엘 백성(유대인 평민)과 아론의 자손(제사장 계층), 그리고 야훼 경외자(이방인 개종자)의 3그룹은 유대인 공동체가 바벨론 포로기는 물론 그 이후의 제2 성전시대 동안 수많은 이방인들과 접촉하고 그들 가운데서 야훼신앙으로 개종한 자들을 영입하면서 터득한 세계적 안목에서만 나올 수 있는 발상이라는 것도 이 시가 제2 성전시대의 상황에서 나온 것임을 가리킨다고 볼 수 있다.

4. 삶의 자리

이 시의 삶의 자리로서 예배, 더 구체적으로 말하면 평상적인 예배

47) 물론 애굽 문화도 '우상문화'(장영일, 『구약신학의 역사적 기초』(장신대 출판부, 2001), 118f.)라고 정의할 수 있을 정도로 애굽에는 우상이 많았고, 포로기 이전에도 이스라엘이 그 우상의 의미와 무가치성을 말 할 때 가나안의 우상들은 물론 애굽의 우상들을 생각하고 있었음을 도외시하는 것은 아니다. 그러나 애굽의 우상은 주로 석조 우상이었음에 반하여 바벨론의 우상은 대부분 금 또는 은으로 만든 우상이었다는 사실에 유의할 필요가 있다.

48) 다후드의 해석은 이와 다르다. 그는 12절의 히브리어 본문을 약간 수정하여 "Our throne may Yahweh bless, may he bless the house of Israel, may he bless the house of Aaron"라고 번역함으로써 이 시가 왕정기의 왕에 대한 축복을 담고 있다고 주장하였다. Dahood, *Psalms III,* 139, 141-142.

라기보다는 어느 특정한 절기(축제)의 예배일 것이라는 견해에 대하여는 대부분의 시편 주석가들이 동의하나, 그 축제가 구체적으로 어느 축제인지에 대하여는 의견을 달리하며, 특히 크라우스는 이 시의 삶의 자리가 유월절인지 초막절인지를 규정하기는 힘들다고 말한다.[49] 필자는, 몇몇 학자들에 의하여 주장된바, 이 시가 초막절 즉 신년축제 때에 사용되었다는 가설이[50] 가장 설득력이 있어 보이고 또한 이 시의 내용에서 그 증거를 찾을 수 있다고 생각하기에 이 가설에 동의한다.[51]

제2 성전시대 당시 새해/초막절을 맞이한 유대인 공동체가 전통적인 관습에 따라 야훼와의 언약/계약을 갱신하면서 이 시를 사용했다는 구체적 증거로서, 우리는 무엇보다도 먼저 1절 하반절에서 언급된 두 용어 '헤세드'와 '에멧'을 들 수 있을 것이다.[52] 이 두 용어는 이스라엘과 야훼의 계약/언약 관계에서 언제나 언급되는 야훼의 신적 성품의 대명사로서, 이스라엘이 시내산에서 야훼 하나님과 계약/언약을 맺은 이래로 주기적으로[53] 계약을 갱신할 때나 국가적인 위기 상황에서 "출애굽-시내산 계약" 사건을 상기하며 구원을 호소할 때마다 언급되는바, 대개의 경우 '언약/계약'이라는 말과 함께 쓰이거나(시 25:10; 89:2-3, 28; 106:45; 사 54:10; 참조: 렘 31:3) '인자와 진실'이라는 형태로 두 용어가 나란히 쓰이는 전문적인 쌍둥이 용어라는 사실에 유의할 필요가 있

49) Kraus, *Psalms 60-150,* 378.

50) Weiser, *The Psalms,* 714. K. Luke, "The Setting of Psalm 115," *Irish Theological Quarterly* 34 (1967), 347-357.; H. Lubsczyk, "Einheit und heilsgeschichtliche Bedeutung von Ps. 114/115(LXX 113)," *Biblische Zeitschrift* (1967), 161-173.

51) 초막절에 거행된 계약 갱신 축제의 유래와 발전 과정에 대하여는 필자의 논문을 참조하라: 장영일, "초막절과 계약갱신 축제,"『장신논단』21 (2004), 45-70.

52) 한글 개역성경에서 '헤세드'는 "은혜, 인자, 사랑, 긍휼, 자비"로 번역되었고, '에멧'은 "진리, 진실, 성실"로 번역되었음에 유의하라.

53) 시내산에서의 언약/계약 사건 이래로 느헤미야 당시까지 이스라엘 백성이 주기적으로 초막절에 야훼와의 계약을 새롭게 확인하고 갱신하는 의식을 거행했다는 사실에 대하여는 신 27:11-25; 31:10-13; 수 8:30-35; 24:25-27; 왕상 8:1-65; 느 8-9; 등과 위의 초막절과 관련된 필자의 논문을 참조하라.

다.[54] 이스라엘은 출애굽사건에서 경험한 야훼의 주도적인(initiative) 사랑(헤세드)으로 인하여 야훼를 사랑하게 되고 시내산에서 기꺼이 야훼의 백성이 되기로 계약/언약을 맺게 되었으며,[55] 이와 같은 신적 사랑이 야훼의 진실하심/정직하심(에멧)가운데서 영원히 변치 않고 지속될 것을 믿고 야훼의 아내(사 50:1; 54:6; 렘 3:1, 14, 20; 겔 16:8, 45; 23:5; 호 2:2, 7, 16)가 되기로 서약할 수 있었던 것이다. 출애굽 사건 이래로 포로이후 때 까지 이와 같은 야훼와의 계약을 매년 새롭게 확인하고 갱신하기 위하여 이스라엘은 초막절/새해에 중앙성소에 모여 계약갱신 축제를 거행했음을 성경은 증언하고 있다.

또한 이 시가 계약갱신 축제에서 사용되었다는 증거로서 우리는 이 시의 내용 구조를 확인할 필요가 있는데, 이 시의 내용은 제2 성전시대의 위기 상황 가운데서 유대인 공동체가 과거에 체결된 야훼와의 언약/계약을 확인하고 갱신함으로써 야훼의 구원을 보장받은 장면을 보여주고 있기 때문이다. 즉 제1연에서 이방민족들의 위협 가운데 처한 유대인 공동체가 야훼께 대한 조롱과 멸시를 들어야했던 상황에서(2절) 계약에 충실하신 야훼의 사랑(헤세드)과 진실하심(에멧)의 근거하여 야훼의 구원을 호소하는 모습을 그려주고 있으며(1절), 제2연에서는 이방민족이 숭배하고 의지하는 우상의 정체의 실상이 폭로되고(4-8절), 제3연에서 예언자 또는 제사장의 권고를 통하여 야훼만이 참 구원이시오 방패되심을 깨닫고 결단함으로써(9-11절), 제4연에서 제사장을 통하여 주어지는 야훼의 축복을 내면화하고(12-16절), 이어서 제5연에서 마지

---

54) 출 34:6; 삼하 2:6; 15:20; 시 25:10; 26:3; 40:10, 11; 57:3, 10; 61:7; 69:13; 85:10; 86:15; 88:11; 89:1, 2, 14, 33, 49; 92:2-3; 98:3; 100:5; 108:4; 117:2; 138:2; 잠 16:6 등을 참조하라.

55) 이와 같은 관점에서 3절에 언급된 '우리 하나님'도 계약갱신 축제와 관련된 용어라고 볼 수 있을 것이다. 즉 시내산 계약을 통하여 이스라엘은 야훼의 백성이 되고 야훼는 이스라엘의 하나님이 되기로 서약하였던 것이다(출 6:7; 레 26:12; 렘 24:7; 30:22; 31:1, 33; 32:38; 겔 11:20; 14:11; 34:30; 36:28; 37:23,27; 호 2:23; 슥 8:8; 13:9).

막으로 오직 야훼만을 영원토록 신뢰하고 찬양할 것을 다짐하고 서약하고 있는 것이다(17-18절). 따라서 이 시의 삶의 자리이자 이와 같은 내용과 가장 잘 어울리는 이스라엘의 축제/절기는 다름 아닌 초막절일 수밖에 없는 것이다.

VI. 절별 해설

1절: "당신의 인자하심(헤세드)을 인하여, 당신의 진실하심(에멧)을 인하여"

'헤세드'(חסד)는 헬라어의 '아가페'에 해당하는바, "약자를 외면하지 않는 인자함(lovingkindness), 결코 포기하지 않는/불변의 사랑(unfailing/steadfast love), 계약에 성실한 사랑(faithful love), 자비(mercy)" 등으로 다양하게 번역될 수 있는, 그 의미의 폭이 한 없이 넓고 깊은, 구약성서 특히 시편에서(100회 이상) 야훼 하나님의 성품을 표현할 때 가장 자주 언급되는 용어로서, 주로 야훼와 이스라엘 사이의 언약/계약 체결시에 또는 그 계약을 갱신할 때 언급되는 용어이다.[56] 이스라엘은 출애굽 사건과 시내산 사건은 물론 이스라엘 전체 역사에서 이와같은 야훼의 사랑과 진실하심을 경험했기에 그들이 어려운 역경에 처할 때마다 그리고 야훼를 배반함으로서 야훼의 혹독한 심판과 징계를 당할 때마다 이와 같은 야훼의 계약에 충실하신 성품을 기억하며 구원을 호소하였다.

2절: "그들의 하나님은 이제 어디 있는가?"

시편에서 이방인들의 야훼께 대한 도전적 질문을 빈번하게 인용하

56) K. D. Sakenfeld, *The Meaning of Hesed in the Hebrew Bible,* HSM 17 (Missoula, MT: Scholars Press, 1978), 218-221.

는(시 42:3; 79:10) 이유는 한편으로는 이방인들의 불신앙과 오만함을 구체적으로 고발함으로써 탄원의 분위기를 고조하고, 또 한편으로는 이스라엘 백성 자신들로 하여금 스스로 이와 같은 질문을 숙고케 함으로써 자신들의 야훼의 존재에 대한 신앙 여부를 확인시키려는데 있었을 것이다. 아울러 이와 같은 도전적 질문을 하나님께 제시함으로써 이방 민족의 위협과 조롱에 처한 이스라엘 백성의 명예와 하나님의 명예가 직결되어 있음을 하나님께 호소하려 했다고 볼 수 있다(출 32:12; 민 14:16; 신 9:28; 수 7:9). 성도가 역경을 당할 때 하나님께 나아가 자신의 안타까운 현실을 솔직하게 말씀드려야 하는 이유가 여기에 있고, 아울러 불신자들의 야훼의 살아 계심에 대한 도전적 질문 앞에서 성도는 스스로 대답할 말을 준비해야 하는 이유가 여기에 있다(고후 13:5). 이 시의 시인처럼 이와 같은 도전 앞에서 이방인들의 신앙이 허망한 우상숭배임을 설득하고 그들에게 창조주 하나님, 곧 살아 계신 참 하나님을 소개해야 할 책임이 오늘의 기독교인들에게 있음을 이 시가 가르쳐 주고 있다고 볼 수 있다.

3절: "우리 하나님은 하늘 위에 계시며, 원하시는 모든 것을 행하셨나이다"

2절의 이방인의 질문에 대한 대답으로서 시인의 내면적 확신을 불러일으키는 강력한 어조의 말씀이다. 여기에서 강조되는 야훼의 모습은 우주적 권세를 소유하신 야훼의 초월성과 주권성, 즉 하늘 위에 높이 계시사 어떤 인간의 간섭도 그리고 이방인들의 조소와 야유까지도 초연하시고 결코 영향을 받지 않으시는 야훼 하나님의 자유와 주권이며(시 135:6), 이와 같은 신적 권세를 소유하신 야훼 하나님을 '우리 하나님'으로 믿기에 이스라엘은 어떠한 위기 가운데서도 야훼께 구원을 호소할 수 있는 것이다. 그러나 또 한편으로 여기에서 시편 저자는 이 구절을 이방인의 오만한 무신론적 질문 바로 뒤에 배치함으로써 간접적으로 탄원과 호소의 효과를 증진시키려는데 있었다고 볼 수 있다. 사실상 이 시인은 맘 속으로 이렇게 질문하고 싶었을 것이다: "우리 하나님(당신)은 하늘에 계실지라도, 원하시는 모든 것을 행하신 분이 아니 십니까?"

현대의 크리스챤에게 있어서 이 구절은 또한 하늘로 승천하시사 만물을 그 발아래 복종케 하시는 권세를 부여받으신 독생자 예수님의 모습을 연상케 하는 말씀이기도 하다(마 28:18; 엡 1:20-23). 이와 같은 권세를 갖고 계신 예수 그리스도를 왕으로 모시고 사는 성도가 어떠한 시련이나 핍박 가운데서도 두려워하거나 절망하지 않고 용기 백배하여 경건한 삶을 지속할 수 있는 이유가 여기에 있다.

4-8절: 우상에 대한 조롱과 야유

이스라엘 백성이 우상의 정체와 의미에 대하여 의문을 갖고 생각하기 시작한 것은 아마도 출애굽 사건을 전후하여 시작되었을 것으로 보인다. 왜냐하면 출애굽 직후에 시내산에서 모세를 통하여 선포된 십계명의 앞 부분이 이와 같은 다른 신과 우상 문제를 제시하고 있고, 무엇보다도 이스라엘이 약 400년간(창 15:13) 머물며 종살이 했던 애굽이야말로 우상 문화가 팽배했던 나라였기 때문이다. 당시의 애굽에서 파라오는 신격화된 존재 자체로서 우상화되어 숭배를 받았고, 이집트 전역에 세워진 그의 석상들은 물론 그와 관련된 피라밋과 신전들과 오벨리스크와 무덤들까지 모두 숭배의 대상이자 우상이었다.[57]

그러나 이스라엘 백성이 우상의 정체와 의미에 대하여 더욱 본격적으로 정의하기 시작한 것은 바벨론 포로기였음이 분명하다. 왜냐하면 바벨론 포로기야말로 그들이 젖과 꿀이 흐르는 가나안 땅을 빼앗기고

57) 장영일, "우상문화로부터의 탈출," 『구약신학의 역사적 기초』 (장신대 출판부, 2001), 118-20.

이방 땅에 다시 종으로 끌려오게 된 원인 곧 사사시대와 왕정기 동안에 지은 우상숭배의 죄에 대하여 심각하게 자각하고 회개했던 기간이고,[58] 이와 같은 숙고의 산물이 신명기적 역사서(여호수아-열왕기하)의 사상, 즉 이스라엘이 야훼의 심판을 받아 포로의 신세가 된 것은 바로 우상숭배의 죄 때문이었다는 사상이다. 또 한편 유대인 공동체가 금과 은으로 만든 우상을 가장 많이 구체적으로 목격할 수 있었던 지역도 다름 아닌 바벨론이었던 것이다. 이집트의 우상들이 대부분 석조형이라면 바벨론의 우상은 금과 은과 놋을 입힌 형태를 갖고 있었다. 더 나아가서, 앞에서도 살펴 본 바와 같이, 우상에 대한 멸시에 찬 조롱 목록들이 바벨론 포로기를 전후하여 집필된 성경 책들에서 발견되는 것도 이를 반영한다고 볼 수 있다. 바벨론 포로기야말로 이방 민족들의 우상의 정체와 본질, 즉 그 무가치성과 허구성을 현실적으로 확인할 수 있는 기간이었고, 동시에 이들 우상들과 비교될 수 없는 참 하나님 야훼의 정체성, 즉 그 어떤 형태로도 표현되기를 거부하시는(aniconic) 초월적 하나님의 공의와 사랑을 자각한 기간이었음을 고려할 때,[59] 이스라엘 역사 전체의 맥락에서 포로기는 신학적으로 대각성의 전환기였다고 볼 수 있을 것이다. 왜냐하면 이후로 유대인들에게서 금과 은으로 제조된 가시적 우상의 유혹은 사라지고 오로지 야훼 하나님만을 섬기기로 굳게굳게 다짐하며 율법을 지키려 노력하는 것을 보게 되기 때문이다.

시 115:4-8에 제시된바 우상의 지체들과 그 지체들의 무용성에 대한 비웃음과 조롱의 전승은 구약성경에 언급된 그 어떤 자료(신 4:28; 시 135:15-18; 사 40:18-20; 44:9-20; 46:6-7; 렘 2:26-28; 10:3-16; 합 2:18-19)보다 자세하고 길며[60] 논리적으로 잘 정돈되어 있음을 볼

58) 장영일, 『구약신학의 역사적 기초』, 184-198.

59) 장영일, 『구약신학의 역사적 기초』, 180-238.

60) 신 4:28에서는 4항목(눈, 귀, 입, 코), 시 135:15-18에서는 4항목(입, 눈, 귀, 입), 사 46:6-7에서는 3항목(발, 귀, 손), 렘 10:3-16에서는 2항목(입, 발); 합 2:18-19에는 2항목(입, 발)을 언급하거나 암시하지만, 시 115:4-8에서는 완전수인 7항목(입, 눈,

수 있다. 우상에 대한 조롱은 포로기 이후의 전승으로 간주되는 제2이사야에서 가장 빈번하게 나타나는데, 이 제2 이사야의 전승보다 시 115편의 것이 더 발전된 형태를 갖고 있다는 사실은 시 115편의 저자가 제2 이사야의 전승을 알고 있다는 사실과, 따라서, 그 연대에 있어서 시 115편의 전승이 제2 이사야보다 후대임을 암시한다고 볼 수 있다.

7절 c: "더구나 목구멍이 있어도 소리내지 못하는구나!"

이 부분은 앞에서도 설명된 바와 같이(각주 10) 이 시의 일반적 박자 원칙(3:3)에서 벗어난 특별한 요소이다. 또한 이 구절은 우상의 7개 지체들(입, 눈, 귀, 코, 손, 발, 목구멍) 가운데 마지막으로 언급됨으로서 찬양과 직결된 목구멍의 의미와 가치를 부각시키고 있으며, 이 시의 전체적 구조의 맥락에서 볼 때도 2연의 핵(찬양하지 못하는 우상과 이방민족)으로서 마지막 연(5연/야훼를 찬양하는 이스라엘)과 내용적으로 직결되게 하는 의미심장한 구절이다. 이스라엘 시인에게 있어서 우상과 우상숭배자들 곧 이방 민족들의 치명적인 비극은 목구멍이 있어도 야훼 하나님을 찬양할 수 없다는 사실에 있다. 왜냐하면 우선 하나님께서 인간을 창조하신 제일 가는 목적은 인간들로부터 찬송을 받으시기 위함이었는데(사 43:21; 시 22:3; 69:30-31), 이와 같은 목적을 우상숭배자들은 이루어드리기는커녕 오히려 우상에게 속아서 인간의 수공물에 불과한 우상을 찬양하는데 생명을 허비할 뿐만 아니라, 죽은 자가 하나님을 찬양할 수 없다는 사실(17절)을 알고 있는 이스라엘에게 있어서 우상숭배자야말로 다름 아닌 죽은 자들과 동일한 존재들이기 때문이다.

9절 하반절: 신뢰의 근거와 고백

"그들의 도움과 방패는 그분 뿐이다"라는 말을 풀어 설명하면, "이스

귀, 코, 손, 발, 목구멍)이 언급됨에 유의하라.

라엘의 도움과 방패는 야훼뿐이다"인데, 여기서 이와 같은 신뢰의 근거를 노래하는 그룹은 회중이 아니라 성가대일 가능성이 크다; 왜냐하면 예배 중에 이렇게 삼자의 입장에서 말할 수 있는 그룹은 회중이 아니라 성가대나 아니면 성가대 가운데 하나일 수밖에 없기 때문이다. 만약 이 부분을 회중이 불렀다면 "우리의 도움과 방패는 야훼뿐이시다"여야 하고, 제사장이 불렀다면 "너희의 도움과 방패는 야훼뿐이시다"로 되어야 하기 때문이다.

10절: 이스라엘의 지도층에 대한 권고

바벨론 포로기 이후 즉 제2 성전시대 당시 유대 지방의 백성의 지도층은 에스라와 같은 제사장들 특히 아론계 제사장들이었고, 당시의 유대 나라는 이들을 중심으로 '제사장 나라'를 형성하고 있었다. 당시 페르샤의 식민지였던 유대 땅에는 왕도 없었고 이스라엘 군대도 없었으며, 거의 모든 통치행위는 제사장들이 독점하고 있었다. 따라서 이 시에서 '왕'이 언급되지 않는 것은 당연하며, '아론의 집'은 이와같은 유대인 지도층을 가리키는 말이다.

11, 13절: "야훼를 경외하는 자들"

앞에서 언급한 바와 같이 이방인 개종자를 가리킨다. 하나님의 백성을 습관적으로 세 그룹으로 분류하는 것(115:11-13; 118:2-4; 135:19-20)은 포로 이후 유대인 공동체의 특수한 상황을 가리키며, 유대인들이 이방 나라에서의 포로생활 가운데서 터득한 새로운 안목을 반영하는 것이기도 하다. 즉 유대인들은 이방 땅에 거주하면서 다양한 여건 가운데서, 예를 들면 느부갓네살이 야훼를 가장 위대한 신으로 고백한다거나 에스더 당시 유대인들의 지위 향상 등에서 보는 바와 같이, 유대인들의 유일신 사상을 따라 야훼종교로 개종하기를 원하는 수많은 이방인들을 만나게 되었으며, 여기에서 유대인들은 야훼 신앙이 자신들만이 독점할 수 없는 신앙이 아님을 자각하게 되었고, 자신들을 제사장 나라로 삼으시사(출 19:6) 자신들의 고난을 통해서 세계 만민이 야훼를 만나 함께 야훼를 경험함으로써 구원을 얻게 하시려는 하나님의 섭리를 깨닫게 되었다고 볼 수 있다.

야훼의 백성을 습관적으로 세 그룹으로 분류하면서 중간 그룹으로서 예외없이 제사장('아론의 집')을 배치한 것도 어떤 의미에서 이와 같은 유대인적 자각을 반영한다고 볼 수 있는바, 유대인이 인류 구원을 위한 중보자로서 제사장적 역할을 담당하도록 소명 받았음을 암시한 것으로 볼 수 있다. 유대인을 통하여 이방 민족이 주께로 돌아오게 하시는 '하나님의 선교'(Missio Dei)는 제2 성전 시대부터 이미 시작되고 있었고, 이와 같은 하나님의 선교가 주님의 부활과 성령강림 사건 후에 초대교회에서 찬란하게 꽃 피게 되는 것을 볼 수 있다(행 10:2, 22; 13: 16, 26; 16:14; 18:7).

제4 연/12-16절: 제사장의 축복

이 구절들은 민수기 6:23-27과 내용이 대동소이함을 감안할 때, 분명 이 제사장적(P) 전승과 동시대적 문맥(context)을 공유한다고 볼 수 있다. 대체로 이스라엘의 예전에서 제사장의 축복은 희생제사 절차에 뒤따르는 행사였으므로 3연과 4연 사이의 막간에 희생제사 의식이 거행되었음을 가정해 볼 수 있다. 또한 우리는 이 구절들에서 제사장의 역할이 무엇임을 배우게 된다. 백성을 사랑하고 그들을 품에 안고 복을 빌어 주는 것이 곧 제사장이 무엇보다도 우선적으로 이행해야 할 책임이요 의무다. 그런 의미에서 복의 반대 개념인 가난과 궁핍과 질병과 재난과 기타의 모든 불행으로 인하여 백성들이 고난을 당하게 될 때 그 책임 규명에 있어서 제사장들이 결코 제외될 수 없다.

12절: "야훼께서 우리를 기억하사 복을 주시리로다"

이 문구는 이 시의 전반적인 박자의 원칙(3:3)을 깨뜨리고 3:3:3의 박자로 된 행을 조성하는 독특한 요소이다. 아마도 3연과 4연 사이의 막간에 회중 쪽에서 희생제물을 드리는 모종의 제사 의식 절차가 거행되었다고 볼 수 있는데,[61] 이와 같은 막간의 희생제사 의식은 예전적 시들 가운데서 충분히 확인될 뿐만 아니라, 이 시의 3연(권고)과 4연(제사장적 축복) 사이의 갑작스런 분위기 전환을 고려할 때 추측하고도 남는다. 이 시의 저자는 이와 같은 두 연 사이의 장면의 전환을 자연스럽게 하기 위하여 과도기적 도입부(12a절)의 필요성을 의식했던 것 같고, 이와 같은 도입부의 삽입을 통하여 회중으로 하여금 곧바로 이어지는 제사장의 엄숙하고 의미있은 축복을 마음으로 기대하고 준비하도록 의도하였으며, 그 결과로 12절에 변칙적인 박자(3:3:3)가 초래된 것으로 보인다. 왜냐하면 축복은 믿음과 의심/방황의 기로에서 야훼 신뢰에의 예언자적 (또는 제사장적) 권고를 전적으로 수용하기로 결단한 사람에게만 진정한 복과 은혜로 효력을 나타낼 것이기 때문이다.

14절: "야훼께서 너희를 번창케 하시기 원하고"

제사장의 축복 가운데 인구의 증가가 하나의 중요한 항목으로 언급된 것은 현대적 안목으로는 다소 이해가 안 되지만 구약성서 당시의 상황에서는 지극히 당연한 것이었다. 족장들이 받은 축복이나 그들이 자손들에게 빌어주는 축복에서 볼 수 있듯이(창 12:2; 15:5; 17:2, 20; 22:17; 26:4; 28:14; 48:16; 49:25; 출 32:13; 신 1:11,16; 28:4, 11; 30:9-10; 삼하 24:3), 고대로부터 고대 중동의 모든 민족에게 있어서 인구의 증가는 개인적으로나 국가적으로 곧 힘이요 권세요 명예 자체였다(시 127:3-5; 128:3-6). 특히 포로 이후의 제2 성전시대는 유대인의 인

61) Boylan, *The Psalms,* 241; McCullough, *The Book of Psalms,* 609 .

구가 가장 감소되었던 상황에서[62] 인구의 증가는 가장 시급한 과제요 기도제목이었음이 분명하다.

15절: "(야훼는) 하늘과 땅을 만드신 분"

이 말은 성경의 첫 장 첫 줄에 명시되어 있듯이 이스라엘에게 있어서 가장 기본적이고 가장 중요한 신학적 전제요 신앙고백이다(창 14:19; 출 31:17; 왕하 19:15; 대하 2:12; 시 121:1; 124:8; 134:3; 146:6; 사 37:16; 마 11:25; 행 17:24).[63] 이 시의 저자와 당시의 모든 이스라엘 백성은 물론 현대의 모든 성도에게 있어서 어떤 역경 속에서도 절망도 원망도 거부하고 야훼 하나님을 믿고 찬양하게 되는 근거가 바로 이 구절에 들어있다.

17절: "죽은 자들이 (절대로) 야(웨)를 찬양하지 못하나니"

이스라엘 시인에게 있어서 죽음의 최대 비극은 야훼를 더 이상 찬양할 수 없게 된다는 것이고(시 6:5; 30:9; 88:10-12; 사 38:18; 전 9:10; 집회서 17:27-28) 살아 있는 자의 최대 행복과 영광은 야훼를 찬양할 수 있다는데 있었다(시 118:17; 119:175; 사 38:18-19; 집회서 17:27-28).[64] 왜냐하면 하나님이 인간을 창조하신 제일의 목적 가운데 하나가 창조주 하나님께 영광을 돌리는 것, 더 구체적으로 말하면 모든 인간들로 하여금 야훼 하나님을 입으로 찬양하게 하는 데 있었고(사 43:21; 시 22:3; 69:30-31; 145:21; 150:6), 이와 같은 하나님의 목적에 부합한

---

62) Kraus, Psalms 60-150, 382; Cohen, *The Psalms,* 384.

63) N. C. Habel, "Yahweh, Maker of Heaven and Earth: A Study in Tradition Criticism," *JBL* 91 (1972), 321-37.

64) C. Westermann, *Praise and Lament in the Psalms* (John Knox Press, 1981), 155, 158-161.

찬양의 삶을 하나님께서는 기뻐하시고 인정해 주시고 더욱 큰 은혜 가운데서 영광으로 인도해 주시기 때문이다. 하나님은 본성적으로 사랑의 하나님이시므로 무한대의 사랑을 베푸실 뿐만 아니라 또한 무한대로 사랑에 갈급하신 분으로서, 이와 같은 사랑의 대상으로 인간을 창조하셨기에, 인간이 진심으로 심장을 다한 사랑을 표현해 주기를, 즉 야훼의 위대하심을 입술로 찬양하고 감사와 존경과 칭찬을 올려 드리기를 기대하신다는 것이다.[65]

VII. 시 115편의 신학과 메시지

1. 예배의 가치

이 시를 통하여 오늘의 성도들에게 주시는 가장 중요한 메시지는 바로 예배의 가치라 할 수 있을 것이다. 이 시의 내용 구조에서 엿볼 수 있는 것처럼 성도가 성전에 들어갈 때는 고통과 절망과 슬픔이 가득 찬 가슴을 안고 나아가 주님께 구원을 호소하며 눈물로 예배를 시작하게 되지만, 예배를 마치고 성전을 나설 때는 예전을 통해 기억되고 재현되는 주님의 사랑과 성실을 통해 경험하는 야훼의 임재, 즉 성가대를 통하여 대변되는 구원의 호소와 제사장 또는 예언자를 통하여 선포되는 교훈(야훼의 전능하심, 이방 우상의 무가치성, 이방 불신자들의 무가치한 운명, 등에 대한 메시지)과 야훼 신뢰에의 요구, 이에 상응하는 회중적 응답으로서의 구원의 확신과 고백(9b, 10b, 11b), 그리고 이어지는 제사장의 축복을 통하여 구체적으로 야훼의 구원과 승리와 번영을 내면화하게 되고, 넘치는 감격과 감사와 기쁨 가운데서 야훼를 찬양하면서 용기를 얻어 세상을 향하여 성전문을 나서게 된다는 것이다. 이스라

65) 장영일, "시편에 나타난 찬송의 의미," 『이스라엘의 경건과 학문』, 324-332; 동저자, "구약음악개론," 『성서마당』 3호(2005. 7월), 23.

엘 탄원시의 독특성 가운데 하나로 간주되는 '분위기 전환'(Change of Mood),[66] 즉 이스라엘 탄원시의 내용적 구조에 있어서 탄원과 부르짖음의 어조에서 갑자기 구원의 확신과 감사와 찬양의 어조로 분이기가 바뀌는바, 그 분위기 전환의 동기와 원인을 우리는 이와같은 예배 가운데서 찾아야 할 것이며, 이스라엘 경건과 신앙의 극치라 할 수 있는 '역경 속에서의 감사와 찬양'도 결국 이와 같은 예배를 통하여 형성되고 경험되고 후손들에게 전수된 고귀한 예배의 유산이라 할 것이다.[67]

2. 야훼를 신뢰하는 성도의 영광스런 삶과 우상 숭배자의 허망한 삶

이 시에서 극적으로 대조되는 개념은 바로 한 분 하나님 곧 천지를 창조하신 야훼 하나님의 전능하심과 인자하심을 믿고 그분과의 인격적인 관계 속에서 구원을 경험하고 찬양하는 이스라엘 공동체의 영광스런 삶과, 불완전한 인간의 수공물에 불과한 그래서 인간에게 말도 못하고 인간의 고난을 보지도 못하고 인간의 부르짖음을 듣지도 못하고 바치는 예물의 향기를 냄새 맡지도 못하고 도움의 손길을 내밀지도 못하고 걷지도 못하는 비인격적인 우상을 숭배하는 이방민족의 어리석고 허망한 삶이다. 야훼는 한 분이시지만 천지를 창조하신 그리고 완전한 지혜와[68] 권세와 능력을 갖고 계신 최고의 하나님이시며 아울러 인간과

---

66) 김이곤, "시편 탄원시의 신학," 『구약성서의 고난신학』 (한국신학연구소, 1989), 87-179; ______ , "시편 탄원시의 '분위기 급전' 신학," (명강의를 찾아서), 『목회와 신학』 통권 87호 (1996. 9월), 166f.; Westermann, *Praise and Lament,* 75-81.

67) 장영일, 『구약신학의 역사적 기초』, 89.

68) 이 시에서는 완전한 지혜의 하나님이심을 간접적으로 상징적 숫자를 통하여 표현된다. 이 시 전체를 통하여 구사되는 숫자는 성경적으로 완전수로 인식되는 3의 수이다. 우선 거의 모든 절(행)에서 3박자의 원칙이 적용되고 있으며, 야훼를 신뢰하는 세 그룹(이스라엘 집, 아론의 집, 야훼 경외자들)이 두 번(9-11, 12-13) 언급되고, "그들의 도움이시오 그들의 방패시라"는 말도 3회 언급된다. (마지막 '할렐루야'를 제외

의 인격적인 관계 가운데서 인간에게 땅의 권세를 맡기시고(16절) 복을 주시는(12-15절) 사랑(헤세드)과 진실(에멧)과 구원의 하나님이신 바(1, 9-11절), 이와 같은 살아계신 하나님을 믿고 의지하는 자들은 살아서 영원히 하나님을 찬양할 수 있는 생명 자체이지만(18절), 우상들은 아무리 숫자가 많은들 그 속에 생명이 없고 여전히 불완전한 인간이 손으로 만든바 역시 불완전하고 장애투성이의 인간 수공물에 불과하므로(4절) 이와 같은 힘이 없고 비인격적이고 무가치한 우상(5-8절)을 숭배하는 자들의 삶은 우상처럼 허망하고 저주받은 삶으로서(8절) 혼돈(Chaos)과 적막함의 무덤으로 내려가는 시체(17절)와 다를 바 없다. 아울러 천지를 창조하시고 역사를 통치하시는 전능하신 야훼 하나님의 주권을 인정하고 신뢰하고 그분을 찬양하는 것이야 말로 창조 질서에 순응하는 가장 가치있고 영광스런 인생이며, 아무리 많은 권력과 재산을 소유한 인간일지라도 창조주 되시고 역사의 통치자 되시는 야훼 하나님의 능력과 주권을 무시하고, 오히려 자기 자신보다도 무력한 우상을 만들어 놓고, 그것이 돈이든, 명예든 권세이든, 쾌락이든, 이데올로기든 간에 그 거짓된 신과 우상에 빠져 자신의 고귀한 삶을 그 헛된 것에 투자하는 우상 숭배자들의 삶이야 말로 창조질서에 도전하는 자들로서 창조주 하나님의 무서운 심판과 저주가 불가피한 비극적 인생임을 이 시는 외치고 있는 것이다.

인생 70년 혹은 80년의 세월을 보낸 후 모든 공직에서 은퇴하여 이제 세상을 떠날 준비를 서둘러야 하는 짧은 생애라 할지라도, 지나간 과거를 돌이켜 볼 때 그 생애 가운데서 온갖 우상들의 거짓 유혹을 뿌리치고 오직 야훼 하나님(예수님)만을 신뢰하고 그분의 통치권을 인정하고 그분에게 최상 최선의 찬양을 드린 삶을 지속했다면 그의 삶은

하고) 이 시 전체에서 하나님의 이름 '야훼'(또는 '야')도 3의 4배수인 12 번 언급되고, '축복하다'라는 동사(바라크)도 3의 배수인 6회가 언급되는가 하면, 우주도 세 영역(하늘, 땅, 땅 아래/적막한데)으로 이해되고 있다(15-17), Konrad Schaefer, *Psalms* (The Liturgical Press, 2001), 283.

야훼께 인정받는 거룩한 삶이요, 따라서 그 공로가 결코 소멸되지 않는 가치있는 삶이요, 그러기에 오고 오는 세대에도 영원토록 그침없이 하나님을 찬송할 수 있는 영광을 누리게 되는 복된 삶이 될 것임을 시 115편은 우리에게 역설하고 있는 것이다.

3. 개방과 포용의 세계정신

이스라엘 백성과 아론의 자손(제사장 그룹)과 함께 야훼 하나님을 신뢰하고 찬양하는 그룹의 일부로서 '야훼를 경외하는 자들'이란 명칭으로 유대인 공동체에 영입된 자들은 다름 아닌 이방인 개종자들이었음을 밝힌바 있다. 약 70년간의 바벨론 포로기야말로 유대인들에게 있어서 야훼 하나님의 사랑과 진실에 기초한 계약의 범위가 유대인은 물론 전 세계 열방의 민족에게까지 확대되고 개방되었음을 자각케 해준 의미있는 기간이었으며, 시 115편에는 이와 같은 하나님의 섭리를 터득한 시인의 사상이 담겨 있다. 이와 같은 세계 선교를 향한 개방성은 하나님의 주권 안에서 지구촌의 모든 종족이 하나의 거룩한 공동체, 즉 하나님의 나라를 이루어 가는데 있어서 필요불가결이 요소라 할 수 있을 것이다. 편협한 선민의식이나 독선주의 그리고 패거리적 파당주의는 하나님의 궁극적 목표이자 소망이라 할 수 있는 하나님 나라 건설에 있어서 진로를 방해하는 장애물일 뿐만 아니라 야훼 하나님의 인자하심과 진실하심 위에 건설된 낙원을 오염시키는 또다른 우상문화의 찌꺼기라 말할 수 있다. 이와같은 편협주의와 우상문화 가운데서는 그 누구도 하나님 나라가 제공하는 바 진정한 구원과 평화, 자유와 창의, 그리고 기쁨과 행복을 누릴 수 없다.

참고 문헌

김이곤. "시편 탄원시의 신학." 『구약성서의 고난신학』. 한국신학연구소, 1989, 87-179.

______. "시편 탄원시의 '분위기 급전' 신학," (명강의를 찾아서). 『목회와 신학』 통권 87호(1996. 9월), 166 이하.

장영일. 『이스라엘의 경건과 학문』. 서울: 장신대 출판부, 1995.

______. 『구약신학의 역사적 기초』. 서울: 장신대 출판부, 2001.

______. "초막절과 계약갱신 축제." 『장신논단』 21 (2004), 45-70.

______. "구약음악개론," 『성서마당』 3호 (2005. 7월), 1-25.

Allen, L. C. *Psalms 101-150,* WBC. Word Books, 1983.

Anderson, A. A. *The Book of Psalms,* Vol. II, NCB. Eerdmans, 1981.

Becker, J. *Gottesfurcht im AT,* Analecta biblica 25. Rome: Pontifical Biblical Institute, 1965.

Boylan, Monsignor P. *The Psalms.* Dublin: M. H. Gill & Son, Ltd., 1948.

Briggs, C. A. *A Critical and Exegetical Commentary on the Book of Psalms,* Vol. II, ICC. T. & T. Clark, 1976.

Cohen, A. *The Psalms.* Jerusalem: The Soncino Press, Ltd., 1992.

Crenshaw, James L. *The Pslams: An Introduction.* Eerdman's, 2001.

Dahood, M. *Psalms III (101-150),* AB. Doubleday & Co., 1983.

Davidson, Robert. *The Vitality of Worship: A. Commentary on the Book of Psalms.* Edinburgh: The Handwel Press Ltd., 1998.

Ewald, Heinrich A. *Commentary on the Psalms.* Vol. II. Williams & Norgate, 1881.

Feuer, Rabbi A. *Chaim. Tehillim.* Mesorah Publications, Ltd., 2002.

Gerstenberger, Erhard S. "Psalm 115," *Psalms, Part 2 and Lamentations.* Eerdmans, 2001, 285-291.

Gunkel, H. *Die Psalmen.* Göttingen: Vandenhoeck & Ruprecht, 1926.

Habel, N. C. "Yahweh, Maker of Heaven and Earth: A Study in Tradition Criticism." *JBL* 91 (1972), 321-37.

Kidner, D. *Psalms 73–150.* Inter–Varsity Press, 1975.

Kirkpatrick, A. F. *The Book of Psalms.* Cambridge University Press, 1891.

Kraus, H. J. *Psalms 60–150.* Fortress Press, 1993.

Lubsczyk, H. "Einheit und heilsgeschichtliche Bedeutung von Ps. 114/115 (LXX 113)." Biblische Zeitschrift (1967), 161–173.

Luke, K. "The Setting of Psalm 115." *Irish Theological Quarterly* 34 (1967), 347–357.

Maclaren, A. *The Psalms,* Vol. III, The Expositor's Bible. NY: Funk & Wagnalls Co., 1900.

Magonet, J. *A Rabbi Reads the Psalms.* SCM Press, 1994.

McCullough, W. S. *The Book of Psalms,* IB. Abingdon Press, 1989.

Perowne, J. J. Stewart. *Commentary on the Psalms.* Kregel Publications, 1989.

Sakenfeld, K. D. *The Meaning of Hesed in the Hebrew Bible,* HSM 17. Missoula: Scholars Press, 1978.

Schaefer, Konrad. *Psalms.* The Liturgical Press, 2001.

Terrien, Samuel. *The Psalms: Strophic Structure and Theol.* Commentary. Eerdmans, 2003.

Weiser, A. *The Psalms.* Westminster Press, 1962.

Westermann, C. *Praise and Lament in the Psalms.* John Knox Press, 1981.

Wilcock, Michael. *The Message of Psalms 73–150.* Inter–Varsity Press, 2001.

이 있다. 시편 102편의 기도자가 개인적인 고난을 호소하면서도 그 개인적인 것을 시온과 하나님의 종들이 겪게 될 하나님의 구원을 바라보도록 시각을 넓혀 놓았다면, 시편 103편의 기도자는 한 개인인 자신은 물론 이스라엘, 특히 하나님을 두려워하는 자들의 구원을 노래하고 있는 것이다. 시편 103편이 은혜로우신 하나님을 찬양하는데, 이는 시편 102편 기도자가 하나님을 향한 자신의 신뢰를 이미 밝힌 것에 이어지는 것이다(102:29). 이런 뜻에서, 시편 102편이 시편 101편의 응답처럼 짜여져 있듯이, 시편 102편이 탄식자의 기도라면 시편 103편은 이에 대한 응답인 것이다. 시편 102편은 죄와, 인간 삶이 유한함 등을 언급하지만, 103편은 죄의 용서와 하나님의 자비하심과 은혜로우심을 개인의 삶과 역사를 통해 예증하고 있다. 그러면서도 하나님의 사랑은 그를 두려워하고 그의 율법을 지키는 자에게 주어진다는 사실을 강조함으로 현재 속에 이스라엘 백성들이 해야 할 것이 무엇인지를 설명하고 있다. 야훼의 통치는 현재 속에 있는 세대들에게 뿐만 아니라, 다가올 세대에게도 소망을 제공하고 있다는 것이다(102:27-28; 103:20-23). 구체적인 예를 들면 102:4-5에서 시편 기자는 병에 걸린 사람의 고통을 언급하는데, 103:3-4절은 인간의 병을 고치시는 하나님을 찬양한다. 인간 삶의 유한성이 시편 102편의 주요 주제 중의 하나인데(4-12, 24 이하, 27절), 시편 103편은 그러한 주제를 반복(3-5, 14-16. 참조 시편 90-92; 104:29)하면서 하나님 은혜로 이런 허약성을 극복할 수 있다는 점을 언급한다. 하나님의 영원하심이 시편 102편의 기도자가 하나님을 신뢰하는 바탕인데(102:13), 이에 부합하여 시편 103편 기도자는 하나님의 영원하신 은총을 찬양한다(103:9, 17). 다른 면으로 102편은 야훼 왕권을 기대하고 고통 받은 자의 보답을 기도하지만(102:17), 시편 103편은 의와 공의로 억압당하는 자를 돌보셨던 하나님을 상기시키고(103:6) 야훼 왕권의 통치를 찬양한다(103:19-22). 게다가 공유되는 단어가 적지 않다: 풀(עשׂב, 102:5, 12; חציר, 103:15 이하), 긍휼히 여기다(רחם, 102:14; 103:4. 8. 13), 잊다(שׁכח, 102:5; 103:2); 이름(שׁם, 102:16, 22; 103:

1), 은혜롭다(חנן, 102:14 이하; 103:8), 가엽게 여기다(עפר, 102: 15; 103:14; 104:29), 하나님을 두려워하다(ירא, 102:16; 103:11, 13, 17), 능력, 힘(כח, 102:24; 103:20), 날/ 나날(יום, 102:3, 4, 9, 12, 24 이하; 103: 15. 참조: 103:4 이하 모티브), 하늘(שמים, 102:20, 26; 103:11; 104: 12), 새롭게 하다, 갱신하다(חדש, 103:5; 104:29. 참조: 102:19, 27 모티브), 듣다(שמע, 102:2, 21; 103:20), 그리고 중요한 태마를 연결시키는 모티브도 서로 공유하고 있다: 앞서 언급한 것들 말고도 배불리 먹음(102:5, 10; 103:5; 104:13-16, 27 이하), 하나님의 작품(102:26; 103: 22; 104: 24, 31), 자녀(102:29; 103:17), 그리고 기억(102:13, 19; 103:2, 18) 등이 그것이다. 이것들은 인생이 짧고 유한하다는 사실과 함께 하나님의 영원하심과 그 은총을 적절하게 설명해 준다(참조: 시편 90:1-6).

IV. 시편 제4집과 시편 102편의 관계

이미 알다시피 시편 150편은, 마치 오경을 연상시키듯이, 다섯 권으로 되어 있다(1-41편 제1권; 42-72편 제2권; 73-89편 제3권; 90-106편 제4권; 107-150 제5권). 그리고 각 책은 이른바 "종결찬양"으로 끝을 맺는다. 물론 이런 구별과 배열은 시편이 형성되던 때부터 있었던 것이 아니라, 후대 편집자가 짜 맞추어 놓은 것이다. 이 편집자는 나름대로 정해진 원칙과 방법에 따라 개별 시편들을 모았으며, 배열하였던 것이다. 이 편집자의 의도에 따라 시편 102편은 시편 4집(시 90-106편)에 속해 있다.

아삽 시편들과 할렐루야 시편들 사이에 들어 있는 시편 제4집은 모세의 기도로 시작하여 할렐루야를 외치며 끝맺는 시편 세 개로 끝난다. 이것의 부분 편집에 눈을 돌려보면, 그것은 대략 시편 90-92, 93-100, 101-106편 등 세 부분으로 이루어져 있다. 그리고 마지막 부분은 다시 101-102편(지상의 다윗 왕가에게 야훼의 통치권의 양도), 103-104편은 17편으로 짜여진 시편 제4집에 들어 있다.[18] 시편에 대한 기존의 연구 경향과 현재 진행되는 동향은 시편 전체 혹은 부분 편집에 착안하여 한 권의 책 또는 분책 (分冊)으로 본다는 점에 차이가 있다. 이는 시편이 우연히 모여진 개별 텍스트들을 묶어 놓은 것이 아니라, 그것들을 신중하고 깊이 있게 살펴 본 바탕 위에서 일관된 계획 아래 묶고 배열하였다는 가설에 근거한 것이다. 호스펠트-쳉어는 말한다:[19]

> 각각의 시편은 개별적인 특성을 지닌 완결된 텍스트이다. 동시에 이것은 같이 묶여 있는 다른 시편들과 공통분모를 지니고 있다. 그러므로 그것은 개별 텍스트의 의미에 덧붙여, 보다 넓은 의미의 지평을 향해 열려 있는 것이다. 과거 시편 주석은 유감스럽게도 이 두 번째 측면을 간과해 왔다. 성서의 다른 책들을 연구할 때에는 이런 사실을 자연스럽게 받아들였으면서도 말이다. 아브라함 이야기는, 예를 들어 그에게 요구되었던 철저한 순종(창 22: 이삭을 제물로 바치는 일), 그 자체의 개별적인 이야기로 읽혀지는 동시에, 전체적인 텍스트와의 관계 속에서 읽혀져야만 하는 것이다. 아니, 텍스트의 보다 큰 맥락 안에서 읽혀질 때 비로소 그 개별적인 이야기는 신학적 초점의 심도를 높일 수 있는 것이다. 시편의 경우는 이와 다른가? 전혀 그렇지 않다!

이런 뜻에서 우리는 시편 102를 시편 101및 103과 연결시켜 읽을 뿐만 아니라, 보다 큰 범주 곧 시편 제4집(시편 90–106)의 맥락 안에서 읽고자 한다.

1. 시편 101편과의 관계

시편 101편 기자는 "주께서 언제나(מָתַי) 내게 임하시겠나이까?" 하

18) 이 17편 가운데 10편에 표제어가 없다. 표제어 가운데 "하나님의 사람인 모세의 기도"(시편 90), 낙담하여 야훼 앞에 자기 근심을 쏟아놓는 가련한 이의 기도"(102)는 시편 전체에서 아주 특이하다.

19) F.-L. Hossfeld u. E. Zenger, *Psalmen 51–100,* 35.

고 탄식하면서 한숨을 쉰다. 그에 이어지는 시편 102의 제목은 이런 탄원과 관계가 깊다. 시 102편의 제목은 이렇게 되어 있다: "곤고한 자가 마음이 상하여 그 근심을 야훼 앞에 토해내는 기도!" 이는 시편 102의 기도자가 매우 고통스러운 일을 당하여 하나님께 자기 마음의 근심을 쏟아놓는 기도임을 가리킨다. 그래서 일부 학자들은 시편 101과 102를 "편집상의 짝"(ein kompositionelles Paar)으로 보지만, 시편 101과 102 사이의 연결선을 그리 든든하지 않다.[20] 물론 다음과 같이 겹치는 어휘들과 모티브가 있다: סתר(은밀하다, 감추다 101,5; 102,3; 참조 89:47); דבק(달라붙다 101:3; 102:6); ישב(거주하다, 왕좌에 앉다 101:6, 7; 102:13); עשה(מ)/יסר (만들다, 작품 101:3, 7; 102:26; 104:5, 8); ארץ(땅/ 나라 101:6, 8; 102:16, 26); דרך(길 101:2, 6; 102:24; 참조 91:11; 103:3 이하, 7); בוא(오다 101:2; 102:2, 14); כון(굳건히 서다 101:7; 102:29). 그리고 신체의 일부분(눈 101:3, 5, 6, 7; 손 102:26; לב 심장 101:2, 4, 5; 102:5; 104:15; 얼굴 102:1, 3; 29; 입 ; 귀 102:3; 참조: 뼈 עצם, 살가죽 בשר102:6)이나 예루살렘, 즉 "하나님의 도시"(101:8)와 "시온"(102:14 이하, 17, 22); 죄(101:1, 3–5, 7 이하; 102:5, 9 이하, 21. 시편 102편에서 이것은 단순히 암시하는 정도에 그친다); 든든히 서다(101:7; 102:27 이하) 등의 모티브가 겹쳐 나온다. 그 밖에 시편 101편의 인간의 왕권에 대한 언급과 시편 102편의 야훼 왕권에 대한 언급은 이들 시편 사이에 공감대가 있음을 암시한다. 물론 이것들의 쓰임새가 서로 간의 밀접한 연관관계를 보여주지 않으므로, 쉽게 단정짓기는 어렵지만, 이 두 시편이 포로 상황을 반영한다는 점에서 편집상의 짝을 이룬다고 해도 무방할 것이다.

2. 시편 103편과의 관계

시편 102편과 103편은 어휘뿐만 아니라, 모티브에서도 공통점이 많

---

20) B. Weber, *Werkbuch Psalmen II,* 173.

의 불완전함, 허무함, 짧음 등이 표현되었다. 그래서 인생은 풀(5-6절)이나 지나간 어제(4절)에 비유되었다. 시편 106에는 이스라엘의 불완전함, 불신실성, 그리고 연약함이 표현되었다. 이는 선택받은 민족의 실패로 뒷받침된다. 이런 점에서 시편 90편과 106편은 맥이 통하고 있다. 다만 시편 90편이 개인의 인생을 언급하는 데 비해, 시편 106편은 민족 전체의 운명을 다루고 있는 것이다. 여기서는 인생무상과 실패한 민족의 역사를 다루는 가운데서도 하나님 긍휼과 자비를 향한 신뢰에서 우러나는 찬양이 빠지지 않았다는 사실에 주목할 필요가 있다(90:1, 15, 16, 17; 106:1, 44, 45, 46). 그래서 시편 90:13-14와 106:45-46은 "하나님의 인자와 긍휼"이라는 관점 아래 시편 제4집을 앞 뒤에서 묶어주고 있다:

> 90:13-14: 야훼여 돌아오소서 언제까지니이까 주의 종들을 불쌍히 여기소서. 아침에 주의 인자하심이 우리를 만족하게 하사 우리를 일생 동안 즐겁고 기쁘게 하소서.
>
> 106:45-46: 그들을 위하여 그의 언약을 기억하시고 그 크신 인자하심을 따라 뜻을 돌이키사 그들을 사로잡은 모든 자에게서 긍휼히 여김을 받게 하셨도다.

둘째로 시편 90편과 106편에 슬프고 아픈 사연을 담았으면서도 하나님을 향한 신뢰와 찬양으로 가득 차 있는 데 비해, 시편 91편과 105편에는 그 신뢰와 그 분의 보호에 대한 신앙고백이 들어 있다. 시편 90은 "지극히 높으신 분의 보호 속에 사는 이, 전능하신 분의 그늘에 머무는 이"(1절)의 신앙고백이다. 시편 105에도 이와 같이 하나님의 도우심, 배려, 하나님 백성으로 선택하신 구원의 은총에 대한 신앙고백이 들어 있다(14, 24, 44절 참조).

1. 시편 제4권의 주요 테마들

1) 포로에 처한 하나님 백성

크라쯔(R. G. Kratz)는 시편집 다섯 권이 이스라엘 역사의 진행과정을 보여주려는 의도에 따라 편집되었다고 처음으로 말한 사람이다. 곧 시편집이 각각 이스라엘 역사의 일정한 시기를 반영하고 있다는 것이다. 이 연구를 더욱 진전시킨 크뤼거(Th. Krüger)는 이렇게 말한다.

> 시편 89편은 다윗왕국이 종말을 고함으로 다윗-솔로몬 왕국 시대가 끝장난 사실을 탄원하는 것으로 끝난다. 시편 90편은 시편 제4집을 여는 시편이다. 여기에는 포로시기가 그려져 있다. 시편 106편은 포로시기가 끝나고(40-46절), 민족들 가운데 흩어졌던 디아스포라를 모으는 이야기가 나온다(47절). 그리고 시 107편은 디아스포라를 모은 것에 감사하는 것으로 시편 제5집을 시작한다. 물론 시편 제3집(시 73-89편)도 포로및 포로기 이후 상황을 이미 내다보고 있다. 시편 74-75편은 예루살렘과 성전 파괴를, 시편 80편과 83편은 이스라엘 민족이 적대국으로 끌려가는 것을 암시하며, 시편 84편은 성전이 다시 서는 것을, 시편 87은 시온-예루살렘은 전제로 하고 있다. 그러나 여기에는 다윗-솔로몬 왕국의 회복이 빠져 있다. 시편 89편은 시편 72편(제2집의 끝)과 시편 2편(제 1 집의 시작) 을 되돌아보며, 이 왕국이 완전히 망한 사실을 탄식한다. 이것은 시편 제4집 내용을 염두에 두고 있는 것이다. 그리고 시편 제4집은 다윗-솔로몬 왕국을 대체할 야훼 = 왕을 그리는 것이다.[26]

---

26) Th. Krüger, *Psalm 90 und die Vergänglichkeit des Menschen,* 209ff; 참조. H.-L. Hossfeld & E. Zenger, *Psalm 51-100,* 614. 다윗이란 이름은 시편 2-89(제1-3집)의 88개 시편 가운데 64퍼센트 정도 표제어에 등장하는 데 비해, 시편 90-150(제4-5집)의 61편 가운데 28퍼센트에만 등장한다. 특히 야훼=왕을 주제로 하는 제4집의 17개 시편 가운데 겨우 2개(101, 103)만 다윗이라는 이름이 표제어로 달고 있다(12퍼센트 미만).

(자비로운 왕이자 창조자이신 하나님의 존재에 대한 신학적 해명), 그리고 105-106편(창조와 이스라엘 역사에서 살펴 본 하나님의 파트너인 인간에 대한 서술) 등 세 쌍으로 이루어져 있다.[21] 특히 시편 105-106편은 시편 78편과 함께 역사 시편이라고 불리운다. 그리고 시편 104-106편은, 시편 107편과 함께, 4부작(eine Tetralogie)이다.[22] 여기에는 하나님의 창조로부터 시작하여 모세가 활동하던 시절을 거쳐 이스라엘의 포로 이후까지 그 시야가 길게 뻗어 있다. 이를 통해 시편 기자는 하나님의 은혜로우신 활동이 창조 안에서, 그리고 이스라엘 역사 안에서, 다시 말해 시간과 공간을 초월하여 인간의 역사 무대 위에서 영원히 작용하는 것을 보여주려는 것이다.

시편 102편은 시편 90-91편과 공통점이 많다. 그 가운데 몇 가지 예를 들어 보면 다음과 같다. 시편 102에서 중심 개념 중에 하나인 תפלה는 시 90:1에 등장하며, 시편 101의 שיר는 시편 92:1에 나온다. 시편 102에서 중요한 위치를 차지하는 단어인 날과 연도(יום과 שנה)는 시편 90:4, 9, 14, 15 및 시편 90:4, 5, 9, 10, 15 등에 있다. 그리고 לדור ודור(세대에서 세대로, 90:1; 102:13), עבדיך(당신의 종, 90:13, 16; 102:15, 29), שם(이름, 91:14; 92:2), ענה(응답하다, 90:15; 102:3), חלף(바꾸다, 90:5; 102:27), לב(심장, 90:12; 101:2, 4 이하; 102:5; 104:15), כבוד(영광, 91:15; 102:16-17), צלם(그림자, 그늘, 90:11; 102:12), יבש(마르다, 시들다, 90:6; 102:12), כלה(끝나다, 마치다, 90:5, 9; 102:4), 동물 이미지(사자, 독사, 젊은 사자, 뱀 91:13; 올빼미, 부엉이 참새 102:6-7) 등도 빼놓을 수 없다. 그래서 윌슨(G. H. Wilson)은 시편 90편과 시편 102편 사이에 네 가지 공통 모티브를 지적하였다: ① 인간 삶의 일시적 성격이 두 시편에서 강조되고 있다(102:4, 12; 90:5-6, 9-10); ② 시인은 하나님의 영원성을 강조한다(90:1-2, 4; 92:9; 102:13, 25-

21) F.-L. Hossfeld u. E. Zenger, *Psalmen 51-100,* 33-35.

22) E. W. Hengenstenberg, *Commentar über die Psalmen III,* 190; K. Koenen, *Jahwe wird kommen,* 101ff.

28); ③ 하나님의 진노가 쏟아진다(90:8-9; 102:11-12; 참조 103:9; 104:29); ④ 하지만 종들의 자녀들은 굳게 설 것이며(90:16; 102:29) 야훼는 그 백성의 고통을 완화시킬 것이다.[23] 그가 지적한 것 말고도"먹다, 배불리다" 모티브(90:14; 91:16; אכל 102:5; 103:5; 참조. 시 104:13, 14-16, 28; 105:16, 40), 주의 얼굴(90:8; 102:3, 29; 104:29), 하나님의 작품(90:16 이하; 92:5 이하; 93:1-2; 95:5; 102:26; 103:6, 22; 104:5, 8, 13, 19, 24, 31; 105:5), "구원" 모티브(91:3, 14 이하; 102:21; 103:4) 등이 있으며, 죄, 불의 등의 개념(90:8; 91:8; 92:8, 10, 12; 101:3-5, 7이하; 102:10; 103:10, 12; 104:35), 시편 기자와 하나님 사이의 의사소통(90: 1; 91:2, 15; 92:2; 102:1-3, 18, 21, 25; 103:7), 이스라엘 역사에 관한 언급(105:5-6, 25-28, 39-41; 106:6-7) 등도 하나님을 찬양하기 위한 도구로 중요한 역할을 하고 있다. 특히 이스라엘 역사에 대한 언급은 개인과 민족의 과거, 현재 그리고 미래가 왕이신 야훼의 손에 달려있음을 구체적으로 보여주는 단서인 것이다. 이것은 남왕국 유다의 멸망 이후 왕국이전 시대의 신앙으로 되돌아가는 것을 의미하는 동시에(특히 시편 90, 105-106), 연약하여 깨어지기 쉬운 세상 왕국보다는 영원한 통치자인 야훼를 향한 직접적인 신뢰를 보여주는 것이다.[24] 그러나 차이점들도 있다. 그 중 하나는 시편 90편에는 공동체의 고통이 단지 암시되어 있을 뿐인 데 반해(15절), 시편 102편은 예루살렘의 파괴와 회복에 대한 언급함을 통해 구체적 역사적 상황을 이야기하는(13-23절), 동시에 개인적인 삶의 고통을 통해 공동체의 문제를 이야기한다.

이 밖에 짚고 넘어갈 것이 하나 더 있다. 곧 시편 90과 106, 그리고 91과 105는 이중의 양괄식 짜임새(eine doppelte Inclusio)로 되어 있다는 점이다.[25] 첫째로 시편 90에는, 시편 102처럼, 이 땅에 사는 인생

---

23) G. H. Wilson, *The Editing of the Hebrew Psalter,* 218.

24) G. H. Wilson, *King, Messiah, and The Reign of God,* 392ff.

25) I. Golovanov, *Integrität des Vierten Psalmenbuches,* 67.

(102:5; 참조 12절).

시편에는 죽음 혹은 죽을 지경에 있음을 상징하는 표현들이 매우 다양하게 나오는데, 몇 가지 예를 들어보면 다음과 같다:[28]

자연세계	인간과 문명
시 22:15 – 쏟아진 물	시 22:15 – 밀랍처럼 녹은 마음
시 69:2 – 목까지 차오른 물	시 22:16 – 말라버린 질그릇 조각
시 69:3 – 수렁, 깊은 물결에 휩쓸림	시 31:13 – 깨진 그릇
시 102:12 – 기울어지는 그림자	시 38:5 – 무거운 짐
시 109:23 – 석양에 기우는 그림자	시 102:4 – 연기, 숯
시 143:6 – 메마른 땅	

인간사에 비유함	식물에 비유함
시 28:1 – 내가 무덤에 내려가는 자	시 102:5 – 시들고 마른 풀
시 38:14 – 귀먹어리, 벙어리	시 102:12 – 시들어가는 풀
시 38:15 – 입을 열지 못함	
시 88:5 – 무덤에 내려가는 사람	
시 88:6 – 살해되어 무덤에 묻힌 자	

동물에 비유함	개념에 비유함
시 31:13 – 죽은 자처럼 잊혀짐	시 31:12 – 혐오, 구역질
시 22:7 – 벌레	시 39:7 – 그림자, 입김
시 42:2 - 시냇물을 찾기에 갈급한 사슴	시 39:6 – 없는 것 같음, 입김
시 102:7 – 올빼미, 부엉이	시 62:10 – 입김, 입김보다 가벼움
시 102:8 – 지붕 위의 외로운 새 한 마리	시 109:2 – 석양에 기우는 그림자
시 109:23 – 메뚜기	시 144:4 – 입김, 그림자

28) B. Janowski, *Konfliktgespräche mit Gott,* 250 이하.

인간의 죽음 혹은 인생의 허무함은 시편 제4집 가운데 시편 90-92, 102, 103, 104편에 집중하여 표현되고 있다. 그 가운데 시편 90편과 102편에서 인생의 허무함이 모든 인간에게 해당되는 듯, 특정한 그룹을 지칭하지 않는다. 그러나 시편 92편과 103편은 그 허무함을 죄인들에게 적용시키고 있다. 여기서 죄인들은 풀에 비유되는 반면에, 의인들(하나님을 두려워하는 사람들)은 종려나무에 비유되고 있다. 그 밖에 의로운 사람과 불의한 사람을 대조시키는 것은 시편 91:8 이하; 92:8-16; 94; 97:7-12; 101; 104:35 등에 나타나고 있다. 이로써 시편집 편찬자는 하나님의 종들 또는 하나님을 두려워하는 사람들을 선별하여 하나님의 영원하신 은총 안에 포함시키려 한 것이다(90:13-17; 91:1 이하; 102:29; 103:3-18 등). 이들 시편에서 시편 편찬자는 직유와 은유 등 여러 수사법을 동원하여 죽음의 어두운 그림자를 심각하게 의식하면서도, 영원하신 야훼를 향한 깊이 있는 신뢰심에서 나오는 희망과 생명의 뿌리를 찾아내고 있는 것이다.

3) 야훼의 영원한 통치권

앞서 언급하였듯이 17개의 시편이 수록되어 있는 시편 4집은, 그 형식과 내용 및 성격에 따라, 대략 90-92, 93-100, 101-106편 등 세 부분으로 분류될 수 있다. 시편 90-92편은 "탄원-구원허락-감사"라는 주제 아래 시편 4집의 서론 역할을 한다. 여기에는 야훼=왕(יהוה=מלך)이란 표현이 직접 등장하지는 않는다. 그렇지만 고대 근동에 널리 알려진 왕의 속성을 드러내는 낱말이 많이 등장한다. 예를 들면 그 분의 전능하심(90:3, 5, 7, 11; 91:1, 3, 4, 11; 92:6, 11), 그 분의 정의로우심(90:8; 91:8; 92:16), 그리고 백성을 향한 그 분의 따뜻한 배려(90:1, 14, 17; 91:1-7, 9-16; 92:3, 13-15) 등이다. 시편 101-106편에도 야훼=왕이란 표현이 직접 나오지는 않지만, 이런 모티브는 적지 않게 들어 있다. 곧 그 분의 능력(104:1, 5, 8-9, 27-32; 105:4, 7, 14, 16, 28-37, 41, 44;

그러므로 우리는 시편 제4집이 포로기 상황을 반영하고 있다고 보아도 좋을 것이다(특히 90:1-2; 96:3. 10; 98:2 이하 102:21-23; 103: 22; 105:12 이하 106:44-48를 참조하라).

시편 제4집을 여는 시편 90편은 시편 전체에서 유일하게 "하나님의 사람인 모세의 기도(모세를 위한 기도)"라는 표제가 붙어 있다. 이는 다윗왕조의 패망으로 이스라엘과 성전이 위기에 처한 상황에서 시편 기자가 출애굽 당시와 그 이후의 상황을 염두에 두고 있음을 반영하는 것이다. 곧 혹독한 포로기에 사는 이스라엘은 하나님이 다윗왕조에게 주신 약속을 상기하면서, 모세시대처럼 하나님이 개입하여 구원해 주시기를 소망한 것이다. 이래서 "언제까지?"(מתי, 90:13; 94:3, 8; 101:2)라는 탄원이 등장한다. 이런 뜻에서 시편집 제4권은 오래된 옛 이야기 속에 들어있는 구원의 모티브를 회상하며(זכר), 그것을 현재화시켜 기록하고(כתב), 장차 올 세대의 시대에 야훼의 통치가 온전히 이루어지기를 소망하는 것이다(102:13, 19, 29 참조). 그래서 윌슨은 시편 제4집의 틀을, 논란의 소지를 안고 있기는 하지만, 다음과 같이 보았다:[27]

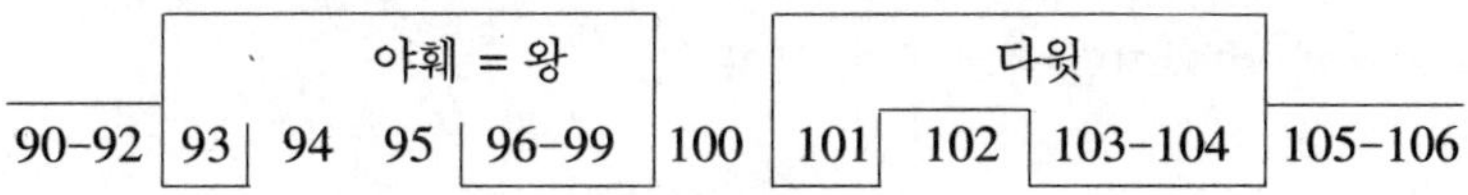

모 세 전 승 에 따 르 는 틀

2) 인간의 한계 상황(죽음의 문턱을 드나드는 인간)

시편 90:12에서 "우리에게 우리 날 계수함을 가르치사, 지혜의 마음을 얻게 하소서"라고 기도드린 기도자는 시편 102편에서 인간 존재의 유한성과 무상함을 사물(기울어지는 그림자, 연기, 낡아지는 옷), 신체(화석처럼 새까맣게 타버린 뼈, 뼈와 살이 달라 붙음), 식물(시들은/말라

27) J. C. McCann Jr. (ed.), *The Shape and Shaping of the Psalter,* 76쪽.

가는 풀 - 시 90:5 이하; 103:15 이하; 129:6), 동물(광야의 올빼미, 거친 땅의 부엉이, 지붕 위의 외로운 새 한 마리) 등에 비유하여 묘사한다. 이러한 자기존재의 한계를 인식한 인간은 자연히 탄식하게 된다: "그가 내 힘을 중도에 쇠약하게 하시며 내 날을 짧게 하셨도다"(24절). 그리고 자기가 무상하고 연약한 존재임을 깨달은 그는 자신의 탄식을 하나님을 향한 기도로 이어 나간다: "나의 하나님이여 나의 중년에 나를 데려가지 마옵소서"(25절). 이렇듯 시편 90-92편과 102편은 자기 힘으로는 도저히 극복할 수 없는 허무 아래 놓여있는 인간의 조건(conditio humana)을 바탕에 깔고 있다. 사실 시편에는, 성서의 다른 어떤 곳보다도, 인간의 삶과 죽음의 문제가 심도있게 다루어지고 있다. 이 문제와 관련하여 시편 90:12의 죽음을 기억함(memento mori), 102:12의 생의 한 가운데 도사린 죽음의 족쇄(media vita in morte sumus), 그리고 130:2의 깊은 심연에서(de profundis) 등은 표본적인 예이다. 시편 가운데 특히 탄원시나 감사시에는 인생이 유한하고 허무하며, 고난 속에 있다는 사실을 다양한 뉘앙스로 표현하고 있다. "인생 한가운데로 파고 들어오는 죽음의 족쇄"는 시편의 중요한 모티브 가운데 하나인 것이다. 그 가운데 몇 가지만 예로 들어 보자:

① 사물에 비유: 나는 물 같이 쏟아졌으며 내 모든 뼈는 어그러졌으며 내 마음은 밀랍 같아서 내 속에서 녹았나이다(22:15).
② 인간 또는 사물에 비유: 내가 잊어버린 바 됨이 죽은 자를 마음에 두지 아니함 같고 깨진 그릇과 같으니이다(31:13).
③ 개념적 비유: 주께서 나의 날을 한 뼘 길이만큼 되게 하시매 나의 일생이 주 앞에는 없는 것 같사오니 사람은 그가 든든히 서 있는 때에도 진실로 모두가 허사 뿐이니이다(39:6).
④ 동물에 비유: 하나님이여 사슴이 시냇물을 찾기에 갈급함 같이 내 영혼이 주를 찾기에 갈급하니이다(42:2).
⑤ 식물에 비유: 내 마음은 풀처럼 시들고, 식욕조차 잃었사옵니다

3. 시편 제4 집의 문학의 자리(Sitz in der Literatur)

일찍이 헤르만 궁켈은 시편의 주요 형식을 4-6가지(찬양시, 개인/공동체 탄원시, 개인/공동체 감사시, 제왕시)로 보면서, 그 "삶의 자리"(Sitz im Leben)를 추적하였다. 그 결과 대부분의 형식이 제의에서 유래되었다고 주장하였다. 이 연구를 직문트 모빙켈이 더욱 진척시켰다. 그 이후에 이루어진 모든 시편 연구(성서연구)는 이들의 형식 · 유형비평에 대한 수정-보완, 축소-확대, 심화-반작용에 기초한 것이다. 이런 뜻에서 궁켈과 더불어 시편연구의 새 시대가 열렸다고 말할 수 있다. 최근의 시편연구 동향도, 일부 학자들을 빼놓고는, 궁켈과 모빙켈이 발전시킨 형식비평의 장단점을 인식한 바탕 위에서 그것을 발전적으로 심화시키는 방향으로 진행되고 있다.[33] 물론 마일렌버그나 챠일즈 등이 형식 · 유형비평에 대해 비판한 것은 타당성이 있다.[34] 그러나 지금의 형식 · 유형비평은 그들이 비판하던 시대 그 모습이 전혀 아니다. 지금의 그것은 그 당시보다 훨씬 더 심화되고 정교해졌다. 그 예로 궁켈은 시편편집자의 신학적 의도나 목적의식을 경시하였지만,[35] 오늘날 형식 · 유형 비평학자들은 시편 편집자의 신학적 입장과 편집 목적, 일관된 편집 원칙 등을 존중하는 것이다. 그리고 궁켈이 주어진 텍스트 뒤로 돌

32) G. H. Wilson, *King, Messiah, and The Reign of God,* 402.

33) E. Zenger, Die Psalmen im Psalter, 443-456; Ders., *Von der Psalmenexegese zur Psalterexegese,* 8-15.

34) B. S. Childs, Reflections on the Modern Study of the Psalms, 378-379: "Much of the exegetical gain of determining the original setting of a psalm is jeopardized when the proposes Sitz im Leben rests on an extremely fragile and hypothetical base. Moreover, the function of a secondary setting often seems to be more significant for exegesis than a fixation with an alleged original Sitz im Leben ... At least for an increasing number of scholars the problem of understanding the present shape of the psalter including both the consonantal and vocalic traditions emerges as a more pressing problem than the reconstructed original form of the text."

35) H. Gunkel, *Die Psalmen,* 20; Ders., *Einleitung in die Psalmen,* 3.

아가서 그 삶의 자리를 추적하였다면, 오늘날 형식비평학자들은 주어진 본문의 현재 형태(die Jetztgestalt/Endgestalt 최종 본문)를 최대한 존중하면서 그 "문학의 자리"를 찾고자 하는 것이다.

이런 뜻에서 시편 102편의 삶의 자리를 찾으려는 전통적인 형식비평은 제한적인 의미로만 쓰이게 되었다. 기존에는 이 시편 1-12, 24-29의 형식을 개인탄원시(individuelle Klage)로 보았으나, 새로운 언어행위이론(Sprechakttheorie)에 근거한 연구는[36] 이를 "개인기도"(individuelle Bitte)라고 바꾸어 부른다. 왜냐하면 성서는 출애굽을 경험한 바탕 위에서 해방자 하나님을 향한 기도의 성격을 띠고 기록되었다는 점이 언어학 연구로 확고하게 뒷바침되기 때문이다. 그리고 시편 102편의 문학의 자리를 찾을 때, 염두에 두어야 할 것이 두 가지 있다: 하나는 그 안에 담겨있는 신학적 깊이나 문학적 세련도로 볼 때, 이것이 순수하게 개인적인 노력으로 기록되지 않았으리라는 것이다; 둘째는 공적인 제의에서 그것이 형성되었다고 보는 것은 명백하게 제의적인 요소가 들어 있을 경우에만 국한해야 할 것이다. 위와 같은 전제 아래 브루네르트는 이 시편의 기본 골격을 2-12, 25a*b 26-27aα, 28b로 보고, 지혜문학에 영향을 받은 개인적 기도문(eine individuelle, weisheitlich gepr gte Bitte)으로 파악하였다.[37] 그리고 시편 기자가 기도드리는 대상은 더 일찍 죽을 수도 있었던 인생을 더 길게 늘려주신 영원한 창조주

---

36) 이 이론에 대해서는 A. Wagner, "Die Stellung der Sprechakttheorie in Hebraistik und Exegese," in: A. Lemaire, *Congress Volume Basel 2001* (VTS XCII)(Leiden, 2002), 55-83; Ders., *Sprechakte und Sprechaktanalyse im Alten testament. Untersuchungen an der Nahstelle zwischen Handlungsebene und Grammatik* (BZAW 253) (Berlin/New York, 1997)를 보라.

37) G. Brunert, *Psalm 102,* 297. 코에넨은 시편 제4집에 있는 시들의 형식을 이렇게 정리하였다(*Jahwe wird kommen,* 113). 탄원시: 90, 94, 102*; 구원선포시: 91, 96-98, 102:13-23; 감사와 찬양시: 92, 103; 역사 회고시(창조와 역사에 나타난 야훼의 구원활동): 93, 104; 역사 회고시(역사에 나타난 야훼의 구원활동): 95, 105-106; 죄인에 대한 심판시: 97; 신뢰시: 99-100; 제왕시: 101.

106:2, 8-9, 21-22), 야훼의 정의로우심(104:35; 105:7, 14, 36-37, 42; 106:16-18, 24-27, 28-30, 39-42), 그리고 백성들을 향한 그 분의 배려(104:14-15, 28; 105:8-11, 14-15, 19-20, 24, 27, 39-44; 106:1, 4, 8-10, 43-46). 이래서 골로바노프(I. Golovanov)는 시편 4집을 꿰뚫는 주제로 야훼=왕으로 여긴다.[29] 물론 시편 93-100편이 야훼=왕 시편인 것에는 이의가 없으나, 그것을 시편 4집 전체로 확대하는 것에 동의하지 않는 학자들도 있다. 그렇지만 시편 93-100편이 야훼=왕이심을 찬양하는 것이라면, 시편 90-91편과 시편 101-106편은 야훼=왕의 속성과 활동을 묘사하고 있으므로, 시편 제4집 전체를 아우르는 주제는 야훼의 왕권과 그 통치권을 찬양하는 것이라는 점에 많은 학자들이 수긍하고 있다(opinio communis). 윌슨(G. H. Wilson)도 그런 사람 가운데 하나이다. 그는 시편 제4집은 오직 야훼만이 왕이라는 주제 아래 묶여 있다고 하면서, 그 내용을 이렇게 정리한다:[30]

> 시편 제4권은 제1권-제3권이 주로 다루는 다윗계약이 실패하였다는 시편 89편의 문제제기에 대답하고 있다. 그 답변 내용을 간략하게 요약하면 다음과 같다: ① 야훼는 왕이다; ② 왕정이 성립하기 오래 전부터, 곧 모세 때부터 그는 우리의 피난처였다; ③ 왕정이 사라진 후에도 야훼는 여전히 우리의 피난처가 되실 것이다; ④ 야훼를 신뢰하는 자에게는 복이 있다.

이미 말하였듯이 이 모티브는 시편 93-100에 집중적으로 나타나지만,[31] 사실 시편 제4집의 주요 주제라 해도 무방하다. 그렇지만 시편 89

---

29) I. Golovanov, *Integrität des Vierten Psalmenbuches,* 65쪽 이하. 69쪽; D. M. Howard, *Contexual Reading of Psalms 90-94,* 123쪽.

30) G. H. Wilson, *The Editing of the Hebrew Psalter,* 215쪽; E. Zenger, *Dein Angesicht suche Ich,* 67-68쪽, *Der Gott Israels und die Völker,* 151-175쪽을 참조하라.

31) 여기에는 יהוה מלך(93, 96, 97, 99), גדול(95), המלך יהוה(98) 등의 관용구가 쓰이고,

편 이전의 제왕시와는 달리 시편 90편 이후의 야훼=왕 시편에는 야훼의 자비와 긍휼뿐만 아니라, 창조와 능력을 신뢰하는 신앙이 감성적으로 표현되어 있을 뿐만 아니라, 진정한 왕이신 야훼를 향한 찬양이 주류를 이룬다는 점에서 차이가 있다. 시편 1-3집에는 탄원시와 기도시가 많은 데 비해, 제4집에는 찬양시나 찬양적 분위기를 담은 시들이 더 많이 들어 있다. 그러므로 우리는 시편 제1-3집에 왕(왕으로 다스리다 מלך)이란 단어 쓰임새가 시편 4-5집과 뚜렷하게 다르다는 점에 주목할 필요가 있다. 시편 제1-3집에서 그것은 다음과 같은 뉘앙스를 풍긴다: ① 가장 일반적인 의미, 곧 "왕" 또는 "통치권"이란 뜻(33:16 등); ② 외국의 왕(2:2, 10; 45:10; 76:13 등); ③ 이스라엘/ 유다의 왕을 암시함(2:6; 21:2, 8; 45:6, 12, 15; 89:19 등); ④ 야훼의 통치권에 대한 묘사(5:3; 10:16; 24:7-10; 29:10; 44:5; 47:3, 7, 8; 48:3; 68:25; 74:12; 84:4 등). 그러나 시편 제4-5집에는 ① 왕이나 통치권 등 일반적인 뜻(140:10; 144:11 등), ② 외국의 임금(102:16; 105:14, 20, 30; 110:5; 119:46 등), 그리고 ③ 야훼의 통치권(95:1; 98:6; 99:4; 103:19; 145:1; 149:2 등)의 의미는 여전히 쓰이지만, 이스라엘이나 유다의 왕을 가리키는 표현이 전혀 등장하는 않는다. 이는 시편 제4집부터 시편 기자의 관심이 다윗-솔로몬 왕조로부터 야훼의 통치권을 새롭게 강조하는 데로 옮겨간 것을 의미하는 것이다. 특히 야훼-말락(Jahwe-Malak) 시편의 경우가 그러하다(시 93-100과 47, 146편). 이는 인간의 유한한 왕권이 야훼의 영원한 왕권으로 탈바꿈하는 것을 가리킨다.[32]

시편 94와 100에는 이런 관용구가 빠져 있으나, 형식과 용어, 모티브로 볼 때, 이것들도 야훼=왕 시편에 속하는 것이 분명하다. 이는 시편 102의 메시지와 크게 다르지 않다. 베커(J. Becker)가 정리한 것에 따르면, 시편 102는 다음과 같은 메시지를 담고 있다: ① 이스라엘의 영원한 왕이신 야훼의 통치권은 이미 창조사역을 통해 증명되었다; ② 포로민들이 귀환한 후에 시온을 회복시키는 것으로 야훼의 통치권이 계시될 것이다; ③ 민족들이 시온에 모여드는 것으로, 모든 민족들이 야훼를 인정할 것이다; ④ 장차 야훼는 그 후손들에게 그 땅을 축복으로 넘겨주실 것이다(*Israel deutet seine Psalmen,* 45).

제로 골머리를 썩이기도 하고, 죽음과 대결하게 되기도 한다. 사람이 어려움을 당하게 될 때는 주님을 찾으며 도우심을 간구한다. 당하고 있는 어려움이 심해서 인간적인 노력으로는 해결될 기미가 보이지 않는 경우를 당하게 될 때는 더욱 더 하나님에게 "매달리게" 된다. 주님께 도우심을 청하고 하나님께 매달리는 것은, 그 분이 그 어려움을 해소시켜 주실 수 있다는 확신 때문이다. 이러한 확신은 두 가지 사실에서 오게 된다. 첫째는, 주님이 사랑이시고, 은혜롭고 자비하신 분이시라는 믿음이다. 둘째는, 주님을 불러 간구하면 도와주신다는 경험이다.

사람은 또한 어려움을 당하게 될 때 자신을 깊이 돌아보게 된다. 그래서 사람은 무력하고, 무언가 이루어 놓았다는 것도 자신의 힘으로 된 것은 없다는 사실을 깨닫게 된다. 또 주께서 늘 보이지 않는 가운데 힘을 주시고 돌보아 주시므로 살아왔다는 결론을 얻게 된다. 그러므로 어려움을 당해서 오히려 그 분에 대한 감사와 함께 더 깊은 신앙심을 갖게 되는 것이다. 구원받은 사람은 주께 감사를 드리지 않을 수 없다. 감사 드리는 첫번째 모습은 찬양과 선포이다. 소리 높여 그 분의 구원을 노래하며 사람들에게 그 사실을 증거하는 것이다. 두번째 모습은 헌신이다. 자신을 주께 드리는 것이다. 구원받은 이는 자신을 드려 주님의 사랑에 보답해야 하는 것이다.

참고문헌

Allen, L. C. *Psalms 101–150,* Word Biblical Commentary, vol. 21 .Waco: Word Books, 1983.

Barré, M. L. "'rṣ (h)hyym – The Land of the Living?"(JSOT 41[1988], 40–59.

______. "Psalm 116 : its structure and its enigmas," JBL 109 (1990), 61–79.

Dahood, M. J. *Psalms III,* The Anchor Bible. Doubleday, New York, 1970.

Delitzsch, F. *Psalms,* Commentary on the Old Testament, vol. 5. Grand Rapid: Eerdmans, 1988.

Emerton, J. E. "How Does the Lord Regard the Death of His Saints in Psalm cxvi 15?," *JTS* 34 (1983), 146–156.

Gunkel, H. *Die Psalmen.* Göttingen: Vandenhoeck & Ruprecht, 1929, 1968.

______. *Einleitung in die Psalmen.* Göttingen: Vandenhoeck & Ruprrecht, 1933, 1975.3

Knight, G. A. F. *Psalms,* vol. 2. Philadelphia: The Westminster Press, 1983.

Kraus, H.-J. *Psalms 60–150,* A Commentary. Minneapolis: Augsburg, 1989.

Mowinckel, S. *The Psalms in Israel's Worship.* Oxford: Basil Blackwell, 1962.

Oesterley, W. O .E. *The Psalms.* London: SPCK, 1953.

Westermann, C. *Praise and Lament in the Psalms.* Atlanta: John Knox, 1981.

______. *The Living Psalms.* Edinburgh: T. & T. Clark, 1989.

시편 119 연구 - 토라의 변주곡

김창주

I. 여는 글

한 때 삼행시(三行詩)가 세간의 화제가 된 적이 있다. 삼행시란 일반적으로 사람의 이름 등의 세 글자를 각 행(line)의 시작하는 말로 하여 풍자와 상상력을 곁들여 주어진 이름을 희화화(parody)하는 작문 기법이라고 할 수 있다. 따라서 삼행시는 가까이 접할 수 있다는 소재의 친근성과 더불어 예상하지 못한 우스개를 유발하기 때문에 많은 사람들에게 회자되었을 것이다. 그런가 하면 시인 황지우(黃芝雨)는 "무등(無等)"이라는 시에서 아주 기발한 형식을 통하여 시인의 풍부한 상상력을 마음껏 발휘하고 있다.[1)]

---

1) 황지우, 『겨울나무로부터 봄 나무에로』 (서울: 민음사, 1987). 황지우는 이 시의 형식을 아마도 운초(雲楚) 김부용(金芙蓉)의 "부용상사곡"(芙蓉想思曲)에서 착안하지 않았을까 하는 의문이 든다. 즉 조선의 3대 명기로 알려진 김부용이 남긴 시 중에는 특별한 형식의 한시(漢詩)가 전해오고 있다. 처음 두 행은 한 글자, 다음 두 행은 두 글자 등으로 한 글자씩 늘어나 마지막 두 행은 18 글자로 끝을 맺는다. 그리하여 이 시는 전체적으로 볼 때 탑 형식으로 보이기 때문에 보탑시(寶塔詩)라고도 불리기도 한다.

山
절망의산,
대가리를밀어버
린,민둥산,벌거숭이산
분노의산,사랑의산,침묵의
산,함성의산,증인의산,죽음의산,
부활의산,영생하는산,생의산,희생의
산,숨가쁜산,치밀어오르는산,갈망하는
산,꿈꾸는산,꿈의산,그러나 현실의산,피의산,
피투성이산,종교적인산,아아너무나너무나폭발적인
산,힘든산,힘센산,일어나는산,눈뜬산,눈뜨는산,새벽
의산, 희망의산, 모두모두절정을이루는평등의산,평등한산,대
지의산, 우리를감싸주는, 격하게,넉넉하게,우리를감싸주는어머니

즉 이 시는 시 자체로 이미 그림이 된 산이며 동시에 글자로 쌓아올린 산의 형상을 하고 있다. 황지우의 시 "무등"은 기존의 형식을 과감하게 벗어나 시각적인 효과를 제시함으로써 독자들이 시의 외형적인 형식과 시의 주제를 동시에 인식하고 감상할 수 있도록 유도하고 있다. 따라서 독자들은 시를 읽기도 전에 시각적인 형식에서 이미 이 시에 이끌리게 되고 또한 읽어 내려가는 동안 시인의 의도에 자연스럽게 몰입하도록 구성되어 있는 것이다.

히브리 성서에도 삼행시나 위에 인용한 시와 같이 그 형식에 있어서 매우 파격적인 시편들이 전해지고 있다. 특히 시편 119는 세 글자를 각 행의 머리글로 활용하는 삼행시와 "무등"이라는 시가 보여주는 시각적인 효과를 동시에 제시하고 있는 매우 독창적인 시편이다. 즉 이 시편은 각각 8절(line) 1연(stanza)으로 모두 22연 176절로 구성되어 있는데 히브리어 알파벳 22글자를 차례차례 각 연의 첫 글자로 활용하는 독특한 형태를 취하고 있다. 또한 시편의 내용을 보면 거의 모든 176행

에 토라(תורה), 혹은 토라를 지시하는 8개의 동의어를 각각 배치하여 전체적으로 토라를 예찬한다. 이와 같이 알파벳을 이용하는 기발한 착상과 질서정연한 시편 구조, 그리고 눈에 띄는 시각적인 기교 등으로 인하여 많은 학자들과 설교자들로부터 시 119편은 시편 중 최고의 걸작(tour de force)이라는 찬사를 받고 있다. 전통적으로 이 시편은 "위대한 시편"(the Great Psalm)으로 불리고 있다. 여기에는 그 형식적으로 성서에서 가장 길다(176절)는 외형적인 요소와 수사학적으로 "야훼의 토라"(תורה)라는 주제에 대하여 반복적으로 일관성을 잘 유지하고 있다는 점이 반영되었을 것이다. 중세 교회 개혁자인 마르틴 루터(Martin Luther)는 시편 119를 "황금의 ABC"(the Golden ABC)라는 이름으로 부르고 이 시편 시인의 뛰어난 문학 재능에 대하여 높이 평가하고 있다. 한편 놀랍게도 둠(Bernhard Duhm)은 "단조롭고 지루하기 그지없으며 종이만 더럽힌 아무런 의미도 없는 시편"라는 혹평을 내놓았는가 하면, 다른 학자들 중에는 유사한 단어의 단조로운 반복일 뿐이라고 비판하는 경우도 있다.[2] 그렇지만 "하나님 말씀에 대한 찬양과 사랑, 및 그 말씀의 능력과 활용에 관한 그리스도인의 황금 입문서"(Franz Delitzsch), "진리에 관한 알파벳," "진리의 학교," "천상의 도시"(Charles Spurgeon) 등의 찬사가 이어지고 있으며 최근까지도 시편 119의 비상한 문학적인 재능과 치밀한 구성력, 그리고 독특한 작품성에 대하여 인정하고 있는 추세이다.[3]

이 글은 시편 119의 문학적인 특징, 그리고 저작 시기와 신학 등을 살펴보는 데에 그 목적이 있다. 여기에는 8행(eight lines) 구조와 8겹

2) R.N. Whybray, "Psalm 119: Profile of a Psalmist," in: Michael L. Barré (ed.), *Studies in Honor of Roland E. Murphy, O. Carm., on the Occasion of His Eightieth Birthday* (Washington, CBA, 1997), 31. n.2.에서 거듭 인용. Samuel Terrien, *The Psalms: Strophic Structure and Theological Commentary* (Grand Rapid, MI: Wm Eerdmans, 2003), 799.

3) Charles Spurgeon, *The Treasury of David.*『스펄전의 시편 강해』 제9권 (서울: 생명의 말씀사, 1998), 327-31.

(eightfold)의 토라 동의어가 시편 119의 역동을 일으키는 핵심적인 열쇠가 될 것이다.

II. 시편 119의 특징

시편 119의 연구에서 있어서 구조와 형식이라는 외형적인 특징과 주제와 내용이라는 신학적인 특징으로 구분할 수 있다. 여기서 시편 119의 특징이란 이 시편의 구조, 즉 형식적인 특징에 한정하고 있음을 먼저 밝혀둔다.[4] 시편 119의 특징은 다음과 같이 세 가지 측면에서 설명될 수 있다.

첫째, 시편 119는 히브리어 알파벳 22글자를 최대한 활용한다. 즉 각각 8절씩 전체 22연 구조로써 각 연은 같은 글자로 시작된다. 시는 보통 시인의 기쁨(喜), 노여움(怒), 슬픔(哀), 즐거움(樂) 등을 특정한 형식에 매이지 않고 자유롭게 영탄하고 읊조린다. 그런데 시편 중에는 아주 특이한 형태로 찬양하는 경우가 발견된다. 그것은 알파벳을 순서대로 각 행의 머리글자로 삼아 이어 쓰는 형식이다. 즉 첫 행은 첫 번째 글자 알레프(א)로, 둘째 행은 둘째 글자 베이트(ב)로 시작하여 마지막 행에서 역시 마지막 글자인 타우(ת)로 시작한다. 이런 형식의 시를 보통 알파벳 시(alphabetic acrostics)라고 한다.[5] 구약성서에는 이런 유형의 시가 시편 25, 34, 37, 111, 112, 119, 145, 시편 9-10, 애가 1-4장, 잠언 31:10-31, 나훔 1:2-8(א에서 כ까지), 그리고 외경(semi-canon)의

---

4) 시편 119의 구조적인 특징과 분석에 관하여는 다음을 참조하라. David Noel Freedman, *Psalm 119: The Exaltation of Torah*. Biblical Judaic Studies (Winona Lake, IN: Eisenbrauns, 1999), 26-86.

5) 영어의 acrostics, 혹은 alphabetic acrostics를 대부분 "알파벳 시"로 옮기고 있으나 더러는 영어를 그대로 음역한 "아크로스틱"이나 "답관체"라는 다소 어려운 표현도 활용된다.

집회서 51:13-30 등이 있다. 이 중에서 예레미야 애가 3장을 보면 알파벳 한 글자를 각각 3절씩 한 연으로 하여 66절(22x3)로 구성되어 있는데 이것을 제외하면 나머지는 모두 한 구절로 되어있다.

이 중에서 단연 으뜸(primus inter pares)은 바로 시편 119이다. 이 시편은 히브리어 원문에서 한 눈에 간파할 수 있듯이 알파벳을 순서대로 각각 8행씩 22연 176절(8 x 22)로 쓰여 있다. 이 시편은 아마도 세계 문학 사상 그 유래를 찾아볼 수 없을 만큼 독창적이며 치밀한 구조와 형식의 히브리 시라고 할 수 있다. 최근 솔(Will Soll)은 고대 근동의 바빌론 시에 유사한 형식의 시가 존재한다는 사실을 밝힌 바 있다. 그러나 쐐기문자(cunciform)는 히브리어 같은 알파벳이 없는 그림문자이기 때문에 동일한 단어나 구문으로 시작할 수밖에 없다는 점에서 그 차이점은 분명하다.

둘째, 시편 119는 토라 예찬시이다. 다음에 장르에 관하여 논의할 때 다루겠지만 우선 전체적으로 보면 이 시편이 "야훼의 토라"라는 단일한 주제에 관하여 다소 지루할 만큼 반복적으로 노래하고 있다는 사실이다. 그러나 좀 더 자세히 들여다보면 이 시편 시인은 "토라"를 찬양하기 위하여 교환 가능한 여덟 개의 동의어를 동원하여 각 8절 22연에 적절하게 활용하고 있다는 인상적인 특징도 발견할 수 있다.

그렇다면 시편 119가 "야훼의 토라"를 예찬하는 데에 히브리어 "토라"와 각 절마다 거의 한 단어씩 포함되어 있는 여덟 개의 동의어들을 어떻게 활용하고 있는지 살펴보자. 뮐러(D.M. Müller)는 토라를 지시하는 단어 8개가 전체 22연에서 반복적으로 176회 사용되었음을 밝혀내었다. 즉 이 시편에서 토라는 전체 22연에 25회로 가장 많이 사용되는데 그 이유는 토라가 여덟 개 동의어를 포괄하는 핵심 단어이기 때문일 것이다. 다음으로 증거(עדות), 판단(משפת)이 23회, 율례(חק), 말씀(דבר)이 각각 22회, 명령(פקוד), 계명(מצוה)이 21회, 법도(אמרה) 19회, 총 176회의 토라 동의어가 사용되고 있다.[6] 즉 전체 176절을 기준으로 볼 때 시편 119는 한 구절에 하나씩 토라를 암시하거나 지칭하는 단어를 사용하고 있다는 논리가 성립된다. 이 글에서 토라와 나머지 동의어의 관계를 자세히 논의할 수는 없지만 한 마디로 설명하자면 그 관계는 섭씨(Centigrade)를 화씨(Fahrenheit)로 환산한다고 해서 절대 온도가 변하지 않는 것과 같은 이치이다.

한편 다이슬러(Alfons Deissler)는 이상의 8개 동의어 외에도 "토라"를 대체할 수 있는 단어가 2개 더 있다고 주장한다. 즉 그는 ארח (path[법도]: 15절)과 דרך(way[도]: 3,37절)가 곧 토라의 동의어라고 보고 시편 119의 주제어인 10개의 토라 동의어와 10계명과의 연관성을 찾으려고 하였다.[7] 성서의 전승 과정에서 발생하는 본문의 손상이나 필사의 오류 등은 당연히 바로 잡아야 할 것이다. 그러나 시편 119의 명백한 특징인 8행, 8겹의 동의어 등을 지나치게 의식하여 여기에 맞춰야 할 필요는 없다고 하더라도 다이슬러가 주장하는 시편 119에서 "10"이라는 숫자는 다소 거리가 있다고 볼 수밖에 없다.

시인은 결코 토라를 하나의 개념이나 책, 예를 들면 모세 오경(Pentateuch) 등으로 규정하지 않는다. 유대교에서는 전통적으로 성서에 613개의 토라가 있다고 믿어왔다. 히브리어 토라(תורה)의 알파벳을 각각 숫자(ת= 400, ו= 6, ר= 200, ה= 5)로 바꾸어 합산하면 611이 되는데 이것은 모세를 통하여 전달된 계명의 숫자와 일치한다는 것이다. 여기에 하나님이 직접 수여한 것으로 묘사되어 있는 두 계명(출 20:2, 3)을 더하면 613개가 된다. 따라서 시편 119의 토라 예찬은 구약성서에서 하나님과 모세가 전한 토라의 총체를 예찬한다고 보면 된다.

셋째, 시편 119는 8행과 8개 동의어의 변주곡이라는 사실이다. 시편

6) *Biblia Hebraica Stuttgartensia,* 1202. n. 48^{b-b}를 보라. 즉 시편 119:48의 "계명"(מצוה)은 47절에 나온 그 단어의 중복오사(dittography)일 가능성이 많다.

7) J.D Levenson, "The Sources of the Torah: Psalm 119 and the Modes of Revelation in Second Temple Period Judaism," in Patrick D. Miller Jr., and Paul D. Hanson, and S. Dean McBride, (eds.), *Ancient Israelite Religion: Essays in Honor of Frank Moore Cross* (Fortress: Philadelphia, 1987), 562.

119의 구조적인 특징을 들자면 한편으로는 알파벳의 한 글자를 기준으로 8행 22연이라는 엄격한 시의 형식을 따르면서, 다른 한편으로는 토라를 지시하는 8개의 동의어에 의해 통제되고 있다. 따라서 전체적으로 8행을 기준으로 한 빈틈없는 문학적인 기교는 곧 토라의 질서정연한 목표를 보여주고, 8겹의 단어를 기준으로 상호교환 가능한 동의어는 예상할 수 없는 현실을 반영한다고 볼 수 있다. 이런 점에서 시편 119의 구조는 알파벳 형태의 일정한 질서(order)와 변화무쌍한 현실적인 혼돈(chaos)이라는 두 축을 가지고 있는 셈이다. 실제로 이 두 가지가 시편 119의 축이 되어 이 시 전체를 이끌어가고 있다. 즉 시인은 전반적으로 완벽하고 총체적인 토라를 목표로 하지만 시편 119의 곳곳에는 혼돈과 불의, 훼방과 멸시, 고난과 핍박 등을 반영한다. 이 후에 다시 살피겠지만 이런 이유로 인하여 일부 학자들은 시편 119를 개인 탄식시로 분류하는 것이다.[8)]

시편 119편의 연구에서 한 가지 주의해야 할 것은 22개의 알파벳을 각각 8행으로 맞추려는 시인의 인위적인 노력이 결코 이 시편의 주제인 토라의 완전성을 간과하거나 축소해서는 안 된다는 사실이다. 다시 말해서 시인은 이 시편의 구조와 내용 사이에 직접적인 일치가 가능하도록 견제와 균형(check and balance)을 잘 유지하고 있기 때문에 시편 119의 구조가 시편의 흐름과 주제를 방해하는 것이 아니라 오히려 집중시켜준다는 말이다.[9)] 이런 점에서 프리드만(David Noel Freedman)은 시편 119의 신학적 특징을 균형 있게 잘 요약하고 있다. 즉 이 시편은 알파벳 시라는 형식을 통해서는 토라의 철저함과 완벽함에 대하여

8) 다음 장 III.2항에서 시편 119의 저작 시기와 장르를 참조하라.

9) 이튼(J.H. Eaton)은 "알파벳 순서의 8행을 통하여 하나님과의 교제가 더욱 풍부해지고 8행 22연을 따라 읽다보면 어느 순간 하나님께 다가가도록 안내해 준다. 이것이 바로 알파벳 차례로 짜인 시편 119의 진정한 힘"이라고 주장한다. *Psalms of the Way and the Kingdom,* JSOT Sup 199 (Sheffield: Sheffield Academy Press, 1955), 51-52.

예찬하지만 시의 내용적으로는 시인 자신의 고난과 좌절 등의 혼란스러운 삶을 극명하게 대비시키고 있다는 것이다.[10] 이로써 토라로 대표되는 질서는 형식적으로 8절과 8겹의 동의어로 질서정연하게 묘사되는 반면, 시인을 흔들어대는 현실적인 혼란은 8개의 토라 동의어가 변칙적으로 나오듯 삶의 모든 영역에서 똬리를 틀고 있는 것처럼 보이게 된다.

따라서 시편 119의 독특한 특징인 8행 22연 176절에 각각 하나씩 들어 있는 8개의 핵심 단어는 서로 뗄려야 뗄 수 없는 긴밀한 연관관계를 형성하게 된다. 즉 다분히 인위적인 8절 중심의 구조적인 짜임과 교환 가능한 8개의 동의어 중심의 신학적인 내용이 변증법적으로 역동을 일으키고 있는 것이다. 이런 점에서 화이브레이(R.N. Whybray)의 연구는 주목할 만하다. 그의 자세한 연구에 따르면 시편 119에서 "주의 '말씀' (법, 율례, 법도, 계명)을 잊지 아니하리이다"라는 구절이 여덟 차례 언급되고 있다는 것이다.[11] 여기에 여덟 개의 동의어가 모두 쓰인 것은 아니지만 "לֹא שָׁכַח"(not to forget)라는 표현이 8회 언급되었다는 사실은 결코 우연의 일치가 아니다. 그러므로 시편 119는 "토라"를 대신할 수 있는 8개의 동의어를 동원하여 동일한 곡의 리듬이나 선율, 화음 등에 변화를 주어 연주하는 변주곡, 즉 "토라의 변주곡"(a variation on the Torah)이라고 할 수 있을 것이다(V. 토라의 변주곡 119를 보라).

그리고 한 가지 덧붙일 수 있는 다른 특징은 번역상의 문제이다. 놀랍게도 알파벳 시라는 시편 119의 명백한 특징을 최초 번역인 70인역(LXX)은 물론 모든 번역 성서들이 간과하고 있다는 점이다. 즉 시편 119의 가장 큰 특징을 살려서 번역한 예가 거의 없는 것이다. 최근에야 미국 영문학자 브렌다 버거(Brenda H. Boerger)가 영어의 알파벳 A–Z를 활용하여 사역(private translation) 형식으로 번역한 바 있다. 버거가

---

10) Freedman, *Psalm 119*, 93.

11) Whybray, "Psalm 119: Profile of a Psalmist," 31–43. 그가 밝힌 여덟 구절에서 דבר(16절), חק(83절), מצוה(176절)은 1회, פקוד(93,141절)는 2회, תורה(61, 109, 153절)는 3회로 8개의 동의어 가운데 다섯 단어가 쓰였다.

번역한 시편 119의 일부를 소개하면 다음과 같다.[12)]

1 Absolute Authority, you affirm all who do right
Adopt your ageless law,
2 Agree to your teachings,
Ache for you with all their heart,
.
9 Beloved Benefactor, youths can be blameless
By basing their behavior on your word
10 Bar me from breaking your laws,
Because I'm absorbed in pursuing you.
.
169 Yahweh, say yes to these prayers for wisdom.
Your teaching is the yardstick of knowledge.
170 You're the focus of my cry
Your promise say you'll save me!
.
175 Zealous One, your standards are the zenith of my days,
Zestfully I exalt you. I'm alive
176 Zigzagging and dizzy, I walk in a daze. Shepherd, show me your ways!
Zealously I make your rules my prize.

위의 작업에는 결코 간단하지 않은 노고가 들어있을 것이다. 그러나 한글로 번역할 경우 한글의 운율을 살리면서 전체 22연을 맞추기에는 한글 자음 14자가 턱없이 부족하다는 근본적인 어려움이 가로막고 있다. 그런데 놀랍게도 1998년 박근원이 펴낸『예배 자료 21: 새로운 예배

12) Brenda H. Boerger, "Psam 119: The A to Z of the Amazing Word of God?," *Notes on Translation* 11/2 (1997), 35-56; L.W. Davison, Your Word Is a Lamp Unto My Feet: A Study of the Vocabulary, Grammar, and Semantics of Psalm 119 (Ph.D. Dissertation of University of Vanderbilt, 1999), 12. n.14.

시편』에 따르면 전체 시편을 우리 가락에 맞추어 부를 수 있도록 4·4조로 풀어쓰면서 시편 119와 25의 알파벳 시의 경우 한글 자음 14, 모음 10 자를 순서대로 활용하여 번역하였다.[13] 과감한 시도라고 볼 수 있는 이 작업은 시도 자체가 이미 큰 성과임에 틀림없다. 다만 이 힘들고 어려운 작업에 참여한 연구자들의 노력에도 불구하고 두 가지 약점이 드러난다. 첫째, 로마자와 다른 한글의 독특성 때문에서 알파벳 시편의 효과를 충분히 살려내지 못하고 있다. 즉 한글 번역을 읽을 때 ㄱ ㄴ ㄷ… 순서로 된 시라는 인식이 한 눈에 들어오지 않는다. 둘째, 4·4조에 맞추어 풀어쓰다보니 원문에서 다소 멀어질 수 있다는 원초적인 한계가 있다. 그럼에도 불구하고 알파벳 시편의 특징을 살리기 위하여 한글 자모에 맞춰 번역하였다는 사실만으로도 한국 신학계의 위상을 보여주는 증거일 것이다. 언젠가 김삿갓 시인 같은 언어의 마술사가 나타나서 시편 119의 묘미를 아름답게 살릴 수 있는 번역이 출현하기를 기대해 본다.

III. 시편 119의 저작 시기와 장르

시편 119는 알파벳 시편 중에서 가장 뛰어난 작품으로써 형식적인 특징이 뚜렷함에도 불구하고 그 시기와 장소(Sitz im Leben)를 추적하기란 쉽지 않다. 테리엔(Samuel Terrien)은 시편 119와 예레미아, 혹은 시편 119와 신명기의 유사성은 눈에 띄지만 포로기에 대한 어떠한 암시도 발견되지 않는다는 사실을 들어서 요시야의 개혁(기원전 622년)과 유다 왕조의 멸망(598년 혹은 587년) 사이에 작성되었을 것이라고 주장한다.[14] 그런가 하면 레벤슨(Jon D. Levenson)이 시편 119를 포로귀환 이후에 쓰였을 것이라고 보는 결정적인 이유는 첫째, 이 시편이

13) 박근원 편, 『예배 자료 21: 새로운 예배 시편』(서울: 대한기독교서회, 1998), 277-95.

14) Terrien, *The Psalms,* 806.

부분적이기는 하지만 오경을 잘 아는 것으로 보일 뿐만 아니라, 둘째 시의 형식에 있어서 선집(anthology) 형태를 하고 있기 때문이라는 것이다.[15)]

1. 시편 119의 저작 시기

프리드만은 시편의 119의 저작 시기를 토라가 이스라엘 공동체의 중심적인 역할을 하던 어느 시점이었을 것이라고 본다. 따라서 저자는 토라를 중시하던 이스라엘 공동체의 지도자이거나 일원으로서 토라를 공식적인 신학으로 선포하였을 것이다. 그렇다면 이 시편이 쓰였을 가장 근접한 시기는 아무래도 에스라와 느헤미야가 귀환하여 예루살렘과 이스라엘 공동체를 재건하던 때일 가능성이 높아진다.[16)]

이에 비하여 솔(Will Soll)의 연구는 훨씬 구체적이다. 그는 바빌론의 시에서 알파벳 시와 유사한 형태를 찾아내었다. 즉 "나는 앗수르바니팔이다"라는 구절이 연속적으로 언급되는 바빌론의 알파벳 시는 왕을 위해서 쓰였거나, 아니면 왕이 직접 썼을 것이라는 주장이다. 그런 점에서 시편 119는 여호야긴의 저작이거나 여호야긴을 기리는 시편일 가능성이 많다는 것이다. 따라서 솔은 구체적으로 시편 119의 몇 구절들을 분석함으로써 여호야긴의 저작설을 적극적으로 설득하고 있다.

19절: 시인은 자신을 "땅의 나그네(גר)"였다고 서술한다. 이것은 은유적인 표현으로써 여호야긴의 당시 상황, 즉 바빌론의 포로로 끌려와 있는 상황을 암시한다.

---

15) Levenson, "The Sources of the Torah," 566. 즉 신명기를 중심으로 잠언, 욥, 예레미야, 에스겔, 그리고 제2이사야까지 다양하게 활용한 것으로 보인다. 시 119:2와 신 4:29, 119:70과 사 6:10, 119:76과 사 51:3, 119:85와 렘 18:20, 119:89와 사 40:8 등을 비교해 보라.

16) Freedman, *Psalm 119,* 92.

45절: "내가 주의 법도를 구하였사오니 자유롭게 행보할 것이라." 이 구절은 시인, 즉 여호야긴이 자유롭게 돌아다닐 수 없는 바빌론 포로의 현실을 반영한다.

54절: 19절에 쓰인 "나그네"가 다시 반복되는데 바빌론의 나그네인 시인에게 야훼의 율례가 위안이 되었다는 것이다.

67절: "고난당하기 전에는 그릇 행하였다"는 말은 그(여호야긴)가 포로로 잡혀가기 전에 "하나님 보시기에 악을 행하였다"(왕하 24:9; 대하 36:9)는 것과 일치한다. 뿐만 아니라 "이제는 주의 말씀을 지킨다"는 것은 여호야긴이 왕조의 일원으로서 토라의 가치를 깨달은 것으로 이해한다.

71절: "고난당한 것이 내게 유익이라 이로 인하여 내가 주의 율례를 배우게 되었나이다." 이 구절이야말로 특별히 여호야긴의 상황에 정확하게 들어맞는다. 왕위를 빼앗기고 포로가 된 여호야긴에게 많은 제약이 있었지만 야훼의 토라를 배울 수 있었던 것이다.[17]

시편 119의 저자를 여호야긴으로 보는 솔의 견해는 어느 정도 설득력이 있는 것은 사실이다. 그렇다고 해도 우리는 여호야긴이 바빌론의 포로로 잡혀간 후 37년 만인 에윌므로닥(Evil-Merodach) 원년(562년 BCE)에 풀려났다(왕하 25:27)는 역사적인 사실 외에 그의 행적에 대하여 별로 아는 것이 없다. 따라서 시편 119를 여호야긴의 행적에 맞추려는 솔의 추정에 역사적인 뒷받침이 없다면 그 가능성은 글자그대로 가능성으로만 남게 될 것이다.

고레스(Cyrus)의 칙령(538년 BCE)으로 이스라엘의 예루살렘 귀환은 현실화되었으나 그들의 구심점이던 성전은 이미 무너진 지 오래이며, 왕조는 죽거나 잡혀가서 그 명맥을 찾기가 어려웠고, 혼합 종교와 이방인과의 결혼으로 유대 공동체가 혼탁해져 있을 때 야훼 신앙의 정

---

17) Will Soll, *Psalm 119: Matrix, Form, and Setting* (CBAA: Washington, 1991), 152-54.

체성을 회복할 수 있는 길은 오직 토라뿐이었다. 무엇보다도 이스라엘이 가진 것이라고는 레벤슨이 지적한 바와 같이 대대로 배우고 가르쳐온 토라 밖에 없었던 것이다. 지금까지 논의를 요약하자면 예루살렘 귀환 이후 유대인 공동체를 재건하던 에스라 느헤미야의 오경 편집과 토라에 대한 강조가 맞물려 들어가는 어느 시점에 쓰였을 것으로 결론지을 수 있다.[18]

2. 시편 119의 장르

이 시편의 형식과 내용에 있어서 비슷한 예가 없기 때문에 그 장르를 분류하는데 많은 논란이 야기되고 있는 실정이다. 즉 연구자의 강조점이 달라지면 자연히 시편 119의 장르도 달라진다. 따라서 이 시편을 특정한 장르로 구분하기란 그리 쉬운 일이 아니다. 우선 지금까지의 논의를 다음 몇 가지의 갈래로 살펴보기로 하자.

1) 지혜시(wisdom psalm) 혹은 토라시(torah psalm)

전통적으로 가장 일반적인 분류 방법이 바로 지혜시나 토라시라고 보는 견해이다. 앤더슨(Bernard R. Anderson)과 퍼듀(Leo G. Perdue)는 시편 1, 19, 32, 34, 37, 49, 73, 78, 112, 119 그리고 127 등은 "지혜시"로서 그 핵심적인 주제는 "토라"이며 그 신학적인 내용은 "의인의 행복"을 신앙적으로 권면하고 있다는 설명이다. 특히 포로기 이후의 상황을 반영하는 지혜 시편의 대부분은 지혜가 곧 토라와 일치한다는 사상적인 흐름을 보여준다. 이러한 흐름을 잘 보여주는 본보기가 바로 시편 1, 119이라는 것이다.[19]

---

18) 여기에 대한 구체적인 토론은 데이비슨(Lisa Wilson Davison)의 학위 논문을 참조하라: Davison, Your Word Is a Lamp Unto My Feet, 10-15.

19) 브루지만(W. Brueggemann)은 시편 119를 시편 1과 함께 토라시로 분류한다. W.

한편 시편 119를 잠언(Proverbs)과 같은 범주로서 알레고리, 혹은 비유(משל) 문학으로 평가하는 학자들도 있다. 특별히 홈-닐슨(Svend Hom-Nielson)은 이 시편이 토라, 즉 율법을 가르치는 "교훈의 모음"이라고 보고 포로기 이후 이스라엘의 신앙생활에 있어서 다방면으로 매우 긴밀하게 연결되어 있음을 보여준다고 주장한다. 그러나 머피(Roland E. Murphy)는 시편 119를 지혜시로 정의하는 것에 반대하면서 토라의 경건을 반영하는 말씀의 모음이라고 규정하고 있다.[20] 최근 레벤슨은 토라의 근원을 연구하면서 시편 119가 1) 교사들에 의하여 전해오는 전통적인 가르침(99-100절)과, 2) 우주와 자연법(89-91절), 그리고 3) 종교적인 가르침(26-29절)에서 비롯되었을 것으로 본다.[21] 이에 비해 크라우스(H. J. Kraus)는 다이슬러의 견해를 지지하면서 그의 글을 다음과 같이 인용한다. "우리의 시편은 그러므로 단순한 율법시가 아니라 야훼의 말씀에 관한 시편이다. 따라서 '말씀'은 하나님의 계시와 활동을 포괄하는 굉장히 폭넓은 의미로 사용되는 것이다."[22]

그러므로 시편 119를 지혜시, 혹은 율법시라고 간단하게 정의하는 것보다는 지혜 문학적인 흐름이 토라의 지혜적인 특징과 어울려 하나님의 말씀이 녹아 있는 특별한 형태의 시편이라고 할 수 있겠다.

2) 탄원시(lament psalm)

두 번째로 널리 인식되는 분류 방법은 곧 탄원시라는 입장이다. 이 견해에 선도적인 학자는 모빙켈(Sigmund Mowinckel)이다. 그는 시편 119에는 기도, 탄식, 그리고 찬송이 혼합되어 있기 때문에 이것이 토라

Brueggemann, *The Message of the Psalms: A Theological Commentary* (Minneapolis: Augsburg, 1984), 38-42.

20) W. Brueggemann, *The Message of the Psalms,* 16-17.

21) J.D. Levenson, "The Sources of the Torah," 559-74.

22) H.J. Kraus, *Psalms 60-150: A Commentary* (Minneapolis: Augusburg, 1989), 420에서 거듭 인용.

에 관한 시인지, 탄식 시인지, 혹은 토라를 사랑하도록 권유한 시인지 분명하지 않다고 주장한다.[23] 그러나 모빙켈은 시편 119의 분석과 추리는 굉장히 구체적이다. 즉 이 시편 시인은 유대 공동체의 지도자인 레위 계열의 가수이며 여러 시대의 다양한 음악적인 기교를 다룰 줄 아는 사람이었다는 것이다. 결론적으로 모빙켈은 시편 119가 보여주는 시인의 경건과 하나님에 대한 사랑, 그리고 율법에 대한 지칠 줄 모르는 열정은 단연 최고이며 동시에 다양한 형태의 탄식이 섞여있는 탄원시라고 설명한다.

드리버(Pius Drijver) 역시 시편 119를 탄원시로 분류하는데 22연 중에서 9연은 양식비평에 의하면 개인 탄식에 해당되고 12연은 개인의 욕망, 확신, 적으로부터의 보호, 간청을 바라는 청원 형식의 시편에서 영향을 많이 받았을 것이라고 주장한다. 한편 폰 라트(Gerhard von Rad)에 의하면 시편 119의 저자는 신앙고백 같은 기도문을 수집하여 고대 제의 형식의 탄원시로 활용하고 있다고 본다.[24]

한편 솔은 시편 119를 연속적인 기도라고 보고 그 형식은 개인 탄원시라는 입장을 견지한다. 즉 이 시에는 일반적으로 구약 전통의 기도와 시편 119가 토라와 관련하여 내세우는 기도 사이에 생겨나는 미묘한 긴장감이 생성된다는 것이다. 그러나 많은 주석가들이 그 긴장감을 놓치거나 무시함으로써 기도로서 시편 119의 특징을 희석시킨다고 분석한다.[25] 다시 말해서 알파벳 형식의 시편이 기도로서 적합하지 않다거나 질문과 응답(9절)이라는 형태가 기도의 영역에서는 어색할 수 있다는 오해가 있다는 것이다. 솔은 그러나 혼합시(Mischgattung)라는 다소 애매한 개념보다는 개인 탄원시라고 보는 것이 훨씬 분명하다는 입

23) Sigmund Mowinckel, *The Psalms in Israel's Worship* volume 2 (New York: Nashville: Abingdon Press, 1962), 77.

24) G. von Rad, *The Problem of the Hexateuch and Other Essays* (London: SCM Press, 1984), 248.

25) Soll, *Psalm* 199, 59ff.

장이다.

3) 혼합시(mixed psalm) 혹은 시의 모음(anthology)

양식사 연구에 있어서 한 획을 그은 궁켈(Hermann Gunkel)의 시편 연구는 자연히 그가 시편 119를 어떻게 분류하고 있는지 관심이 모아졌다. 궁켈은 시편 119가 어느 특정한 양식(Gattung)으로 구분하기는 어렵고 따라서 여러 가지 형태의 시가 결합되어 있는 "혼합시"라고 규정하였다.[26)]

궁켈 이전에 다이슬러는 시편 119를 명선(anthology)이라고 이름붙인 바 있고 크라우스는 다이슬러의 영향을 받아 시편 119를 신명기, 잠언, 이사야, 그리고 예레미야 등의 말씀을 수집한 것이라고 생각한다. 스툴뮐러(Carroll Stuhlmueller) 역시 시편 119에서 탄식, 찬양, 신뢰, 기도, 그리고 감사 등의 다양한 형태의 시편을 찾아낸다. 테리엔도 또한 교훈과 찬양, 탄식과 감사, 그리고 고백과 의지시가 한 곳에 수집되어 있기 때문에 단일한 장르로 보기는 어렵지만 그렇다고 단순한 "혼합시"로 규정하기보다는 그 이상의 시이라는 입장이다.[27)]

혼합시라는 항목을 마지막에 소개하는 것은 이 분류법의 한계와 특징 때문이다. 즉 시편 119를 혼합시나 시의 모음으로 구분하는 경우 글자 그대로 여러 형태의 시편이 섞여 있다는 점에서 볼 때 이보다 더 명확한 분류는 없을 것처럼 보인다. 그러나 문학 장르에 있어서는 혼합시로 구분하는 것이 무난할 수 있겠으나 정작 시편 119의 신학적인 특징과 성격을 규명하기에는 부족하다고 판단되기 때문에 부득이 여기에 덧붙이는 것이다.

크라우스에 의하면 시편 119는 인생을 살아가는 동안 순례자로서

---

26) Hermann Gunkel, *Introduction to Psalms: The Genre of Religious Lyric of Israel* (Macon, GA: Mercer University Press, 1998).

27) Terrien, *The Psalms,* 799.

(19절) 토라의 경건을 노래하는 순례자의 노래(peregrinatio), 혹은 나그네의 신학(theologia viatorum)이라고 할 수 있다.[28] 따라서 순례자의 염원은 하나님의 가르침, 즉 토라(תורה)에 자연히 집중될 수밖에 없고 "주의 말씀은 내 발의 등이요 내 길의 빛이라"는 구절이 이 시의 중심이 되는 것이다.

IV. 시편 119의 저작 목적과 배경

알파벳 22글자를 이용하여 시편을 구상하고 토라를 예찬한다!? 이렇듯 비상한 착상은 이미 몇몇 알파벳 시와 잠언의 일부에서 이런 형태의 시편과 교훈이 알려진 것으로 보아 어느 정도 친숙한 형식이었을 것으로 보인다. 그렇다면 알파벳 각각의 글자를 8행에 맞추어 시편을 작성한다는 구상은 어디서 온 것일까? 더구나 왜 하필이면 숫자 8을 기준으로 하였을까? 이 두 질문에 대답함으로써 시편 119의 저작 의도에 관하여 접근하려고 한다.

1. 시편 119의 저작 목적

시편 119의 저작 목적은 유대교의 전통으로부터 찾을 수 있을 것이다. 첫째는, 유대인의 유별난 교육이다. 알파벳을 시편의 머리글자로 활용한다는 기발한 생각은 이스라엘 교육의 현실과 실용적인 동기에서 비롯되었을 가능성이 있다. 탈무드에 따르면 유대인들은 아이가 세 살이 되면 히브리어 알파벳을 가르치기 시작한다. 그리고 알파벳을 익히면 기도문을 읽게 하고 자연스럽게 성서를 읽도록 지도한다. 그리하여 나이에 따라 대략 5세에 성서를, 10세에 미쉬나(Mishna)를, 13세에 미

28) H. J. Kraus, *Psalm 60–150: A Commentary* (Minneapolis: Augsburg, 1989), 420.

스바(Mitzvah)를 마치게 되면 "계명의 아들"(בר-מצוה)이라는 성인식을 하고, 그리고 15세가 되면 탈무드(Talmud)를 공부할 수 있게 된다. 이 모든 과정에 중요한 것은 학생으로 하여금 강제적인 학습이 아니라 스스로 좋아서 하도록 유도하고 도와준다는 사실이다. 실제로 시편 119에 "주의 말씀이 맛이 내게 그리 단지요! 내 입에 꿀보다 더하니이다"(103절)라는 표현이 나온다. 랍비들의 시편 주석에 의하면 옛날부터 토라의 가르침에 취미를 갖게 하는 것이 유대교의 오랜 관습이었다. 그리하여 어린이가 처음으로 글자를 배우기 시작할 때 히브리어 알파벳에 몇 방울의 꿀을 떨어뜨려서 어린이에게 핥아 먹게 한다. 그러면 토라는 꿀처럼 달다는 연상을 자연스럽게 하게 된다는 것이다.[29] 따라서 스툴뮐러는 이런 유대인의 전통을 감안하여 시편 119가 율법을 가르치던 토라학교(בת מדרש) 같은 곳에서 작성되었을 가능성을 제시한다(집회서 51:23을 보라).[30]

그런 점에서 알파벳 시에 대한 시인의 착상은 알파벳을 가르치기 위한 효과적인 방법으로 고안되었을 가능성이 있으며 더구나 시편 119에서 알파벳의 한 글자가 여덟 번 나오고 있다는 점에서 한 글자를 여덟 번 반복하여 배울 수 있는 적절한 교재가 되었을 것이다. 뿐만 아니라 "키가 자라고 지혜가 자라는"(눅 2:52) 동안 점차 토라의 의미를 깨달을 수 있는 일석이조의 효과를 기대할 수 있게 된다. 물론 시편 119의 알파벳 형식은 8의 상징적인 의미, 8겹의 토라 동의어가 빚어내는 구조적인 역동성을 제공하고 있다는 점에서 성인에게도 충분히 흥미를 유발하고 토라의 중요성을 가르칠 수 있는 자료가 되었을 것이다. 따라서 시편 119는 알파벳을 배우기 시작하는 어린이로부터 토라를 묵상하며

---

29) Nosson Scherman, Meir Zlotowitz, *Tehillim: Psalms—A New Transltion with a Commentary Anthologized from Talmudic, Midrashic and Rabbinic Sources* (New York: Mesorah, 1985), 1466.

30) Carroll Stuhlmueller, *Psalms Two,* Old Testament Message 22 (Wilmington: Michael Glazier, 1985), 153.

하나님의 가르침에 깊이 잠길 수 있는 성인에 이르기까지 누구나 읽고 공부할 수 있는 교재로 작성되고 활용되었다고 볼 수 있다.

둘째는, 유대인들은 전통적으로 속죄일(יום כפרים)에 죄를 고백할 때 알파벳 순서를 따랐다는 사실이다. 마틴 부버(Martin Buber)는 유대인들에게서 흔히 볼 수 있는 엄격한 하시딤(Hasidim)의 일화 한 토막을 소개하고 있다.

> 랍비 이삭은 "왜 속죄일에 드리는 죄의 고백이 알파벳 순서대로 되어 있습니까?"라는 질문을 받았다. 그는 대답하기를 "그렇다면 가슴을 치며 고백하는 것을 언제 멈출 것인가? 사람이 죄를 짓는 데는 끝이 없지만 알파벳에는 끝이 있기 때문이다"라고 하였다.[31)]

누가복음에 세리가 가슴을 치면서 기도하는 장면이 나온다(눅 18:13). 하시딤들은 전통에 따라 속죄일에 사죄 기도할 때 가슴을 치면서 기도한다. 그러나 즉흥적인 기도를 피하고 알파벳 순서에 따라 조목조목 죄를 고백하는 것이다. 알파벳 순서에 따른 죄의 고백은 중언부언 하지 않는다는 장점도 있지만 하나하나 연상적으로 기억해내는 데에도 도움이 된다. 시편 119의 알파벳 시의 작성과 속죄일의 기도 전통 중 어느 것이 먼저인지 우리는 그 선후를 알 수는 없으나 상호 관련성을 제시할 수 있다고 본다.

따라서 셋째는, 알파벳의 처음부터 마지막 글자까지 모두 활용하여 시편을 작성하고 있다는 것은 토라의 전체성(totality)과 완결성(completeness)을 상징한다.[32)] 즉 알파벳 22글자를 활용하여 시편 119를 작성하였다는 사실은 글로 표현할 수 있는 모든 것을 동원하여 토라를 찬양한다는 의미이다. 즉 글자와 글자, 단어와 단어, 문장과 문장, 연과

---

31) Soll, *Psalm* 119, 27에서 거듭 인용.

32) 갓월드에 의하면 알파벳 시의 논리적인 근거(rationale)는 "완벽성"에 있다고 본다. Norman Gottwald, *Studies in the Book of Lamentation* (Chicago: Allenson, 1954), 28-32.

연을 통하여 구현할 수 있는 모든 내용을 포함한다. 더구나 알파벳을 글자와 숫자로 사용하던 유대 공동체에서 시인이 알파벳의 첫 글자에서부터 마지막 글자까지 총동원하고 있다는 것은 곧 글자로 표현할 수 있는 모든 것과 아울러 숫자로 환산할 수 있는 어떤 것까지, 즉 한 마디로 토라의 처음과 마지막을 가리키는 것이다. 실제로 성서에 "처음과 끝"(사 41:4; 44:6), 혹은 "알파와 오메가"(계 1:8; 21:6; 22:13)라는 구절이 간간히 등장하는데 이것은 "처음부터 끝까지 모든 것"(everything from A to Z)을 가리키는 관용적인 표현이다.[33] 이 말은 결국 알파벳을 활용한 시편 119의 22연 구조가 결코 우연한 창작물이 아니라 치밀한 계획에서 비롯된 작가 정신의 산물이라고 할 수 있는 것이다.

그런 점에서 알파벳 순서에 따른 시편 119의 8행 22연 구조는 시인의 구상과 작성에 한편으로는 신선한 자극이 되었겠지만 다른 한편으로 기계적으로 맞추어야 하는 제약이 뒤따랐을 것이다. 즉 알파벳을 순서대로 각각 첫 글자로 한다는 착상을 충족시키면서도 동시에 시인의 저작 의도를 함축적으로 담아내야 하는 영감과 어려움이 그것이다. 그럼에도 불구하고 시편 119의 독창적인 발상과 특이한 형식은 우선 교육적으로 효용성이 뛰어난 작품일 뿐 아니라 "미학적으로"(Will Soll) 현대인들의 시선을 붙잡기에 충분하다.

2. 시편 119와 "8" 행의 의미

시편 119의 연구에 있어서 이상한 사실은 어느 누구도 왜 8행으로 구성되어 있는지, 그리고 8의 의미가 무엇인지 묻지 않는다는 점이다. 왜 하필이면 8절을 기준으로 반복하는 것일까? 독자의 입장에서 볼 때 시편 119가 알파벳 시라는 점과 각각 8행으로 구성된 형식상의 특징 또한 놓칠 수 없는 시편 119의 독특한 점이다. 따라서 히브리어 알파벳

33) *ibid.*, 27.

22개를 각각 8절 단위로 작성한 이 시편의 구조적인 형태를 우연의 결과라고 지나칠 수 없고 이렇게 정밀한 구조적인 장치에는 분명한 의도가 있을 것이라는 결론에 이르게 된다.

탈무드에서는 시편 119를 "8의 반복"(תמניא אפין)이라고 부른다(Berachos 4b). 일반적으로 창세기 1장의 창조 기사에서 알 수 있듯이 7은 이스라엘이 선호하는 거룩한 숫자임에 틀림없다.[34] 그러나 시인은 신성한 숫자 7이 아니라 상대적으로 다소 낯선 "8"이라는 숫자를 선택하여 연속적으로 반복함으로써 그 위에 시편 119의 신학적인 기반을 다지고 야훼의 토라를 예찬하고 있다. 더 나아가서 8행(line)을 기준으로 하는 각 연(stanza)에는 "토라," 혹은 "하나님의 말씀"을 암시하는 여덟 개의 다른 용어(법, 증거, 도, 법도, 율례, 계명, 판단)가 변화를 주며 등장한다. 그러므로 규칙적인 여덟 행과 변화무쌍한 여덟 단어가 뒤섞이면서 8이라는 숫자의 상징이 극대화되고 있음을 알 수 있다.

구약성서에서 숫자 7은 시인이 직접 발을 딛고 있는 "이 세상적인"(the mundane world) 의미라면 시편 119의 기본 골격을 이루고 있는 8은 이 세상을 넘어선 것으로써 다른 영적인 세계에 대한 열망을 상징한다고 볼 수 있다.[35] 이 점은 구약성서에 등장하는 숫자 "8"의 예를 통하여 충분히 짐작할 수 있다.[36] 즉 노아의 가족 8명은 홍수로부터 살아

34) 김창주, "'칠'(七) 위에 비치는 '칠'(漆)은? 그 연상과 숨은 뜻: 창세기 1:1-2:3과 열왕기상 8:1-66의 경우"『말씀과 교회』 37 (2004.4), 122-54.

35) 중세기에 활약한 랍비 나흐마니데스(Ramban)에 의하면 숫자 7이 이 세상적인 의미이듯이 산헤드린을 구성하고 있는 "칠십 인"의 장로는 이 세상의 기구와 나라를 상징한다고 본다. Scherman, Zlotowitz, *Tehillim,* 745.

36) 예수의 산상수훈은 숫자에 있어서 약간의 논란이 있지만 "팔복"(beatitude)으로 알려졌으며(마 5:1-12), 엄밀히 따지면 예수의 부활도 8일째 일어난 사건이다. 한편 유대교에서 8은 완벽한 지혜를 의미한다. 오리겐(Origen)은 알파벳 22글자를 여덟 번씩 반복하는 것은 8이라는 숫자가 모든 지혜와 원리를 담고 있는 완전수이기 때문이라고 주장한다. Spurgeon, *The Treasury of David.* 331. 중국에서 8은 전통적으로 전체, 그리고 모든 가능성을 의미하며 행운의 상징이다. 특히 주역에서 팔괘(八卦)와 팔자(八字)의 변용과 조합은 무한한 세상의 현상과 이치를 설명한다.

남아서 이전과 다른 새로운 세상에서 살게 된다. 한편 아이는 태어난 지 8일 만에 할례(割禮)를 받는다(창 21:4; 레 12:3). 병에 걸리거나 부정한 사람이 깨끗해지면 8일 후에 제사를 드린다(레 14:10, 23; 15:14, 29; 민 6:10). 또한 안식년, 즉 휴경년 후에 8년째에 새로이 파종할 수 있다(레 25:22). 에스겔 성전에 오르는 계단이 여덟 개(겔 40:31, 34, 37)이며 희생제물을 잡는 상이 여덟 개(겔 40:41)이다. 이스라엘 역사에서 위대한 왕 중의 한 명인 요시야와 그리고 예루살렘 멸망 직전에 "석달 열흘" 동안 통치한 여호야긴이 여덟 살에 왕위에 올랐다(대하 34:1; 36:9). 이상에서 "8"은 기존 질서의 단절과 동시에 이전 세상과는 철저하게 새로운 시작(radical beginning)이라는 상징성을 확보하게 된다.

시편 119는 형식적으로는 각 8절의 22연 구조이지만 내면적으로는 율법, 즉 토라를 뜻하는 여덟 개의 동의어를 8절에 각각 위치시켜 8의 의미와 효과를 증폭시킨다. 즉 8절이라는 표면적인 역동과 8개 동의어의 내면적인 역동이 궁극적으로 176절 전체에 확대, 상승되는 구조를 갖고 있는 것이다. 위에서 숫자 8의 의미를 새로운 출발을 상징하는 것으로 살펴보았지만 여기서 한 가지 덧붙일 수 있는 것은 8의 숫자가 가져다주는 규칙성과 순환성이다. 즉 서양 음계에서 도(Do), 레(Re), 미(Mi), 파(Fa), 솔(Sol), 라(La), 시(Ti)에서 다시 도(Do)로 돌아가듯이 시편 119에서 8절의 구조는 7의 (세상) 창조의 완성을 넘어 다시 일상의 삶, 혹은 저 너머의 삶을 지향하는 그 출발점이 되고 아울러 주기적으로 순환하는 삶을 암시하는 것이다. 따라서 8절 구조에서 토라는 하나의 일관된 목표를 가리키는 반면 여덟 개의 동의어는 무질서하게 다가오는 생활의 변화를 가리키는 것으로 서로 대비된다. 물론 이것은 두말할 나위 없이 시인의 뛰어난 문학적인 기교에서 비롯된 것이며 신학적인 의도를 명료하게 반영한다고 말할 수 있다.[37)]

37) Freedman, *Psalm* 119, 91-93.

지금까지 논의한대로 8의 쓰임과 의미가 분명하게 밝혀졌다. 다시 말해서 그것은 과거로부터의 단호한 단절(radical breaking)이며 전혀 새로운 시작이라는 사실이다. 따라서 시편 119의 작성 시기를 포로 이후로 받아들인다면 8절을 기본으로 한 각 연(聯)에 토라를 가리키는 여덟 개의 단어를 8행(行)에 각각 배열함으로써 이상에서 논의한 숫자 8의 의미가 점층적으로 최고조에 달하게 되고 더 나아가 어두웠던 포로기의 아픔과 기억을 뒤로 하고(斷) 하나님의 말씀, 토라에 의지하여 철저하게 새롭게 출발하는 근원적인 의미의 시작을 뜻하게 되는 것이다.[38)]

V. 토라(תורה)의 변주곡 시편 119

솔에 의하면 시편 119와 비슷한 시가 바빌론에서도 발견되고 있다. 그러나 근동에 남아있는 시들이 구약성서의 알파벳 시의 형식은 유사하지만 시편 119가 구사하는 것처럼 8절을 하나의 단위로 알파벳 첫 글자에서 마지막 글자까지 작성된 것은 아니다.[39)] 그의 의하면 이스라엘과 바빌론의 알파벳 시에서 가장 분명한 차이점은 시어와 시의 형식을 능숙하게 다루는 시인의 뛰어난 능력을 인정한다는 점이다. 다시 말해서 시편 119의 경우 각 8절에 맞춘 유사한 단어의 반복은 이 시편의 신학을 한층 강화시키고 있다. 따라서 시편 119가 형식에 있어서 다소 인위적으로 보일 수 있지만 그것이 결코 이 시인의 창조적인 재능을 해치는 것이 아니라는 점이다. 이 시편 시인에게 알파벳 시의 형식은 자신의 풍부한 상상력을 최대한 발휘하게 하는 화가의 캔버스와 같다

38) 이런 점에서 쿰란(Qumran) 공동체가 성서에 나타난 알파벳 시편 이외에 부가적으로 작성하여 사용한 것으로 보이는 시편 155(11QPs[a]155), 시리악 51:13–30(11QPs[a]–Siriach), 시온 예찬시(11QPs[a]Zion) 등이 애용되었을 것이다. Soll, *Psalm* 119, 11–12.

39) Soll, *Psalm 119,* 6–11.

고 할 수 있다. 따라서 시인은 176절에 이르는 장대한 규모의 캔버스에 8행과 8겹의 동의어를 곳곳에 배열함으로써 “야훼의 토라”(תורת יהוה)를 조화롭게 그리고 있는 것이다.

그러므로 우리는 시편 119 시인의 독창적인 아이디어와 창의성을 충분히 고려하여 평가하여야할 것이다. 시편 119에서 보여준 시인의 독특하면서 비범한 창조성은 현대인들의 취향이 아닐지 모르지만 시인의 뛰어난 상상력과 토라에 헌신적인 신앙의 산물임에 틀림없다.

알레프에서 타우까지 알파벳 순서로 이어지는 시편 119는 토라의 완전성과 총체성을 목표로 한다. 이 시에서 야훼의 토라는 시인의 즐거움(14, 16, 24, 47, 70, 92, 143, 162, 174절)이요, 재산(72, 162)이요, 생명(25, 50)이요, 빛(105절)이다. 한 마디로 토라는 시인의 글로 표현할 수 있는 모든 것과, 숫자로 환산할 수 있는 모든 것을 뜻한다. 따라서 알파벳 시의 형식은 시편 시인의 신앙과 신학을 강조하는데 매우 적절한 형식일 뿐만 아니라 토라의 벽성(perfection), 더 나아가 계시의 충만함(fullness)을 표현하는 데도 효과적이라고 말할 수 있다. 전체적으로 8행 22연이라는 구조로부터 여덟 개의 동의어를 176절에 거미줄처럼 얽히도록 배열한 단어의 숫자에 이르기까지 시편 119는 하나의 주제인 “토라”를 구체화하고 있다고 보면 된다. 마치 작곡자가 구상하고 있는 중심 선율을 화성, 리듬, 멜로디, 조성(調聲), 속도, 소리의 크기 등에 변화를 주며 연주하듯 시편 119도 역시 기본 선율을 “토라”에 두고 8절과 8겹의 동의어를 통하여 다양하게 변주하고 있는 것과 같다.

8겹의 동의어(계율, 명령, 법, 말씀, 율례, 법도, 증거, 규례)는 사실 이스라엘 신앙과 역사에 있어서 “율법”(תורה)이라는 하나의 낱말에 집약된다. 시편 119에는 구약성서의 중요한 신학적인 주제, 즉 창조, 조상들의 약속, 출애굽, 시내산 계약, 예루살렘 성전, 다윗 계약과 왕조, 혹은 과거나 미래, 심지어 야훼 하나님의 구원 행위 등도 전혀 언급되지 않는다. 오로지 “토라”만 이 세상에서 야훼의 활동의 증거이며 계시일 뿐이다. 그렇다면 이것은 바로 이 시편에서 제외된 신학적인 주제들을 모두 부정한다는 의미일까? 시편 119가 찬양하는 토라가 적어도 좁은 의미에서 창세기에서 신명기까지의 다섯 책을 암시한다면 이 주장은 사실이 아니다. 프리드만은 시편 119에 토라 외에 창조, 출애굽, 계약, 성전, 메시야 등 구약성서의 주요한 신학적인 담론들이 언급되지 않는 것은 여덟 겹의 동의어가 하나의 "토라"에 모아지듯이 토라 외의 신학적인 주제들 역시 토라로 귀결된다고 주장한다.[40]

더구나 이 시편의 작성 시기를 에스라 느헤미야의 귀환과 연관시킨다면, 그리고 그 당시의 상황을 염두에 둔다면 시인과 이스라엘이 당시에 소유하고 있는 것이라고는 조상대대로 배워온 토라 외에 무엇이 있었겠는가? 그렇다. 토라를 제외하면 아무 것도 가진 것이 없다. 그럼에도 불구하고 시인은 시편 119의 독창적인 알파벳 구조를 통하여 토라를 다양하게 찬양함으로써 현재의 폐허 외에 아무 것도 없다는 허탈과 절망이 아니라 토라를 소유함으로써 모든 것을 소유하고 있다는 역설적인 행복과 반어적인 기쁨을 노래하는 것이다. 이런 점에서 시편 119의 비슷한 단어들이 계속 반복됨으로써 그 의미가 감소하는 것처럼 보이지만 알레프에서 타우까지 어느 한 구절도 불필요한 것은 없다는 점이 바로 알파벳 시 형태의 강력한 메시지이기도 하다.

북한산의 인수봉이 하나의 거대한 바위 덩어리처럼 보이듯 시편 119 역시 토라라는 하나의 낱말로 구성된 것처럼 보인다. 따라서 인수봉, 그 이름을 어떻게 부르든지 거대한 화강암 바위를 가리키는 것과 같이 시편 119의 8행 22연의 176절은 하나님의 말씀과 계시의 핵심인 토라를 암시한다. 시인은 결코 토라의 내용을 구체적으로 서술하지 않는다. 이것은 시인과 독자들이 모두 암묵적으로 인식할 수 있는 모세 5경을 염두에 두고 있다고 가정할 수 있다. 즉 이 시인은 느헤미야 8장에서와 달리 토라의 전달자인 모세를 과감히 생략하고 오직 토라만이 곧 야훼 하나님의 계시이며, 오로지 토라만이 태초로부터(עולם: 52절)

40) Freedman, *Psalm 119*, 91.

영원까지(לעולם: 89, 144, 152, 160절) 존재하는 것으로 고백한다. 토라는 구약성서와 유대인의 삶에서 그 본질이자 토대이며 최고의 선(the summum bonum)이 아니던가? 잠언 8에서 지혜(חכמה)가 하나님의 본성이듯이 시편 시인에게 있어서 토라가 하나님의 본질이자 모든 것이다.

시편 119가 보여주는 토라의 특별한 지위는 또 하나의 대표적인 토라시인 시편 19와 비교해 보면 더욱 뚜렷해진다. 실제로 시편 19는 한동안 시편 119의 모형이었을 것으로 인정되었었다.[41] 시편 19가 시편 119의 토라와 일치한다고 볼 수 있는 8개의 핵심 단어 중 5개가 들어있다(תורה, עדות, פקוד, מצוה, משפת). 이 두 시편에서는 토라를 찬양하는 그 상황에서 중요한 차이점이 발견된다. 즉 시편 19는 태양의 이미지를 활용하여 토라를 야훼의 권능과 창조의 계시로 연결한다. 시편 19는 태양이 자연 세계의 지배자이듯이 토라가 곧 야훼 하나님의 지배와 계시를 상징한다는 논리이다. 반대로 시편 119에서는 야훼가 하늘과 땅을 세웠다(89-90절)는 서술이 있지만 전반적으로 창조에 관한 언급은 거의 없다고 볼 수 있다. 그러나 창조의 대한 언급이 거의 없다고 해서 하나님의 세상 창조와 토라의 상관관계에 문제가 되지 않는다. 즉 시편 119에서 야훼의 토라는 곧 야훼를 표상하며, 토라는 또한 야훼의 피조물 중 특별한 지위를 갖기 때문이다.

프리드만은 시편 119의 토라에는 두 가지 의미가 내포되어 있다고 주장한다. 첫째, 토라는 신성하며 권위 있는 하나님의 계시이다. 시인은 토라를 성서와 일치시키지 않으면서 약간 애매한 입장을 보이지만 아마도 에스라가 예루살렘에 돌아와서 토라를 수집하여 널리 가르치던 모세 5경을 포함한 오늘날 성서를 가리킨다고 보면 된다. 그런 점에서 토라를 어떻게 규정하든지 그것은 분명코 거룩한 말씀, 성서라는 사실이다. 둘째, 토라는 성서에서 다양한 형태의 가르침으로 표현되는 야훼

41) Freedman, *Psalm 119,* 90.

의 계시이다.[42] 따라서 시인은 계시의 변형된 모습을 여덟 개의 토라 동의어로 변화를 주는 것이다.

야훼의 이스라엘 구원 행위는 단지 신화적인 사건이 아니다. 그러나 그것은 오래 전의 역사이며 동시에 거룩한 책(the sacred text), 즉 성서의 일부분이기도 하다. 그러나 시인은 과거의 구원 사건이 당시에도 그대로 재현될 가능성보다는 야훼 하나님의 현실적인 역사(役事)는 바로 토라라고 주장하는 것이다. 사실 따지고 보면 하나님과의 계약이란 이스라엘이 토라를 받은 사건이며, 예루살렘 성전은 토라의 규정대로 건축된 토라의 형상화가 아니던가? 더 나아가 성서와 성전의 의미와 역할도 역시 다름 아닌 "토라"를 읽고, 연구하며, 해석하는 일 외에 무엇이던가? 토라는 사제나 평신도나, 성전 안이나 밖이나, 언제나 어디서나 연구되고 실천되어야 하는 것이었다. 이런 점에서 시편 119 시인에게 있어서 토라, 혹은 토라 중심적인 신앙이야말로 이스라엘의 삶에 있어서 본질이며 으뜸이 되는 것이다.

시편 119는 토라를 한 눈에 알아볼 수 있는 시이며, 토라를 가장 강조한 시편이다. 레벤슨은 시편 119이 취하고 있는 8절의 규칙성과 여덟 개의 동의어가 변주하듯 보여주는 역동성은 "토라," 즉 시편 119를 읽고 암송하는 사람에게 최면효과(mesmerizing effect)를 불러일으킬 수 있다고 주장한다.[43] 이 시편은 처음 읽는 사람이라도 그 핵심을 알아차릴 수 있게 그 구조와 형식을 갖추고 있으며, 더 나아가 자꾸 보고 싶은 보석처럼 반복에 반복을 통하여 "토라"를 예찬하도록 설계되어 있다는 것이다. 즉 시편 119는 하나의 주제 아래 각각 8행이 독립적으로 완결성을 유지하면서도 계속 이어지는 22연은 유기적으로 연속성을 갖게 된다. 즉 폰라트가 적절하게 설명한 바와 같이 시편 119는 목걸이에 비유할 수 있다. "시편 119"라는 목걸이는 176절이 전체적으로 하

42) Freedman, *Psalm 119,* 91–92.

43) Levenson, "The Sources of Torah," 566.

나의 완결된 작품이며, 각 8절과 22연에 걸려 있는 형형색색의 "토라" 동의어로 장식되어 있는 보석들은 각기 그대로 독립적이며, 8겹의 "동의어"는 반복적인 규칙성을 보여주면서 전체적으로 균형과 조화를 이룬다.[44] 따라서 이 시편 은 22개의 알파벳 하나하나, 낱말과 낱말, 절과 절, 연과 연, 그리고 176절 각각 동원하고 8행과 8겹의 토라 동의어를 역동적으로 변주하여 토라를 예찬한다고 볼 수 있다.

VI. 닫는 글

시편 119는 알파벳을 각 행의 머리글자로 활용한다는 점, 구약성서에서 가장 길다는 점, 그리고 8행과 8겹의 동의어를 이용한다는 점 등 독창적인 구조와 형식 때문에 여기에 얽힌 일화와 전설이 많이 전해오고 있다.

① 시편 119는 쿰란(Qumran) 공동체에서 가장 인기 있는 시편 중의 하나였다.

② 초대교회 교부들은 시편 119가 예수 그리스도를 지칭하는 시편으로 이해하였다.

③ 중세 수도원에서는 "내가 하루 일곱 번씩"(164절)과 "밤중에 일어나"(62절)에 근거하여 하루에 8번씩 암송하는 일일 기도서로 사용하였다.)[45]

④ 중세 때 순교자 위샤트(George Whishart)는 억울한 누명을 쓰고 사형선고를 받았다. 당시에는 전통에 따라 사형집행 전에 시편 중 한 편을 읽어달라고 요청할 수 있었다. 그리하여 그는 시편 119의 낭송을 요구하였다. 그런데 놀랍게도 이 시편이 끝까지 낭송되기 전에 새 증언자가 나타났다. 결국 그의 결백이 입증되어 사형을 면

---

44) Kraus, *Psalms 60-150,* 411.

45) Davison, Your Word Is a Lamp Unto My Feet, 9-10.

하게 된다.[46)]

⑤ 영국 전설에 의하면 퀸드리다(Quendreda)는 메르시아(Mercia)의 왕이 되고 싶었다. 그러나 일곱 살 난 어린 남동생 케넬름(Kenelm)이 승계하게 되어있었기 때문에 그녀는 동생의 가정교사 애스크벗(Askbert)과 공모하여 케넬름을 살해하고 왕위에 올랐다. 그리고 성서를 펴들고 시편 119를 마지막 구절부터 거꾸로 읽기 시작하였다. 그런데 시편을 읽던 여왕의 눈알이 빠지고 말았다.[47)]

⑥ 한편 청교도 신학자 토마스 맨튼(Thomas Manton: 1620-1677)은 시편 119편에 대하여 연속적인 설교를 무려 190편을 남겼다.[48)]

시편 119는 전체 22연에서 8행과 8섭의 토라 동의이를 최대한 활용하여 한편으로 치밀한 규칙성과 짜임새 있는 균형미를 구축하고 다른 한편으로 토라의 완결성과 총체성을 다이내믹한 변주곡처럼 보여준다. 그럼으로써 8행의 기계적인 구조와 8겹의 동의어 반복이 주는 단조롭고 지루할 수 있는 약점을 각 연의 독립성을 허용함으로써 보완하고 그 순환성을 통하여 주제의 연속성을 이어가도록 유기적인 장치를 해놓았다. 이것은 시인의 삶이 8행의 규칙적인 반복과 완결성, 그리고 8겹의 불규칙적인 순환과 연속 사이의 불완전한 존재, 즉 순례자임을 강력하게 암시하는 것이다. 따라서 시편 시인이 성스러운 숫자 7을 근거로 하는 대신에 8을 반복하는 이유가 명백해진다. 즉 포로기에 창조 신학이 창세기 서두의 천지창조에서 완성되었다면 포로 귀환 이후에는 분명히 창조 이후의 신학(post-creation theology)이 요구되었던 것이다. 그런 점에서 숫자 7이 창조된 이 세상을 암시한다면 시편 119의 구조적인 근거가 되고 있는 8은 창조 이후, 즉 이전과는 근본적으로 다른 새로운 시작을 가리킨다고 볼 수 있다. 이제 새 날은 이 세상의 완성적

46) Spurgeon, *A Treasury of David,* 330.

47) Holladay, *The Psalms Through Three Thousand Years,* 184.

48) Thomas Manton, *One Hundred Ninety Sermons on the One Hundred Nineteenth Psalm* (London: William Brown, 1842, reprinted by The Banner of Truth, 1990.)

인 개념인 7보다 그 다음을 상징하는 8이 훨씬 적합한 숫자가 된다. 여기에서 시인은 포로기의 수모와 치욕에서 벗어나 어제와 다른 오늘, 즉 근본적으로 새로운 출발을 염원하는 "새 날"로써 8행을 연속적으로 활용하는 것이다. 그러므로 그 새로운 시작의 기준과 목표는 자연히 하나님의 완벽한 가르침인 야훼의 토라에 초점을 맞추게 된다: "주의 말씀은 내 발의 등이요 내 길의 빛이라"(105절).

시편 119에서 8행과 8겹의 동의어가 순환하는 그 변화의 한 가운데에 토라가 위치하고 있다는 사실은 주기적으로 반복되는 일상의 엄격한 규칙성과 질서(order), 그리고 예측할 수 없는 현실의 불규칙성과 무질서(disorder)를 통하여 토라의 완벽성과 총체적인 완성을 확보할 수 있음을 보여준다. 다시 말해서 단순한 반복(quantitative input)은 결과적으로 질적인 변화(qualitative output)를 가져올 수 있다는 말이다. 예를 들어 허약한 사람이 단순한 운동을 매일 반복함으로써 어느 순간 건강한 몸을 갖게 되기도 하고, 틈틈이 공부를 규칙적으로 함으로써 어느 순간 외국어를 극복하게 되는 원리와 같다. 날마다 순간마다 시편 119의 알파벳 하나하나, 단어 하나하나, 문장 하나하나에 들어있는 야훼의 토라를 묵상하고 행하며 사모하고 즐거워하면 그 행위가 완전하고 깨끗해져서(1, 9절) 새 날을 맞이하게 될 것이다.

이스라엘이 인류에게 남겨준 세계적인 건축물이나 뛰어난 조형물은 없다. 그렇지만 그들은 시편 119라는 놀라운 문학적 건축술과 아담하고도 장쾌한 조형물을 문화유산으로 남겼다. 즉 이 시편은 "토라"의 의미와 숫자 "8"의 상징을 최대한 살리면서 8행으로 구성된 한 연(stanza)에 8겹의 토라 동의어를 각각 하나씩 전체 176절에 치밀하게 배치하고, 히브리어 알파벳 22개를 사용하는 단조로운 규칙성에 얽매이지 않도록 자유로운 여백을 남기는 동시에 전체적인 균형과 변화를 꾀하고 있다. 감히 아무도 상상할 수 없는 독창적인 시의 소재와 구성, 히브리어 알파벳을 충분히 활용할 수 있는 실용성, 전체 8행 22연 176절 구조의 시각적인 디자인, 8행과 8겹의 동의어를 통한 변주곡 같은 역동적인 변화, 그리고 1-176절까지 토라에 관한 주제의 일관성 등으로 볼 때 시편 119는 인류 역사상 가장 독창적이고도 가장 치밀한 히브리 문학의 백미(白眉)라고 부를만하다.*

참고 문헌

김창주. "'칠'(七) 위에 비치는 '칠'(漆)은? 그 연상과 숨은 뜻: 창세기 1:1-2:3 과 열왕기상 8:1-66의 경우." _____. 『말씀과 교회』 37 (2004. 4), 122-54.

박근원 편. 『예배 자료 21: 새로운 예배 시편』. 서울: 대한기독교서회, 1998.

황지우. 『겨울나무로부터 봄 나무에로』. 서울: 민음사, 1987.

Boerger, Brenda H. "Psam 119: The A to Z of the Amazing Word of God?" *Notes on Translation* 11/2 (1997), 35-56.

Brueggemann, Walter. *The Message of the Psalms: A Theological Commentary.* Minneapolis: Augusburg, 1984.

Davison, Lisa Wilson. Your Word Is a Lamp Unto My Feet: A Study of the Vocabulary, Grammer, and Semantics of Psalm 119. Ph.D. Dissertation of University of Vanderbilt, 1999.

Eaton, J. H. *Psalms of the Way and the Kingdom,* JSOT Sup 199. Sheffield: Sheffield Academy Press, 1955.

Fishbane, Michael. "Revelation and Tradition: Aspects of Inner-Biblical Exegesis." *Journal of Biblical Literature* 99 (1980), 343-61.

Freedman, David Noel. *Psalm 119: The Exaltation of Torah.* Biblical Judaic Studies. Winona Lake, IN: Eisenbrauns, 1999.

Graham, J. *With My Whole Heart: A Devotional Commentary on Psalm 119.* London, 1962.

Holladay, William H. *The Psalms Through Three Thousand Years: Prayerbook of a Cloud of Witness.* Minneapolis: Fortress, 1996.

Levenson, J.D. "The Sources of the Torah: Psalm 119 and the Modes of Revelation in Second Temple Period Judaism." in Patrick D. Miller Jr., and Paul D. Hanson, and S. Dean McBride. (eds.). *Ancient Israelite Religion: Essays in Honor of Frank Moore Cross.* Fortress: Philadelphia, 1987,. 559-74.

Manton, Thomas. *One Hundred Ninety Sermons on the Hundred and*

Nineteenth Psalm. 3 Volumes. London: William Brown, 1680/1842.

Mays. J.L. "The Place of the Torah-Psalms in the Psalter." *Journal of Biblical Literature* CVI (1987), 3-12.

Scherman, Noman, *Meir Zlotowitz, Tehillim: Psalms.* New York: Mesorah, 1985

Soll, Will. *Psalm 119:* Matrix, Form, *and Setting. Catholic Biblical Quarterly Monograph 23.* Washington: Catholic Biblical Association of America, 1991.

Spurgeon, Charles. *The Treasury of David.* 『스펄전의 시편 강해』 제9권. 서울: 생명의말씀사, 1998.

Stuhlmueller, Carroll. *Psalms Two, Old Testament Message 22.* Wilmington: Michael Glazier, 1985.

Terrien, Samuel. *The Psalms: Strophic Structure and Theological Commentary.* Grand Rapid, MI: Wm Eerdmans, 2003.

Whybray, R. N. "Psalm 119: Profile of a Psalmist." in: Michael L. Barr (eds.). *Studies in Honor of Roland E. Murphy, O. Carm., on the Occasion of His Eightieth Birthday.* Washington, CBA, 1997. pp. 31-43.

Williams, R.R. *The Perfect Law of Liberty: An Interpretation of Psalm 119.* London/New York, 1952.

Wilt, Timothy Lloyd. "Alphabetic Acrostics: Perhaps the Form Can Be Represented." *The Bible Translator* 44/1 (1993) 207-12.

제3부
시편의 주제들

시편에서의 지혜와 제의의 상관성

이순태

I. 들어가는 말

시편에서 지혜와 제의의 관계를 규명한다는 것은 그렇게 간단한 문제가 아니다. 왜냐하면 시편에서 특히 지혜시로 분류되는 시들은 다른 유형의 시들처럼 구조적인 공통성을 지니지도 않고 곧잘 다른 제의시 양식과 혼합되어 나타나기 때문이다. 또한 시라는 특성은 그 저자나 상황에 대한 구체적인 정보를 밝혀내는 것을 더욱 어렵게 한다. 더욱이 지혜시의 저작 시기로 추론되는 포로기 이후 제의의 문서 및 그 상황에 대해 우리가 얻을 수 있는 지식이 제한적이다.

그런데도 지혜시들에는 잠언의 수집물, 혹은 욥기의 논쟁담화와 같은 내용이 적지 않게 들어 있다는 점에서 지혜시는 비제의적인 것이라고 자주 주장되어 왔다. 궁켈 이래로 대부분의 양식비평가들은 시편집의 모든 시가 본래부터 제의에서 비롯된 것은 아니라는 가설을 선호해 왔다. 특히 그들은 지혜시가 시편집에서 매우 후대에 속하며, 지혜 경건 및 교훈을 강조한다는 점에서 보다 총괄적이고 공동체적인 제의의 관점과 조화를 이루지 못한다고 주장하고 있다. 더욱이 교육적 목적을 중시함으로써 야기되는 "문체의 해체"(disintegration of style)를 그들 견해의 중요한 논거로 간주한다.[1] 예를 들면 "아크로스틱 시들"(acrostic psalms, 시 9/10, 25, 34, 37, 111-112, 119, 145편)은 고난과 구원을 논할 때조차도 탄식이나 감사를 생생하게 반영하고 있지 않으며, 독자의 눈이나 지식인의 귀를 즐겁게 하기 위한, 꽤 인위적인(artificial) 시들이라는 것이다. 더 나아가 모든 지혜시의 언어는 이전의 제의적인 노래들보다 훨씬 교훈적이며 명상적이고, 내용에 있어서도 후기 지혜시의 저자들은 교육적 상황에서 자주 의인과 악인의 운명(시 1, 37, 49, 73편)에 숙고하고 있고, 또한 토라에 대한 찬양(시 1, 19B, 119) 역시 초기 유대교 전승의 신학화된 지혜에서 나온 것이라는 주장이다. 특히 시편집 형성에 끼친 지혜의 영향에 대한 세밀한 분석을 통해 "비제의적"이라는 주장은 더욱 강화되었다. 그럼에도 불구하고 우리는 또한 머피가 제기한 중요한 질문을 되새김해야 할 필요가 있다: "…(지혜시에서) 제의적 사용과 제의적인 삶의 자리를 배제할 만한 어떤 적절한 이유라도 있는가?"[2]

지혜시와 제의의 관련에 있어서는 양극적인 견해가 있는데, 바로 데이빗슨과 모빙켈의 주장이다. 데이빗슨에 의하면 지혜자들은 이스라엘 초기부터 제의적 관심을 지니고 있었으며, 실제로 제의를 위해 작시를 하였다.[3] 이에 반해 모빙켈은 지혜시가 시편집에서 매우 후대에 속하며,

---

1) H. Gunkel, *Einleitung,* 381-97; S. Mowinckel, "Traditionalism and Personality in the Psalms," *HUCA* 23 (1950-51), 205-31; Von Rad, *Wisdom in Israel,* 48.

2) R. E. Murphy, "A Consideration of the Classification 'Wisdom Psalms,'" 161.

3) R. Davidson, Wisdom and Worship, 17-30. 지혜와 제의와 밀접성을 방대하게 연구한 학자는 Perdue라 하겠다. 그는 고대 근동의 지혜문학뿐 아니라, 구약성서와 외경의 지혜문학에서 양자의 밀접한 관련을 논증하려 하였다. 그런데 지혜시에 있어서 그는 단순히 시편 19A, 19B, 119편만을 제의용으로 지혜자가 쓴 것이며, 그밖의 지혜시는 비제의적인 것으로 간주하고 있다. 그의 견해가 창조적이기는 하지만, 왜 제의적 언급이나 관심이 없는 특정한 교훈시들이 이스라엘 예배의 중심에 위치한 시편집에 자리잡고 있는지를 설명하지 못한다. 필자에게는 퍼듀가 제의용의 시들과 지혜학교에

지혜 경건 및 교훈을 강조하는데 이것은 공동체적인 제의의 관점과 조화를 이루지 못하였으며, 결국 전통적인 시편 양식과 그 신학의 해체(disintergration)를 반영하고 있다고 주장한다.[4] 지혜시는 모빙켈 이후로 고전적인 양식들의 해체로 한 예로서 여겨져 왔다. 그러면서 동시에 지혜시와 감사시, 찬양시, 기타 다른 양식들과의 유사성이 주목되어 왔다. 포로기 이후에 이스라엘이 처한 새로운 상황과 악인의 승리/번영에 대한 필연적인 질문 제기는 장르 변화의 가능성을 만들어 냈을 것이다. 그런데 포로기라는 경험이 이스라엘 역사에서 차지하는 의의를 과소평가할 수는 없지만, 그렇다고 그것이 과거와의 단절이라고 속단하는 것은 적절치 않을 것이다. 본고에서는 이러한 장르 변화를 곧장 해체(dis-integration)나 소멸(dissolution)로 보기보다는 불가피한 '변형'(trans formation)으로 보아야 할 것이며, 경전적 시편집에 있는 시들을 제의적인 시와 비제의적인 시로 양분하기 보다는 지혜와 제의가 역사적 과정에서 어떻게 상관되었는지를 다루어야 한다는 것을 주장하고자 한다.[5] 또한 모빙켈은 서기관들(scribes), 지식인들(the learned)이 본래 성전 요원, 특히 성전 가수 및 성전 예언자들과 밀접히 관련되어 있음을 인정하면서도, 시편집에 포함되어 있는 지혜시와 제의의 관련에 대해서

교육용으로 기록된 시들을 구별하는 것은 부분적으로 모빙켈의 입장을 따른 결과로서 받아 들여진다. 우리는 제의가 특히 포로기 이후에 다기능적(multi-functional) 역할을 했으며, 주요한 기능들중 하나는 백성들에게 야훼의 도를 교육하는 것이었음을 기억해야 할 것이다(cf. S. J. L. Croft, *The Identity of the Individual in the Psalms,* 160-61).

4) Mowinckel, "Psalms and Wisdom," 205-24.

5) D. F. Morgan, *Wisdom in the Old Testamant Traditions,* 129-30. 한편 Gerstenberger는 예배의식의 중요한 조건으로 동시대의 사회 구조를 들고 있다. 씨족시대에 종교적 관행은 자율적이었으며, 지역공동체를 중심으로 활성화되었는데, 군주시대에 이르러 제의가 예루살렘 성전과 더불어 중앙화되었다가, 포로기 이후에는 다시 지역공동체의 예배가 활성화되었다는 것이다. 이처럼 구약의 제의적인 시가의 발전은 가족적 종교제도와 공식적 종교제도 사이의 끊임없는 긴장의 결과였다는 그의 견해는 주목할 만하다(*Psalms,* 21-22).

는 부정적인 견해를 가지고 있다.[6] 과연 그의 주장처럼 포로기 이전과 이후에서 지혜와 제의의 관계가 갑작스럽게 불연속적인 모습을 띠는가는 지혜시에 대한 연구를 통해서 보다 잘 드러날 것이다.

II. 포로기 이후의 종교적 상황

원래 제의는 어떤 생명력을 인간의 통제 하에 두려는 시도, 곧 마술과 으레 동일시될 수 있었다. 그런데 유신론적인 차원에서는 신과 인간 사이의 관계를 중재하는 시도로 볼 수 있다. 제의의 매개물은 거룩한 물질이나 언어, 혹은 양자가 연합된 것일 수 있으며, 그밖에 음악과 노래가 제의의 일부가 될 수 있다. 이러한 제의는 흔히 특정한 장소와 시간을 필요로 하는데, 이것이 발전할수록 특정한 공식적 문구나 제사 요원이 더욱 세분화된다. 제의에서 제물(sacrifice)은 중요한 요소인데, 이것을 통해 속죄나 하나님과 그 의식의 참여자들 사이에 독특한 교제가 형성된다. 그러나 어떤 이유 때문에 성소가 폐기되고, 제물을 바칠 수 없다고 해서 하나님과 인간 사이의 관계가 끊겨지는 것이 아니며, 여전히 제의는 어떤 재해석—내면화, 정신화—을 통해 그 맥을 지속해 간다.[7]

이러한 인식을 토대로 할 때 지혜시가 "제의적"이냐, "비제의적"이냐는 양자 택일의 요청 자체가 적절치 않음을 알 수 있다. 지혜시를 "비제의적인" 것으로 간주하는 양식비평학자들은 대체로 시편의 흐름이 제의적인 것에서 비제의적인 것으로 향했다고 주장하는데, 이러한 주장은 자칫—그들이 인정을 하든, 그렇지 않든—어떠한 "단절"을 전제하는 듯한 인상을 준다. 더구나 예배의 유무를 협의로 예루살렘 성전의 유무나, 희생 제물의 유무에 의해 판단한다고 할 때, 다양한 정치적, 사회적

6) Mowinckel, "Psalms and Wisdom," 216-17.

7) S. Holm-Nielsen, *Hodayot: Psalms from Qumran,* Acta Theologica Danica (Aarhus: Universitetsforlaget I, 1960), 333-34.

상황 변화에 부응하는 예배의 모습을 제대로 보지 못하게 될 것이다. 그러나 역사란 과거로부터의 갑작스러운 단절을 통해서 이루어지는 것이라기보다는 기존 전통의 수용 및 재해석을 통해서 계승, 변혁해 나가는 것이다. 포로기 이후 유대교에 있어서 예배는 성전뿐 아니라—비록 성전에서의 예배와는 차이가 있다하더라도—회당에서도 발견된다. 회당에서의 예배를 제의의 민주화라고 부르던, 제의 성격의 변화라고 부르던, 그러한 형태를 제의 혹은 예배의 중단이라는 주장은 적절치 않을 것이다.[8] 특히 주전 587, 주후 70년 성전 파괴에도 유대인들이 종교적 단절이 없이 자기들의 정체성을 계속 유지할 수 있었던 것은, 비록 성전에서의 제물 예배가 더 이상 불가능함에도 그 "제의 이데올로기"가 회당 혹은 그에 준하는 모임을 통해서 지속되었기 때문이다.[9] 결국 우리는 어떤 지혜시가 제의적이냐, 비제의적이냐라는 초점에서 이탈하여, 제의가 시대적 상황의 변화에 따라 어떻게 변환되었는지에 더욱 관심을 기울여야 할 것이다.

지혜시의 삶의 자리를 특정한 시대나 장소에 국한시킬 만한 뚜렷한 근거를 제시하기는 어렵다.[10] 더욱이 지혜시에 다양한 에토스가 존재한다는 사실[11]은 지혜시의 저변에는 여러 갈래의 지혜전승이 있다는 것을

---

8) Cf. E. S. Gerstenberger, *Psalms,* 21-22.

9) Clements에 의하면, 지혜교사가 제의에 대해 비판적이었다는 주장은 그 증거가 미약하며, 오히려 "제의 관념과 그 프락시스의 심도있는 도덕화와 정신화"(this intense moralizing and spiritualizing of cultic ideas and praxis)는 독특한 성서적 현상이다. 기원전 587년 이후 지혜에 의해 제의에 대한 근본적인 재해석이 가능했으며, 회당예배를 통하여 예루살렘 성전의 제의는 보완되었다가 후에 대체되었다. 결국 지혜는 포로기를 거치면서 필연적인 요구에 의해 제의 이념과 언어를 소생시켰던 것이다 (*Wisdom for a Changing World: Wisdom in Old Testament Theology [Berkeley:* BIBAL Press, 1990], 34-35). 한편 Terrien 역시 고대 이스라엘에서 제의와 신앙간의 상호의존성을 주장하면서, 제의에게서 태어난 신앙을 통해 외형적인 제의/성소가 파괴된 후에도 이스라엘의 생존이 가능하게 되었다고 주장한다("Creation, Cultus, and Faith in the Psalter," *TE* 2/4(1966), 116-28).

10) J. K. Kuntz, "The Canonical Wisdom Psalms," 222.

잘 말해 주는 동시에, 그같은 에토스들이 수집될 수 있는 장소—학교 혹은 회당—에서 지혜시가 저작되었음을 시사해 주고 있다. 특히 우리는 지혜시들에서 나타나는 여러 현상들을 통해 어느 정도의 추론은 가능할 것이다. 우선 경전적 시편집에 속해 있는 지혜시의 특질로서는 토라에 대한 중심적 강조(시 1, 19B, 119편), 창조질서의 부각(시 19A, 104편), 시인의 경험에 대한 증언/고백(시 37편), 인과응보적 틀을 궁극적으로 거부하지 않으면서도 현실적 경험에서 갈등하는 신정론적 문제(시 73편), 내적 경건성이라는 맥락에서 나타나는 제의의 내면화/재해석(시 19:15 등) 등을 들 수 있다. 이같은 현상들은 포로기 이후의 상황과 잘 부합된다.

포로기 이후 그 이전과 비교하여 두드러진 종교적 상황은 다음과 같다. 첫째로, 경건(piety)에 대한 관심의 급증을 들 수 있다. 토라는 예루살렘 성전만을 허용하였기에 그 외의 장소에서는 제물을 바칠 수 없었지만, 기도만을 드리는 예배처의 설립은 가능했고, 또한 필수적으로 요청되었다.[12] 특히 기도는 포로기 이후에 더욱 강조되었는데, 이것은 개인과 공동체가 하나님의 축복을 적절히 받을 수 있는 조건인 "의"를 확보하기 위하여, 내적인 생활에 깊은 관심을 가졌음을 시사한다.

둘째로, 토라 교육의 필요성이 급증되었다는 것이다. 포로기 이후 재건된 공동체의 긴박한 문제는 자기정체성을 수립하는 것인데, 포로 귀환자들은 자신을 진정한 이스라엘의 남은 자들로 자처하면서 성전을 재건하면서 하나의 제의적 공동체를 수립하였다. 그러나 이것만으로는 부족했다. 제의 참여가 유대인을 나타내는 유일한 표지가 된다면, 예루

11) 시편 34편에는 가족에토스(5, 12, 22절)와 학교/궁정에토스(15절)가, 37편에는 가족(25-26, 35-36, 28-29절) 및 학교/궁정에토스(7-8, 27절), 49편에는 학교/궁정에토스(3, 11절; 7ff.절), 94편에는 가족(16-19절)및 학교/궁정에토스(4-7, 20-21절), 성전/회당에토스(5, 14절), 112편에는 가족(2절) 및 학교/궁정에토스(5절)가 나오며, 시편 1, 19, 119편과 73편에는 성전/회당에토스가 두드러지게 나타난다(cf. P. J. Nel, *The Structure and Ethos,* 79-82).

12) R. de Vaux, *Ancient Israel,* II, 344.

살렘에서 멀리 떨어져 있는 자들은 참여가 곤란하게 될 것이었다. 이러한 상황에서 이스라엘은 조상의 유산 가운데서 그들을 상호 결속시킬 수 있는 기본 요소를 찾았는데, 그것이 곧 토라이며, 토라 중심은 포로기 이후 유대교의 두드러진 특징이 되었다.[13] 이제 토라 준수가 정화된 이스라엘을 나타내는 표지로 여겨졌기에, 토라를 듣고 배우기 위한 일정한 장소가 필요하게 되었다. 한편 포로기 이전 예루살렘 성전은 왕이 세운 국가의 성소였고, 그 성전의 제사장들은 왕궁의 관리들이었기에, 왕은 성전 존속에 있어 중요한 정치적, 경제적 후원자였다. 그런데 포로기 이후 그 후원자가 사라지자 하나의 성전만으로 유대인을 통괄하기에는 역부족이었다. 이러한 상황에서 토라 교육은 국내외 유대인들을 하나로 결속시키는 적절한 기능을 담당하였을 것이다.[14] 본래 백성들에게 토라를 가르치는 임무는 제사장들에게 맡겨진 것이었다. 하나님은 토라를 제사장들에게 맡기셨고(신 31:9, 26), 제사장들은 이것을 이스라엘에게 가르쳐야 했다(신 33:10). 제사장들은 자기가 봉직하는 성소에서 토라를 가르쳤으며,[15] 신도들은 성소를 찾아가 제물도 바치고, 제사장에게 토라의 가르침을 요청하기도 하였다. 이렇듯 토라의 교육은 포로기 이전에는 성전에 국한되었지만, 포로기 이후에는 토라를 가르친다는 것이 더 이상 제사장들의 독점물일 수는 없었다. 제사장직에서 밀려난 레위인들은 여러 백성의 설교자와 교사가 되었고, 그들의 가르침은 마침내 성전 바깥으로 옮겨졌으며, 거기서 회당이 출현하게 된 것이다.[16] 역대기 사가는 에스라의 활동을 보고하면서 교육의 특권을 지닌 레위인을 소개하고 있는데, 레위인은 초막절에 모인 이스라엘 백성에게

---

13) J. Bright, *A History of Israel,* 396ff.

14) 드보 역시 지도자들에 의해 토라교육이 지시되었을 가능성을 언급하고 있다(R. de Vaux, *Ancient Israel,* II, 344).

15) 제사장은 성전에 찾아오는 신도들에게 토라를 가르쳤음이 구약성서에 분명히 나타난다(미 3:11; 렘 18:18; 겔 7:26).

16) R. de Vaux, *Ancient Israel,* II, 355.

토라를 가르친다는 점에서(느 8:7-9) 제사장과 나란히 등장하며, 또한 이미 여호사밧 왕의 입을 통해 민족교사의 기능을 부여받고 있다(대하 17:7-9). 이처럼 역대기적 역사서는 포로 후기 제2성전에서 레위인의 영향력이 증대하고 있음을 증언하고 있다.[17)]

셋째로, 토라에 대한 열의와 더불어, 올바른 처신으로 선한 생활을 하려는 실제적인 관심도 점점 깊어졌으니 우리는 그같은 예를 지혜자료에서 찾아 볼 수 있다. 물론 지혜 자료가 포로기 이후에야 비로소 발전했다든가, 혹은 포로기 이후 이스라엘인들의 생활이 지혜교사들에 의해 좌우되었다는 견해는 잘못이다. 이스라엘에서 지혜전승은 이스라엘의 탄생만큼이나 오래된 것이다. 그러나 포로기 이후에 지혜에 관한 교훈이 두드러지게 선호되고, 상당히 다양한 문학 체계를 이루어갔는데, 이런 현상은 그 당시 공동체의 합목적적 성향(the fitness of the community)을 증언하고 있다고 하겠다. 포로기를 거치면서 대중적 지침 원리가 예언자의 개인적 영감에서 좀더 합리적이고 통제능력이 있는 교훈 형태로 대체되었으며, 결국 변혁은 새로운 정신적 지도자들—서기관과 지혜자들—에게서 구체화되었다. 그런데 그들의 권위는 개인적 영감보다는 거룩한 전승을 설명할 수 있는 전문가적 능력에 있었다.[18)]

---

17) 레위인이 점차 교육 기능을 떠맡게 된 사실은 제사장과의 상관성 속에서 이해되어야 할 것이다. 처음에 제사장에게는 다양한 기능들—신탁, 제사, 교육 기능—이 부여되어 있었으나, 점차 제단에서 제물을 바치는 기능만이 제사장에게 남게 되었다. 그러다가 예루살렘 성전이 파괴되자, 제사장의 영향력은 감소되고, 점차 토라가 중시되면서, 레위인의 위치가 상승되게 되었다(*Ibid.,* 356). 결국 포로기 이후 제사장과 레위인의 갈등은 주후 70년 성전이 파괴되기 전에 성전가수로 있던 레위인이 제사장들과 같이 세마포 옷을 입을 수 있도록 허락을 아그립바 2세에게서 받은 사실에서도 추론될 수 있다.

18) S. Talmon, "The Emergence of Jewish Sectarianism in the Early Second Temple Period," in: P. D. Miller, Jr., et al. (eds.). *Ancient Israelite Religion* (Philadelphia; Fortress Press, 1987), 593-94. 한편 지혜교사는 아마 율법교사와 같은 계층의 사람들이었을 것으로 보이는데, 벤 시라는 자신을 율법교사라고 하면서도(집회 38:24;

넷째로, 이스라엘이 포로기를 거치면서 정치적, 문화적으로 많은 도전에 부딪치게 되자, 기존의 거룩한 전승들이 수집, 편수되어 문서화되는 작업이 활발해졌는데, 이러한 활동을 주도한 집단들은 지혜자, 서기관들이었다. 이들에 의해 구전된 자료가 문서화됨으로써, 조상의 전승들이 읽혀지고 연구될 수 있는 가능성이 넓어졌다. 이러한 추세와 맞물려 제의시들 역시 지혜자들에 의해 편수되었고, 그 과정에서 지혜자들에 의해 쓰여진 시들이 시편집에 포함되게 되었다. 제의적인 시가 하나의 "책"으로 모여진다는 것은 윌슨이나 셰퍼드가 지적한 것처럼 읽기(reading) 기능이 가능함을 뜻한다. 시편집의 서론이라 할 수 있는 시편 1편은 시편집이 곧 토라 준수를 위한 책이라는 사실을 잘 보여준다. 그런데 여기에서 우리가 유의해야 할 것은 시편집이 이제 책이 되었다는 사실 때문에 그 기능이 "읽기"(reading)로 국한될 수 있는 것은 아니라는 사실이다. 느헤미야 8장에서 에스라가 회중 앞에서 율법 '책'을 읽었고, 이에 대해 회중은 아멘으로 응답하였다. 이러한 사례는 구전된 전승들이 책이 되었다는 사실이 제의적인 실연에서의 사용을 배제하는 것은 아님을 잘 보여 주는 것이라 하겠다. 특히 교훈적인 성향이 강한 지혜시가 포로기 이후의 시편집 속에 포함되었다는 사실은 이제 시편집이 제의와 동시에 교육을 위해서도 중요한 역할을 담당하게 되었음을 보여 준다고 하겠다.

III. 지혜시의 제의적 요소들

시편은 각 시대의 모든 공동체가 지니고 있는 배경과 관심을 반영하고 있다. 탄식, 찬양, 고백, 그리고 명상이 하나님에 대해 말하고, 그분과의 관계를 지속하고 있는 공동체에 의해 사용되었다. 시편은 이스라엘

51:23), 많은 지혜에 관한 교훈을 남기고 있다.

로 하여금 예배상황을 기억하고 혹은 의문을 제기하도록 부르는가 하면, 그 상황에서 기도하도록 촉구한다. 시편의 시들은 언제나 쉽사리 이스라엘의 중심적이고 근본적인 활동 곧 공동체의 예배생활과 관계를 가졌다. 그 시들은 과거, 현재, 미래를 통합하면서 자주 이스라엘 역사의 위대한 인물들(다윗, 미리암, 모세, 드보라)에게 귀속되어 있다. 성문서들 중에서도 시편은 토라와 예언서들과 더불어 권위 있는 문서로서의 역할을 담당했다. 실제로 이 노래와 기도들 중 많은 것들이 포로기 이전에 만들어졌지만 현재 형태의 시편은 포로기 이후 사건들의 특정한 요구와 반응을 반영하고 있다. 고대 이스라엘에서 제의 조직에 대한 요구는 항상 있어 왔지만, 포로기 이후 국가가 더 이상 존재하지 않고 제의가 최고의 위치를 차지할 때, 그 조직은 더욱 중요시 되었다.[19] 그러면 이제 시편에 나오는 시 몇 편을 선택하여 지혜와 제의의 상관성을 살펴 보기로 하자.

시편 19B는 19A가 자연을 통해서 하나님을 찬양하는 바와는 달리, 토라에 대한 명상과 기도로 구성되어 있다. 우선 시인의 말이 하나님께 받아들여지기를(רצון),[20] 그리고 그 묵상(הגיון)이 하나님의 뜻에 합당하기를 바란다는 기도는 봉헌공식구의 모양을 갖추고 있으면서, 제물이 말, 묵상으로 재해석되고 있다. 또한 "법"(law)이라기보다는 "교훈"(instruction)으로 더 적절히 번역될 수 있는 "토라"는 포로기 이후의

19) 예를 들면 시편 표제들은 다양한 집단들이 기도문 저작 및 예배조직에 대한 책임을 맡고 있음을 입증하고 있다. 그러한 행위와 책임은 유대인들이 어디에 있든 간에 그들에게는 공통된 관심거리였다. 결국 경전적 시편집의 형성은 예배가 포로기 이후 모든 공동체들의 중심부에 있었음을 시사하고 있다고 하겠다.

20) רצון이라는 용어는 제물 헌납과정이 끝난 후에 제사장이 '그것은 받아 들여질 만한 것이다' 라고 선언할 때 사용되는 것이다(cf. 레 1:3; 19:5; 22:19, 20, 29; 23:11, 등). 그런데 이스라엘 지혜자들은 이러한 표현을 고대 근동의 지혜문학에서 취했을 가능성이 있다. "샤마쉬 찬양"(100, 106, 119행)에서 의로운 행위를 해야 할 이유는, 그런 행위가 "샤마쉬에게 받아 들여질 만하여" 그 행위자가 장수할 것이기 때문이라는 것이다.

제의공동체에 있어서 가장 핵심적인 위치를 점유하였다.[21] 그런데 토라라는 용어는 이미 포로기 이전에 "야훼의 말씀"(דבר יהוה)과 동의어적으로 표현되었는데, 이사야 2장 3절을 보면 시온은 야훼의 집이 있는 산이며, 바로 그곳에서 토라와 야훼의 말씀이 나온다. 이스라엘 백성이 받아들이는 토라는 이제 야훼의 교훈으로서, 제의의 중심지인 시온 곧 예루살렘에서 나온다는 것이다. 이러한 인식은 포로기 이후 더욱 심화되어, 하나님의 지혜와 동일시되면서 구약성서의 여러 전승들을 포용하게 되었다.[22] 더구나 에스라가 제사장으로서 토라를 선포했다는 사실은 포로기 이후에도 토라는 여전히 예배와 밀접한 관련을 유지하였음을 보여 준다. 시편 19편의 시인은 자연에 대한 명상(19A)과 토라에 대한 명상(19B)을 함께 결합시킴으로써 지혜와 제의가 매우 밀접히 관련되고 있음을 잘 보여 주고 있다.[23]

그밖에 토라에 대한 명상이 잘 나타나 있는 시로서는 시편 1, 119편을 들 수 있다. 시편 1편은 제의적 장르에 필적할 만한 어떤 제의적 용어나 특질을 지니고 있지 않으며, 토라의 준수 여부에 따른, 전혀 상이한 두 결과를 비유적으로 대비시킴으로써 회중에게 교육적 기능을 수행하고 있다. 그러면서도 바이저는 계약제의와 관련된 심판 이데올로기가 시편 1편의 배경을 또한 형성하고 있으며, 결국 우리는 지혜문학과 야훼 제의 전승이 상호적으로 영향을 주고 받았다고 주장할 수 있다고 말한다.[24] 이같은 바이저의 견해는 모건(D. F. Morgan)에 의해 더욱 뒷

---

21) "법"이 고정되고 엄격한, 정적인 인상과 관련된데 비해, "교훈"은 지시, 명령, 충고를 전달하는 살아있는, 역동적인 인상을 준다. 토라는 본래 "제사장"에 의해 형성되고, 구전된 교훈으로서, 이러한 의미는 문서로 고정되었을때 조차도 여전히 존속한다 (H.-J. Kraus, *Theology of the Psalms,* 34, 161).

22) Kraus, *Theology of the Psalms,* 161.

23) 이에 대해서는 IV 장에서 보다 구체적으로 설명될 것이다.

24) A. Weiser, *The Psalms,* 89. 지혜와 제의의 상관성에 대한 견해는 특히 감사시가 때때로 훈계적, 교육적 성격을 띤 경고를 통해, 혹은 교육적 증언으로 끝맺음함으로써 지혜문학의 정신과 형식을 채택하고 있다는 사실에서도 확인될 수 있다.

받침될 수 있다. 모건은 쉐퍼드(G. T. Sheppard)가 시편 1편과 관련하여 지혜전승이 시편집 형성에 끼친 편집적, 신학적 의도를 올바르게 평가했다고 긍정적으로 말하면서도, 쉐퍼드의 접근에서 한 가지 위험이 도사리고 있다고 지적한다. 그것은 시편 1편의 위치를 단순히 지혜전승의 편집적 의도로서 여겨서는 안 된다는 것이다. 시편 1편은 분명히 시편 전체의 표제(heading)에 적절하다. 그런데 그것은 단순히 시편 1편이 규범적인 편집적 방향을 제시하는 위치에 있기 때문이라기보다는, 지혜와 제의 사이의 오랜 신학적 상관성이 나타나기 때문이라는 것이다. 그러므로 단지 편집적, 경전적 관점에서만 지혜전승과 비지혜전승의 관계를 보려는 것은 자칫 이스라엘 역사를 통해 나타난 이 관계성의 성격과 역동적인 움직임을 곡해, 경시할 수 있다.[25)]

한편 시편 119편은 흔히 지혜시로 분류되지만, 그것이 포함하고 있는 것은 하나님의 교훈, 곧 토라에 대한 거대한 송영이다. 거의 시편의 모든 제의적인 유형들—축사(felicitation), 개인탄원시, 신뢰시, 개인감사시, 찬양시, 지혜 격언 등—이 망라되어, 토라를 최고봉으로 하는 거대한 산맥과 같은 느낌을 준다. 여기서 시인은 토라야말로 금은보다 귀한 "지고선"(the highest good)이며(시 119:72), 인생의 토대와 내용이라고 증언한다. 토라는 신뢰할 만하고 지속력이 있으며(119:142), 바로 그 토라에서 신기한 일들이 나온다는 것이다(119:18). 176절이나 되는 이 시가 히브리어 알파벳 순으로 꿰어져 있음을 감안할 때, 이 시인은 문학적으로 매우 해박한 지식을 지녔을 것이라는 추측이 가능하다. 그렇다고 이 시를 배타적으로 지혜 교훈의 상황에만 귀속시킬 수 있을까? 시인은 다양한 유형들을 이용하고 있으며, 특히 시 속에서 탄식적 성격이 강하게 나타남을 간과해서는 안 될 것이다(시 119:23, 25, 28, 78, 81-88, 121-123, 141-144, 145-150, 153-159, 169-170). 결국 시인은 고대의 제의적인 장르들을 기도 형태의 "고백"과 융합시킴으로써 토라에

---

25) D. F. Morgan, *Wisdom in the Old Testament Traditions,* 149-50.

대한 명상과 순종으로 나아가고 있다고 하겠으며, 이점에서 이 시가 예배에서 사용되었을 가능성을 배제할 근거는 없다.

한편 모빙켈은 지혜시들이 시편집에서 매우 후대에 속하며, 시편의 고전적인 "문체의 해체"(dissolution of the style)를 반영하고 있다고 주장하면서도, 고대의 감사시에서도 어느 정도 교훈적인 성향이 있음을 인정하고 있다(예. 시 31:24; 32:6f; 34:6ff; 124:8).[26] 감사시들에서는 특히 고난으로 부터 구원받은 사람의 "증언"(witness)이 나타나는데, 예를 들면 시편 30편에는 회중에게 분명한 교훈을 제시하고 있다:

> 진노는 잠깐이요, 은총은 영원하니,
> 저녁에는 눈물을 흘려도, 아침이면 기쁨이 넘친다(시 30:6[5]).

이 시편 기자는 야훼를 구원자로서 인식하면서, "나에게 일어난 일이 너에게도 일어날 수 있다"는 사실을 교훈하고 있다. 시편 34편은 "부르짖음 → 구원 및 그에 대한 감사"로 이어지는 감사시의 특성이 두드러지는데(34:2-8[1-7]), 이 시 역시 지혜자의 권면이 제의와 밀접하게 결합될 수 있다는 좋은 증거이며, 또한 교훈적 권면이 예배에서 중요한 의무임을 잘 보여준다.

지혜와 제의와의 밀접성은 찬양시적 요소를 지닌 시들에서도 찾아볼 수 있다. 시편 19A와 104편은 바빌론의 [샤마쉬 찬양시], 그리고 이집트의 [아텐 찬양시]와 자주 비교되어 왔다. 물론 이들 사이의 신학적인 차이를 인정하면서도, 그 모티프 및 표현에 있어서 유사성을 배제할 수는 없다. 그런데 바빌론이나 이집트에서 태양신에 대한 찬양은 극히 제의적인 것이라는 사실은 시편 19A나 104편이 제의와 밀접히 관련된 시임을 보여 준다. 특히 104편에서 시인은 "내 영혼아, 야훼를 찬송하여라"(1, 35절)는 부름구와 "나의 묵상이 그분에게 즐거움이 되옵소서"(34절)라고 간구하는 봉헌 공식구를 통해서 예배에서의 찬양, 봉헌뿐

26) Mowinckel, "Psalms and Wisdom," 213-14.

아니라, 묵상을 하나님에 대한 제의적 응답으로 간주하고 있다. 더욱이 시인은 하나님의 초월을 자연 세계에 대한 하나님의 직접적인 개입과 연결시키려 했으며, 이를 통해서 예배 참석자들을 고무시킬 만한 지침을 제시하고자 하였다.[27] 이절에서 시편 104편은 제의와 지혜의 상관성을 잘 보여준다고 하겠다.

시편 37편, 49편, 그리고 73편은 모두 질문을 제기하는 지혜시들이다. 그 시들은 모두 악인의 번영과 의인의 고난에 의해 야기되는 문제로 가득 차 있다. 그렇지만 그 시편 기자들은 그 원인을 이론적으로 분석하려고 하지는 않았다. 그러면서 그들 모두가 악인의 번영이 잠정적일 뿐이며, 조만간 의인은 그 정당성을 입증받게 될 것이라고 주장함으로 그 문제에 대처하고 있다.

특히 시편 37편은 아크로스틱 시로서 엄격한 사고적 발전을 보여주지는 않지만, 대략 세 개의 주제들이 나타난다: (1) 성공한 악인을 시기하거나 불평하지 말라(1, 7b절); (2) 야훼를 신뢰하여라, 그러면 의인은 수치를 당하지 않을 것이다(3, 7, 19, 22, 34절); (3) 악을 행하는 자들은 조만간 종말이 올 것이다(2, 10, 20절). 이같은 주제가 지혜자의 교훈에서 새로운 것은 아니다. 악인이 번영하고 더구나 의인들 앞에서 자신의 부를 뻐길 때조차도 시인은 "선 복, 악 재앙"이라는 전통적인 지혜의 틀을 여전히 고수하면서, 이러한 주장의 저변에는 야훼의 개입을 전제하고 있다. 더욱이 37편의 시인은 욥의 세 친구들이 주장하는 듯한 주장을 확신시키기 위해 자신의 경험을 제시하고 있다(25-26, 35-36절). 야훼의 개입, 그리고 구원에 대한 신뢰는 불가해한 현실에서 고통받는 사람들에 대한 시인의 충언이라 하겠다. 이 시인은 현실에 대해 무지하거나, 현실을 보지 않으려는 도피주의자가 아니다. 그러면서도 어떤 이론의 전개보다는 야훼에 대한 신뢰를 계속 권면하는 것은, 이 시의 상황이 매우 실천적이며, 목회적임을 시사한다.[28] 특히 바이저는

---

27) L. C. Allen, *Psalms 101-150*, 34-35.

복과 저주(22절), 땅의 분배(9, 11, 18, 22, 29, 34절), 심판과 구원(10f. 34, 37f.절)에 관한 언급들에서 계약 제의의 전승을 찾으려 한다.[29]

시편 49편도 37편처럼 하나님의 개입을 다루고 있다. 이 시편 기자는 그 누구도 죽을 때에 재물을 가져갈 수 없으며(시 49:11[10], 18[17]), 또한 자신을 죽음에서 속량할 수도 없다(8[7]절)는 사실에서 어떤 위로를 끌어낸다. 이점에서 인간이란 짐승과 마찬가지이다(13[12], 21[20]절). 그러나 오직 하나님만이 스올에서 시인의 영혼을 마치 에녹에게 그러하신 것처럼(창 5:24) 시인을 건져내실 것이다(16[15]절). 8절과 16절의 이같은 대비에서 우리는 하나님과 함께 하는 불멸(immortality)에 관한 신앙을 찾아볼 수 있다. 시편 49편의 초두에서 모든 사람에게 선포된 "지혜"는 잠정적인 악인의 생존과는 대조적으로 지혜자들에게 다가올 축복된 불멸에 초점이 맞추어진 것이다.[30] 결국 시편 49편의 시인은 눈 앞에 펼쳐지는 현상이 실재는 아니며, 오직 하나님에 대한 신뢰와 죽음을 넘어서는 희망만이 참으로 가치가 있음을 훈계하고 있다. 이러한 모습에서 우리는 시편 37편처럼 49편 역시 목회적 위로와 충고를 볼 수 있으며,이러한 사실은 지혜와 제의와의 밀접성을 잘 보여 준다.

한편 시편 73편에도 의인과 악인의 운명이 대조되어 나오는데, 다른 지혜 격언들과의 주요한 차이는 유사한 주제를 지닌 지혜 교훈들의 집적물이라기 보다는 "확대된 증언"(the extended testimony)이라는 것이다. "나-당신"(I-thou)의 성격이 시 전체에서 두드러지는데, 그렇다고 이 시를 단순히 개인적인 명상으로 간주하기보다는 마지막 절이 시사하듯이 공적으로 교훈이 전달되는 것으로 간주하는 것이 더 적절할 것 같다.[31] 시편 73편에는 악인의 번영에 대한 시편 기자의 탄식이 묘사되

---

28) Davidson은 "야훼에 대한 신뢰"라는 용어의 삶의 자리가 지혜 격언이 아니라, "예배"라고 주장한다(R. Davidson, *Wisdom and Worship,* 110).

29) Weiser, *The Psalms,* 316.

30) Murphy, *The Psalms, Job,* 35.

어 있고(4–14절) 그 탄식을 넘어서 회중들에게 확신에 찬 교훈을 제시하고 있다(cf. 시 51, 90편). 시인은 고난을 당할 때 그를 둘러싸고 있는 야훼의 백성들(시 49:15, cf. 신 14:1), 곧 "구름같은 증인들"(히 12:1)을 간과할 수 없었다. 수난자는 이스라엘에서 나타내신 하나님의 구원 행위, 택함받은 공동체라는 분명한 사실을 부인할 수 없었다. 더욱이 그는 인식의 전환점이 하나님의 "성소"[32]에서 이루어졌음을 증언하고 있다(17절). 13절에 나오는 손을 씻는 관습은 정결 서약 의식에 속하는 것이다. 이처럼 시인은 자기의 고난이 자신의 죄 때문에 비롯된 것이 아니라는 사실을 맹세하는 수단으로 손을 씻었다.[33] 이처럼 시인은 제의적인 관습에 참여했으며, 비록 그 진행 과정에 관한 설명은 없지만 성소에서의 변화를 경험하고, 그것을 회중들에게 선포할 것을 다짐하고 있는 것이다. 이처럼 시편 37, 49, 73, 그리고 94편은 악인의 번영과 의인의 고난이라는 논쟁적인 주제를 다루고 있는데, 주제의 성격상 이 시들에는 탄원, 불평의 요소가 있으면서도 그것에 머물지 않고, 감사와 확신에 찬 고백으로 이어지고 있다. 이러한 전개는 논쟁적인 지혜시조차도 비제의적인 것이 아님을 보여 준다.

또한 시편 112편 역시 지혜시와 다른 유형의 결합이 부자연스러운 것이 아님을 보여 준다. 알렌(L. C. Allen)은 시편 111편과 112편을 "의도적인 대응부"(the intentional counterpart)로 간주하면서 두 시가 모두 아크로스틱(acrostic) 시에 속하며, 특히 111편 10절에 나오는 "야훼 경외"를 112편이 발전시켜서 111편에 묘사된 야훼의 특성이 신자들의 생활에 반영되어야 할 것을 촉구한다고 말한다.[34] 그런데 시편 111편 1절은 제의공동체에게 증언하는 개인감사시의 특징적 언어를 사용하지만, 뒤이어 나오는 내용은 개인의 고통으로 부터의 구원이 아

31) S. J. L. Croft, *The Identity of the individual in the Psalms,* 163.

32) 이에 대해서는 IV장 시편 73편의 주해에서 좀더 자세히 언급될 것이다.

33) Cf. 시 17:3ff; 24:4; 26:6; 신 21:6; 마 27:24.

34) Allen, *Psalms 101–150,* 97.

니라, 민족의 구원사와 관련되어 있다. 시편 112편은 111편의 이러한 내용을 토대로 하여 교훈을 제시하고 있다. 그런데 1절의 אַשְׁרֵי("복이 있다")라는 단어가 본래 제사장의 축사에 쓰이지 않았음을 염두에 둘 때, 112편은 지혜자가 작시한 후 예배에서 사용되었을 것 같다.[35)]

얼핏 보기에는 성전과 학교, 예배와 지혜, 찬양과 지혜 교훈들 사이에 모순이 있는 듯이 여겨질 수 있을 것이다. 그러나 제의 자체가 교육을 위한 계기를 마련하며, 이러한 모습은 포로기 이후 후반기에 씌어진 [집회서]에서도 찾아볼 수 있다. 벤 시라는 이스라엘의 영웅들을 언급하면서 모세에게는 불과 5절(45:1-5)을 할애하고 있는 반면, 아론에게는 17절(45:6-22)을 할애하면서 그의 제사장직, 제사와 교육목회(teaching ministry)의 이중적 기능, 그리고 공동체에서의 그의 독특한 위치에 대해 언급하고 있다. 더욱이 오니아스(Onias)의 아들인 대제사장 시몬(Simon)에 대한 찬양으로 역사적 개관을 마무리함으로써, 벤 시라 자신은 백성들을 제의에 초청하고 있다. 이러한 사실은 데이빗슨이 기존의 연구가 이스라엘 초기부터 있었던 예배의 교육적 가능에 지나치게 주목하지 못했다고 비판한 것을 정당화시켜 주며,[36)] 더 나아가 지혜시와 제의와 관계는 포로기 이후에도 여전히 밀착되었음을 보여 주는 것이라 하겠다.

---

35) אַשְׁרֵי공식구에 대해서는 II장을 참조하라.

36) R. Davidson, *Wisdom and Worship,* 35. 이밖에도 예배와 교육의 밀접성을 주장하는 글로는, S. Terrien, *The Elusive Presence,* 316; Kraus, *Theology of the Psalms,* 15-16; Murphy, *The Psalms, Job,* 34-35.를, 참조하라. 이와는 달리 모빙켈은 지혜시를 "지적인 시문"(learned Psalmography)이라고 말하면서 예배와 지혜를 전혀 반대의 영역으로 간주하며, 결국 성전예배에서 지혜시의 역할을 인정하지 않는다("Psalms and Wisdom," 211-12). 그런데 우리는 제 2성전 예배에 대한 정보가 부족하며, 단지 역대기 사가가 그 당시의 예배에서 몇몇 시들이 어떻게 이용되었는지를 보여 주고 있을 뿐이다(대상 16:7-36; 29:10-13).

IV. 예배의 책으로서의 시편

20세기의 시편 해석은 양식비평적(form-critical), 제의기능적(cult-functional) 방법에 의해 주도되어 왔다. 이 방법들의 목표는 우선 각 시를 문학유형에 따라 범주화하여, 그 시가 고대 이스라엘의 제의적, 공동체적 생활에서 역할을 감당한 "자리"(setting)를 결정하는 것이었다. 이 방법들이 시편 연구에서 중요한 결과를 낳게 했지만, 최근에 그 방법들만으로는 부족함을 느끼면서, 시편을 "하나의 책"(a book)으로서, 편집적 행위에 의한 문학적 수집물로서 보려는 경향이 있다.[37] 비록 시편이 본래는 고대 이스라엘의 예배생활에서 비롯되었지만, 최종적인 편집에서는 신자들의 "교훈"(instruction)으로서 수용, 보존, 전달되었다는 것이다. 즉 시편은 본래 "인간이 하나님에게 하는 말"(human words to God)이었으나, 이제 그것들은 "하나님이 인간에게 하시는 말씀"(God's words to humanity)이 되었다는 것이다. 차일즈는 이같은 해석학적 변화가 시편 1편의 편집적 위치에 의해서 확인될 수 있다고 주장한다.[38] 그런데 시편의 경전적 관점을 강조한 학자들은 정도의 차이는 있지만 대체로 다음과 같은 주장을 펼치고 있다: (1) 시편의 최종적인 형태로서의 문학을 강조; (2) 시편 1편의 편집적 서문의 역할을 강조; (3) 시편집

---

37) 시편에 대한 경전적인 접근이 이같은 경향을 잘 드러내고 있는데 이에 대한 연구를 위해서는 다음을 참조하라. B. S. Childs, *Introduction to the Old Testament as Scripture* (Philadelphia: Fortress Press, 1979), 504-25; G. T. Sheppard, *Wisdom as a Hermeneutical Construct: A Study in the Sapientializing of the Old Testament,* BZAW 151 (Berlin: Waker de Gruyter, 1980), 136-44; idem, "Theology and the Book of Psalms," *Int* 46 (1992), 143-55; G. H. Wilson, "The Shape of the Book of Psalms," *Int* 46 (1992), 129-42; J. Clinton McCann, "The Psalms as Instruction," Int 46 (1992), 117-28; idem(ed.), *The Shape and Shaping of the Psalter,* JSOTSup 159 (Sheffield; Sheffield Academic Press, 1993); J. L. Mays, "The Place of the Torah-Psalms in the Psalter," *JBL* 106 (1987), 3-12; idem, *Psalms* (Louisville: John Knox Press, 1994).

38) Childs, *Introduction,* 513-14.

은 전반적으로 지혜의 틀 안에서 형성되었다;[39] (4) 경전적 시편집은 제의를 위한 것이 아니라 읽고, 묵상해야 할 책이다; (5) 이제 시편집은 하나님이 인간에게 주시는 교훈서이다.[40] 특히 이러한 주장을 제기하는 학자들에게서 제의는 시편의 교육적 기능과 대조적인 것으로 나타난다. 그들에게서 시편의 발전사는 제의에서 책으로, 엄격한 장르에서 장르적 틀의 해체로, 제의 기능에서 교육적 용도로 나아가고 있다. 그러나 이처럼 시편의 컨텍스트로서 제의와 책을 엄격히 구분하는 것은, 이스라엘 종교가 예배와 제의라는 외형적 형태로부터 내적인 경건성으로 발전해 갔다는 벨하우젠의 가설과 맥락을 같이 하고 있다. 브루거만은 시편에 대한 메이스(J. L. Mays)의 경건적 접근을 비판하면서, 벨하우젠의 불연속성(discontinuity)에 의존하는 한, 역사적 사변에서 벗어나지 못한다고 지적하고 있다. 또한 그는 제의를 공동체가 자기 정체성을 재확인하고 그 삶을 재건하기 위해 필요한 "상징화의 모태"(matrix of symbolization)로 이해해야 한다고 주장하면서, 모든 공동체는 해체되지 않으려면 지속적인 상징화, 재상징화에 참여해야 한다고 말한다.[41] 브루거만의 관점을 받아들인다고 할 때, 포로기 이후에조차 이스라엘에서 공동체적 상징화 작업은 비록 성전에만 국한된 것이 아니라 하더라도 여전히 지속되었을 것이다. 기존에 구전되던 것이 기록되고 문서로 수집되었을 때 그것에 대한 해석학적 변화는 필연적일 것이다. 그러나 "책"이라는 사실만을 강조하고, 인간의 말이 하나님의 말씀으로 전환되었다는 점만을 강조하는 것은 역시 문제가 있다. 시를 읽으면서 하나님께 쏟아 부었던 시인의 자아(ego)와 독자의 자아는 만나게 되며, 또한 시들이 이제 책이 되었다는 사실만으로 예배에서의 사용을 배제할 근거는 없다. 시편집으로 완성된 이후에도 유대교와 기독교는 여전히 그 책을 통해 하나님께 예배를 드렸다.[42]

---

39) Wilson, "Shaping the Psalter," 72-82.

40) McCann, "The Psalms as Instruction," 117-28.

41) Brueggemann, "Response to James L. Mays, 'The Question of Context,'" 31-33.

우리는 고대 중동의 지혜문학을 연구한 결과, 지혜문학의 저자들의 사회적 위치는 왕 및 왕족, 고위 관리, 성전 서기관, 심지어는 제사장에 이르기까지 매우 다양하다는 사실을 발견할 수 있었다. 더욱이 제의적 영역에서 일하지 않는 자일지라도 제의에 많은 관심을 가지고 있었으며, 제의에 참여할 때 갖추어야 할 적절한 예법을 교훈하기도 하였다. 이같은 사실은 지혜문학의 저자들이 비제의적인 태도를 취하지 않았다는 것과, 지혜시 내에 제의적 용어가 존재한다고 해서 그것의 삶의 자리가 곧장 제의로 연결되는 것은 아님을 잘 보여 주는 것이다.

V. 나가는 말

결국 지혜시의 삶의 자리가 제의적이냐, 비제의적이냐 하는 물음에 대한 답변은 매우 모호할 수밖에 없다는 한계를 내포하고 있다. 이러한 이유로 시편에서 지혜와 제의의 관계를 알기 위해서, 먼저 지혜시와 일반적으로 제의시로 분류되는 유형들과의 비교를 통해서 양자의 관계를 검토해 보는 것이 적절할 것이다. 그런데 감사시에서도 자주 발견되는 교훈적 요소가 대체로 포로기 이후에 저작된 것으로 추정되는 지혜시에서 특히 두드러지게 나타나고, 또한 탄원시적 요소들도 지혜시에서 발견되며, 지혜 격언의 자료를 옮겨 놓은 듯한 시들조차 시편집 속에

42) 궁켈 이후 시편에서 표제들의 연구는 완전히 무시되었다. 그런데 히브리성서에서 73개 시들의 표제에 לדוד이란 용어가 있고, 칠십인역에서는 84개의 시들이 Δαυιδ란 용어를 지니고 있다 이 용어를 어떻게 해석할 지에 대해서는 다양한 의견이 있지만, 하여간 성전과 예배조직의 창설자로서 다윗에 대한 관심은 단순히 역대기의 한 경향이 아니라, 본래부터 예루살렘의 시편 전승에 속한 것이다. 더욱이 많은 표제들에 등장하는 음악적 어휘를 감안할 때, 하나의 책으로 모여진 시편집에서 제의 기능을 제외하는 것은 적절치 않다고 하겠다. 브루거만의 지적처럼 제의와 교훈사이를 양자택일하려는 것은 실제로 장르 분석과 이스라엘 종교에 대한 우리들의 가설에서 비롯된 대비이지, 시편 자체에서 비롯된 것은 아니다(Brueggemann, "Response," 35).

포함되었다는 사실은 지혜시가 포로기 이후의 상황과 밀접히 결부되어 있음을 보여 준다. 이러한 점들을 감안해 볼 때, 지혜시는 기존의 제의적 유형과 지혜 자료들을 토대로 하여 포로기 이후의 새로운 상황적 요구—토라 경건에 대한 강조, 회당의 출현, 정치적 불안 등—에 상응하는 시 유형이라 하겠으며, 이것은 제의시 전통의 "해체"라기보다는 상황에 따른 "변형"이라고 말할 수 있을 것이다.

참고 문헌

Allen, Leslie C. Psalms 101–150, WBC 21. Waco: Words Books, 1983.

Brueggemann, Walter. "Response to James L. Mays, 'The Question of Context'." in: J. Clinton McCann (ed.). *The Shape and Shaping of the Psalter,* JSOTSup 159. Sheffield: JSOT Press. 1993, 29–41.

Childs, Brevard S. *Introduction to the Old Testament as Scripture.* Philadelphia: Fortress Press, 1979.

Clements, Ronald E. *Wisdom for a Changing World: Wisdom in Old Testament Theology,* Berkeley Lectures 2. Berkeley, CA: BIBAL Press, 1990.

Croft, Steven J. L. *The Identity of the Individual in the Psalms,* JSOTSS 44. Sheffield: JSOT Press, 1987.

Davidson, Robert. *Wisdom and Worship.* London: SCM Press, 1990.

Gerstenberger, Erhard. *Psalms, Part I,* FOTL 14. Grand Rapids: W. B. Eerdmans Publishing Company, 1988.

Gunkel, Hermann. *Einleiung in die Psalmen: Die Gattungen der religiösen Lyrik Israels.* Göttingen: Vandenhoek & Ruprecht, 1933.

Holm-Nielsen, Svend. *Hodayot: Psalm from Qumran, Acta Theologica Damica.* Aarhus: Universitetsforlaget I, 1960.

Kraus, Hans-Joachim. *Theology of the Psalms.* trans. by Keith Crim. Minneapolis: Augsburg Publishing House, 1986.

Kuntz, J. Kenneth. "The Canonical Wisdom Psalms of Ancient Israel- Their Rhetorical, Thematic, and Formal Dimensions." in: J. L. Jackson and M. Kessler (ed.). *Rhetorical Criticism: Essays in Honor of James Muilenburg,* Pittsburgh Theological Monograph Series I. Pittsburgh: Pickwick Press, 1974, 186–222.

Mays, James Luther. "The Place of the Torah-Psalms in the Psalter." *JBL* 106 (1987), 3–12.

McCann, J. Clinton, Jr. "The Psalms as Instruction." *Int* 46 (1992), 117–28.

Morgan, Donn F. *Wisdom in the Old Testament Traditions.* Atlanta: John Knox Press, 1981.

Mowinckel, Sigmund. "Psalms and Wisdom." in: M. Noth and D. Winton Thomas (eds.). *Wisdom in Israel and in the Ancient Near East,* VTSup. III. Leiden: E. J. Brill, 1969, 205-224.

_______. "Traditionalism and Personality in the Psalms." *HUCA* 23 (1950-51), 205-31.

Murphy, Roland E. "A Consideration of the Classification, 'Wisdom Psalms'." in: *Congress Volume: Bonn 1962,* VTSup 9 (1963). Leiden: Brill, 156-67.

______. *The Psalms, Job,* Proclamation Commentaries. Philadelphia: Fortress Press, 1977.

Nel, Philip Johannes. *The Structure and Ethos of the Wisdom Admonitions in Proverbs.* Berlin: Walter de Gruyter, 1982.

Rad, Gerhard von. *Wisdom in Israel.* trans. by James D. Martin. Nashville: Abingdon Press, 1972.

Sheppard, Gerald T. *Wisdom as a Hermeneutical Construct: A Study in the Sapientializing of the Old Tetament,* BZAW 151. Berlin: Walter de Gruyter, 1980.

Talmon, Shemaryahu. "The Emergence of Jewish Sectarianism in the Early Second Temple Period." in: Patrich D. Miller, Jr., et al. (eds.). *Ancient Israelite Religion: Essays in Honor of Frank Moore Cross.* Philadelphia: Fortress Press, 1987, 587-616.

Terrien, Samuel. "Creation, Cultus, and Faith in the Psalter." *TE* 2/4 (1966), 116-28.

_____ . *The Elusive Presence: The Heart of Biblical Theology.* San Francisco: Harper & Row, 1978.

Vaux, Roland de. *Ancient Israel.* 2 vols. New York: McGraw-Hill Book Company, 1965.

Weiser, Artur. *The Psalms,* OTL. London: SCM Press, 1962.

Wilson, Gerald H. "The Shape of the Book of Psalms." *Int* 46 (1992), 129-

42.

______. “Shaping the Psalter: A Consideration of Editorical Linkage in the Book of Psalms.” in: J. Clinton McCann (ed.). *The Shape and Shaping of the Psalter,* JSOTSup Series 159. Sheffield: Sheffield Academic Press, 1993. 72–82.

시편과 관련 있는 '아자리아의 기도와 세 청년의 노래'에 대한 연구

천민희*

I. 들어가는 말

시편의 영향을 찾아볼 수 있는 "아자리아의 기도와 세 청년의 노래"는 LXX(칠십인역)과 테오도션역 다니엘서에서 MT(맛소라) 다니엘서 절 수로 보면 2장 23절과 24절 사이에 존재한다. 이 "아자리아의 기도와 세 청년의 노래"는 수산나 이야기, 벨과 용의 이야기와 함께 다니엘서의 첨가 부분에 속한다. 다니엘서 첨가 부분에 속하는 "아자리아의 기도와 세 청년의 노래"는 주제면에서 "하나님께서 불속에서 건져주셨다"(시편 66편)와 연관성을 찾아볼 수 있다. 그리고 특히 세 청년의 노래는 "그 인자하심이 영원함이로다"라는 되풀이 되는 후렴 부분을 가지고 있는 시편 136편과 하나님을 찬양하도록 찬양하는 주체들을 초대하는 시편 148편과 구성의 형식면에서 밀접한 상응이 있다. 이 점은 "아자리아의 기도와 세 청년의 노래"가 시편의 영향을 받았음을 추측할 수 있게 해 준다.

본 연구에서는 먼저, 칠십인역, 테오도션역과 아람어역에 있는 "아자리아의 기도와 세 청년의 노래"의 내용에 대해 소개하고자 한다. 그리고, 이 "아자리아의 기도와 세 청년의 노래"가 기원 후 2세기나 3세기에 속하는 파피루스 967에 존재한다는 중요한 사실은 본문의 필사본들에 대한 지식이 재검토되어야 할 필요성을 제안한다. 다니엘서 첨가 부분만 특별히 다룬 앵코 바이블 시리즈 중 무어의 "다니엘서 첨가 부분" 주석서는 필사본들에 대한 지식의 부족과 다니엘서 첨가부분에 대한 무관심을 단적으로 드러낸다. 시편과 관련성을 찾아볼 수 있는 "아자리아의 기도와 세 청년의 노래"에 대한 연구를 통해 이 첨가부분의 정통성과 그리고, 본문에 대한 더 나은 이해를 위해 본문비평에서 본문의 필사본들에 대한 올바른 이해의 중요성 또한 언급하고자 한다.

II. 아자리아의 기도와 세 청년의 노래

아자리아의 기도와 세 청년의 노래[1](찬송)의 내용 비교에서는, 거의 비슷한 내용을 가지고 있지만, 약간씩의 차이를 보여주는 칠십인역과 테오도션역,[2] 이 두 본문과 차이를 보이는 "제레미일의 연대기"(Chronicle of Jerahmeel)에 있는 아람어 본문 내용[3]을 비교하고자 한다. 그리고 각각 이 첨가 부분의 특징과 다른 정경이나 외경의 책들과의 연관성을 설명하고, 해당 구절들의 차이를 설명하고자 한다.

---

1) "세 청년의 노래" 혹은 "세 아이의 노래"라고 명명되는 제목의 차이가 여러 책들에서 보여진다. 다니엘서 1:15에서 이미 "청년들"(young men)이라는 언급이 있어 이미 성장된 청년들을 나타내는데, 2장에서 다시 "아이들"(children)로 바뀌는 것은 문맥상 맞지 않으므로 본 논문에서는 "세 청년의 노래"로 부르고자 한다.

2) John Collins, *A Commentary on the Book of Daniel, Text including additions* (Minneapolis: Fortress, 1993), 195-198.

3) 19세기말 모세 게스터(Moses Gaster)는 중세의 "제레미일의 연대기(Chronicle of Jerahmeel)" 3장에 있는 첨가부분과 벨과 용의 아람어 본문을 발견했는데, 참조된 본문내용은 Moses Gaster, "The Unknown Aramaic Original of Theodotion's Additions to the Book of Daniel," *PSBA XVII* (25 Session, January to December, 1895), 75-94이다.

먼저, "제레미일의 연대기"에 대해 모세 게스터(Moses Gaster)의 설명을 알아둘 필요가 있다.[4] 게스터는 이 연대기에 대해 "제레미일은 10세경이나 그 이전에 살았다. 이 "제레미일의 연대기" 편찬자는 아람어로 된 다니엘서의 첨가 부분들에 대한 히브리어 번역을 처음으로 제공한다"고 언급한다. 이 편찬자는 연대기의 서론에서, "이제 나는 테오도시우스(Theodosius)가 발견했지만, 24권의 정경책들에는 없는 세 젊은이가 찬양했던 잃어버린 찬송과 노래들을 베끼고 있다. 이것은 지혜 있는 로마 왕 콤모두스(Commodus)시대 때 번역했던 테오도시우스가 그의 전집(정경, Canon)에서 소개했던 부분이기도 하다. 이 본문은 히브리어 책에서 발견되지 않고, 안티오쿠스 시대 때 살해되었으며 이집트 왕 프톨레미우스 시대 때 전체 율법을 대제사장 엘르아살(Elazar)과 함께 번역했던 70인의 지혜자들의 책에서 발견되고, 아드리안(Adrian) 왕 시대 때 번역했던 심마쿠스(Symmachus)와 아킬라(Akilas) 번역자들의 책에도 발견된다"라고 설명한다.

희랍어 다니엘서 첨가 부분 중 아자리아의 기도와 세 청년의 노래는 다니엘서의 "첫 번째 첨가 자료"로 널리 알려져 있다. 이 첨가는 칠십인역, 테오도션역, 불가타역과, 그리고 칠십인역에 의존한 다른 번역들에서는 다니엘서의 빠뜨릴 수 없는 부분을 형성하며, 맛소라 본문 다니엘서 3장 23절 이후에 삽입되어 있다. 맛소라 본문의 연장선상으로 보면, 이 첨가 부분이 24절부터로 절수가 매겨지고, 칠십인역과 테오도션역에 자체로 보아서는 1절로 시작한다. 맛소라 본문과의 관계 속에서 본 논문이 진행되므로 24절로 첫 절수를 매기고자 한다.

칠십인역과 테오도션역에서 이 첨가부분의 배열위치는 맛소라 본문 다니엘서 3:23－희랍어 다니엘서 아자리아의 기도(3:24-50)와 세 청년의 노래(3:51-90)－맛소라 본문 다니엘서 3:24이라는 도식으로 이해할 수 있다. 이 첨가 부분은 시리아, 라틴, 아람어역에도 3장 23절과 24절

4) Gaster, "The Unknown Aramaic Original," 280-317.

사이에 실려 있다.

아자리아의 기도와 세 청년의 노래를 포함한 전체적인 세 청년에 관한 이야기는 정경책들과 연관성이 있는데,[5] 예레미야서 29:22 이하에 살아있는 사람을 태우는 바벨론의 사형형태의 역사적인 사실에 대한 문제와 연관지어 볼 수 있다. 이 이야기는 시편 66:12, "우리가 불과 물을 지날 때 우리를 구해주셨습니다"와 스가랴 3:2, "이 사람(대제사장 여호수아)은 불구덩이에서 꺼낸 그슬린 나무가 아니냐?", 그리고 이사야 43:2, "네가 불 가운데로 걸을지라도 타지 않을 것이며 불꽃이 너를 태우지 못할 것이다"라는 성서의 구절들에서 문자적인 적용을 볼 수 있다.

1. 아자리아의 기도

아자리아의 기도와 세 청년의 노래 본문 비교에서는 비슷한 내용이 있는 구절들에 맞추어 비교하기 쉽게 구절들 사이에 칸을 띄우도록 하였다. 굵은 글자로 표시된 부분은 칠십인역과 테오도션역이 약간씩 차이를 보이는 부분이다.

칠십인역	테오도션역	아람어역
1(24) 그리고나서, 왕이 아나냐와 아자리아와 마사엘을 화로에 던지라고 명령했을 때, 이들은 하나님께 기도했고 찬양하였다.	1(24) 그리고 그들은 불속에서 하나님을 찬양하고 주님의 은총을 빌며 걷고 있었다.	1. 그리고 세명은 타오르는 불의 화로에 들어갔고 주님을 찬양하고 축복했다.
2(25) 아자리아는 일어서서 기도했고, 불속에서 입	2(25) 아자리아는 일어서서 기도했고, 불속에서 입	그리고 아자리아는 기도하기 위해 일어섰고 그는 그

5) Lawrence H. Schiffman and James C. VaderKam (eds.), *EDSS*, vol. 1 (Oxford: Oxford University Press, 2000), 175.

을 열었고, 갈데아 술사들에 의해 지나치게 과열된 화로불속에서 그의 친구들과 함께 주님께 고백했다:	을 열어 이렇게 기도했다:	의 입을 열어 이렇게 기도했다:
3(26) 우리 조상들의 하나님, 주님은 은총을 베푸시는 분이며, 찬미 받으실 분이며, 하나님의 이름은 영원히 영화롭습니다.	3(26) 우리 조상들의 하나님, 주님은 은총을 베푸시는 분이며, 찬미 받으실 분이며, 하나님의 이름은 영원히 영화롭습니다.	2. "우리 조상의 하나님은 찬미받으실지라. 그리고 그의 이름이 찬양되고 영원히 영화로울 것이다.
4(27) 당신이 우리에게 행하신 모든 일에 공정하시고, 모든 행하심이 진실하시고 당신의 길은 바르며, 당신의 모든 심판들은 진리입니다.	4(27) 당신의 모든 행하신 일에 공정하시고, 모든 행하심이 진실하시고 당신의 길은 바르며, 당신의 모든 심판은 진리입니다.	3. 당신은 우리에게 행하셨던 모든 것에 진실하셨고 당신의 모든 일들이 진실하시며 세워진 당신의 길들과 당신의 모든 심판들이 신실하시기 때문입니다.
5(28) 당신은 우리의 죄에 대하여 진리와 심판으로 이 모든 것을 부과하셨기 때문에 우리와 당신의 거룩한 도시, 예루살렘에 부과하셨던 모든 것에 대해 진리의 심판을 집행하셨습니다. 6(29) 우리가 모든 것에서 당신을 거역할 정도로 죄를 지었고 법을 어겼기 때문에, 우리는 모든 것에 아주 죄를 지었습니다. 7(30) 우리는 당신의 법의 명령들에 복종하거나 준수하거나 우리가 번성하기 위해 우리에게 명령하	5(28) 당신은 우리의 죄에 대하여 진리와 심판으로 이 모든 것을 부과하셨기 때문에 우리와 당신의 거룩한 도시, 예루살렘에 부과하셨던 모든 것에 대해 진리의 심판을 집행하셨습니다. 6(29) 우리가 당신을 거역할 정도로 죄를 지었고 법을 어겼기 때문에, 우리는 모든 것에 아주 죄를 지었습니다. 7(30) 우리는 당신의 명령에 복종하거나 준수하거나 우리가 번성하기 위해 우리에게 명령하셨던 것을 행하지 않았습	4. 정말로, 진실한 심판이 당신께서 우리와 우리의 조상들의 거룩한 도시 예루살렘에게 초래했던 모든 일에 당신을 일으켜 세웠는데, 우리의 죄 때문에 진실한 심판이 우리에게 초래되었습니다. 5. 우리는 죄를 지어왔고, 우리는 부정을 저질러왔고, 우리는 당신으로부터 떠났습니다. 6. 우리가 잘될 그 명령을 기꺼이 지키고 준수하지 않아왔던 것처럼, 우리는 당신이 우리에게 명령하셨던 모든 명령들을 외면하

셨던 것을 행하지 않았습니다.
8(31) 우리에게 부과하신 모든 것과 우리에게 행하신 모든 것은 당신께서 진실한 판단으로 행하신 것입니다.
9(32) 당신은 가장 적의가 있는 반역자들인 우리의 무법한 적들에게, 그리고 온 땅에서 가장 야비한 부정의한 왕에게 우리를 넘기셨습니다. 10(33) 이제 우리는 입을 열수도 없습니다. 당신의 종들과 당신을 섬기는 이들이 수치와 비난을 당합니다.
11(34) 당신의 이름을 위하여 우리를 영원히 버리지 마옵시고 당신의 계약을 어기지 마옵소서. 12(35) 당신의 사랑을 받은 아브라함과 당신의 종인 이삭과 당신의 거룩한 이스라엘을 위하여, 우리에게서 자비를 거두지 마옵소서.

니다.
8(31) 우리에게 부과하신 모든 것과 우리에게 행하신 모든 것은 당신께서 진실한 판단으로 행하신 것입니다.
9(32) 당신은 가장 적의가 있는 반역자들인 우리의 무법한 적들에게, 그리고 온 땅에서 가장 야비한 부정의한 왕에게 우리를 넘기셨습니다. 10(33) 이제 우리는 입을 열수도 없습니다. 당신의 종들과 당신을 섬기는 이들이 수치와 비난을 당합니다.
11(34) 당신의 이름을 위하여 우리를 영원히 버리지 마옵시고 당신의 계약을 어기지 마옵소서. 12(35) 당신의 사랑을 받은 아브라함과 당신의 종인 이삭과 당신의 거룩한 이스라엘을 위하여, 우리에게서 자비를 거두지 마옵소서.

였습니다. 7. 그리고 우리는 당신의 명령들과 법령들을 지키지 않아왔기 때문에,

8. 당신은 무법의 적들의 수중과 모든 땅들에 있는 악한자들과 무법의 왕들의 수중으로 우리를 이끄시어 우리에게 진정한 판결을 가져왔습니다. 9. 그리고 이제 우리는 우리의 입을 열 수 없는데, 당신에게 붙어 있었던 당신의 종들이 부끄럽게 되었기 때문입니다. 10. 그리고 당신의 계약을 잊지 않도록 당신의 위대하고 거룩한 이름을 위해서 우리를 온전히 구원해 달라고 당신께 간절히 탄원하지 못합니다. 11. 그리고 당신의 자비가 떠나지 않았기 때문에, 당신의 사랑받은 아브라함과 당신의 종 이사악과 당신의 거룩한 이스라엘을 위해서라도 탄원합니다.

13(36) 당신이 그들에게 말했던 것처럼, 하늘의 별

13(36) 당신이 이들에게, 하늘의 별과 바다의 해변

12. 하늘의 별들과 같이 그리고 해변가의 모래같이

과 바다의 해변가의 모래같이 그들의 씨를 번성하게 하시겠다는 약속을 말씀하셨습니다. 14(37) 주님, 우리는 우리의 죄 때문에 모든 나라들보다 작아졌고 오늘날 모든 땅에서 낮아졌습니다.	가의 모래같이 그들의 씨를 번성하게 하시겠다는 약속을 말씀하셨습니다. 14(37) 주님, 우리는 우리의 죄 때문에 모든 나라들보다 작아졌고 오늘날 모든 땅에서 낮아졌습니다.	그들의 자손들을 번식케 하리라고 말씀하셨던 이들을 위한 것입니다. 13. 그리고 이제 우리는 우리의 죄때문에 모든 땅에서 오늘날 비참한 것처럼 어떤 다른 나라보다 낮아졌습니다.
15(38) 그리고 이 시대에 통치자나 예언자나 지도자도 없고, 번제물이나 희생제물이나 제물이나 향도 없고 당신 앞에 번제드릴 곳과 자비를 구할 곳도 없습니다.	15(38) 그리고 이 시대에 통치자나 예언자나 지도자도 없고, 번제물이나 희생제물이나 제물이나 향도 없고 당신 앞에 번제드릴 곳과 자비를 구할 곳도 없습니다.	14. 그리고 이때에 우리는 지도자도, 예언자들도, 통치자들도, 대리인들도 없고, 번제물이나 희생물도 봉헌물도 없고 당신 앞에서 자비를 구할 이 모든 것을 가지고 올 장소도 없을 정도입니다.
16(39) 그러나 죄를 뉘우치는 영혼과 겸손한 영을 받아주옵소서. 17(40) 숫양과 황소와 살찐 양들을 번제물로 드림같이 받아주옵소서. 그래서 오늘 당신 앞에 우리의 희생을 드리고 당신 앞에 은혜를 구합니다. 당신을 신뢰하는 자들에게 어떤 수치도 없을 것이기 때문입니다.	16(39) 그러나 죄를 뉘우치는 영혼과 겸손한 영을 받아주옵소서. 17(40) 숫양과 황소와 살찐 양들을 번제물로 드림같이 받아주옵소서. 그래서 오늘 당신 앞에 우리의 희생을 드리고 당신 앞에 은혜를 구합니다. 당신을 신뢰하는 자들에게 어떤 수치도 없을 것이기 때문입니다.	15. 그러나 회개하는 마음과 겸손한 영으로 양과 황소들과 수천의 살찐 양들과 같은 번제물과 같이 우리가 받아지게 하옵소서. 16. 그래서 오늘날 우리의 제물이 당신 앞에서 받아들여지게 하옵소서; 당신은 당신에 대한 그들의 신뢰를 좌절시키시지 않을 것이기 때문입니다.
18(41) 이제 온 정성으로 당신을 따르고 당신을 두려워하며 당신의 얼굴을 찾으려 합니다.	18(41) 이제 온 정성으로 하나님을 따르고 당신을 두려워하며 하나님의 얼굴을 찾으려 합니다.	17. 그리고 이제 우리는 당신을 두려워하는 우리의 모든 마음으로 원합니다.

19(42) 우리를 부끄럽게 두지마시고, 당신의 호의와 당신의 수많은 자비로 우리를 대하소서.	19(42) 우리를 부끄럽게 두지마시고, 당신의 호의와 당신의 수많은 자비로 우리를 대하소서.	18. 그리고 우리는 당신이 우리를 수치스럽게 두지 않으시고 우리를 당신의 너그러움과 당신의 수많은 자비에 따라 우리를 대하시기를 당신께 기도합니다.
20(43) 오, 주님, 그리고 당신의 기적적인 행하심으로 우리를 구하시고 주님의 이름을 영화롭게 하소서. 21(44) 당신의 종들에게 악을 행하는 모든 자들을 부끄럽게 하시고 어떤 힘도 없이 불명예스럽게 하시고 그들의 힘을 부수시옵소서.	20(43) 그리고 당신의 기적적인 행하심으로 우리를 구하시고 주님의 이름을 영화롭게 하소서. 21(44) 당신의 종들에게 악을 행하는 모든 자들을 부끄럽게 하시고 어떤 힘도 없이 불명예스럽게 하시고 그들의 힘을 부수시옵소서.	19. 우리를 구원하소서, 오 주님, 당신의 이름에 영광을 돌립니다. 그리고 당신의 종들을 상처주었던 모든 이들이 부끄럼 당하게 하옵소서. 20. 그리고 그들의 모든 힘에도 불구하고 좌절되게 하시고, 그들의 강함에도 불구하고 파괴되게 하옵소서.
22(45) 그들이 주님이 유일하고 온 세상에서 영화로운 분임을 알게 하소서." 라고 말했다.	22(45) 그들이 주님이 유일하고 온 세상에서 영화로운 분임을 알게 하소서." 라고 말했다.	21. 그리고 그들이 당신 홀로 모든 땅들을 통치하심을 알 것입니다."라고 말했다.
23(46) 그리고 그들이 화로에 세 사람을 한 번에 던져넣었을 때, 화로가 일곱배로 더 뜨거워졌다. 그리고 그들이 이들을 그 안에 던졌을 때, 이들을 던졌던 이들은 그들 위에 있었지만, 그들 아래 있었던 사람들은 기름과 송진과 삼부스러기와 솔로 불을 붙이고 있었다. 24(47) 불꽃	23(46) 그들을 던져넣은 왕의 종들이 기름과 송진, 삼부스러기와 솔로 계속해서 화로를 지피는 것을 멈추지 않았다. 24(47) 불꽃이 화로 위로 사십구 큐빗 이상 퍼졌고, 25(48) 불꽃은 화로 주위에 있던 갈데아 술사들 사이를 지나 태웠다.	22. 그리고 이제 이 세 사람을 화로에 던졌던 왕의 신하들과 수행원들이 기름, 송진, 그리고 담황색 머리카락을 넣고 공을 만들었는데, 23. 화로위로 사십구 큐빗 불의 불꽃을 증대시키기 위해서였다. 24. 그리고 불과 불꽃은 세차게 나와 그들과 화로 옆에 서 있었던 갈데아 술사들을

이 화로 위로 사십구 큐빗 이상 퍼졌고, 25(48) 불꽃은 화로 주위에 있던 갈데아 술사들 사이를 지나 태웠다.		태웠다.
26(49) 그러나 주님의 천사가 아자리아와 아자리아의 친구들이 있는 화로로 내려왔고 화로의 불의 불꽃을 소멸시켰다.	26(49) 그러나 주님의 천사가 아자리아와 아자리아의 친구들이 있는 화로로 내려왔고 화로의 불의 불꽃을 소멸시켰다.	25. 그리고 주님의 천사가 아자리아와 그의 친구들이 있는 가마에 내려왔고 가마의 불을 식게 했다.
27(50) 그리고 화로 가운데에 이슬을 머금은 바람이 화로를 통과해 부는 것처럼 만들었다. 불은 그들을 전혀 손을 대지 못했고 그들을 해하거나 괴롭히지 못했다.	27(50) 그리고 화로 가운데에 이슬을 머금은 바람이 화로를 통과해 부는 것처럼 만들었다. 불은 그들을 전혀 손을 대지 못했고 그들을 해하거나 괴롭히지 못했다.	26. 그리고 그는 화로 중간에 이슬을 부는 바람 같은 것을 만들었고 어떤 불도 그들을 건들지 못했고, 어떻게든 그들을 상하게 하지 못했다.

칠십인역의 25절은 본문 비교표에서 보이는 테오도션역과의 공통된 부분에 "그래서, 아나니야와 아자리아와 미사엘은 주님께 기도했고 찬양했다. 왕이 그들을 화로에 던지라고 명령했을 때"[6]라는 어구를 덧붙이고 있어 서론 부분이 칠십인역과 테오도션역에서 두 가지 다른 형태들[7]로 나타나는 부분처럼 미세한 차이는 있지만 주로 비슷한 내용으로 구성되어 있다.

맛소라 본문의 3장 23절과 24절 사이의 공백을 채우는 이 첨가부분에서 아자리아의 기도와 세 청년의 노래로 나뉘는 두 부분 중,[8] 첫 부

6) John Collins, *A Commentary on the Book of Daniel,* 195.

7) Robert H. Charles, *The Apocrypha and Pseudepigrapha of the Old Testament in English: Apocrypha, 1* (Oxford: The Clarendon Press, 1929), 625.

8) Edgar J. Goodspeed, *The Apocrypha: An American Translation* (New York: Vintage

분은 당장의 끓는 화로에서의 구원이 아니라 백성들의 죄를 고백하고 자비를 애원하는 아자리아의 긴 기도이다. 특별히 아자리아의 기도는 신앙심의 모범으로 친구들을 나타내고, 이 친구들의 목숨에 대한 희생을 속죄의 효과[9]로 보여준다(40절).

아자리아의 "기도"(3:24-50)의 구조[10]는 하나님에 대한 찬양(24절), 하나님의 정의를 인식(27절), 특히 이스라엘에게 행해진 심판(28-33절)으로 시작한다. 하나님의 이름(34절), 조상들과의 하나님의 약속(35, 36절), 그리고 이스라엘의 큰 고통과 진정한 회개(37-42절)에 근거한 구원을 위한 기도가 뒤따른다. 38절의 포로기에 예언자나 지도자가 없고, 제물드릴 성전이 없음을 탄식하는 부분은 포로기의 상황을 묘사하고 있다. 이 기도는 이스라엘의 적들을 처벌하여 하나님의 영광이 전 세계적인 것으로 나타나는 것(43-45절)을 위한 구원호소로 결론을 맺는다. 46-50절은 더 뜨거워지는 화로, 갈데아 술사들을 태움, 하나님의 천사의 내려옴과 세 청년들 보호에 대한 이야기이다. 45절에서 기도의 내용이 끝나고, 46절에서 고백과 기도의 어투가 "~하소서"에서 보고형식의 어투인 "~하였다"로 바뀌고 있다. 아자리아의 기도는 하나님의 힘뿐만 아니라 하나님의 자비와 올바름에서 보여주는 하나님의 유일함에 대한 압도적인 강조가 있다.

민족의 죄를 인식하고 민족에 대한 구원을 탄원하는 공동체의 탄원인 아자리아의 기도는 정경과 외경의 책들과 관련된 부분이 있다.[11] 가장 근접한 평행 부분은 다니엘서 9:4-20과 바룩서 1:15-3:8에 있는 기

Books, 1959, reprinted 1989), 349.

9) Michael A Knibb, "The Book of Daniel in its context," in: John J. Collins and Peter W. Flint (eds.), *The Book of Daniel; Composition and Reception,* vol.2 (Leiden, Boston, Koln: Brill, 2001), 24-25.

10) J. C. Dancy, *The Shorter Books of the Apocrypha commentary* (Cambridge: The University Press, 1972), 213.

11) Ernest Lucas, *Daniel.* Apollos Old Testament commentary 20 (Leicester: Intervarsity Press, 2002), 318.

도들과, 에스라서 9:6-15, 느헤미야 1:5-11; 9:5-37과 같은 포로기 후기 기도들과 상당히 유사하다.[12] 이 기도들은 제2성전시기에 사용되었던 기도 스타일을 반영한다고 볼 수 있다. 또, 아자리아의 기도는 출애굽기 15장, 사사기 5장, 사무엘상 2장과 같은 성경의 모델들을 생각해 볼 수 있다. 이 유사한 부분들은 아자리아의 기도가 연관된 다른 정경의 책들과 유사한 권위가 있었음을 암시한다.

2. 세 청년의 노래

세 청년의 노래의 본문에서 굵은 글자로 표시된 부분은 칠십인역과 테오도션역이 차이를 보이는 부분과 칠십인역의 구절의 순서가 테오도션역에서 바뀌어져 있는 부분(괄호 속에 있는 절수를 따라서, 54와 55, 58과 59, 69, 70과 71, 72, 77과 78절)을 나타낸다. 구절들 사이에 띄워져 있는 칸은 세 본문의 내용의 비슷한 부분에 맞추어 알아보기 쉽게 하기 위한 것이다.

칠십인역	테오도션역	아람어역
28(51) 그러자 이 세 사람은 화로 안에서 찬양했고 하나님께 영광을 돌리고 은혜를 송축했으며, 한 사람의 입에서 나오는 것처럼 이렇게 말하였다: 29 (52) 우리의 조상들의 하나님, 주님은 은총을 베푸시는 분이시고 찬미를 받을 분이시며 영원히 칭송하여	28(51) 그러자 이 세 사람은 화로 안에서 찬양했고 하나님께 영광을 돌리고 은혜를 송축했으며, 한 사람의 입에서 나오는 것처럼 이렇게 말하였다: 29 (52) 우리의 조상들의 하나님, 주님은 은총을 베푸시는 분이시고 찬미를 받을 분이시며 영원히 칭송하여	27. 그러자 이 세 사람은 한 입으로 타고 있는 화로 중간에서 하나님을 찬양하고 영화롭게 하였고 축복하며, 이처럼 말하였다: 28. 우리의 조상의 주님은 영원히 찬미되고 찬양되고 높임을 받으소서. 29. 그리고 당신의 위대하고 영화롭고 거룩한 이름은 찬미

12) James L. Mays (ed.), *Harper's Bible Commentary* (San Francisco: Harper&Row, 1817), 864.

<table>
<tr><td>높임을 받으실 분이십니다. 30(52) 당신의 영광의 거룩한 이름은 찬미를 받으시고 가장 찬양할만하며 영원이 높여질 것입니다.</td><td>높임을 받으실 분이십니다. 30(52) 당신의 영광의 거룩한 이름은 찬미를 받으시고 가장 찬양할만하며 영원이 높여질 것입니다.</td><td>되고 온 세상위에 찬양되고 높임을 받으소서.</td></tr>
<tr><td>31(53) 당신은 당신의 거룩한 성전에서 영원히 높이 찬미를 받으시고 영화롭게 되실 분이십니다. 32
(54) 당신은 당신의 나라의 왕좌에서 찬미를 받으시고 영원히 높이 찬양을 받으시고 영화롭게 되실 분이십니다.</td><td>31(53) 당신은 당신의 거룩한 성전에서 영원히 높이 찬미를 받으시고 영화롭게 되실 분이십니다.
32(54) 깊음을 헤아리시고 케루빔위에 앉으신 당신은 은총을 베푸시는 분이시고 찬미를 받으시며 영원히 칭송하여 높임을 받으실 분이십니다.</td><td>30. 당신의 거룩한 성전에서 당신을 찬미하고 모든 세계 위에서 찬양받고 영화롭게 되소서. 31. 당신의 영화로운 왕국의 왕위가 찬미받고, 영원히 찬양받고 높임을 받으소서.</td></tr>
<tr><td>33(55) 깊음을 헤아리시고 케루빔위에 앉으신 당신은 은총을 베푸시는 분이시고 찬미를 받으시며 영원히 칭송하여 높임을 받으실 분이십니다.</td><td>33(55) 당신은 당신의 나라의 왕좌에서 찬미를 받으시고 영원히 높이 찬양을 받으시고 영화로우실 분이십니다.</td><td>32. 깊은 구렁을 낮추시고 케루빔에 앉으신 분이 찬미받고, 온 세상에서 찬양받고 영화롭게 되소서.</td></tr>
<tr><td>34(56) 당신은 하늘에서 찬미를 받으시고 영원히 높임을 받으시고 영화로우실 분이십니다. 35(57) 주
님의 모든 작품들아, 주님을 찬미하라; 주님을 영원히 찬양하고 칭송하여 높이라.</td><td>34(56) 당신은 하늘에서 찬미를 받으시고 영원히 높임을 받으시고 영화롭게 되실 분이십니다. 35(57)
주님의 모든 작품들아, 주님을 찬미하라; 주님을 영원히 찬양하고 칭송하여 높이라.</td><td>33. 하늘의 창공에서 찬미받고 영원히 격찬받고 찬양받으소서. 34. 오, 모든
작품들아 주 하나님을 찬미하고 세상에서 그를 찬양하고 그를 높이라.</td></tr>
<tr><td>36(58) 주님의 천사들아, 주님을 찬미하라; 주님을 영원히 찬양하고 칭송하여</td><td>36(58) 하늘들아, 주님을 찬미하라; 주님을 영원히 찬양하고 칭송하여 높이라.</td><td></td></tr>
</table>

높이라. 37(59) 하늘들아, 주님을 찬미하라; 주님을 영원히 찬양하고 칭송하여 높이라.	37(59) 주님의 천사들아, 주님을 찬미하라; 주님을 영원히 찬양하고 칭송하여 높이라.	35. 모든 천사들아 주 하나님을 찬미하고 세상에서 그를 찬양하고 그를 높이라.
38(60) 하늘위의 모든 물들아, 주님을 찬미하라; 주님을 영원히 찬양하고 칭송하여 높이라.	38(60) 하늘위의 모든 물들아, 주님을 찬미하라; 주님을 영원히 찬양하고 칭송하여 높이라.	36. 오, 하늘 위에 있는 물들아 주님을 찬미하고 세상에서 그를 찬양하고 그를 높이라.
39(61) 모든 힘있는 것들아, 주님을 찬미하라; 주님을 영원히 찬양하고 칭송하여 높이라.	39(61) 모든 힘있는 것들아, 주님을 찬미하라; 주님을 영원히 찬양하고 칭송하여 높이라.	37. 모든 하나님의 군대들아 주님을 찬미하고 세상에서 그를 찬양하고 그를 높이라.
40(62) 태양과 달들아, 주님을 찬미하라; 주님을 영원히 찬양하고 칭송하여 높이라.	40(62) 태양과 달들아, 주님을 찬미하라; 주님을 영원히 찬양하고 칭송하여 높이라.	
41(63) 하늘의 별들아, 주님을 찬미하라; 주님을 영원히 찬양하고 칭송하여 높이라.	41(63) 하늘의 별들아, 주님을 찬미하라; 주님을 영원히 찬양하고 칭송하여 높이라.	38. 오, 하늘의 별들아 주님을 찬미하고 세상에서 그를 찬양하고 그를 높이라.
42(64) 모든 비와 이슬아, 주님을 찬미하라; 주님을 영원히 찬양하고 칭송하여 높이라.	42(64) 모든 비와 이슬아, 주님을 찬미하라; 주님을 영원히 찬양하고 칭송하여 높이라.	39. 오, 비와 이슬아 주님을 찬미하고 세상에서 그를 찬양하고 그를 높이라.
43(65) 모든 바람들아, 주님을 찬미하라; 주님을 영원히 찬양하고 칭송하여 높이라.	43(65) 모든 바람들아, 주님을 찬미하라; 주님을 영원히 찬양하고 칭송하여 높이라.	40. 하나님의 모든 바람아 주님을 찬미하고 세상에서 그를 찬양하고 그를 높이라.
44(66) 불과 열기야, 주님을 찬미하라; 주님을 영원히 찬양하고 칭송하여 높이라.	44(66) 불과 열기야, 주님을 찬미하라; 주님을 영원히 찬양하고 칭송하여 높이라.	41. 오, 불과 열아 주님을 찬미하고 세상에서 그를 찬양하고 그를 높이라.
45(67) 추위와 더위야, 주님을 찬미하라; 주님을 영	45(67) 추위와 더위야, 주님을 찬미하라; 주님을 영	42. 오, 천둥들과 번개들아 주님을 찬미하고 추위와

원히 찬양하고 칭송하여 높이라. 46(68) 이슬과 눈 들아, 주님을 찬미하라; 주 님을 영원히 찬양하고 칭 송하여 높이라. 47(69) 서 리와 추위야, 주님을 찬미 하라; 주님을 영원히 찬양 하고 칭송하여 높이라. 48(70) 흰서리와 눈들아, 주님을 찬미하라; 주님을 영원히 찬양하고 칭송하여 높이라. 49(71) 밤들과 낮 들아, 주님을 찬미하라; 주 님을 영원히 찬양하고 칭 송하여 높이라. 50(72) 빛 과 어둠아, 주님을 찬미하 라; 주님을 영원히 찬양하 고 칭송하여 높이라. 51(73) 번개와 구름들아, 주님을 찬미하라; 주님을 영원히 찬양하고 칭송하여 높이라.	원히 찬양하고 칭송하여 높이라. 46(68) 이슬과 눈 들아, 주님을 찬미하라; 주 님을 영원히 찬양하고 칭 송하여 높이라. 47(69) 밤 들과 낮들아, 주님을 찬미 하라; 주님을 영원히 찬양 하고 칭송하여 높이라. 48 (70) 빛과 어둠아, 주님을 찬미하라; 주님을 영원히 찬양하고 칭송하여 높이라. 49(71) 서리와 추위야, 주 님을 찬미하라; 주님을 영 원히 찬양하고 칭송하여 높이라. 50(72) 흰서리와 눈들아, 주님을 찬미하라; 주님을 영원히 찬양하고 칭송하여 높이라. 51(73) 번개와 구름들아, 주님을 찬미하라; 주님을 영원히 찬양하고 칭송하여 높이라.	따뜻함아 주님을 찬미하고 세상에서 그를 찬양하고 그를 높이라. 43. 오, 수증기와 구름들아 주님을 찬미하라, 밤들과 낮들아 주님을 찬미하고 세상에서 그를 찬양하고 그를 높이라. 44. 오, 빛과 어두움아 주님을 찬미하고 황혼과 새벽아 주님을 찬 미하고 세상에서 그를 찬 양하고 그를 높이라.
52(74) 땅들이 주님을 찬 미하게 하라; 땅들이 주님 을 영원히 찬양하고 높이 게 하라. 53(75) 산들과 언 덕들아, 주님을 찬미하라; 주님을 영원히 찬양하고 칭송하여 높이라.	52(74) 땅들이 주님을 찬 미하게 하라; 땅들이 주님 을 영원히 찬양하고 높이 게 하라. 53(75) 산들과 언 덕들아, 주님을 찬미하라; 주님을 영원히 찬양하고 칭송하여 높이라.	45. 오, 땅들아 주님을 찬 미하고 오, 산들과 작은 언 덕들아 주님을 찬미하고 세상에서 그를 찬양하고 그를 높이라.
54(76) 땅위에 자라는 모	54(76) 땅 위에 자라는 모	46. 오, 땅에서 자라는 모

든 것들아, 주님을 찬미하라; 주님을 영원히 찬양하고 칭송하여 높이라. 55(77) 강들과 샘들아, 주님을 찬미하라; 주님을 영원히 찬양하고 칭송하여 높이라. 56(78) 바다와 강들아, 주님을 찬미하라; 주님을 영원히 찬양하고 칭송하여 높이라. 57(79) 바나 거대한 것들과 물속에서 움직이는 모든 것들아, 주님을 찬미하라; 주님을 영원히 찬양하고 칭송하여 높이라.	든 것들아, 주님을 찬미하라; 주님을 영원히 찬양하고 칭송하여 높이라. 55(77) 바다와 강들아, 주님을 찬미하라; 주님을 영원히 찬양하고 칭송하여 높이라. 56(78) 샘들아, 주님을 찬미하라; 주님을 영원히 찬양하고 칭송하여 높이라. 57(79) 바다 거대한 것들과 물속에서 움직이는 모든 것들아, 주님을 찬미하라; 주님을 영원히 찬양하고 칭송하여 높이라.	든 것들아 주님을 찬미라고 오, 깊은 샘들아 주님을 찬미하고 세상에서 그를 찬양하고 그를 높이라. 47. 오, 바다들과 강들아 주님을 찬미하고 오 물고기들과 물속에서 움직이는 모든 것들아 주님을 찬미하고 세상에서 그를 찬양하고 그를 높이라.
58(80) 하늘의 모든 새들아, 주님을 찬미하라; 주님을 영원히 찬양하고 칭송하여 높이라. 59(81) 모든 야생의 동물들과 가축들아, 주님을 찬미하라; 주님을 영원히 찬양하고 칭송하여 높이라.	58(80) 하늘의 모든 새들아, 주님을 찬미하라; 주님을 영원히 찬양하고 칭송하여 높이라. 59(81) 모든 야생의 동물들과 가축들아, 주님을 찬미하라; 주님을 영원히 찬양하고 칭송하여 높이라.	48. 오, 하늘의 모든 새들아 주님을 찬미하고 세상에서 그를 찬양하고 그를 높이라.
60(82) 인간들아, 주님을 찬미하라; 주님을 영원히 찬양하고 칭송하여 높이라. 61(83) 이스라엘아, 주님을 찬미하라; 주님을 영원히 찬양하고 칭송하여 높이라.	60(82) 인간들아, 주님을 찬미하라; 주님을 영원히 찬양하고 칭송하여 높이라. 61(83) 이스라엘아, 주님을 찬미하라; 주님을 영원히 찬양하고 칭송하여 높이라.	49. 오, 사람들의 자녀들아 주님을 찬미하고 오 이스라엘아 주님을 찬미하고 세상에서 그를 찬양하고 그를 높이라.
62(84) 제사장이여, 주님을 찬미하라; 주님을 영원히	62(84) 제사장이여, 주님을 찬미하라; 주님을 영원히	50. 오, 하나님의 제사장들아 주를 찬미하고, 세상에

찬양하고 칭송하여 높이라.	찬양하고 칭송하여 높이라. 63(85) 종들아, 주님을 찬미하라; 주님을 영원히 찬양하고 칭송하여 높이라.	서 그를 찬양하고 그를 높이라.
63(85) 종들아, 주님을 찬미하라; 주님을 영원히 찬양하고 칭송하여 높이라.		
64(86) 정의로운 영들과 영혼들아, 주님을 찬미하라; 주님을 영원히 찬양하고 칭송하여 높이라. 65(87) 거룩하고 겸손한 마음아, 주님을 찬미하라; 주님을 영원히 찬양하고 칭송하여 높이라. 66(88) 하나니야, 아자리아, 미사엘아, 주님을 찬미하라; 주님을 영원히 찬양하고 칭송하여 높이라. 왜냐하면, 주님께서 우리를 지옥에서 구하셨고 죽음의 손에서 구하셨고, 타고 있는 불꽃 사이에서 우리를 구해내셨고, 불속에서 우리를 구해내셨기 때문이다.	64(86) 정의로운 영들과 영혼들아, 주님을 찬미하라; 주님을 영원히 찬양하고 칭송하여 높이라. 65(87) 거룩하고 겸손한 마음아, 주님을 찬미하라; 주님을 영원히 찬양하고 주님을 찬미하라; 66(88) 하나니야, 아자리아, 미사엘아, 주님을 영원히 찬양하고 칭송하여 높이라. 칭송하여 높이라. 왜냐하면, 주님께서 우리를 지옥에서 구하셨고 죽음의 손에서 구하셨고, 타고 있는 불꽃 사이에서 우리를 구해내셨고, 불속에서 우리를 구해내셨기 때문이다.	51. 오, 정의의 영들과 영혼들아 주를 찬미하고, 마음이 거룩하고 겸손한 사람들아 주님을 찬미하고 세상에서 그를 찬양하고 그를 높이라. 52. 오, 하나니야, 아자리아, 그리고 미사엘아, 주님을 찬미하고 세상에서 그를 찬양하고 그를 높이라. 왜냐하면 그분은 우리를 스올에서 구하셨고 죽음의 손에서 우리를 구원하셨기 때문이고 그분이 우리를 타고있는 불의 화로에서 구하셨고 타고있는 불과 불꽃에서 우리를 구하셨기 때문이다.
67(89) 주님은 좋으시고 주님의 자비는 영원하심을 고백하라. 68(90) 모든 예배하는 자들아 신들 중의 하나님이신 주를 찬미하라; 주님의 자비가 영원하고 영원하심을 높이라.	67(89) 주님은 좋으시고 주님의 자비는 영원하심을 고백하라. 68(90) 모든 예배하는 자들아 신들 중의 하나님이신 주를 찬미하라; 주님의 자비가 영원하심을 높이라.	53. 그분의 자비가 영원한 것처럼, 주님이 선하심으로 주님께 감사하고 세상의 주님을 찬미하라, 그분은 하나님이시니 세상에서 그분을 찬양하고 높일지라.

다니엘서 3장에 있는 첨가 부분의 나중 부분인 세 청년의 노래는 시편 136편에 있는 것처럼 되풀이되는 후렴과 함께 격식을 차려 구성된 감사 찬양인 세 청년의 노래이다. 이 첨가 부분에서 관심은 느부갓네살에서 다니엘의 친구들로 옮겨지고, 다니엘 친구들의 신앙심과 이스라엘의 하나님의 힘과 위엄을 강조한다.

세 청년의 노래는 51-90절로, 간단한 서론(51절)에 이어 찬송은 다섯 부분으로 나뉘어진다.[13] 첫째, 하늘의 성전에서 왕좌에 앉아계신 하나님에 대한 영광의 찬가(52-54절)인데, 52절 한 구절이 아람어 본문 28절과 29절의 내용을 포함한다. 둘째, 하늘의 피조물들(55-60절)에게 찬송하라는 부름, 셋째, 하늘과 땅 사이에 있는 피조물들에게 찬송하라는 부름(61-73절), 넷째, 땅의 피조물들에게 찬양하라는 부름(74-81절), 그리고 다섯째, 모든 인간들, 특히 이스라엘에게 찬양하라는 부름(82-90절)으로 이루어져 있다. 세 번째부터 시작된 부름의 대상은 "~아, ~야"와 같이 호명되는 형식으로 하나님을 찬양하는데 초대된다.

유대인 포로들의 찬양인 세 청년의 노래는 정경과 외경의 책들과의 관련을 또한 찾아 볼 수 있다. 이 세 청년의 노래는 하나님께서 천지를 창조하셨다는 위대함을 회중에게 알리고 있어 이런 내용을 또한 전하는 교훈적인 성격을 지닌 시편 95, 100, 145, 148, 150편과 관련이 있다.[14] 또, 특히 시편 136편과 148편의 번갈아 노래하는 기도문들(liturgies, 전례식문들)의 언어와 스타일로부터 영향을 받았다.

세 청년은 하나님에게 직접 말하는 어투를 보이며, 각 절의 후반부에 반복되는 후렴이 특징이다. 57-87절은 74절만 약간 다르고 나머지 부분은 "하나님을 찬미하라. 하나님을 영원히 찬양하고 칭송하고 높이라"는 똑같은 후렴을 가지고 있다. 찬송의 57-90절은 창조물들을 찬양하도록 부르고 있다는 점에서 시편 148편과 밀접한 상응이 있다. 찬송

---

13) Dancy, *The Shorter Books of the Apocrypha commentary,* 214.

14) *The Apocrypha of the Old Testament,* 209.

자료의 전통적인 구절 52절은 칠십인역 토빗서 8장 5절과 뚜렷한 일치를 보여준다.[15] 각 절의 똑같은 후렴의 반복은 시편 136편에서 발견되는 똑같은 시적인 장치이고, 67-68절의 어휘는 시편 136:1-3에 되풀이되어 나타난다.

이 노래는 하나님을 영화롭게 높이기 위해 생동적인 피조물과 비생동적인 모든 하나님의 피조물을 불러 하나님을 찬양한다. 하늘로부터 땅으로, 마지막에 인간들에게로 찬송의 주체의 전체적인 진전은 창세기 1장에 있는 창조의 일반적인 순서를 따른다. 그리고나서, 찬송은 시락서와 유사하게 이스라엘을 찬송을 드려져야 하는 주체로 특별화한다. 첫 번째 아자리아의 기도가 변호했던 복수, 자비, 구원, 그리고 화해를 주제로 한다면, 두 번째 노래는 영원토록 하나님을 찬양하고 높이기 위해(3:88-90) 하나님의 자비의 주제가 이어진다. 이 노래가 성전헌당 기념일(the first Hanukkah), 혹은 시리아 세금을 없앤 것을 축하하는 때에 교독되고, 새로운 달의 새로운 날에 대한 서론으로 사용[16]되었다는 점은 세 청년의 노래 또한 다른 정경의 책들과 마찬가지로 권위 있는 작품이었음을 알 수 있다.

3. 아자리아와 세 청년의 노래의 칠십인역, 테오도션역과 아람어역 본문 구절 비교

아자리아의 기도와 세 청년의 노래에 대한 구절 비교는 모세 게스터(Moses Gaster)가 각 구절을 아람어 본문을 중심으로 비교 연구한 것[17]

---

15) James L. Mays, ed., *Harper's Bible Commentary* (San Francisco: Harper&Row, 1817), 864.

16) George Wesley Buchanan, *The Book of Daniel, The Mellen Biblical Commentary: Intertextual, Old Testament Series in Forty Volumes 25* (Lewiston/Queenston/Lampeter: Mellen Biblical Press, 1999), 101.

17) Moses Gaster, "The Unknown Aramaic," 75-83.

을 바탕으로 칠십인역과 테오도션역, 그리고 아람어 본문을 살펴보고자 한다. 칠십인역과 테오도션역과 아람어 본문을 비교할 때는 구절 번호를 쉽게 찾기 위해 각 본문을 1절부터 시작한다.

아람어 1절은 칠십인역이 "그래서, 아나니야와 아자리아와 미사엘은 주님께 기도했고 찬양했다. 왕이 그들을 화로에 던지라고 명령했을 때"를 2절에 덧붙이고 있는 것과 다르게 테오도션역과 거의 동일하여 짧다. "타오르는 불의 화로"는 칠십인역의 절반과 상응한다. 칠십인역에서 서술된 것처럼 모두 기도하지 않고 아자리아 혼자서 기도한다.

아람어 2절의 처음 절반은 특별히 에스라 7:27과 동일하다. 3절에서 ἀληθινα(진실한, 진짜의)가 קשוט(진실, 참으로)를 표현하고 있다. 희랍어 번역의 경우처럼 한 같은 단어를 쓰는 대신 구분되는 두 단어 사용은 아람어의 본문의 특징에 대한 증거이다. 이 두 יציב(확실한, 진실한)와 מהימן(틀림없는, 확실한)이 다니엘서 2장 45절에 사용되었고 אמת ויציב(진실, 신실함)는 제2성전시기로 연대가 거슬러 올라가는 "유대인 기도서"의 아침기도에서 사용된 형태이다. 4절에서는 칠십인역의 σου(당신)가 테오도션과 아람어 본문에서는 생략되었다. 7절의 칠십인역 독법은 더 정확한 것으로 보여진다. 아람어 8절에서는 실제의 처벌에 대한 정당화와 어떻게 집행되었는지를 서술하고 있다.

10절에서 아람어 본문은 테오도션과 칠십인역에 빠진 "이름"에 더해진 "위대하고 거룩한"을 가지고 있다. 13절에서 ἐσμικύνθημεν(작아지다)는 זעירנא(비참한, 가난한)에 대한 부정확한 번역이지만 셈어 원문을 인식하는 데 도움을 준다. 18절이 19절과 연결되어 있는 방법으로 καὶ(그리고)가 빠져있고 ἐξελου(구하다, 빼내다) ὑμα(당신)가 σου와 연결되어 있다. בסגי 대신에 כסגי로 읽을 수 있다. 아람어 본문의 23절에서 활활타는 불과 불꽃의 의도가 언급되었고, 24절에서는 그 불과 불꽃은 "세차게 나와 그들과 화로 옆에 서 있었던 갈데아 술사들을 태웠다"와 같은 새로운 일이 벌어졌다는 것에서는 아람어 본문이 상당히 정확하다.

26절의 "그리고 주님의 천사는 화로 중간에 이슬을 부는 바람 같은 것을 만들었고" 부분은 제2성전의 시기의 아침기도 18가지 축복의 관용표현인 "하나님은 바람을 불게 만들고 비를 내리게 합니다"와 비슷하다. 이 두 표현 모두 시편 147:18의 "그는 그의 바람을 불게 하고 물을 흐르게 한다"에 근원을 두고 있다. 희랍어역은 מנשבא(바람)를 잘못 이해해서, διασυριζον(불다, whistling)로 해석했다. 희랍어 번역자가 "불다"(blow)를 의미하는 것으로 다른 아람어 형태 נתב(높다, 올리다, 밟다)만을 알고 있어서 נשב(불다, 바람을 일으키다)에 대한 오해를 만들었다. 셈어 원문을 증명하는 구절로 보이는 희랍어 번역(칠십인역, 테오도션역) 27절은 "그리고 그는 바람을 불어 내리는 것처럼 이슬을 화로 중간에 만들었다"로 번역되어야 한다.

세 청년의 노래 전체는 확실히 시편 148편을 본따 만들어진 것이다. 똑같은 순서가 세 청년의 노래와 시편 둘 다에 나오며, 세 청년의 노래에서 주체들의 숫자가 더 많다. 31절의 아람어 표현은 시편 145편 12절 "הדר מלכותו(그의 영광스러운 왕국)"에서 빌려온 것이다. 아람어 35절은 희랍어 36절, 아람어 36절은 희랍어 38절과 같다. 아람어 38절은 희랍어 41절과 같다. 아람어 40절(희랍어 43절)에서 πνεύματα(바람, 호흡, 영혼)는 רוחיא(공기, 영, 바람)에 맞는 ἄνεμοι(바람) 대신 쓰인 부정확한 번역이다. 이것은 원본이 셈어이고 희랍어는 번역임을 한번 더 보여주는 증거이다.

아람어 본문 41a와 칠십인역과 테오도션역 44절과 같다. 44절에서 "검음과 어둑어둑함"(blackness와 gloom)이나 "황혼과 새벽"(dusk and dawn)을 의미하는 קיבלא ועמיטתא는 희랍어 번역들에는 생략되어 있다. 공중에서 일어나는 주체들을 부른 후에, 땅과 그 요소들이 자연스럽게 뒤따른다. 아람어 본문 45a는 희랍어 번역 52절이다.

아람어 본문 46a는 희랍어 54절, 아람어 본문 48a는 희랍어 58절, 아람어 49절은 희랍어 60-61절이다. 다른 구절들은 두 개의 두드러진 평행 주어들을 가지는 규칙을 가지고 있는데, 아람어 본문 50절(희랍어

62절)은 단지 제사장들만 언급이 되어있어 이 절의 후반부가 빠뜨려진 것 같다. 아람어 본문 51절이 희랍어 64절에, 아람어 본문 52절은 희랍어 66절에 상응한다. 아람어 본문 53절은 희랍어 67절과 관련된다. 아람어 본문 53절 b는 희랍어 67절로 희랍어와 많이 다르다. 이 전체 구절은 어떤 번역자에게도 전해지지 않았다. 그러나 이 아람어 구절은 시편 136편 2절과 3절을 확실히 본따 만들어진 것으로 보인다.

아자리아의 기도와 세 청년의 노래의 아람어 본문의 발견은 이 첨가부분에 대한 셈어 원문이 존재했다는 가능성을 보여주었다. 아람어 원문은 히브리어 대본(vorlage)에서 번역되었다고 이해된다. 이 첨가부분에서 희랍어 번역본들과 아람어 본문 사이에 다소의 차이는 있지만, 기본적인 틀이 되는 내용은 공통적으로 가지고 있음을 찾아볼 수 있다. 아자리아의 기도와 세 청년의 노래에 대한 희랍어 번역들보다 더 짧은 아람어 원문의 발견은 더 짧은 본문이 더 오래된 것이라는 본문비평의 원리에 비추어보면, 아람어 원문이 더 오래된 것으로 희랍어 번역의 대본(vorlage) 가능성을 생각해 볼 수 있다. 존 콜린스(John Collins) 또한 아자리아의 기도와 세 청년의 노래가 공통의 셈어 원문에, 보통 히브리어 본문에 근거를 두고 있다고 학자들이 생각하고 있음[18]을 언급한다.

제레미일의 연대기에서 발견된 셈어 원문이 희랍어와 시리아역의 기초였던 것 같지는 않다는 의견도 있다. 그러나 제레미일의 연대기에서 발견된 이 셈어 원문이 아자리아의 기도와 세 청년의 노래의 셈어 대본(vorlage)과 다르다고 가정할지라도, 이 첨가부분이 셈어 원문 가능성을 열어주는 중요한 문헌으로 생각된다. 이 첨가부분에 대한 셈어 원문의 존재 가능성은 발견된 히브리어 원문이 없어 희랍어 번역가들이 만들어낸 이야기라고 생각하는 판단에 도전한다.

또, 하나님께 죄를 고백하고, 하나님의 기적을 찬양하고, 하나님께 영광을 돌리고, 모든 창조물들을 이 찬양 드림에 초대하는 이 첨가 부분

18) Collins, *A Commentary on the Book of Daniel,* 199.

의 주제는 정경의 권위를 가지고 있는 시편을 비롯하여 여러 책들의 주제와 상통하는 점은 정경적인 권위에 뒤떨어지지 않음을 보여준다. 셈어 원문의 부재로 정통성의 권위를 인정받지 못했던 희랍어 다니엘서 첨가부분 아자리아의 기도와 세 청년의 노래는 맛소라 본문과는 다르지만, 동등한 지위의 셈어 대본(vorlage)을 가지고 있어서 맛소라 본문에서는 찾을 수 없고, 희랍어 다니엘서에서 발견된다고 볼 수 있다.

III. 파피루스 967의 의미와 이 필사본을 간과한 출판물들의 한계

파피루스 967이 1931년에 발굴되면서 칠십인역 본문의 재복구의 가능성이 열리게 되었다. 칠십인역에 있는 희랍어 다니엘서 첨가부분의 존재에 대한 증거로 큰 의미가 있는 파피루스 967은 정경이 고정화되기 이전 시기인 기원후 2세기 혹은 3세기 전후에 기록된 필사본이며, 희랍어 다니엘서 첨가 부분을 포함하여 희랍어 다니엘서 첨가부분에 대하여 고대성을 강화한다.

희랍어 다니엘서 첨가 부분에 대한 증거 본문으로 중세기의 맛소라 본문보다 훨씬 더 이른 시기의 칠십인역 필사본이 존재한다는 것은 맛소라 본문에는 없는 희랍어 다니엘서 첨가부분에 대한 권위를 회복시킨다. 이 권위는 희랍어 다니엘서 첨가 부분이 맛소라 본문에 전해지는 아람어나 히브리어 정경 다니엘서보다 더 오래되었을 가능성을 보여준다. 기원 후 3세기 전후에 기록된 파피루스 967보다 훨씬 더 늦은 시기인 중세의 맛소라 본문에 희랍어 다니엘서 첨가 부분이 없다고 그 본문적 가치와 정경적 가치를 간과해서는 안될 것이다. 오리겐이 칠십인역 본문을 히브리어에 가깝게 하여 고친 부분들과 혼용하여 변한 헥사플라 이전의 칠십인역 본문을 파피루스 967이 지니고 있어서, 희랍어 다니엘서 첨가부분이 헥사플라 이전에도 존재한 증거를 보여주고 있어 본문적 가치를 더해준다.

팀 맥레이(Tim McLay)는 파피루스 967 본문이 존재하는 것이 얼마나 중요한가를 재삼 강조한다.[19] 1931년에 발견되고 파피루스 967에 대한 출판은 다니엘서의 칠십인역 본문의 본문비평 연구에 하나의 가장 중요한 진척이었다고 하겠다. 파피루스 967이 다니엘서의 칠십인역 본문에 대한 가장 가까운 증거임을 더 이상 강하게 강조할 수 없다. 칠십인역 학자들이 잘 아는 것처럼, 흩어져있는 교부들의 언급들과 신약성서 인용들에서 추측될 수 있는 것들 외에 파피루스 967은 다니엘서의 칠십인역 본문에 대해 지금까지 존재하는 단 하나의 헥사플라 이전(pre-Hexaplaric) 본문의 증거이다.

계속해서 멕레이는 본문의 한계 상황 현실에 대한 안타까움을 언급하고 있다. 파피루스 967의 초기 출판은 3장 72절부터 8장 끝까지 파피루스의 단지 반 정도만 포함했기 때문에, 요셉 지글러(Joseph Ziegler)가 1954년에 칠십인역 다니엘서 본문의 괴팅겐판을 준비했을 때 출판되지 않은 모든 부분은 재량에 맡겨져 있었다. 그러나, 최근에 함(W. Hamm)과 게이슨(A. Geissen)은 쾰른(Cologne)에 있는 파피루스 967의 남아 있는 부분을 출판했고, 로카-푸익(R. Roca-Puig)은 바르셀로나(Barcelona)에 있는 파피루스 967의 두 개의 폴리오(folio)를 출판했다. 이제 우리는 수산나 이야기, 다니엘서, 그리고 벨과 용의 이야기 대부분을 증명하는 파피루스 967의 본문을 가지고 있지만, 이 출판물들은 이 본문들을 사용하여 유익함을 얻을 수 있는 사람들에게도 항상 쉽게 이용 가능하지 않다는 점이 안타깝다. 무니크(O. Munnich)가 지글러의 본문을 개정한 판을 준비하는 임무를 수행중이지만 완성되려면 몇 년이 더 지날 것이다.

파피루스 967이 시리아 헥사플라와 공유된 독법들의 숫자가 많은

---

19) Tim McLay, "A Collation of Variants from 967 to Ziegler's critical Edition of Susanna, Daniel, Bel et Draco," *Textus,* XVIII (1995), 121-123.

것은 시리아 헥사플라가 파피루스 967의 본문을 잘 보존했다는 것을 보여준다. 일반적으로 말해서, 다니엘서의 전반부 여덟 장(8장을 뒤따르고 있는 5-6장을 포함하여)은 보통 잘 보존되어 있어 아주 조금 재복구할 필요가 있지만, 9-12장과 수산나와 벨은 그 본문이 상당히 훼손된 상태임을 보여주어 현존하는 빈약한 자료들에 대한 한계와 안타까움을 갖게 한다.

캣카트(Cathcart)는 앵코 바이블(Anchor Bible)에서 다니엘서, 에스더서, 예레미야서의 첨가 부분을 따로 모아 주석서를 쓴 캐리 무어(Cary A. Moore)가 지글러의 출판을 평가한 것에 대해 문제를 제기한다.[20] 1954년 지글러가 다니엘서에 대한 판을 출판했을 때, 이미 발견되어 있었던 파피루스 967(체스터 베티[Chester Beatty]라고 불리기도 함)을 사용가능 하였지만, 광범위한 쾰른 판은 아직 이용할 수 없었다.

무어는 희랍어 다니엘서의 첨가부분들에 대한 가장 최근의 주석의 일반적인 서론에서, "지글러가 모든 고대의 판들을 사용한 비평 장치(an apparatus criticus)를 제공하는 훌륭한 작업을 했으나, 우리가 희망할 수 있는 것만큼 희랍어 본문에 대한 통찰력을 여전히 제공하지 못하고 있다"고 말한다. 만약 무어가 사실상 지글러의 연구를 평가할 위치에 있었다면, "기원 후 150년으로 추정되는 쾰러 파피루스 967이 아자리아의 기도와 세 청년의 노래는 가지고 있지 않고, 수산나 이야기와 벨과 용 이야기와 함께 다니엘서 5-12장을 보존하고 있고, 칠십인역의 아자리아의 기도와 세 청년의 노래는 직접적으로 한가지 치시아누스(코덱스 88) 필사본에만 묘사되어 있다"고 말하는 오류를 범하지 않았을 것이다. 그러나 이 오류를 범했다는 것은 파피루스 967에 대한 지식이 없었음을 보여준다.

왜냐하면, 지글러의 서론 첫 부분은 아지리아의 기도와 세 청년의

20) Kevin J. Cathcart, "Daniel, especially the Additions, and Chester Beatty-Cologne Papyrus 967," *PIBA*, 15 (1992), 37.

노래, 수산나 이야기, 벨과 용 이야기를 모두 포함한 파피루스 967에 대한 정보와 토론으로 구성되어 있기 때문이다. 그리고, 지글러의 판을 사용하는 사람이라면 누구나 비평 장치에 다른 본문과 비교되어 있는 파피루스 967에 대한 언급들을 찾을 수 있기 때문이다. 희랍어 다니엘서 첨가부분을 따로 떼어 특별히 주목하여 다루었고 권위를 인정받고 있던 주석가 무어의 앵코 바이블 다니엘 첨가 부분의 대표적인 주석서도 정확한 본문의 역사와 자료에 기반하여 만들어진 것이 아님이 드러나게 되어 현재의 희랍어 다니엘서 첨가 부분에 대한 출판물의 한계를 확실히 보여준다.

지글러의 판과 파피루스 967에 대한 캐논(Kenyon)의 출판물들은 무어의 주장과 반대하여 어떤 학자라도 세 청년의 노래 후반부가 파피루스 967에 보존되어 있어 60년이 훨씬 넘게 이용가능하여 왔음을 드러낼 것이다. 함(Hamm)은 무어의 주석이 나타났던 1977년까지 비록 아자리아의 기도와 세 청년의 찬양의 첫 전반부를 포함한 파피루스 967 폴리오들을 아직 출판하지 않았음에도 불구하고, 그 해(1977년) 이전에 이미 출판된 게이슨(Geissen)의 1968년 판에 아자리아의 기도와 세 청년의 노래, 수산나 이야기, 벨과 용 이야기와 함께 다니엘 5-12장이 있는 파피루스 967에 대해 서론 부분 11페이지에서 명백하게 서술하고 있다. 지글러와 게이슨의 판들을 이용했던 무어가 파피루스 967의 내용들을 알지 못했다는 것은 이해하기 힘든 점이다.

다른 정경의 책들에 대해서도 언어와 다양한 본문전통들에 대한 접근을 하려고 노력하고 권위있는 명성을 가진 앵코 바이블 주석서 시리즈 중 무어의 첨가 부분 주석서는 에스더와 예레미야의 첨가 부분과 함께, 희랍어 다니엘서 첨가 부분만을 다니엘서 주석서에서 분리하여 주목해서 다루고 있다. 다양한 본문 전통들을 언급하여 본문비평학적인 접근과 정경제외 이유에 대한 접근도 동시에 함께한 무어의 희랍어 다니엘서 첨가부분에 대한 대표적인 주석서도 이 희랍어 첨가부분의 본문비평에 아주 중요한 위치를 차지하고 있는 파피루스 967을 전혀 사용하지도 않거니와 이 필사본에 대한 지식 미흡과 잘못된 정보를 사용하는 오류를 범하였다. 이 점은 이 희랍어 다니엘서 첨가부분이나 칠십인역은 본문비평적 연구에서 거의 의미 부여를 받지 못한 채 지금까지 무시되어온 위치를 차지하고 있었던 현실의 한계 상황을 알 게 해 준다.

샤론 진소네(Sharon Pace Jeansonne)는 지글러가 치시아누스 필사본과 오리겐의 헥사플라가 공통의 실수를 보존하고 있다고 지적하고 실제로 이 두 필사본들이 서로 밀접한 관계가 있다고 결론내린다고 언급한다.[21] 캣카트는 칠십인역 학자인 토브(Tov)조차도 첨가 부분들에 관한 무어의 주석에 대해 논평[22]에서 "최근에 에스더서와 다니엘서의 첨가부분들에 대한 파피루스 967(Chester Beatty)과 같은 여러 초기 단편들이 발견되어져 왔다"고만 언급한다고 지적한다. 그러나 첨가 부분들에 대한 무어의 주석에 파피루스 967의 단편들에 관한 언급이 없음에 관해 토브는 어떤 언급도 하지 않고 있는 것도 놀라울 뿐만 아니라, 토브가 파피루스 967의 광범위한 부분들에 대한 더 진전된 어떤 언급도 없이 생략하는 것도 당황스러운 일로 여겨진다.

다니엘서 첨가 부분들을 특별히 정경 다니엘서에서 떼어 주석을 시도했으나 현존하는 본문들에 대한 지식이 충분히 없는 상태에서 희랍어 다니엘서 첨가 부분에 대한 평가가 이루어졌음은 지적되어야 한다. 그리고 본문비평 학자라고 여겨지는 토브마저도 희랍어 다니엘서 첨가부분을 포함하고 있어서 본문비평에 중요한 본문인 기원 후 3세기 전후의 오래된 파피루스 967에 대한 자세한 설명을 생략하고 있다. 이 점은 여러 번역본들과 필사본들에 희랍어 다니엘서 첨가 부분이 존재하고 있음에도 불구하고, 이 첨가부분에 대한 관심의 결여를 단적으로 보여주는 예이다.

---

21) Sharon Pace, "The Stratigraphy of the Text of Daniel and the Question of Theological Tendenz in the Old Greek," *BIOSCS,* 17 (Fall, 1984), 18.

22) Kevin J. Cathcart, "Daniel, especially the Additions, and Chester Beatty-Cologne Papyrus 967," *PIBA* No.15(1992), 39.

IV. 끝맺는 말

칠십인역, 테오도선역, 아람어역에서 발견되는 다니엘서 첨가 부분 중의 하나인 "아자리아의 기도와 세 청년의 노래"가 주제와 구성의 형식면에서 시편과 밀접한 관련성을 볼 수 있다. "제레미일의 연대기"에 있는 "아자리아의 기도와 세 청년의 노래"의 아람어 본문은 셈어 원문이 없다는 이유로 칠십인역 번역자가 만들어 낸 이야기라는 이유 등으로 이 첨가부분의 정통성의 권위를 인정하지 않는 경향에 대해 문제를 제기한다. 1931년에 헥사플라 이전의 칠십인역 본문을 가지고 있는 기원후 3세기 선후의 파피루스 967의 발견은 이 "아자리아의 기도와 세 청년의 노래"의 고대성을 강화한다. 이 파피루스 967에 대한 지식이 결여된 주석서와 출판물들이 "아자리아의 기도와 세 청년의 노래"를 포함한 다니엘서 첨가 부분에 대해 본문비평이 정확히 되지 않은 상황에서 평가를 내리고 있음도 간과할 수 없는 문제이다. 이렇게 간과되어 왔던 칠십인역에 있는 다니엘서 첨가 부분들에 대한 권위가 재조명되어야 함을 지적하며 이 글을 마치고자 한다.

참고 문헌

Buchanan, George Wesley. *The Book of Daniel, The Mellen Biblical Commentary: Intertextual,* Old Testament Series in Forty Volumes 25. Lewiston/Queenston/Lampeter: Mellen Biblical Press, 1999.

Cathcart, Kevin J. "Daniel, especially the Additions, and Chester Beatty-Cologne Papyrus 967." *Proceedings of the Irish Biblical Association* 15 (1992), 37-39.

Charles, Robert H. *The Apocrypha and Pseudepigrapha of the Old Testament in English: Apocrypha,* 1. Oxford: The Clarendon Press, 1929.

Collins, John. *A Commentary on the Book of Daniel, Text including additions.* Minneapolis: Fortress, 1993.

Dancy, J. C. *The Shorter Books of the Apocrypha commentary.* Cambridge: The University Press, 1972.

Gaster, Moses. "The Unknown Aramaic Original of Theodotion's Additions to the Book of Daniel." *Proceedings of the Society of Biblical Archaeology* XVI (24 Session, November, 1893 to December, 1894), 280-317.

______. "The Unknown Aramaic Original of Theodotion's Additions to the Book of Daniel." *Proceedings of the Society of Biblical Archaeology* XVII (25 Session, January to December, 1895), 75-94.

Goodspeed, Edgar J. The Apocrypha: An American Translation. New York: Vintage Books, 1959, reprinted 1989.

Knibb, Michael A. "The Book of Daniel in its context." in: John J. Collins and Peter W. Flint. (eds.) *The Book of Daniel; Composition and Reception,* vol. 2. Leiden, Boston, Koln: Brill, 2001.

Lucas, Ernest. Daniel, *Apollos Old Testament commentary 20.* Leicester: Intervarsity Press, 2002.

Mays, James L. (ed.) *Harper's Bible Commentary.* San Francisco: Harper &Row, 1817.

McLay, Tim. "A Collation of Variants from 967 to Ziegler's critical Edition of Susanna, Daniel, Bel et Draco." Textus XVIII (1995), 121-123.

Pace, Sharon. "The Stratigraphy of the Text of Daniel and the Question of Theological Tendenz in the Old Greek." *Bulletin of the International Orgainzation for Septuagint and Cognate Studies book* 17 (Fall, 1984), 18.

Schiffman, Lawrence H. and VaderKam, James C. (eds.) *Encyclopedia of the Dead Sea Scrolls,* vol. 1. Oxford: Oxford University Press, 2000.

The Apocrypha of the Old Testament. London: Oxford University Press, 1977.

약어

BIOSCS	Bulletin of the International Organization for Septuagint and Cognate Studies Book.
EDSS	Encyclopedia of the Dead Sea Scrolls
PIBA	Proceedings of the Irish Biblical Association
PSBA	Proceedings of the Society of Biblical Archaeology

알렉산더 피터스의 『시편촬요』 번역 평가

이환진

I. 들어가는 말

1898년 알렉산더 피터스(Alexander A. Pieters, 彼得)의 『시편촬요』(詩篇撮要)는 한글로 처음으로 나온 시편 번역의 단행본이다.[1] 물론 그 이전에 시편이 단편적으로 번역되어 나온 적이 있었다. 1897년부터 정동제일교회에서 매주마다 발행하던 『죠션 (대한) 크리스도인 회보』에 이미 성경공부 용으로 그리고 예배 용으로 시편 32편과 122편이 번역되어 실리기도 하였다.[2] 피터스의 『시편촬요』는 이보다 한 해 늦게 나왔다. 하지만 시편의 많은 시를 한꺼번에 번역하여 시편의 깊은 신앙의 세계를 한글로 감상할 수 있도록 한 단행본은 바로 『시편촬요』이다.

장로회신학대학교의 김중은 교수는 이미 오래 전에 알렉산더 피터

---

1) 피득 역,『시편 촬요』(서울, 1898). 이 책은 지금까지 나온 한글성경을 대부분 망라하여 전60권으로 복쇄하여 펴낸 『한국성경대전집』(서울: 한국교회사문헌연구원, 2002)의 제7권 151-279쪽에도 실려 있다.

2) 이환진, "성서번역가 탁사 최병헌의 잠언(23장)과 시편(32, 122편)과 역대하(6-7장) 번역문 분석-『죠션(대한) 크리스도인 회보』의 경우," 『성경원문연구』 17 (2005), 45-71.

스를 우리에게 소개하면서 성경 번역가인 그의 공적을 높이 평가한 적이 있다.[3] 개인 비용을 들여 시편 단행본을 펴냈을 뿐만 아니라, 우리가 지금도 예배용으로 사용하고 있는 『개역 한글판』(1961년)의 전신인 『개역』(1938년)을 끝까지 개정하고 마무리한 인물이 바로 알렉산더 피터스라는 것이다.

그런데 흥미로운 사실은 피터스가 유대계 러시아인이라는 점이다. 직업을 구하기 위해 전전하다가 일본까지 가게 되고 급기야는 그리스도교인이 된 정통 유대인이었다. 곧 한글성경 번역사를 말하고자 할 때 유대인인 피터스의 위치를 우리는 과소평가할 수 없다. 이는 마치 중국어 성경 번역사를 얘기할 때 유대인인 쉐레쉐브스키(Shereshewsky)를 빼놓을 수 없는 것과 마찬가지이다. 쉐레쉐브스키 역시 유대인으로 성공회의 주교가 되었을 뿐만 아니라 19세기 말과 20세기 초에 중국어로 여러 권의 성경을 번역한 인물인 까닭이다.[4]

이 글에서는, 아직 본격적으로 『시편촬요』의 번역 평가가 이루어지지 않은 까닭에 시편 몇 편을 뽑아 그 번역을 살펴보고자 한다. 이 글은 또한 평생토록 시편을 연구하신 김이곤 교수님의 한신대학교 교직 은퇴를 축하드리면서 드리는 글이다.

---

3) 김중은, "최초의 구약 국역 선구자 알렉산더 피터스(Alexander A. Pieters, 彼得)," 『교회와 신학』 13 (1980), 29-42. 김 교수는 이미 그의 글 "舊約聖書國譯史," 『신학사상』 22 (1978), 449-451 ("피득(A. A. Pieters) 씨의 시편촬요")에서 피터스의 시편촬요를 소개하기도 했는데, 피터스가 우리나라 최초의 구약번역자라고 주장한다. 하지만 우리나라 가톨릭교회에서는 이미 19세기 중반에 『古經』과 『古聖經』이라는 교리서에 창세기 일부를 번역하여 내놓은 적이 있다. "우리말 성서 자료 모음," 『성서와 함께』 129 (1986), 36 참조.

4) 이환진, "19세기와 20세기의 중국어 성서," 왕대일 편, 『말씀의 뜻 밝혀 주시오 - 주석과 성서 번역』 민영진 박사 회갑기념 제2권 (서울: 대한기독교서회, 2000), 453-454, 456-457.

II. 『시편촬요』의 편집 구성

책 제목이 말하듯이 이 책은 시편 가운데에서 62편을 골라 번역한 발췌역이다. 이 책의 속 내용에는 어휘록까지 모두 64쪽으로 표기되어 있다. 우리가 두 쪽으로 계산하는 것을 한 쪽으로 표시한 것이다. 따라서 오늘날 식으로 겉표지까지 포함하면 모두 130쪽의 분량으로,[5] 겉장에는 "구셰쥬 강싱 일쳔 팔빅 구십 팔 년 시편촬요 대한 광무 이년 무슐"이라고 쓰여있다. 물론 "시편촬요"라는 제목은 한글 큰 글씨로 인쇄되어 있다. 겉장 다음 쪽과 마지막 장 앞쪽과 그 앞쪽에는 "문ᄌᆞ쵸집"이라는 낱말 어휘록이 들어있다. 양쪽 모두다 위 아래 2단으로 구성되어 있다. 어려운 낱말인 듯한 것은 이렇게 각 한자의 뜻을 밝혀 놓았다.

이 책은 책의 쪽수가 오른쪽에서 왼쪽으로 나간다. 당시 대부분의 책이 모두 이러한 순서로 편집되어 있는 듯하며, 성경도 예외는 아니어서 초기에 나온 성경을 보면 대부분 이러한 순서로 편집되어 있는 것을 알 수 있다. 그리고 책의 쪽수도 요즘 책의 두 쪽에 해당하는 것을 한 쪽으로 표기하고 있다. 전통적인 탈무드의 편집 체제와 비슷하다고나 할까? 앞서서 밝혔지만 용어 해설란인 "문ᄌᆞ쵸집"도 첫 쪽은 제목없이 그냥 겉표지의 속지와 이어지는 그 다음 쪽에 실려 있다. 하지만 이것이 이 책의 첫 쪽이다.

재미있는 점은 장수를 표기하는데 "뎨일편, 뎨이편…뎨이십ᄉᆞ편…" 등으로 표기했다는 점이다. 한문 『대표본』(1854년)이 "第一篇, 第二篇…第二十四篇…"등으로 매긴 것을 그대로 따른 것으로 보인다. 『신역 신구약전서』(新譯 新舊約全書, 1925년)와 한글 『개역』(1938년)이 "一, 二, 三 …" 등 그냥 한자로 표기한 것과 다르다. 그런데 절수는 히브리어 성경을 따르지 않고 그리스도교의 전통에 따라 그리스어 칠십인역처럼 제목은 따로 앞에 붙이고 히브리어 성경의 2절을 1절로 매겼다.[6]

5) 『한국성경대전집』, 제7권, 151-280.

절수를 표기하는 데에도 한자의 "一二三 …" 등으로 표기했다. 이 역시 한문성경 『대표본』의 관례인데, 아마도 이 전통을 따른 듯하다. 『시편촬요』보다 일년 먼저 나오기 시작한 『죠션 크리스도인 회보』 속의 구약과 신약 본문의 절수 표시도 마찬가지이고, 우리나라 최초의 개인역 성경전서인 『신역 신구약전서』(1925년)도 마찬가지이다. 이 전통은 지금 우리가 예배용으로 쓰고 있는 『개역 한글판』(1961년)까지 이어진다.

또 하나 시편이 시인 것이 분명한데 『시편촬요』는 산문처럼 그냥 길게 옮겼다. 아래 본문에서는 이를 내용상 나누어 싣는다. 사실 행을 나누는 행갈이도 분명히 하나의 번역 행위이다. 그렇지만 행갈이를 하지 않았다고 해서 시가 아니라고 말할 수는 없다. 분명 시문이지만 행갈이가 되지 않은 것 뿐이다.[7)]

III. 『시편촬요』의 어휘록

이 책에는 각 어휘나 그 설명이 모두 붙어 있으나 여기서는 보기 편하도록 각 어휘와 그 설명을 띄어놓기로 한다. 모두 75개의 낱말이 들어있는 이 어휘록을 인용하면 다음과 같다.

---

6) 제목이 없는 경우는 히브리어 성경이나 『칠십인역』이나 절수가 똑같이 나가지만 다른 경우는 대부분 제목으로 보이는 부분을 따로 떼어 놓은 경우이다. 제목이 짧은 경우는 물론 히브리어 성경이나 『칠십인역』이나 절수가 똑같다.

7) 대한성서공회 번역실의 전무용 부장은 행갈이가 되어있지 않다고 해서 시가 아니라고 필자에게 알려주었다. 옛날 중국에서 나온 『詩經』의 경우 행갈이 없이 편집되어 있으나 시라고 말하지 않을 수 없다는 것이다. 마찬가지로 사해 부근에서 1947년에 발견된 이사야 두루마리(1QIs[a])의 경우도, 많은 부분이 시문이지만 행갈이 없이 기록되어 있는 것을 알 수 있다. 곧 고대인들의 필사 관습이 오늘날과는 많이 달랐으며 따라서 시문이라고 해서 오늘날처럼 행갈이를 하고 기록하거나 베끼지는 않았다는 점을 알 수 있다. 이러한 관습은 한문성경 『대표본』과 『시편촬요』까지 이어져 내려오고 있다.

(1) 1쪽의 어휘록

렬박ᄒᆞ다(烈迫) ᄆᆡ울)피박ᄒᆞᆯ	락담ᄒᆞ다(落膽) 떠러질)쓸ᄀ
률례(律例) 법)전례	
실족ᄒᆞ다(失足) 일흘)발	셩루(城樓) 짓)다락
심령(心靈) ᄆᆞᄋᆞᆷ)신령	시ᄉᆞᄒᆞ다(施賜) 베플)줄
ᄉᆞᄉᆞ(士師) 션ᄇᆡ)스승	슝ᄇᆡ하다(崇拜) 놉흘)절ᄒᆞᆫ
실원(室院) 집)집	셰ᄃᆡ(世代) 세샹)ᄃᆡ신
뎌잔ᄒᆞ다(低殘) ᄂᆞ즐)쇠잔ᄒᆞᆯ	
탄도(坦途) 평안ᄒᆞᆯ)길	탄식ᄒᆞ다(嘆息) 탄식ᄒᆞᆯ)쉴
탄연ᄒᆞ다(坦然) 평안ᄒᆞᆯ)그러ᄒᆞᆯ	
진로ᄒᆞ다(震怒) 우릐)셩낼	우레장부(臟腑) 오장)장부
젼통(箭筒) 화살)통	존대ᄒᆞ다(尊大) 놉흘)큰
존귀ᄒᆞ다(尊貴) 놉흘)귀ᄒᆞᆯ	졍리(正理) 바ᄅᆞᆯ)리치
젼례(傳例) 젼ᄒᆞᆯ)젼례	쟝로(長老) 어룬)늙은
졍금(精金) 졍ᄒᆞᆯ)쇠	졍직ᄒᆞ다(正直) 바ᄅᆞᆯ)곳을
챵슈(漲水) 넘칠)물	

(2) 64쪽의 어휘록

악역ᄒᆞ다(惡逆) 모질)거ᄉᆞ릴	압졔ᄒᆞ다(壓制) 누를)졔어ᄒᆞᆯ
양실(陽室) (볃)집)	연셜ᄒᆞ다(演說) (넓을)말솜
역려(疫癘) 병)병)	
의뢰ᄒᆞ다(依賴) 의지ᄒᆞᆯ(힘닙을	음부(陰府) (그늘)마을
이방(異邦) 다를)나라	이젹(異跡) 다를)자최
온역(瘟疫) 병)병	원(院) 집
유업(遺業) 칠)업	
현금(絃琴) 줄)검은고	하량ᄒᆞ다(下諒) 아릐)혜아릴
함믁ᄒᆞ다(緘默) 봉ᄒᆞᆯ)ᄌᆞᆷᄌᆞᆷ	혁분ᄒᆞ다(赫忿) 빗날)분ᄒᆞᆯ

함정(穽井) 함정)움물	허무ᄒᆞ다(虛無) 뷜)업ᄉᆞᆯ
거역ᄒᆞ다(拒逆) 막을)거ᄉᆞ릴	군박ᄒᆞ다(窘迫) 곤ᄒᆞᆯ)핍박ᄒᆞᆯ
국문ᄒᆞ다(鞠問) 무를)무를	궁창(穹蒼) 하ᄂᆞᆯ)푸를
긍휼(矜恤) 불샹ᄒᆞᆯ)불샹이녁일	개가(凱歌) 이길(노래
고초(苦楚) 괴로올)압흘	고문ᄒᆞ다(拷問) 두ᄃᆞ릴)무를
ᄀᆞᆫ구ᄒᆞ다(懇求) 졍셩)구ᄒᆞᆯ	견집ᄒᆞ다(堅執) 굿을)잡을
경점(更點) 곳칠)졈칠	교훈ᄒᆞ다(教訓) ᄀᆞᄅᆞ칠)ᄀᆞᄅᆞ칠
만군(萬軍) 일만)군ᄉᆞ	민쳡ᄒᆞ다(敏捷) 민쳡ᄒᆞᆯ)ᄲᆞ롤
명령(命令) 목숨)ᄒᆞ여곰	ᄆᆡ복ᄒᆞ다(埋伏) 뭇을)업ᄃᆞ릴
몽ᄆᆡ(夢寐) ᄭᅮᆷ)잘	목ᄇᆡᆨ(牧伯) 칠)맛
민몰ᄒᆞ다(泯沒) 빠질)빠질	
년치(年齒) ᄒᆡ)니	년매(年邁) ᄒᆡ)갈
능력(能力) 능ᄒᆞᆯ)힘	
방ᄇᆡᆨ(方伯) 모)맛	범남(氾濫) 넘을)넘을
비류(匪類) 그를)죵류	
판ᄉᆞ관(判事官) 판단ᄒᆞᆯ)ᄀᆞ음알)벼ᄉᆞᆯ	
팔현금(八絃琴) 여돌)줄)거문고	
피곤ᄒᆞ다(疲困) 파리ᄒᆞᆯ)곤ᄒᆞᆯ	판단ᄒᆞ다(判斷) 판단ᄒᆞᆯ) ᄉᆞ근ᄒᆞᆯ
령장(伶長)	렬방(列邦) 버릴)나라

이 가운데에서도 여전히 우리가 한글 『개역』(1961년)에서 사용하고 있는 용어로는 "궁창"(穹蒼), "긍휼"(矜恤), "만군"(萬軍), "방백"(方伯), "비류"(匪類), "사사"(士師), "영장"(伶長), "열방"(列邦), "온역"(瘟疫), "유업"(遺業), "율례"(律例), "음부"(陰府), "이방"(異邦), "이적"(異蹟), "장로"(長老), "전통"("箭筒"), "창수"(漲水), "현금"(絃琴) 등이다.

특별히 한문 『대표본』(1854년)에서 빌려온 용어는 "궁창," "사사," "장로," "음부," "이방," "이적" 등이다. 하지만 『대표본』에서 빌려온 듯하지만 그렇지 않은 용어도 많이 눈에 띄는데, "렬방," "률례," "만군,"

"방백," "유업," "전통," "창수" 등이 그러한 용어이다. 『대표본』의 경우 "렬방"은 "이방"으로, "률례"는 "전례"로, "만군"은 "만유"로, "방백"은 "목백"으로, "창수"는 "하수"로 많이 쓰고 있는 것을 확인할 수 있다.

가톨릭교회의 영향을 받은 용어도 눈에 띈다. "축샤하다"는 말이 그 대표적이다. "찬송하다, 찬양하다" 등으로 옮길 수 있는 용어(ברוך)를 『시편촬요』는 일관되게 "축샤하다"는 말로 옮긴다. 또한 『시편촬요』에서만 볼 수 있는 용어들도 눈에 띈다. "경점"이나 "원" 또는 "피곤하다"와 같은 용어이다.

IV. 『시편촬요』 속에 들어있는 시편

모두 150편으로 구성되어 있는 시편 가운데에서 피터스가 번역한 시편은 모두 62편인데, 그 구성은 다음과 같다.

1-10편, 15-16편, 18-20편
22-25편, 27편, 30편
32편, 37편
46편, 50-51편
62-63편, 65편, 67편
84편, 86편, 90편
91편, 95-98편, 100편
103편, 105편, 107편, 110편
112-116편, 119편
121편, 124편, 126-128편, 130편
133편, 138편
142편, 145-146편, 148편, 150편.

이렇게 모두 62편이 실려 있다. 피터스는 "탄원시"(precactory Psalms)를 제외하고 모두 번역했다고 밝히고 있다.[8] 예배를 드릴 때 시편 낭독이 들어있는데 이 점을 염두에 두고 번역했을 가능성도 없지 않아 있다. 피터스는 당시 『찬셩시』라는 1898년에 나온 한글 찬송가 편집 작업에도 참여했기 때문이다.[9]

V. 『시편촬요』와 초기 한글 번역본의 비교 분석(시편 1편, 24편, 133편)

길이가 긴 시는 지면 관계상 일일이 살펴 볼 수 없다. 그래서 우리에게 익숙한 짧은 시편 셋을 꼼꼼이 읽어보려고 한다. 시편 1편과 24편, 그리고 133편을 분석해 보고자 한다.

맨 위는 『시편촬요』(1898년)를, 두 번째는 『시편』(1906년)을,[10] 세 번째는 『新譯 新舊約全書』(1925년)를,[11] 네 번째는 『개역』(1938년)을[12]

---

8) Alexander A. Pieters, "First Translation," *The Korean Mission Field* (1938), 5.

9) 『한국찬송가전집 2』 (서울: 한국교회사 문헌연구원, 1991). 영어 이름은 "Psalms and Hymns"이고 Committee of the Presbyterian Mission, North가 편집한 것으로 기록되어 있다. 이 찬송가는 가사만 들어있는 찬송가로 모두 83개의 찬송가가 들어있다. 이 찬송가의 영어 서문에 피터즈가 61-62장 그리고 69-83장의 가사를 우리말로 번역한 것으로 기록하고 있다. 61장은 이사야 53장 5절의 내용을 가사로 바꾼 것이고 62장은 한나의 노래(삼상 2장)를 가사로 바꾼 것이다. 이 찬송가의 69장에서 83장은 피터즈가 번역한 『시편촬요』에서 뽑아내고 다른 구약성경 본문을 번역하여 집어넣은 것으로 보인다. 그 순서대로 보면 시편 95편, 이사야 53장, 시편 3편, 시편 8편, 시편 19편, 시편 20편, 시편 23편, 시편 67편, 시편 100편, 시편 104편, 시편 121편, 시편 124편, 시편 126편, 시편 130편, 시편 138편이다. 이사야 53장을 새로 번역하여 집어넣은 것이 특이하며 시편의 경우 대부분 『시편촬요』에서 뽑은 것들이며 찬송가 가사로서 운율을 맞추기 위해 약간 고친 경우도 눈에 띈다.

10) 『韓國聖經大全集』 제15권: 시편(1906), 잠언(1907), 창세기(1908), 서울: 한국교회사 문헌연구원, 2002.

11) 『新譯 新舊約全書 影印本』, 서울: 성서문화사, 1986. (奇一, 이원모 역, 基督敎彰文社,

차례로 실어 번역어나 표현의 변화와 차이를 살펴보면서 설명하고자 한다. 각 절 앞의 괄호 속에 년도 표시를 하여 각 번역을 구분하기로 한다.

1. 제1편

(1절)

(1898) 악ᄒᆞᆫ 쟈의 ᄭᅬ임으로 힝ᄒᆞ지아니ᄒᆞ며 죄인의 길에 서지아나ᄒᆞ며 오만ᄒᆞᆫ 쟈의 자리에 안지아니ᄒᆞ며

(1906) 복 잇ᄂᆞᆫ쟈는 악ᄒᆞᆫ쟈의 의론대로 힝치아니ᄒᆞ고 죄인의 길에 서지도 아니ᄒᆞ며 오만ᄒᆞᆫ 쟈의 자리에 안지도 아니ᄒᆞ고

(1925) 惡人의 ᄭᅬ를좇지아니ᄒᆞ며罪人의길에서지아니ᄒᆞ고 倨慢ᄒᆞᆫ자리에안지 아니흡이여 이사ᄅᆞᆷ이 福이잇도다

(1938) 복잇는 사람은 악인의 ᄭᅬ를 좇지아니하며 죄인의 길에 서지아니하며 오만한쟈의 자리에 안지아니하고

1절에서 『시편촬요』가 다른 초기 한글 번역본과 다른 점은, “복있는 (사람)”으로 흔히 옮기는 히브리어 “아슈레이”(אשרי)를 2절로 옮겨 놓은 점이다. 1절과 2절을 계속 이어지는 한 문장으로 옮긴 것이다. 이는 “… 아니라 … 이다”라는 구문(לא ... כי אם...)으로 마소라 본문의 1절과 2절이 이어지기 때문에 그렇게 읽은 것이 아닌가 짐작한다. 히브리어 본문의 문장 구조를 그대로 따라 옮기려고 노력한 흔적을 여기서 읽어 볼 수 있다. 특별히 2절 맨 앞에 “오직”이라는 말을 집어넣어 이 구문을 더 강조한 것이 아닌가 생각한다.

『시편촬요』의 “(악ᄒᆞᆫ 쟈의) ᄭᅬ임”이라는 번역어는 마소라 본문의 “에짜”(*עצה)를 옮긴 말인데 매우 독특하다. 흔히 “조언”이나 “충고”로

1925년 발행).

12) 『셩경 개역』, 셩셔공회, 1938. (런던 영국성서공회의 1939년도 사진판).

옮기는 말인데 이를 "꾀임"으로 읽었기 때문이다. "악인"(רשעים)이라는 말이 뒤따라 나오기 때문에 "꾀임"(꾐)으로 읽은 듯하다.[13] "꾀임"은 "꼬드기다"나 "꼬임에 빠지게 하다"는 뜻을 지니고 있는 말인 듯한데, 이 말을 『신역 신구약전서』과 『개역』은 "꾀"로 바꾸어 읽었다. 그런데 이 번역어는 "꾀"로 바뀌어 1925년의 『신역 구신약전서』를 거쳐 1938년의 『개역』 그리고 1961년의 『개역 한글판』까지 이어져 내려오고 있다. 이러한 전통은 "악한 자"와 "죄인"이라는 번역어와 "오만한 자"라는 번역어도 마찬가지이다. 또한 1절 전체도 그 문장의 순서나 내용이 후대의 번역에 그대로 이어져 내려오는 것을 확인할 수 있다. 다만 "악훈 쟈"를 "악인"으로, "힝ᄒᆞ다"를 "좃다"(좇다)로 바꾼 것 말고는 거의 똑같은 번역인 것을 확인할 수 있다. 이렇게 첫 절부터 『시편촬요』는 후대의 한글 번역에 지대한 영향을 미친다.

(2절)

(1898) 오직 여호와의 률법을 깃버ᄒᆞ야 그 률법을 밤낫으로 좀좀이 ᄉᆡᆼ각ᄒᆞᄂᆞᆫ 쟈ᄂᆞᆫ 복이 잇ᄂᆞᆫ 쟈로다

(1906) 오직 여호와의 률법을 즐거워ᄒᆞ며 그 률법을 쥬야로 믁샹ᄒᆞᄂᆞᆫ도다

(1925) 여호와의 律法을 깃버홈이여晝夜로 믁샹ᄒᆞᄂᆞᆫ도다

(1938) 오직 여호와의 률법을 즐거워하야 그 률법을 쥬야로 믁샹하는쟈로다

"여호와"라는 용어를 말하지 않을 수 없다. 탁사 최병헌이 번역했을 것으로 짐작하는 『죠션 (대한) 크리스도인 회보』(1897년-1905년) 속의 한글 구약본 문에는 하느님의 이름이 대부분 "야화화"로 표기되어 있다.[14] 물론 "여호와"로 되어 있는 부분도 있다. 탁사는 한문 성경 『대표

13) 1906년 시편 단행본은 이 용어를 "의논"으로 옮겼는데 이러한 흔적은 존 로스의 한글문법에서 "to consult"을 "의논하다"로 해석해 놓은 것을 보면 이해가 가는 번역어이다. John Ross, *Korean Speech with Grammar and Vocabulary*. New Edition. (Shanghai & Hongkong: Kelly & Walsh, 1882), 82.

본』(1854년을 따라 시편 32편과 창세기, 사무엘 본문 등에서 "여화화"(女華和)로 옮겼고, 아펜젤러가 옮긴 것으로 추정되는 시편 122편에서 "여호와"로 옮겼다. 따라서 『시편촬요』의 "여호와"는 당시 미국인 선교사들의 영향으로 옮긴 말로 보인다.

"률법"이란 번역어는 물론 신약성경의 영향으로 보인다. 그리스어 "노모스"(νομος)를 초기 한글 신약은 대부분 "률법"으로 옮겼는데, 『시편촬요』는 이를 따른 것으로 보인다. 이 번역어는 위에서 보는 것처럼 계속 이어져 내려온다. 특별히 "여호와의 률법"(תורה יהוה)이라는 고정적인 표현으로 그대로 따른 것을 확인할 수 있다.

"싯버ᄒᆞ나"는 번역이는 『신역 구신약전서』가 그대로 이어받고 있는 반면, 1906년 시편 단편과 『개역』은 "즐거워하다"로 바꾸어 읽는다. 히브리어 표현 "헤프초"(חפצו)는 물론 "그의 기쁨"이나 "그의 즐거움" 또는 "그가 바라는 것" 등으로 옮길 수 있는 표현이다. 따라서 『시편촬요』의 번역을 그대로 빌리자면 이 부분을 "야훼님의 토라는 그의 기쁨"으로도 옮길 수 있을 것이다.

"밤낫으로"라는 표현은 히브리어 표현 "요맘 바-라일라"를 옮긴 표현으로, "낮과 밤에"라는 옮길 수 있는 관용적 표현이다. 이 표현을 우리말 어법에 어울리게 "밤낫으로"(밤낮으로)으로 옮겼다. 뒤따라 나오는 한글 역본들은 이 표현을 모두 "쥬야(晝夜)로"라는 한자어 표현으로 바꾸었다. 한자어 표현이 나쁜 것은 아니나 자연스러운 토박이말 표현을 그대로 살린 『시편촬요』가 더 바람직하지 않나 생각한다.

"좀좀이 ᄉᆡᆼ각ᄒᆞᄂᆞᆫ 쟈"라는 표현은 히브리어 동사 "하가 브-"(*-ב הגה)를 옮긴 말로 보인다. 이 히브리어 동사는 여러 가지 뜻이 있으나 시편에서 특히 "곰씹다, 조용히 생각하다, 거듭 되새기다"라는 뜻으로도 쓰이고, 때로는 "불평하다"나 "작은 소리를 내어 중얼거리다"라는 뜻으

14) 이환진, "성서 번역가 탁사 최병헌의 잠언(23장)과 시편(32편, 122편)과 역대하(6-7장) 번역문 분석," 45-71.

로도 등장한다. 여기서는 앞의 뜻에 가까운 용례로 이 동사가 쓰인 듯하다. 따라서 『시편촬요』의 "ᄌᆞᆷᄌᆞᆷ이 ᄉᆡᆼ각ᄒᆞ는 쟈"에서 "ᄌᆞᆷᄌᆞᆷ이 ᄉᆡᆼ각ᄒᆞ다"라는 번역은 좋은 우리말 번역어로 보인다. "…ᄒᆞ는 쟈"로 사람으로 읽은 것은 1절과 2절로 이어지는 한 문장으로 생각하여 히브리어 아슈레이를 2절 뒤에 옮긴 것과는 다른 이해로 보인다. 곧 마소라 본문에는 동사로 되어 있는 것을 여기서는 분사로 읽어 "(ᄌᆞᆷᄌᆞᆷ이 ᄉᆡᆼ각)ᄒᆞ는 쟈"로 옮겼기 때문이다. 히브리어 문장 구조를 그대로 옮기지 않고 여기서는 이렇게 자유롭게 옮긴 것을 알 수 있다. 이러한 이해는 『개역』이 계속 이어받고 있으며, 1906년의 시편 단편과 1925년의 『신역 신구약전서』는 히브리어 본문처럼 그냥 동사로 옮겼다. 초기 한글 역본들은 앞의 "쥬야로"라는 표현과 마찬가지로 모두 한자어 표현으로 바꾸어 "믁상(默想)하다"로 바꾸어 읽었다. 곧 『시편촬요』가 이 절에서는 초기 한글 역본들보다 쉬운 우리말 표현으로 풀어 옮긴 것을 확인할 수 있다.

(3절)

(1898) 이 사ᄅᆞᆷ은 맛치 물 가헤 심어셔 ᄯᅢ에 밋쳐 열ᄆᆡᄅᆞᆯᄆᆡᆺ고
그 닙사귀가 ᄯᅥ려지지아니ᄒᆞ는 나무 ᄀᆞᆺᄒᆞ며 모든 ᄒᆡᆼᄒᆞ는거시 형통ᄒᆞ
리로다

(1906) 이 사ᄅᆞᆷ은 비컨대 시ᄂᆡ 물 가에 심은 나무가 그 시졀을 좃차 열ᄆᆡ를
ᄆᆡ즈며 그 닙사귀가 ᄆᆞ르지아니ᄒᆞᆷ ᄀᆞᆺ호니 므ᄅᆞᆺ 그의 ᄒᆡᆼᄒᆞ는 일이 다
형통ᄒᆞ리로다

(1925) 시내가에심은나무ᄀᆞᆺ흠이여時節을좃차果實을ᄆᆡᆺᄂᆞᆫ도다
그닙사귀가ᄆᆞ르지아님이여 凡事에 亨通ᄒᆞ리로다

(1938) 뎌는 시내가에 심은 나무가 시절을 좃차 과실을 매즈며
그 닙사귀가 마르지아니함 갓흐니 그 행사가 다 형통하리로다

"이 사ᄅᆞᆷ"은 히브리어 동사 "하야"(*היה)에 들어 있는 주어를 옮긴 말로 보인다. "그"라고 보통 옮길 수 있는 말을 "이 사ᄅᆞᆷ"으로 강조하여

읽었다. 1906년의 시편 단편도 따른 이 표현은 『개역』의 "뎌"(저)보다는 더 자연스러운 표현으로 보인다.

"물 가(헤)"는 히브리어 표현 "팔게이 마임"(*פלגי מים)을 옮긴 것으로 구태여 직역하자면 "물의 여러 갈래"라는 뜻으로 옮길 수 있을 것이다. 이를 단순하게 "물 가"로 옮긴 것을 다른 초기 한글 역본들은 모두 "시내가"로 바꾸어 읽었다.

"심어서"는 "심겨진"이란 뜻의 히브리어 표현 "솨툴"(שתול)을 옮긴 것으로 우리말 어법에 맞게 능동태로 바꾸어 읽은 번역이다. 다른 번역들도 모두 "심은"으로 마찬가지의 경향을 보이고 있다. 다만 『시편촬요』가 다른 점은 "나무"라는 말을 뒤로 빼내어 읽었다는 점이다. 이러한 경향은 "복잇는 쟈"라는 표현을 2절 끝부분에 위치시킨 것과 같은 경향이라 말할 수 있다.

"ㅅ대에 밋쳐"는 히브리어 구문 "브-이토"(בעתו)를 옮긴 말로, "그의 때에"나 "그의 때에 따라"라고 옮길 수 있는 표현이나 이를 구(句)로 바꾸어 읽었다. 히브리어 문장 구조를 우리말 어법에 잘 어울리게 바꾸어 읽은 번역이다. 다른 초기 번역들은 "시졀(時節)을 좃차"로 똑같이 옮겼다. 문장으로 바꾸어 읽은 것은 바람직해 보이나 "시절"이라는 번역어는 오히려 후퇴한 느낌을 준다. "시절"이란 말이 틀린 말은 아니나 "때"라는 번역어가 오히려 더 이해하기 쉽지 않을까?

"열미"(열매)라는 번역어는 다른 초기 번역들의 "과실"(果實)보다 더 쉬운 토박이말이다. 이러한 번역어는 계속 살려 사용하는 것이 좋을 듯하다.

"그 닙사귀가 떠려지지아니ᄒᆞᄂᆞᆫ (나무)"라는 표현은 좀 문제가 있어 보인다. 특별히 "떨어지다"는 말은 히브리어 동사 "이볼"(יבול)을 옮긴 것으로 보이는데, 이 동사는 "마르다, 메마르다, 말라붙다"는 뜻으로 주로 사용되는 말이기 때문이다. "떨어지다"가 틀린 번역어라고 말할 수는 없으나 다른 초기 역본들처럼 "마르다"로 옮기는 것이 좀더 정확한 표현이 아닌가 생각한다.

"모든 힝하는 거시"(모든 행하는 것이)이라는 표현은 히브리어 구문 "콜 아쉐르 야아쎄"(כל אשר יעשה)를 옮긴 것으로 보이는데, 동사 속에 들어 있는 "그"라는 주어를 생략하고 읽었다. 맨 앞의 "이 ᄉᆞ룸"이라는 표현이 그 뜻을 전달할 수 있다고 생각하여 생략하고 읽은 듯하다. 그런데 이 표현은 "행하는 모든 것이"라고 옮기면 오히려 더 자연스럽지 않을까? 그리고 "힝하다"는 표현은 위의 어휘록에서도 보았듯이 "… 을 하다"를 옮긴 말인데, "행"(行) 자를 꼭 집어넣어야만 하는지 궁금하다. "행하다"는 표현은 위의 다른 초기 번역들에서도 볼 수 있는 것처럼 고정적으로 등장하는 번역어로, 지금까지도 교회에서 계속 사용하는 말이다. 그냥 "하는 모든 일"로 읽어도 충분히 이해가 될 것을 "행"자를 집어넣어 그 속에 무슨 특별한 뜻이 있는 것처럼 오해를 살 필요가 있을지 의문스럽다. 『신역 신구약전서』와 『개역』은 아예 이 표현을 "힝사"(行事)라는 말을 만들어 사용하기도 한다.

"형통ᄒᆞ리로다"는 표현도 위의 어휘록에 나오는 용어로, 히브리어 동사 "야즐리악흐"(יצליח)를 옮긴 말이다. "잘 되어가다, 잘 풀리다"라는 뜻을 담고 있는 이 말을 『시편촬요』는 "ᄉᆞ대"나 "열ᄆᆡ"와는 다르게 한자말을 사용하여 옮겼다는 점이 특이하다. "형통하다"는 번역어는 후대의 초기 번역에 계속 영향을 미쳐 사용되고 있으며 지금껏 사용하고 있는 용어이기도 하다.

(4절)
(1898) 악흔쟈는 그러치아니ᄒᆞ야 오직 바룸에 ᄂᆞ나가는 죽경이 ᄀᆞᆺ도다
(1906) 악흔쟈는 그러치아니ᄒᆞ니 오직 바람에 ᄂᆞᆯ니는 겨와 ᄀᆞᆺ도다
(1925) 惡人은그럿치아님이여바람에불니는겨로다
(1938)악인은 그러치아님이어 오직 바람에 나는 겨와 갓도다

1-2절에 나오는 "… 아니라 … 이다"라는 구문(...לא... כי אם) 처럼, 여기 4절에서도 "오직"이라는 말을 집어넣어 이 히브리어 구문을 강조

하여 읽었다. 이러한 번역은 후대의 초기 번역에도 영향을 미쳐 그대로 따르는 것을 확인할 수 있다. 다만 "악ᄒᆞᆫ 쟈"를 "악인"(惡人)으로 바꾸어 읽었을 뿐이다. 또한 "그러치아니ᄒᆞ야"(그렇지 아니하여)라는 표현도 다른 초기 역본에서 약간의 차이만 보일 뿐 그대로 따른 것을 알 수 있다.

"바ᄅᆞᆷ에 ᄂᆞᆯ나가ᄂᆞᆫ 죽졍이"라는 표현은 히브리어 "모츠 아쉐르 티드펜누"(מֹץ אשר־תדפנו רוח*)를 옮긴 부분으로, "바람이 흩어버리는 겨"라고도 옮길 수 있는 부분이다. 이 부분에서 우리말 어법에 어울리게 "바람이 흩어버리는" 것이 아니라 "바람에 날라가는" 것으로 이해하여 옮겼다. 히브리어 구조보다 우리말 어법에 더 어울리게 번역한 부분이다. "ᄂᆞᆯ나가다"(날라가다)는 말도 『개역』의 "날다"는 말보다는 죽정이가 더 빨리 흩어지는 모습을 강조한 번역어로 보인다. "죽졍이"(쭉정이)라는 번역어도 무척 인상적이다. 다른 초기 번역들은 모두 "겨"라고 사전적인 의미를 따라서 번역했지만 당시 농촌의 논과 밭에서 흔하게 눈에 띄었을 "쭉정이"로 대치하여 읽은 듯하다.

(5절)

(1898) 그런고로 악ᄒᆞᆫ 쟈들이 심판ᄒᆞᆯ ᄯᅢ에 서지못ᄒᆞ며
죄인들이 올흔쟈의 모히ᄂᆞᆫ 곳에 서지못ᄒᆞ리로다

(1906) 그런고로 악ᄒᆞᆫ쟈들이 심판ᄒᆞᆯ ᄯᅢ에 서지못ᄒᆞ며
죄인들이 올흔쟈의 회즁에 서지못ᄒᆞ리로다

(1925) 審判때에서지 못ᄒᆞᆷ이여義人의會中에드지못ᄒᆞ리로다

(1938) 그런고로 악인이 심판을 견대지못하며 죄인이 의인의 회즁에 들지 못하리로다

이 절에서는 "악ᄒᆞᆫ 쟈"(악한 자)와 "죄인"이 "올흔 쟈"와 대조를 이루어 등장하는데, 재미있는 번역어는 "올흔 쟈"라는 번역어이다. 히브리어 "짜디킴"(צדיקים)을 옮긴 말로, 『신역 신구약전서』와 『개역』은 "의

인"(義人)으로 대치하였다. "올흔 쟈"(옳은 자)라는 번역어가 "의인"보다는 더 구체적으로 이해되는 말이다. "의인"은 시편을 읽는 독자 자신과는 거리가 있는 말로 들릴 수도 있기 때문이다. "옳은 이"나 "바른 이" 또는 "올곧은 이" 등으로도 옮길 수 있는 말인데, 다른 초기 번역은 "의인"으로 옮겨, "열사"나 "의사"와 같은 느낌을 주기 때문에 이해하는 데 어려움이 있지 않을까?

"서지 못하다"는 말은 히브리어 본문의 5절에서 한 번만 등장하지만 히브리어 문장 구조상 생략하는 경우가 많아 우리말에서는 두 번 나오는 것으로 간주하고 집어넣어 읽었다.

(6절)

(1898) 대개 여호와ㅅ긔셔 올흔 쟈의 길은 아시되 오직 악흔 쟈의 길은 멸망ᄒᆞ리로다

(1906) 대개 여호와ㅅ긔셔 올흔쟈의 길을 아시ᄂᆞ니 오직 악흔쟈의 길이 망ᄒᆞ리로다

(1925) 여호와-義人의길을깃버ᄒᆞ심이여惡人의길은亡ᄒᆞ리로다

(1938) 대뎌 의인의 길은 여호와ㅅ긔셔 인뎡하시나 악인의 길은 망하리로다

이 절 역시 "올흔 쟈"와 "악흔 쟈"가 "길"이라는 말과 함께 대조적으로 등장한다. 앞서 말한 것처럼 뒤이어 나오는 초기 번역들의 "의인"이라는 말보다 더 분명하게 의미가 전달되는 번역어이다. "아시되"라는 말은 히브리어 "요데아"(יודע)를 옮긴 말인데, 『개역』은 "인뎡하시나"(인정하시나)로 옮겨 신학적 해석을 첨가하였다.

"멸망ᄒᆞ리로다"라는 말은 히브리어 "토베드"(תאבד)를 옮긴 표현으로, "스러지다, 끝장나다"는 뜻을 담고 있는 말인데, 흔히 사람에게 사용하는 "멸망하다"는 말로 표현한다. 이를 다른 초기 번역들은 모두 "망하다"는 말로 바꾸어 읽었다. "망하다"는 말 역시 일반적으로 사람에게 적용하여 쓰는 말로, 그렇게 적절한 번역어라고 말하기는 어렵다.

2. 제24편

(제목)

(1898) 다빗이 지은 시라

(1906) 다윗의 시라

(1925) 다윗의 詩

(1938) 다윗의 시

제목은 히브리어 마소라 본문에는 1절로 매겨져 있는 부분이다. 히브리어 표현 "르-다비드"(לדוד)를 옮긴 것이 "다빗이 지은 시라"이다. 지금은 "다윗"으로 부르는 이름을 "다빗"으로 음역하였다. 히브리어를 그대로 음역하려고 한 흔적을 여기서 읽을 수 있다. 1906년 시편 단편부터 "다윗"으로 음역한 것을 알 수 있는데, 재미있는 점은 전치사 라메드(ל)를 "…이 지은 시"라고 옮긴 점이다. 이는 히브리어 전치사를 우리말 동사로 옮긴 전형적인 예이다. 1906년의 시편 단편 이래로 모두 "…의"라는 표현으로 옮긴 것보다 훨씬 라메드의 뜻을 분명하게 밝힌 번역이라고 말할 수 있다. 물론 히브리어 전치사 라메드에는 "…의 것"이라는 뜻도 있고, "…가 쓴 것"이라는 뜻도 있어서 그 의미의 다양성을 한마디로 표현할 수는 없겠으나, 시편촬요는 "(다빗)이 지은 시"라고 옮김으로써 히브리어 전치사 라메드에 "지음"이라는 뜻이 들어있는 점을 분명히 밝혔다.

사실 "…의 시"라고 한 것도 마찬가지의 뜻이 없는 것은 아니나 나이다 박사의 성서번역 이론에 따르면 이러한 애매한 번역보다는 『시편촬요』의 번역이 그 뜻을 분명하게 한 번역을 선호한다. 따라서 이 번역은 지금 보아도 손색이 없는 훌륭한 번역이다.

(1절)

(1898) ᄯᅡ와 ᄯᅡ헤 ᄀᆞ득ᄒᆞᆫ 것과 셰샹과 셰샹에 사ᄂᆞᆫ 이가
여호와께 쇽ᄒᆞ엿도다

(1906) ᄯᅡ와 그 풍셩ᄒᆞᆫ 거시 따한여호와의 거시오
셰샹과 밋 그 가온ᄃᆡ 거ᄒᆞᄂᆞᆫ쟈가 또한 그러ᄒᆞ도다

(1925) 世界와萬有여여호와-主管ᄒᆞ시도다

(1938) 따와 거긔 츙만한 것과 셰계와 그 즁에 거하는 쟈가 다 여호와의
것이로다

"ᄯᅡ"라는 번역어는 오늘날 표기법으로는 "땅"으로 바꿀 수 있는 번역어로, 히브리어 "하-아레츠"(הארץ)를 옮긴 말이다. "ᄯᅡ헤 ᄀᆞ득ᄒᆞᆫ 것"은 "그 안에 가득한 것"이라고 옮길 수 있는 표현(מלואה)을 옮긴 것으로, "ᄯᅡ"(땅)라고 3 인칭대명사 어미를 실명사화하여 읽었다. 이후에 나온 초기 번역들은 "그 풍셩ᄒᆞᆫ 거시"(1906년)나 "거긔 츙만한 것"(『개역』)으로 다양하게 읽었는데, 『시편촬요』처럼 단순하게 옮기면 오히려 그 뜻이 더 잘 이해되지 않을까 생각한다.

바로 뒤이어 나오는 "셰샹과 셰샹에 사ᄂᆞᆫ 이"(ישבי בה)의 경우도 마찬가지이다. "셰샹"으로 실명사화하여 읽은 것 말고도 "…에 사ᄂᆞᆫ 이"라는 말도 『신역 신구약전서』의 "萬有"(만유)나 『개역』의 "…에 거하는 쟈" 보다 더 쉬운 번역이다.

그런데 "여호와ᄭᅴ 쇽ᄒᆞ엿도다"의 경우는 반대의 경우이다. 1906년의 시편 단편이나 1938년의 『개역』이 "여호와의 것"으로 읽은 것이 오히려 더 쉽다. 히브리어 전치사 라메드(ל)가 소유를 가리키는 것은 앞의 제목에서도 보았지만, 『시편촬요』는 여기서 "속(屬)하다"는 말을 사용하였다. 분명하기는 하지만 어려운 말이 아닐 수 없다. 『신역 신구약전서』는 신학적 해석을 덧붙여 "主管하시도다"로 읽었다.

(2절)

(1898) 대개 여호와가 ᄯᅡ 터롤 바다들 우헤 닥그시고 강들 우헤 ᄯᅡ흘 셰우셧도다

(1906) 대개 바다 우에 ᄯᅡ 터를 잡으시고 큰 물 우에 세우셧도다

(1925) 바다로ᄯᅡ의位置를定ᄒᆞ심이여큰물우에세우셧도다

(1938) 여호와 ᄭᅴ셔 그 터를 바다 우에 세우심이어 강들 우에 건셜하셧도다

실명사화한 예를 여기서 또 본다. "여호와"와 "ᄯᅡ"가 이 경우이다. "닥그시고"는 멋진 번역어로 보인다. 사실 2절 상반절은 "그래요, 그분은 그 터를 바다들 위에 (든든히 하셨어요)"로 옮길 수 있는 부분인데, 생략되어 있는 동사를 "터"라는 말 때문에 "(터를) 닦다"로 읽은 것으로 짐작된다.

그런데 히브리어 문장에서 맨 뒤에 한번만 나오는 동사구 "예코느네하"(יכוננה)를 앞에서는 "닦다"로 뒤에서는 "세우다"로 달리 읽었다. 이는 시편 1편 5절에서 "서지 못하다"라고 똑같이 옮긴 것과는 대조적이다. 두 가지로 설명할 수 있을 듯한데, 번역과정에서 일관성을 유지하기 어려웠던가, 아니면 히브리어 동사(*כון)의 뜻을 한 표현으로 다 담기 어려워 "닦다"와 "세우다"로 나누어 표현하지 않았을까 짐작한다. 이 동사를 1906년의 시편 단편은 "(터를) 잡다"와 "세우다"로, 『신역 신구약전서』는 "위치를 정하다"와 "세우다"로, 『개역』은 "세우다"와 "건설하다"로 각각 읽었다.

그리고 "바다들"(ימים)과 "강들"(נהרות)이라고 복수로 일관되게 옮겼는데, 『개역』은 "바다"와 "강들"로 일관성이 없이 읽었으며, 1906년의 시편 단편과 『신역 신구약전서』는 똑같이 "바다"와 "큰 물"로 옮겼다. 이 번역어들은 시편 93편의 예를 보면 각각 "큰 물"과 "바다"로 옮겨도 별 무리가 없어 보이는 용어들이다.

(3절)

(1898) 누가 여호와의 산에 올나 가며 누가 그 거륵훈 곳에 서리오

(1906) 여호와의 산에 올나갈쟈가 누구며 그 거륵훈 곳에 셜쟈가 뉘리오

(1925) 여호와의山과그聖所여누가올으며누가서리잇가

(1938) 여호와의 산에 오를쟈 누구며 그 거륵한 곳에 설쟈가 누군고

이 절은 다른 초기 번역들이 『시편촬요』를 그대로 따라 옮긴 전형적인 예이다. 물론 『신역 신구약전서』는 "그 분의 거룩한 장소"라고 옮길 수 있는 표현(מקום קודשו)을 "그 聖所"로 읽어 그 뜻을 더 명확하게 하였다. 사실 "마콤"(מקום)이라는 히브리어는 "거룩한"이라는 형용사없이도 "성소"라는 뜻으로 신명기에서 자주 사용되는 전문용어이기는 하다.[15] 하지만 『시편촬요』는 그냥 문자적으로 이 표현을 읽었다. 다만 다른 곳에서는 인칭대명사 어미를 흔히 실명사화하여 읽었지만 여기서는 단지 "그"라는 말로 모호하게 대치하였다. 다른 곳에서 실명사화하여 읽은 예를 따라 옮겨보자면 "여호와의 거룩한 곳"으로 옮겼어야 할 것이다.

2절의 경우도 그렇지만 『시편촬요』는 이 절 안에 들어있는 두 문장을 한 문장으로 읽었다. 물론 연결사 바브(ו) 때문에 그렇게 한 것으로 보이는데, 이러한 번역의 예는 다른 초기 번역도 마찬가지이다. 『시편촬요』의 번역을 그냥 두고 단지 두 문장으로 나누어 읽어보자면 "누가 여호와의 산에 올라갈꼬? 누가 그 거룩한 곳에 서리오?"로 읽어볼 수도 있을 것이다. 당시 글을 쓰는 습관이 이렇게 만연체이든가 아니면 『시편촬요』를 따라 길게 늘여놓은 것인지 짐작하기 어렵다.

(4절)

(1898) 손이 씨긋ᄒᆞ며 ᄆᆞ음이 쳥결ᄒᆞ며 령혼을 허탄홈에 맛기지아니ᄒᆞ고

15) 히브리어 가운데에서도 북 이스라엘에서 "성소"를 가리키는 특수 용어이다. 남 유다에서는 바이트(בית)를 이런 뜻으로 사용하기도 하였다.

속여 ᄆᆡᆼ셰ᄒᆞ지아니ᄒᆞᆫ 이로다

(1906) 손이 ᄭᆡ긋ᄒᆞ고 ᄆᆞᄋᆞᆷ이 졍결ᄒᆞ며 허탄ᄒᆞᆫ ᄃᆡ에 뜻을 붓치지아니ᄒᆞ고 거즛 ᄆᆡᆼ셰를 ᄒᆞ지아니ᄒᆞᄂᆞᆫ쟈로다

(1925) 손이淨ᄒᆞ고 ᄆᆞᄋᆞᆷ이깨끗ᄒᆞᆷ이여虛誕ᄒᆞᆫᄉᆡᆼ각과거즛盟誓업ᄂᆞᆫ者로다

(1938) 곳 손이 ᄭᅢᆨ긋하며 마암이 청결ᄒᆞ하며 ᄯᅳᆺ을 허탄한대 두지 아니하며 거즛 맹셔치 아니하는쟈로다

앞 부분을 『시편촬요』를 요즘 맞춤법으로 바꾸어 읽어보면 "손이 깨끗하며 마음이 청결하며"로 읽을 수 있을 텐데, 히브리어 본문의 "두 손의 깨끗함, 마음의 청결함"을 이렇게 풀어 옮긴 듯하다. 곧 히브리어 구문에서는 "손"이나 "마음"이 꾸밈말이나 우리말에서는 주어로 읽은 것이다. 히브리어 표현을 우리말 어법에 맞게 옮긴 예로 볼 수 있다. "흠없는 손, 깨끗한 마음"이나 "손(으로 하는 일)이 흠없는 이, 마음이 깨끗한 이"로 읽으면 어떨지 모르겠다.

"령혼을 허탄홈에 맛기다"는 표현은 어려운 표현이다. 특별히 "영혼"이라는 말로 옮긴 히브리어는 "나프쉬"(נפשי)로 "나 자신"이라는 뜻이다. 하지만 『시편촬요』은 이 낱말을 "그 자신"(נפשו)이라는 말로 바꾸어 옮긴 듯하다.[16] 곧 본문 비평을 하고 옮긴 번역의 예로 보아야 할 것이다. 아무튼 인칭어미를 생략한 채 "영혼"으로 옮겼다. 다른 초기 번역들은 이 말을 "영혼"으로 옮기지 않았다. 1906년 시편 단편과 『개역』은 "ᄯᅳᆺ"(뜻)으로 『신역 신구약전서』는 "ᄉᆡᆼ각"(생각)으로 각각 읽었다. 이렇게 시편에 등장하는 "네페쉬"(נפש)라는 히브리어를 "영혼"이라고 옮기는 것은 문제가 있다는 뜻이다. 문맥에 따라 다양하게 옮길 수 있는 까닭이다. 이 용어에 대해서는 아래에서 길게 설명하기로 한다.

"허탄홈에 맛기다"는 오늘날 표기법으로는 "허탄함에 맡기다"로 읽을 수 있는데, 이 가운데 "허탄홈"(허탄함)이라는 말이 좀 어려운 말이

16) BHK의 비평란 참조.

다. 하지만 다른 초기 번역들은 모두 『시편촬요』를 따라 옮겼다. 다만 허탄한 데에 뜻이나 생각을 "두거나"(『개역』) "붙이지 아니한다"(1906년 시편 단편)고 동사를 달리하여 읽었을 뿐이다.

"속여 밍셰ᄒᆞ지 아니ᄒᆞᆫ 이"라는 표현은 "속임수를 써서 맹세하지 않는다"라고도 옮길 수 있는 표현으로, "… 하는 이"라는 말은 앞에 나오는 "아쉐르"(אשר)에 그런 뜻이 있는 것으로 생가하여 옮긴 듯하다. 그런데 다른 초기 번역들은 모두 "거짓 맹세(하지 아니하는 이)"라고 옮겼다. "거짓 맹세"나 『시편촬요』의 "속여 맹세하다"는 번역이나 히브리어 본문의 뜻을 다 잘 전달하고 있는 것으로 보인다. 『시편촬요』가 히브리어 동사 "니슈바"(נשבע)를 "맹세하다"는 말로 옮긴 것을 이후의 번역들이 따른 예이기도 하다.

『시편촬요』는 이렇게 "손이 ᄭᆡᆨ긋ᄒᆞ며 ᄆᆞᄋᆞᆷ이 청결ᄒᆞ며"라는 부분에서 히브리어 형용사를 "…한 이"라는 사람으로 이해하고, 히브리어 관계대명사 "아쉐르"(אשר) 또한 "…하는 이"라고 이해하여, 우리말 번역에서는 "…ᄒᆞᆫ 이"라고 마지막에 집어넣어 전체를 한 문장로 묶어 읽었다.

(5절)

(1898) 이 사ᄅᆞᆷ이 여호와ᄭᅴ 복을 밧고 저를 구원ᄒᆞ시ᄂᆞᆫ 하ᄂᆞ님ᄭᅴ 올흠을 밧으리로다

(1906) 이 사ᄅᆞᆷ은 여호와ᄭᅴ 복을 엇고 저를 구원ᄒᆞ시ᄂᆞᆫ 하ᄂᆞ님이 의롭다 ᄒᆞ리로다

(1925) 뎌ᄂᆞᆫ여호와ᄭᅴ福밧음이여救援의하 님이義ᄅᆞᆸ다ᄒᆞ시도다

(1938) 뎌는 여호와ᄭᅴ 복을 밧고 구원의 하나님ᄭᅴ 의를 엇으리니

상반절인 "이 사ᄅᆞᆷ이 여호와ᄭᅴ 복을 밧고"는 "그에게는 야훼님에게서 비롯되는 복이 주어진다"로 옮길 수 있는 히브리어 표현(ישא ברכה מאת יהוה)에 해당하는 부분이다. "그"라는 말을 "이 사ᄅᆞᆷ"으로 실명사화하여 읽었으며, "복이 주어진다"를 "복을 받는다"로 우리말 어법에

어울리게 옮겼다. 하반절의 "저를 구원ᄒᆞ시ᄂᆞᆫ 하ᄂᆞ님"이라는 표현도 마찬가지이다. "그의 구원의 하느님"(אלהי ישעו)으로 억지로 옮길 수 있는 표현을 우리말 어법에 어울리게 옮겼다. 다른 초기 번역들보다도 우리말 어법에 어울리게 잘 번역하였다. 『신역 신구약전서』나 『개역』은 "구원(救援)의 하나님"으로 "구원"과 "하나님"이라는 말 사이에 "의"라는 막연한 말을 집어 넣어 더 모호하게 번역하였다. 이런 면에서 『시편촬요』의 번역은 히브리어를 우리말로 옮기는 작업에 좋은 선례를 보이고 있다고 말할 수 있다.

하지만 "올흠을 밧으리로다"라는 표현은 어색하다. "옳음"은 받는 것이 아니라, "옳다는 말을 듣다"니 "옳다고 하다"나 "옳다고 인정받다" 또는 "바르다고 하다"라고 하는 것이 더 우리말 어법에 어울리기 때문이다. 물론 『개역』의 "의를 엇으리니"도 어색한 우리말인 것은 마찬가지이다. 이 구절은 히브리어 본문 "우-쯔다카 메-엘로헤이 이슈오"(וצדקה מאלהי ישעו)는 옮긴 것으로 "그를 구원하시는 하느님에게서 오는 의"라고 억지로 옮길 수 있다. 이 부분은 물론 "의"라는 번역어로 어렵게 만든 것은 마찬가지이지만 1906년의 시편 단편이 매우 자연스러운 우리말 문장으로 번역되어 있다. 그렇긴 해도 『시편촬요』가 히브리어 "쯔다카"를 "올흠"(옳음)이라는 쉬운말로 옮긴 것은 다른 초기 번역의 "의"(義)보다 그 의미 전달이 더 잘 되지 않았나 생각한다.

(6절)

(1898) 여호와를 ᄎᆞᆺ고 야곱의 하ᄂᆞ님의 얼골은 구ᄒᆞᄂᆞᆫ 이의 ᄃᆡ가 이러ᄒᆞ도다 (ᄉᆞᆯ나)

(1906) 이는 쥬를 차자 구ᄒᆞᄂᆞᆫ 족쇽이며 야곱의 하ᄂᆞ님의 낫츨 구ᄒᆞᄂᆞᆫ쟈로소이다(셀나)

(1925) 主를찻ᄂᆞᆫ야곱族屬이여그얼골을求ᄒᆞᄂᆞᆫ者로다

(1938) 이는 여호와를 찾는 족쇽이오 야곱의 하나님의 얼골을 구하는쟈로다 (셀나)

"여호와룰 ᄎᆞᆺ고"는 실명사화한 예로 "그분을 찾는 이"라는 뜻의 히브리어 표현을 옮긴 부분이다. 이 부분 역시 "(하ᄂᆞ님의 얼골은 구)ᄒᆞᄂᆞᆫ 이"라는 뒷부분과 한 문장으로 연결하기 위하여 "(여호와룰) ᄎᆞᆺ고"로 옮겼다.

재미난 점은 "야곱의 하ᄂᆞ님의 얼골은 구ᄒᆞᄂᆞᆫ 이"라는 표현이다. "얼골은"의 "은"은 "을"을 잘못 표기한 것으로 보인다. 이 부분의 히브리어 본문은 "야곱이여, 당신의 얼굴을 찾는 이들"(מבקשי פניך יעקב)이라고 억지로 옮길 수 있는 부분으로 본문상 문제가 있는 부분이다. "하느님의 얼굴"이라는 번역은 그리스어 칠십인역을 따른 부분이다. 시리아역 페쉬타는 "하느님, 당신의 얼굴"(פניך אלהים)로, 아람어역 타르굼은 "그(분)의 얼굴"(פנין)로 각각 읽었다. 따라서 우리는 여기서 『시편촬요』가 본문비평의 결과를 받아들인 다른 역본을 참조하였거나[17] 아니면 칠십인역을 그대로 따라 옮긴 예로 볼 수 있을 것이다.

"ᄃᆡ가 이러ᄒᆞ도다"는 히브리어 본문 상으로는 이 절의 맨 앞에 나오는 두 낱말 "제 도르"를 옮긴 부분이다. 『시편촬요』의 번역어로 옮겨보자면 "이 대(代)는 (… 한) 대(代)로다"로 옮길 수 있을 듯한데, 이것을 『시편촬요』는 "ᄃᆡ는 이러 도다"로 우리말 문장으로는 맨 마지막에 위치시켰다. 곧 히브리어 문장의 뒷부분과 앞부분이 모두 이 말("ᄃᆡ")에 걸리는 것으로 이해한 것이다. 루터역과 NRSV가 이러한 이해를 반영하고 있다. 사실 이 부분은 여지껏 그 정확한 의미를 알 수 없어서 현대역본들마다 그 번역이 다 다르다.

또한 히브리어 "도르"(דור)를 "ᄃᆡ"(대)로 옮겼는데, 다른 초기 번역들은 모두 앞 부분(도르 도르솨브)에만 걸리는 것으로 이해하였다. 그리고 히브리어 "도르"를 모두 "족쇽"(族屬)으로 모두 읽었다. 도르에 이러한 뜻이 없는 것은 아니나 일반적으로 "세대"라는 뜻으로 옮겨, "족속"

---

17) "야곱의 하느님 당신의 얼굴을 찾는 이"(das da sucht dein Antlitz, Gott Jakobs)라고 읽는 『루터역』이 그 예일 것이다.

이라는 뜻을 지니고 있는 히브리어 "마테"(מטה)나 "쉐베트"(שבט)와는 구분해야 하지 않을까 생각한다. 따라서 『시편촬요』의 번역어가 이 부분에서는 더 잘 어울리는 번역어로 보인다.

이 절에서 흥미로운 번역어는 "셀라"(סלה)이다. 그 뜻을 정확하게 알 수는 없으나 다만 운율을 맞추거나 추임새를 넣기 위한 말로만 추정하는 용어이다, 이 용어를 『시편촬요』는 여기 6절과 10절에서 "ᄾᆯ나"로 음역하였다. 전통적으로 유대인들은 쌍시옷으로 발음하는 습관이 있는데 바로 이러한 관습 때문에 생긴 음역인 듯하다. 1906년 시편 단편과 『개역』이 "셀나"로 음역한 것을 보면 요즘 한글역본의 "셀라"로 고성되어가는 과정을 보여주는 예이기도 하다.

(7절)

(1898) 문들아 너희 머리롤 들며 영원ᄒᆞᆫ 지계문들아 들니여라
영화로온 님금이 드러가시리로다

(1906) 문들아 너희 머리를 들지어다 영원ᄒᆞᆫ 문들아 들지어다
영광의 님군이 드러가시리로다

(1925) 門아永遠의門아머리를들지어다榮光王이드러가시리로다

(1938) 문들아 너희 머리를 들지어다 영원한 문들아 들닐지어다
영광의 왕이 드러가시리로다

7절과 9절에서 두 번이나 반복하여 등장하는 "영원한 지계문들"이라는 표현이 특이하다. 한자로는 "地界門"으로 표기할 수 있을 듯하다. 이렇게 옮긴 히브리어의 "피특헤이 올람"(פתחי עולם)은 흔히 "영원한 문"이라고 옮긴다. 곧 "고색 창연한 성전문"을 가리킨다고 생각해 왔다. 하지만 이 문을 왜 "영원하다"고 말하는 것일까? 그래서 "아주 오래된"이란 뜻으로 읽기도 한다. 그런데 이렇게 읽을 경우 성전문만 무척 오래 된 문이었다는 말인가? 이러한 이유 때문에 그리스도교에서는 전통적으로 이 문을 "아래 세상 문"으로 읽어온 전통도 있다.[18] 피터스는 여

기서 이 표현을 "지계문"으로 옮겨서, 이 낱말에 공간 개념이 있다는 사실을 우리에게 알리고 있다. 놀라운 통찰력이다. 물론 "영원한 지계문들"이라는 표현은 이중 번역(二重 飜譯)이라고 말할 수 있다. 히브리어 "올람"이란 말에는 앞서도 말했듯이 "영원"이라는 뜻이 있기 때문이다. 따라서 전통적인 번역처럼 "영원한 문들"이라고 하든지 아니면 그냥 "지계문들"이라고 옮겨야 할 것이다. 아마도 피터스는 이 표현을 옮기면서 갈등을 느꼈던 듯하다. 전통적인 읽기인 "영원한 문들"을 포기할 수도 없고, 그렇다고 해서 올람이란 말 속에 들어있는 공간 개념을 모른 채하고 지나칠 수는 없었던 듯하다.

우리가 여기서 추론할 수 있는 점은 두 가지이다. 하나는 "영원한"이란 뜻의 히브리어 "올람"이 성서 이후 시대의 히브리어에서는 "세상, 세계, 사람들, 관습" 등의 뜻으로 다양하게 사용하기 때문에 기도문을 히브리어로 외울 정도로 정통 유대인의 관습을 물려받았던 피터스는, 이러한 성서시대 이후 히브리어의 뜻을 잘 알고 있었을 터이고, 따라서 여기에 근거하여 "세상"이란 뜻으로 옮겼을 가능성이 있다. 다른 하나는 피터스가 히브리어 본문을 우리말로 옮기는 했지만 자신이 매우 익숙했던 독일어 성경 『루터역』의 "세상의 문들"(die Türen in der Welt)을 염두에 두고 옮긴 것이 아닌가 생각한다. 물론 그의 모국어가 러시아어였기 때문에 러시아어 성경을 참조했을 가능성도 있겠지만, 필자의 능력으로는 확인할 길이 없다.

"영화로온 님금"이라는 번역이 재미있다. 히브리어 "멜레크 하-카보드"(מלך הכבוד)를 옮긴 부분인데, 다른 초기 번역들은 "카보드"에 정관사가 붙어있는 것을 보고 명사로 읽어 "영광"으로 옮긴 듯하다. 곧 『개역』은 "영광의 왕"으로, 『신역 신구약전서』는 "榮光王"(영광왕)으로 또 1906년 시편 단편은 "영광의 님군"으로 읽었다. 하지만 『시편촬요』는

18) 이에 대한 연구로는 A. Cooper, "Ps 24:7-10: Mythology and Exegesis," JBL 102 (1983), 37-60이 있다.

이 구문형 구조의 특성을 살려 앞의 말("멜레크")를 꾸며주는 명사 ("하-카보드")를 우리말의 형용사로 바꾸어 옮겼다. 히브리어 구조를 우리말 구조에 맞추어 옮긴 번역의 예로 볼 수 있다. 또한 "멜레크"라는 말도 "왕"이라는 한자말보다는 "임금"이라는 토박이 말을 사용한 것을 알 수 있다.

미세한 차이를 보이고는 있으나, 전체적으로 이 절에서도 다른 초기 번역들이 『시편촬요』를 따라 약간씩 바꾸어 옮긴 것을 확인할 수 있다. 다만 아쉬운 것은 역시 앞 절과 마찬가지로 다른 초기 번역들은 문장을 나누어서 옮긴 반면 『시편촬요』는 이 절을 하나의 문장으로 이어서 옮겼나는 짐이다.

(8절)

(1898) 영화로온 님금이 뉘시뇨 강ᄒᆞ시며 용밍ᄒᆞ신 여호와시오
싸홈에 용밍ᄒᆞ신 여호와시로다

(1906) 영광의 님군이 뉘시뇨 건장ᄒᆞ시고 용밍계신 여호와시오
젼쟝에 용밍계신 여호와시로다

(1925) 榮光王이뉘시뇨能力과勝利의여호와시로다

(1938) 영광의 왕이 뉘시뇨 강하고 능한 여호와시오
젼쟁에 능한 여호와시로다

"강ᄒᆞ시면 용밍하신 (여호와)"라는 표현은 히브리어 본문 "아도나이 이주즈 브-기보르"(יהוה עזוז שגבור)를 옮긴 부분이다. "(야훼님) 강하신 이, 용사"로도 읽을 수 있는 이 부분을 『시편촬요』는 특별히 하느님 이름의 뒤이어 나오는 형용사로 이해하여 읽었다. 독일어 루터역이 이렇게 읽었다. "싸홈에 용밍하신 (여호와)"라는 표현도 마찬가지이다.

"전쟁"이나 "전투" 또는 "싸움"으로 옮길 수 있는 히브리어 "밀하마"(מלחמה)를 『시편촬요』는 다른 곳과 마찬가지로 토박이말로 옮긴 것을 알 수 있다. 다른 초기 번역들은 이 말을 "젼쟝"이나 "젼쟁"이라는

한자말로 바꾸어 읽었다. 다시 한번 토박이말을 선호하는 번역어의 예를 찾아볼 수 있다.

(9절)

(1898) 문들아 너희 머리롤 들며 영원훈 지계문들아 머리롤 드러라
영화로온 님금이 드러가시리로다

(1906) 문들아 너희 머리를 들지어다 영원훈 문들아 들지어다
영광의 님군이 드러가시리로다

(1925) 門아永遠의門아머리를들지어다榮光王이드러가시리로다

(1938) 문들아 너희 머리를 들지어다 영원한 문들아 들닐지어다
영광의 왕이 드러가시리로다

(10절)

(1898) 영화로온 님금이 뉘시뇨 만군의 여호와눈 곳 영화로온 님이시로다
(ㅅ실나)

(1906) 이 영광의 님군이 뉘시뇨 만유의 여호와시니 이는 곳 영광의 님군
이시로다 (셀나)

(1925) 榮光王이뉘시뇨萬軍의여호와-榮光王이시로다

(1938) 영광의 왕이 뉘시뇨 만군의 여호와 셔 곳 영광의 왕이시로다(셀나)

"만군의 여호와"라는 표현은 히브리어 "아도나이 쯔바오트"(צבאות יהוה)를 옮긴 말이다. "수많은 군대를 거느리시는 야훼님"이라고도 옮길 수 있는 이 표현을 『시편촬요』은 "만군의 여호와"로 옮긴다. 다른 초기 역본들도 이러한 번역어를 그대로 따라 옮긴 것을 알 수 있다.

"만군의 여호와눈 곳 영호로운 님이시로다"라는 번역에서 "곳"은 히브리어 "후"(הוא)를 옮긴 것으로 보인다. 3인칭 남성대명사 단수형태인 이 용어는 보통 "그"라는 뜻으로 사용하기도 한다. 그렇게 이해하여 『시편촬요』의 번역투를 따라 이 부분을 읽으면 "영화로운 님금은 대체 뉘시뇨 만군의 여호와시로다 그분은 영화로온 님이시로다"로 옮길 수

있을 것이다. 루터역이 바로 이렇게 옮겼다. 그런데 『시편촬요』는 이 용어를 주어를 강조하는 어조사로 이해하여 "곳"(곧)으로 옮긴 것이다. 다른 초기 번역들이 다 이러한 이해를 따라 그대로 옮긴 것을 알 수 있다. 재미있는 점은 "(영화로온) 님"이라는 표현이다. "영화로온 님금"으로 해야 할 것인데 "님금"에서 "금"자가 생략되었든지 아니면 "임금"이란 뜻의 "멜렉"을 그냥 "님"으로 읽은 듯하다.

3. 제133편

(제목)

(1898) 우흐로 올나갈 ᄯᅢ에 ᄒᆞ는 노래니 다빗이 지은 시라

(1906) 셩뎐에 올나갈 ᄯᅢ에 ᄒᆞᆯ 노래니 다윗의 시라

(1925) 聖殿에올나가는다윗의노래

(1938) *다윗*의 시 곳 셩뎐에 올나가는 노래

제목은 사실 히브리어 성경에는 1절로 되어 있다. 그런데 『시편촬요』는 칠십인역(LXX) 이래로 이어져 내려온 전통을 따른 것을 알 수 있다. 히브리어 성경의 1절을 제목으로 뽑아놓은 까닭이다. 흔히 "올라감"으로 옮긴 말은 "예루살렘으로 올라간다는 뜻으로 "순례절"을 가리킨다. 시편 120편부터 134편까지 모두 이 말이 제목 속에 들어 있다. 『신역 신구약전서』가 "聖殿에 올라가는 (다윗의 노래)"로,『개역』이 "(다윗의 시 곳) 셩뎐에 올나가는 (노래)"로 비슷하게 옮긴 것을 보면 "올라가는"이라는 우리말 표현은 『시편촬요』에서 시작되었다고 할 수 있다. 그런데 "올나갈 ᄒᆞ는 노래"라는 표현에서 알 수 있듯이 "올라가는 노래"와 "올라갈 ᄯᅢ 하는 노래"는 우리말 어조가 다르다. 『시편촬요』는 "부르는"이라는 뜻으로 "하는"이란 말을 "노래" 앞에 집어넣어서 좀더 부드러운 우리말 문장으로 옮기려 한 흔적을 볼 수 있다. 『신역 신구약전서』나 『개역』보다 더 나은 표현이라 생각한다.

그리고 "다빗이 지은 시"라는 표현 역시 마소라 본문의 "르-다비드"(לדוד)를 우리말로 풀어 옮긴 훌륭한 표현이다. "다윗 지음"으로도 옮길 수 있는 이 표현 가운데 히브리어 라메드(ל)는 전치사이지만 『시편촬요』처럼 동사("짓다")로도 옮길 수 있기 때문이다.[19] 이는 현대 성서번역학의 초석을 놓은 나이다 박사의 입장이기도 하다. 따라서 히브리어의 대응어를 찾을 때 『시편촬요』는 문장의 기능을 먼저 생각한 점이 훌륭한 점이다.

(1절)

(1898) 볼지어다 형뎨 화목ᄒᆞᆷ으로 ᄒᆞᆷ께살미 진션 진미 ᄒᆞ야

(1906) 볼지어다 형뎨가 화목ᄒᆞ야 ᄀᆞᆺ치 거ᄒᆞ는거시 심히 션ᄒᆞ고 심히 아름답도다

(1925) 兄弟가 和睦ᄒᆞ야 同居ᄒᆞᆷ이여엇지 그리 善ᄒᆞ고 아름다운고

(1938) 형뎨가 련합하야 동거함이 엇지 그리 션하고 아름다운고

"볼지어다"는 히브리어 "히네"(הנה)를 그대로 옮긴 것으로 보인다. "형뎨 화목ᄒᆞᆷ으로 ᄒᆞᆷ 긔 살미"는 "형제들 다함께 자리에 앉는 것"이나 "형제들 다함께 사는 것"이라고 옮길 수 있는 부분을 번역한 부분이다. 곧 그냥 함께 사는 것이 아니라 화목하게 살아간다는 뜻으로 "화목으로"라는 말을 집어넣어 그 뜻을 더 분명하게 밝혔다. 『신역 신구약전서』는 "함께 살며"를 한문성경 『대표본』의 "同居"(동거)라는 한자말 표현으로 바꾸었으며, 『개역』은 "함께 살며"를 "련합하야"라는 표현으로 바꾸고 "동거함"을 그대로 따랐다.

"진션 진미"라는 부분이 특이한 부분이다. 한문 성경 『대표본』의 "眞美眞善兮"(진미진선혜)를 순서만 바꾸어 그대로 인용하였기 때문이다.

19) 시편 124.2에 나오는 "(사ᄅᆞᆷ이 니러나) 우리를 치려ᄒᆞᆯ 때에"(בקום עלינו אדם)도 마찬가지의 경우이다. "…를 치다"는 히브리어 전치사 알(על)을 옮긴 말이다. "…에 거슬러, …에 대적하여"라는 뜻을 지닌 말을 동사로 옮긴 훌륭한 번역이다.

『시편촬요』의 번역어나 표현은 대체적으로 한문 성경에서 오지 않았는데 이 부분 만은 한문 성경을 따라 옮겼다. 매우 특이한 경우이다.

(2절)

(1898) 머리에셔 슈염으로 흐ᄅᆞᄂᆞᆫ 보ᄇᆡ로온 기ᄅᆞᆷᄀᆞᆺᄒᆞ니
이ᄂᆞᆫ <u>아론</u>의 슈염이오 ᄯᅩ한 그 옷깃세 흐ᄅᆞᄂᆞᆫ 기ᄅᆞᆷ이로다
(1906) 비컨대 보ᄇᆡ로온 기름이 머리에 잇서 흘너 슈염에 ᄂᆞ림과 ᄀᆞᆺ흐니
곳 <u>아론</u>의 슈염에 흘너 그 옷깃에 ᄂᆞ린 기름이로다
(1925) 善ᄒᆞ고아름다옴이여<u>아론</u>의머리에셔鬚髯과옷깃에ᄂᆞ리ᄂᆞᆫ香油ᄀᆞᆺ도다
(1938) 머리에 잇는 보배로운 기름이 슈염 곳 아론의 슈염에 흘너셔
그 옷깃ᄭᅡ지 나림갓고

"보ᄇᆡ로온 기ᄅᆞᆷ갓ᄒᆞ니"은 히브리어 표현 "카-쉐멘 하-토브"(הטוב כשמן)를 옮긴 부분으로, "좋은 기름" 또는 "최상품 기름"으로도 옮길 수 있는 표현이다. 물론 『신역 신구약전서』의 "香油"도 좋은 번역어로 보인다. 이러한 기름이 "머리에셔 슈염으로 흐ᄅᆞᄂᆞᆫ" 기름이라고 말한다. 이 부분은 흘러내리는 기름의 방향이 머리에서 수염으로 다시 옷깃으로 이어지는 모습을 그리고 있다.

그런데 흔히 도유식(塗油式) 장면을 묘사한다고 말하는 이 부분을 『시편촬요』는 약간 어색하게 옮긴 듯하다. 상반절을 히브리어 본문 그대로 옮겨보면 "좋은 기름처럼, 머리 위로, 그 수염 위로 흘러내리는"이다. 이러한 히브리어 문장구조를 『시편촬요』는 "머리에셔 슈염으로 흐ᄅᆞᄂᆞᆫ 보ᄇᆡ로온 기ᄅᆞᆷᄒᆞ 니"로 풀어서 옮겼다.

그리고 하반절에서 상반절 마지막에 나오는 "그 수염"을 "아론의 수염"이라고 더 구체적으로 말한다. 그러면서 다시 "옷깃 위로 흘러내리는"이라는 표현을 덧붙여 향유가 흘러내리는 방향을 말한다. 그러니까 문장 구조가 좀 어렵긴 하지만 이 절의 강조점은 향유가 머리와 수염과 옷깃까지 흘러내리는 방향인 것으로 이해할 수 있는데 이렇게 세

곳을 가리키는 말은 히브리어 전치사 "알"(על)을 세 번씩 반복하여 말하고 있다. 다만 문제점은 "흘러내리는"(יורד)이라는 동사가 "머리 위에"라는 말 앞에는 붙지 않은 것인데, 이 점 때문인지 『시편촬요』는 "머리에셔 슈염으로 흐ᄅᆞᄂᆞᆫ"으로 단순하게 옮겼다.

하반절의 "이ᄂᆞᆫ 아론의 슈염이오"라는 부분은 히브리어로 읽을 때 이해가 되지만 기름에 아론의 슈염으로 오해할 소지가 있는 번역이다. 물론 뒤따라 나오는 "ᄯᅩ한 그 옷깃세 흐ᄅᆞᄂᆞᆫ 기롬이로다"라는 표현과 연결하여 "이는 아론의 수염에 또한 그 옷깃에 흐르는 기름이로다"로 읽을 수 있지만 언뜻 읽으면 충분히 오해할 수 있는 번역이다.

이러한 오해를 줄이기 위해 1906년 시편 단편과 『개역』은 좀 어색한 우리말이지만 "기름이 머리에 있고 머리에 있는 그 기름이 아론의 수염과 그의 옷깃까지 흘러내린다"고 이해할 수 있도록 옮긴 것으로 보인다.

(3절)

(1898) 씨온 산에 ᄂᆞ리ᄂᆞᆫ 헤로몬의 이슬 ᄀᆞᆺ도다
대개 여호와께셔 명ᄒᆞ샤 복과 영싱이 뎌긔 잇게 ᄒᆞ셧도다

(1906) 허몬 산의 이슬이 시온 산에 ᄂᆞ리ᄂᆞᆫ 것 ᄀᆞᄐᆞᆫ지라
이는 여호와가 명ᄒᆞ샤 복을 ᄂᆞ리심이니 곳 영싱이로다

(1925) 헤르몬山에셔시온山에ᄂᆞ리ᄂᆞᆫ이슬도ᄀᆞᆺᄒᆞᆷ이여여호와의주시ᄂᆞᆫ永生福이로다

(1938) 헐몬의 이슬이 시온의 산들에 나림갓도다
거긔셔 여호와께셔 복을 명하셧나니 곳 영생이로다

3절은 앞 절과 달리 옮겼다. 앞 절처럼 3절 상반절을 옮기자면 "헐몬에서 시온 산에 내리는 이슬 같도다" 처럼 옮겨야 하지만 『시편촬요』는 거꾸로 읽은 것을 알 수 있다. 실제로 다른 초기 번역들은 모두 이렇게 읽었다. 그렇다고 해서 『시편촬요』의 번역문이 틀린 것이라고 말

할 수 없다. 일관성이 없어 보인다는 점을 지적하고 싶다. 또한 번역문을 읽고 난 뒤의 결과는 같아 보이지만 번역문 자체는 다른 문장이다.

하반절을 시작하는 "대개"는 히브리어 불변화사인 "키"(כִּי)를 옮긴 말로 보인다. 이 불변화사는 문맥에 따라 매우 다양한 뜻을 지니고 있는 말이다. 시문에서는 주로 감탄사로 옮길 수 있다. "아!"나 "그래!" 또는 "그렇지!" 또는 "정말" 등으로 옮길 수 있는 말로 시문에 감칠 맛을 더해 주는 용어이다. 그런데 『시편촬요』는 위의 시편 1편 6절에서도 이 불변화사를 "대개"로 읽었다. 이와는 다르게 다른 초기 번역들은 이 말을 빼고 읽었다.

"복과 영식"이라는 표현은 히브리어 본문을 그대로 옮겼다기 보다는 본문을 고쳐서 읽은 것이거나 신학적 해석을 덧붙인 번역으로 이해할 수 있다. 본문을 고친 것이라는 말은 "생명"이라는 뜻의 히브리어 "하임"(חַיִּים)에 연결사 "바브"(וְ)를 덧붙여 읽었을 것으로 추정하는 말이다. 신학적으로 해석했다는 말은 "영원한 생명"이나 "영원히 이어지는 생명"이라는 히브리어 표현(חַיִּים עַד־הָעוֹלָם)을 "영생"이라는 말로 옮겼다는 뜻이다. 물론 "영원한 생명"이 "영생"이라는 뜻이다. 하지만 이 용어가 후대 그리스도교에서 중요한 신학적 교리로 굳어버린 용어이기 때문에 해석을 가한 번역이라고 말하는 것이다. 시리아어 페쉬타와[20] 독일어 루터역("den Segen und Leben bis in Ewigkeit")이 이와 비슷한 읽기를 보이고 있다.

고유명사의 경우, "다빗"이나 "씨온" 그리고 "헤르몬"은 히브리어 본문을 소리나는 대로 음역한 듯하다. 물론 "아하론"은 그냥 "아론"으로 읽었다. 1925년의 『신역 신구약전서』은 각각 "다윗," "아론," "시온," "헤르몬"으로 읽었다. 1938년의 『개역』에 가깝다. 『개역』은 "헤르몬"을 "헐몬"으로 바꾸었는데 이는 영어 발음과 유사한 음역이다. 곧 "아론"이라는 고유명사는 『시편촬요』의 음역을 지금껏 그대로 우리가 사용하

20) 페쉬타에는 이 시편이 132편으로 분류되어 있다.

고 있는 것을 알 수 있다.

VI. 『시편촬요』의 "영혼"이라는 용어

우선 "영혼"(靈魂)이라는 용어가 문제이다. 히브리어의 "네페쉬"(נפש)에 일인칭 어미가 붙은 "나프쉬"를 『시편촬요』는 일관되게 "내 영혼"으로 옮겼다. 한문 『대표본』을 찾아보면 이 용어를 "나"라는 뜻의 "아"(我)나 "여"(予, 余)로 읽은 것을 알 수 있다. 또는 "吾心"이나[21] "我心"으로[22] 그리고 "魂"으로[23] 읽기도 하였다. 곧 이 경우는 한문의 용어를 빌어오지 않은 것인데, 아마도 독일어 『루터역』("Seele")이나 영어 『개역』("soul")의[24] 전통을 그대로 따른 것이 아닌가 생각한다. 사실 "네페쉬"라는 용어는 "호흡, 숨"이란 말과 관련을 맺고 있으면서 "생명, 생명력"이란 뜻을 지니고 있고 시편 안에서만 하더라도 "몸"이나 "목구멍" 등 8가지 이상의 뜻으로 옮길 수 있는 말이다. 이렇게 다양한 뜻으로 옮길 수 있는 "네페쉬"를 『시편촬요』는 "영혼"이란 말로 통일시켰다.[25] 이렇게 해서 한 낱말이 다른 언어로 옮길 때 생기는 혼란은 줄였을런지 모른다. 하지만 『시편촬요』 이후에 나온 우리말 성경이 이 용어를 일관되게 "영혼"으로 그대로 따름으로 해서 시편의 시인들은 마치

---

21) 『대표본』 시편 103.1, 2.

22) 『대표본』 시편 104.1.

23) 『대표본』 시편 107.5("其魂喪失兮"), 26("厥魂喪失兮").

24) 실제로 존 로스가 쓴 『한국말』이라는 책의 말미에 있는 어휘록에는 영어의 "soul"을 "영혼"이란 뜻으로 설명한다. 그리고 이 책의 23과 "SOUL"이라는 내용에는 이 낱말을 "영혼"으로 해석하고 있다. John Ross, *KOREAN SPEECH With Grammar and Vocabulary*. New Edition. Shangahi & Hongkong, Yokohama: Kelly & Walsh, Kelly & Co., 1882. 특별히 74-77쪽과 96쪽을 보라.

25) 『시편 촬요』 10.3에서는 "네페쉬"(נפש)를 "ᄆᆞᄋᆞᆷ"으로 읽었다. 10.6, 11, 17에서는 "레브"(לב)를 "ᄆᆞᄋᆞᆷ"으로 읽었다.

영혼만 소유하고 있는 이들로 착각하도록 했다. 또한 신앙생활은 오직 영혼만 가지고 하는 것으로 잘못 생각하도록 한 요인이 된다는 점을 지적하지 않을 수 없다.

시편 124편이 이 경우에 속한다. "여호와ᄭᅴ셔 우리와 홈ᄭᅴᄒᆞ지아니ᄒᆞ셧스면…하슈가 우리 령혼을 넘어 흘넛겠스며 그 때에 사오나온 물이 우리 령혼을 넘어 흘넛겟도다…새가 산양ᄒᆞᄂᆞᆫ 이의 그물에셔 버셔남 ᄀᆞ치 우리 령혼이 버셔남을 엇음이어"(2-7절) 이렇게 시편 124편은 영혼 위에 하수가 흘러넘치고 영혼 위에 사나운 물이 흘러넘치고 또 영혼이 사냥꾼이 쳐놓은 그물에서 벗어났다고 말한다. "영혼"이란 말이 이 문맥에서는 어색하게 들린다. 여기에 비해서 『신역 신구약전서』는 "영혼"이란 용어를 피한 것을 알 수 있다. 『신역 신구약전서』의 시편 121편은 "낫의히가傷치못홈이여밤의돌이害치못ᄒᆞ리로다여호와-네生命을직히심이여"(6-7절)라고 되어 있는데, 이 가운데 "生命"으로 읽은 용어는 히브리어로 "네페쉬"로 『시편촬요』와 『개역』 모두 "영혼"으로 옮겼다. 이것은 한 예에 불과한 것으로, 결국 "영혼"이라는 번역어는 『시편촬요』로부터 시작하여 우리말 성경에 고착된 것으로 크나큰 단점이 아닐 수 없다.

이와 관련하여 "심령"(心靈)이란 말을 얘기할 차례이다. 『시편촬요』의 「문ᄌᆞ쵸집」 란에는 이 낱말의 뜻을 "마음, 신령"으로 나누어 설명하고 있다. "마음" 또는 "영"으로 나누지 않고 두 개념을 하나로 묶은 것이다. 히브리어 "레브"(לב)라는 용어를 『시편촬요』는 일관되게 "ᄆᆞ음"으로 읽었는데, "온 마음"이란 뜻의 "콜 레브"(כל לב)는 "일심"(一心)으로 읽었다. 한문 『대표본』이 이 표현을 모두 "盡心"으로 옮긴 것과는 매우 대조적이다.[26] 이 용어를 "마음"이란 뜻의 "심"(心)으로 옮긴 것은 잘 한 일이다. 곧 한문성경과는 다르게 읽었다는 점을 높이 평가할 수 있다.

---

26) 『대표본』 시편 86.12에서는 이와 비슷한 표현을 "一心"으로 읽었다. 또한 『시편촬요』는 이 표현을 "젼심"으로 읽었다.

이와 관련하여 "ᄆᆞ음이 곳은 쟈"(『시편촬요』 7.10)를 말하지 않을 수 없다. 이 표현은 히브리어 "이슈레이 레브"(ישרי לב)를 옮긴 말이다.[27] "마음이 곧은 이"라는 뜻이다. 그런데 『개역』(1938)은 이 표현를 "마암이 정직한 쟈"로 읽었다. 곧 『시편촬요』의 "곧은 자"를 "정직한 자"로 바꾼 것이다. 이는 『신역 신구약전서』(1925)가 "正直ᄒᆞᆫ者"로 읽은 것을 보면, 히브리어성경에 있는 대로 이 표현 앞에 "마음이"를 덧붙인 것을 알 수 있다. 다시 말해 이는 1906년 시편의 "ᄆᆞ음이 정직ᄒᆞᆫ 사ᄅᆞᆷ"으로 되돌아 간 것을 확인할 수 있는 것이다. 하지만 "마음이 곧은 자"라는 시편촬요의 표현이 더 정확하지 않을까? 히브리어 "야솨르"(ישר)는 "곧은, 올곧은, 바른"이란 뜻을 지니고 있으며, 또한 "힘"이라는 속뜻이 이 말 속에 들어있어서 때로 "영웅, 용사"와 같은 이미지를 "곧은"이라는 표현이 더 정확하게 나타내고 있지 않을까? 성경에 "야살의 책"이라는 표현이 있는데 이 표현이 "영웅담"(英雄譚)이나 "용사전"(勇士傳)이라는 뜻을 담고 있는 까닭이다.

문제는 "심령"이란 말이다. 이 낱말은 특별히 신약의 산상설교(마태 5장)를 예로 들어 설명해야 더 잘 이해가 될 용어이다. 그리스어 "프뉴마"는 일반적으로 히브리어 "루악흐"를 옮긴 말이다.[28] 그런데 번역어를 채용할 때 중국어 성경의 영향을 받은 우리나라 성경은 그리스어 "프뉴마"를 "영"(靈)으로 옮기지 않고 지금껏 "마음"[心]으로 읽었다. 그런데 『개역 개정판』(1998)에서 이 용어를 "심령"(心靈)으로 바꾸었다.[29] 이는 이중번역이다. "마음"이나 "영"으로 한 용어를 채용하지 않고 둘을 하나로 묶었기 때문이다. 그런데 『시편촬요』의 용어록인 「문ᄌᆞ쵸집」

27) 『시편촬요』 97.11에서는 "ᄆᆞ음이 바른이"로 옮겼으며, 이 표현은 "올흔 이"(צדיק)의 짝말로 나온다.

28) Takamitsu Muraoka, Hebrew/Aramaic Index to the Septuagint: Key to the Hatch-Redpath Concordance. Grand Rapids, MI: Baker Academy, 1998, 136.

29) 사실 "프뉴마"를 "마음"이라고 옮긴 말은 유가의 유심론과 맞물려 있기에 훌륭한 번역어라고 말하지 않을 수 없다. 당시 번역자들이 "프뉴마"나 "루악흐"의 뜻을 몰라서 "마음"으로 옮겼을리 만무하다. 이러한 용어선택은 훌륭한 토착화 작업의 일환이다.

에 이 용어가 나타났다는 점은 이 당시에도 이 용어가 통용되었든지 아니면 신조어일 가능성이 있다.

또한 『시편촬요』는 146편에서 "루악흐"(רוח)라는 히브리어를 "혼"(魂)이란 말로 옮겼다. "저의 혼이 나가고 제가 흙으로 도라가매"(4절)로 읽었다. 그런데 한문 『대표본』은 이 부분을 "彼?斷氣,則歸於土"로 읽었다. 곧 이 용어를 "기"(氣)로 읽은 것을 알 수 있다. 곧 "혼"(魂)과 "기"(氣)라는 번역어는 둘다 틀렸다고 말하기는 어려울 듯싶다. 다만 그 뉘앙스가 사뭇 다르다. 당시 한국인 독자들이 이 번역어를 어떻게 받아들였을지 궁금하다. "혼"이라는 번역어가 더 정확한 번역일 수는 있으나 한자 문화권에서는 "기"라는 용어가 오히려 받아들이기 더 쉽지 않았을까 생각해 본다.

시편 8편의 경우, 4절은 이렇게 되어있다. "사롬이 무어시건대 쥬ㅅ긔셔 싱각ᄒᆞ시며 사롬의 ᄌᆞ손이 무어시건대 도라보시니니잇가." 그런데 『개역』(1938)은 "사람이 무엇이관대 쥬ㅅ긔셔 뎌를 생각하시며 인자가 무엇이관대 쥬ㅅ긔셔 뎌를 권고하시나잇가"로 읽는다. 곧 앞 부분은 두 역본이 똑같다. 뒷 부분이 다르다. "사람의 자손"을 "인자"로 바꾸었고, "돌아보다"를 "권고하다"로 바꾼 것이다. 개역은 왜 이렇게 쉬운 표현을 어려운 한자말로 바꾸었을까? 이는 1906년 시편을 읽어보면 그 해답을 알 수 있다. 곧 "인ᄌᆞ가 무어시관대 쥬ㅅ긔셔 뎌를 권고ᄒᆞ시ᄂᆞ잇가"로 뒷부분을 읽고 있기 때문이다. 이러한 읽기는 1925년의 『신역 신구약전서』도 그렇게 다르지 않다. 줄임역이라는 특징 그대로 "人子가무어시관대眷顧권고ᄒᆞ시ᄂᆞ잇가"로 읽고 있다. 그런데 1906년 이후의 한글 성서는 왜 이렇게 어려운 한자말을 사용하고 있을까? 한문 『대표본』을 보면 그 의문점이 풀린다. 『대표본』은 뒷부분을 "人子爲誰兮,爾眷顧之"로 읽었다. 곧 여기서 "인자"(人子)와 "권고"(眷顧)라는 표현을 그대로 빌려온 것을 알 수 있다. 여기에 비해서 『시편촬요』는 "사롬의 ᄌᆞ손이 무어시건대 도라보시나니잇가"로 읽고 있는데, 이를 오늘날 맞춤법으로는 "사람의 자손이 무엇이건대 돌아보시니이까"로 고칠 수 있을 것이다. "인자"라는 용어를 피하여 신약의 인자 개념과 혼동하지 않게 했으며, 또한 "권고하다"는 말보다는 "돌아보다"는 말을 사용하여 훨씬 이해하기 쉽게 옮긴 것을 알 수 있다. "권고하다"는 말이 1930년대 독자들에게 "돌보다"는 뜻으로 이해가 되었는지는 모른다. 하지만 요즘은 "…을 권하다"는 뜻으로 오해할 수 있는 말이다. 따라서 "돌아보다"는 용어가 "권고하다"는 말보다는 히브리어 파카드(*פקד)의 뜻을 더 잘 나타낸다고 생각한다. 곧 "헤아리다"는 말이 이 히브리어의 일차적인 뜻인 까닭이다.

VII. 맺는 말

이 글을 쓰면서 『시편촬요』의 번역을 평가한다는 일은 무모한 일인 이지도 모른다는 생각이 들었다. 『시편촬요』를 내놓은 알렉산더 피터스가 어떤 사전을 사용했으며 또 어떤 성경역본을 참조하여 옮겼는지 그에게 한글을 가르쳐 준 사람은 어떤 사람들이었는지 그 정확한 사정을 모르기 때문이다. 또한 겨우 3편의 시편을 분석해 보면서 전체를 말하기는 어려울 것이라는 생각도 들었기 때문이다. 하지만 세 편의 분석을 통하여 말할 수 있는 점은 다음과 같다.

첫째, 시편이 거의 번역되어 있지 않았던 당시의 상황에서 시편의 각 번역어와 표현을 찾아 우리말로 옮기려고 한 시도는 높이 평가해야 할 것이라는 점이다.

둘째, 20세기에 나온 한글성서 특히 시편 번역은 모두 『시편촬요』를 기초로 해서 그대로 따르거나 고쳐서 나온 번역이라고 말할 수 있다.

셋째, 고유명사의 음역의 변천과정을 잘 보여주고 있는 번역이다.

넷째, 히브리어를 우리말로 옮기는 작업을 훌륭하게 해냈다는 점이다. "나의 구원의 하나님"(24편)과 같은 표현을 "저룰 구원ᄒᆞ시는 하ᄂᆞ님"이라고 문장으로 바꾸어 읽었다는 것이 그 대표적인 예이다.

다섯째, 토박이말로 옮기려고 무척 애를 썼다는 점이다. "죽졍이"(1편), "올흔 이"(1편) 등과 같은 표현이 이에 해당한다.

여섯째, 보수적인 시편 이해를 남기기도 하였다는 점이다. "영혼"이라는 번역어가 그 대표적인 경우이다. 아마도 그가 영향받은 보수적인 신학 배경 때문으로 보인다.

일곱째, 너무 번역투의 문장이 많아 마치 번역투 문장이 성경 문체인 것처럼 잘못 이해하게 만든 요인이 된다는 점이다.

이러한 평가가 정당한지는 모르겠으나, 그의 시편 번역이 우리말 번역에 긍정적이 부정적이든 지대한 영향을 미친 것만은 분명하다. 당시 선교사들 사이에서 "언어학자"(linguist)라는 별명을 얻을 정도로 언어에 매우 민감했던 알렉산더 피터즈의 노력은 우리 한국교회의 역사에 길이 남을 것이다.

성경 약어 및 참고 문헌

(1) 성경 약어표

『개역』(1938년): 『셩경 개역』. 셩셔공회, 1938 (런던 영국성서공회의 1939년도 사진판).

『개역 한글판』(1961년): 『성경전서 개역 한글판』, 서울: 대한성서공회, 1961.

『대표본』(1854년): 『文理 舊新約聖書』. 聖書公會印發 (Wenli Bible, Delegates' Version, Shanghai: British & Foreign Bible Society, 1933).

『시편』(1906년): 『한국성경대전집』, 제15권. 서울: 한국교회사문헌연구원, 2002.

『시편 촬요』(1898년): 『한국성경대전집』, 제7권. 서울: 한국교회사문헌연구원, 2002.

『신역 신구약전서』(1925년): 『新譯 新舊約全書 影印本』. 서울: 성서문화사, 1986.

(2) 참고문헌

김중은. "舊約聖書國譯史." 『신학사상』 22 (1978), 434-476.

김중은. "최초의 구약국역 선구자 알렉산더 피터스(Alexander A. Pieters, 彼得)." 『교회와 신학』 13 (1980), 29-42.

이환진. "19세기와 20세기의 중국어 성서." 왕대일 편.『말씀의 뜻 밝혀주시오』, 민영진박사회갑기념 제2권 - 주석과 성서 번역. 서울: 대한기독교서회, 2000, 413-499.

이환진. "성서번역가 탁사 최병헌의 잠언(23장)과 시편(32편, 122편)과 역대하(6-7장) 번역문 분석 -『죠션 (대한) 크리스도인 회보』의 경우." 『성경원문연구』 17 (2005), 45-71.

한국 감리교회사학회 편.『죠션 그리스도인 회보 1 (1897. 2. 2-1898. 12. 28)』. 서울, 1986.

한국 감리교회사학회 편.『죠션 그리스도인 회보 2 (1899. 1. 4-1900. 3. 29)』.

서울, 1986.

Takamitsu Muraoka. *Hebrew/Aramaic Index to the Septuagint: Key to the Hatch-Redpath Concordance*. Grand Rapids, MI: Baker Academy, 1998.

Alexander A. Pieters. "First Translation." *The Korean Mission Field* (1938, May).

John Ross. *Korean Speech with Grammar and Vocabulary*. New Edition. Shanghai & Hongkong: Kelly & Walsh, 1882.

시편의 야훼 정의와 사회 윤리

채홍식

I. 들어가는 말

시편 연구는 양식사와 제의사적인 관점에서 궁켈(H. Gunkel)과 모빙켈(S. Mowinckel)의 연구를 손꼽을 수 있는데, 이들은 특히 제의사적인 주석에 기초를 놓았다. 그들의 연구에서는 시편의 양식과 내용 그리고 삶의 자리가 장르를 올바로 인식하기 위해 동시에 관찰되었다. 시편은 찬양과 예배에서 사용되었다. 개인의 탄원시나 감사시가 예배에 기인한다는 것을 확신하고,[1] 궁켈은 제의를 시편의 기원으로 보았다. 모빙켈 역시 시편의 기원을 제의에서 찾았다.[2] 베그리히(J. Begrich)와 궁켈의 『시편 개론』은 중요한 개론서라 할 수 있는데,[3] 궁켈은 시편과 이스라엘 제의와의 관계를 올바로 설정하였다.

고대 근동의 바빌론과 이집트에서 서정시를 의도적으로 사용하였고, 시간이 흐르면서 시편이 본래의 자리에서 멀어졌다 하더라도 시편 양

---

1) J. Begrich/ H. Gunkel, *Einleitung in die Psalmen* (Göttingen, ²1966).

2) S. Mowinckel, *The Psalmem in Israel's Worship* (Nashville, 1962).

3) J. Begrich/ H. Gunkel, *Einleitung*.

식은 삶의 자리와의 관계를 그대로 유지하였다. 모빙켈[4] 역시 고대 근동 문헌과 연결해서 시편을 해석하려고 하였다. "야훼의 날"에 거행된 "야훼 왕위 등극식"이란 축제가 있었다는 가설에서 이를 "신년축제"와 연결시킴으로써 대부분 시편의 형성시기를 유배 이전으로 보게 되었다. 슈미트(Hans Schmidt)는 이 사고를 계승하였으나 바이저(A. Weiser)[5]와 크라우스(H.-J. Kraus)[6]는 이를 수정하였다. 바이저는 종교사적이나 종교현상적인 병행문들보다 시편에 나타난 이스라엘적 사고를 "계약축제"의 관점에서 더 중요시 하였다. 크라우스는 국가가 형성되기 전 7년 간격으로 행해졌던 "계약갱신축제"를 가정하고, 유배 이후 신년축제의 "야훼 왕 행렬", 율법수여와 계약갱신의 옛 지파동맹적인 전통과 시온 축제의 내용을 연관시켰다. 크라우스는 또한 계약사상을 유배 이전 예루살렘 제의와 분리시키고자 하였다.[7] 방케(G. Wanke)는 시온시와 연관해서 이해하면서, 전통사적인 관점에서 이방민족들과의 투쟁 동기를 유배-유배 이후 시대의 결과로 보고 있다. 곧 종말론적 예언을 투사하는 것으로 보는 것이다.

게르스텐베르거(E.S. Gerstenberger)는 사회-제의적인 배경을 알아내려고 연구하였다. 곧 사회적인 삶의 상황은 장르를 인식하는 데 매우 중요한 것으로 보고 있다. 시편의 사회적인 면에서의 삶의 상황과 그 행위의 진행은 시편의 사유와 언어 그리고 구조를 이해하는 데 매우 중요하다.[8] 편집사적인 질문에서는 고대 근동의 시편들, 그 가운데 수메

---

4) S. Mowinckel, *Psalmenstudien II. Das Thronbesteigungsfest Jahwäs und der Ursprung der Eschatologie* (Oslo, 1922; Amsterdam, 1961).

5) A. Weiser, *Die Psalmen I/II* (Göttingen, 61963).

6) H.-J. Kraus, *Theologie des Psalmen* (Neukirchen-Vluyn, 1979); H.-J. Kraus, *Psalmen 1-59* (Neukirchen-Vluyn, 51978); idem, *Psalmen 60-150* (Neukirchen-Vluyn, 51978).

7) L. Perlitt, *Bundestheologie des Alten Testaments,* WMANT 36 (Neukirchen-Vluyn, 1969).

8) E. Gerstenberger, *Der bittende Mensch,* WMANT 51 (Neukirchen-Vluyn, 1980),

르-아카드의 영역에서 비슷함이 드러난다.[9]

베스터만(C. Westermann)은 찬양과 감사 사이에는 차이가 없다고 주장한다. 그러나 궁켈이 주장한 찬양과 감사의 노래가 구별된다는 이론을 반박하지는 못했다. 감사의 노래가 특별한 경우에 하느님을 찬양함과 동시에 감사의 행위인 반면, 찬양은 위대한 행위와 승리를 찬미할 때 노래하는 것으로 베스터만은 이해한 것이다. 곧 하느님의 행위를 보도하는 찬미를 찬양시로(출 15:21; 시편 124, 129편), 하느님 행위를 수록한 찬미를 감사시로 이해하려 하였다. 이것은 단 한 번의 또는 이제 막 일어난 하느님의 행위에 대해서가 아니라 "그의 행위와 존재 전체를" 찬미하는 것이다.[10]

크뤼제만(F. Crüsemann)은 찬양이라는 단어를 계속 사용하고 있는 것으로 이해하였는데, 이 찬양이라는 말은 최고의 개념으로 고대 근동의 주변 세계에서 자주 사용되었던 단어라고 한다. 그러면서도 크뤼제만은 고대 근동과 성서의 찬양이 서로 다름을 보이려고 하였다. 찬양의 기본 양식은 이스라엘식 찬양의 진정한 양식사에 대한 "기준점"이다.[11] 그는 명령형의 찬양을 찬미에의 요청으로 이해한다(탈출 15,21). 고대 근동에서는 명령형 찬양에 해당하는 것이 없는 것으로 보아 전적으로 이스라엘적인 찬양시로 볼 수 있다. 이 찬양시의 삶의 자리는 공동체의 정규 예배이다. 이를 종합해 볼 때 이 명령형 찬양이 감사축제에 속한다는 것은 설득력이 없다. 그렇다면 찬양시와 감사시는 별개의 양식으로 구분된다. 하느님 찬미의 내용은 그의 백성 이스라엘을 위한 하느님의 행위에 대한 것인데 이는 궁켈의 이론인 "찬양시적인 분사"의 개념

165.

9) 참조. A. Falkenstein; W. Soden, "Sumerische und Akkadische Hymnen und Gebete," in: P.A.H. Neumann(Hg.), *Zur neueren Psalmenforschung* (Darmstadt, 1976), 280-314.

10) C. Westemann, *Das Loben Gottes in den Psamen* (Göttingen, [4]1968), 26.

11) F. Cr semann, *Studien zur Formgeschichte von Hymnus und Danklied in Israel,* WMANT 32 (Neukirchen-Vluyn, 1969), 6.

으로 되돌아감을 뜻한다.

이처럼 대부분의 시편 연구는 양식에 치우쳐 연구되어 왔다.[12] 그러나 양식 가운데서도 시편의 "삶의 자리"에서 시편 시의 사회적 배경에 관심을 기울일 필요가 있고, 사회사적 연구가 시편의 내용 이해에 중요한 바탕이 될 수 있다고 본다. 이 같은 관점에서 볼 때 하느님의 정의와 하느님을 따르는 이들의 정의가 시편에서 많이 발견된다. 또한 이것은 고대 이집트와 메소포타미아에서도 등장하는데 이 "정의"가[13] 서로 어떤 관계가 있는가에 대한 연구는 지금까지 매우 드물었다.[14] 이러한 필요에 힘입어 본고에서는 "정의" 개념을 세상의 질서라는 맥락에서 소개하려고 한다.

II. 고대 근동의 정의 개념

수메르의 "엔키와 세계 질서"에서[15] 엔키는 이렇게 말한다.

> 나는 안(An)에게 정의를 지시하는 자이다.

이처럼 신은 세상에 정의를 구현할 존재로 아들을 낳았고, 아들은 아버

12) 최근 한국에서도 역시 이러한 양식적 배경에서만 연구되었다. 참조: 이태훈, "탄식에서 찬양으로," 『구약신학저널』1 (이레서원, 2000), 77-97; 이성훈, "탄원에서 구원의 찬양으로. 시편 31편을 중심으로," 『기독교신앙논총』 34 (2004), 59-82; 이성훈, "구원의 기쁨을 노래하는 탄원자: 시편 130을 중심으로," 『구약신학저널』 3 (2001), 95-108; 김이곤, "버림받은 자의 신학," 『구약성서의 고난신학』(한국신학연구소, [4]1996), 180-192.

13) L. Koehler-W. Baumgartner, *Hebräisches und Aramäisches Lexikon zum Alten Testament,* HAL (Leiden, [3]1963-1990), 942; E. Jenni-C. Westermann, T*heologisches Handwörterbuch zum Alten Testament,* THAT (München, 1984), 507-530.

14) G. von Rad, "Gerechtigkeit" und 'Leben' in der Kultsprache der Psalmen," Gesammelte Studien zum Alten Testament, TB 8 (M nchen, [3]1965), 225-247.

15) 장일선, 『구약세계의 문학』(대한기독교출판사, 1981), 205.

지 신의 뜻에 따라 정의를 구현하는 자가 된다.

수메르 찬양시인 "왕의 길"(The King of the Road)에서도[16] 정의를 언급한다.

> 나는 정의를 사랑하고
> 악을 미워할 것이다.
> 나는 악한 세상을 증오한다.

수메르에서 가장 오래된 우르-남무(Ur-Nammu) 법전은[17] 서언에서 다음과 같이 사회 정의를 선언하고 있다.

> 고아가 결코 부자에게 넘어가지 않게 하였고, 과부가 결코 권력을 가진 이에게 넘어가지 않게 하였으며, 한 세겔 가진 사람이 결코 한 미나 가진 사람에게 넘어가지 않게 하였고, 양 한 마리 가진 사람이 결코 황소 한 마리 가진 사람에게 넘어가지 않게 하였다. 나의 장수들, 나의 어머니, 나의 형제들과 자매들, 그들의 지인들과 충성하는 자들에게 정착하도록 하였다. 그러나 그들이 내키는 대로 사람들에게 강제노동을 시키지 못하도록 하였다. 증오와 폭력 (그리고) 우투에게 하는 저주를 사라지게 하였고, 수메르 땅에 정의를 확립했다.[18]

곧 우르-남무 법전은 사회정의를 밝히려고 법전을 형성한 것이다.

그리고 리피트-이쉬타르(Lipit-Ischtar) 법전의[19] 서언에서도 정의로

---

16) ANET3, 584-585.

17) 기원전 22세기 구티족(Gutianiter)이 아카드를 무너뜨리고 약 40년간 수메르를 지배하였다. 그 뒤 우르의 왕 우르-남무(Ur-Nammu; 기원전 2112-2095)가 그들을 물리치고 도시국가를 통합하여 우르 제3왕조를 창시했다. 이 시대에 많은 학교가 세워지고 문화가 발전하였다. 또한 왕은 법전을 편찬하여 경제와 사회질서를 확립하고 사회의 약자를 보호하였다. 우르-남무 법전은 함무라비 법전보다도 약 300년 더 오래된 법전이다.

18) *TUAT* I/1, 19.

19) 이 법전은 미국 펜실베니아 대학교 고고학 팀에 의해 1889-1900년 이라크의 니푸

왕국의 기초를 세울 것을 말하고 있다.

> 아누(Anu)가 이신(Isin)에다 수메르와 아카드의 왕국을 주었다. 아누와 엔릴(Enlil)은 현명한 목자인 리피트-이쉬타르를 누남니르(Nunam-nir)에서 불러들여 그 땅에 정의를 펼치도록 하였고 백성의 아우성 소리를 잠잠하게 하였다. 그래서 리피트-이쉬타르는 증오와 폭력과 전쟁을 없애고 수메르와 아카드를 편안하게 살도록 하였다. 니푸르의 겸손한 나 리피트-이쉬타르와 이신의 왕이요 수메르와 아카드의 왕이며 우룩의 주인 에리두를 위해서 행동했던 우르의 동족은, 이난나(Inanna)로부터 총애를 받았는데, 이것은 엔릴의 말인 정의를 수메르와 아카드에 실현하기 위한 것이다.[20]

아카드에서 정의는 mi/ešaru이다. mešaru는 법정에서 정의를 말하고 실현하는 것을 가리킨다.[21] 세상에서는 왕과 재판관이 이를 과제로 떠안았다고 이해하였다. 왕은 "정의와 공의"를 사랑해야 한다(참조. 시편 45:7-8; 72:1-2; 96; 98편; 99:4). 함무라비 법전[22] 서언은 다음의 말

르에서 많이 훼손된 채로 발굴되었다. 발굴된 것에는 서언과 결언이 포함되어 있으며 리피트-이쉬타르 왕을 언급하였다(기원전 1934-1924년). 수메르 왕인 리피트-이쉬타르는 이신의 제1왕조로서 법률을 제정하였다. 법전의 약 1/5 정도가 보존되어 있는데, 여러 종류의 법규정들을 담고 있다. 아누 신이 리피트-이쉬타르를 이신의 통치자로 세워 수메르인과 아카드인으로 구성된 사회에 정의와 복지를 이루도록 했다는 내용이다.

20) TUAT I/1, 24.

21) H. Ringgren, "צדק," in: *ThWAT* VI, 901.

22) 함무라비는 기원전 1728년 아버지 신무발릿Sinmuballit의 후계자로 왕위에 오르지만 바빌론은 알려진 국가는 아니었다. 그저 메소포타미아 지역의 수많은 도시국가와 군소 국가 가운데 하나였다. 함무라비는 이른바 고대 바빌론 제국의 여섯 번째 왕으로서, 그의 왕조는 기원전 1830년에야 바빌론에 뿌리를 내려 같은 세기에 하나의 왕조로 작은 국가를 형성할 수 있었다. 그는 등극 초기에 경제, 문화 그리고 사회적인 측면에 관심을 쏟았다. 그래서 제국의 내적 질서를 유지하기 위해 법전을 만들었다. 이것은 제국의 여러 국가들의 기본적 통치와 질서유지의 근간이 되었던 것으로 볼 수 있다. 이 법전은 함무라비 통치 말년에 공식 편찬되었다. 이것은 함무라비가 이상

로 끝을 맺고 있다.

> 마르둑이 사람들을 관리하게끔,
> 이 땅을 지배하도록 나를 이 왕좌에 앉혔으니,
> 나는 이 땅을 정의와 공정으로 이끌 것이고
> 따라서 이 땅의 사람들로 하여금 편안하게 하려는 것이다.

함무라비 법전의 결언은 왕에 대한 간결한 축복의 말과 더불어 함무라비의 법을 준수하지 않는 자들에게 내릴 저주의 말로 구성되어 있다.[23)]

> 나는 정의의 지팡이를 가진 목자이다. 나의 선한 그늘이 도시를 덮고, 수메르와 아카드의 주민을 내 품속에 데려와, 나의 보호의 여신은 그들을 성공하도록 이끌며, 나는 그들을 평화로 향하게 하여, 나의 지혜로 그들을 구원하였다. 그럼으로써 강한 자가 약한 자를 괴롭히지 못하게 하고, 고아나 과부를 그 법으로 돕기 위해서였다. 나는 아누와 엔릴이 세우고 그 기초를 하늘과 땅에 둔 에사길(Esagil) 신전이 있는 바벨에서 정의를 실현하며, 정의를 결정하고 황폐해진 법을 바로 잡아, 나의 중요한 말들을 "정의의 신" 이름으로 돌에 새겨 입상으로 세울 것이다. … 억울한 일을 당한 시민은 "정의의 왕" 입상으로 와서, 나의 법이 서술된 돌 앞에 와서 그 법을 읽고, 나의 법을 담은 돌은 그에게 그 내용을 소개해야 한다. 그리고 그는 무엇이 정의로운가를 발견하고 그의 마음을 기쁘게 해 주어 다음과 같이 말할 수 있게 해야 한다. … 그는 내가 돌에 새겨놓은 이 법을 주시하고 받아들여, 이 돌이 그에게 내가 이 땅에 펼친 정의와 나라를 위해 내린 올바른 결정들을 보여 줄 것이다. 이 돌이 그의 백성들을 올바로 이끌고 백성들에게 정의를 펼칠 것이며,

---

적 왕으로서 "태양이 백성을 위해 떠오르고 땅을 비추는 것처럼", 그의 지혜가 "올바른 판결"과 "땅에 정의를 이루는 자"로써 약자를 보호하는 이로 묘사하고 있다. 이 법전은 함무라비 통치 내내 만들어져 사회질서를 잡아가는데 토대가 되었던 것으로 보인다. 법전은 그의 재위 39년째에 공포된 것 같다.

23) *TUAT* I/1, 44

그 땅에 있는 악인들을 구분하여 격리시키며 그의 백성을 편안하게 살게 하리라.

신들 가운데 샤마쉬는 "정의의 재판관"으로 소개되고, 또한 "정의와 공의의 주"로 묘사되기도 한다.[24)]

수메르 · 아카드에서와 같이 왕에 대한 이해가 비슷한 경우가 우가릿에서도 발견되었다. 우가릿 문헌은 케렛(Keret)[25)]과 단넬(Dan"el)을 소개하고 있다.

그는 과부에 관한 일들을 결정했고
그는 고아를 위해 정의로 판결했다.[26)]

페니키아에서도 아지타밧다(Azitawadda) 왕의 문헌, 이른바 카레테페(Karetepe)의 토린(Torin)문헌에서는 다음과 같이 소개하고 있다.[27)]

나는 아버지의 왕위를 이어 왕권을 받았다. 그리고 다른 왕들과 평화를 체결했다. 심지어 왕들이 나를 나의 정의(צדק)와 지혜 그리고 인애로 인해 아버지라 선택을 하였다.[28)]

한편 이집트에서 마아트(Ma'at)는 "정의, 질서" 등으로 번역되며 여신으로 레의 딸이기도 하다. 그녀는 창조의 상태를 유지하는 자이다.[29)]

---

24) O. Keel, *Die Welt der altorientalischen Bildsymbolik und das Alt Testament. Am Beispiel der Psalmen* (Göttingen, ^{5}1996), 267.

25) Keret은 왕을 나타내는 말이다. 참조. H.H. Schmid, *Gerechtigkeit als Weltordnung. Hintergrund und Geschichte des alttestamentlichen Gerechtigkeitsbegriffes,* BHT 40 (Tübingen, 1968), 28.

26) Schmid, *Gerechtigkeit als Weltordnung,* 29.

27) Schmid, *Gerechtigkeit als Weltordnung,* 36.

28) Schmid, *Gerechtigkeit als Weltordnung,* 36.

29) B. Johnson, "צדק," in: ThWAT VI, 898–924; H. Ringgren, *Word and Wisdom* (Lund, 1947), 45–52.

또한 우주적이고, 사회적이며 윤리적인 점을 포함하는 세상의 질서와 연관된 의미이다.[30] 곧 정의와 의, 질서, 공의와 진리를 뜻한다.[31] 왕은 신정(神政)의 대리인으로서 레의 아들로 이해된다. 마아트는 창조질서를 확립하는 신이며 왕은 이 마아트의 뜻에 따라 세상에 정의를 구현하는 대리인이다.[32] 아툼신은 마아트를 아툼의 신현현으로 삼아 혼돈과 무질서를 바로잡고 질서와 정의를 확립하게 하였다.

> 하늘은 기뻐하고 땅은 즐거워하였다. 이는 마아트(Ma'at)를 무질서로 보냈기 때문이다 ⋯.
> 그녀는 무질서를 추방하였고, 무질서였던 그곳에 마아트가 자리를 대신했다(피라미드 본문 1775b).[33]

그러고 나서 창조의 상태를 되풀이 한다.

> 그는 무질서를 두 나라에서 추방하고, 마아트가 이 자리를 대신하게 했다. 그리고 이곳에 거짓이 자리를 잡지 못하게 하여 처음의 상태를 유지하도록 하였다.[34]

여기서 처음 상태란 창조 상태를 말한다. 이처럼 정의를 실현하는 신은 마아트이다. 이런 맥락에서 마아트는 법의 영역에서 사용되는 용어이다. 이집트의 국가체계에서 법을 담당한 판관은 마아트 사제의 칭호를 지니며 국가 최고직에 해당한다.[35]

---

30) J. Assmann, *Ma'at. Gerechtigkeit und Unsterblichkeit im Alten Ägypten* (München, ²1995), 17.

31) S. Morenz, *Ägyptische Religion* (Stuttgart, 1960).

32) Schmid, *Gerechtigkeit als Weltordnung,* 48-49.

33) Schmid, Gerechtigkeit als Weltordnung, 47; H. Ringgren, "צדק," in: *ThWAT* VI, 900.

34) Ringgren, "צדק," 901.

35) J. Assmann, *Ma'at. Gerechtigkeit und Unsterblichkeit,* 283.

제18왕조 문헌 가운데 아문(Amun)을 찬양하는 내용에서도[36] "정의"를 언급한다.

> 거룩하시도다! 질서의 주님이신 레(Re)!
> 그는 폭력에서 떠는 자를 구하시고,
> 약자와 불공정으로 피해를 입은 이들에게 정의를 판결하신다 ….

III. 이스라엘 왕권 사상에 나타난 야훼의 정의

야훼는 정의의 수호자시다.[37] 이것은 고대 근동과 가나안의 많은 자료에서 최고신(Summus Deus) 개념이 야훼께 전이된 것인데, 세상의 심판자이면서 동시에 정의를 구현하는 분으로 묘사된다.[38] 이처럼 세상에 질서를 세우시는 분은 바로 야훼라는 개념이 시편에 잘 드러난다(시 9,9; 58,2; 82,1-4; 96,1-3; 98,9).

옙센(A. Jepsen)은 צדק을 질서 개념과 연관시켜 이해하여 "정의", "질서" 등으로 해석하였다.[39] 이것은 고대 이스라엘의 영역인 가나안 지역에서 이스라엘의 히브리어에 영향을 준 것으로 "정의, 질서를 지키는 것" 등의 의미로 쓰여 세상에 질서를 세우거나 유지하는 것과 연관이 있다.[40] 시편 85:12은 צדק을 하늘에서 내려오신 분으로 묘사하는데 그

---

36) W. Beyerlin, *Religionsgeschichtliches Textbuch zum Alten Testament,* ATD.E 1 (Göttingen, ²1985), 40-41.

37) 야훼의 왕권사상과 연결되어 있다. 참조. K.H. Bernhardt, *Das Problem der altorientalischen Königsideologie im Alten Testament,* VTS VIII (Leiden, 1961); M. Noth, "Gott, König, Volk im AT," Gesammelte Studien, 188-229. 특히 225; R. Kessler, *Staat und Gesellschaft im vorexilischen Juda. Vom 8. Jahrhundert bis zum Exil,* VTS 47 (Leiden, 1992), 209-212.

38) Schmid, *Gerechtigkeit als Weltordnung,* 144.

39) A. Jepsen, "צדק und צדקה im Alten Testament," in: G. Reventlow(Hg.), *Gottes Wort und Gottes Land* (Göttingen, 1965), 78-89.

이면에는 "정의의 하느님" 개념이 숨어 있다. 또한 질서를 지키는 하느님, 특히 태양신의 개념이 포함되어 있을 수 있다. 시편 85:14은 야훼를 레(Re)와 마아트(*Ma'at*)를 이해하는 관점에서 서술하였다. 또한 89:15과 97:2은 צדק과 משפט를 야훼 왕좌의 기초로 서술한다.

시편 99:4에서는 질서에 대해서 야훼께서 이스라엘에 공의를 베푸셨음을 서술하고 있다.

> 임금의 권능은 공정을 사랑함이니
> 당신께서 공의를 굳히셨나이다.
> 야곱에 공정과 정의를
> 당신께서 베푸셨나이다.

시편 50편에서 신현현은 עליון으로 언급되는 야훼께서 오심으로 나타나는데, 그는 해 뜨는 데에서 해지는 데까지 땅을 부르신다. 그분은 시온에서 등장하시며(2절), 하늘과 땅을 증인으로 부르시고 민족을 판결하신다(4절).

> 하늘이 그분의 정의를(צדק) 알리는도다.
> 이는 하느님께서 심판자이심을(6절).

6절에서 צדק은 야훼께서 담당하시는 것으로 세상의 질서를 말한다.[41] 곧 정의의 구현은 כצדק יהוה로, 곧 야훼께서는 정의를 구현하시는 분이심을 가리킨다.

> 저의 정의의 하느님.
> 제가 부르짖을 때 응답해 주소서!(4:2)

---

40) Schmid, *Gerechtigkeit als Weltordnung*, 67.

41) Schmid, *Gerechtigkeit als Weltordnung*, 145.

צדק의 수호자이신 야훼는 무죄한 이를 구원하시는 분이시기에 청원자는 하느님의 정의를 기대하며 정의로우신 분께서 올바로 판결해 주시기를 청원한다.

시편 50편은 야훼와 이스라엘 사이에 질서 צדק가 있음을 보여준다. 또한 신현현과 더불어 야훼의 오심이 묘사되고 있는데, 지존자 עליון(14절)와 하느님 אל이 "해뜨는 데서 해지는 데까지" 세상에 비추는 것처럼 서술하고 있다(1절). 그는 시온에 오셔서 그의 백성을 심판 דין할 것이다(4절).

> 하늘이 그분의 정의를 알리는도다.
> 하느님, 그분께서 심판자이심을(6절).

우주적인 심판자 최고신(Summus Deus), 곧 עליון과 אל이신 야훼가 이스라엘의 심판자로 묘사되고 있는 점이 중요하다.[42] 불공정으로 위기와 병, 원수들의 무고한 고소 등을 경험한 청원자는 성소에서 심판자이신 야훼께 자신의 무죄함을 토로하고 당신의 정의로 자신을 도와달라고 청원하고 있다.

> 당신 정의에 따라 제 권리를 되찾아 주소서(35:24).
> 저의 혀도 당신의 정의를(35:28).

야훼께서는 청원자의 무죄함과 이에 따른 그의 호소를 당신의 צדק으로 들어주시고(22절), 원수를 부끄럽게 하실 것이다. 이들은 거짓을 꾸미는 자들이다(20절).

시편 71편은 병든 이의 청원이라 할 수 있다. 야훼께서 청원자의 무죄함을 입증하시고, 원수를 부끄럽게 하시기를 바라는 말이다(13, 24절). 야훼께서는 צדקה를 행하실 것이고, 청원자는 צדקה를 행하시는 야

---

42) Schmid, *Gerechtigkeit als Weltordnung,* 145.

훼를 찬양할 것이다(15, 16, 19, 24절).

> 당신 정의로 저를 구출하소서, 저를 구원하소서(2절).

시편 31편은 비슷한 상황을 연출하고 있다. 삶과 죽음의 기로에 서 있는 청원자는 자신이 무죄하다는 것을 호소하고 있고, 야훼께서 당신의 정의로 그를 버리지 않으실 것임을 알고 있다. 다시 말해 청원자는 야훼를 굳게 신뢰하고 있는 것이다(2-7, 15-16절). 야훼는 의로운 분이시므로 자신의 생명을 취하려는 원수들의 행동을 결코 용납하지 않으실 것이다(14절).

> 당신의 정의로(צדקה) 저를 구하소서(2절).

야훼의 צדקה 호소는 시편 5:9에서도 볼 수 있다. 야훼의 צדקה 선포는 또한 22:32과 51:16에도 등장한다.

> 그들은 태어날 백성에게 그분 정의를 알리리니
> 야훼께서 이를 행하셨기 때문이다(22:32).
> 죽음의 형벌에서 저를 구하소서. 하느님, 제 구원의 하느님.
> 제 혀가 당신 정의에 환호하나이다(51:16).
>
> 야훼님, 제 기도를 들으소서.
> 제 애원에 귀기울이소서.
> 당신 성실로, 당신 정의로 제게 응답하소서(143:1).
> 야훼님, 당신 이름을 보시어 저를 살리소서.
> 당신 정의로 제 영혼을 곤경에서 이끌어 내소서(11절).

청원자는 원수로부터 위협을 받고 있는데, 심지어 생명의 위협까지 느끼고 있다(3, 7절). 그러나 청원자는 야훼를 신뢰하며 야훼를 바라고 있다. 야훼의 צדקה로 원수들의 공격을 물리칠 것이다(11-12절). 야훼의 צדקה는 야훼의 정의로운 행동은 물론 그것의 결과인 구원을 포함하는 말이다. צדקה는 세상의 질서이니 צדקה가 있음에 야훼께 감사드리는 것이다. 또한 צדקה는 법적인 논쟁에서도 중요한 역할을 한다.

> 이제 악인들의 죄악은 다하고
> 의인은 당신께서 굳세게 하소서.
> 마음과 속을 헤쳐보시는 분,
> 하느님께서는 의로우시도다(7:10).
> 하느님께서는 의로우신 심판자(7:12).
> 당신께서 제 권리와 이익을 되찾아주시고
> 정의의 판관으로 어좌에 앉으셨기 때문이옵니다(9:5).
> 그분께서 악인들 위에 불과 유황의 비를 그물처럼 내리시어
> 타는 듯한 바람이 그들 잔의 몫이 되리라.
> 주님께서는 정의로우시어 정의로운 일들을 사랑하시니
> 올바른 이는 그분의 얼굴을 뵙게 되리라(11:6-7).
> 주님께서는 의로우신 분,
> 악인들의 밧줄을 자르셨도다(129:4).

צדקה과 함께 서술되는 질서 개념은 야훼를 재판관뿐만 아니라, 악인을 심판하는 분으로 서술한다. 여기에서도 무죄한 이들의 구원이 바탕에 깔려 있고, 이것은 바로 하느님의 질서를 말한다. צדקה는 곧 "하느님의 질서에 따라"라는 말에 근거하여 청원자는 하느님의 구원을 경험한다.

군왕시는 하느님을 정의로서 세상을 다스리는 분으로 소개한다. 하느님은 법과 정의를 실현하는 분이시다. 그분이 왕이 되셨기에 더욱 이것을 기대할 수 있다.

> 정의와 법은 당신 왕좌의 바탕(89:15).
> 그 분은 세상을 공정하게 다스릴 것이다(96; 98:9; 99편).

또한 기름부음 받은 왕은 하느님 통치의 대리인으로 하느님의 뜻을 집행해야 한다. 곧 그의 사명은 정의와 공의를 실현하는 일이다.[43] 백성들을 정의로 재판하는 것이 왕의 의무였지만 그 무엇보다도 약자를 보호하는 것이 우선한다.

> 하느님, 당신의 공정을 임금에게,
> 당신의 정의를 왕자에게 베푸소서.
> 그가 당신의 백성을 정의로,
> 당신의 가련한 이들을 공정으로 통치하게 하소서(72:1-2).

왕은 정의를 사랑하고 악을 미워해야 한다.

> 오 신과 같은 분이시여!,[44] 당신의 왕좌는 영원무궁하며
> 당신 왕홀은 공정의 홀이옵니다.
> 당신께서 정의를 사랑하시고 불의를 미워하시기에
> 하느님께서, 당신의 하느님께서 기쁨의 기름을
> 당신 동료들에 앞서 당신에게 부어주셨나이다(45:7-8).

이스라엘에서 왕정이 세워진 이래 왕의 사법 활동은 고대 근동의 왕의 경우처럼 공의와 정의를 실현하는 일이다. 이것은 야훼로부터 직접 오는 것이기 때문이다(시편 72:1). 왕은 하느님의 뜻에 전적으로 복종해야 하고, "의로운 자"(צדיק)로서 하느님과 올바른 관계를 유지하기 위해서라도 하느님의 뜻인 정의를 실현해야 한다.[45]

---

43) Kraus, *Theologie der Psalmen,* 150 (『시편의 신학』[서울: 비블리카 아카데미아, 2004], 290); F.-L. Hossfeld/E. Zenger, *Die Psalmen 51-100* (Freiburg 2000), 319.

44) 히브리어로는 "엘로힘"으로 서술되고 있으며 "오 신과 같은 분이시여!"로 옮길 수 있다. 구약성서에서는 매우 드물지만 임금을 이렇게 부르기도 했던 것으로 여겨진다(참조. 출 4:16).

45) Kraus, *Theologie der Psalmen,* 151 (『시편의 신학』, 291).

IV. 인간에게 요구되는 야훼의 정의

이제 צדק 이해가 야훼와 왕으로부터 사람에게 적용된다. 곧 그 개념이 사람에게 전이되고 있다. 청원자는 자신의 정의를 근거로 그의 권리를 되찾아 주시라고 야훼께 청원한다.

야훼께서 민족들을 심판하시는도다!
야훼님, 저의 정의에 따라
저의 결백함에 따라 저의 권리를 되찾아 주소서(7:9).

시편 청원자의 정의 개념은 창세기의 노아가 의로운(창세 6:9) 것과 욥이 주님 앞에서 의로운 것과 같은 맥락에서 이해할 수 있다(욥 1:1).

시편 7:4-6절에서 청원자는 원수로부터 압제받고 또 압제로 인해 거룩한 성소에 피신하여 주님께 호소한다. 그는 무죄함을 토로하고 있다.[46]

야훼, 저의 하느님
만일 제가 그런 짓을 했다면
만일 제 손에 불의가 있다면
만일 제가 친구에게 악을 저지르고
원수를 빈털터리 되게 강탈하였다면
원수가 저를 뒤쫓아 붙잡고
제 목숨을 땅에다 짓밟으며
제 명에가 흙먼지 속에 뒹굴게 하소서(7:4-6).

야훼님께서 내 정의에 따라 나에게 행하시고
내 손의 결백함에 따라 나에게 갚아 주셨으니(18:21).
야훼님께서 내 정의에 따라 나에게 갚아주셨도다.
그분 앞에서 지켜온 내 손의 결백함에 따라 갚아 주셨도다(18:25).

---

46) F.-L. Hossfeld/E. Zenger, *Die Psalmen 1-50* (Würzburg, 1993), 75.

야훼의 צדק은 이러한 무죄함에서 그를 구원으로 이끌었다.

저는 의로움으로 당신 얼굴을 뵈옵고(17:15).

צדק과 משפט는 "구원의 요청"과 연관이 있다. 시편 18편은 사무엘하 22:21, 25과 직접 연결되어 있다.

야훼님께서 내 정의에 따라 나에게 행하시고
내 손의 결백함에 따라 나에게 갚아 주셨으니(18:21).

공동체는 야훼의 율법을 지켜야 할 의무가 있다. 유배 이후 공동체는 율법이 그 중심에 있었는데, 이것은 토라시편에 잘 나타난다. צדיק, 곧 의인은 율법을 지키니(1:5-6; 112:4.6) 율법을 지키는 것은 "법과 정의"를 행하는 것이다(119:121).[47] 인간에게 올바른 길을 제시하는 율법은 인간을 올바로 이끌어 온전한 삶을 살도록 인도할 것이다(119:7, 62, 106, 164).

그러므로 악인들이 심판 때에,
죄인들이 의인들의 모임에 감히 서지 못하리니
의인들의 길은 주님께서 알고 계시고
악인들의 길은 멸망에 이르기 때문이로다(1:5-6).
저는 공정과 정의를 실천하였나이다(119:121).
제가 맹세코 실천하노니
당신의 의로운 법규를 지키기 위함이옵니다(119:106).

이제 이런 것을 실천하는 이들만이 성전에 들어가서 하느님께 예배드릴 수 있다. 성전에 들어가는 이의 조건으로 15편이 서술되고 있는데, 이런 점에서 순례의 노래라 할 수 있다. 고대 근동 문헌은 성전에

47) Schmid, *Gerechtigkeit als Weltordnung,* 157.

들어가는 데 필요한 도덕적인 요구 조건들을 알고 있었다. 구약성서는 신명기 23:2-9 또는 역대기하 23:19과 시편 118:19-20에서 성전에 들어가는 조건들을 열거하고 있다. 이스라엘은 제의 참여자들에게 제의-도덕적인 것들을 요구했는데, 이는 시편 15편과 24:3-5; 이사야 33:14-16 등에서 잘 드러난다. 누가 야훼의 성전에 들어갈 수 있을까? 이에 대한 대답으로 제의 참여자들에게 필요한 행동을 요구하고, 그러한 행위를 하는 것을 서술한다. 본 시편은 에스겔 18:5-9과 연결되어 정의를 실천하는 것이 하나님의 장막에 거할 수 있는 요건이라고 서술한다.[48]

주님, 누가 당신 장막에 머물 수 있으리이까?
누가 당신의 거룩한 산에서 지낼 수 있으리이까?
흠없이 걸어가고
정의를 실천하며
마음속으로 진실을 말하는 이,
혀로 비방하러 쏘다니지 않고
제 친구에게 악을 행하지 않으며
제 이웃에게 모욕을 주지 않는 이로다.
(중략)
이자를 받으려고 돈을 놓지 않으며
무죄한 이에게 해되는 뇌물을 받지 않는도다.

이런 야훼의 정의 실현에 대한 희망은 예언서에서도 등장하는데 대표적인 것이 이사야 5:7의 이른바 "포도밭의 노래"이다.

그는(야훼님) 법(מִשְׁפָּט)을 희망하였다.
그러나 야훼님은 법의 파괴(מִשְׂפָּח)를 보았다.
(야훼님은) 정의(צְדָקָה)를 (희망하였다).
그러나 절규의 소리(צְעָקָה)를 들었다.

48) W. Beyerlin, *Weisheitlich-kultische Heilsordnung. Studien zum 15. Psalm*, BThS 9 (Neukirchen-Vluyn, 1985), 90-92; Hossfeld/Zenger, *Die Psalmen 1-50*, 106-107.

이 본문은 일곱 가지 불행 선언(5:8-10:1-2*)의 서론으로서, 확실한 범죄의 예를 일곱 가지로 들고 있는데, 하느님께서 הוי를 선언한 이른바 "포도밭의 노래"(Weinberglied)이다. 왜 심판이 부유한 이들에게 오게 되었는가에 대한 근거를 제시하였다.[49] 7절에서 포도밭의 주인은 야훼이고, 포도밭의 내용물은 이스라엘 백성을 가리키는데 특히 유다 백성으로 이해할 수 있다. 포도밭 주인의 희망을 포도밭은 달성하지 못했다. 올바른 법의 판결 대신에 파괴적인 판결을 내렸다. 편집자는 이 문장을 시적으로 비슷한 단어를 사용하여 언어유희로서 정반대되는 내용을 표현한다. 야훼께서 희망하는 것은 미슈파트(משפט), 우리말로 "법"(공정)의 실현이다. 그러나 야훼께서 보는 것은 미스파흐(משפח), 곧 법질서의 파괴이다. 또한 야훼께서 희망하시는 츠다카(צדקה), 우리말로 "정의" 대신에 야훼께서 보는 것은 츠아카(צעקה), 곧 "절규의 소리"인 것이다.

V. 나가는 말

시편은 예언서나 역사서 그리고 오경과는 달리 삶과 깊은 연관이 있고, 삶의 경험에서 얻은 삶에서 고백된 내용을 시로 옮겨, 그것이 다시 공동체 예배에서 사용된 것이다. 학자들은 시편을 분석하면서 그 양식에 초점을 맞추어 시편을 이해하려고 하였다. 특히 시편의 삶의 자리는 본래 청원자의 상황과 하느님의 응답을 잘 밝혀준다.

정의를 수호하는 일은 신이 왕에게 맡긴 임무로 여겨왔다.[50] 정의 개념은 고대 근동의 신의 세상 질서와 연결된 것이었다. 이것이 신의 소

---

49) H. Wildberger, *Jesaja 1-12* (Neukirchen-Vluyn, ^{2}1980), 186; W.A.M. Beuken, Jesaja 1-12 (Freiburg, 2003), 139; F. Crüsemann, *Die Tora. Theologie des alttestamentlichen Gesetzes* (München, 1992), 31.

50) O. Kaiser, Der Gott des Alten Testaments 3, Göttingen 39-43; Der Codex Hammurapi, in: *TUAT* I, 40-44.

유였다면, 신이 세상의 정의를 실현하기를 바라는 마음에서 왕에게 선물로 주어진 것이다. 그리고 법전과 찬미 등에서 보았듯이 왕은 이것을 항상 염두에 두었다. 이 정의 개념은 이스라엘의 신이 가나안이나 고대 근동에서 그대로 수용하여 야훼께 전이되었고, 또한 이스라엘의 왕들이 정의를 행하도록 전이되었다. 그러나 성서는 더 나아가 이스라엘 백성 개개인이 야훼 앞에서 정의를 행하는 행동과 연결되어 서술되고 있다. 여러 시편들이 이를 언급하였으며, 특히 성전에 들어갈 수 있는 자는 바로 이 정의를 행하는 자라야 함을 강조하고 있다. 시편은 고대 근동에서 신의 영역에 속했던 정의를 개인에게로 확장시켜 적용하였다.

참고문헌

김이곤, "버림받은 자의 신학," 『구약성서의 고난신학』(한국신학연구소, 4 1996), 180-192.

이성훈, "구원의 기쁨을 노래하는 탄원자: 시편 130을 중심으로," 『구약신학저널』 3 (2001), 95-108.

이성훈, "탄원에서 구원의 찬양으로. 시편 31편을 중심으로," 『기독교신앙논총』 34 (2004), 59-82.

이태훈, "탄식에서 찬양으로," 『구약신학저널』 1 (이레서원, 2000), 77-97.

장일선, 『구약세계의 문학』. 대한기독교출판사, 1981

Assmann, J. *Ma'at. Gerechtigkeit und Unsterblichkeit im Alten Ägypten.* München, 2 1995.

Begrich, J. & Gunkel, *H. Einleitung in die Psalmen.* Göttingen, 2 1966.

Bernhardt, K. H. *Das Problem der altorientalischen Königsideologie im Alten Testament,* VTS VIII. Leiden, 1961.

Beuken, W. A. M. *Jesaja 1-12.* Freiburg, 2003.

Beyerlin, W. *Religionsgeschichtliches Textbuch zum Alten Testament,* ATD. E 1. Göttingen, 2 1985.

______. *Weisheitlich-kultische Heilsordnung. Studien zum 15. Psalm,* BThS 9. Neukirchen-Vluyn, 1985.

Crüsemann, F. *Studien zur Formgeschichte von Hymnus und Danklied in Israel,* WMANT 32. Neukirchen-Vluyn, 1969.

______. *Die Tora. Theologie des alttestamentlichen Gesetzes.* München, 1992.

Falkenstein, A. & Soden, W. "Sumerische und Akkadische Hymnen und Gebete,"in: Neumann, P.A.H. (Hg.). *Zur neueren Psalmenforschung.* Darmstadt, 1976, 280-314.

Hossfeld, F.-L. & Zenger, E. *Die Psalmen 51-100.* Freiburg 2000.

Gerstenberger, E. *Der bittende Mensch,* WMANT 51. Neukirchen-Vluyn, 1980.

Jenni, E. & Westermann, C. *Theologisches Handwörterbuch zum Alten Testament,* THAT. München, 1984.

Jepsen, A. "צדק und צדקה im Alten Testament," in: Reventlow, G. (Hg.) Gottes Wort und Gottes Land. Göttingen, 1965, 78-89.

Johnson, B. "צדק," in: ThWAT VI, 898-924.

Keel, O. *Die Welt der altorientalischen Bildsymbolik und das Alt Testament. Am Beispiel der Psalmen.* Göttingen, [5]1996.

Kessler, R. *Staat und Gesellschaft im vorexilischen Juda. Vom 8. Jahrhundert bis zum Exil,* VTS 47. Leiden, 1992.

Koehler, L. & Baumgartner, W. *Hebräisches und Aramäisches Lexikon zum Alten Testament,* HAL. Leiden, [3]1963-1990.

Kraus, H-.J. *Psalmen 1-59.* Neukirchen-Vluyn, [5]1978.

______. *Psalmen 60-150.* Neukirchen-Vluyn, [5]1978.

______. *Theologie des Psalmen.* Neukirchen-Vluyn, 1979.

Morenz, S. *Ägyptische Religion.* Stuttgart, 1960.

Mowinckel, S. *Psalmenstudien II. Das Thronbesteigungsfest Jahwäs und der Ursprung der Eschatologie.* Oslo, 1922; Amsterdam, 1961.

______. *The Psalmem in Israel's Worship.* Nashville, 1962.

Noth, M. "Gott, König, Volk im AT," *Gesammelte Studien,* 188-229.

Perlitt, L. *Bundestheologie des Alten Testaments,* WMANT 36. Neukirchen-Vluyn, 1969.

Pritchard, J. B. (ed.) *Ancient Near Eastern Texts relating to the Old Testament.* Princeton; New Jersey: Princeton Univ. Press, [3]1969.

Ringgren, H. *Word and Wisdom.* Lund, 1947.

______. "צדק," in: ThWAT VI, 901.

Schmid, H. H. *Gerechtigkeit als Weltordnung. Hintergrund und Geschichte des alttestamentlichen Gerechtigkeitsbegriffes,* BHT 40. Tübingen, 1968.

Von Rad, G. "Gerechtigkeit" und 'Leben' in der Kultsprache der Psalmen," *Gesammelte Studien zum Alten Testament,* TB 8. München, [3]1965, 225-247.

Weiser, A. Die Psalmen I/II. Göttingen, [6]1963.

Westemann, C. Das Loben Gottes in den Psamen. Göttingen, [4]1968.

Wildberger, H. Jesaja 1-12. Neukirchen-Vluyn, [2]1980.

시학과 한시의 관점에서 새롭게 본 시편의 분위기 급전

김정우

2000년 시편 연구사에서 한 획을 그은 것으로 여겨지는 김이곤의 논문 "애가시에 나타난 분위기 급전"(1985)[1]은 분명히 시편 이해에 새로운 장을 열었지만, 그의 주장은 이후 국내외의 학계에서 더 이상 큰 주목을 끌지 못한 것으로 여겨진다. "시편에서의 분위기 급전" 문제는 이미 헤르만 궁켈에 의해 처음으로 진지하게 다루어졌으며, "경건한 사람의 전 생애는 애가와 감사시 사이의 전환으로 이루어진다"고 잘 관찰한 바 있다.[2] 궁켈 후 시편 학자들은 이 현상에 대하여 다양한 설명을 시도해 왔지만 아직까지 학계에서는 합의된 관점을 형성하지 못하고 있으므로 우리는 다시 한 번 김이곤의 연구를 되돌아 보고, 그가 찾아낸 소중한 관점의 터전 위에서 21세기 시편 연구의 새로운 방향을

1) Ee Kon Kim, *The Rapid Change of Mood in the Lament Pslams. A Matrix for the Establishment of a Psalm Theology* (Seoul: Korea Theological Study Institue, 1985).

2) H. Gunkel, *Einleitung in die Psalmen* (Göttingen: Vandenheock & Ruprecht, 1933). Completed by J. Begrich, *Introduction to Psalm. The Genres of the Religious Lyric of Israel,* trans. by J. D. Nogalski (Mercer Uni. Press, 1998). Gunkel, *Einleitung, 284; Begrich, Introduction,* 214; Kim, *The Rapid Change of Mood,* 9.

모색해 볼 필요성을 느끼게 된다.

I. 김이곤의 "시편 애가에 나타난 분위기 급전론"

우리는 김이곤의 "애가에 나타난 분위기 급전"에 나타난 중심 연구를 다음과 같이 정리해 볼 수 있을 것으로 여겨진다.

(1) 애통과 간청에서 하나님의 개입에 대한 확신으로 갑자기 넘어가는 현상은 마일렌버거가 잘 관찰한 바와 같이 애가에서 가장 두드러지게 나타난다.[3] (2) 이 현상은 바이저와 베스터만이 관찰한 바와 같이 히브리 시인의 신앙과 신학의 독특성으로 여겨진다.[4] 바빌론과 고대 근동아시아의 애가에도 시편의 애가와 많은 문학적 유사성이 나타나지만, 애통과 간청이 동일 시에서 갑자기 찬양으로 변하는 것은 이스라엘 시편의 독특한 현상으로 여겨진다.[5]

(3) 대부분의 시편에서 분위기 급전은 동일한 장르의 시편에서도 널리 나타나고 있으므로, 외스털리와 브릭스가 주장하는 것처럼, 이 현상은 두 개의 다른 장르 시들이 우연히 함께 묶여져 발생한 것으로 볼 수 없다.[6]

(4) 히브리 시에 나타나는 이 독특한 현상은 현대의 구약신학에서 별로 주목받지 못하고 있으며, 대표적인 구약신학자들로 꼽을 수 있는

3) J. Muilenburg, *The Way of Israel: Biblical Faith and Ethics* (New York: Harper & Row, 1961), 124f; Kim, *The Rapid Change of Mood,* 1.

4) A. Weiser, *The Psalms,* trans. by H. Hartwell (Philadelphia: Westminster Press, 1962), 66-67; C. Westermann, *Praise and Lament in the Psalms,* trans. by K. R. Crim & R. N. Soulen (Edinburgh: T.&T.Clark, 1981), 79; Kim, *The Rapid Change of Mood,* 1-2.

5) Kim, *The Rapid Change of Mood,* 5.

6) W. O. E. Oesterly, *The Pslam* (London: S.P.C.K., 1953), 136; C. A. Briggs, *The Book of Psalm,* ICC (Edinburgh: T.&T.Clark, 1906, 1976), 2vols. I, 49, 102f; Kim, *The Rapid Change of Mood,* 4.

폰 라트, 아이크로트, 베스터만, 테린, 크라우스 등의 설명은 충분하지 않은 것으로 여겨진다.[7]

김이곤은 이상의 네 가지 서론적 고찰을 한 후, 시편의 애가에서 "애통에서 급진적 확신으로 넘어가는 전환의 수수께끼"를 분석하기 위하여 다음과 같은 세 가지 논제 질문을 던진다.[8]

(1) 애가의 구조에서 전환(transitional shift)은 어디에서 일어나고 있는가?
(2) 분위기 급전이 일어나는 동기를 어떤 양상(mode)으로 설명할 수 있겠는가?
(3) 이스라엘의 애가를 이웃 나라들의 애가와 비교할 때, 어떤 특징을 찾아낼 수 있겠는가?

김이곤은 위의 세 문제를 이후 그의 논문의 세 축으로 설정하고 있으며, 이 문제를 하나씩 논문 1-3장에서 다루고 있다.

먼저 그는 "애가의 구조에서 전환(transitional shift)이 어디에서 일어나고 있는가?"라는 첫 번째 질문을 "애가에서의 분위기 급전과 그 위치"를 연구하는 제1장에서 다루며, 여기에서 다음과 같은 관찰과 주장을 하고 있다. 그는 먼저 애가의 구성요소에 있어서 세 가지 중심 요소를 찾아내며, 문제 해결을 위한 실마리를 제시한다.

(1) 애가는 일반적으로 "하나님의 이름"을 부름으로써 시작하고 있다.[9] 그는 여기에서 "하나님의 이름을 부르는 것은 원래 제의적인 부름의 도구가 아니라, 하나님의 능력에 대한 확신의 천명을 드러내는 도구

7) 예로서, 폰 라트는 애가의 영해 과정(the process of spiritualization)은 고대 아실룸 사상을 영해한 것(spiritualization)으로 본다. G. von Rad, *Old Testament Theology* (New York: Harper & Row, 1962-65), 2vols. I, 402. 이와 달리 베스터만은 순전히 심리적인 현으로 본다. Kim, *The Rapid Change of Mood,* 5-9.

8) Kim, *The Rapid Change of Mood,* 19.

9) Kim, *The Rapid Change of Mood,* 23-26.

로 사용되었다"고 말함으로써, 서론적인 부름이 단지 문학적이며 제의적인 장치가 아니라 신앙적 확신 천명으로 해석한다.[10] 나아가 "하나님의 이름"인 "야훼"는 "거룩한 용사"이므로(출 15:3; 시 54:1[히 3]), 이 부름은 "원래 전쟁에서의 외침(teru'ah)과 연관되었을 것"으로 추정하고 있다.[11] 즉, 하나님의 이름은 "하나님의 구원의 능력"이라는 종교적 아이디어를 담고 있으며, "전쟁에 있어서 야훼의 능력"을 드러내어 준다.[12] 따라서 애가에서 하나님의 이름은 서론적 부름, 애통, 간청 등 어느 부분에서 나오든 간에, 그것은 "하나의 목표, 즉 하나님의 개입을 요청하는 것으로 움직이고 있다".[13] 특히 시인들은 서론적인 부름에서 하나님의 개입을 요청하며 "깨소서, 일어나소서, 돌아오소서, (얼굴을) 돌리소서, (귀를) 기울이소서, 주목하소서"라고 외치는데 이 모든 용어들은 원래 "신현 사상에서 나온 것으로서, 야훼께서 결정적인 시간에 그의 백성들을 원수에게서 건지시는" 거룩한 전쟁과 연관되어 있다고 결론짓는다.[14]

(2) 시편의 애가에는 세 등장인물인 하나님, 시인, 원수의 삼각관계가 복잡하게 얽키고 설켜 있으며, 이 정황 속에서 "부름, 애통, 간청"이 이루어지지만, 이 세 요소는 "하나의 더 넓은 범주인 '하나님을 향한 인간의 부름'(צעקה/ז)에 수렴될 수 있다"고 본다.[15] 여기에서도 원수와의 갈등은 많은 경우에 군사적인 맥락으로 소개되고 있으며, "애가에서 원수 개념은 고통에서 안도감으로 넘어가는 분위기 전환에 중요한 역할을 하고 있으며, 애가에서 확신에 대한 환기로 분위기 급전을 하는 것은 야훼 하나님이 원수를 멸하시는 효과와 밀접한 연관을 갖는다."[16]

10) Kim, *The Rapid Change of Mood,* 31.
11) Kim, *The Rapid Change of Mood,* 38.
12) Kim, *The Rapid Change of Mood,* 45.
13) Kim, *The Rapid Change of Mood,* 51.
14) Kim, *The Rapid Change of Mood,* 56-57.
15) Kim, *The Rapid Change of Mood,* 59.
16) Kim, *The Rapid Change of Mood,* 70.

달리 말하자면, "애가의 기본 무드를 이루는 '부르짖음'은 원수 때문에 생긴 것이다. 원수들은 온갖 종류의 고통을 시인들에게 가져왔다. 그러나 우리는 원수에 대한 갑작스러운 승리의 확신만을 보게 된다. 우리는 '부르짖음'에서 '믿습니다'(בטח)에로의 갑작스러운 전환에 대한 '객관적' 정보를 갖고 있지 못하기 때문에, 이 수수께끼를 풀어야 한다".[17]

(3) 애통에서 확신으로 급전하는 자리는 일반적으로 한 시편의 마지막 부분에 나타나지만, 꼭 그런 것은 아니다.[18] 이 점에 대하여 베스터만이 주장한 바와 같이 "애가에서 예기하지 못한 분위기 급전은 일정한 자리에 있는 것이 아니라 유연성 있게 나타나고 있다"는 점을 김이곤은 받아들인다.[19] 따라서 분위기 급진은 한 시에서 시작, 중앙, 끝 어디에나 나타날 수 있다. 따라서 애가는 꼭 "완료형" 확신으로만 마무리되지 않고, "신뢰의 확신", "서원", 혹은 "기원"으로도 끝날 수 있다.[20]

논문의 제2장은 "분위기 급전이 일어나는 동기를 어떤 양상(mode)으로 설명할 수 있겠는가?"라는 질문에 대한 토론으로서 시편학계를 주도하고 있는 세 가지 이론을 소개하고 있다.

(1) 제사장의 신탁설(the priestly oracle)이 분위기 급전을 만들고 있다는 가설은 퀴흘러(Kuechler)가 가장 먼저 제시하였고,[21] 이 가설은 이후에 시편 학자들에게 널리 수납되었다(Gunkel, Begrich, Mowinckel, Oesterley, H. Schmidt, Kraus 등).[22] 김이곤은 이 가설에 대한 여러 학자들의 비판을 소개한 후(Westermann, Koch, Weiser), 다음과 같은 몇 가지 새로운 문제점을 제시하고 있다.

17) Kim, *The Rapid Change of Mood,* 71-72.
18) Kim, *The Rapid Change of Mood,* 72, 74.
19) Kim, *The Rapid Change of Mood,* 74.
20) Kim, *The Rapid Change of Mood,* 75.
21) F. Kuechler, "Das Priesterliche Orakel in Israel und Juda. Abhandlungen zur semitische Religionskunde und Sprachwissenschaft, W. W. Grafen von Baudissin uebersicht," *BZAW* 33 (1918), 285-301.
22) Kim, *The Rapid Change of Mood,* 99-112.

첫째로, 구원의 신탁 형식 중 결정적으로 중요한 "두려워 말라"(אַל־תִּירָא)라는 형식이 현재 우리가 가지고 있는 애가의 본문에서는 나타나고 있지 않다.[23] 이 형식은 구체적으로 바빌론의 시들(주전 1550–1200년)에서부터 이사야 후반부(사 41:10, 13, 14; 43:1, 5; 44:2; 51:7; 54:4, 14)와 구약의 후기 문서들(대상 28:20; 대하 20:17; 슥 8:13, 15)과 신약성경(마 1:20; 10:26, 28, 31; 눅 1:13, 30; 2:10; 5:1)에는 나타나지만 시편에는 보이지 않는다고 한다. 예로서 시편 6:8-9(히)에는 "애통"과 "확신" 사이에 신탁을 삽입할 만 하지만, 이런 것이 없이 단지 분위기 급전만 나타나고 있다.

둘째로, 구원의 신탁 형식은 일반적으로 생각할 때 "애가 안에서"가 아니라, 애가가 끝난 후에 들려질 수 있는 것이다.[24] 예로서 한나의 기도(삼상 1:11)에서 제사장적 구원신탁은 그의 기도가 끝난 후에 주어지고 있으며(17절), 그리고 나서 한나는 감사의 노래를 부른다(삼상 2:1-10). 바로 이런 이유 때문에 이스라엘에서는 애가와 삶의 정황이 동일한 감사시 혹은 신뢰시가 독자적으로 존재할 수 있었다.[25]

셋째로, 애가에서 시인들은 자신의 목적을 위하여 신탁형식을 사용하고 있다(시 12; 60; 89편). 이 세 시편에서는 구원의 신탁 다음에 애가가 나타나고 있으며, 이것은 "애가에서의 신탁형식이 꼭 제사장이나 제의적 선지자의 신탁 형식에서 나오는 것이 아니라 시인이 이전의 전통을 자유롭게 구사하는 데서 나왔음을 보여준다. 따라서 구원의 신탁설은 애통에서 확신으로 급전하는 것에 대한 충분한 설명이 되지 못한다."[26]

(2) 심리적 해석(Psychological interpretation)에 따르면 시편에서의 분위기 급전은 시인이 기도하던 중에 내면적인 변화가 일어남으로써

---

23) Kim, *The Rapid Change of Mood,* 118.

24) Kim, *The Rapid Change of Mood,* 120–21.

25) Kim, *The Rapid Change of Mood,* 121.

26) Kim, *The Rapid Change of Mood,* 126.

이루어진 것으로 본다.[27] 하일러(Heiler)는 하나님 앞에 심령을 쏟는 "예언적 기도"(prophetic prayer)와 침묵 가운데 드리는 "신비적 기도"(mystical prayer)라는 두 유형으로 기도를 구분하며, 예언적 기도에서 시인은 하나님을 의지하거나 하나님의 구원사를 기억함으로써 "놀라운 변형"(a wonderful metamorphosis)이 일어나 마음의 평화를 찾고 갑작스러운 분위기 전환을 한다고 본다.[28] 헤르만 궁켈 역시 "기도를 할 때 우리 자신이 확장되며 우리 자신이 우리 자신에게 영향을 받음으로써 변화가 일어난다"는 입장을 피력하고 있다.[29] 베스터만도 "시편에서 기원과 애통을 넘어가지 않는 시가 없다"는 관찰을 함으로써, 시인의 심리 속에 변화가 일어났음을 제시하고 있다.[30]

김이곤은 이 가설에 대하여 시편의 애가들은 현대인들이 이해하는 순수한 개인기도가 아니며 제의와 밀접한 연관성을 갖고 있을 뿐 아니라, 또한 전승사적 배경을 갖고 있다는 관점에서 비판하고 있다.[31] 물론 시편 가운데 성전을 떠난 시들도 있지만(42, 43, 137편), 이 시들조차도 성소와 제의적 전통에 대한 깊은 감정들을 담고 있으므로 제의적 정황을 고려하여야 한다. 또한 시편 속에는 구원사의 전통들과 제의적인 의식들이 함께 나타나기 때문에, 제의와 역사는 "히브리인의 심리"(Hebrew psychology)를 형성하는 데 결정적인 역할을 하고 있다.

(3) 구원사의 제의적 적용설(a cultic actualization of Heilsgeschichte)은 시편의 제의적 배경과 연관된 것으로서 학자들 마다 다양한 절기를 제시하였다. 이리하여, 바이저(Weiser)는 "언약축제,"[32] 모빙켈(Mowinckel)은 "신년축제,"[33] 크로스(Cross)는 "유월절,"[34] 노트

27) F. Heiler, *Prayer: A Study in the History and Psychology of Religion* (New York: Oxford Uni. Press, 1958).

28) Heiler, Prayer, 263; Kim, *The Rapid Change of Mood*, 128-9.

29) Gunkel, Einleitung, 247; Kim, *The Rapid Change of Mood,* 137.

30) Westermann, *Praise and Lament,* 222; Kim, *The Rapid Change of Mood,* 138-9.

31) Kim, *The Rapid Change of Mood,* 140.

32) Weiser, *Psalms,* 68; Kim, *The Rapid Change of Mood,* 145.

(Noth)는 이스라엘의 세 순례축제인 "유월절-무교절, 장막절, 언약절"[35]을 구원사와 개인의 심리적 변화를 연결하는 배경으로 제시하였다. 구원사를 제의 속에서 재적용하는 작업은 "제의적 드라마 형식"(모빙켈 등)으로나 혹은 언어적인 재현형식(노트, 폰 라드, 베스터만, 크라우스 등)으로 제시되었다.[36] 이상의 연구를 종합하면서 김이곤은 애가 속에서의 분위기 급전은 (1) 개인의 신앙과 (2) 제의 속에서 특정 전통을 재적용한 결과라는 두 중심요소가 자유롭게 결합하면서 일어날 수 있었다고 결론을 내린다.[37]

논문의 마지막 제3장은 "이스라엘의 애가를 이웃 나라들의 애가와 비교할 때, 어떤 특징을 찾아낼 수 있겠는가?"라는 질문에 대한 논술로서 "애가의 분위기 급전의 동기인 거룩한 전쟁의 영향"을 다루고 있다. 이스라엘 백성들은 거룩한 전쟁 신앙을 신학적으로 적용하였으며(삼상 17:45-47), 이 전통은 애가 외의 시들에 영향을 미쳤고(시 18:8-16[히]; 20:8-9; 24:7-10; 29:3-4, 7-8; 33:16-17), 특히 애가에서는 분위기 급전에 깊은 영향을 미치게 되었다고 본다. 예로서 시편 44:5하-10, 60:12-14절은 "국가적 애가"로서 "승리의 찬양"(출 15장; 삿 5장)과 정확하게 대치되는 시들이다. 이 두 시에서 시인은 그들의 패배가 "하나님께서 이스라엘 군대와 함께 하지 않음에 있다"며 애통하며(44:10; 60:12), 하나님께서 군사적인 개입을 해주실 것에 대한 기원(44:27)과 하나님의 응답에 대한 확신(60:14)으로 마치고 있다.

김이곤이 볼 때, "거룩한 전쟁의 전통"은 개인 애가에도 깊은 영향을

---

33) S. Mowinckel, *The Psalms in Israel's Worship,* 2 vols. trans. by D. R. Ap-Thomas (Nashville: Abingdon Press, 1962), I:106ff; Kim, *The Rapid Change of Mood,* 146.

34) F. M. Cross, *Canaanite Myth and Hebrew Epic: Essays in the History of the Religion of Israel* (Massachusetts: Harvard Uni. Press, 1973), 91-111; Kim, The *Rapid Change of Mood,* 147.

35) M. Noth, *The Representation,* 80f; Kim, *The Rapid Change of Mood,* 151.

36) Kim, *The Rapid Change of Mood,* 155.

37) Kim, *The Rapid Change of Mood,* 158.

미쳤으며(시 3, 6, 13, 22, 35, 59편), 이 시들에 있어서 "애통에서 확신"으로의 분위기 급전은 모두 하나님의 거룩한 전쟁에 대한 시인들의 믿음에 의해서 이루어진다고 본다.[38] 김이곤은 아래의 세 가지 관점으로 그의 전체적인 입장을 정리하고 있다.

(1) 애가의 시인들은 거룩한 용사이신 하나님에 대한 신뢰를 천명함으로써, 애통에서 확신으로 분위기 급전을 만들 수 있었다.[39]

(2) 애가에서 하나님은 약자를 억압자에게서 보호하며 지키시는 분으로서, 약자와 고난 당하는 자를 신원하여 구원을 베푸시는 분이시다.[40]

(3) 애가에서 불평은 신학적으로 "신뢰의 다른 표현"(another expression of trust)으로서 하나님의 구원을 요청하는 동기로 작용하고 있다. 시인들의 부르짖음은 하나님의 구원을 요청하며 구원사의 중심 요소로 사용되고 있다. 애가를 구성하고 있는 다섯 가지 기본 요소인 "부름, 애통, 기원, 신뢰의 고백, 승리(구원)의 확신"은 성경적 신앙의 온갖 다양한 표현들을 축약하는 "구원사의 축소판"(miniature)이다. 거룩한 용사이신 하나님에 대한 신앙은 시인들에게 있어서 고통에서 기쁨으로 전환하는 동기를 부여하며, 이것은 하나님의 명령(출 14:14)과 인간의 확신 천명(삼상 17:45)의 두 요소로 구성된다. 애가에 있어서 시인들은 두 번째 요소인 확신 천명 만을 담고 있다(시 13:5상[히6상], "나는 오직 주의 인자하심을 의뢰하였사오니 내 마음은 주의 구원을 기뻐하리이다.")

38) 브릭스와 외스털리는 시 6:9-11의 분위기 급전은 후대 편집자의 손으로 삽입된 것이라고 본다(Kim, *The Rapid Change of Mood,* 210 참조).

39) Kim, *The Rapid Change of Mood,* 227.

40) Kim, *The Rapid Change of Mood,* 231.

II. 시학과 한시에서 본 시편의 분위기 급전론

이미 아리스토텔레스는 그의 『시학』에서 비극 구성의 여섯 가지 요소로서 "플롯(plot), 성격(character), 조사(diction), 사고(thought), 시각적 요소(spectacle), 멜로디(melody)"를 제시하였으며, 이 중에서 플롯(사건의 배열)을 가장 중요한 요소로 파악하였다(6:5).[41] 왜냐하면 비극은 행위자의 성격에 따라 그 특질이 결정되고 행위자의 행복과 불행은 행동에 의하여 결정되기 때문에 비극은 개개의 사건과 플롯의 제시를 중요하게 다루지 않을 수 없게 된다. 그런데 비극의 플롯에서는 급전(急轉, reversal=반전)과 발견(發見, recognition=노출)이 가장 중요한 요소 가운데 하나를 이루게 된다(6:9).

이어서 아리스토텔레스는 플롯을 단순 플롯과 복합 플롯으로 나눈다. 그에 따르면, "단순 플롯은 연속적이고 통일된 행동이 급전(reversal)이나 발견(recognition) 없이 운명의 변화를 일으킬 때를 가리킨다. 복합 플롯은 급전이나 발견을 통하여 운명이 변화를 일으킬 때를 가리킨다"(10:1). 그에게 있어서 "급전(急轉)은 연극의 행동 중에 사태가 역전되는 운명의 변화를 뜻한다. 이 변화는 반드시 개연성 및 필연성과 일치해야만 한다"(11:1).[42] 또한 "연극의 플롯에서 "발견"은 무지(無知)로부터 인식(認識)으로의 변화를 의미한다"(11:2).

비록 우리가 아리스토텔레스의 통찰을 빌리지 않더라도, 시에서 급전과 인식이 없다면 좋은 시가 될 수 없다는 것은 시학에 있어서 상식으로 여겨지고 있다. 사실 시의 묘미는 분위기 급전에서 오며, 그 전환이 클수록 시의 맛이 깊어진다. 물론 시 안에서의 모든 전환에는 내적인 연결고리가 있어야 한다. 그렇지 않게 되면, 한 편의 시는 두 개 이상의 다른 시가 될 것이며 시 작품으로서 통일성을 상실하게 될 것이기 때문이다. 이런 관점에서 본다면, 김이곤의 "분위기 급전론"은 지극

41) 아리스토텔레스, 『시학』, 천병희 옮김 (서울: 문예출판사, 2002), 51.

42) 아리스토텔레스, 『시학』, 69-73을 보라.

히 자연스러운 관찰이며, 이 문제가 시편 연구에서 아직까지도 초보적인 토론에서 맴돌고 있다는 점이 이상스럽게 여겨진다.

특히 동양인의 눈으로 볼 때, 시는 기본적으로 기승전결(起承轉結)로 이루어진다는 것은 상식이며, 여기에서 전환이 시의 맛을 내는데 있어서 결정적으로 중요한 역할을 한다는 것은 주지의 사실이다. 하나의 예로서 이백(李白)이 귀양가던 도중 방면되어 고향 가는 기쁨을 노래한 "이른 아침 백제성을 떠나다"(早發白帝城)라는 칠언절구(七言絶句) 시를 보자.

朝辭白帝彩雲間,	이른 아침 영롱한 구름에 싸인 백제 성을 떠나
千里江陵一日還.	천리 강릉길을 하루 만에 돌아왔다.
兩岸猿聲啼不住,	양쪽 강 언덕 원숭이 울음소리 그치지 않는데
輕舟已過萬重山.	가벼운 배는 어느덧 만 겹 산을 지나왔다.

이 시는 2구에서 "천리의 강릉"이라는 넓은 공간을 "하루 만에 돌아오다"는 짧은 시간에 담음으로써, 시의 쾌속감(快速感)을 극대화 시키고 있다. 또한 4구에서는 "첩첩산중"으로 묘사되는 "만 겹의 산들"(萬重山)을 "조그만 배"가 시인이 느끼지도 못하는 사이에 이미(已) 지나온 모습을 경쾌하게 묘사하고 있다. 그렇지만, 이 시가 천하의 명편(名篇)이 된 것은 제3구에 있는 전환이 이 시의 생명력을 불어넣어주기 때문이다. 이 시에서 1, 2, 4구는 모두 시제가 과거형인데, 오직 3구 만이 "아직도 원숭이의 울음소리가 그치지 않고 진행되고 있는" 현재진행형을 이루고 있을 뿐 아니라, 험난하기로 유명한 "장강삼협"(長江三峽)의 길을 원숭이 울음소리로 대체하고 있다. 여기에서 "원숭이 울음소리"는 서글프고 이국적인 분위기 뿐 아니라, 항해의 어려움도 내포해주고 있다. 즉 시인은 사면(赦免)을 받고 고향으로 돌아가는 기쁨을 극대화 시키면서도, 전환의 지점에서 고통과 슬픔이 아직도 여진(餘震)처럼 계속되고 있음을 담아내어 주고 있다.

또 하나의 예로서 두보(杜甫)의 명편(名篇) 가운데 하나인 오언율시(五言律詩) 가운데 "등악양루"(登岳陽樓)를 보자.[43)]

昔聞洞庭水,	동정호 이야기를 옛날에 들었는데
今上岳陽樓.	오늘에야 악양루에 오르게 되었구나.
吳楚東南坼,	오 나라 초 나라가 동남쪽으로 쩍 갈라졌고
乾坤日夜浮.	하늘 땅이 밤낮으로[44)] 그 속에 뜨고 지네.
親朋無一字,	친척 친구들 소식 한 자 없고
老病有孤舟.	병들고 늙은 몸을 가까스로 쪽배에 의지하는 외로운 신세
戎馬關山北,	관산 북쪽으로는 아직도 전쟁이 계속되고 있다니
憑軒涕泗流.	난간에 기대어 그저 하염없이 눈물 흘릴 뿐.

모두 8구(句)로 이루어진 이 시는 옛날부터(昔) 들어온 동정호를 이제야(今) 방문했다는 감개로 시작한다(首聯). 여기에는 평범한 듯이 보이는 방문과 무한한 감개가 함께 담겨 있다. 왜냐하면, 두보에게 있어서 옛날(昔)은 좋은 시절이었으며, 지금(今)은 나그네로 떠돌아 다니는 어려운 시절을 보내고 있기 때문이다. 따라서 이 시점에서 동정호를 방문한 것은 두보의 심정을 이중으로 비틀고 있다. 제3-4구(聯)는 동정호의 모습을 소개하면서, 옛날 삼국지 시대에 "오나라"와 "초나라"가 나누어진 역사적 전고(典故)를 허경(虛景)으로 담으면서, 하늘과 땅이 밤낮으로 그곳에서 뜨고 지는 우주로서의 동정호를 최고의 스케일로 묘사한다. 5-6구(頸聯)는 이 시에서 급격한 전환을 만들면서 "온 우주를 담고 있는 동정호"와 "이 세상에서 가장 초라한 떠돌이 신세"인 자신의 운명을 일엽편주(一葉片舟)에 비추면서 엄청난 힘으로 대비를 시키고 있다. 그는 마지막 7-8구(尾聯)에서 전쟁이 계속되는 상황 속에서 "눈물콧물" 흘리는 자신의 모습을 그리면서, 결국 자연과의 융합을 하지

---

43) 이병한, 이영주 역해, 『唐詩選』(서울대학교출판부, 1998), 205 참조.

44) 여기에서 日은 명사(해와 달) 대신, 부사(밤낮으로)로 해석되는 것이 적절하다.

못하였다는 이야기로 마치고 있다.

한시(漢詩)의 전통에서 시 분석은 늘 심미적(aesthetic)이며, 이것은 성서해석학의 "수사학적 분석"에서처럼 부분과 전체가 어떻게 서로 어우러지고 아우러지면서 변화와 통일성을 이루는가를 살피는데 있다. 따라서 우리는 "애가 안에서 일어나는 분위기 급전"이라는 중요한 논제를 제시한 김이곤의 터전 위에서 그가 즐겨 다룬 몇 가지 주요한 애가에서 분위기 급전이 실제로 어떻게 나타나는지를 다시 한 번 더 살펴보며, 한 걸음 더 나아가 애가 밖의 시에서도 이 현상이 어떻게 나타나는지 관찰해 볼 필요성을 느끼게 된다.

1. 시편 애가에 나타난 분위기 급전 현상

1) 개인 애가에서의 분위기 급전 현상

시편 6편의 흐름에 있어서 김이곤은 "내 눈이 근심을 인하여 쇠하며 내 모든 대적을 인하여 어두웠나이다"(7절, 히 8절)라는 구절로부터 "행악하는 너희는 다 나를 떠나라 여호와께서 내 곡성을 들으셨도다"(8절, 히 9절)로 급전하는 것을 발견한다.[45] 그는 시편 13편에서도 "두렵건대 나의 원수가 이르기를 내가 저를 이기었다 할까 하오며 내가 요동될 때에 나의 대적들이 기뻐할까 하나이다"(4절, 히 5절)의 애통에서 "나는 오직 주의 인자하심을 의뢰하였사오니 내 마음은 주의 구원을 기뻐하리이다"(5절, 히 6절)의 확신으로 갑작스러운 전환이 동일하게 나타남을 관찰하고 있다.[46] 즉 시인은 "애통"에서 "확신"으로 급하게 넘어가고 있다. 그는 이 전환점에 "구원의 신탁"(Heilsorakel)은 나타나지 않으며,[47] 크라우스가 추측하는 바처럼 "두려워 말라"는 말씀도 받은 바

45) Kim, *The Rapid Change of Mood,* 3.
46) Kim, *The Rapid Change of Mood,* 3, 72.
47) Kim, *The Rapid Change of Mood,* 209.

가 없음을 잘 지적하고 있다. 현재의 본문에서 시인은 "참으로"(כִּי)로 시작하며, "(1) 여호와께서 내 곡성을 들으셨도다, (2) 여호와께서 내 간구를 들으셨음이여, (3) 여호와께서 내 기도를 받으시리로다"를 삼중적으로 반복하고 있으므로, "우리는 시인이 기도하는 가운데 그의 마음 속에 어떤 내적인 과정이 갑자기 일어났음을 상상하지 않을 수 없다."[48] 그는 원수의 "갑작스러운 수치"가 "신적 공포"(Gottesschrecken)로서, 거룩한 전쟁의 전통에서 원수들이 갑자기 두려움을 느끼고 도망치며 무너지는 모티프(motif)를 제시한다고 결론짓는다.

시편 6편의 플롯을 볼 때, 이 시는 네 장(章, strophe)으로 구성되며 전체적으로 다음과 같은 흐름을 갖는다.[49]

(1) 병상에서 주님의 견책 가운데 떨고 있는 시인(1-3절, 起)
(2) 스올에서 드리는 논증 기도(4-5절, 承)
(3) 침상에서 밤에 흘리는 눈물과 근심(6-7절, 轉)
(4) 원수들의 갑작스러운 패망(8-10절, 結)

제1장(1-3절, 起)은 일반적으로 애가의 분위기를 일으키는(起) 애통과 탄식으로 시작한다. 이 장은 주님의 이름을 부르는 것으로 수미일치를 이루며(1, 3절), 주님의 이름인 "야훼"가 호격으로 네 번이나 반복되고 있다. 시인은 줄기차게 주님을 부르고 있다. 그는 자신이 주님의 "견책"과 "징계"로 몸이 수척하였고, 심신이 모두 떨리고 있음을 하소연하며(2-3절상), "어느 때까지입니까?"라고 묻는 것으로 마친다(3절). 일반적으로 애가는 "어느 때까지입니까?"로 시작하는데, 여기에서는 이 질문이 첫 장의 마지막 구(句)에 나타나는 현상이 이례적이다. 이 장에서

48) Kim, *The Rapid Change of Mood,* 211.

49) 필자는 시 분석에 있어서 몇 개의 절이 모인 작은 단위를 장(章), 몇 개의 장이 모인 단위를 연(聯)으로 이름 붙였다. 김정우, 『시편주석』 1 (총신대학교 출판부, 2005), 94-97.

핵심 단어는 "나를 고쳐주십시오"에 있다. 시인은 죽을 병에 걸렸음이 분명하다.

둘째 장(4-5절)에서 시인은 첫째 장에서 제기한 "주님과의 거리감"을 이어 받으면서(承) "야훼여 돌아오소서"(שׁובה יהוה)로 시작한다(4절). 그는 주님과의 거리감을 극대화 시키면서, 자신이 이미 "사망의 자리"와 "음부"에 있는 것처럼 말하고 있다(5절). 우리는 제1장에서 시인이 병 가운데 고생한다고 생각하였는데(2절), 그의 병은 치명적이었으며 거의 죽은 자와 다름이 없음을 알고 충격을 받게 된다. 그럼에도 불구하고 시인은 자신의 구원을 위하여 "사망 중에서는 주를 기억함이 없사오니 음부에서 주께 감사할 자 누구리이까"(5절, 히 4절)라는 수사의문을 던지며 "살아서 주님을 계속 찬양할 수 있는 특권을 잃지 않도록" 논증하고 있다.

셋째 장(6-7절)에서 시인은 새로운 시간대와 공간대로 전환을 하고 있다(轉). 즉, 제 1장에서 우리는 시인이 병들었으며, 제2장에서 죽음에 가까운 위기 가운데 있는 것을 보았는데, "병"과 "죽음"을 통합하여, "밤의 시간"과 "병상의 공간"으로 전환하고 있다. 사람이 병들었을 때, 가장 고통스러운 시간은 밤의 시간이다. 그는 이 고독과 외로움이 몸서리치는 시간에 홀로 눈물을 펑펑 쏟으며, "눈물의 홍수"에 둥둥 떠다니는(שׂחה, "to swim") 노아의 방주 같은 "병상" 영상을 만들고 있다. 그 많은 눈물로 결국 "그의 눈은 먹구름에 가려워진 하늘처럼 어두워졌다"(7절).

마지막 장(8-10절, 結)에서 시인은 "악을 행하는 무리들"을 향해 돌발적으로 "나를 떠나라"(שׁורו)로 시작하여, 그의 원수들이 "갑자기"(רגע) "물러 갈 것"(שׁוב)으로 마친다.

이 시편을 전체적으로 본다면, 첫 장은 "어느 때까지 입니까?"로 마쳤는데(3절), 마지막 장은 "주께서 내 기도를 받으셨다"라는 선언으로 끝난다(9절). 또한 2절에서 "나를 긍휼히 여기소서"(חנני, from חנן)로 시작하였는데, 마지막 장에서 "내 간구를 들으셨다"(תחנתי, from חנן)로 마친다. 또한 첫 장에서 시인이 몹시 "떨린다"(נבהלה)고 말했는데(3절), 마지막 장에서는 그의 모든 원수가 "심히 떨 것이다"(יבהלו)로 마친다(10절). 첫 장의 "심신의 떨림"과 질병은, 제2장에서 "사망"과 "음부"의 공간으로 이동하였으며, 제3장에서는 "밤"과 "병상"과 "눈물의 홍수"와 "눈멈"으로 실존적인 전환으로 넘어가게 되며, 제4장에서는 "내 울음소리"와 "간구"와 "기도"로 마무리 된다. 마지막 장에서 시인은 "하나님의 응답에 대한 확신"을 통하여, 그 자신과 원수의 운명은 완전히 역전될 것을 바라보며, 그를 향한 주님의 "견책"과 "징계"와 "부재" 문제를 해결한다. 이 시편은 개인 애가이므로, 현실적으로 그의 문제가 해결되었는지는 분명치 않으나, 시인이 믿음으로 자신의 문제가 해결된 것으로 받아들이고 있다는 점은 분명해 보인다.

분위기 급전의 관점에서 볼 때, 제3장은 "애통을 극대화 하는 효과"를 만들고 있으며, 바로 이것 때문에, 마지막 4장의 이 시에서 가장 급격한 분위기 전환을 만들어 주고 있다. 시인은 3장에서 "장송곡"을 부르는 것 같았는데, 갑자기 선지자의 호령처럼 "행악하는 너희는 다 나를 떠나라"고 명령하며, 하나님께서 그의 기도를 "이미 응답하셨음"을 세 번에 걸쳐 반복적으로 선언하고 있다(8하-9절). 무엇보다도 이 시의 백미(白眉)는 마지막 단어인 "홀연히"(רגע)에 있다. 그는 "원수들이 홀연히 물러갈 것"을 바라보며, "홀연히" 시를 마치고 있다. 이런 관점에서 본다면, 시편 6편에서 제3장(6-7절)은 가장 깊은 밑바닥으로의 급전이며, 마지막 제4장(8-10절)은 "바닥을 치고 올라오는 승리의 확신"에로의 또 한 번의 급전이라고 말할 수 있다.

김이곤은 또 하나의 전형적인 애가인 시편 3편에서 "분위기 급전"과 "거룩한 전쟁" 사상이 함께 나타나고 있음을 관찰하고 있다. 그는 먼저 이 시편의 구조를 다음과 같이 분석한다.[50]

50) Kim, *The Rapid Change of Mood,* 187-8.

(1) 애통(1-2절, 히 2-3절)
(2) 신뢰(3-4, 5-6절, 히 4-7절): 분위기 급전
(3) 간청(7상, 히8상)
(4) 확신(7하-8상, 히 8하-9상): 전환
(5) 의식적인 결론(8하, 히 9하)

김이곤은 이 시편에서 급전이 두 번 일어난다고 보고 있다. 첫 번째 분위기 급전은 애통(1-2절)에서 신뢰(3-4절)로 넘어가는 가는 곳에서, "그러나 주 야훼여"(3절상, 히 4상)로 시작하며, "야훼여 일어나소서"(7절)라는 전쟁의 외침(war cry)과 확신에서 그 절정(climax)에 이른다고 본다. 달리 말하자면, "이 시편에서 갑작스러운 분위기 전환은 거룩한 전쟁에 대한 믿음으로 동기를 얻었다."[51] 거룩한 전쟁의 전통에서 이스라엘은 원수의 많고도 강한 군대와 하나님 야훼에 대한 견고한 "신뢰"를 강하게 대비시키며, 이 믿음이 이 시편에서 전환의 열쇠가 되고 있음을 그는 확인하고 있다.

이 시에서 "벌떼 같이 일어나는 원수들에 대한 탄식"(1-2절, 1章)에서 "방패이신 하나님에 대한 확신"(3-4절, 2章)으로 넘어가는 데 있어서는 분명히 급전이 일어나고 있는 것은 사실이다. 그렇지만, "많은"(3회) 대적들에게 공격을 받고 있는 시인에게 "그를 둘러싼 방패 되신 하나님"(3절)과 그의 기도에 대한 응답의 확신(4절)[52]은 애통과 좋은 조응(調應)을 이루어준다. 또한 김이곤은 이 시편에서 "신뢰"를 3-6절까

51) Kim, *The Rapid Change of Mood,* 191.

52) 4절(히 5절)의 "내가 부르다"(אקרא)와 "주께서 내게 응답하셨다"(ויענני)라는 히브리어 미완료형은 텔 엘 아마르나 편지에 나오는 미완료형 과거(yaqtul preterite)로서 "내가 부르짖었고, 주께서 내게 응답하셨다"로 보아야 한다. 이렇게 되면, "나는 누웠고, 잠들었고, 깨어났다"(5절, 히 6절)와 "주께서 내 원수의 빰을 치셨다"(7절 하, 히 8절 하)는 구절들과 시제에서 일치하게 되며, 이 구절들은 모두 주님의 응답에 대한 신뢰(확신)를 표현하게 된다. "부르짖다"와 "응답하다"는 히브리어 미완료형 동사는 감사시에서 과거의 정황으로 나타나고 있다(시 18:3, 6 [히 4, 7]; 30:8 [히 9]).

지로 길게 설정하고 있기 때문에, 두 번째 신뢰(5-6절, 3章)가 첫 번째 신뢰(3-4절)와 어떻게 다른지 놓치고 있는 것으로 여겨진다. 우리가 볼 때, 두 번째 신뢰는 전쟁의 소용돌이 속에서도 깊은 밤의 두려움을 물리치고 천만대군에게 둘러 싸여 있지만 단잠을 자는 시인의 모습을 통하여, 그의 신뢰감을 더욱 고조시키고 있다. 즉, 두 번째 신뢰는 첫 번째 신뢰에서 한 걸음 더 고조되어 올라가고 있다.

마지막 4장(7-8절)에서 시인은 다시 "오 야훼여 일어나십시오, 나의 하나님이여 나를 구원하소서"로 간청하며 시작한다. 김이곤은 여기에서 운율의 차이를 발견하며, 다른 곳에서는 운율이 3+3으로 나타나고 있는데 반하여 여기에서는 2:2로 나타나고 있기 때문에, "원수에 대한 '갑작스러운' 승리 선언 효과"를 만든다고 본다. 시인은 이미 승리를 한 것처럼, "주께서 나의 모든 원수의 빰을 치시며 악인의 이를 꺾으셨나이다"(완료형, 7절)라는 고백과 찬양의 서원(8절)으로 시를 마친다. 우리가 볼 때, "야훼여 일어나소서"라는 전쟁의 외침은 이 시편에서 세 번째 전환을 이루어주며, 시의 "절정"(絶頂)을 이루어 준다고 여겨진다. 왜냐하면, 드디어 거룩한 용사이신 하나님께서 일어나셔서, 모든 원수들을 이미 다 멸망시켰다는 확신으로 이 시가 매듭을 짓고 있기 때문이다. 마지막 장에서 "원수의 빰을 치시고, 악인들의 이를 부러뜨리시는" 주님의 모습이 통렬하다. 이런 관점에서 본다면, 시편의 첫 애가를 이루는 3편은 애통으로 시작하여, "나의 머리를 드시는 주님"에 대한 신뢰의 고백을 통한 첫 전환(3-4절)에서, "밤의 전쟁터에서도 단잠 자는" 두 번째 신뢰의 고백으로 더욱 고조되며(5-6절), "야훼께서 친히 일어나 이미 원수들을 무찌르신 것"에 대한 세 번째 신뢰의 고백으로 절정에 이르고, "구원은 야훼께 있다"는 찬양의 서원으로 숨을 완전히 고르면서 평화로운 세계로 돌아와, 더 큰 구원과 복을 바라보는 열린 세계로 마쳐진다고 볼 수 있다(8절).

2) 공동체 애가에서의 분위기 급전

김이곤은 공동체 애가에서도 분위기 급전이 일어나고 있음을 여러 시편들을 통하여 예증하고 있다. 예로서, 79편에서 "원수에 대한 애통"은 1-11절까지 발전되며, 12절에서 "주여 우리 이웃이 주를 훼방한 그 훼방을 저희 품에 칠배나 갚으소서"라며 전환을 하며, "그러하면 주의 백성 곧 주의 기르시는 양 된 우리는 영원히 주께 감사하며 주의 영예를 대대로 전하리이다"(13절)로 분위기 급전을 하는 것으로 본다.[53)]

우리는 79편을 다음과 같은 관점에서 새롭게 볼 수 있을 것이다.[54)]

(1) 폐허가 된 예루살렘과 성전에 대한 애통(1-4절, 起)
(2) 주님의 진노에 대한 애통(5-7절, 承)
(3) 죄 사함과 보존 요청(8-11절, 轉)
(4) 원수에게 보복해 주시길 구함(12-13절, 結)

제1장(1-4절)은 모든 동사들이 "접미어형"으로 나타나며, 과거에 일어난 일이 현재까지 진행되고 있음을 보여준다(1-4절). 여기에서 예루살렘은 "돌무덤"이 되었으며, 성도들의 시체가 거리에 널려 있고, 들짐승들이 시체를 먹고 있는 참혹한 장면이 그려지고 있다. 백성들의 피는 "강 같이" 흘렀지만, 묻어 줄 사람조차 없다. 이웃나라들의 조롱은 더욱 시인을 고통스럽게 만든다.

제2장(5-7절)은 "야훼여, 언제까지입니까?"로 시작하며, 주님의 분노가 "원수의 나라"를 향하여야 함을 진술한다. 제1장은 "돌무덤"으로 시작하였고, 2장은 "폐허"로 끝난다. 1장에서는 백성들이 "피를 쏟았지

---

53) Kim, *The Rapid Change of Mood,* 67. 그는 시편 59에서도 동일한 패턴을 발견하고 있다. (1) 원수로부터의 구원 간청(1-3절), (2) 원수에 대한 저주(11 이하, 전환), (3) 찬양의 서원(16-17, 분위기 급전), Kim, *The Rapid Change of Mood,* 68.

54) 김정우, 『시편주석』 2 (서울: 총신대학교 출판부: 2005), 588-89.

만," 2장에서는 하나님께서 자신의 진노를 "이방나라에 쏟으셔야 한다"고 말한다. 이리하여 1-2장은 시작(起)과 이음(承)으로 잘 연결되고 있다.

제3장(8-11절)은 주로 간청으로 구성되며, (1) "우리 조상의 죄"(8절)와 (2) "우리의 죄를 용서해 주시길" 구한다(9절). 1장에서 "이웃사람들의 조롱" 모티프(4절)는 여기에서 "이방인들의 조롱"(10절)으로 확대되며, 1장에서 "성도들의 피"(3절)는 여기에서 "주의 종들의 흘린 피"로 심화된다(10절). 나아가 시인은 주님께서 복수해주셔서(10절), 주의 백성들이 보전되기를 구하고 있다(11절). 이런 관점에서 본다면, 3장은 이 시편에서 하나의 중요한 전환점을 만들어 준다고 볼 수 있다. 왜냐하면, 시인은 공동체의 고난에 "조상의 죄"와 "우리의 죄"에 대한 고백을 하고 있기 때문이다.

마지막 장(12-13절)에서 시인은 갑자기 "주여 우리 이웃이 주를 훼방한 그 훼방을 저희 품에 칠 배나 갚으소서"(12절)라며, 하나님의 무한정의를 요청하면서(12절), 다시 한 번 더 분위기 급전을 하고 있다. 여기에서 "돌리다"(שׁוב, 히필형)는 동사는 애가에서 하나님이 이스라엘에게 돌아오거나, 이스라엘이 하나님께 돌아갈 때 주로 사용되는데 "원수의 모멸감을 그들에게 되갚다"는 뜻으로 사용되는 점이 특이하며, 더구나 "일곱 배"를 요청한다. 이것은 "라멕의 복수가"를 우리에게 상기시켜 주며, "철저하고 완전한 복수"를 요구하는 것이다(창 4:15, 24; 레 26:18, 21, 24; 시 119:14).

김이곤은 공동체 애가에서 분위기 급전이 오직 하나의 유형으로만 등장하지 않고, 다양하게 나타나고 있음을 여러 시편에서 폭넓게 분석하고 있다.[55] 특히 그는 시편 74편에서 긴 애통(1-11절) 다음에 갑자기 찬양으로 전환하면서(12-17절) 분위기 급전이 "그러나 당신은"(ואתה) 형식으로 이루어짐을 관찰한다.[56]

---

55) Kim, *The Rapid Change of Mood,* 77-80.

그러나 하나님은 나의 왕이시다.
주는(אתה) 바다를 나누셨다(13상).
주는(אתה) 리워야단의 머리를 깨뜨리셨다(14상).
주는(אתה) (바위를) 쪼개셨다.
주는(אתה) 강들을 말리우셨다.
주는(אתה) 빛과 해를 예비하셨다.
주는(אתה) 땅의 경계를 정하셨다.
주는(אתה) 여름과 겨울을 이루셨다.

여기에서 하나님의 이름(יהוה)을 언급함이 없이 "당신"(אתה)으로 일곱 번 부르며 창조에 나타난 하나님의 권세와 영광을 노래하는 것이 놀랍다. 즉 시인은 폐허가 된 시온 산에 대한 애통(1-3절상)에서 약탈을 당한 성전과 불탄 성소에 대한 애통(3절하-11절)으로 시상을 연결시키며 발전시키다가 갑자기 창조주 하나님을 찬양하는 것으로 분위기 급전을 하며(12-17절), 거룩한 용사이신 하나님의 개입을 간청하며 시를 매듭짓고 있다(18-23절).

시편 74편과 대조적으로 또 다른 대표적인 공동체 애가인 80편은 "포도원"인 이스라엘의 운명이 뒤집어진 것에 대한 애통으로 분위기 급전을 만들고 있다. 우리는 다음과 같은 흐름을 만들어 보았다.[57]

(1) 거룩한 용사의 강림을 구함(1-3절, 起)	후렴(3절)
(2) 하나님의 분노에 대한 애통(4-7절, 承)	후렴(7절)
(3) 포도원 운명의 역전에 대한 애가(8-14절, 轉)	후렴(14절)
(4) 포도원의 회복에 대한 기원(15-19절, 結)	후렴(19절)

위의 구조에서 전환을 이루는 포도원 운명의 역전에 대한 애가 연(聯, 8-14절)은 "포도원 찬가"(8-11절)와 "포도원 애가"(12-14절)의

56) Kim, *The Rapid Change of Mood,* 89.
57) 김정우, 『시편주석』 2, 601-2를 보라.

두 장(章)으로 다시 나누어진다. 시인이 "포도원 찬가"를 "포도원 애가" 바로 앞에 둔 것은 포도원의 파멸에 대한 아픔을 극대화 하여, 본 시편의 전환점을 크게 만들기 위함이다. 본 연을 구속사적 관점에서 보면, 출애굽(8절상), 가나안 정복(8하-9절), 통일왕조의 황금시대(10-11절)를 읊조리다가, 갑자기 왕국의 멸망(12-13절)으로 역사가 곤두박질하고 있으며, 문학적으로 심한 돈좌(頓挫)를 만들고 있다. 시인은 이스라엘의 역사를 포도나무 한 그루가 약속의 땅에 심기는 것으로부터 시작하여, 온 땅에 번성해 가다가, 갑자기 들짐승들에게 짓밟히는 것으로 전환함으로써 애통을 극대화 한다고 볼 수 있을 것이다.

2. 찬양시에 나타난 분위기 급전

김이곤의 연구는 기본적으로 애가에 국한하고 있지만, 우리는 다른 양식의 시에도 적용할 수 있다고 생각하며, 몇 개의 대표적인 시에서 이 현상이 어떻게 나타나고 있는지 살피고자 한다.

시편 8편은 가장 전형적인 찬양시로서 아래와 같은 흐름을 만든다.[58]

(1) 하늘 위에 높은 주님의 위엄(1-2절, 起)
(2) 우주적 전망에서 본 하나님의 사람 사랑(3-4절, 承)
(3) 인간의 존엄성과 우주적 통치권(5-8절, 轉)
(4) 온 누리에 가득한 주님의 영광(9절, 結)

제1장(1-2절)은 이 시편의 주제(key-note)가 되는 "온 땅에 영광스러운 주님의 이름"을 찬양하면서 시작한다(1절). 여기에서 "여호와 우리 주여 주의 이름이 온 땅에 어찌 그리 아름다운지요"라는 수사의문은 시작 자체가 너무나 갑작스럽다.[59] 이것은 시인이 하나님의 영광

---

58) 김정우, 『시편주석』 1, 278-80.

59) 한시(漢詩)에서는 이런 필법을 돌올지필(突兀之筆)이라고 한다. 이와 같은 돌올지필

에 대하여 이미 많이 생각하였으며, 1절 이전에 수많은 이야기가 있었음을 말해준다. 제1장(1-2절)에서 온 우주에 자신의 왕권을 세우신 주님은 제2장(3-4절)에서 연약한 "인간"을 기억하시는 분으로 전환한다. 이 전환의 편폭(篇幅)도 적지 않다. 시인은 원경(遠境)을 이루는 "달과 별"과 밤 하늘의 은하수의 원대한 배경 속에서 "사람의 아들과 딸"을 생각해 주시는 하나님을 바라보며, "사람이 무엇인가요!"라며 탄성을 지른다. 그렇지만, 제3장(5-8절)에서 우리는 "하나님보다 조금 못하게 세움 받은 인간의 존엄성"이라는 전혀 새로운 시상의 전개를 보게 된다. 여기에서는 근경(近景)을 이루는 "양떼와 소떼, 들짐승, 공중 나는 새, 바다의 물고기들"을 자비로운 왕으로 다스리는 인간의 위엄과 특권을 노래함으로써, 급한 분위기 전환을 하고 있다. 이 시편은 "야훼 우리 주여 주의 이름이 온 땅에 어찌 그리 아름다운지요"라는 후렴으로(9절), 주님의 영광스러운 이름이 온 땅에 메아리쳐 나아감을 노래하며, 그의 시를 열어주면서 닫고 있다(open-ending).

3. 감사시에 나타난 분위기 급전

전형적인 개인 감사시로 여겨지는 시편 30편은 다음과 같은 흐름을 갖고 있다.

(1) 수렁에서 벗어남을 감사 드림(1-3절, 起)
(2) 공동체를 향한 감사의 권면(4-5절, 承)
(3) 시인의 자만과 침몰(6-7절, 轉1)
(4) 죽음의 위기에서 펼치는 논증(8-10절, 轉2)
(5) 하나님의 응답에 대한 감사(11-12절, 結)

(突兀之筆)은 시편 115:1, "여호와여 영광을 우리에게 돌리지 마옵소서 우리에게 돌리지 마옵소서 오직 주의 인자하심과 진실하심을 인하여 주의 이름에 돌리소서"와 131:1, "여호와여 내 마음이 교만치 아니하고 내 눈이 높지 아니하오며 내가 큰 일과 미치지 못할 기이한 일을 힘쓰지 아니하나이다"에도 나타나고 있다.

첫 장(1-3절)은 "나를 수렁에서 끌어올리다"로 시작하여(1절), "내 영혼을 음부에서 끌어 올리다"로 마치고 있으며(3절), 시인은 깊은 수렁과 음부에서 건짐을 받고 무덤에 내려가지 않게 된 것을 주님께 감사한다. 이 장은 이 시편 전체의 요약으로서, 이 후에 나오는 다양한 시적 영상을 담고 있다. (1) "높이다"(רום, 1절)는 "찬양하다"(זמר, 12절)와 이어지며 수미일치를 이룬다. (2) "부르짖음"(2절)은 8절에서 다시 나타난다. (3) "스올"(3절)과 "무덤"은 8절에서 "구덩이"로 나타나고 있다. 특히 "올라가다"(עלה, 3절)는 9절의 "내려가다"(ירד)와 완벽한 짝을 이룸으로써, 시인이 "내려가고, 올라가는" 공간 이동을 통하여 감사함을 보여주고 있다.

제 2장(4-5절)에서 시인은 "성도들"을 부르며 "주님을 찬송하라"고 권한다(4절). 이어 모든 믿음의 공동체가 주님을 찬양해야 할 이유를 격언 형식으로 말하고 있다(5절). 시인은 주님의 "거룩한 이름"과(4절), 그 이름이 의미하는 바를(5절), 시내산 언약에 나타난 하나님의 이름 계시와 연결시킨다(출 34:6-7). 1장의 "수렁"(1절), "스올"(3절상), "무덤"(3절하)은 2장에서 "밤"의 시간으로 이어지며, "고쳐주셨다"(רפא, 2절하)는 "새벽"의 시간으로 연결된다.

제3장(6-7절)에서 시인은 갑작스러운 분위기 전환을 하면서, 그가 침몰하였던 이유를 제시한다. 그는 과거 형통하던 시절에 자만하였음을 회고하며 반성하고 있다. 그는 한 때 "태산"을 이루었는 데, 그것이 하나님의 은혜인줄 몰랐고, 주님께서 그를 외면하자 말자 심각한 위기에 던져지게 되었음을 서술하고 있다.

제4장(8-10절)은 3장의 전환을 더욱 크게 만들며, 그가 위기 상황에서 주님께 논증한 내용을 담고 있다. 그는 여기에서 하나님의 이름을 세 번 부르며(8, 10절[2회]), 자신의 죽음이 주님께 아무런 유익이 없을 것을 논증하면서, 불쌍히 여기시길 구한다. 마지막 장(11-12절)에서 시인은 주님께서 자신을 어떻게 도왔는지, 장례식과 결혼식(혹은 축제)으로 대조하며 설명하고, 주님께 감사 드리기로 서원한다(12절하).

III. 결론

우리는 지금으로부터 20년 전에 씌어진 김이곤의 논문 "애가시에 나타난 분위기 급전"을 통하여, 시편의 애가에서 분위기 급전 모티프가 시편을 얼마나 새롭게 볼 수 있는지 충분히 확인하게 되었으며, 이 현상은 애가 뿐 아니라, 찬양시, 감사시에서도 찾아볼 수 있음을 알게 되었다. 따라서 우리는 김이곤의 기본적인 안목을 시편에 나오고 있는 다른 유형의 시(제왕시, 야훼 등극시, 시온의 노래, 순례시, 신뢰시 등)와 다른 장르들에도 적용해 보며, 우리의 성경에 대한 이해를 더욱 다듬고 높일 수 있을 것으로 기대하게 된다. 나아가 우리는 우리 문화의 전통 속에 녹아 있는 시에 대한 감각들을 이론화하고 체계화하여, 세계 성서학계에 새로운 안목을 제시할 수 있을 것을 기대하게 된다.

참고 문헌

김정우. 『시편주석』 1, 2. 서울: 총신대학교출판부, 2005.

아리스토텔레스. 『시학』, 천병희. 서울: 문예출판사, 2002.

이병한, 이영주 역해. 『당시선』. 서울: 서울대학교출판부, 1998.

Begrich, J. *Introduction to Psalm. The Genres of the Religious Lyric of Israel,* trans. by J. D. Nogalski. Mercer Uni. Press, 1998.

Briggs, C. A. *The Book of Psalm,* ICC. Edinburgh: T.&T.Clark, 1906, 1976.

Cross, F. M. *Canaanite Myth and Hebrew Epic: Essays in the History of the Religion of Israel.* Massachusetts: Harvard Univ. Press, 1973.

Kim, Ee Kon. *The Rapid Change of Mood in the Lament Pslams. A Matrix for the Establishment of a Psalm Theology.* Seoul: Korea Theological Study Instistue, 1985.

Gunkel, H. *Einleitung in die Psalmen.* Göttingen: Vandenheock & Ruprecht, 1933; J. Begrich, *Introduction to Psalm. The Genres of the Religious Lyric of Israel,* trans. J. D. Nogalski. Mercer Uni. Press, 1900.

Heiler, F. Prayer: A Study in the History and Psychology of Religion. New York: Oxford Univ. Press, 1958.

Kuechler, F. "Das Priesterliche Orakel in Israel und Juda. Abhandlungen zur semitische Religionskunde und Sprachwissenschaft, W. W. Grafen von Baudissin uebersicht," BZAW 33 (1918), 285-301.

Muilenburg, J. The Way of Israel : Biblical Faith and Ethics. New York: Harper & Row, 1961.

Mowinckel, S. *The Psalms in Israel's Worship,* 2 vols. trans. D. R. Ap-Thomas. Nashville: Abingdon Press, 1962.

Noth, M. *The representation of the Old Testament in Proclamation Essays on O.T. Hermeneutics,* ed. by C. Westermann. Altanta: John Knox Press, 1970.

Oesterly, W. O. E. *The Pslam.* London: S.P.C.K., 1953.

Von Rad, G. *Old Testament Theology,* 2 vols. New York: Harper & Row,

1962–65.

Weiser, A. *The Psalms,* trans. H. Hartwell. Philadelphia: Westminster Press, 1962.

Westermann, C. *Praise and Lament in the Psalms,* trans. K. R. Crim & R. N. Soulen. Edinburgh: T.&T. Clark, 1981.

시편에서 듣는 아리랑

조태영

I. 시편과 아리랑의 상호 해석적 읽기의 가능성

아리랑은 우리 겨레의 민요를 대표하는 가장 보편적인 노래이다. 남과 북에서 민족 정서의 동질성을 자연스럽게 공감할 수 있는 대표적인 것이 바로 아리랑임이 근래 민족 교류의 현장에서 인상적으로 확인되었다. 그럴 만큼 아리랑은 민족의 원형적 정서를 담은 노래라고 할 수 있다.

아리랑의 기원에 대하여서는 의견이 분분하나[1] 필자는 이 노래의 기원을 상고시대 우리 겨레의 난생 신앙에서 발생한 알맞이 노래로 보고, 그 시원에서 우리 겨레의 얼과 신앙을 가장 함축적으로 담은 신가(神歌)였다고 생각한다.[2] 아리랑의 후렴은 단순한 여음에 그치지 않고, 우리 민족 신앙의 원형을 응축한 하나의 신조적 의미를 지닌 구절이라고 볼 수 있을 만하다. 그렇게 본다면 우리는 이것을 우리 민족의 원형적 신앙고백이라는 시각에서 살펴 볼 수도 있을 것이라는 생각이 든다.

---

1) 김연갑, 『아리랑, 그 맛, 멋 그리고…』(집문당, 1998), 00-120 참조.
2) 조태영, "한국 난생신화와 한국문학의 원형," 『한신인문학연구』 제2집 (2001), 26-31.

아리랑 고개를 기독교의 용어로 번역하면 골고다라고 할 수 있다. 그곳은 우리 민족의 고대 사회에서는 백성이 하나님(천제)께 제사를 드리는 곳이고, 하늘에서 하나님의 아들이 강림하는 곳이었다.[3] 골고다에서는 십자가를 제단으로 하여 하나님의 아들이 제물로 바쳐졌고, 거기에서 죽었던 하나님의 아들이 부활하여 돌아왔다. 처음에 죽을 몸을 입고 왔던 하나님이 거기서 영원히 죽지 않을 몸으로 다시 왔고, 처음에 사람의 몸을 입고 태어났던 하나님이 거기에서 신령한 몸으로 다시 살아났다. 골고다는 새 생명이 나타나는 곳, 바로 기독교의 아리랑고개라고 할 수 있다.

우리 민족이 넘어온 역사의 모든 고개에서 겨레가 경험한 새 생명 탄생의 환희와 그것의 맞이를 위한 고난을 표현하고, 고난으로 인해 가슴에 맺힌 한을 풀어낸 노래가 아리랑이다.[4] 아리랑은 새 생명의 탄생을 위하여 겪는 모든 것을 노래한다. 새 생명의 탄생이 이루어지기까지 사랑이 겪는 고난과 투쟁을 노래한다. 이별, 버림받음, 억눌림 등 고난받는 현실을 호소하고 탄원한다. 분리와 억압을 극복하고자 분투하면서 도움과 구원을 호소하고 탄원한다. 버림받음을 극복하고 사랑과 정의, 자유, 평화를 회복하고자 하는 의지와 희망을 노래한다. 분리를 극복하고 재결합을 성취하고자 하는 갈망과 비원을 노래한다. 억압으로부터 해방되고자 하는 갈망과 비원을 노래한다. 궁극적으로는 새 생명의 탄생을 경축한다.[5]

우리 민족이 경험한 숱한 고난의 고비들은 '울고 넘는 아리랑고개'라는 말로 집약된다. 우리 겨레가 새 생명의 탄생을 기다리며, 하늘 임금의 탄강을 기다리며, 새 나라, 새 역사의 도래를 기다리며, 이를 맞이

---

3) 이에 대하여서는 뒤에서 자세히 고찰할 것이다.

4) 아리랑을 발생론적, 존재론적 관점에서 규정한 이같은 견해는 아리랑에 담긴 정조의 원형적 특질을 '고개 넘음'과 '풀이'로 보는 해석학적 견해와 일치한다(김열규, 『아리랑…역사여, 겨레여 소리여』 [조선일보사, 1987], 29-44).

5) 아리랑에 담긴 이러한 모티프들에 대한 구체적인 고찰은 뒤에서 이루어질 것이다.

하기 위하여 고난을 견디며 아리랑을 불렀다. 우리 민족의 아리랑 고개는 기독교의 언어로 번역하면 골고다이고, 골고다는 우리 민족의 언어로 표현하면 피 흘리는 아리랑고개이다.

시편에는 골고다와 아리랑고개의 모티프가 가득하다. 시편과 아리랑은 근원적으로 임맞이 노래이다. 하나님(천제)으로부터 임금, 구원자, 남녀 연인에 이르기까지 임을 그리고 기다리고 맞이하면서 부르는 노래다. 맞이하기까지 겪는 갈망과 기다림의 고통으로부터 나오는 탄식과 탄원, 기도와 간구, 그리고 마침내 임을 맞이한 환희의 찬송과 찬양, 이런 것들이 시편과 아리랑이 공유하는 모티프들이다. 이런 모티프들이 아리랑에서는 후대에 민간의 일상생활 속에서 다양하게 변주되어 노래 불려졌다. 임의 층위가 하나님, 하나님의 아들, 임금, 구원자에서 민간의 남녀 연인으로 내려오고, 정서의 표현 방식과 격조가 달라졌으나 아리랑의 근원에서부터 내려오는 기본 정조는 유지되었다. 아리랑이 신요(神謠)로 발생하였다가 민요로 변한 것은 민족 기층신앙의 퇴화와 흐름을 같이 한 결과이다.

종교, 문화들 간의 상호 해석은 해석 쌍방에 자기를 이해하는 새로운 시각을 가져다준다. 상호 조명하고, 공명을 일으켜 보는 것은 서로에게 자타의 이해를 더욱 풍부하게 해 줄 수 있다. 필자는 국문학이 전공이지만, 잠시 신학을 할 수 있는 기회를 가진 적이 있었다. 그때 성리학에서의 이기론의 구조와 기독교 삼위일체론의 구조가 상동적임을 발견하고 양자의 상호 해석을 시론 한 적이 있었다.[6] 성리학에서의 太極, 理, 氣의 관계와 기독교 삼위일체론에서의 성부, 성자, 성령의 관계를 상호 조명하고 해석함으로써 상호간의 구조적 상응을 발견할 수 있었고, 존재론, 우주론(생성론), 신론, 인간론, 수양론 등 많은 부분에서 깊은 공명이 울려옴을 감지할 수 있었다. 조선 후기 남인계 유학자들은 서교(천

6) 조태영, "이기론과 삼위일체론의 상호해석 시론," 장로회신학대학원 석사학위논문, 1995.

주교)를 매우 급진적으로 받아들였는데, 그들이 그럴 수 있었던 것은 그들이 서교에 접했을 때, 곧 양자에게서 궁극적 실재의 존재 구조를 인식하는 사유 패러다임이 매우 유사하다는 것을 알아차릴 수 있었다는 것이 중요한 한 가지 요인이었다고 할 수 있다. 상호 해석이 가능했던 것이다. 필자는 시편과 우리 민요 아리랑에서 근원적 정조가 서로 공명하는 것을 발견하고, 양자의 심층적인 상호 해석을 모색해 볼 필요가 있다고 생각하였다. 본고는 기독교와 우리 문화가, 신학과 문학이 상호 해석을 심화시켜 나가기 위한 하나의 작은 시론이다.

II. 우리 민족의 건국신화와 알맞이 노래 아리랑

우리 겨레는 상고로부터 하늘 생명(하나님의 아들)이 세상에 태어나 하나님의 나라를 세우는 내용을 담은 건국신화들을 가지고 있다. 여기에는 이 세상이 하나님의 아들과 그 후손들의 세상으로 바뀌기를 꿈꾼 우리 겨레의 염원이 담겨 있고, 우리 겨레는 아리랑으로 그것을 노래 불러 왔다고 생각된다. 보다 근원적으로는 아리랑은 새 생명을 맞이하는 의례인 원시 출산굿에서부터 불려졌을 것이다. 이때의 아리랑은 새 생명의 잉태와 출산을 기원하고 경축하는 원시적 무요(巫謠)였을 것이다.[7] 그것이 건국신화에 수용되어 하늘에서 내려오는 신성한 임금(천제자 혹은 천제손)을 맞이하는 제의의 맞이노래로 불려지게 되면서 노래의 사설이 서정과 서사 양면에서 내용을 풍부하게 갖추게 되고, 아울러 전승 폭도 범민족적으로 확대된 것으로 보인다.[8] 아리랑은 근원적으로 우리 겨레가 새 생명을 탄생시키고 맞이하면서 겪은 인생의 원초적 경험을 노래하는 데서 성립되었고, 나중에 점차 그것을 둘러싼 다양한 삶

7) 김선풍 · 김금자, 『한국민간문학개설』(국학자료원, 1992), 260-273 참조.

8) 조태영, "한국 건국신화의 난생과 알노래 '아리랑'," 『연구』 16집 (한중인문학회, 2005), 137-139.

의 경험과 정황들을 노래함으로써 그 폭이 확충되어 온 노래라고 할 수 있다.

우리 민족의 원시 신앙과 함께 발생했을 것으로 여겨지는 아리랑은 우리 민족의 구원에 대한 신앙을 절묘하게 표현하고 있다. 아리랑의 근원적인 뜻을 분석하면 한 가지 의미는 출산의 진통인 '알앓이'가 났고, 그래서 '알앓이(앓이랑) 고개'를 넘어간다는 것이다. 또는 '알앓이가 났으니 나로 하여금 '알앓이(앓이랑) 고개'를 넘게 해달라는 것이다. 이것은 출산의 고통을 넘기고 새 생명을 낳으리라는 염원이요, 새 생명을 낳게 해 달라는 탄원이다. 아리랑의 또 하나의 의미는 '알이 났다'는 것이다. '알이알이랑 알알이(가) 났네'라고 알의 출산을 환호하고 경축하는 것이다. 아리랑은 근원적으로 그것의 발생 상황을 반영하는 이 두 가지 의미를 중의적으로 포괄하면서 불려왔다.[9]

알(<알)은 생명체의 원형이다. 식물의 씨알에서부터 동물의 크고 작은 알, 그리고 달, 지구, 해 등의 별들과 우주 전체가 제각기 하나의 알이다. 우주를 형용하는 말인 하늘이라는 말 자체가 본래 '한올'이라는 말이다.[10] 결국 '한올'은 궁극적 생명, 생명의 궁극적 근원을 가리키는 말이라고 할 수 있다. 우리 겨레에게 한올님은, 생명의 궁극적 주체, 궁극적 생명의 실재가 되는 신을 가리키는 말이다.

우리 건국신화들에서 건국의 시조들이 알에서 나왔다고 하는 것은 새 세상(나라)을 열 주체인 신성한 '새 생명'이 알에서 나왔다는 것을 표현한 것이다. 알에서 나온다고 하는 것은 작고 어두운 세계를 트고 크고 밝은 세계로 나오는 것을 뜻한다. 크고 밝은 세상(나라)의 임금[11]

9) 조태영, "한국 건국신화," 131-137.

10) 고어에서 '한'은 '큰, 높은'의 뜻을 지녔다. '한강(漢江)'은 큰 강이고, '한길'은 큰 길이다. "할아버지"는 "한아버지"로 높은 아버지라는 뜻이다. 고대에는 임금의 칭호나 높은 벼슬 이름에 "한"을 붙였다. '거슬한(居瑟邯)=거서간(居西干)'은 왕의 칭호이고, '서불한(舒弗翰)=각간(角干)'은 최고 관직의 칭호이다.

11) 우리 민족에게 있어서 존경과 숭앙의 대상이 '님'이다. '님'은 태양(불, 하늘)을 뜻하는 <니>에 존칭접미사 <-마>가 결합하여 된 말이라는 견해에 의하면, 곧 광명신이

이 작은 알을 깨고 그 속에서 나왔다는 것이다. 궁극의 'ᄋᆞᆯ'은 하늘(天)이고 그 주체는 '한ᄋᆞᆯ님(天帝)'이다. 한ᄋᆞᆯ님(>하날님>하나님/하느님)의 아들이 작은 알 속에서 태어나 이 땅 위에 한ᄋᆞᆯ님의 나라를 세웠다는 것이 우리 건국신화의 속뜻이다.

한ᄋᆞᆯ님의 아들이 세상에 내려오고 그의 나라가 세워진다는 것은 겨레에게 새 생명이 주어진다는 것을 의미한다. 한ᄋᆞᆯ님의 나라란 한ᄋᆞᆯ님의 생명이 누리에 충만하게 펼쳐지고 거기 사는 사람들의 삶 속에 약동하는 곳일 것이기 때문이다. 세상에 한ᄋᆞᆯ님의 생명이 잉태되어 탄생하면 거기에 한ᄋᆞᆯ님의 나라가 열린다. 인류는 어느 민족 어느 종족이나 한ᄋᆞᆯ님의 씨ᄋᆞᆯ, 즉 한ᄋᆞᆯ님의 아들이 자기들의 세상에 내려오기를 염원해 왔다. 고대 신화 속에서 위대한 통치자, 즉 세상을 구원할 인물들은 한ᄋᆞᆯ님의 씨알들, 즉 그 아들과 자손들이다. 그래서 그들이 알로 태어나는 신화가 많다.

고구려의 시조 주몽은 천제의 아들 해모수가 수신 하백의 딸과 결합해서 낳은 알에서 태어났다. 신라의 시조 박혁거세는 천상에서 내려온 자줏빛 알에서 태어났다. 경주의 양산 아래 나정이라는 우물가에 내려왔는데, 알 곁에 백마가 무릎 꿇어 절을 하는 모양을 하고 있었다.[12] 가야의 시조 수로는 김해의 구지봉이라는 산봉우리에 알로 탄강하였다. 하늘로부터 붉은 끈에 매달린 상자가 내려 왔는데 그 상자 속에 알이 여섯 개 있었다. 그 알에서 나온 여섯 신인이 나와 각각 여섯 가야의 임금이 되었는데, 수로는 그 중 가장 뛰어나 여섯 가야의 맹주가 되었다.[13] 우리 민족 신화들은 이렇게 한ᄋᆞᆯ님의 아들이 내려와 알을 낳거나

요 천신이다(정호완, 『우리말로 본 단군신화』[명문당, 1994], 107-108). 그는 우주의 질서를 형성하는 신이요 창조의 신이며 부신(父神)이다. 신을 뜻하는 말 가운데 'ᄀᆞᆷ'(검, 금)이 있이다. ᄀᆞᆷ은 '깊은 어둠(검음) 속에 계시는 신'을 말한다. 그는 흑암의 신이요 땅의 신이다. 그는 혼돈의 신, 곧 질서를 해체하여 수용하는 신이요 잉태와 생산의 신이며 모신(母神)이다. 그래서 임금이라는 말은 본래 천신과 지신의 덕을 합한 신성한 통치를 관장하는 통치자를 나타내는 말이다.

알이 하늘에서 내려와 그 알에서 태어난 신인이 새 세상, 새 나라를 세우는 것에 대한 염원을 표현하였다.

알이 나기를 염원한 것은 그 안에 생명이 있고, 그 알에서 나오는 한님의 자손이 영원한 생명의 나라, 한올님의 나라를 세울 것이기 때문이었다. 우리 민족의 조상들은 이 '한올님 나라가 열림(開天)'을 꿈꾸며 아리랑(아라리)을 불렀다. 한올님 나라가 열리는 것은 인간에게 바로 구원이다. 아리랑은 인간세상의 구원을 염원하며 한올님의 아들(하늘생명)이 땅에 강림하기를 청원하는 노래였다. 건국신화들이 전하는 임금맞이굿에서 불려졌을 아리랑(아라리)의 "아리랑 아라리가 났네"는 새 세상, 새 생명을 탄생시킬 알앓이가 났다는 환호의 탄성이고, 신성한 임금이 날 알이 났다는 환호성이다. "알앓이가 났네", "알알이(가) 났네"를 외치는 아리랑 고개 너머에 한올님 나라가 선다. 아리랑이란 본래 이렇게 한올님을 맞으러 산마루를 오르며 불렀고, 고개에서 한올님의 강림을 경축하며 불렀던 노래이다.

알을 맞으러 올라가는 아리랑 고갯길은 힘든 고통의 길이다. 그 길은 앓으며 올라가는 앓이 고개이기도 하다. 배앓이, 몸앓이 하며 올라가 하늘 생명의 탄생을 맞는 것이다. 알이 나기 위해서 앓이/아리가 난다. 다.[14] 앓이가 난 후에 마침내 알이 나고, 그래서 아리랑 고개에서 알앓

12) 楊山下蘿井傍 異氣如電光垂地 有一白馬蛫拜之狀 尋撿之 有一紫卵(『三國遺事』 卷第一, 「紀異」 第二 "新羅始祖 赫居世王").

13) 皇天所以命我者 御是處忻維新家邦 爲君后 爲玆故降矣 <中略> 以之蹈舞 則是迎大王 歡喜踊躍之也 九干等如其言咸 而歌舞 未幾仰而觀之 唯紫繩自天垂而着地 尋繩之下 乃見紅幅裏金合子 衆人悉皆驚喜 俱伸百拜(『三國遺事』 卷第一, 「紀異」 第二 "駕洛國記").

14) 알이 나는 것은 앓이 소리, 곧 앓는 소리가 나는 것이기도 하다. 산울림을 메아리라고 한다. 메아리는 산소리이다. 산(뫼>메)이 울어 나는 산울림 소리이고, 산이 앓아서 나는 산앓이 소리이다. 메아리는 메앓이(산아리)인 것이다. 이렇게 '아리'는 의미의 전이를 거쳐 소리를 뜻하게 되었다. 서도소리에서 느리게 부르는 소리를 긴아리, 빠르게 부르는 소리를 잦은아리라고 하는데, 이것은 '아리'가 소리를 의미하는데서 나아가 노래를 의미하는 데까지 의미의 전이가 일어났음을 보여준다.

이가 났다고 외치고, 또한 알이 났다고 외치는 것이다. 아리랑에는 이렇게 알의 탄생을 위한 고난과 생명 탄생의 환희라는 이중의 의미가 담겨져 있다.

우리 겨레는 장구한 역사를 한울님을 찾아서 아리랑 노래를 부르면서 아리랑 고개를 넘었다. 우리 겨레가 사는 곳은 어느 곳에서나 아리랑 노래가 불려졌다. 아리랑은 우리 겨레의 삶의 소망이요 역사의 비원이었다. 그래서 우리 겨레를 아리랑 겨레라고 부르는 것이 마땅하다.

III. 하늘 임금 맞이의 환희와 아리랑

우리 민족의 건국신화들에 의하면 나라마다 겨레의 신산이 있어 거기에서 한울님께 제사를 드렸다. 나라의 임금이 될 천제의 자손들은 이 산들에 내려왔다. 고조선에서는 천제자 환웅이 백두산에 내려왔고, 북부여에서는 천제자 해모수가 웅심산에 내려왔으며, 가야에서는 천제의 아들들이 구지봉에 내려왔다.[15] 이들은 나라를 세우고 임금이 되어 천제의 다스림을 세상에 펼쳤다. 이들은 모두 인간 세상에 내려온 한울님의 아들들이라고 할 수 있다.

건국 영웅들은 자신을 천제자나 천제손이라 자처하였고, 나라의 백성들은 자신들의 나라와 임금에게 그러한 권위를 부여하였다. 이것은 한 님의 아들이 세상에 내려와 다스려 주기를 바랐던 고대인들의 염원의 투영일 것이다. 또한 강력한 권력을 행사하는 고대국가의 건국과 통치의 수립을 위해서 한울님의 인간화는 필연적으로 요청되는 역사적

15) 雄率徒三千 降於太白山頂 神壇樹下(『三國遺事』 卷第一 「紀異」 第二 "古朝鮮").
號解慕漱 從天而下 乘五龍車 從者白餘人皆騎白鵠 彩雲浮於上 音樂動雲中 止熊心山經十餘始而下(李奎報, 『東國李相國集』 卷第三, 「古律詩」 "東明王篇" 夾註; 『舊三國史』 「本紀」).
吾所在爲何 對云龜旨也 <中略> 未幾仰而觀之 唯紫繩自天垂而着地("駕洛國記").

동기였다. 한울님(천제) 자신은 언제나 하늘에 있고, 백성들은 신산(神山)에서 제사를 통하여 그와 교제할 따름이었기 때문이다. 한울님의 인간화라는 초자연적 신이가 최대한 자연적 합리와 만나는 길은 한울님의 씨가 여자의 몸에 잉태되어 사람이 되는 것이었다. 단국신화는 이 과정을 정치하게 합리화하였다.

1. 천제자의 하강(환웅이 백두산에 내려왔다.)
2. 지모신의 인간화(곰이 하나님께 빌어 여자가 되었다.)
3. 천제자의 인간화(환웅이 사람으로 화신하였다.)
4. 인간화 된 신들의 결합(사람이 된 환웅과 웅녀가 결합하였다.)
5. 사람의 아들이 된 천제손의 탄생(단군이 탄생하였다.)

단군신화에서는 이와 같이 한울님의 인간화 과정이 다섯 단계로 합리화 되었다. 주몽신화에서는 신들의 인간화 단계인 1, 2의 과정이 분명치 않다. 천제자 해모수와 수신녀 유화는 인간화 과정을 거치지 않고 결합하여 사람의 아들 주몽을 낳는다. 그런데 주몽의 어머니로서의 유화는 한 사람의 순전한 여자로 묘사되어 있다. 해모수와 유화는 한편으로 전적으로 신이기도 하고, 인간화된 신이기도 하며, 전적인 인간이기도 하다. 주몽신화에서 신과 인간의 경계는 이렇게 모호해져 있다.

가야의 수로신화에서는 신들의 인간화 과정이나 결합의 과정이 모두 결락되고, 다만 천제의 아들이 천상에서 바로 하강하여 사람으로 태어나는데, 그가 한울님의 아들이라는 것을 입증하는 표지로 알의 하강이라는 신이한 중간 단계를 거친다. 신이 인간으로 탄생하기 위한 합리적 과정의 두 단계가 단축된 것이다. 탄생하는 방식이 다르지만, 세 건국시조는 모두 천제의 손자들이라고 할 수 있다.[16)]

16) 단군신화에서 환웅과 웅녀는 인간으로 가현한 천제와 인간이 된 지모신이므로, 이들의 결합은 현상적으로 인간과 인간의 결합이라고 할 수 있다. 단군은 웅녀에게 잉태되어 바로 사람으로 태어났다. 이에 비하여 주몽신화에서 해모수와 유화는 신이고,

이스라엘 민족에게서는 강력한 국가 권력의 신으로서의 하나님은 오랫동안 나타나지 않았다. 이스라엘 건국신화에서는 모세가 시내산에서 받은 율법에 의해 하나님의 통치가 이루어졌다. 이 율법은 매우 치밀한 조문으로 이루어져 있어서 인간화된 신이 스스로 법 자체가 되어 이스라엘 위에 군림하고 통치할 필요가 없게 되어 있었다. 그러므로 건국 초기에 이스라엘에게는 임금이 필요 없었다. 이스라엘 백성은 율법의 계시에 따라 지은 성막에서 제사를 드림으로 하나님과 교제하였을 뿐이다.[17]

강력한 왕권국가들에 포위되어 끊임없이 시달리던 이스라엘은 마침내 강력한 권력을 가지고 나라를 안정시켜 줄 메시아적 임금을 구하였고, 그래서 사울 왕국이 들어섰다. 하나님은 왕국의 하나님이 되었고 임금은 권력자가 되었다, 하지만 율법이 명백하게 하나님을 계시하고 있기 때문에 왕이 자신을 하나님의 아들로 자처할 수는 없었다. 다윗왕조부터는 예루살렘의 시온산에 성전을 짓고 거기에서 하나님께 제사를 드렸고, 백성들은 거기에서 하나님과 교제하였다.[18] 그래서 그리스도 강생 이전까지는 이스라엘 역사에서 하나님이 인간화되어 세상에 내려와 통치하는 일은 일어날 수 없었고, 일어나지도 않았다.

이스라엘 민족은 늘 하나님의 통치를 염원하였다. 그리고 특히 율법

이들의 결합은 신들의 결합이라 할 수 있다. 그렇지만 사실상 유화에게서 신성은 거의 드러나지 않고, 인간적인 여성의 모습만이 강하게 드러난다. 해모수에 비하여 유화는 인간과 다를 바 없다. 유화는 태양신인 해모수의 기운인 햇볕을 배에 쪼이고 잉태하여 알을 낳았다. 유화가 천제자의 기운을 배에 쪼이는 방식으로 잉태한 것은 인간인 여자가 신의 자식을 잉태하는 전형적인 방식의 하나이다. 그녀는 신을 낳은 것도 아니고 인간을 낳은 것도 아닌 중간상태를 낳았고, 알은 태어난 생명이 신성과 인성의 중간상태에 있다는 것을 표현하는 형체였다. 그 중간상태인 알에서 사람인 주몽이 나왔다. 신성과 인성을 공유한 양성적 존재가 이 알 속에서 완전한 인간이 되어 태어난 것이다. 이것은 기독교에서 성모가 하나님의 기운으로 하나님의 씨를 잉태하여 완전한 사람이 된 하나님의 아들을 출산하였다는 것과 흡사한 출생담이다.

17) 구약성서 출애굽기, 신명기, 사사기 참조.

18) 구약성서 사무엘서 참조.

이 하나님의 분명한 계시가 되지 못할 지경으로 역사가 암흑에 빠지고, 제사를 통해서 더 이상 하나님과의 교제가 이루어질 수 없을 정도로 종교가 혼탁해졌을 때, 그들은 하나님의 아들을 자처하는 권력자가 아니라 진정으로 하나님의 아들이 사람이 되어 세상에 와서 자신들의 임금이 되고 다스려 주기를 꿈꾸었다. 하나님이 통치하는 온전한 생명의 세계, 하나님의 생명이 충만하도록 다스려지는 세상이 그들이 꿈꾼 하나님의 나라였다. 그러기에 이스라엘의 선지자들은 하나님을 임금님이라고 불렀다.

하늘의 주재인 하나님은 땅에서 만유에 생명을 주는 통치를 베풀 온 누리의 임금님이다(시 47:7, 74:12). 이 임금님은 그의 백성들의 탄식 소리를 들어주고, 기도를 들어주는 임금님이다(시 5:2). 이 하나님이 그들에게 영원무궁토록 왕이니(시 10:16), 하나님은 영원토록 송축할 왕이요(시 145:1), 영원토록 영광 받을 왕이다(시 24:7-9).

온 생명의 주재인 하나님은 만유를 사랑으로 통치한다. 그것이 그의 생명의 통치이다. 그는 은혜롭고 자비로우며, 노하기를 더디 하고 인자하다. 그는 만유를 선대하며 모든 피조물에 긍휼을 베푼다(시 103:8). 그렇기 때문에 이스라엘은 하나님의 나라가 영원하고, 그 통치는 끝없이 이어지리라고 환희의 찬미를 바친다(시 145:13).

이스라엘의 찬미 속에서 우리는 "올이올이랑 올올이가 났네" 하는 환희의 찬미를 듣는다. "한올님이 오셨네. 한올님이 다스리시네"라고 외치며 춤추고 기쁨의 노래를 부르는 조상들의 축제를 본다.

> 온 땅아,
> 주님께 환호성을 올려라.
> 기쁨으로 주님을 섬기고,
> 환호성을 올리면서 그 앞으로 나아가거라[19](시 100:1-2).

---

19) 본문의 인용은 『성경전서 표준새번역』(대한성서공회, 1993)에 따르되, 시행의 배열을 시상과 운율의 흐름을 고려하여 필자가 바꾼 곳들이 있다.

이스라엘의 시인은 온 천하가 세상에 오신 하나님께 환호성을 올리면서 나아가라고 말한다. 온 천하 만물들에게 그 앞에 가서 함성을 터뜨려 즐거이 노래하고, 온갖 악기로 연주하며 열광적으로 그를 찬양하라고 한다.

온 땅아,
소리 높여 즐거이 주님을 찬양하여라.
함성을 터뜨리며 즐거운 노래로 찬양하여라.
수금을 뜯으며 주님을 찬양하여라.
수금과 아우르는 악기들을 타면서 찬양하여라.
왕이신 주님 앞에서
나팔과 뿔나팔 소리로 환호하여라.
바다와 거기 가득 찬 것들과
세계와 거기에 살고 있는 것들도
뇌성 치듯 큰 소리로 환호하여라.
강들도 손뼉을 치고,
산들도 함께 큰 소리로 환호성을 올려라.
주님께서 오시니,
그가 땅을 심판하러 오시니,
주님 앞에 환호성을 올려라(시 98:4-9).

하늘 임금의 오심은 우주적 기쁨이고 임금 맞이는 우주적 축제이다. 그의 오심을 환호하는 것은 그가 정의로 세상을 심판하고, 뭇 백성을 공정하게 판결할 것이기 때문이다(시 98:9). 그가 불의한 땅을 정의로 심판하여 세상의 생명 질서를 바로잡을 것이다.

우리 민족 신화에서도 하나님의 아들이 임금으로 내려오는 사건은 우주적 축제로 펼쳐진다. 신라, 가야의 건국신화에는 하나님의 아들이 임금으로 내려오고, 백성이 우주적 환희로 그를 맞이하는 축제의 모습이 묘사되었다. 혁거세신화를 보면 신라에서 신군을 맞이하는 의례는 알맞이굿으로 거행되었고, 그 굿에서 신군의 탄강을 축하하는 가무가

따랐음을 볼 수 있다. 알에서 나온 혁거세를 "새와 짐승들이 따르며 춤을 추고, 천지가 진동하며 일월이 청명하였다"[20]고 한 것은 신라 건국 집단이 혁거세의 탄생을 우주적 축제로 고양시켰음을 말해준다. 이 축제에서 임금맞이굿의 제중들은 열광적으로 "아리아리랑 아라리가 났네"를 외치며 춤추어 신성한 임금의 탄강을 경축하였던 것이다.

가야 건국신화에 알로 탄강한 신성한 임금을 맞이하는 가무가 열광적인 모습으로 묘사되어 있다. 하나님(皇天)은 무리에게 노래를 부르고 춤을 추어 큰 임금을 맞이하도록 하였고, 큰 임금을 맞아서는 '환희용약' 하라고 하였다. 이에 구간 등은 알을 맞아 그 말대로 기뻐하며 노래 부르고 춤을 추었다.[21] 제사하던 무리는 모두 놀라고 기뻐하며 일제히 백배의 절을 하였다고 전한다.[22] 이때 무리들이 환희에 넘쳐 용약하면서 "알이 났네"를 외치며 노래하고 춤추었을 것이다.

신라와 가야의 임금맞이 아리랑에서 우리는 이스라엘의 임금맞이 환호성을 들을 수 있고, 이스라엘의 임금맞이 노래에서 우리 겨레 조상들의 임금맞이의 환희용약을 볼 수 있다. 그것은 그들이 다같이 생명의 정의를 세상에 실현해 줄 하늘 임금을 염원하였고, 그 임금을 맞이하는 것이었기 때문이다. 어느 것으로도 서로 환원시킬 수 없고, 혼합시킬 수 있는 것은 아니지만, 심성의 바탕이 근원적으로 통하는 것을 볼 수 있고, 상호 울림을 느낄 수 있음은 부인할 수 없다.

IV. 하늘 임금맞이의 고난과 아리랑

시편은 이스라엘이 하나님의 백성으로 살아가느라고 겪은 고난과

20) 剖其卵而得童男 形儀端美 驚異之 浴於東川 身生光彩 鳥獸率舞 天地振動 日月清明 因名赫居世王(『三國遺事』 卷第一 [紀異] 第二 "新羅始祖 赫居世王").

21) 你等須掘峯頂撮土 歌之云 <中略> 以之蹈舞 則是迎大王 歡喜踊躍之也 九干等如其言 咸忻而歌舞("駕洛國記").

22) 衆人悉皆驚喜 俱伸百拜("駕洛國記").

투쟁, 구원과 희망, 하나님과의 사랑과 교제의 역정을 노래한 온갖 시의 집대성이다. 바꾸어 말하면 이 시집은 이스라엘이라는 민족적 인격이 창세에 선포되었던 인류의 소명과 축복을 민족이라는 공동적 삶의 총괄 양식인 나라를 통하여 성취하려고 하였던 역사 역정에서 부른 온갖 노래들의 집대성이다. 그 속에는 민족 전체가 집단으로서 겪은 역사적 경험의 노래와 민족이 처한 환경과 상황 속에서 개인이 겪은 인생 경험의 노래가 두루 포함되어 있다. 그러나 시편의 시인들이 아무리 개인의 경험을 노래했다 하더라도 그것은 이스라엘 민족의 역사가 응축된 역사적 개인의 체험을 노래한 것이고, 그러기 때문에 시편의 모든 노래는 이스라엘이라는 이름으로 불리는 한 민족의 노래가 된다. 시편의 모든 시들에서는 이스라엘이라는 민족의식의 광망이 강렬하게 뻗친다. 그래서 시편의 모든 주제는 이스라엘이 민족으로 태어난 역사적 경험인 출애굽의 경험과 기억을 원점으로 하여 수렴되고 발산된다.

이스라엘 원역사는 가나안의 이스라엘 족속이 이집트에 들어가 히브리 민중이 되고, 그들이 다시 이스라엘 민족으로 재탄생되어 가나안에 들어가서 나라를 세우는 것으로 하나의 역사의 고리를 완결한다. 이것은 이스라엘 족속이 이집트라는 죽음의 세계에 들어가 죽음을 겪고 새 생명으로 다시 태어나는 죽음과 부활의 원형을 형성하는 하나의 고리이다. 그리고 후속 역사는 이 원형의 형성 과정에서 나타난 결함을 보상하고 역사의 완성인 새 나라, 즉 하나님 나라를 탄생시키기 위하여 겪는 '고난과 구원/죽음과 부활'이라는 고리 잇기의 연속이다. 이것은 이스라엘 민족의 돌고 도는 아리랑이고, 넘고 넘는 아리랑이라고 할 수 있을 것이다.

시편은 다윗의 시를 중심으로 짜여져 있다. 전 5권으로 편집된 시편의 1권과 2권은 다윗의 시집이라고 할 수 있다. 3권은 아삽과 고라 자손의 시집이고, 4권은 무명 시인들의 시집이고, 5권은 무명 시인과 다윗의 시로 구성되어 있다. 다윗의 시편들은 이스라엘 민족의 이상적 왕인 하나님의 아들-왕의 표상으로 생각하는 다윗이 그가 왕이 되기까지 겪은 고난과 구원, 그리고 왕이 된 후 겪은 시련과 구원의 역정을 노래한 것들이다.

이스라엘 족속이 민족으로서의 인격을 처음부터 가진 것은 아니었다. 그것은 단지 혈연적 지파 종족의 상태에 머물러 있던 이스라엘 족속이 무자비한 물신적 제국의 압제로 무참하게 비인간화를 겪고 나서이다. 이스라엘 족속이 이집트에서 노예로 전락하여 대제국의 압제 아래 비참하게 비인간화되는 고난과 불행을 겪게 되자 비로소 해방과 자유에 대한 의식이 눈 뜨였고 그를 향한 갈망이 극도로 고양되면서 이집트 제국을 비롯한 중근동 열국들에 대한 대타의식으로서 민족적 자의식이 움트고 성장하게 된 것이다.

이스라엘은 초강대국 이집트의 거대한 물신적 권력의 지배 아래서 노예가 되어 비참한 압제를 겪어 보았고, 그로 말미암아 해방의 갈망을 가지고 자신의 조상의 하나님을 다시 찾게 되었다. 그들은 조상들의 하나님을 구원자 하나님으로 새롭게 만났고, 불가항력적인 시련을 이 야훼 신앙으로 극복하고 이집트를 벗어나 젖과 꿀이 흐르는 새 땅에 들어가게 되었다. 그들은 가나안 땅에서 자유롭고 평등한 삶, 해방된 삶을 살게 되기를 꿈꾸었고, 사막 순례의 길에서, 그 강렬한 사막의 수도를 통하여 그들의 꿈을 실현시킬 하나님나라의 규범과 법규를 야훼로부터 계시 받았다.

이스라엘 민족은 하나님나라의 법전을 모시고 가나안을 꿈꾸면서 오랜 사막 유랑생활을 견뎠다. 그들은 가나안을 차지하기 위하여 가나안 열국과 수많은 전쟁을 벌였고, 끝내 가나안 땅에 열두 지파 연합의 독립 국가를 세웠다. 이러한 역사적 경험을 한 이스라엘 민족이 이루려고 하였던 민족적 삶의 총괄 양식, 즉 나라의 내용은 사랑에 기초한 자유와 평등이었고, 그것을 이루기 위한 공공 규범, 즉 하나님의 법을 실천하는 것이 그들의 정의였다. 하나님의 정의가 이루어진 민족 공동의 삶의 완성태, 즉 그들이 추구한 나라의 최종 목표는 평화였다. 이스라엘의 역사는 이것을 이루기 위한 '아리랑고개 넘기'이다. 시편에 '아리랑

고개 넘기'의 모티프는 줄기차게 되풀이된다. 이것을 구체적으로 말하면 정의로운 사랑과 사랑에 기초한 정의를 실현하는 것이다. 이 두 가지가 실현될 때 세상에 자유와 평등이 찾아오고, 두 가지가 조화를 이룬 평화의 나라가 곧 하나님나라이다.

히브리인들이 이집트의 속박에서 해방되어 민족을 이루고 가나안에 들어가 나라를 이룬 이후 계속 염원하였던 왕권국가를 완전히 수립한 것은 다윗이었다. 다윗왕국의 수립은 이스라엘이 출애굽 이래 염원하였던 하나님이 다스리는 나라의 실현에 거의 가까웠다. 다윗이 왕이 되기까지 겪은 일들은 개인의 일이 아니고 다윗왕국 건국의 사적이다. 그것은 다윗왕조가 탄생하기 위하여 겪은 고난과 구원의 역정이라고 할 수 있다. 그것을 노래한 다윗의 시편들은 이스라엘의 건국아리랑이라 할 수 있고, 나머지 노래들은 그것의 연장과 변주라고 할 수 있다.

아리랑고개는 탄생의 고개이자 고난의 고개이다. 하늘 생명을 맞이하기까지 겪어야 하는 산고가 크고, 하늘 임금을 맞이하기까지 넘어야 하는 고개가 높다. 우리 민족의 건국신화에서는 북방계 건국신화에 고난의 모티프가 두드러진다. 주몽신화는 주몽이 탄생하여 나라를 건국하기까지 주몽 모자가 겪는 고난이 여러 고비로 이어진다.

1 유화는 북부여왕 해모수와의 결혼에 장애를 겪고, 끝내 해모수에게 버림을 받았다.

2 해모수에게 버림받은 유화는 다시 아버지에게 버림을 받고, 우발수에 감금을 당하였다.

3 유화는 동부여왕 금와에게 구출되어 별실에 보호받고 있다가 해모수의 기운(햇볕)을 배에 쪼이고 잉태하였는데 출산을 하니 알이었다. 알을 출산한 것이 상서롭지 못하다 하여 금와왕이 알을 말 목장에 갖다 두게 하니 말들이 밟지 않았고, 깊은 산에 버리니 모든 짐승들이 보호하였으며, 구름이 낀 날에도 알 위에는 항상 햇볕이 있었다. 이에 비로소 알을 유화에게 돌려주어 마침내 주몽이 알을 깨고 태어났다.[23)]

유화가 고난을 겪고 주몽을 잉태한 데서부터 여러 차례의 고난 끝에 주몽이 태어나기에 이르기까지의 한 과정은 주몽신화의 첫 번째 아리랑이다. 알앓이가 나고 알이 나기까지 유화와 주몽의 아리랑은 고난과 환희의 한 바탕 고리를 완결한다.

주몽이 태어나기까지 어머니 유화와 주몽은 버림당함의 고난과 유폐의 고통과 생명의 위협을 받았다. 여기에서 유화의 울부짖음과 간구와 탄원을 들을 수 있다. 우리는 이 간구와 탄원의 울림을 탄원시편들에서 듣는다. 거듭되는 시련과 고난 앞에서 부르짖은 유화의 탄원의 울림을 시편에서 들어보자. 유화는 해모수에게 버림 받고, 아버지에게 노여움을 사 우발수의 깊은 물 속에 갇혀 죽음과 다름없는 절망적 상태에 있었다.

아, 나는 고난에 휩싸이고,
내 목숨은 스올의 문턱에 다다랐습니다.
나는 무덤으로 내려가는 사람과 다름이 없으며,
기력을 다 잃은 사람과 같이 되었습니다.
이 몸은 또한 죽은 자들 가운데 버림을 받아서
무덤에 누워 있는 자와 같고,
더 이상 기억하여 주지 않는 자와도 같고,
주의 손에서 끊어진 자와도 같습니다.
주께서는 나를 구덩이의 밑바닥,
어둡고 깊은 곳에 던져 버리셨습니다(시 88:3-6).

죽음의 사슬이 나를 휘감고,
파멸의 파도가 나를 덮쳤으며,

23) 其車未出水 酒醒忽驚起 取女黃金釵 刺韋從竅䆠出 獨乘赤宵上 寂寞不廻騎("東明王篇").
河伯大怒其女曰 <中略> 貶於優渤水中("東明王篇" 夾註).
王知天帝子妃 以別室 之 其女懷中日曜 因以有娠 <中略> 初生 左腋生一卵 大如五升許 王怪之 曰 人生鳥卵 可爲不祥 使人寘之馬牧 群馬不踐 棄於深山 百獸皆護 雲陰之日 卵上恒有日光 王取卵 送母養之 卵終乃開 得一男子("東明王篇" 夾註).

스올의 줄이 나를 동여 묶고,
죽음의 덫이 나를 낚았다.
내가 고통 가운데서 주께 부르짖고,
나의 하나님을 바라보면서
살려달라고 부르짖었더니(시 18:4-6).

죽음의 올가미가 나를 얽어매고,
스올의 고통이 나를 엄습하여서,
고난과 고통이 나를 덮쳐 올 때에,
나는 주의 이름을 부르며,
"주님, 간구합니다.
이 목숨을 구하여 주십시오" 하였습니다(시 116:3-4).

주님, 간구합니다.
나를 구원하여 주십시오.
주님, 간구합니다.
나를 건져내어 주십시오(시 118:25).

해모수에게 버림받은 유화가 다시 아버지에게 버림을 받고 우발수에 감금당하였던 심경을 읽는 듯하고, 그녀가 부르짖었던 소리를 듣는 듯하다. 아버지에게 살려달라고 간구하였고, 해모수에게 구해달라고 울부짖었으나 온종일 불러도 대답이 없고, 밤새도록 부르짖어도 모르는 체하였다.

나의 하나님, 나의 하나님,
어찌하여 나를 버리십니까?
어찌하여 그리 멀리 계셔서
살려달라고 울부짖는 나의 간구를 듣지 아니하십니까?
나의 하나님, 온종일 불러도
대답하지 않으시고,
밤새도록 부르짖어도

모르는 체하십니다(시 22:1-2)

버림받음, 유폐, 그리고 자식을 빼앗기고 그를 유기당함으로 이어지는 끝이 없는 듯한 고난 가운데서 부르짖는 유화의 목소리가 이 속에서 울린다.

주님, 내 기도를 들어주십시오.
내 부르짖음에 귀를 기울여주십시오.
내 눈물을 보시고,
잠잠히 계시지 말아 주십시오(시 39:12).

내게 귀를 기울여 주십시오.
속히 응답하여 주십시오(시 102:2).

유화는 사랑한 임에게 버림 받은 슬픔, 아버지에게 버림을 당하고 깊은 물 속에 갇힌 서러움, 자식을 빼앗기고 유기당한 원통함 등 거푸 덮친 절망적인 일들 때문에 그녀의 가슴에 깊은 한이 맺혔을 것이다. 아리랑은 그녀의 고난과 한을 노래한다. 고구려의 제천의례인 동맹에서 부여신 유화와 고등신 주몽을 맞이하면서 불렀을 알맞이노래 아리랑에는 유화가 겪었던 그 모든 고난의 사설이 구구절절이 담겼을 것이다.

아리랑의 후렴 "아리아리 아라리요. 아리랑 고개로 넘어간다." "아리랑고개로 나를 넘겨주소"는 이러한 모든 사설을 총괄하는 총괄구로 북방계 모든 아리랑에서 반복된다. 후대에 이것은 관습적인 후렴구가 되었고 단지 여음으로 남게 되고 말아 그 원형적 의미는 우리 민족의 집단무의식 속에 기억되고 전승되었을 뿐이라고 할 수 있다. 이 여음은 의미의 분석적 인식과 상관없이 단지 그 울림만으로 우리의 집단무의식은 그 신화적 원형을 단숨에 떠올리는 것이다.

유화로 하여금 그녀가 겪은 슬픔, 고통, 원한을 이기고 주몽을 길러내고 주몽이 졸본에서 나라를 세우기까지 견디게 한 힘은 무엇이었을까? 하늘 님에 대한 믿음과 희망이 그녀의 삶을 버텨 주었을 것이다. 이것은 우리 겨레가 가져 온 보편적인 믿음이고 희망이다. 그 장구한 울림을 시편에서 듣는다.

이스라엘의 선지자들은 하나님이 버림받았던 사람의 기도를 들으시고(시 102:17), 고통 받는 사람을 외면하지 않으시며(시 22:24), 그의 간구에 귀를 기울이시며(시 116:2), 부르짖음에 응답하여 주신다(시 22:24; 118:5; 120:1)는 믿음과 희망을 끝까지 가지고 하나님의 돌아오심과 구원을 기다리라고 용기를 북돋아 주었다.

유화는 해모수가 비록 그녀를 버리고 떠나갔으나 해모수와 그녀의 만남의 운명이 무엇인지를 알았고, 그것을 받아들임으로써 떠나간 하늘님에 대한 믿음과 희망을 잃지 않고 간직할 수 있었다. 그래서 그의 아들을 낳았고, 그가 운명을 수행할 수 있도록 길러냈으며, 마침내 나라를 탄생시키는 어머니의 역할까지 하였다. 그녀와 주몽에 의해서 건국아리랑이 완성된 것이다. 그래서 고구려 사람들이 그들의 시조 신묘에 부여신 유화를 고등신 주몽과 함께 모신 것은 너무 당연하였다.[24]

아리랑고개는 이별과 절망의 고개이자 새로운 만남과 희망의 고개이다. 해모수는 유화를 버리고 떠나갔으나 유화에게 아들을 남겼다. 유화는 남편을 잃은 대신 아들을 얻었다. 유화는 새로운 사랑과 희망인 주몽을 기르며 그녀에게 맺혔던 한을 삭였고, 동부여에서의 고단한 삶 속에서 새 나라를 맞이할 미래를 키웠다. 주몽은 천제자의 아들로 태어났으나 알로 태어나서 버림을 받았고, 겨우 태어났지만 동부여 왕자들의 시기를 받아 박해를 당했다. 그런데 그가 동부여에서 생명의 위협을 받았기 때문에 동부여를 떠나 졸본에 가서 새 나라를 세웠다.

주몽은 나이 일곱 살에 이미 스스로 활과 화살을 만들어 백발백중하는 신궁이 되었다. 그러자 금와왕의 아들들이 주몽을 해치려고 음모를 꾸며대었고, 금와왕은 주몽에게 천한 일을 시켜 수모를 주었다. 마침내

---

24) 又有神廟二所 一曰夫餘神 刻木作婦人之象 一曰登高神 云是其始祖夫餘神之子 竝置官司 遣人守護 蓋河伯女與朱蒙云(『周書』 卷第四十九 [列傳] 第四十一 “異域” 上).

생명의 위협이 닥치자 어머니를 두고 동부여를 떠나 멀리 달아나야 했다.[25] 이 때 천제자의 아들인 주몽이 받았을 고통을 짐작할 수 있다.

다윗은 사울에게 쫓기고, 압살롬에게 쫓길 때, 그에게 등을 돌린 수많은 대적들로 인하여 고통을 당하였다. 그는 하나님을 향하여 자신의 고통과 울분을 호소하고 구원을 탄원하였다.

주님,
나를 대적하는 자들이
어찌 이렇게도 많습니까?
나를 치려고 일어서는 자들이
어찌 이렇게도 많습니까?(시 3:1)

나는 탄식만 하다가 지치고 말았습니다.
밤마다 짓는 눈물로 침상을 띄우며,
내 잠자리를 적십니다.
사무친 울화로 내 눈은 시력까지 흐려지고,
대적들 등쌀에 하도 울어서
눈이 침침합니다(시 6: 6-7).

주님,
언제까지 나를 잊으시렵니까?
영원히 잊으시렵니까?
언제까지 나를 외면하시렵니까?
언제까지 나의 영혼이
아픔을 견디어야 합니까?
언제까지 나의 영혼이
고통을 받으며 괴로워해야 합니까?

---

25) 年甫七歲 岐祥異常 自作弓矢 百發百中 <中略> 金蛙有七子 常與朱蒙遊戱 技能莫及 長子帶素言於王曰 朱蒙非人所生 若不早圖 恐有後患 王不聽使之養馬 <中略> 王之諸子與諸臣將謀害之 蒙母知之 告曰 國人將害汝 以汝才略 何往不可 宜速圖之(『三國遺事』 卷第一,「紀異」 第二 "高句麗").

언제까지 나의 영혼이
내 앞에서 의기양양한 저 원수의 꼴을
보고만 있어야 합니까?(시 13:1-2)

주님, 나의 말에 귀를 기울여 주십시오.
이 하소연을 살펴 주십시오.
이 탄식 소리를 귀 담아 들어 주십시오.
나의 임금님,
나의 하나님(시 5:1-2).

다윗의 뼈저린 하소연과 탄원에서 주몽의 소리를 들을 수 있다.

주몽은 곧 금와왕과 태자 대소의 추격을 받았고, 엄체라는 강에 이르러 강을 건널 수가 없었다. 그래서 그가 채찍으로 하늘을 가리키며 "저는 천제의 손자이고, 하백의 외손입니다. 환난을 피하여 여기에 이르렀으니 황천후토께서는 저를 아끼시어 속히 다리를 놓아 주십시오"라고 기도하고 강물을 치니 물고기와 자라들이 떠서 다리를 놓아 주어 건너가게 하였다.[26] 히브리 민족이 이집트 군대의 추격을 받아 홍해에 이르렀을 때, 모세가 하나님께 기도하고 바닷물을 지팡이로 치자 물이 갈라져 홍해를 건넌 것을 보는 듯하다.

하나님의 구원을 받아 엄체를 건너 대적의 추격을 벗어나서, 그리고 졸본의 광활한 신천지에 들어서서 주몽은 하나님께 뜨거운 감사를 드렸고, 후에 두고두고 그때 받은 구원을 고백하였을 것이다.

주께서 높은 곳에서 손을 내밀어,
나를 움켜잡아 주시고,
깊은 물에서 나를 건져 주셨다(시 18:16).

주께서 원수들에게서,

---

26) 南行至淹滯 欲渡無舟艤 秉策指彼蒼 慨然發長 喟天孫河伯甥 避難至於此 哀哀孤子心 天地豈忍棄 操弓打河水 魚鼈騈首尾 屹然成橋梯 始乃得渡矣(<東明王篇>).

나보다 더 강한 원수들에게서,
나를 살려 주시고,
나를 미워하는 자들에게서,
나를 살려 주셨다.
내가 재난을 당할 때에
원수들이 나에게 덤벼들었으나,
주께서는 오히려 내가 의지할 분이 되어 주셨다.
이렇게 나를 좋아하시는 분이시기에,
나를 넓고 안전한 곳으로 데리고 나오셔서,
나를 살려 주셨다(시 18: 20-21).

내가 고난을 받을 때에 부르짖었더니,
주께서 나에게 응답하여 주시고,
주께서 나를 넓은 곳에 세우셨다.
주님은 내 편이시므로 나는 두렵지 않다.
사람이 나에게 무슨 해를 끼칠 수 있으랴?(시 118:5)

그들이 나를 에워싸고 에워쌌으나
나는 주의 이름을 힘입어서 그들을 물리쳤다.
그들이 나를 벌떼처럼 에워싸고,
가시덤불에 붙은 불처럼 나를 삼키려고 하였지만
나는 주의 이름을 힘입어서 그들을 물리쳤다.
네가 나를 밀어서 넘어뜨리려고 하였어도
주께서 나를 도우셨다.
주님은 나의 능력, 나의 노래,
나를 구원하여 주시는 분이시다(시 118: 11-14).

"하나님께서 울부짖는 소리를 들어 주셨다. 탄원을 들어 주셨다. 기도를 받아 주셨다"(시 6:8-9), "고통 받는 사람을 외면하지 않고, 부르짖는 사람에게 응답하여 주셨다"(시 22:23-24)는 시편의 고백들에서 주몽의 목소리가 생생히 들려온다. 그리고 "아리아리랑 아라리가 났네"

를 부르는 고구려 사람들의 탄성과 찬양 소리가 함께 들려온다.

탄생의 환희 속에 고난의 우려가 있고, 고난 속에 운명을 창조하는 희망이 있다. 해산의 고통 끝에 아이를 낳듯이 주몽은 크고 많은 고난 끝에 나라를 탄생시켰다. 이것은 주몽신화의 두 번째 아리랑이다. 새 나라를 건국하고, 주몽을 임금으로 맞이한 백성들이 불렀을 아리랑에는 이러한 원초적 경험에 근거한 신앙이 담겨 있었을 것이다. 주몽이 겪은 고통과 시련, 그가 부르짖었던 구원에의 탄원과 그가 얻은 구원에 대한 증언과 고백이 노래되었을 것이다.

V. 마무리

필자는 한 사람의 한국고전문학 연구자로서 이스라엘 건국신화 속에서 울리는 다윗의 노래들과 우리 민족의 건국신화들 속에서 울리는 하늘임금맞이노래 아리랑 사이에 깊은 공명이 있음을 감지하였고, 문학의 관점에서 이 공명의 자리에 서서 상호 조명하고 상호 해석해 보는 것이 자못 의의가 있겠다는 생각이 들어서 어설프나마 작업을 시도해 보았다.

우리 겨레가 사는 어느 곳에서나 아리랑이 불려졌다. 우리 겨레는 아리랑을 부르면서 역사의 아리랑고개를 넘었다. 험한 고개를 넘는 고난과 고개를 넘어 새 생명의 탄생, 한울님의 강림을 맞이하는 기쁨을 노래 불렀다. 아리랑고개에서 한울님을 만나고는 다시 새 역사의 아리랑고개를 넘었다. 또 다른 역사의 아리랑고개를 올라 거기서 다시 새 생명의 한 님을 만나야 하였기 때문이다. "아리랑 고개를 넘어간다"는 것이나 "아리랑 고개로 나를 넘겨주소" 하는 것은 새 생명의 한울님을 맞이하고자 하는 염원을 안고 기다리는 백성들의 애가라 할 수 있다.

아리랑은 노래의 사상과 표현 형식에 있어서 우리 민족이 상고로부터 독특하게 불러온 노래이지만, 인생의 원초적인 모티프, 삶의 원형을 노래하는 것이기 때문에 모든 노래의 어머니라고 부를 수 있고, 세상 모든 노래의 이름이라고 할 수 있다. 그러므로 아리랑은 시편 뿐만 아니라 어느 종족, 어느 민족의 기층에서 불려지는 노래하고도 공명할 것이다. 그러나 다윗의 시편과 우리 건국신화 속에서 울리는 아리랑의 정조는 더 한층 강렬한 공명을 일으키는 것을 확인할 수 있었다.

시편에는 이스라엘 민족이 새 생명과 생명의 하나님을 갈망하고 기다리며 부른 노래들로 가득 차 있다. 하나님을 떠나 겪은 환난, 수모, 억압, 박해, 생명의 위협 속에서 부르짖은 탄원의 기도와 하나님이 응답하시고 다시 찾아와 주셔서 구원해 주신 것에 대한 환희의 찬양으로 가득하다. 이러한 시편의 노래들 속에서는 우리 민족의 아리랑의 울림이 들린다. 시편에 '아리랑고개 넘기'의 모티프는 줄기차게 되풀이된다. 이것을 구체적으로 말하면 정의로운 사랑과 사랑에 기초한 정의를 실현하는 것이다. 이 두 가지가 실현될 때 세상에 자유와 평등이 찾아오고, 두 가지가 조화를 이룬 평화의 나라가 곧 하나님나라이다. 이스라엘 민족은 이러한 나라의 건국을 꿈꾸었고, 그들의 나라를 다스릴 하늘 임금을 갈망하였다. 다윗은 이스라엘이 갈망한 하늘 임금의 표상에 가장 가까운 임금이었다.

하늘 임금 맞이하기를 갈망하고 기다리는 것은 신화 속의 고대인들만이 아니다. 한 나라나 사회나 집안이나 개인생활이나, 세상 어디에서나 사랑과 정의와 자유와 평화를 이루어줄 하늘 임금은 필요하고, 그가 어떤 이름으로 불리든 우리가 그를 부르고, 그가 어떤 모양으로 오든 그가 우리 삶에 들어와서 우리 삶을 다스려 주기를 꿈꾼다. 이러한 꿈을 꿀 때 누구나 아리랑을 부르게 된다. 한편 우리에게 이 갈망과 기다림이 있고, 또 한편 우리에게 그 때문에 겪을 수밖에 없는 고난, 즉 버림받음, 분리, 억압, 빼앗김, 박해, 수모, 생명의 위협이 있는 세상에서는 아리랑이 불려질 수밖에 없다. 그리고 새 생명과 새 나라, 새 역사가 탄생하는 기쁨, 환희가 있을 때, 아리랑은 불려질 수밖에 없다.

박혁거세와 김수로가 탄생했던 일이 신라, 가야의 건국신화에만 있는 것은 아니다. 유화와 주몽이 겪었던 일들은 고구려 건국신화에만 있는 것이 아니다. 건국신화의 주인공만 이러한 인생사를 겪는 것이 아니고, 이러한 일들은 이 세상을 살아가는 모든 인간의 삶의 국면들 속에서 비슷하게 일어난다. 신화 속의 사태들은 규모가 크고 선이 굵고 이미지가 강렬한 데 비해서 보통 인간들의 삶에서 일어나는 사태들은 작고 가늘고 약하다는 차이가 있을 뿐이다. 신화는 인간의 삶과 죽음의 드라마를 집단적 차원에서 강렬하고 선명하게 보여준다. 이것은 하나의 원형이기 때문에 그 드라마와 이야기, 그 노래를 민중들은 자신들의 다양한 삶의 애환 속에 가지고 내려와 자기들의 처지와 생리에 맞게 낮고 짧게 변주하게 된다. 그래서 건국신화의 시대가 끝나고, 신화 속의 하늘 임금이 없어지고, 더 이상 건국아리랑이 불려지지 않게 되었어도 민간에서 민중들은 자기들의 아리랑을 지어 불렀다. 역사의 굽이굽이마다 생명의 탄생과 그 때문에 겪는 사랑의 수난, 자유로운 삶과 정의로운 나라, 평화로운 세상을 향한 갈망과 투쟁을 아리랑에 담아 불러 온 것이다. 아리랑은 우리 민족의 삶과 함께 흘러온 대하라고 할 수 있다. 오늘날 전승되고 있는 온갖 아리랑들에 역사의 굴곡들이 어떻게 아로새겨져 있는지를 살피고, 아리랑의 원형적 정조가 어떻게 변주되고 있는지를 살펴보아야 할 것이다.

우리 겨레는 역사의 아리랑고개를 여러 번 넘어 임을 여러 번 만났지만, 지금은 현대사의 아리랑고개인 분단의 고개를 넘어 갈라진 겨레와 나라가 다시 하나 되는 통일의 임을 만나야 할 참이다. 분단의 고개에서 십자가에 못 박힌 한울님이 이 고개에서 부활할 것이고, 겨레가 재결합하여 한울님을 다시 맞이할 것이다. 한울님이 아리랑 고개에 강림하고 알 속에서 하늘 임금이 태어나야 할 참이다.

통일이 된다고 해서 거기가 끝은 아닐 터이다. 역사의 종말이 오기까지 다시 고개를 넘고 또 다른 고개를 향해 가게 될 것이다. 아리랑을 부르면서 한울님을 만나러 또 새로운 고개를 올라갈 것이다. 기독교는 오늘날 우리 겨레가 부르는 새 아리랑이 되었다고 할 수 있다. 기독교를 새 아리랑으로 부르면서 아리랑고개를 넘게 되었다. 하나님의 아들 예수를 불러 하나님의 얼(알)이 임하기를 구하며 골고다를 넘는 것이다.

참고 문헌

『성경전서 표준새번역』. 대한성서공회, 1993.

『周書』 卷第四十九 [列傳].

李奎報, 『東國李相國集』.

一然, 『三國遺事』.

김연갑. 『아리랑, 그 맛, 멋 그리고…』. 집문당, 1998

김선풍 · 김금자. 『한국민간문학 개설』. 국학자료원, 1992

김열규, 『아리랑…역사여, 겨레여 소리여』. 조선일보사, 1987

정호완. 『우리말로 본 단군신화』. 명문당, 1994

조태영, "이기론과 삼위일체론의 상호해석 시론," 장로회신학대학원 석사학위 논문, 1995.

______. "한국 난생신화와 한국문학의 원형," 『한신인문학연구』 제2집, 2001.

______. "한국 건국신화의 난생과 알노래 '아리랑'," 『연구』 제16집, 한중인문학회, 2005.

시편 우리 영혼의 해부학

엮은이　김영일 외 17인
펴낸이　정덕주

펴낸 곳　한들출판사
서울시 종로구 연지동 136-46 기독교회관 710호
등록 제2-1470호 1992.

E-Mail　book@ehandl.com
홈페이지　www. ehandl.com
전화:　편집부 741-4068~69
영업부 741-4070 FAX 741-4066

2006년 2월 10일 초판 1쇄 인쇄
2006년 2월 17일 초판 1쇄 발행

ISBN 89-8349-346-1 93230